KB265701

A Complete Guide to the Expansive
Geography of Biblical History

HOLMAN BIBLE ATLAS

두란노 성서지도

저자 | 토마스 V. 브리스코 Thomas V.Brisco

감수 | 민영진 박사

Holman Bible Atlas

두 란 노 성 서 지 도

지은이 | 토마스 V. 브리스코

옮긴이 | 강사문, 김은호, 소기천, 이문범,
        이미숙, 이성훈, 이형원, 정효제

초판발행 | 2008. 9. 22

2판 2쇄 | 2024. 2. 15

등록번호 | 제1988-000080호

등록된 곳 | 서울시 용산구 서빙고로 65길 38

발행처 | 사단법인 두란노서원

영업부 | 2078-3333 FAX 080-749-3705

성경출판 | 2078-3331

디자인 | 이가상상. 최소영 www.e-sang.com

아트디렉션 | 이재구

| 책값은 뒤표지에 있습니다.

ISBN 978-89-531-1452-4

| http://www.duranno.com

두란노서원은 사도행전19장 8-20절의 정신에 따라 첫째 목회자를 돕는 사역
과 평신도를 훈련시키는 사역, 둘째 세계선교TIM와 문서선교단행본 · 잡지 사역,
셋째 예수문화와 경배와 찬양사역, 그리고 가정 · 상담 사역 등을 감당하고 있
습니다. 1980년 12월 22일에 창립된 두란노서원은 주님 오실 때까지 이 사역
들을 계속할 것입니다.

A Complete Guide to the Expansive
Geography of Biblical History

HOLMAN BIBLE ATLAS

두란노 성서지도

저자 | 토마스 V. 브리스코 Thomas V. Brisco

감수 | 민영진 박사

두란노

Explanatory Notes | 일러두기

Ⅰ. 고유명사 처리

본문에 나오는 외래어의 한국어 표기는 국립국어원의 외래어 표기법을 따랐다. 하지만 본서가 성경에 관련된 도서여서 다음과 같은 기준으로 정리했다.

1.「우리말성경」_{두란노서원 발간−2004년}을 따랐다 _{참고로, 현대의 국가, 수도, 세계 문화사적인 의미를 지닌 지명의 경우는 현대적 표기법을 따랐다.}

예외적으로 '평원'으로 번역된 쉐펠라는 평원으로 하지 않고 쉐펠라가 팔레스타인의 특수 야산지대를 일컫는 용어이기 때문에 쉐펠라로 음역했다.

2.「개역개정성경」_{대한성서공회 발간−2005년}을 참조. 국제 해안 도로_{International Coastal Highway}는「개역개정성경」을 참조해 '해변 길' 로 번역했다.

3.「성경」_{한국 천주교 주교회의 성서위원회 발간−2005년}을 일부 참조. 중간기의 지명과 인명들 특히 외경에 나오는 용어들을 참조했다.

4. 성경 외의 지명은 브리태니커에 나온 음역을 우선으로 했다.

5. 성경 외에 나오는 지명이 성경에 나오는 지명과 영어 스펠링이 같다면 굳이 성경지명과 같이 할 필요가 없으며 또한 성경 지명과 혼동하지 않도록 하기 위해 최대한 원어발음_{헬라어, 라틴어, 아랍어, 히브리어, 영어, 기타어}에 가깝게 음역했다.

예시 1_ 실루기아_{Selucia} ➡ **셀류키아** : 옛 시리아 항구도시이지만 다른 곳에도 다섯 번 나타나는 지명이다. 이런 경우 사도 바울 전도여행 경로인 사도행전 13장 4절에 나오는 곳은 성경 그대로 '실루기아'로 했지만 나머지 다섯 개 지명들은 헬라어 음역대로 '셀류키아'로 했다.

예시 2_ 히스기야_{Hezekiah} ➡ **히즈키야** : 일반적으로 남유다의 13대 왕을 말하지만 본서 16장에 나오는 경우는 남유다의 왕이 아닌 다른 사람을 말하므로 영문 음역대로 '히즈키야'_{Hezekiah}로 했다.

6. 때로 원문 그대로 하기보다는 우리말에 맞게 번역한 경우도 있으며 설명을 필요로 한 경우 '편집자 주' 표시를 했다. 강, 산맥, 분지, 계곡 등 지형을 뜻하는 원어들은 지명만 넣고 번역으로 대신하고 원어를_{Mt., Mts., River, Valley 등} 넣지 않았다.

예시_ Beyond the Rive ➡ 유프라테스 강 이북_{편집자 주}, Anti-Lebanon Mts. ➡ 안티 레바논_{Anti-Lebanon} 산맥

7. 영어지명과 우리말 음역이 안 맞아도 우리말 음역_{두란노 혹은 개역개정}을 따랐다. **예시_** 아빌라_{Abila} ➡ 아빌레네_{Abila}

8. 원서에서 'Judea' ➡ '유대'로 표기, 원서에서 'Judah' ➡ '유다'로 표기, 원서에서 'Jewish' 또는 'Jew' ➡ '유대 사람'으로 표기했다.

9. 장의 처음 나오는 고유 명사_{지명, 인명}와 전문용어 등은 원서의 영어 철자_{스펠링}를 함께 표기했다.

예시_ '아닥사스다'라고 하지 않고, '아닥사스다'_{Artaxerxes}로 했다.

Ⅱ. 편집 기준

1. 성구표현 .... 빌레몬서나 유다서처럼 책이 1장밖에 없는 경우에도 절만 쓰지 않고 앞에 장을 썼다.

       예시_ '몬 14절'이라고 하지 않고 '몬 1:14'이라고 했다.

       본문 설명에서 성구는 약어 형태로 쓰지 않고, 책이름과 장, 절을 다 써 주었다.

       예시_ 본문 설명 '요 3:16' ➡ 요한복음 3장 16절, 본문 설명 중의 인용은 '_{요 3:16}'의 형태로 표기했다.

2. 도량형 .... 최근에 새롭게 개정된_{2007년} 법정계량단위로 환산했다.

       예시_ 마일_{mile} ➡ km나 혹은 m로, 에이커_{acre} ➡ m^2로 환산했다.

3. 연도 표시 ..... 주전, 기원전, 주후, 기원후 등의 표현을 BC와 AD로 표기했다.

4. 성구 인용_{단어, 문장, 절 등} ..... 「우리말성경」을 원칙으로 했고, 기타 번역 성경들을 참조했다_{원서는 RSV를 따랐다.}

5. 인용부호 .... "큰따옴표" ➡ 성경의 직접 인용절, '작은따옴표' ➡ 구나 단어로 표시했다.

       예시_ 절의 인용 : "하나님이 세상을 …"_{요 3:16}, **단어의 인용 :** '엣텔'

6. 편집자 주 ..... 원서에는 다루지 않았지만 독자의 이해를 돕기 위해 설명이 필요한 지명이나 인명 등은 팁_{Tip}의 형식으로 편집자 주를 실어 주었다. 그리고 본문의 내용을 한눈에 파악할 수 있도록 발문과 더불어 중간 제목 옆에 요약 내용을 넣었다.

Table of Contents 목차

Part.1 The Biblical Setting
성경 배경

002 Introduction 서론

Chapter 1 : The Face of the Ancient Near East
고대 근동의 모습

003 **비옥한 초승달 지역**
003 **메소포타미아 아브라함의 고향**
004 티그리스와 유프라테스, 문명을 일구다
005 메소포타미아의 북·남부, 같으면서도 다른 지역
006 **이집트 속박의 땅**
006 **두 지역, 고高 이집트와 저低 이집트**
007 나일 강의 선물, 사막을 옥토로 만들다
008 **레반트 지역은 어디를 말하나?**
008 시리아와 레바논, 거대 문명들이 충돌하다
010 **이집트에서 메소포타미아를 잇는 대로들**
010 해변 길 VIA MARIS, 대도시들을 잇다
011 왕의 대로, 다메섹과 아라비아를 잇다

Chapter 2 : Natural Regions of Palestine
신앙의 진원지 팔레스타인

012 **작지만 다양한 지리 환경**
012 해안 평원, 기름진 토양과 풍부한 물
014 이스르엘 평원 에스드렐론 평원,
　　　군사·경제의 전략적 요충지
016 서부 산지, 성경 역사의 주 무대가 되다
019 쉐펠라, 블레셋과 유다의 경계
019 네게브, 물을 저장해 정착하다
020 남부 광야, 광야에 문명을 일구다
020 요단 지구대, 두 조각으로 쪼개다
023 동부 고원 트랜스요르단, 고원에 대지를 이루다

Chapter 3 : Life in Ancient Palestine
팔레스타인, 어떻게 살았나

026 **주거에 필요한 요소들** 물, 식량, 방어, 교통
027 **이른 비와 늦은 비**
027 **팔레스타인의 농업과 생활**
028 농작물들, 밭 갈고 씨 뿌려 키우다
028 과목들과 포도나무, 말씀의 비유로 사용되다
028 목축, 중요한 일상이 되다
028 섬유 산업, 옷감을 수출하다
029 **게셀의 농사력**
029 가을과 겨울, 일 년 중 가장 바쁜 계절
030 봄, 수확하다
030 여름, 포도주를 담그다
030 **이스라엘의 순례 절기**
031 **고고학이 성경의 진실을 밝히다**
031 텔, 옛날을 밝혀주다
031 지명의 확인, 고대의 지리를 밝히기까지
031 층서학과 유형학, 과학적 바탕에 근거하다
031 연대측정, 항아리를 통해 추정하다
032 고고학과 성경, 고고학이 성경의 세계에 생명을 불어넣다

Part.2 The Old Testament Period
구약성경 시대

Chapter 4 : Before Abraham
아브라함 이전 시대

034 **하나님께서 태초에 하늘과 땅을 창조하시다**
034 구석기 시대, 수렵과 채집을 하다
035 중석기 시대, 주변 자원을 이용하다
035 신석기 시대, 농경을 중심으로 정착을 이루다
035 금속병용 시대, 금속을 사용하다
037 **초기 문명의 흥망성쇠 : 초기 청동기 시대** BC 3300-2000년경
037 도시 혁명, 진정한 문명이 시작되다
037 메소포타미아, 문자와 문명의 기초를 닦은 곳
039 이집트, 수장의 통치로 시작된 나라
041 팔레스타인과 시리아, 도시 국가의 집합체

Chapter 5 : The World of the Patriarchs
족장시대의 세계

043 **중기 청동기의 메소포타미아와 이집트**
043 메소포타미아, 강력한 왕의 나라
045 이집트, 중왕조 시대
045 **도시 문화가 부활하기 시작한**
　　　족장 시대의 팔레스타인
047 **말씀을 좇아 떠나는 족장들의 여정**
048 아브라함의 이주, 부르심을 따라 떠나다
051 야곱의 여정, 내가 너를 떠나지 않으리라
052 요셉의 이집트 입국,
　　　아시아 민족들이 이집트로 이주하다

Chapter 6 : The Egyptian Experience
히브리 사람들의 이집트 경험

055 **이집트 탈출 이전의 이집트 18, 19 왕조의 역사적 배경**

056 이집트 18왕조와 팔레스타인,
18왕조는 가나안에서 사람들을 잡아오다

057 가나안 도시 국가의 몰락,
이집트의 번영과 이어지는 전쟁

059 이집트의 이교도 왕 아케나텐, 아텐 신에 충성하다

060 19왕조와 헷 족속,
나일 강 유역에 수많은 기념물을 세우다

061 **이집트의 생활상**

061 이집트의 행정, 거대한 관료 체계로 다스리다

063 농경 사회, 이집트의 계절은 나일 강을 따라 온다

065 이집트의 어두운 면, 히브리 사람이 노예가 되다

Chapter 7 : The Exodus
내 백성을 보내라

066 **이집트 탈출 언제했나**

068 **새롭게 밝혀지는 시내 광야**

069 북부 해안 평원,
해안 모래 평원와 깊고 푸른 지중해가 대비되다

070 중부 고원, 이집트의 터키옥 광산

070 남부 산악 지역, 핑크 빛 화강암의 향연

071 **이집트 탈출 경로**

071 시내 산의 위치, 시내 산 어디에 있나?

072 이집트 탈출 경로, 그들은 어느 길로 갔나?

074 **가데스 바네아에서의 체류**

075 가데스 바네아 체류 동안의 사건,
그곳에서 무슨 일이 있었나?

075 **가데스 바네아에서 모압 평원까지**

077 **이스라엘의 트랜스요르단 정복**

Chapter 8 : Conquest and Settlement
정복과 정착

079 **가나안 정복 당시 팔레스타인의 국제 정세**

079 바다 사람들, 이집트를 위협하다

080 권력의 진공기, 이집트의 쇠퇴

081 **여호수아의 정복 전쟁**

082 중부 지역 원정, 가나안의 심장으로 들어가다

083 남부 지역 원정, 아모리 연합군에 맞서다

084 북부 지역 원정, 거대 도시 하솔을 제압하다

085 여호수아의 업적, 미완의 정복 전쟁

087 **이스라엘 지파들**

087 땅 분배, 열두 지파에게 분배된 땅

089 레위 지파의 도시들, 종교 · 행정의 중심지가 되다

089 도피성, 여섯 개의 피난처

092 **가나안의 종교적 위협에서 이스라엘을 구원한 사사들**

092 사사들과 이스라엘의 압제자들,
사사들이 대적들과 맞서다

097 **블레셋의 위협**

098 블레셋의 기원과 문화, 미케네의 영향을 받다

099 삼손과 블레셋 사람들, 쉐펠라의 주도권을 놓고 싸우다

100 언약궤, 블레셋이 언약궤를 빼앗다

100 **이스라엘의 초대 왕 사울**

100 사울의 등장, 이스라엘이 왕을 요구하다

103 사울과 블레셋, 사울이 블레셋에게 시달리다

103 사울과 다윗, 다윗을 죽이려는 사울

104 사울의 죽음, 사울이 블레셋의 조롱의 받다

Chapter 9 : The Kingdom of David and Solomon
새로운 왕조를 탄생시킨 다윗과 솔로몬

106 **다윗의 통치** BC 1000-960년

106 다윗의 왕권 강화,
이스보셋을 지지하는 북쪽 지파들의 위협에 맞서다

109 다윗이 치른 전쟁,
팔레스타인을 넘어 시리아까지 세력을 확장하다

111 **솔로몬의 통치** BC 960-922년

112 솔로몬의 경제 정책, 국제 교역의 중심이 되다

112 솔로몬의 건축 사업,
성전 건축과 광범위한 재건축을 시행하다

114 솔로몬의 정치와 지파들의 시기,
솔로몬의 사치가 불러온 갈등

114 **다윗과 솔로몬의 도시 예루살렘**

115 예루살렘의 지형, 예루살렘은 산지를 따라 형성되었다

116 가나안과 여부스 족속의 예루살렘,
다윗 이전에는 누가 살았나?

117 다윗과 솔로몬의 예루살렘, 이스라엘의 수도가 되다

118 솔로몬 성전, 이스라엘의 영광

Chapter 10 : The Kingdoms of Israel and Judah
두 왕국, 이스라엘과 유다

120 **북왕국 이스라엘**

120 **남왕국 유다**

121 **왕국의 분열**

127 **초기의 국경 분쟁과 침략**

127 이집트의 위협, 허약한 이스라엘과 유다

127 아람의 위협, 왕의 대로를 탐내다

128 **'오므리의 집'으로 불린 이스라엘**

128 오므리와 아합의 정책들, 이스라엘에 번영을 가져오다

130 오므리와 페니키아 사람들, 경제적 협력관계

130 오므리와 유다, 동맹관계

131 오므리와 트랜스요르단, 지배관계

131 오므리 왕조의 건축 사업, 사마리아에 새 도읍을 열다

133 오므리와 앗시리아,
앗시리아의 평창을 주춤하게 한 카르카르 전투
135 **신앗시리아 제국의 발흥**
136 앗시리아의 군사적 목적,
앗시리아는 정복 전쟁을 통해 무엇을 얻고자 했나?
137 아슈르나시팔 2세, 공포 정치로 제압하다
137 살만에셀 3세, 예후의 조공을 받다
138 앗시리아의 일시적인 쇠락,
지역 감독관들이 소요를 일으키다
139 **이스라엘과 유다의 번영 도래**
139 **앗시리아의 팽창 재개**
139 디글랏 빌레셀 3세, 옛 영광을 재현하다
142 시리아-에브라임 전쟁, 연합군의 예루살렘 포위
143 사마리아의 멸망, 별이 지다

Chapter 11 : Judah Alone Amid International Powers
열강 속에서 고립된 유다
146 **앗시리아의 위협**
146 **히스기야의 독립운동**
146 히스기야의 개혁, 강력한 국가로 거듭난 유다
148 히스기야의 반앗시리아 깃발,
바벨론 므로닥 발라단과 손을 잡다
148 히스기야의 전쟁 준비, 앗시리아를 막아라
148 히스기야의 저항, 산헤립의 공세
148 앗시리아의 유다 공격, 앗시리아가 쳐들어오다
151 예루살렘의 포위, 산헤립에게 조공을 바치다
153 **므낫세의 오랜 통치**
154 **에살핫돈와 아슈르바니팔 2세 치하,
앗시리아의 패권**
154 에살핫돈, 이집트의 조공을 받다
154 아슈르바니팔 2세, 형을 제치고 왕이 되다
154 이집트 정복, 앗시리아의 최고 전성기
154 앗시리아 제국의 위협들, 이집트와 바빌로니아의 저항
154 **앗시리아의 멸망**
154 저항 세력과 앗시리아 최후의 날, 왜 멸망했나?
156 **이집트의 야망**
157 **요시야의 왕국**
157 율법책의 발견, 요시야가 옷을 찢으며 울다
158 요시야의 업적, 요시야의 개혁
158 요시야의 죽음, 꿈은 무너지고
158 **신바빌로니아 제국과 유다의 마지막 왕들**
158 유다의 딜레마, 바빌로니아냐 이집트냐
160 예루살렘에 대한 첫 번째 원정,
풍전등화 앞에 선 예루살렘
161 유다와 예루살렘의 최후,
느브갓네살이 성전을 불태우다

Chapter 12 : The Exile
흩어진 백성유배 流配
163 유대 땅에 남은 사람들
164 바벨론에 사로잡혀 간 유대 공동체
165 이집트로 내려간 유대 공동체

Chapter 13 : The Persian Period
페르시아 시대
169 **페르시아의 발흥**
169 대왕 고레스, '기름 부은 자'로 불리다
170 바빌로니아의 멸망, 내부의 갈등으로 침몰하다
171 다리오 1세, 탁월한 행정 능력을 발휘하다
170 크세르크세스 1세,
살라미 해전에서 그리스에게 굴욕을 당하다
173 아닥사스다 1세, 그리스와 이집트를 견제하다
174 **유다로 귀향하는 포로들**
174 세스바살이 이끈 첫 번째 귀환, 귀환은 어떻게 이루어졌나?
176 스룹바벨과 여호수아, 성전을 재건하라
176 **페르시아의 행정**
177 유다와 사마리아 그리고 그 이웃들,
예루살렘 재건을 두려워하다
177 예후드의 경계, 유다 지역의 경계 어디까지였나?
178 에스라와 느헤미야의 지도를 통한 갱신,
유대 공동체를 구해내다

Chapter 14 : The Hellenistic Period
헬레니즘 시대
181 그리스 문화의 유입과 영향, 급변하는 세계 정세
182 헬레니즘의 도전, 양날의 칼
183 **알렉산더 대왕의 정복 전쟁**
184 이집트 정복, 이집트 '바로'의 칭호를 얻다
184 메소포타미아 출정, 페르시아를 굴복시키다
185 **알렉산더 제국의 분열**
185 **팔레스타인의 새로운 지배자 프톨레마이오스** BC 301~200년
186 프톨레마이오스의 정책들, 어떻게 지배했나?
186 알렉산드리아, 그리스 문화와 교역의 중심
187 팔레스타인, 헬레니즘 문화와 충돌하다
188 **셀류코스 왕조의 팽창**
188 셀류코스의 정책들, 제국을 어떻게 통합했나?
189 안티오코스 3세, 왕국을 건설하다
189 **셀류코스 통치 하의 팔레스타인**
189 로마와의 전쟁, 뜨는 태양 로마
189 안티오코스 4세, 헬라화를 주창하다
191 마카베오 혁명, 거세지는 저항운동
193 **하스몬 왕조**
193 요한 히르카누스, 보수파와 갈등하다

194 아리스토불로 1세, 골육상잔을 벌이다
194 알렉산더 얀네우스, 내전에 시달리다
194 독립의 끝, 로마의 통치가 시작되다

Part 3. The New Testament Era : The World of Jesus and the Early Church

신약 시대의 개막 : 예수 당시의 세계와 초기 교회

Chapter 15 : Rome's Emergence as a World Power
로마의 세계 제패制覇

198 **로마의 발흥**
198 **공화정 시대**
200 로마의 이탈리아 반도 지배, 전쟁을 통해 정복하다
200 카르타고와의 전쟁포에니 전쟁, 세계를 품다
200 스페인과 갈리아, 거센 저항에 고전하다
201 동방 원정, 4차에 걸친 마케도니아 전쟁
201 로마의 내전과 아우구스투스의 출현, 로마가 황제를 선택하다
203 **아우구스투스 : 제국 창건**BC 27-AD 14년
204 제국의 조직, 제국의 체제를 정비하다
205 아우구스투스의 평화, 팍스 로마나가 열리다

Chapter 16 : The Romans, Palestine, and Herod the Great
로마, 팔레스타인, 헤롯 대왕

206 **로마의 속국이 된 팔레스타인**BC 63-40년
206 폼페이우스와 예루살렘 정복, 성전을 더럽히다
207 로마의 팔레스타인 통치, 두 명의 총독이 팔레스타인을 통치하다
207 바대의 침략, 헤롯이 로마로 피신하다
209 **로마 종속국의 왕, 헤롯 대왕**
209 왕국 장악을 위한 헤롯의 투쟁, 헤롯이 유대 왕이 되어 로마에서 돌아오다
209 권력의 강화, 정적을 제거하다
209 헤롯의 건축 사업, 야심찬 도시화를 추진하다
209 헤롯의 예루살렘 건축 사업, 예루살렘을 로마의 도시화 하다
210 헤롯의 말년, 망상증이 불러온 비극

Chapter 17 : The World of Jesus
예수 그리스도의 세계가 펼쳐지다

215 **예수의 사역 기간 동안의 로마 제국 : 티베리우스의 통치**
215 **팔레스타인의 정치**BC 4-AD 41년

217 헤롯의 계승자들, 헤롯 왕국이 분리되다
219 최초의 지방징관, 로마 지방상관이 유대를 다스리다
221 **로마 시대의 유대 종파들**
221 바리새파, 토라와 구두 전승을 준수하다
222 사두개파, 권력자와 특권자들의 종교 분파
223 사해 두루마리 공동체에세네파?, 황무지에 신앙공동체가 있었다

Chapter 18 : The Life and Ministry of Jesus
예수의 생애와 사역

226 **예수의 탄생과 어린 시절**
228 **세례 요한 : 그 메시지와 사역**
229 **예수 시대의 갈릴리**
231 **예수의 초기 사역**
231 나사렛, 공생애를 시작하다
232 가버나움과 벳새다, 제자들을 부르다
232 갈릴리 바다 건너편 마을들, 나인의 과부 아들을 살리다
233 **갈릴리 밖 사역**
234 **예루살렘으로 가는 길**
234 사마리아, 수가 여인을 구원하다
235 베레아 사역, 예루살렘을 향한 마지막 여정지
237 **유대와 예루살렘 사역**

Chapter 19 : Early Expansion of the Church
초기 교회의 확장

246 **초기 교회의 확장과 로마의 박해**
246 가이우스 칼리굴라AD 37-41년, 자신을 신격화 하다
246 클라우디오AD 41-54년, 네로의 아버지
247 네로AD 54-68년, 폭군의 대명사가 되다
249 **팔레스타인의 정치 상황**AD 41-66년
249 헤롯 아그립바 1세의 왕국, '왕'으로 불리다
251 아그립바 2세, 헤롯 왕조의 영향력을 이어가다
251 혁명의 전조 제2행정관 시대, 다시 로마의 직접 통치를 받다
252 **사도들의 행적과 팔레스타인에서의 복음 진보**행 1-11장
252 예루살렘 안에서의 유대 사람의 저항, 스데반이 돌에 맞아 순교하다
252 예루살렘을 넘은 복음의 확산, 복음의 물결이 유대를 넘어 이방에게로 향하다
254 **바울의 사역**
254 바울의 회심과 초기 사역, 그리스도를 만나 새사람이 되다
255 안디옥 교회, 이방 그리스도 사람들의 교회
256 전도 여행, 그리스도교가 유럽에 전해지다
264 바울의 로마행행 27:1-28:16, 로마에서 그리스도의 복음을 외치다

Chapter 20 : The First Jewish Revolt
유대 사람의 첫 반란

269 유대 반란군의 저항
269 갈릴리 군사 작전
270 로마의 내분
272 티투스의 예루살렘 정복
273 유대 사람의 최후 저항
273 유대 반란의 결과

Chapter 21 : Christian Church
from A.D. 70 to 300
AD 70년부터 AD 300년까지의 교회

274 로마의 황제들 AD 69-138년
274 플라비우스 황제, 제국을 재건하다
279 플라비우스 왕조의 후계자들,
로마의 최고 절정기를 이루다
283 팔레스타인의 생활상과 교회 AD 73-135년
284 바르 코크바 반란
286 하드리아누스의 예루살렘
286 2세기로 접어든 그리스도교의 확장
288 교회의 확산 요인,
통일된 언어와 구비된 도로가 요인이 되다
288 소아시아, 교회의 중심이 되다
288 선도적인 교회들,
순교자와 변증자 그리고 신학자들을 배출하다
288 동방에서 교회의 확장, 로마 제국의 국교가 되다

289 용어풀이
291 참고문헌
299 인명 지명 색인
311 지도 색인

List of Sidebars
심층 해설

035 에덴동산은 어디에 있었을까?
039 나라들은 누구로부터 시작되었나?
063 종잡을 수 없는 무리 하비루
065 에마르 : 북부 시리아의 경제 교차로
078 트랜스요르단에는 어떤 족속들이 있었나?
084 모든 왕국들의 머리, 하솔
089 가나안 땅, 어떻게 분배했나
095 가나안의 종교
125 여로보암의 새 예배 처소
129 아람 사람들과 아람 다메섹 왕국
131 페니키아의 문화
134 엘리야와 엘리사의 사역
144 BC 8세기의 선지자 예언자 들 : 아모스, 호세아, 미가, 이사야
149 히스기야 때부터 BC 586년 멸망하기까지의 예루살렘
152 앗시리아는 어떻게 싸웠나?
160 BC 7세기의 선지자 예언자 들
165 제국의 심장 바벨론
167 포로기 선지자 예언자 들과 유다의 귀환
178 느헤미야의 희생으로 예루살렘이 회복되다
211 가이사랴, 헤롯의 세계의 창
212 헤롯의 요새들
213 헤롯의 여리고
239 헤롯과 예수 시대의 예루살렘
243 십자가의 길 : 마지막 일주일
265 바울의 전도 여행, 어디를 갔나?
277 요한계시록의 일곱 교회

List of Charts
표

032 표 1. 팔레스타인을 기준으로 본 고대 근동의 연대기
037 표 2. 초기 문명의 발흥
043 표 3. 중기 청동기 시대의 고대 근동
056 표 4. 후기 청동기 시대 BC 1550-1200년 의 근동
059 표 5. 이집트의 신왕조 시대
067 표 6. 이집트 탈출 연대는?
094 표 7. 이스라엘의 사사들
121 표 8. 분열 왕국 시대의
이스라엘과 주변 나라들 BC 922-722년
123 표 9. 이스라엘과 유다의 왕들
127 표 10. 이스라엘을 괴롭힌 아람 다메섹의 왕들
137 표 11. 신앗시리아 제국의 왕들
147 표 12. 홀로 싸우게 된 유다 BC 722-586년
158 표 13. 신바빌로니아 제국의 왕들 BC 626-539년
170 표 14. 페르시아 왕 BC 559-330년경
186 표 15. 프톨레마이오스 왕조와 셀류코스 왕조 BC 323-175년
191 표 16. 마카베오 혁명을 주도한 마타티아스 가문
193 표 17. 하스몬 통치자들
200 표 18. 도시 국가에서 세계 제국으로 성장한 로마
203 표 19. 주요 사건과 인물들 BC 133-27년
205 표 20. 로마의 황제들
217 표 21. 헤롯 왕조의 통치자들
219 표 22. 로마의 지방장관들 AD 6-41년
251 표 23. 두 번째로 팔레스타인에 파견된
로마 행정관 AD 44-66년

List of Maps

지도

002　지도 1. 고대근동
004　지도 2. 현재의 나라와 고대 근동 지역의 지형
005　지도 3. 메소포타미아 : 아브라함의 고향
007　지도 4. 이집트 : 속박의 땅
009　지도 5. 시리아와 레바논
011　지도 6. 고대 근동의 국제 교통망
013　지도 7. 고대 팔레스타인의 주요 지역
015　지도 8. 동서로 자른 수평 단면도
016　지도 9. 팔레스타인 북부, 북부 해안 평원,
　　　　　이스르엘 평원, 갈릴리, 바산
017　지도 10. 팔레스타인 중부, 돌 평원, 샤론 평원, 사마리아,
　　　　　요단 골짜기, 길르앗
019　지도 11. 팔레스타인 남부, 블레셋 평원, 쉐펠라, 유다, 염해
020　지도 12. 팔레스타인의 광야,
　　　　　아라바, 네게브, 신 광야, 바란 광야
024　지도 13. 오늘날의 팔레스타인
027　지도 14. 지역마다 편차가 심한 팔레스타인의 강수량
036　지도 15. 신석기 시대와 금속병용 시대의 정착지
038　지도 16. 열방의 족보
040　지도 17. BC 2000년대의 고대 근동
044　지도 18. 족장 시대의 고대 근동 BC 2040-1550년경
046　지도 19. 중기 청동기 시대의 팔레스타인 BC 2000-1550년경
048　지도 20. 아브라함의 이동 경로
049　지도 21. 아브라함이 약속의 땅 가나안에 정착하기까지
050　지도 22. 야곱의 방랑
052　지도 23. 이집트에 온 요셉과 야곱
055　지도 24. 이집트에서 쫓겨나는 힉소스 족
057　지도 25. 후기 청동기 시대의 이집트와 팔레스타인
058　지도 26. 투트모세 3세와 아멘호텝 2세의 원정
061　지도 27. 텔 아르마나 문서를 통해 본 BC 14세기의 가나안
062　지도 28. 이집트와 헷의 충돌
069　지도 29. 이집트 탈출 경로에 대한 다양한 가설들
074　지도 30. 가데스 바네아
076　지도 31. 정탐꾼의 여정
077　지도 32. 가데스 바네아에서 모압 평원까지
080　지도 33. 철기 시대의 고대 근동 BC 1200-1000년
081　지도 34. 바다 사람의 출현
082　지도 35. 팔레스타인에는 누가 살았나
083　지도 36. 팔레스타인 중부와 남부에서 벌인
　　　　　여호수아 정복 전쟁
085　지도 37. 팔레스타인 북부에서 벌인 여호수아 정복 전쟁
086　지도 38. 이스라엘이 정복한 지역
088　지도 39. 열두 지파에게 분배된 가나안 땅
090　지도 40. 레위 지파의 도시와 도피성
093　지도 41. 이스라엘의 사사들
096　지도 42. 에훗과 이스라엘을 위협한 모압 족속
097　지도 43. 가나안 족속을 물리친 드보라
098　지도 44. 아말렉 족속과 기드온의 전투
099　지도 45. 입다와 암몬 족속
100　지도 46. 삼손 대 블레셋
101　지도 47. 이스라엘로 돌아온 언약궤
101　지도 48. 사무엘이 사울을 왕으로 세우다
102　지도 49. 사울이 치른 전쟁들
104　지도 50. 다윗의 도피
107　지도 51. 이스라엘 왕이 된 다윗
109　지도 52. 다윗의 정복 전쟁
110　지도 53. 다윗과 솔로몬의 왕국
111　지도 54. 솔로몬의 경제 정책
113　지도 55. 솔로몬의 건축 활동
115　지도 56. 다윗과 솔로몬 시대의 예루살렘
122　지도 57. 이스라엘 왕국과 유다 왕국
124　지도 58. 이집트 왕 시삭의 침공과 르호보암의 방어선
126　지도 59. 이스라엘과 아람 - 다메섹의 전쟁
128　지도 60. 사마리아의 영광 오므리 왕조
130　지도 61. 페니키아의 무역과 문명
134　지도 62. 엘리야와 엘리사
135　지도 63. 예후의 쿠데타
136　지도 64. 앗시리아의 발흥 아슈르나시팔 2세와 살만에셀 3세
138　지도 65. 여로보암과 웃시야 시대의 이스라엘과 유다
139　지도 66. 디글랏 빌레셀 3세 치하의 앗시리아 제국
140　지도 67. 시리아 - 에브라임 전쟁
141　지도 68. 디글렛 빌레셀 3세의 원정과
　　　　　앗시리아 주들로 편입된 지역들
142　지도 69. 사마리아의 멸망과 이스라엘 사람들의 유배
144　지도 70. 사마리아 멸망 후 앗시리아 관할 구역
145　지도 71. BC 8세기의 선지자들
148　지도 72. 반역을 준비하는 히스기야
150　지도 73. 히스기야 시대의 예루살렘
151　지도 74. 산헤립의 유다 침공
155　지도 75. BC 7세기 앗시리아의 패권
156　지도 76. 신바빌로니아 제국의 발흥
157　지도 77. 요시아의 통치
159　지도 78. 느브갓네살의 유다 침공
162　지도 79. 유배 기간의 유다
163　지도 80. 유대 사람의 바빌로니아 유배 경로
164　지도 81. 이집트의 유대 사람 피난처
168　지도 82. BC 6세기의 세계 열강들
169　지도 83. 고레스 대왕의 정복 전쟁
172　지도 84. 페르시아 제국

174 지도 85. 유대 사람들의 귀환
175 지도 86. BC 5세기의 유다 주와 느헤미야의 대적들
180 지도 87. 알렉산더 대왕의 제국
182 지도 88. 알렉산더 제국의 분열
187 지도 89. 프톨레마이오스 통치 하의 팔레스타인
188 지도 90. 셀류코스 제국과 안티오코스 3세
190 지도 91. 안티오코스 4세의 이집트 출정
192 지도 92. 마카베오 혁명의 주요 사건들 BC 168-142년
195 지도 93. 하스몬 왕조의 영토 확장
196 지도 94. 폼페이우스의 예루살렘 출정과 정복
199 지도 95. 초기의 로마
201 지도 96. BC 3~2세기의 로마
202 지도 97. BC 1세기의 내전과 로마의 확장
204 지도 98. 아우구스투스 시대의 로마 제국
207 지도 99. 로마의 팔레스타인 통치 BC 63-40년
208 지도 100. 헤롯 대왕의 왕국
210 지도 101. 헤롯의 건축 사업
216 지도 102. 분리된 헤롯 왕국
220 지도 103. 예수 시대의 팔레스타인
224 지도 104. 쿰란과 사해 두루마리
227 지도 105. 예수의 탄생과 유년기
229 지도 106. 세례 요한의 사역
230 지도 107. 예수 시대의 갈릴리
231 지도 108. 갈릴리 바다를 중심으로 한 예수의 사역
235 지도 109. 갈릴리 밖 예수의 사역
236 지도 110. 갈릴리에서 유대까지 예수의 여정
237 지도 111. 유대와 예루살렘 사역
240 지도 112. 신약시대의 예루살렘
244 지도 113. 예루살렘에서의 고난 주간
248 지도 114. 헤롯 아그립바 1세의 왕국
250 지도 115. 로마 직접 통치 지역과 아그립바 2세 왕국
253 지도 116. 오순절과 유대 사람의 디아스포라
254 지도 117. 팔레스타인에서 행해진 초기 교회의 복음 사역

255 지도 118. 바울의 회심과 초기 사역
257 지도 119. 바울의 제1차 전도 여행
258 지도 120. 바울의 제2차 전도 여행
261 지도 121. 바울의 제3차 전도 여행
262 지도 122. 바울의 체포와 투옥
263 지도 123. 바울의 로마행
270 지도 124. 티베리우스 시대 로마 군단의 분포
271 지도 125. 제1차 유대 반란
272 지도 126. 티투스의 출정
275 지도 127. 황제 숭배를 거부한 계시록의 교회들
280 지도 128. 2세기 초의 로마 제국
282 지도 129. AD 73~135년의 팔레스타인
284 지도 130. 바르 코크바 반란
285 지도 131. 하드리아누스의 예루살렘 식민지 엘리아 카피톨리나
286 지도 132. AD 2,3세기 그리스도교의 확장

List of Abbreviations
약어

ANET   *Ancient Near Eastern Text Relating to the Old Testament*, ed. James B. Pritchard. 3rd ed. Princeton: Princeton University Press, 1969.

ANT   *Jewish Antiquities*, by Josephus. Loeb Classical Library: Harvard University Press.

JW   *Jewish Wars*, by Josephus. Loeb Classical Library: Harvard University Press.

Strabo   *Geography*, by Strabo. Loeb Classical Library: Harvard University Press.

CAH   *The Cambrige Ancient History*, eds. I. E. S. Edwards, C. J. Gadd, N. G. L. Hammond, and E. Sollberger. 3rd ed. Cambrige: Cambrige University Press, 1971.

Publisher | 발간사

두란노서원은 성도들이 주님의 말씀을 잘 연구하고 이해할 수 있는 여러 가지 도서들을 발간했습니다.

「비전성경사전」을 통해서는 쉽게 이해되지 않는 성경의 단어와 내용을 깨닫게 했습니다.

「비전성구사전」을 통해서는 성경의 말씀을 씨줄과 날줄로 꿰뚫을 수 있도록 했습니다.

마지막으로 성경을 연구하기 위해 꼭 필요한 성서지도를 발간합니다.

「두란노 성서지도」는 토마스 V. 브리스코 Thomas V. Brisco 가 저술한

Holman Bible Atlas Broadman & Holman Publishers 를 해당 전공분야에서 전문영역을 이루신

교수, 목사님들이 최선을 다해 번역하고 심혈을 기울여 편집을 했습니다.

이 성서지도를 통해서 성경을 이해하는 데 어려움이었던 시공간적의 간격이 극복될 것입니다.

모쪼록 바라기는 「두란노 성서지도」를 통해서 성지와 그곳에서 일어난 구원의 역사를 깨달을 수 있기를 바랍니다.

오랫동안 한국 교회가 기다려왔던 새로운 성서지도 발간을 계기로 성지에서 펼쳐진 구원 역사의 파노라마가

한국에서도 펼쳐질 수 있기를 기대합니다.

2008년 **목사 하용조**

Preface | 서문

이 '지도책'은 성경에서 전해주는 메시지가 시간을 초월하여 지금도 유용하다는 깊은 확신을 갖게 해준다. 그러나 하나님은 이 시간을 초월한 메시지를 특정한 지리학적 배경과 역사적인 환경 안에서 전해 주셨다. 오늘날 성경이 전해 주는 말씀을 이해하기 위해서는 고대 사회의 배경을 이해하는 관점에서부터 출발해야 한다. 대학과 신학교, 그리고 교회에서 성경공부를 20년 넘게 지도한 경험에 의하면, 지도책은 성경을 당시의 상황 속에서 바라볼 수 있도록 하는 강력한 렌즈의 역할을 한다고 확신한다. 이 책은 130여 개의 지도와 사진, 도표, 그리고 삽화 등 성경을 공부하는 사람들이 성경의 세계로 접근할 수 있도록 고안된 모든 것을 제공한다.

나는 이 '지도책'이 관심 있는 평신도와 대학교, 그리고 신학교의 초급반 수준의 학생들이 사용할 수 있도록 만들었다. 따라서 나는 전문 용어와 학자들 사이에서나 논의될 만한 복잡한 논쟁의 주제들은 가급적으로 피했다. 성경 지리학에 대한 사전지식이 부족한 사람들에게는 조금 혼란스러울 수 있기 때문이다. 이 책의 목표는 성경에서 기록하고 있는 이야기들을 이해하는 데 필요한 지리학적이고 역사적인 자료들을 제공하는 것이다.

1부는 성경이 서술하고 있는 당시의 지리적 상황, 기후, 경제와 이동 경로 등을 기술하고 있고, 2부에서는 창세기로부터 시작해 기독교가 승리를 맞이하게 된 AD 4세기까지의 이야기들을 성경의 각 장을 따라 추적했다. 이 책의 본문은 성경의 역사적인 이야기들을 기록하고 있다. 이집트, 앗시리아, 바빌로니아, 페르시아, 그리스, 그리고 로마와 같은 당시의 주변 열강과 고대 이스라엘의 관계에 대해 특별히 강조하고 있으며, 이스라엘보다 더 작은 이웃 부족들인 페니키아와 아람, 그리고 요단 건너편의 왕국들에도 관심을 기울였다. 본문에 기초한 지도들은 지역별로 그려졌다. 사실 많은 지도들은 글로 묘사되는 것보다 더 많은 정보들을 제공해 준다. 지도의 대다수는 지도 제목에 해당하는 성경 본문의 내용과 대체로 일치한다. 나는 학생들이 이 '지도책'을 읽을 때 성경 본문을 찾아 읽기를 강력하게 추천한다. 성경 자체를 공부하는 것보다 더 좋은 대안은 없다.

이 지도책이 가지고 있는 또 다른 특징은 보충자료가 포함되어 있다는 점이다. 보충자료에는 본문에 언급한 내용에 추가적인 자료를 실었다. 주제별로 정리된 용어풀이와 참고목록은 특정한 주제에 대하여 더 많은 자료를 원하는 학생과 교사들을 위해 책의 뒤쪽에 첨부했다. 연대 추정에 의한 연대기는 역사가들 사이에서는 언제나 문제가 된다. 이 지도책에서 사용하고 있는 연대들은 「케임브리지 고대사」Cambridge Ancient History 3판에 나온 것을 우선적으로 따랐다. 이외에도 이스라엘과 유다의 왕들에 대해서는 존 브라이트 John Bright가 쓴 「이스라엘의 역사」History of Israel 3판을 참고했다. 연대표기는 대략적인 것이긴 하지만 숫자로 표기하기로 편집방침을 정했다. 예를 들면, 'BC 19세기 중반'이라는 표현을 쓰는 대신에 연대의 근사치를 살려 'BC 1850년'이라고 표기했다. 이렇게 하는 것이 일반 독자들에게 혼란을 덜 줄 것이라고 판단했기 때문이다.

이 책에 기록된 모든 성경 본문은 RSVRevised Standard Version에서 인용했다. 따라서 이 책에서 언급되는 지명들은 RSV에서 나온 지명들과 일치한다. 이와 함께 '지중해'처럼 이미 너무 잘 알려진 지명은 '윗 바다'Upper Sea나 '대해'Great Sea가 아닌 일반적으로 알려진 명칭을 사용했다. 이 지도책에서 사용된 '팔레스타인'이라는 말은 지금의 정치적인 상황과는 관련이 없으나, 남부 레반트 지역을 묘사하는 가장 적절한 용어로 선택했다.

마지막으로, 이 지도책을 저술하는 데 있어 자신의 전문성을 살려 도움을 준 많은 사람들에게 깊은 감사를 전하고 싶다. 또한 이 지도책을 발간할 수 있는 기회를 준 홀만 출판사Holman Publishers와 두 분의 훌륭한 편집자인 트렌트 버틀러성경출판부 편집장와 스티브 본드참고문서 편집장에게 큰 신세를 졌다. 트렌트는 거의 팔 년 동안 이 계획을 추진했고, 스티브가 이 계획의 마지막 이 년 동안 수없이 많은 사소한 일들을 비롯해 지도제작자와 그래픽 전문가들과 연락하는 역할까지 감당해 주었다. 그들의 현명한 조언과 끊임없는 격려에 깊이 감사하고 있다. 또한 지오Geo시스템의 수석 책임자인 케이트 윈터스수석 프로젝트 매니저와 케빈 리어프로젝트 매니저, 그리고 특별 지도 고문 배리 바이젤에게 감사한다. 케빈과 재능 있는 지도 전문가들은 본문에 담긴 내용을 제대로 전달하기 위해 언제나 최선을 다해주었다. 이 분야에 있어 바이젤 교수의 전문성은 탁월하다. 나는 그의 통찰력과 경륜에 감사함을 전한다. 이 지도책의 틀을 멋지게 만들어준 마이크 피터슨과 존 R. 코렌버거 3세가 운영하는 멀트노마 그래픽 회사의 관계자들에게 감사한다. 또한 여러 개의 삽화를 만드는 데 도움을 준 마르샤 엘리스 스미스를 비롯해 성경 삽화가인 제임스 맥클레모어와 브렌트 브루스에게도 감사한다. 또 이 책의 신약 부분을 읽고 조언해 준 나의 동료 브루스 코리에게 감사한다. 원고를 타이프 쳐준 스테파니 파울스, 비벌리 길, 그리고 쉐리 할의 세 유능한 비서들에게도 감사한다. 쉐리는 작업의 마지막 단계에 참여하여 수없이 많은 작은 일들을 기꺼이 맡아 주었다. 이 지도책이 가지고 있는 부족한 부분은 지금까지 언급한 모든 소중한 도움에도 불구하고 나 자신의 부족함으로 인해 생긴 결과임을 밝혀 두는 바이다.

Tomas V. Brisco
토마스 V. 브리스코

The Biblical Setting

|1부| 성경 배경

1. The Face of the Ancient Near East - 고대 근동의 모습

2. Natural Regions of Palestine - 신앙의 진원지 팔레스타인

3. Life in Ancient Palestine - 팔레스타인, 어떻게 살았나

Introduction

성경은 지리학적인 내용들이 집약되어 있는 책이다. 성경은 인간의 역사 속에서 이루어지는 하나님의 구속 사역을 기록하고 있다. 이 이야기는 이스라엘 지역과 초기교회 그리고 무엇보다도 예수 그리스도를 통해 펼쳐진다. 이 특정한 지리학적 위치와 문화적 상황은 하나님이 이루어 가시는 드라마의 배경이 되었다. 지리학적 위치는 인간의 역사에서 종종 중대한 역할을 한다. 문화적 영향력과 군사적 · 경제적 동맹 그리고 그곳에 사는 사람들의 정치적인 중요성은 지리학적 위치에 따라 어느 정도 결정된다. 게다가 고대 사회는 지금 우리가 사는 현대 사회보다 지역에 더 밀접하게 연관되어 있었기 때문에 지금보다 외형적인 환경에 더 깊은 영향을 받을 수밖에 없었다. 지형에 따라 마을과 도시의 위치뿐 아니라 이들을 잇는 도로의 형태까지도 결정되었다. 기후와 토양 조건, 급수給水 조건은 농사는 물론 사람들의 정착지와 식생활, 심지어 종교 생활에까지 영향을 미쳤다. 그 지역에서 나는 천연자원은 집 안에서 쓰는 생활용품과 도구, 무기 등을 만드는 데 사용되었다. 따라서 성경을 배우고 있고, 혹은 배우고자 하는 독자라면 성경에 나오는 지리적 환경을 이해해야 한다.

Chapter 1

The Face of the Ancient Near East

| 고대 근동의 모습 |

성경 드라마의 대부분은 고대 근동 지역에서 펼쳐졌다. 오늘날의 이집트, 이스라엘, 요르단, 사우디아라비아, 레바논, 시리아, 이라크, 이란, 그리고 터키가 이 지역에 해당한다. 고대 근동은 많은 중요한 문화와 기술적인 진보가 일어난 곳으로 '문명의 발상지'라고 불린다. 필적할 만한 기술 혁신이 세계 여러 지역에서도 일어났지만, 여전히 근동은 인류 역사의 중심지로 남아 있다. 이곳은 아프리카, 아시아, 그리고 유럽이 만나는 집합점이다.

비옥한 초승달 지역

제임스 브레스테드 James Breasted* 는 일찍부터 농경 생활을 하기에 유리했던 근동 일대를 '비옥한 초승달 지역'이라고 이름 붙였다. 이 지역은 많은 강수량과 일찍부터 관개 시설의 발달로 물이 충분한데다 기후가 적절해 도시 국가로 성장할 수 있었다. 페르시아 만하류, Lower Sea에서부터 북서쪽으로 뻗은 초승달 지역은 메소포타미아라고 불리는 티그리스 강과 유프라테스 강 주변의 땅들을 포함하고 있다. 터키 아래쪽의 초승달 지역은 동부 지중해 해안을 따라 남쪽으로 휘어진다. 남쪽으로 꺾인 초승달 지역에는 지중해와 시로－아라비아 사막 사이에 낀 좁고 긴 땅이 놓여 있는데, 이 지역을 '레반트' Levant** 라고 한다. 고대 시리아는 레반트의 북쪽 절반을 차지했고 팔레스타인은 남쪽 지역을 점유했다. 남쪽으로 펼쳐진 시로－아라비아 사막은 초승달 지역의 독특한 모양의 틀을 잡아 주었고, 주변의 산맥타우루스Taurus 산맥, 쿠르디스탄 Kurdistan 산맥, 자그로스 Zagros 산맥은 북쪽과 동쪽 한계를 정해 주었다.

비옥한 초승달 지역의 남쪽으로 시내 반도를 지나면 이집트가 있다. 나일 강과 풍부한 수량이 주는 자연의 혜택으로 이집트는 고대 근동에서 매우 중요한 역할을 했다. BC 3200년경부터 이집트는 메소포타미아처럼 문명의 강력한 중심지가 되었다. 역사적으로 이집트와 메소포타미아의 문화는 적어도 알렉산더 대왕BC 334-323년의 원정 이전까지는 고대 근동 문화를 주도했다. 이집트와 메소포타미아에서 강력하고 지속적인 문명이 출현함으로써 팔레스타인은 전략적으로 중요한 지역이 되었고 거대한 두 문화를 연결하는 교량 역할을 했다. 그 이유는 해변 길 International Coastal Highway이 팔레스타인 지역을 통과했기 때문이다. 이 때문에 팔레스타인은 비교적 적은 자원과 좁은 영토에도 불구하고 전략적으로 매우 중요했으며, 고대 근동의 경제적 · 군사적 요충지의 역할을 하게 되었다. 역사적인 면에서 보면 두 가지의 의미가 있는데 첫째는 팔레스타인에 사는 사람들은 여러 문화의 영향을 받았다는 것이고, 둘째는 주요 강대국들이 이 작은 땅을 지배하려 했다는 것이다.

메소포타미아
아브라함의 고향

메소포타미아는 많은 시기에서 성경의 배경으로 없어서는 안 될 지역이다. 창세기는 메소포타미아에 아브라함의 고향이 있다고 말한다창 11, 12장. 메소포타미아에 세워졌던 앗시리아앗수르와 바벨론의 왕들은 구약의 역사서와 예언서에 자주 등장한다. 예루살렘에서 잡혀 간 유대 사람들은 바벨론에서 오랜 세월을 포로로 지냈으며 잡혀 간 이들의 후손들은 초기 교회의 첫 오순절 사건에 등장한다.

*제임스 브레스테드(James Breasted, 1865-1935년 / 인명)
미국 일리노이에서 출생했으며 예일 대학과 베를린 대학을 졸업했다. 미국 내 이집트학Egyptology의 선구자로 불린다. 1894년에서 1925년까지 시카고 대학에서 이집트학과 동양서아시아와 중동 지역 역사를 가르쳤으며, 1919년에는 동양학회 박물관을 설립했다.

**레반트(Levant / 지명)
역사상 지중해 동쪽 해안에 위치한 곳이다. 베네치아 사람과 십자군의 결과로 생긴 두로와 시돈 등의 상업 도시 건설과 관련이 있다. 소아시아와 시리아의 연안 지역들을 뜻한다. 이 지역은 아나톨리아라는 말로도 쓰였는데, 중동 또는 고대 근동의 동의어다.

2 | 현재의 나라와 고대 근동 지역의 지형

메소포타미아는 문자적으로 '두 강 사이'라는 뜻으로 티크리스 강과 유프라테스 강 주변 땅을 말한다.

메소포타미아는 문자적으로 '두 강 사이'라는 뜻으로 티크리스 강과 유프라테스 강 주변 땅을 말한다. 오늘날의 이라크와 시리아 북쪽과 터키의 남서쪽 끝부분이 고대 메소포타미아 지역이다. 남쪽과 서쪽은 시로 – 아라비아 사막이 광대하게 펼쳐져 있는데, 농경에 의지하는 정착민들의 생활이 가능한 지역과 경계를 이룬다. 북쪽과 동쪽은 산맥들이 메소포타미아를 두르고 있다. 성경 시대에 이 산맥들은 종종 메소포타미아 왕국을 위협했던 저층민들의 은신처가 되었다. 메소포타미아는 수메르, 아카드, 바벨론, 앗시리아를 포함해 많은 거대 문명을 낳았다.

티그리스와 유프라테스 | 문명을 일구다

티그리스 강과 유프라테스 강은 메소포타미아 문명을 탄생시켰고 지배했다. 두 강은 터키의 동쪽 고산 지대에서 기원해 남쪽과 남동쪽으로 흘러 페르시아 만까지 흐르며, 그들의 여정 대부분을 멀리 갈라져 흐르다가 바그다드에서 32km까지 가까워진 뒤 다시 갈라져 흐른다. 페르시아 만 근처에 다다른 두 강은 예나 지금이나 다름없이 습지대를 만든다.

유프라테스 강2,864km은 티그리스 강보다 길고 유속이 느려 운송에 더 적합하다. 주요 두 지류인 발리크Balik 강과 하볼Habor 강이 메소포타미아 북서쪽에서 유프라테스 강과 합류한다. 티그리스 강1,850km은 자그로스 산맥과 평행으로 뻗어 있는 초원 지대를 더 빠르게 흘러 내려간다. 대자브와 소자브Greater and Lesser Zab 강, 아드하임Adhaim 강, 디알라Diyala 강 등의 지류가 산맥으로 흘러내리는 티그리스 강과 합류한다. 티그리스 강과 유프라테스 강, 그리고 그 지류들의 영향으로 메소포타미아의 거의 모든 도시들은 그 물길을 따라 세워졌다. 그러나 강의 물길이 변할 때마다 도시들은 고립되기도 했다. 그때마다 도시들은 경제적인 이유로 인해 쇠퇴하기도 하고 버려지기도 했다.

티그리스 강과 유프라테스 강은 매년 범람한다. 가을과 겨울에 내리는 비는 북쪽 높은 산지에 쌓였던 눈이 녹아내린 물과 합쳐져 많은 양의 물을 흘려보낸다. 이때의 범람은 예측하기 어려운데, 때로는 불충분하고 때로는 너무 지나치다. 그러나 메소포타미아의 홍수는 이집트와 같이 농업에는 도움이 되지 못했다.

그 결과 메소포타미아 중부와 남부의 거주자들은 오래 전부터 범람에 대비하는 동시에 건조한 땅에 물을 대기 위해 운하와 제방, 댐과 같은 복잡한 시스템을 개발 · 유지했다. 길가메쉬 서사시(Gilgamesh Epic*)에 나오는 홍수 이야기는 메소포타미아 전역에 널리 퍼져 있었다. 이것은 고대인이 홍수에 매료됨과 동시에 두려워했음을 표현하고 있다.

메소포타미아의 남 · 북부 | 같으면서도 다른 지역

메소포타미아의 북부와 남부는 지형과 기후 그리고 천연자원에 의해서 달라진다. 두 지역을 가르는 경계선은 대략 지금의 바그다드 근처다. 바그다드 남쪽부터 페르시아 만까지약 560km는 강들이 옮겨 온 퇴적물과 사막에서 날아온 토양으로 형성된 편평한 평원 지대다. 이 지역의 여름은 매우 덥지만7월에 평균 35℃ 겨울은 따뜻하다. 부족한 강수량은 남쪽으로 갈수록 더 심해져서, 작물은 완전히 관개에 의존해야 한다. 지금도 하늘에서 내려다보면 농업에 필요한 많은 관개수로와 오랜 기간 침적된 토양의 모습을 볼 수 있다. 지나친 관개 시설과 잦은 홍수는 결국 염분이 있는 땅소금 땅을 만들어 내 작물 생산을 방해하는 결과를 가져왔다.

메소포타미아 문명의 발원지 유프라테스 강. 이 강을 중심으로 고대 도시들이 건설되었다.

남부 메소포타미아는 여러 자원이 부족하다. 건축 자재로 이용할 것이 거의 없어서, 주택이나 신전, 그리고 궁전은 모두 흙벽돌로 지었다. 금속과 목재는 수입해서 썼다. 그러나 관개된 땅에서 빵이나 맥주의 주재료가 되는 보리나 밀 등 양질의 곡식들이 생산되었다. 풍부한 대추야자와 참기름으로 필요한 탄수화물을 공급받았고, 습지대와 강에서 잡은 생선으로 단백질을 섭취했다. 적절하게 이용된 땅은 많은 인구를 먹여 살렸을 뿐 아니라 수출할 잉여 농산물까지 생산했다. 수메르, 아카드, 바빌로니아 문명은 성공적으로 남부 메소포타미아에서 일어났고 근동에 거대한 문화유산을 남겼다. 바벨론과 우르 같은 도시는 그 땅의 활력을 증명해 준다.

바그다드 북부의 땅과 고산 지대, 그리고 초원 지대는 남부의 광활한 평지와 대조를 이룬다. 기복이 있는 언덕은 메소포타미아 경계인 북쪽 높은 산지까지 나타난다. 강수량은 북부가 더 풍부하며, 어떤 지역은 연간 500mm가 넘기도 한다. 여름은 남부보다 약간 온화하지만 겨울은 고도가 높은 지역이라 훨씬 춥다.

티그리스 골짜기 중부 모술Mosul* 근처에 있는 앗수르, 니느웨, 갈라Calah; 니므롯 Nimrud는 고대 앗시리아의 중심 도시다. 목재와 석재는 앗시리아의 아름다운 궁전과 신전 그리고 행정 관청을 짓는 건축 자재로 제공되었다. 그러나 일반인들은 여전히 흙벽돌로 집을 지었다. 앗시리아 일부에서는 보리나 밀을 생산했으나 자급할 만큼 충분하지는 않았다. 또한 무기와 도구를 만드는 데 필수적인 구리, 철, 주석, 아연, 납 같은 금속류와 백향목, 부족분의 식량은 수입해야 했다. 앗시리아 사람들은 주요 대상로를 통해 필수품을 얻기 위해 종종 남쪽 지역 바빌로니아에서 서쪽 지역 지중해까지 세력을 뻗고자 했다.

앗시리아 서쪽은 발리크 강과 하볼 강이 만들어 낸 무성한 초원 지대와 기름진 땅이 있는 메소포타미아 북서부 지역이다. 이 지역은 풍부한 겨울비와 넉넉한 지하수, 그리고 수많은 냇물이 있어서 소와 양을 키우기에 특히 안성맞춤이었다. 성경은 아브라함이 이 지역과 밀접한 관계가 있다고 말한다. 성경에서 종종 '메소포타미아'로 번역되는 '아람 나하라임' 창 24:10; 신 23:4은 발리크 강과 하볼 강의 땅을 말한다.

속박의 땅

인류 문명의 고향과 같은 이집트는 성경의 배경으로도 매우 중요한 곳이다. 이집트 역사는 고대 세계에서 3000년이 넘는 동안 그 매력을 더하며 펼쳐졌다. 아브라함이 이집트를 여행하던 시기에 바로Pharaoh들은 이미 1000년 넘게 그 지역을 다스리고 있었다. 지리적으로 팔레스타인이 가깝기 때문에 이집트 고대 문화는 팔레스타인 사람들에게 깊은 흔적을 남겼다. 요셉과 모세에 관한 성경의 기록은 두 땅 사이의 상호 관계를 잘 말해 준다. 이집트 왕들은 주요 대상로를 확보하고 안전지대를 유지하기 위해 끊임없이 팔레스타인에서 일어나는 사건들에 간섭했다.

| 두 지역 | 고高 이집트와 저低 이집트

발달된 문명을 낳은 땅은 지리적으로도 독특하다. BC 5세기 그리스의 역사가 헤로도투스**가 관찰한 대로 이집트는 '나일 강의 선물'이다. 나일 강은 북아프리카 사막의 모래와 돌을 통과해 살아 있는 손가락같이 뻗어 간다. 고대 이집트 사람들은 아스완 근처 첫 번째 폭포에서부터 북쪽의 지중해에 이르는 1,200km의 나일 강 주변을 경작지로 일구었다.

지리적으로 이집트는 지금의 카이로***에서 두 개의 지역으로 나뉜다. 카이로 북쪽은 나일 강이 수천 년간 만들어 낸 넓은 충적토로서 거대한 삼각주를 이루고 있다. 지금은 두 개의 지류밖에 남지 않았지만 고대에는 많은 지류들이 삼각주 혹은 '저 이집트'Lower Egypt로 흘러갔다. 빽빽한 덤불들이 초기 발전을 막았으나, 결국 사이스Sais, 부바스티스Bubastis와 성경에 등장하는 국고성 비돔과 라암셋출 1:11 같은 몇몇 핵심 도시가 등장했다. 고센 땅은 이집트의 북동쪽 삼각주 지역으로서, 팔레스타인에서 가장 쉽게 접근할 수 있어 이스라엘 족장들이 자주 여행하던 곳이다 창 45:9-11; 46:31 이하. 카이로 남쪽은 사막이 있어 나일 골짜기에만 정착이 가능했다. 나일 골짜기는 매년 홍수의 영향으로 좁은 띠

*** 모술(Mosul / 지명)**
티그리스 강가에 있는 이곳은 이라크에서 세 번째로 큰 도시며 니나주의 상업 중심지다. 도로와 철도로 국내 도시들은 물론 주변의 시리아, 터키와 이어지며 공항도 있다. 모술에는 붉은 모스크를 비롯한 여러 모스크, 사당, 그리스도교 교회 등 많은 고대 건물들이 있다.

**** 헤로도투스(Herodotus, BC 480~420년경 / 인명)**
고대 그리스의 역사가요 수학자로서 평균平均의 개념을 인류 최초로 발견한 인물이기도 하다. BC 440년경에 쓴 「역사」는 서양 최초의 사실을 근거로 기록한 역사책으로 여겨지고 있다. 당시 지리학에 대한 많은 정보를 담고 있다.

***** 카이로(Cairo / 지명)**
이집트의 수도다. 사막 기후에 강수량도 적지만 나일 강 때문에 도시 인구는 1,500만 명에 달한다. 나폴레옹의 원정 등 수차례 전쟁을 겪었으며, 19세기 무함마드 알리 왕조 시대에 근대 도시 카이로로 정비되어 오늘날에 이르고 있다.

를 이루는 강가의 땅이다. 나일 골짜기 혹은 '고 이집트'Upper Egypt 의 폭은 불과 몇 km밖에 되지 않는다. 나일의 제방을 따라 흩어진 거대한 이집트의 도시는 기념비적인 신전들과 함께 여전히 경외감이 들게 만든다. 아비도스Abydos, 에드푸Edfu, 그리고 특별히 아몬 레Amon-Re의 신전과 함께 테베성경에서는 노 아몬, 나 3:8 *는 이집트가 가장 강력했던 시기의 힘을 과시하고 있다. 테베 반대편에 있는 사막에는 신왕국 바로Pharaoh들의 무덤이 있는데, 이를 왕들의 골짜기The Valley of the Kings라고 부른다. 이집트 도시들은 메소포타미아 도시들에 비해 작은 편이다. 실제로 대부분의 이집트 사람들은 작은 마을에서 살았다. 그러나 수세기에 걸쳐 역사가와 시인의 상상력을 사로잡은 것은 평범한 마을의 삶이 아닌 이집트의 기념비적인 건축물들이었다.

나일 강의 선물 | 사막을 옥토로 만들다

이집트 최고의 자원은 나일 강이다. 나일 강을 따라 도시와 마을이 연결되었고, 육지의 대로같이 운송과 교통을 담당했다. 강물은 남에서 북으로 흘렀지만 때로 북풍이 불면 물길을 남으로 흐르게 해 상류남쪽 여행을 가능하게 했다. 매년 일정한 시기에 일어나는 나일 강의 범람은 건조한 땅을 물로 채우고 얇은 층의 새로운 토

테베 근처에서 촬영한 나일 골짜기의 항공 사진. 나일 강 근처의 기름진 땅과 골짜기를 둘러싼 사막 간의 차이가 두드러진다.

*카르툼(Khartoum / 지명)
수단의 수도로, 나일 강의 지류인 청나일 강과 백나일 강이 합류하는 지점의 남단에 있다. 북카르툼, 옴두르만과 함께 광역 도시권을 형성한다.

양을 보충함으로써 땅을 기름지게 만들었다. 이 독특한 현상은 이집트 남쪽 멀리에서도 발견된다.

나일 강은 몇 개의 지류가 합쳐진 강이다. 백나일 강은 일정한 강우로 채워진 아프리카 적도의 호수들이 수원이 되어 물을 안정적으로 공급한다. 수단의 카르툼Khartoum* 근처에서 청나일 강과 아트바라Atbara 강이 백나일 강과 합쳐진다. 봄 동안 에티오피아 고원 지대의 눈이 녹고 비가 오면 청나일 강과 아트바라 강의 물이 불어나 강속이 빨라지면서 토양과 유기물들을 쓸어 내려간다. 나일 강은 그 물을 북쪽 지중해로 몰고 간다.

7월부터 9월까지 강물은 대지를 적시고 풍부한 퇴적물을 쌓으며 강둑 주변의 땅을 덮는다. 강물이 빠질 때 이집트 농부들은 땅을 정리하고 씨 뿌릴 준비를 한다. 모든 농업이 매년 홍수에 의존하기 때문에 이집트 사람들은 수위를 예측하는 장치Nilometers, 나일 강의 수위계를 개선시켰다. 7~8m의 수위가 가장 바람직했다. 6m보다 낮으면 창세기 41장 53절에 언급된 것같이 기근을 일으키고, 그보다 높으면 마을을 파괴시킬 수 있었다. 매년 반복되는 나일 강의 범람은 이집트 문명이 안정적으로 발전하는 요소가 되었다. 여기에 적당한 기후까지 더해졌는데, 여름은 매우 더우나 일조량이 많고 겨울은 온화해 작물이 자라기에 이상적이었다. 이집트에서는 근동의 다른 지역에서 발견되는 폭풍과 극한 기후 변화도 나타나지 않았다. 더욱이 사막은 이집트의 동쪽과 서쪽의 경계를 이루었고, 지중해는 북쪽의 효과적인 방벽이 되었다.

나일 강 남쪽에 있는 여섯 개의 폭포는 전략적으로 무장된 수비대같이 그 땅을 보호하여 외부의 접근을 통제했다. 이집트로 가려면 주로 북동쪽의 삼각주를 이용해야 했다. 주요 대상로는 팔레스타인에서 시내 반도를 지나 이집트로 들어오는 길인데, 이 길은 근동의 다른 문화권과 연결되었다. 이 대상로는 이집트를 공격할 때도 사용되었다. 결과적으로 이집트는 안전을 확보하고 생필품 공급을 유지하기 위해 꾸준히 시내 반도를 넘어 팔레스타인과 시리아까지 세력을 넓히고자 했다.

레반트 지역은 어디를 말하나?

'레반트'는 서쪽으로는 지중해가, 동쪽으로는 시로-아라비아 사막이 가로막고 있는 지중해 동쪽 해안가를 말한다. 팔레스타인은 남쪽 끝에 위치한 반면2장 참조, 시리아와 레바논은 레반트 북쪽 지역에 있다. 레반트는 메소포타미아와 이집트 사이에 있어서 양쪽의 거대 문명을 연결하는 교량 역할을 했다. 해변 길은 레반트를 지나는 자연적인 통로를 따라서 생겨났다. 대부분의 레반트 지역은 큰 강은 없지만 작물을 생산하기에 적절한 비가 내리고 높은 산지에서 흘러내리는 작은 강들이 있어서 물을 공급받을 수 있었다.

|시리아와 레바논| 거대 문명들이 충돌하다

오늘날 시리아와 레바논의 영토는 대부분 레반트 북쪽에 해당한다. 여기에 터키 남부가 포함된다. 아마누스Amanus 산맥2,100m 이상은 고대 시리아의 북쪽 한계선을 결정지었다. 이 산맥을 통한 길은 길리기아Cilicia 평원으로 이어지며, 길리기아 평원은 타우루스 산맥의 그 유명한 길리기아 관문을 통과하여 동부의 아나톨리아Anatolia 고원 지대로 접근할 수 있었다. 시리아의 일부는 유프라테스 강의 남쪽과 서쪽과도 닿아 있다. 유프라테스 강의 대도시 갈그미스Carchemish는 알 자지라Al-Jazirah로 알려진 초원 지대와 하란과 연결되어 있으며 시리아와 앗시리아의 관문으로 기능했다. 아마누스 산맥, 누세이르예Nuseiriyeh 산맥1,600m 이상, 몽스 카시우스Mons Cassius, 1,760m 등 연속되는 산맥은 해안을 따라 시리아 서쪽 지역에 우뚝 솟아 있다. 오론테스Orontes 강은 베카Beqa 골짜기에서 발원해 안디옥 평원으로 흘러들어 간다. 고대 바알 신화를 자세히 다룬 중요한 종교 문서가 발견된 고대 우가릿Ugarit은 시리아의 중요 항구였다. 내륙으로는 해변 길이 산맥의 동쪽 골짜기와 평원에 위치한 하맛Hamath, 에블라Ebla, 알레포Aleppo

멀리 룩소르 사원이 보이는 테베의 나일 강.

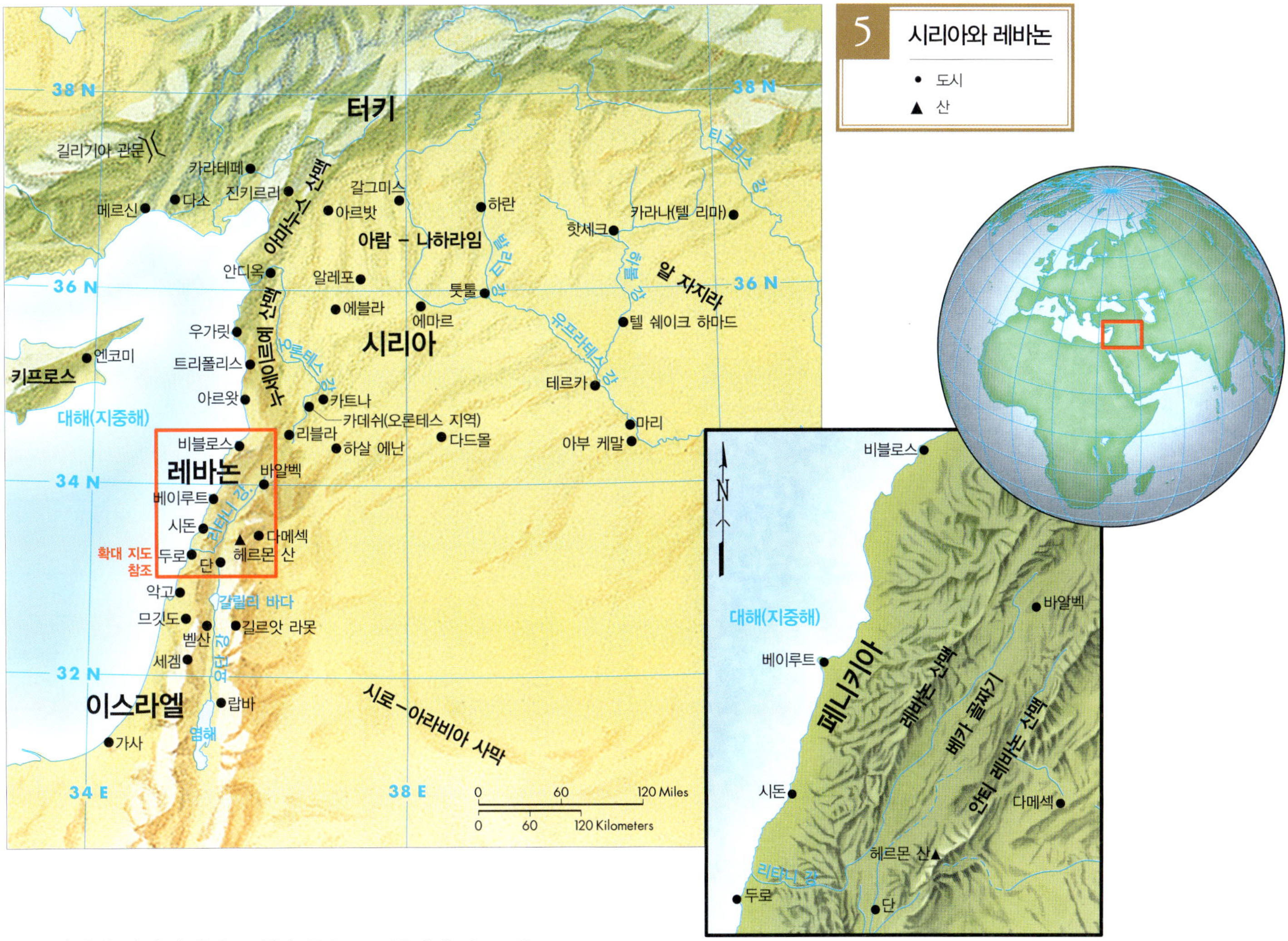

를 통과했다. 사막의 대상隊商들은 주요 도로를 따라 시리아 사막을 다녔다. 고대 세계의 거대한 대상 도시 중 하나인 다드몰/팔미라 Tadmor/Palmyra는 다메섹과 마리 Mari를 연결했다. 이 대상로의 남쪽과 서쪽은 거대한 시리아 사막과 고원 지대로서 여행이 사실상 불가능했다. '홈스 다드몰 통로'Homs-Tadmor Corridor로 불리는 저지대는 아르왓Arvad 근처의 지중해까지 접근할 수 있도록 했다. 또 거대한 대상 도시 다메섹은 안티 레바논 산맥 레바논 산맥과 평행하게 남북으로 뻗은 해발 3,000m 이상의 산맥 동쪽에 있는 바라다Barada; 왕하 5:12에는 아바나 Abana로 언급되어 있음 강에 의해 형성된 오아시스에 위치해 있다. 바라다 강은 안티 레바논 산맥의 비탈을 내려와 약간 건조한 평원이 있는 동쪽으로 흘러간다. 나병에 걸린 다메섹 군 지휘관 나아만은 다메섹에 흐르는 아바나 강과 바르발Pharpar 강의 맑은 물을 언급했다 왕하 5:1-14. 바르발 강의 존재는 불확실하나 아마도 다메섹 남부의 엘 아와즈El-Awaj를 말하는 듯하다.

레바논은 바다와 사막 사이에서 불쑥 솟아오른 지형을 하고 있다. 레바논 산맥최고봉이 3,083m과 안티 레바논 산맥3,000m 이상이 나란히 남북으로 뻗어 있는데, 헤르몬 산 2,823m은 안티 레바논 산맥의 남쪽 끝에 솟아 있다. '레바논'이라는 이름은 산맥 정상이 언제나 하얀 눈으로 덮여 있어서인지 '희다'를 뜻하는 히브리어의 어근 '라반'에서 나왔다. 이 산맥은 고대 근동을 통해 극상품으로 알려진 유명한 '레바논 백향목'의 원산지다. 백향목이 워낙 커서 선박이나 신전, 궁전 같은 큰 건물을 짓는 데 사용됐다. 솔로몬은

멀리 눈 덮인 헤르몬 산이 바라보인다.

*비블로스(Byblos/ 지명)
현대명은 즈바일Jbail이고, 성경에서는 그발Gebal로 일컫는다, 지중해 해안에 위치한 항구 도시며, 건축술과 항해술로 유명하다 왕상 5:18; 겔 27:9. 파피루스, 성경bible 등의 어원이 되기도 한 곳으로서, '담무스'Tammuz와 '아도니스'Adonis를 섬기는 신전 장소로 유명했다.

**므깃도(Megiddo/ 지명)
이스라엘 평원 지역 하이파Haifa 남동쪽으로 약 32km, 예닌Jenin 북서쪽 약 17.6km 지점에 위치해 있다. 이집트와 다메섹을 동서남북으로 잇는 교통 요지로서 전략적으로 매우 중요하여 전쟁이 빈번하게 일어났다.

성전과 궁전을 지을 때 레바논의 백향목을 사용했다 왕상 5:6; 7:11. 이집트 사람들은 백향목을 탐냈고 무엇보다 신성한 바크 신의 형상을 옮길 때 사용하는 신성한 배를 만드는 데 사용했다. 백향목을 운반하는 주요 항구인 비블로스 Byblos*는 BC 2000년경 이집트의 영향을 많이 받은 것으로 보인다.

기름진 베카 골짜기는 레바논 산맥과 안티 레바논 산맥 사이에 있다. 해발 900m 내외의 베카 골짜기는 물이 충분해서 그 지역의 분수계 역할을 했다. 오론테스 Orontes 강은 베카 골짜기에서 북쪽으로 흘러가는 반면, 리타니 강은 남쪽 골짜기로 물을 흘려보내다 서쪽으로 돌아 두로 Tyre의 북쪽 바다와 만난다. 거대한 로마 신전이 있는 바알벡 Baalbek은 베카 골짜기 중앙 부근에 있다.

시리아의 문화적 주체는 역사적으로 바뀌었는데, 적어도 철기 시대 BC 1200년경 초기부터 아람 사람이 점차 그 지역을 지배하기 시작했다. 아람 왕국은 아람 다메섹 Aram-Damaxcus, 아람 소바 Aram-zobah, 하맛으로 불리며 성경에서 반복적으로 나타난다.

페니키아 Phoenicia 사람들은 레바논의 좁은 해안가에 모여 살았다. 이는 레바논 산지에 농사지을 만한 땅이 넉넉지 않았기 때문이다. 천연 항구 도시인 두로와 비블로스 Gebal, 그발, 시돈, 베이루트 Beyrutus, 그리고 아르왓에서 알 수 있듯이, 바다와 접한 페니키아는 자연스럽게 고대 세계 최고의 해상 국가로 위세를 떨쳤다. 페니키아 무역 상인들은 그들이 거래하는 지중해 연안에 식민지를 만들었는데, 카르타고 Carthage와 카디스 Cadiz, 마르세유 Marseilles 등이 식민지 도시들이다 131쪽 '페니키아의 문화' 참조. 이스라엘은 솔로몬 시대 초기부터 페니키아와 활발하게 교역을 했다. 페니키아는 이스라엘의 잉여 농산물을 필요로 했고, 이스라엘은 페니키아와의 무역을 통해 이익을 추구했다.

이집트에서 메소포타미아를 잇는 대로들

|해변 길 VIA MARIS| 대도시들을 잇다

이집트와 메소포타미아를 연결하는 두 개의 국제적인 대로 International highways가 팔레스타인을 가로지른다. 최근까지도 가장 중요한 국제도로로 이용되는 길은 비아 마리스 Via Maris 혹은 '해변 길'사 9:1로 불리는 도로다. 이 도로는 이집트의 삼각주 북동쪽에서부터 메소포타미아까지 뻗어 있다.

비아 마리스라는 이름은 여전히 많은 책과 기사에서 사용되지만, 최근 연구에 의하면 비아 마리스는 중세에 잘못 유래된 용어라고 주장하기도 한다. 아마도 비아마리스보다 더 적절한 표현이 '해변 길'일 것이다.

이 도로를 통해 근동 경제에 필수적인 주요 무역 상품들이 운반됐다. 또 강력한 왕국은 이 길을 따라 군대를 행진시켜 주변 나라를 침공했다. 이 길의 시작은 시내 반도의 해변을 품으며 가사와 팔레스타인 남쪽 해안을 지난다. 아벡 Aphek의 주변 환경은 도로를 더 내륙으로 이끌어 샤론 평원 Sharon Plain 가장자리를 지나 므깃도**에 의해 통제되는 중요한 관문 아루나 통로 Aruna Pass을 통과해 이스르엘 Jezreel 평원으로 들어가게 했다.

베이루트 북쪽에 있는 페니키아의 항구 도시 비블로스의 전경이다. 앞쪽에 보이는 것이 청동기 시대의 신전이다. 레바논 산맥이 완만한 경사를 이루며 해안까지 내려와 있다.

6 고대 근동의 국제 교통망

- 도시
- 해변 길
- 왕의 대로
- 항로
- 그외 경로

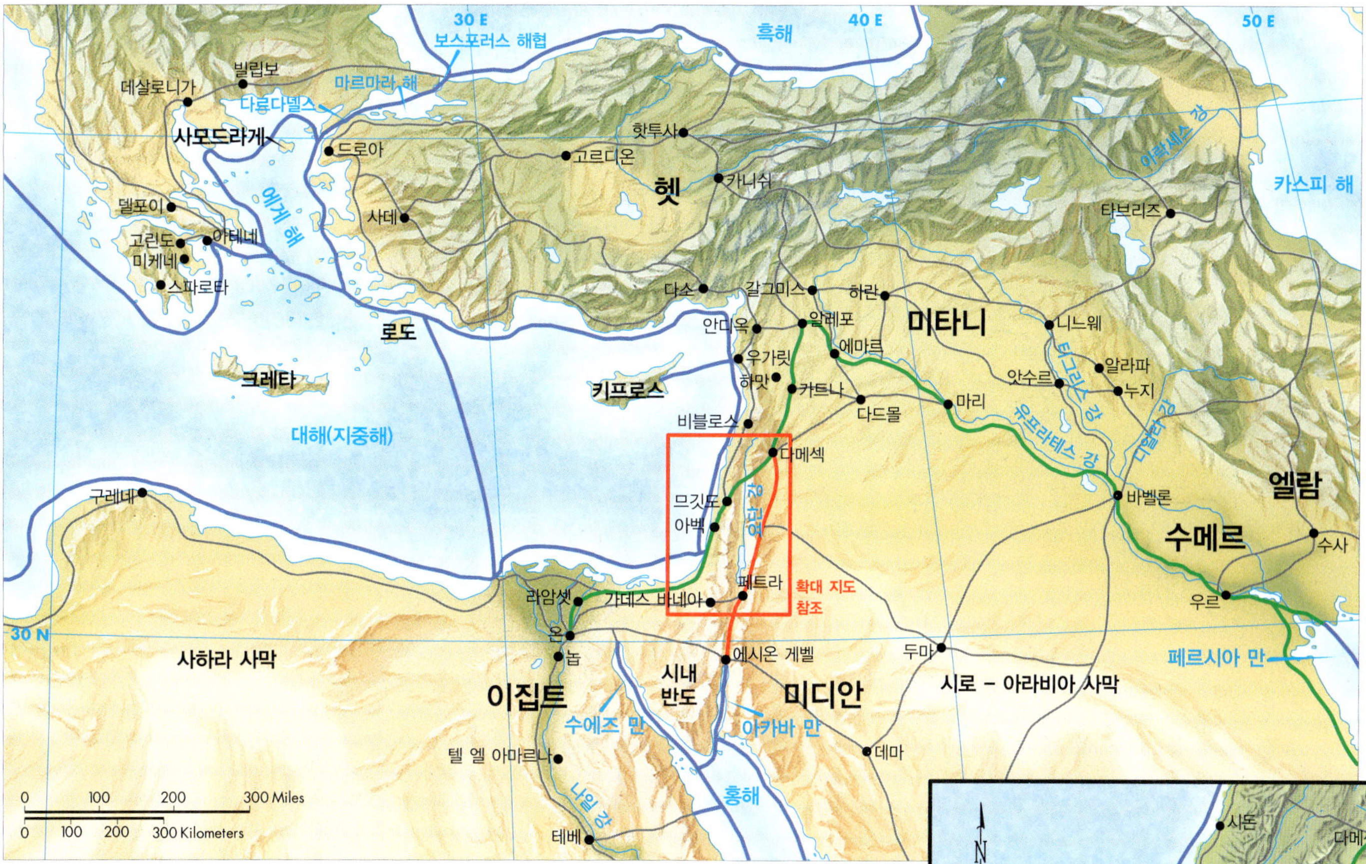

해변 길과 만나는 지선들은 이스르엘 평원에서 사방으로 뻗어 나갔다. 북서쪽으로는 페니키아의 도시두로와 시돈로, 남동쪽으로는 벧산 근처 요단 골짜기로 향했다. 또 다른 지선은 갈릴리 바닷가에서 북서쪽으로 뻗어 하솔과 단을 지나 다메섹으로 향했다. 다메섹에서 시작하는 두 개의 주요 지선은 메소포타미아까지 이어졌다. 조금 험하지만 빠른 길은 다드몰팔미라 부근의 사막을 지나 마리까지 이르는 길이다. 반면에 길지만 안전한 길은 카트나Qatna, 하맛, 알레포를 따라 시리아를 통과해 북쪽으로 향하는 길이다. 거기서부터 해변 길은 유프라테스 강을 따라 대도시 마리, 바벨론, 우르가 있는 남동쪽으로 내려간다. 해변 길의 중요성은 그 도로를 따라 형성된 거대한 도시들의 위세로도 알 수 있다.

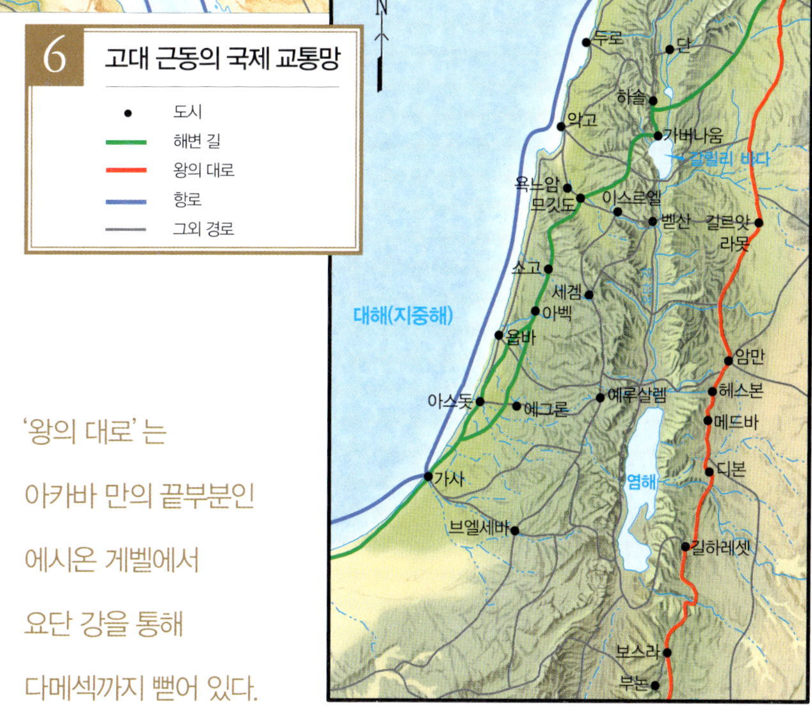

'왕의 대로'는 아카바 만의 끝부분인 에시온 게벨에서 요단 강을 통해 다메섹까지 뻗어 있다.

|왕의 대로| 다메섹과 아라비아를 잇다

중요성은 다소 떨어지지만 두 번째 국제 도로인 '왕의 대로' King's Highway, 민 21:22는 아라비아와 다메섹을 연결했다. '왕의 대로'는 아카바 만The Gulf of Aqabah의 끝부분인 에시온 게벨에서 요단 강을 통해 다메섹까지 뻗는다. 이 도로는 길하레셋, 디본, 헤스본, 길르앗 라못, 아스다롯, 가르나임 같은 도시들을 지났으며, 대상들은 아라비아 반도에서 들어오는 상품들뿐 아니라 향료와 향수를 운반했다. 해변 길보다는 군사적으로 덜 중요했지만, 왕의 대로의 경제적 잠재성으로 인해 이스라엘과 다메섹, 요단 강 건너편 지역의 다른 소왕국들 사이에 많은 분쟁이 일어났다.

Natural Regions of Palestine

| 신앙의 진원지 팔레스타인 |

지금까지 고대 근동의 지리적인 개관을 살펴보았다. 이제 신앙의 지리적 진원지인 팔레스타인에 초점을 맞춰 유대, 갈릴리, 사마리아 등 성경의 생생한 현장을 살펴보고자 한다. 이 땅의 언덕과 골짜기는 아모스 선지자의 우레와 같은 외침을 들었다. 광야는 하나님의 어린 양의 길을 준비하던 세례 요한의 용기 있는 설교를 목격했다. 도시의 웅장한 건물들은 다윗, 솔로몬, 그리고 헤롯 대왕Herod the Great의 기억으로 메아리친다. 제자들은 인간사에 단호하게 개입하신 하나님을 말씀과 행동으로 나타낸 나사렛 예수를 좇아 이 땅의 먼지투성이 길들을 따라 다녔다.

성경에 따르면 팔레스타인은 '시냇물과 샘물이 있고 골짜기와 언덕에 냇물이 흐르는'신 8:7; 참조; 신 11:10·17 곳이라고 설명했다. 팔레스타인은 비교적 작은 면적이지만 지리적으로는 매우 다양한 지형을 지닌 세계에서도 찾아보기 드문 곳이다. 작은 규모의 땅들이 저마다 독특하고 다양한 형태를 만들어 낸다. 동서 거리가 130~160km이고 남북 최대 길이가 400km인 팔레스타인은 그 크기가 대한민국 면적의 9분의 2 수준이다. 그 경계 안에는 넓고 기름진 평원과 척박한 광야, 그리고 산맥, 고원 지대와 지구상에서 가장 낮은 지역인 염해가 있다89쪽의 '가나안 땅, 어떻게 분배됐나' 참조.

이집트와
앗시리아 같은
강력한 열강들 때문에
이스라엘은
정치적 · 군사적으로
강력한 시기에만
이 평원 지역을
다스릴 수 있었다.

작지만 다양한 지리 환경

팔레스타인의 지리 연구는 그 땅의 주요 자연 지형이 남북으로 이어지고 있음을 보여 준다. 동서로 자른 수평 단면도지도 8 참조를 통해 팔레스타인의 뼈대 구실을 하는 네 개의 지역을 찾아볼 수 있다.

(1)해안 평원, (2)서부 산지들, (3)요단 지구地溝대, 그리고 (4)동쪽의 고원 지대가 그것이다.

이중 가장 두드러지는 요단 지구대는 다시 두 지역으로 나뉜다. 즉 가나안 땅인 요단 서쪽 지역Cisjordan과 지구대와 동쪽 사막 사이의 거주 가능한 지역인 요단 동쪽 지역Transjordan이다.

팔레스타인은 지형적인 특징에 따라 크게 위의 네 개 주요 지역으로 나눌 수 있으나, 이스르엘 평원, 쉐펠라Shephelah, 네게브Negeb, 남방, 남쪽 광야 등은 이 분류에는 적합하지 않아 따로 설명하겠다.

|해안 평원| 기름진 토양과 풍부한 물

팔레스타인의 해안 평원은 지중해 바로 앞까지 뻗은 갈멜 산지에 의해 잠시 방해를 받는 것 외에는 북쪽 두로의 사닥다리 부분부터 남쪽 시내 반도까지 펼쳐진다. 그러나 이 해안에서는 자연적인 항구들은 거의 발견할 수 없는데, 그 이유는 모래 언덕과 석회암 지대Kurkar, 쿠르카르가 있어서 해안가에 거주하는 것이 불가능하기 때문이다. 이런 환경으로 인해 팔레스타인 사람들은 세계와 교역을 한 대상과 같은 뱃사람이 되지는 못했다. 해안 평원에는 기름진 토양과 풍부한 물이 공급되어 인구가 밀집된 정착지가 형성되었다.

이스라엘은 정치적 · 군사적으로 강력한 시기에만 이 평원 지역을 다스릴 수 있었다. 이집트와 앗시리아 같은 강력한 열강들이 더 오랫동안 이 지역을 지배했기 때문이다. 블레셋 사람과 페니키아 사람도 1000년이 넘는 기간 동안 이 평원를 차지하고자 침입했다. 해안 평원는 악고Acco 평원, 샤론 평원, 블레셋 평원 세 지역으로 구성되어 있다.

아셀 지파의 땅 악고 평원 | 지도 9 참조

악고 평원은 북쪽 두로의 돌출 부분과 남쪽의 갈멜 산 사이 작은 지대를 점하고 있다. 여호수아의 땅 분배 때 아셀 지파는 악고 평원를 받았으며 역사적으로나 문화적으로나 그 지역의 작은 도시들은 북쪽에 있는 페니키아 사람들과 친밀한 관계를 가졌다. 대부분의 도시들이 악고 평원 동쪽에 몰려 세워졌으나 악고 후에 돌레마이Ptolemais와 악십Achzib은 해안을 따라 세워졌다.

7 고대 팔레스타인의 주요 지역
• 도시
◦ 도시 불확실한 위치
▲ 산

35 E
36 E
33 N
32 N
31 N
34 E
35 E
36 E

대해(지중해)

시돈
다메섹
아바나 강
헤르몬 산 ▲
바르발 강
두로
라타니 강
단
상부 갈릴리
로쉬 하니크라
(두로의 사닥다리)
하솔
메론 산 ▲
훌라 분지
33 N
악고
하부 갈릴리
가버나움
바산
갈멜 산 ▲
세포리스
가나
갈릴리 바다
이스르엘 평원
나사렛
기손 강
돌
▲다볼 산
야르묵 강
므깃도
가이사라
길보아 산 ▲
나할 하롯
길르앗 라못
벧산
사마리아
디르사
얍복 강
에발 산 ▲
그리심 산 ▲ 세겜
길르앗
욥바
아벡
실로
랍바(암만)
32 N
벧엘
게셀
미스바
여리고
헤스본
아스돗
에그론
예루살렘
메드바
가드 ◦
미쇼르
아스글론
헤브론
아르논 강
디본
가사
엔게디
염해
유다
아랏
더
브엘세바
모압
길하레셋
네게브
파
31 N
세렛 강
신(Zin) 광야
다말
에돔
애
아라바
보스라
가데스 바네아
시내 반도
시로 – 아라비아 사막
페트라

0 10 20 30 40 50 Miles
0 10 20 30 40 50 Kilometers

아벡에서 바라본 샤론 평원의 모습. 사진에 보이는 시내는 야르콘 강의 상류로 텔 아벡 옆에 있는 샘이 그 수원지다.

해안 평원의

연장으로 생각되는

아름다운

이스르엘 평원은

역사적으로나

경제적으로 중요한

팔레스타인 지형의

주된 특징을

갖고 있다.

푸른 초목 샤론 평원 | 지도 10 참조

샤론 평원는 갈멜 산 남쪽에서부터 야르콘 강*까지 펼쳐진다. 신약시대에는 사람들이 거의 살지 않았다. 해안을 따라 난 모래 둔덕이 물의 흐름을 막아 서쪽 지역에 습지와 늪이 형성되었고 빽빽한 관목과 상수리 수풀이 울창했다. 샤론의 푸른 초목은 성경의 시인들에게 영감을 주었으나 아 2:1 주민들이 정착하기에는 적합하지 않았다. 해변 길은 샤론 평원 동쪽으로 형성된 도시 몇 군데를 지난다. 이 지역에서 구약시대에 가장 손꼽히는 도시가 바로 야르콘 강 어귀에 있는 아벡이다. 신약시대에는 그 습지에 물길을 냈다. 헤롯은 팔레스타인에 주요 항구를 마련하고자 강한 인상을 주는 해안에 가이사랴Caesarea 항구를 건설했다.

팔레스타인의 항구 돌 평원 | 지도 10 참조

갈멜 산 아래 서쪽 경사지에 웅크리고 있는 돌Dor 평원는 때로 샤론 평원의 일부분으로 여겨진다. 그러나 일부 지리학자들은 두 평원를 구별해 설명한다. 팔레스타인에서 가장 중요한 항구 중 하나인 돌은 평원을 전략적으로 중요하게 만들었다.

기름진 땅 블레셋 평원 | 지도 11 참조

BC 1150년경에 블레셋 사람들이 팔레스타인 남부 해안 지역에 정착했는데, 결국 남쪽 시내 반도까지 펼쳐진 넓은 평원에 그들의 이름이 붙여졌다. 해변 길은 블레셋 평원를 지날 때 두 갈래로 갈라진다. 이 지역의 주요 도시들은 가사, 아스글론, 아스돗, 가드, 에그론 등인데 해변 길을 따라 세워졌으며 성경에서 매우 중요한 역할을 했다. 블레셋 평원은 샤론 평원과 다르게 배수에 문제가 없었고 기름진 충적토가 형성되어 풍성한 곡식을 주민들에게 제공했다.

이스르엘 평원 에스드렐론 평원 | 군사 · 경제의 전략적 요충지 | 지도 9 참조

해안 평원의 연장으로 생각되는 아름다운 이스르엘 Jezreel 평원은 역사적으로나 경제적으로 중요한 팔레스타인 지형의 주된 특징을 갖고 있다. 이 평원은 북서쪽에서 남동쪽으로 뻗어 있으며, 악고 평원과 벧산 근처의 요단 지구대까지 연결되어 있다. 평원은 이스르엘 서쪽과 이스르엘 동쪽 두 부분으로 구성되어 있다. 도시 이스르엘 '하나님이 씨를 뿌리셨다'는 뜻은 두 지역이 만나는 평원에 위치한다. 이스르엘 서쪽은 남쪽 갈멜 산과 하부 갈릴리 사이에 웅크리고 있는 넓은 삼각형 모양의 땅이다. 이스르엘 동쪽은 더 좁다. 다볼 산, 모레 산, 길보아 산은 이스르엘 평원에서 완만한 경사를 이루며 동쪽 요단 지구대까지 이어져 있다. 도로들은 이스르엘 평원에서 사방으로 퍼져 나가 이 평원의 전략적 중요성을 더해 준다. 주요 도시들인 므깃도, 욕느암, 이블르암

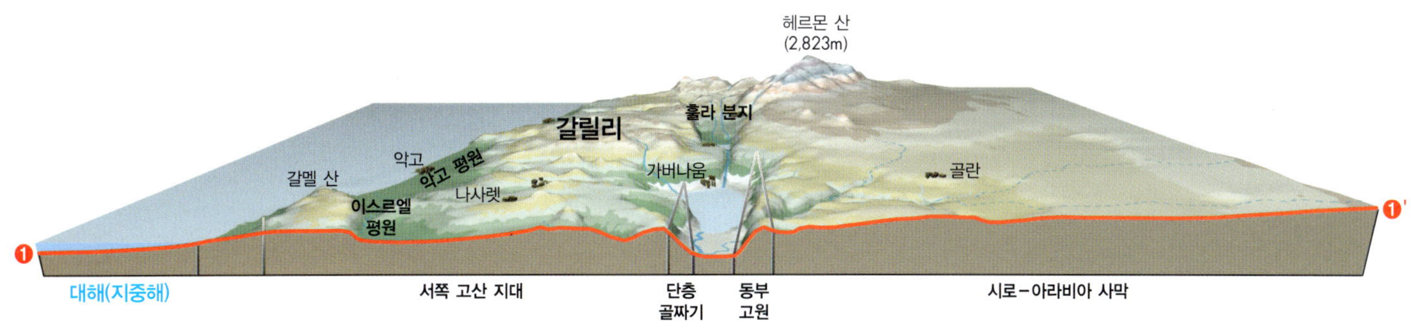

헤르몬 산
(2,823m)
갈릴리
훌라 분지
악고 평원
악고
갈멜 산
가버나움
골란
나사렛
이스르엘
평원
①
①'
대해(지중해)
서쪽 고산 지대
단층
골짜기
동부
고원
시로-아라비아 사막

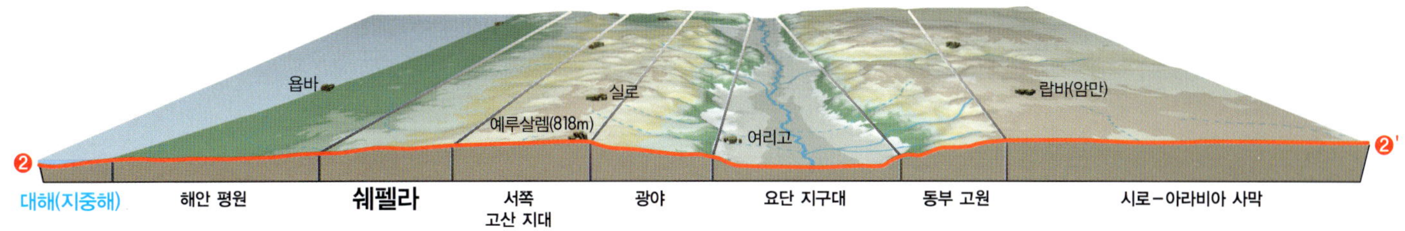

욥바
실로
랍바(암만)
예루살렘(818m)
여리고
②
②'
대해(지중해)
해안 평원
쉐펠라
서쪽
고산 지대
광야
요단 지구대
동부 고원
시로-아라비아 사막

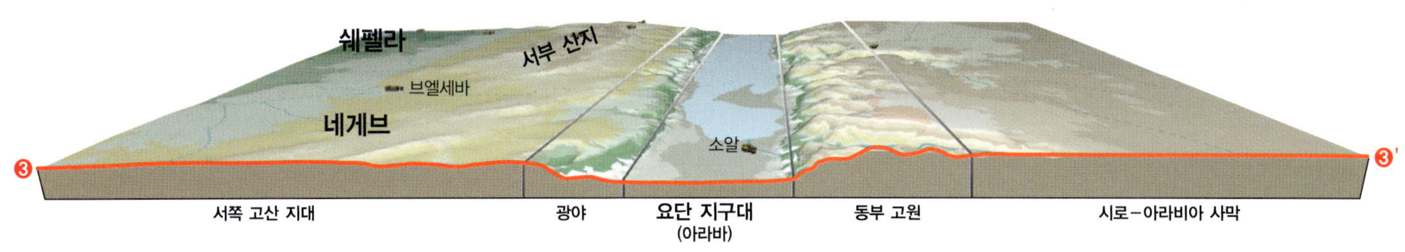

쉐펠라
서부 산지
브엘세바
네게브
소알
③
③'
서쪽 고산 지대
광야
요단 지구대
(아라바)
동부 고원
시로-아라비아 사막

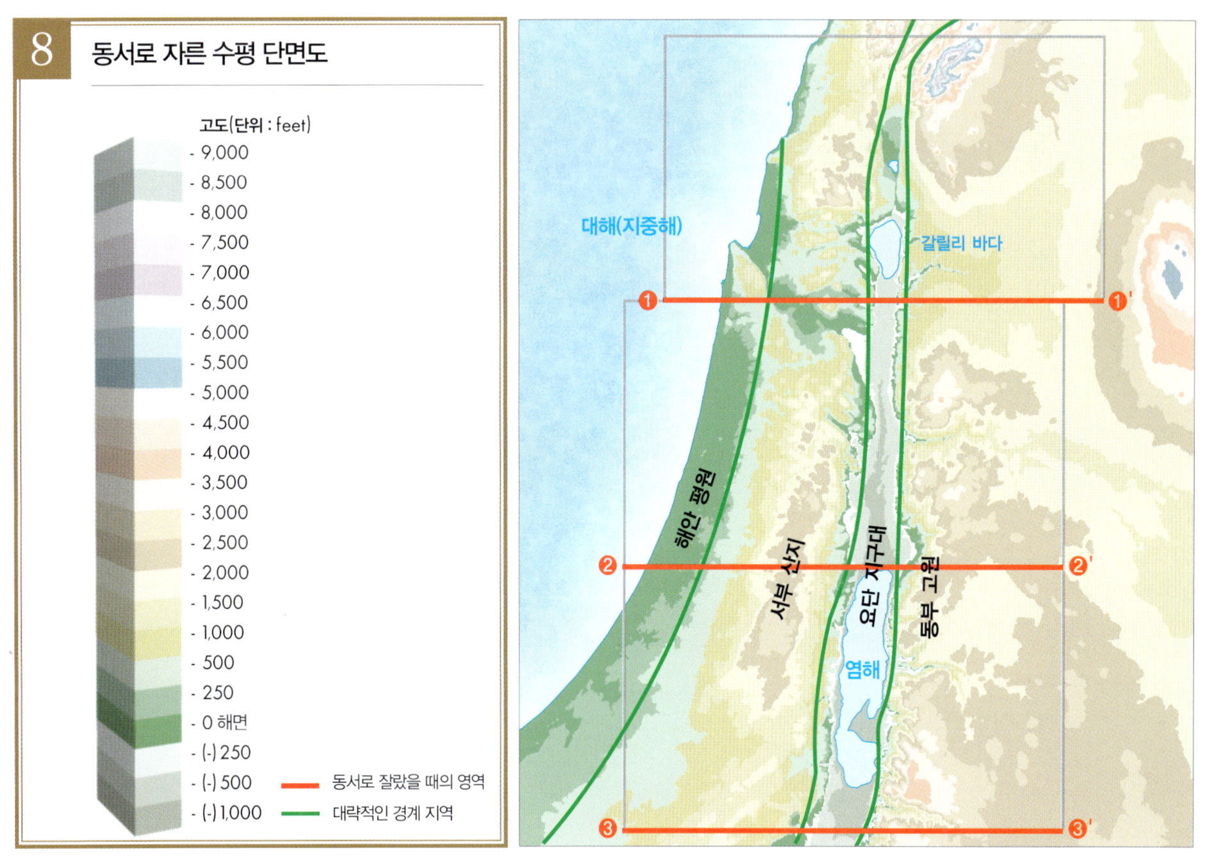

8
동서로 자른 수평 단면도
고도(단위 : feet)
- 9,000
- 8,500
- 8,000
- 7,500
- 7,000
- 6,500
- 6,000
- 5,500
- 5,000
- 4,500
- 4,000
- 3,500
- 3,000
- 2,500
- 2,000
- 1,500
- 1,000
- 500
- 250
- 0 해면
- (-) 250
- (-) 500
- (-) 1,000
동서로 잘랐을 때의 영역
대략적인 경계 지역
대해(지중해)
갈릴리 바다
①
①'
②
②'
③
③'
해안 평원
서부 산지
요단 지구대
동부 고원
염해

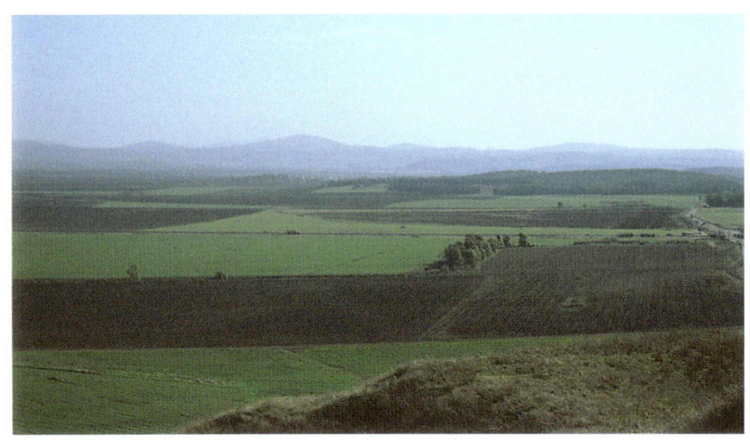

므깃도 근처에서 바라본 이스르엘 평원의 전경.

은 갈멜 산을 관통하는 관문들을 지킨다. 해변 길은 므깃도에서 이스르엘 평원으로 들어선다. 므깃도는 주요 관문을 지키며 평원을 통과해 자리 잡고 있는데 그 때문에 수많은 전쟁을 치르는 현장이 되었다. 요한계시록 16장 16절에서 사용된 아마겟돈히브리어 – 므깃도 산이라는 이름은 이 전략적인 평원을 차지하려고 싸운 수많은 전투를 연상케 한다.

비옥한 토양과 풍부한 물은 농업을 발달시켰다. 골짜기의 많은 샘은 동쪽과 서쪽으로 흐르는 두 개의 작은 시내를 만들었다. 기손 강은 이스르엘 서쪽으로, 하롯Harod, 얄룻 Jalud 강은 동쪽으로 흘러간다. 풍부한 물은 한때 습지를 만들기도 했다. 가끔씩 내리는 집중호우는 사사기 4장과 5장에서 가나안 군대와 싸워 이긴 드보라의 승리에서 묘사되었듯이 시내를 범람시키기도 했다.

|서부 산지| 성경 역사의 주 무대가 되다

해발 450~1,200m 높이로 이어지는 중앙 산등성이는 이스르엘 평원에서 잠시 끊겼다가 팔레스타인 서쪽으로 이어진다. 이스라엘 지파들은 원래 여기서 머물며 이 지역의 삼림을 개척하기 시작했다수 17 : 14, 15. 갈릴리, 사마리아, 유다의 세 주요 지역으로 구분되는 서쪽 산지는 성경 역사의 주무대였다.

서로 다른 특징의 상부 · 하부 갈릴리 | 지도 9 참조

이스르엘 평원 북쪽에 갈릴리Galilee가 있는데, 서로 다른 특징을 지닌 두 지역으로 구분된다. 융기로 우뚝 솟

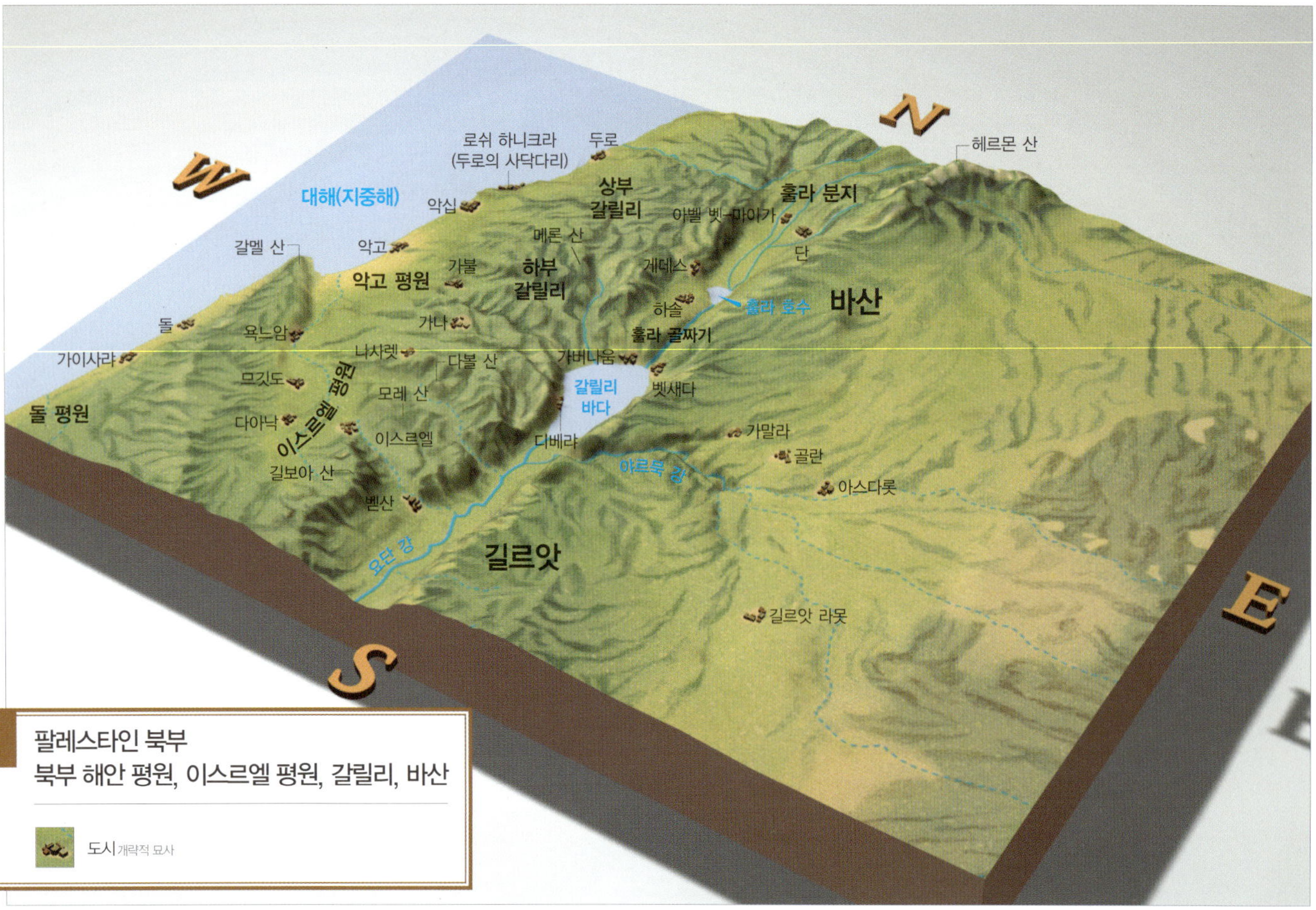

9 팔레스타인 북부
북부 해안 평원, 이스르엘 평원, 갈릴리, 바산

도시 개략적 묘사

은 상부Upper는 갈릴리 주변 지역보다 높아서 고립된 경향이 있는 고원이다. 가장 높은 산인 메론Meron 산이 해발 1,208m에 이른다. 옛날에는 물이 풍족하고 숲이 울창했는데, 상대적으로 고립되다 보니 역사적으로 두드러진 역할을 하지 못했다. 반대로 완만한 언덕과 넓고 비옥한 골짜기를 가진 하부Lower 갈릴리는 성경 연구에서 익숙한 지역이다. 언덕들은 동서로 굽이치며 펼쳐져 있고 높이는 600m가 넘지 않으며 어떤 것은 훨씬 낮다. 벧 케림Beth Kerem 골짜기와 벧 느토파Beth Netofa 골짜기로 양분된 골짜기는 교통을 용이하게 만들었다. 또 이곳의 날씨와 토양은 포도원, 올리브 나무감람 나무, 밀들을 재배하기에 적합했다. 나사렛, 가나와 같은 마을들과 지역 중심 도시인 세포리스Sepphoris와 같은 도시들이 흩어져 있었다.

므낫세 지파의 땅 사마리아에브라임 산지 | 지도 10 참조

사마리아와 유다 지역은 이스르엘 평원 남쪽에 위치한 서쪽 산지들이다. 부드러운 퇴적암으로 구성된 이 산지들은 강수로 인해 침식되었고 산지의 동쪽과 서쪽으로 퍼지며 와디*를 형성했다. 와디는 흘러가는 물의 침식에 의해 형성된 마른 골짜기를 말한다. 일반적으로 마른 와디, 특히 반건조 지역에 있는 와디는 홍수 때 맹렬한 물줄기를 만들어 내기도 한다.

어떤 와디는 넓어서 편리한 교통로로 이용되었고, 어떤

*와디(wadi)
건조 기후 지역에서 건기에는 마른 땅이었다가 우기가 되면 일시적으로 하천을 형성하는 강.

에브라임 산지에 위치한 실로 골짜기.

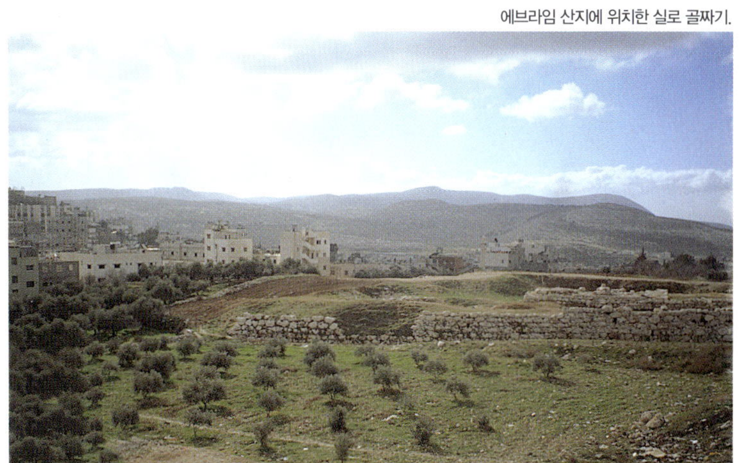

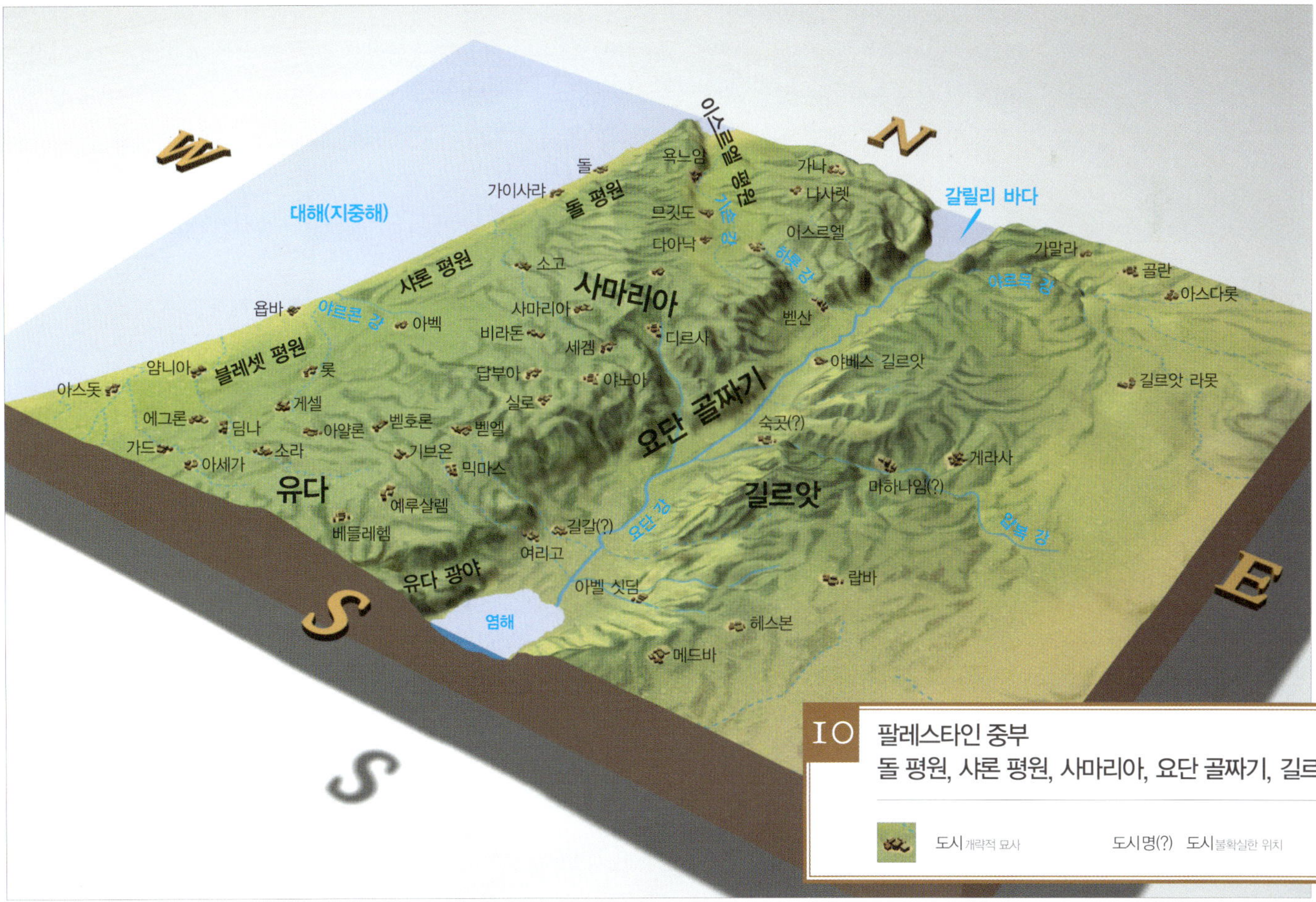

IO 팔레스타인 중부
돌 평원, 샤론 평원, 사마리아, 요단 골짜기, 길르앗

도시개략적 묘사 도시명(?) 도시불확실한 위치

예루살렘 북서쪽으로 유다 산맥이 이어져 있다.

와디는 좁고 가팔라서 방벽으로 이용되기도 한다.

산마루와 분수령을 따라 난 중요한 능선 도로는 사마리아와 유다를 이어 준다. 헤브론, 베들레헴, 예루살렘, 벧엘, 미스바, 실로, 세겜 등 많은 성경의 도시들이 이 도로변을 둘러싸고 위치해 있다. 서부 산지의 동과 서는 완전히 다른 환경을 보여 준다. 서부 산사면은 지중해로부터 오는 구름이 부딪쳐 비를 내리지만 동쪽 산사면의 땅은 지구대로 갑자기 비탈져 내려 비가 거의 내리지 않는다. 그 결과 동쪽 산사면은 점차 사막화가 되었고, 특히 남쪽으로 갈수록 더욱 심해졌다. 길보아 산지약 480m로부터 시작된 사마리아 혹은 에브라임 산지는 벧엘 근처에서 고도가 990m 이상까지 올라간다. 므낫세 지파 지역인 사마리아의 북쪽은 남쪽 지역보다 낮아서 이동하기가 더 쉽다. 이곳의 무른 석회암은 더 쉽게 침식되어 넓은 골짜기가 형성되었다. 편리한 도로가 이 골짜기들을 따라서 생겨났다. 특히 중요한 물길인 와디 파라 Wadi Farah 는 사마리아에서 아담 Adam 근처의 나루를 지나 얍복 강을 따라 요단 동쪽 길르앗까지 갈 수 있게 연결해 준다. 북왕국 이스라엘의

모든 수도들 세겜, 디르사, 사마리아 은 사마리아 산지의 북쪽에 위치했다. 세겜은 에발 산 940m 과 그리심 산 881m 사이에 있으며, 이곳에서 신명기 27, 28장에 나오는 축복과 저주가 선포되었다. 사마리아 사람들은 그리심 산에 성전을 세웠으나 BC 128년 요한 히르카누스 John Hyr-canus 에 의해 무너졌다.

므낫세 지파의 남쪽은 석회암이 무르지 않은 탓에 침식에 잘 버티어 높고 가파른 경사를 이루는 고립된 고원 900m 지대였다. 에브라임 지파는 여기에 정착했다. 능선 도로에 위치한 실로, 벧엘, 그리고 미스바는 구약성경에 자주 언급된다. 정착민들은 풍부한 작물 생산이 가능한 보기 드문 비옥한 토양을 혜택으로 누렸다. 그들은 골짜기를 경작했는데, 언덕 중턱에는 계단식 밭을 만들어 밀, 보리, 올리브 감람 를 수확했다.

가장 안전한 지역 유다 | 지도 11 참조

'베냐민의 안장' Saddle of Benjamin 이라고 불리는 완만한 함몰 지역이 사마리아와 유다의 경계를 이룬다. 유다 혹은 유다 산지는 산이 많은 고원 지대로, 고도가 낮은 곳은 600m이고 남쪽 헤브론 근처는 1,200m까지 높아진다. 예루살렘, 벧 술 Beth-zur, 헤브론 등 주요 도시는 산마루를 따라 능선 도로변이나 바로 옆에 위치했다.

유다 산지는 팔레스타인에서 가장 안전한 지역 중 하나다. 메마르고 황량한 유다 광야가 염해까지 이어지며 동쪽의 방어벽 역할을 하고 있다. 산들은 예루살렘에서 요단 지구대에 있는 여러

유다 광야는 울퉁불퉁한 지세가 특징이다.

고 Jericho까지 고도차가 1,000m가 넘는 가파른 경사를 만든다. 이 광야 지역의 몇몇 거주지는 분수령의 바로 동쪽에 모여 있다. 산적과 부랑자, 유대 독립 전사들은 구약성경에 여시몬 Jeshimon이라고 알려진 삼상 23:19 황량한 지역에 피난처를 마련했다. 네게브 사막이 남쪽 지역을 방어하는 반면에 쉐펠라 아래 참조는 서쪽에서 유다로 접근하는 것을 막는다. 유다는 사마리아보다 이용할 수 있는 농지가 적고 굴곡이 심하며 다소 건조하다. 그러나 토양이 기름지고 계단식 농업으로 포도와 과일나무, 곡물을 경작할 충분한 농지가 있다.

|쉐펠라| 블레셋과 유다의 경계 | 지도 11 참조

쉐펠라는 유다 서쪽 산기슭에 있는 좁고 긴 땅이다. 쉐펠라란 '저지대'를 의미하는데 유다 고지대에 사는 사람들 입장에서 표현한 말이다. 기복이 있는 언덕은 블레셋 평원와 유다를 분리하는 데 효과적인 장애물 역할을 했다. 네 개의 골짜기 와디가 쉐펠라를 빠져 나가 유다 산지의 도시들인 아얄론, 소렉, 엘라, '헤브론 길' 스바다, 라기스과 연결된다.

쉐펠라를 관리하는 일은 유다 산지의 안전에 상당히 중요했다. 라기스, 아세가, 소고, 딤나같이 강력하게 요새화된 도시들은 각 골짜기를 방어했다. 유다는 이 도시들에서 자주 침입해 들어온 적군과 빈번하게 충돌했는데, 고고학자들의 발굴 결과 유다가 자주 무너졌음이 밝혀졌다. 일찍이 블레셋은 이 중요한 지역의 지배를 놓고 이스라엘 지파들과 싸웠다. 사사기와 사무엘기에 기록된 블레셋과 이스라엘 사이의 전투 중에는 쉐펠라에서 벌어진 것도 있다. 다윗은 엘라 골짜기에서 골리앗과 싸웠다 삼상 17장. 더 일찍이 삼손의 많은 공적은 소렉 골짜기를 따라 딤나 지역에서 일어났다 삿 14, 15장.

|네게브| 물을 저장해 정착하다 | 지도 11, 12참조

현대 지리학에서 '네게브'Negeb는 유다 산지로부터 아카바 만까지 남쪽으로 펼쳐진 삼각형 지역을 말한다. 그러나 한글 성경에서 '남방'으로 번역된 네게브는 브엘세바와 아랏Arad 주변 지역에 국한되어 사용되고 있다. 브엘세바의 연평균 강우량은 250~300mm 정도인데, 이는 농사 짓기에는 부족하지만 목축을 하기에는 적당한 양이다.

아브라함과 이삭은 가족과 가축을 거느리고 네게브에 머물렀다. 네게브 주민들은 물 때문에 항상 골머리를 앓았으나, 주요 와디를 따라 우물들이 흩어져 있고 후

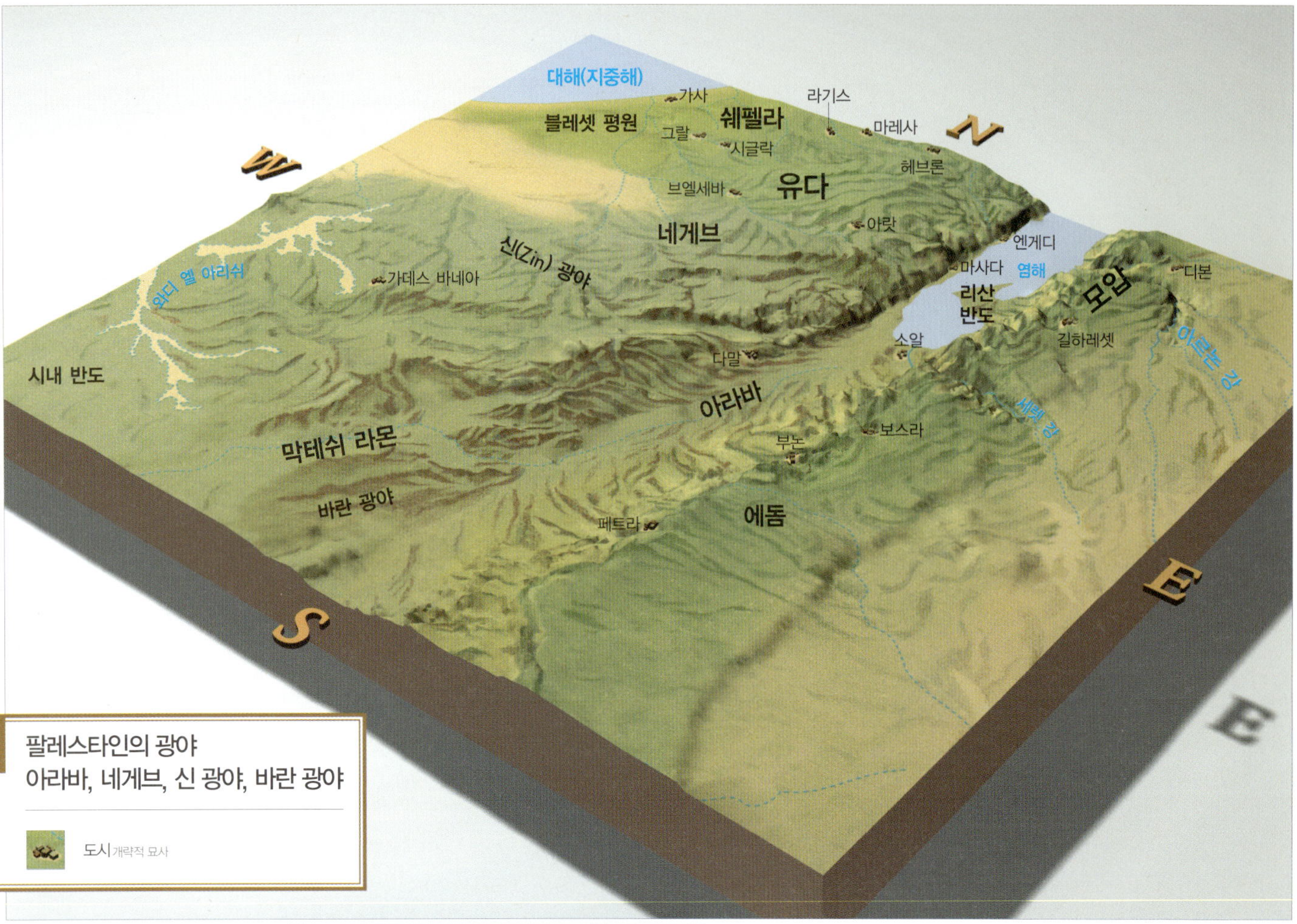

I2 팔레스타인의 광야
아라바, 네게브, 신 광야, 바란 광야

도시 개략적 묘사

네게브에서 가장 중요한 도시인 브엘세바에서 본 네게브 풍경. 철기 2기 시대BC 약 900-600년로 추정되는 저장고들과 출입구 구조물이 보인다.

에 물 저장소를 사용하게 되면서 정착하는 데 어려움이 없게 되었다. 사막 언저리에 살던 아말렉 같은 유목민들은 종종 네게브 정착지를 습격하곤 했다.

다윗은 남방네게브 도시 시글락이 공격받은 후 아말렉을 쫓아가 격퇴했다 삼상 30장. 신약시대에는 네게브 지역은 이두매Idumea로 알려졌다. 헤롯 대왕은 에돔의 후손이라는 이유로 유대 사람들에게 멸시받던 이두매 사람이었다.

| 남부 광야 | **광야에 문명을 일구다** | 지도 12참조

브엘세바의 남쪽은 강수량이 현저하게 적어지며 지형도 점차 험해진다. 성경은 이 지역을 '광야'라고 부른다. 신 광야는 브엘세바의 남동쪽에 펼쳐져 있고, 바란 광야는 가데스 바네아 근처 시내 반도로부터 시작된다. 고르지 못한 봉우리들, 황량한 고원, 분화구 같은 분지들은 이 불길한 땅을 더 두드러지게 만든다.

신약시대에 아랍의 나바테아 Nabatean 사람들이 네게브 일부와 남부 광야, 그리고 요단 동쪽에서 거주했다. 그들은 페트라Petra에서 가사까지 아라비아 대상로를 통제했다. 나바테아 사람들은 제약이 많은 광야 지역을 일군 숙련된 농업 전문가였다. 그들의 혁신적인 관개 기술들예를 들어 댐, 수챗구멍 쓰레기 받이 등 덕분에 남부 광야가 꽃을 피울 수 있었다.

| 요단 지구대 | **두 조각으로 쪼개다**

자연은 요단 지구대라는 깊이 갈라진 틈을 만들어 팔레스타인을 두 조각으로 쪼개 놓았다. 땅이 갈라져 생긴

갈릴리 바다의 일몰 풍경. 멀리 게네사렛 평원과 핫틴 봉우리가 보인다.

요단 지구대에서는 일 년 내내 흐르는
강물을 볼 수 있는데,
이곳으로 팔레스타인 지역의 물 70%가 흘러든다.

이 틈은 터키 동부에서 아프리카까지 뻗은 대균열동아프리카 지구대의 일부다. 팔레스타인에서 지구대의 대부분은 해수면 아래에 놓이며, 염해는 최고 400m 깊이까지 내려간다. 지구대 양쪽에 위치한 높은 산지와 고원 지대는 지구대의 깊이를 더 극명하게 드러낸다. 요단 지구대에서는 일 년 내내 흐르는 강물을 볼 수 있는데, 이곳으로 팔레스타인 지역의 물 70%가 흘러든다.
요단 지구대에서는 훌라Huleh 분지, 갈릴리 바다, 요단 골짜기, 염해, 그리고 아라바 광야 등 다섯 지역을 주목해야 한다.

요단 강과 접한 훌라 분지 | 지도 9참조

훌라 분지는 상부 갈릴리와 동부 산지 사이에 위치한 저지대다. 헤르몬 산2,823m은 분지 북동쪽에 있다. 헤르몬 산의 눈이 녹아서 생긴 많은 샘들이 이 지역에 분포되어 있다. 샘들은 레바논 남부나하르 알 하스바니 Nahr al-Hasbani, 단나하르 알 카디 Nahr al-Qadi, 가이사랴 빌립보나하르 알 바니야스 Nahr al-Baniyas 부근에서 발원해 요단 강으로 흘러든다. 고대에는 그 물들이 분지 남쪽 끝에 모여 습지 호수인 훌라 호수를 만들었다.
오늘날 습지의 물은 다 빠졌으나, 고대에는 이곳이 교통의 장애가 되고 질병을 일으켜 분지 중앙에는 촌락이 형성될 수 없었다. 그러나 좋은 날씨와 맑은 샘물, 그리고 비옥한 토양은 습지에서 좀 떨어진 곳에 도시가 건설되는 요인이 되었다. 하솔, 단, 아벨 벳 마아가와 이욘이 모두 분지 주변을 따라 건설된 도시들이다. 분지 남쪽 끝에 있는 요단 강은 남쪽으로 빠르게 하강을 시작한다. 요단이라는 이름은 히브리어의 '내려가다'에서 왔으리라 보는데, 이는 어떤 지점에서 1km당 7.5m씩 떨어지는 강에 어울리는 이름이다.

다양한 이름을 가진 갈릴리 바다
| 지도 9참조

이 유명한 바다는 남북의 길이가 24km, 동서의 최대 너비가 12km인 민물 호수다. 이 호수의 수면은 바다보다 210m나 낮고 주변은 산지로 둘러싸여 있다.
성경에서 이 호수는 갈릴리 바다막 1:16, 디베랴Tiberia 바다요 6:1, 긴네렛Chinnereth 바다신 3:17, 게네사렛Gennesaret 호수눅 5:1, 혹은 단순히 '호수'눅 5:2 등 다양한 이름으로 불린다. 해변 길의 지선이 게네사렛 평원를 거쳐 호수의 북서쪽 해안

갈릴리 바다 바로 북쪽에 위치한 요단 강.

가를 지난다. 가버나움Caper-naum, 막달라Magdala, 벳새다Bethsaida는 호수 북쪽과 북서쪽에 있는 마을들로, 호수를 삶의 터전으로 삼아 주로 어업과 농업에 종사 했다. 오늘날에도 여전히 아름다운 호수는 예수가 해안가를 따라 행하셨던 기적과 가르침을 생각나게 한다.

야생 동물의 은신처 요단 골짜기 | 지도 9, 10 참조

요단 강은 요단 골짜기를 따라 갈릴리 바다에서 염해까지 남쪽 길로 110km가량 흘러간다. 요단 강의 수량은 고대에는 야르묵Yarmuk 강의 유입으로 두 배가 되었으나, 현대의 물 관리 기술로 인해 수량이 오히려 줄어들었다. 요단 북부 골짜기는 물이 풍부하고 기름져서 수많은 고대 유적지들이 있다.

아담, 숙곳, 사르단, 벳산 등이 그 대표적인 도시들로 동서 고원 지대를 연결하는 도로상에 있어서 더욱 발전했다. 요단 강은 '요단의 자랑' 렘 49:19 인 관목과 숲이 울창하고 깊은 골짜기아랍어로 조르 Zor라 함를 따라 흘렀다. 성경 시대에 이 밀림은 사자를 포함한 야생 동물들의 은신처가 되었다 렘 50:44.

요단 남부 골짜기는 건조해서 거의 광야나 다름없다. 여리고는 불모지나 다름없는 곳에서 몇 개의 샘이 나는 오아시스였다.

*일반 바닷물 염도는 3%.

세상에서 유일무이한 염해 | 지도 11, 12 참조

염해는 해저 400m에 위치한 남북 80km, 동서 16km의 지구상에서 가장 낮은 지역으로 바다 중에서 유일무이한 곳이다. 리산Lisan 반도는 동쪽에서 바다로 툭 튀어 나와 염해를 불균등한 두 부분으로 나눈다.

아주 깊은 북쪽 바다는 수심이 390m에 이르나 상대적으로 얕은 남쪽 구역의 수심은 평균 9m 정도로 얕다. 숨이 막힐 듯이 뜨겁고 건조한 날씨와 황량하고 거친 풍경은 염해만의 독특한 매력을 자아내고 있다.

성경에서는 '염해' 혹은 '아라바 바다' 신 3:17 로 불리는데, 몇 개의 민물 지류와 샘들로부터 물을 공급받는다. 가장 큰 지류인 요단 강은 북쪽에서 흘러오고 아르논Arnon 강과 세렛Zered 강은 동쪽에서 흘러온다. 그러나 강물은 빠져 나가지 못한 채 이 지역의 수많은 퇴적물에서 나오는 소금과 화학 물질들을 흡수한다. 이 지역의 극심한 더위는 물을 증발시키면서 화학 물질을 농축시켜 염해의 염도를 26~33%로 끌어올린다. 이 염도는 일반 바다보다 훨씬 짜며*, 대소금 호수 The Great Salt Lake 보다는 두 배에 이른다.

상황이 이렇다 보니 민물 샘엔게디En-gedi, 아인 페쉬카Ain Feshkha이 있는 곳 외에는 사람이 살 수가 없다. 사울을 피해 도망쳤던 다윗 삼상 26장과 같은 도피자들은 이 지역의 수많은 동굴에서 안전하게 숨어 지냈다. 후에 쿰란 분파가 경건한 공동체 생활을 위해 이곳에 숨어 지

마사다에서 바라본 염해 북단의 풍경이다. 저 멀리 염해를 수심 390m에 이르는 북쪽 부분과 평균 수심 9m의 남쪽 부분으로 갈라놓은 리산 반도가 보인다.

거칠고 황량한 아라바 광야의 모습.

냈다. 쿰란 공동체가 은밀하게 숨겨 둔 두루마리가 1947년 초 어느 목동에 의해 우연히 발견되었는데, 그것이 바로 오늘날 '사해 두루마리'로 널리 알려진 것이다. 헤롯 대왕은 염해 근처에 마사다Masada와 마캐루스Macherus 두 요새를 건설했다.

건조하고 황폐한 아라바 | 지도 12참조

요단 지구대는 염해 남쪽에서 아카바 만까지 177km나 계속 이어진다. 성경은 이 지역을 건조하고 황폐한 '아라바'로 부른다. 때때로 성경은 아라바라는 지명을 광범위하게 사용해 염해 북쪽의 요단 골짜기까지 포함하기도 하지만수 18:18, 여기서는 염해 남쪽 광야 지역에 한해 사용하기로 한다.

염해 남단은 해수면 아래에 있으나, 점차 고도가 올라가 아카바 만까지 가는 중간 지점에서 해수면보다 높아진다. 동쪽에 있는 에돔의 붉은 누비아 사암과 서쪽의 네게브 고원은 아라바의 단조로운 풍경과 대조를 이룬다. 극도로 건조하고 고립된 곳이지만, 예부터 몇 가지 이유에서 전략적으로 중요했다. 성경 시대의 아라바에는 부논Punon과 딤나 근처에 중요한 구리 광산이 있었다. 솔로몬은 아카바 만에 에시온 게벨Ezion-geber 항구를 건설해 상선이 정박하도록 했는데, 이를

통해 아라비아와 아프리카에서 오는 풍요를 누릴 수 있었다. 유다와 에시온 게벨을 연결하는 대로는 아라바를 남북으로 지난다. 그러므로 아라바 지배는 예루살렘 경제에 아주 중요했다.

| 동부 고원 트랜스요르단 | 고원에 대지를 이루다

요단 지구대에서 동쪽 위로 급경사를 이루는 땅들은 종종 요단 동쪽이라 불리는 고원 지대 혹은 대지를 형성한다. 요단 지구대 위에 우뚝 솟아 600~1,500m 높이로 줄지어 있는 이 고원은 동쪽의 시로−아라비아 사막

아르논 협곡. 아르논 강에 의해서 형성된 깊은 균열이 남쪽의 모압 족속과 북쪽의 이스라엘 르우벤 지파 사이의 경계가 되었다.

바산은 풍부한 물과
기름진 화산성 토양의 축복을
받은 비옥한 땅이다.
성경의 저자들은 종종 바산에서
풀을 뜯는 살진 소들을
언급했다.

으로 점차 비탈져 내려간다. 네 개의 큰 와디인 야르묵, 얍복, 아르논, 세렛은 이 고원을 지형적으로 나누며 지구대 안쪽으로 빗물을 운반한다. 구름이 지구대를 지나며 높은 고도에 부딪치면 상당량의 비가 고원에 내린다. 북부와 중부 지역은 강수량이 충분한 바산 500~1,000mm, 길르앗 300~500mm 반면, 남부는 사막의 영향으로 강수량이 부족하다.

비교적 큰 도시들은 왕의 대로로 알려진 중요한 상업 도로를 따라 발전했다. 왕의 대로는 아카바 만에서부터 고원 지대를 가로질러 다메섹까지 이른다. 와디들은 이 지역을 바산, 길르앗, 모압, 에돔 네 개의 주요 구역으로 나눈다.

비옥한 바산 | 지도 9참조

바산은 동부 고원 지대의 가장 북쪽에 있다. 헤르몬 산 2,823m, 시룐과 스닐로도 알려짐. 신 3:9 의 높이 솟은 경사면과 야르묵 강 사이에 놓여 있는 바산은 풍부한 물과 기름진 화산성 토양의 축복을 받은 비옥한 땅이다. 사화산이 불쑥 솟아 있는 경치와 성경 시대의 상수리나무들은 바산 땅을 아름답게 장식했다 사 2:13. 성경의 저자들은 종종 바산에서 풀을 뜯는 살진 소들을 언급했다 겔 39:18; 암 4:1. 구약시대에 바산 지역은 원래 므낫세 반 지파에게 할당되었지만, 이스라엘은 좀처럼 이 지역을 지배하지 못했다. 아람 사람들, 특히 다메섹 왕들은 BC 900년에서 BC 732년경까지 바산을 지배했다. 신약시대에는 헤롯대왕의 아들 빌립이 이 땅을 통치했는데, 이 지역은 가울라니티스Gaulanitis, 드라고닛Trachonitis, 아우라니티스Auranitis, 그리고 바타네아Batanea라는 다양한 지역으로 나뉘어 불렸다.

무성한 숲의 길르앗 | 지도 9, 10 참조

고대에 무성한 숲으로 주목을 받던 산지 길르앗은 야르묵 강 남쪽에서 염해 위쪽까지 펼쳐져 있다. 길르앗과 요단 서쪽 사이에는 자연적인 수로가 나 있다. 길르앗을 가로질러 흐르는 얍복 강 나하르 에즈 제르카 Nahr ez-Zerka은 사마리아로 가는 와디 파라 맞은편에 있다. 그러므로 길르앗에 정착한 이스라엘의 동쪽 므낫세와 갓 지파는 이 지구대를 넘어 그들의 동족들과 연대할 수 있었다. 랍바Rabbah에 근거를 둔 암몬 왕국은 길르앗의 남동쪽 광야 변경에 있는 땅을 점유했다. 신약시대에 베레아Perea와 데가볼리Decapolis의 일부분이 길르앗에 해당된다.

룻의 고향 땅 모압 | 지도 11 참조

염해 바로 동쪽 지역이 모압인데, 아르논 강 와디 무집 Wadi Mujib의 깊은 골짜기가 모압을 남북으로 가른다. 모압의 남쪽 경계는 세렛 강 와디 알 헤사 Wadi al-Hesa으로 모압과 에돔을 나눈다. 염해까지 이어지는 험한 와디가 흙을 쓸고 내려가 서쪽으로 가는 교통과 촌락 형성을 어렵게 만들었다. 모압의 동쪽 경계는 정착 가능한 땅과 사막이 뒤섞여 규정하기가 힘들다. 서쪽의 급경사와 사막 사이에 목축과 곡물을 생산하기 좋은 환경을 가진 고원 지대가 있다. 모압 여인 룻의 이야기에서 보듯이 모압 땅은 농사가 잘 되는 곳이었다. 아르논 강의 북쪽, 높고 편평한 고원 지역은 히브리어로 미쇼르Mishor라 불리는 수 13:21 모압 최고의 농업 지대다. 미쇼르의 중요한 도시들에 헤스본과 디본이 포함된다. 이스라엘 르우벤 지파가 정착한 아르논 북부 지역을 모압 사람들이 자신들의 땅이라 주장해, 이 지역을 놓고 이스라엘과 모압 간에 잦은 교전이 있었다 왕하 3:4-27.

에서의 땅 에돔 | 지도 12 참조

인상적인 붉은 누비아 사암의 산들이 세렛 강 남쪽 에돔 땅을 장식한다. 에돔이라는 이름 역시 히브리어의 '붉다'에서 유래했다. 때로 밑에 있는 화강암이 지각을 뚫고 나와 강렬한 장면을 연출하기도 한다. 어떤 산들은 고도가 1,500m가 넘는다. 사막과 아라바 사이에 끼인 에돔은 좁은 산지들이 두르고 있어서 거주민들을 안전하게 지켜 주었다. 서쪽 지역에는 작은 로뎀 나무, 상수리나무, 산사나무가 숲을 이루며 비도 충분히 내린다. 세일Seir은 에돔의 또 다른 이름인데 창 32:3, 때로 유다 남쪽 땅을 지칭하기도 한다 신 1:2, 44; 수 11:17. 조상 대대로 이스라엘과 유다에 적대적이었던 에서 자손인 에돔 사람들은 이 지역의 험한 산들 위에 자신들의 도시를 건설했다. 후에 나바테아 사람들이 자연을 그대로 살려 바위에 조각을 하는 등 고대 도시 페트라를 건설했는데, 다양한 색깔의 사암 유적들이 아름다움의 진수를 보여 준다.

페트라의 나바테아 신전 '카스네'The khasneh, 사암 절벽을 파서 만든 건축물이다.

Life in Ancient Palestine

| 팔레스타인, 어떻게 살았나 |

오늘날 우리가 고대 사회를 이해하기는 매우 힘들다. 컴퓨터, 발전된 기술, 대량 생산과 같은 오늘날의 도시 생활은 고대 세계와 우리를 결정적으로 분리시켜 놓았다. 그들의 세계는 마을에 집중되었고, 그들의 생계는 주로 농업과 목축에 의지했다. 해마다 돌아오는 계절은 생활의 보폭을 결정했다. 즉 변화는 천천히 일어났다. 그리스와 로마에서 유래된 것이 어떤 면에서 사회를 변화시켰을지도 모르지만, 팔레스타인의 생활은 무엇보다 땅과 긴밀하게 연결되어 있었다. 특히 시골과 농업 지역에서 그러했다.

주거에 필요한 요소들 (물, 식량, 방어, 교통)

팔레스타인은 바벨론이나 우르와 같이 대도시들이 있는 땅이 아니었다. 대부분의 정착지들은 주거를 위해 필요한 네 가지 요소, 즉 물, 식량, 방어, 교통이 집중된 마을이거나 작은 도시였다. 물이 부족한 이 땅의 주된 관심사는 충분한 물 공급에 있었다. 비록 빗물을 모으고 저장하는 기술이 발달해 물의 근원지에서 멀리 떨어진 곳에 작은 도시를 건설하기도 했지만, 샘과 작은 강,

소렉 강가에 위치한 텔 바타쉬Tell Batash, 성경의 딤나의 모습. 소렉 강은 쉐펠라의 소렉 골짜기를 따라 서쪽으로 흐른다.

그리고 우물은 주거를 위해 여전히 필요한 요소였다. 마찬가지로 안전은 기본적인 요소였다. 요새화하기 쉬운 장소를 선호하는 것은 적어도 그리스 · 로마 시대 전까지는 도시 국가의 두드러진 특징이었다. 마을과 작은 도시는 신속한 식량 공급을 위해 비옥한 농경지 근처에 세워졌다. 한편 대상로나 대상로 근처에 마을과 소도시를 세우기도 했는데, 이는 잉여 생산물을 수출하고 수입하기 수월했기 때문이다.

이상의 네 가지 요소를 만족시키는 곳은 수백 년, 아니 수천 년 동안 이용되었다. 비록 빼앗기거나 파괴됐을지라도 사람들은 다시 재건하여 살았다. 오랫동안 성벽으로 둘러싸여 요새화된 도시에서는 유적들이 쌓이고 쌓여 평평한 언덕을 이루곤 했는데, 이런 곳을 고고학자들은 '텔'Tells 혹은 Tels 이라고 부른다.

대부분의 텔은 아주 작아 4만 m²를 넘지 않는다. 블레셋 도시 에그론은 20만 m²로 팔레스타인에서 가장 큰 텔이었다. 하솔은 12만 m²를 차지했으나 '하부 도시' Lower City 는 가나안 도시를 81만 m²까지 확장시켜 그리스 · 로마 시대 이전에 팔레스타인에서 가장 큰 유적이 되었다. 하솔, 므깃도, 사마리아, 예루살렘 같은 도시들은 당시에 전략적 · 정치적 · 경제적 중요성을 지닌 곳이었다. 이보다 작은 마을이나 소도시는 어려운 시기에 보호를 받고 상품을 교역하기 위해 주변의 더 큰 도시들에 의존했다.

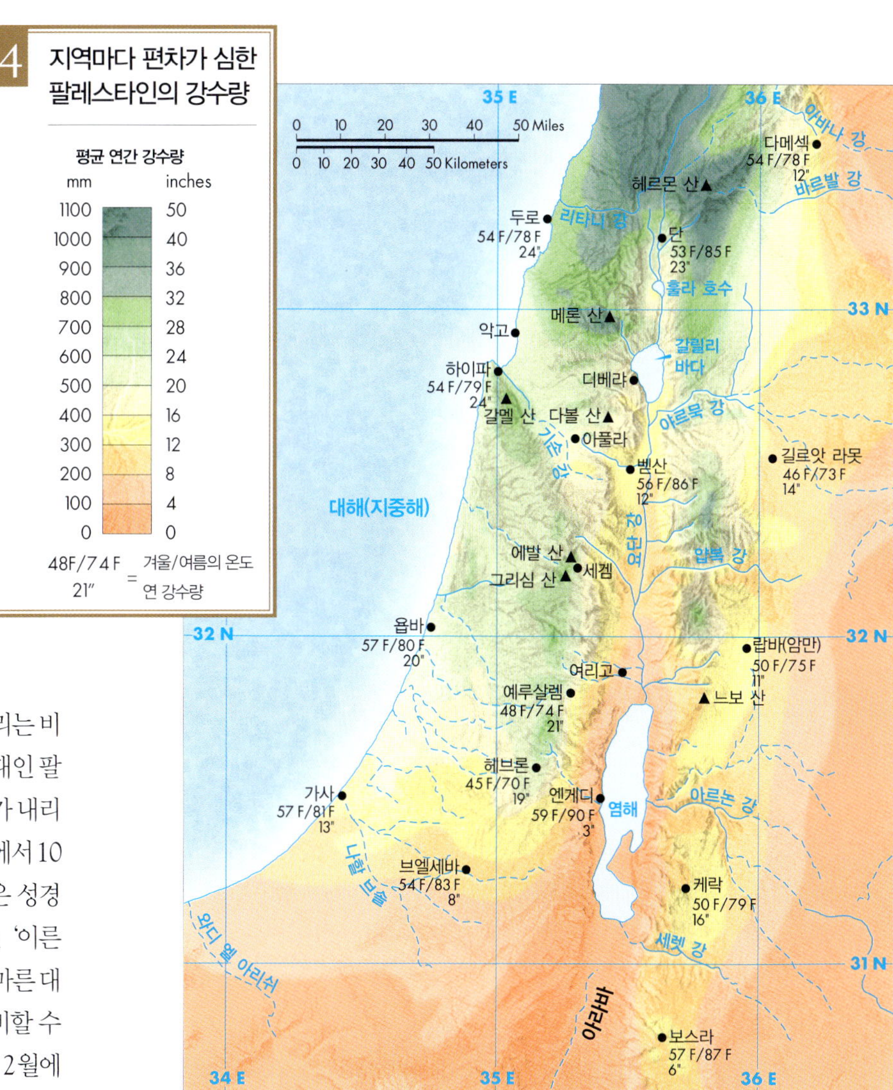

이른 비와 늦은 비

기후는 팔레스타인에서 지배적인 역할을 했다. 큰 강이 있어서 일정하게 물을 공급받는 이집트나 메소포타미아와는 다르게, 팔레스타인은 계절마다 내리는 비에 의존해야 했다 신 11:11, 14 ; 렘 5:24. 아열대 기후대인 팔레스타인은 덥고 건조한 여름과 주기적으로 비가 내리는 겨울로 계절이 나뉜다. 일반적으로 5월 중순에서 10월 중순까지는 비가 내리지 않는다. 여름 가뭄은 성경에서 '이른 비'라고 부르는 비에 의해 끝이 난다. '이른 비'히브리어로 요레 Yoreh는 보통 10월에 오며, 바싹 마른 대지를 부드럽게 만들어 농부가 씨 뿌릴 땅을 준비할 수 있게 해준다. 일 년 강수량의 70%는 12월에서 2월에 내린다. '늦은 비'는 3월에서 4월 중순까지 내리며 팔레스타인의 한 해 강우를 마감한다 호 6:3.

팔레스타인의 모든 지역에 동일한 양의 비가 내리는 것은 아니다. 강우량은 고도와 위치에 따라 영향을 받는다. 일반적으로 해안 근처나 고도가 높은 곳, 그리고 북쪽에 위치할수록 비가 많이 내린다. 상부 갈릴리Upper Galilee는 매년 강우량이 1,000mm가 넘는다. 반대로 동쪽 광야에 가깝거나 낮은 고도, 그리고 남쪽으로 갈수록 비가 적게 내린다. 예를 들어 염해 지역은 매년 100mm도 내리지 않는다. 일반적으로 특히 중요한 곡물인 밀과 보리를 재배하려면 매년 최소한 300mm의 비가 내려야 한다. 어떤 지역에서는 이슬이 식물에 수분을 제공하는데, 특히 더운 여름에 더욱 그렇다. 호세아는 하나님을 이슬에 비유했는데, 그분의 새롭게 하는 힘을 의미했다 호 14:5. 팔레스타인의 일부 지역은 사막이거나 반광야다. 브엘세바 남쪽과 요단 골짜기의 일부 아라바, 요단 동쪽의 동부 지역, 특히 남쪽과 서쪽 산지는 관개 시설을 이용하지 않고는 농사를 지을 수 없을 만큼 턱없이 부족한 양의 비가 내린다.

지형의 높낮이가 물결치듯 하고 비교적 사막과 바다가 가까이 있는 탓에 팔레스타인의 기후는 크게 요동친다. 해안이나 요단 지구대 지역은 겨울에 온화하나 고도가 높은 지역은 때때로 눈이 오는 혹독한 기후를 보이기도 한다. 여름 날씨는 해안가와 고지대에서는 기분 좋을 정도지만, 요단 골짜기와 염해, 그리고 아라바에서는 숨이 막힐 듯이 덥다.

팔레스타인의 농업과 생활

성경은 약속의 땅이 갖는 농업적 잠재성을 강조한다. 팔레스타인은 "밀과 보리의 소산지요 포도와 무화과와 석류와 감람나무와 꿀의 소산지라"신 8:8고 했다. 이 땅의 일곱 가지 생산물은 경제적으로 밭작물과 포도원, 과수원이 중요함을 보여 준다. 곡물과 포도, 올리브감람유는 매일 식사에 제공되는 주요 식품이다.

지금도 유목 생활을 하는 베두인족이 유대 광야에서 야영을 하는 모습.

팔레스타인의 넓은 골짜기와 평원에는 농사를 지을 만한 큰 밭이 있지만, 산지가 많은 지역에는 돌담을 쌓아 만든 작은 계단식 밭을 지어야 했다. 계단식 밭은 농사 지을 땅을 확보해 줄 뿐만 아니라 돌담이 유지되는 한 귀중한 물을 머금고 있으며 토양의 유실을 막아 준다. 대체로 작물은 강우량에 의존하나 건조 농법 이따금 관개 기술에 의존하곤 했다.

농작물들 | 밭 갈고 씨 뿌려 키우다

보리나 밀과 같은 곡류는 고대 음식의 기본이었다. 보리는 밀보다 더 빨리 자라고 밀이 자랄 수 없는 토양과 강우량에도 상관없이 잘 자랐다. 보리와 밀은 빵과 죽으로 만들어 먹거나 볶아 먹었다. 발효된 보리로는 술 맥주을 만들었다.

강낭콩, 팥, 완두콩, 살갈퀴 등의 콩과 식물은 파, 멜론, 오이 등의 다른 채소와 함께 재배했다. 그밖에 작물로는 요리에 필요한 향료 고수풀, 커민 등와 옷을 짓기 위한 아마가 있었다.

과목들과 포도나무 | 말씀의 비유로 사용되다

이스라엘 사람들은 보조 식품을 생산하기 위해 다양한 나무를 재배했다. 특히 올리브 나무, 포도나무, 종려나무는 중요했다. 올리브 나무는 성경에서 미와 풍요의 상징이었고 시 52:8 ; 호 14:6, 요담의 유명한 비유에서 여러 나무들을 다스려 달라고 요청받은 첫 번째 나무였다 삿 9:8, 9. 올리브는 그냥 먹기도 하지만 올리브를 압착해 만든 기름이 더 상품성이 있었다. 올리브유는 등잔의 연료, 그리고 식용이나 의약품으로도 사용했다. 올리브가 얼마나 중요했는가는 이스라엘의 여러 곳에서 발견된 수많은 올리브 틀을 보면 알 수 있다.

포도는 때로 과일로 먹기도 하지만 주로 포도주를 담가 먹었다. 포도나무와 그 열매는 성경에서 풍요, 평화, 번영, 안정의 상징으로 사용된다. 예수님은 포도나무를 자신과 제자들의 아름다운 관계로 표현하셨다 요 15장. 대추야자 종려나무 열매는 탄수화물의 주요 원천이었다. 약속의 땅을 묘사할 때 언급된 '꿀' 출 3:8 ; 민 13:27은 아마 대추야자로 만든 꿀일 것이다. 다른 토종 나무들로는 무화과, 석류, 쥐엄나무와 아몬드, 피스타치오, 그리고 호두 같은 다양한 견과류들이 있다.

목축 | 중요한 일상이 되다

양과 염소, 소를 돌보는 일 목축은 팔레스타인에서는 아주 중요한 일상이었다. 특별히 남쪽 경계 지역과 요단 동쪽 지역에서는 양과 소 떼들이 점점이 수를 놓았다. 가축들은 가끔 열리는 축제 때를 제외하고는 식용으로 사용하지 않았다. 주로 2차 생산품인 우유, 치즈, 양털, 모직을 제공하는 데 쓰였다.

섬유 산업 | 옷감을 수출하다

농업과 목축은 팔레스타인 사람들의 주요 경제 활동이었다. 한편 마을이나 성읍마다 대장장이, 도공, 목수, 석수와 같은 장인들이 있어서 필요한 물품을 만들었다. 특히 섬유 산업이 발달했는데, 앗시리아가 요구한 조공에는 팔레스타인의 옷감과 의복이 자주 올랐다. 팔레스타인 사람들은 밀, 포도주, 올리브유, 향유, 대추야자 꿀 등의 잉여 농산물과 도기, 옷감을 수출하는 대

게셀에서 발견된 달력.

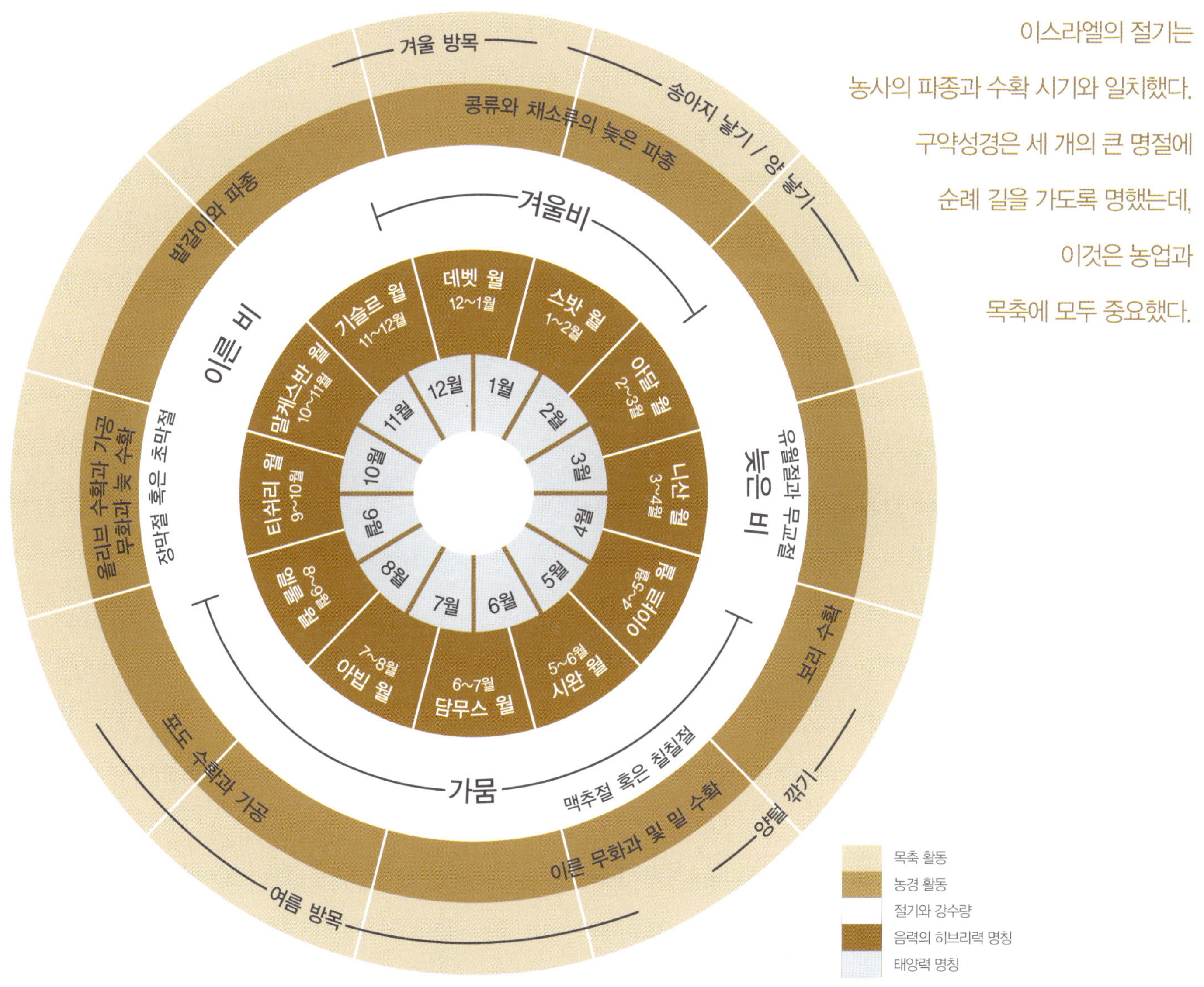

신, 그들이 쉽게 손에 넣을 수 없었던 목재, 사치품, 향신료, 금속, 향료 등을 수입해 썼다.

게셀의 농사력 *

전도서의 저자는 "모든 것에는 시기가 있고"전 3:1라고 말했다. 실제로 팔레스타인 사람들의 일상생활은 때마다 다른 농사를 지었고 이는 해마다 되풀이되었다. BC 925년 것으로 추정되는 게셀의 달력은 일 년 농사에 필요한 목록을 담고 있다. 고대 히브리어로 쓴 일곱 줄의 내용을 정확하게 해독하기는 어렵지만, 최근에 보로우스키가 그 번역을 시도했다.

고대에는 밭을 갈고 파종하고 수확하는 일련의 농사일에 모든 것이 관련되어 있었다. 그림은 매년 농사의 여러 면과 관련이 있으며 계절마다 요구되는 것을 보여준다. 포도원과 과수원 경작은 목축 활동의 다른 일에도 포함되었다. 고대 이스라엘 달력은 달Moon의 모양에 기초했으나음력 양력이 농업 순환을 결정했다. 이것은 음력에 주기적으로 짧은 달Month을 추가해야 하며, 히브리 달이 양력을 기초한 현대의 달력과 정확히 일치하지 않는 이유를 설명해 준다**.

| 가을과 겨울 | 일 년 중 가장 바쁜 계절

올리브 수확과 함께 9월과 10월이 되면 농부들은 몹시 바빠진다. 이때부터 일거리가 많아지며 10월과 11월에는 밭농사 준비를 해야 한다. 가족들은 다 익은 열매를 흔들기 위해 작대기로 나뭇가지를 쳐서 올리브를 수확했다. 모든 마을에 있는 올리브 틀은 올리브를 귀한 기름으로 바꿔 주었으며, 올리브는 큰 항아리에 보관했다. 이른 비가 내리면 농부들은 일반적으로 끝에 금속이 달린 나무 쟁기를 소에게 끌게 해 땅을 갈며 파종을

* 게셀의 농사력(The Gezer calendar)
수장올리브 – 이 개월
곡식 파종 – 이 개월
늦은 파종 – 이 개월
잡초 제거 – 일 개월
보리 수확 – 일 개월
수확일과 계량곡식 – 일 개월
포도 수확 – 이 개월
여름 과일 수확 – 일 개월

** 히브리 달력은 우리나라의 음력보다 일 개월 느리며 윤달이 다르다.

마을마다 반드시 있었던 올리브 압축기.

준비했다. 밀과 보리 종자는 흩뿌리고 그 위를 한 번 더 쟁기질하거나 짐승들을 이용해 밟게 해 흙으로 덮었다. 팥, 완두콩, 아마 같이 자라는 데 얼마 안 걸리는 원예 작물은 겨울 초입에 심었다.

|봄| 수확하다

수확기가 되면 다시 마을 사람들의 힘을 합쳐야 했다. 보리와 밀의 수확은 3월과 4월 말에 시작되어 5월까지 계속된다. 수확 후에 곡물은 타작마당에 놓고 동물이 밟게 하거나호 10:11 타작기를 끌고 다니거나사 28:27, 작대기로 줄기를 치거나룻 2:17 해서 타작을 했다. 그런 다음 큰 나무 갈퀴로 키질해 곡물과 나머지 쭉정이를 분리했다. 곡물은 항아리나 지하 저장고, 작은 곡물 구덩이, 큰 사일로Silo, 또는 돌집 등에 저장해 두었다.

|여름| 포도주를 담그다

여름 몇 달 동안 포도를 수확하고 즙을 짠다. 발효할 포도즙은 바위를 파서 만든 저장고에 둔 큰 항아리에 담아 둔다. 가을로 바뀌려는 늦여름에 석류, 무화과, 대추야자 등을 따면 일 년 농사가 마무리된다.

이스라엘의 순례 절기

유대교의 주요 명절은 농사 시기의 주요행사와 관련되어 있다. 구약성경은 세 개의 큰 명절에 순례 길을 가도록 명했는데, 이 일은 원래 농업과 목축에 모두 중요했다출 23:14-17; 신 16:13-17.

무교절과 함께하는 유월절은 이집트 탈출을 기념할 뿐만 아니라 보리와 밀 수확의 시작을 알렸다. 칠칠절 혹은 맥추의 초실절오순절은 유월절 후 정확히 초실절 후 칠 주를 축하하며 수확의 정점에 지킨다. 이후 가을이 되면 아마 절기 중 가장 즐거운 시간을 보내는 수장절 혹은 장막절초막절이 되는데, 이때는 광야에서 하나님이 돌보아 주신 사건을 감사하며 회상했다. 한 해의 마지막 축제인 수장절은 한 해 수확을 마감하는 신호이자 새로운 농경 순환의 시작을 알렸다.

곡물과 밭, 포도원, 과수원, 가축에 대한 관심이 구약시대 매우 이른 시기부터 이스라엘 사회를 지배했다. 그리스와 로마로부터 온 새로운 기회들은 유대 사람의 생활에 변화를 주었다. 유대 사람들은 전문화된 여러 직업들 중에서 상업과 금융업에 더 많이 종사했다. 하지만 특히 팔레스타인에서는, 신약에서 예수의 수많은 언급을 통해 알 수 있듯이, 여전히 농업이 최고의 위치에 있었다.

기브온 근처 마을의 타작 마당.

고고학이 성경의 진실을 밝히다

1860년경 이후 활발해진 고고학 연구는 성경 연구에도 풍성한 자료를 제공했다. 이미 사라진 고대 문명과 잊혀진 도시들의 유적이 성경 본문에 생명력을 불어넣었다. 고고학 덕분에 우리는 성경과 그 배경을 이전보다 더 잘 이해할 수 있게 되었다.

|텔| 옛날을 밝혀 주다

오늘날 고대 근동 지역은 거의 '텔'이라고 불리는 인공 언덕으로 되어 있다. 텔은 그곳에 살았던 이들이 남긴 유물들이 여러 겹의 층으로 쌓여서 만들어진 것이다. 텔은 저마다 크기가 다른 만큼 유물도 다양하다. 어떤 텔은 짧은 기간 동안 거주한 반면, 어떤 텔은 수천 년간 살면서 쌓인 유물들을 간직하고 있다. 고고학자들의 작업은 두 부분으로 이루어진다. 첫째, 텔의 일부분을 발굴해 모든 고대 유물들을 과학적으로 복원해 그 결과를 주의 깊게 기록한다. 둘째, 그 자료에 분명한 해석을 부여한다. 고고학의 궁극적인 목적은 가능한 한 더 자세하게 고대 사회를 재구성하고 이해하는 것이다.

|지명의 확인| 고대의 지리를 밝히기까지

고고학자들은 자신이 발굴한 텔의 이름을 마음대로 정할 수 없다. 텔의 고대 이름이 기록된 유물을 발굴하는 경우 외에는 고고학자들은 텔의 이름을 정하기 전에 몇 가지 증거를 통해 탐구해야 한다. 맨 먼저 성경을 포함해 마을과 도시들을 언급한 고대 자료들을 참고한다. 이 자료들은 도시의 지리적 위치와 그들이 살았던 시기를 담고 있다.

때때로 텔 근처 마을 이름에는 텔의 고대 이름이 보존되어 있을 수 있다. 여기서 실마리를 얻어 텔의 고대 이름을 밝혀 내기도 한다. 한편 성경 장소를 확인한 후대의 기록들에서 찾는다. 유세비우스Eusebius와 같은 초기 그리스도교 저자들과 성지 순례자들은 성경에서 언급

텔 바타쉬의 석고를 바른 표면에서 발견된 두 개의 제구 성배. 이 제구들은 철기 2시대의 전형적인 용기의 특징을 보여 준다 대략 BC 900~600년.

지층을 설명해 주는 보크 Balk. 고고학 발굴 때 일정한 구역을 나누는 네모난 구덩이다. 꼬리표는 층들을 알려주는데 각 층은 같은 시대를 의미한다.

된 도시와 사건이 일어난 위치를 찾기 위해 열심히 다녔다. 불행히도 그들의 지식이 종종 잘못된 전통에 근거하기도 하지만, 주의 깊게 검토하면, 그들의 기록에서 중요한 실마리를 얻을 수 있다. 이와 같이 고고학자들은 여러 자료들을 검토하고 현장에서 발굴한 유물들을 토대로 타당한 텔의 고대 이름을 부여하게 된다.

|층서학과 유형학| 과학적 바탕에 근거하다

유적지 발굴은 층서학Stratigraphy과 유형학Typology이라는 과학적 바탕에 따라 진행된다. 층서학은 여러 단층들이나 그 텔을 덮고 있는 지층Strata을 참고한다. 첫 번째 현장 작업은 그 텔에서 발견된 다른 층들을 규명하고 단층 순서를 정하는 것이다. 각 층은 유적지의 전체 역사에서 각각 분리된 부분으로 인정되며, 혼동을 피하기 위해 반드시 다른 층과 구별해야 한다.

고고학자들은 일반적으로 $5 \times 5m^2$를 발굴하며 둘레에 발굴하지 않은 0.5m나 1m의 통로 혹은 보크Balk를 남긴다. 이 보크가 전문가들에게는 다른 층을 나타내게 된다. 각 층에서 발견된 모든 유물과 유적은 분리되어 보관하고, 유물이 발굴된 정확한 위치는 철저히 기록한다. 보다 정밀하고 정확한 결과를 얻어 낸 캐슬린 케년 Kathleen Kenyon의 개척자적인 노력 덕분에 근래 40년 동안 층서학의 원칙은 더욱 강조되었다.

|연대 측정| 항아리를 통해 추정하다

그런 다음 고고학자들은 유물의 시기를 결정한다. 1890년 플린더스 페트리 Flinders Petrie는 각 유적에서 일

고대 텔 벧산. 전방의 데가볼리 중 하나인 스키토폴리스의 잔해 위에 구약시대 텔이 솟아 있다.

반적으로 '항아리'가 발견된다는 것을 알았다. 그런데 그 항아리는 층마다 다른 형태를 갖고 있었다. 그는 다른 장소에서 발견된 항아리와 비교한 후 항아리의 형태를 통해 각 층의 연대를 추정하였다. 유형학으로 알려진 유물의 비교는 수많은 발굴지에서 성공적으로 적용되었다.

올브라이트W. F. Albright와 어니스트 라이트G. Ernest Wright는 항아리의 기본 유형을 구분해 근동, 특히 팔레스타인의 상대 연표를 발전시켰다. 항아리를 통한 연대 구별법은 현재 고고학자들이 BC 2000년 전까지 정확하게 유물의 시기를 결정할 수 있도록 해 주었다. 더 이른 시기의 유물에는, 조금 막연한 결과를 가져올 수도 있으나, 방사성 탄소 연대 측정법탄소 14과 열발광Thermoluminescence 연대 측정법을 이용한 물리적 혹은 화학적 분석 과정이 더 중요하게 사용된다. 오늘날 근동의 연대기 연구는 상당히 구체적으로 진척된 상태다.

고고학과 성경 | 고고학이 성경의 세계에 생명을 불어넣다

고고학 발굴을 통해 복원된 자료는 성경학자들이 다방면으로 사용할 수 있다. 고고학은 신구약을 위한 기본적인 연대기를 제공했다. 히브리어, 아람어, 그리고 그리스어와 같은 성경 언어의 지식은 발굴을 통해 발견된 고대 문서 덕분에 크게 증대되었다. 성경에 언급된 문명들은 고고학자들의 작업에 의해 부활되었다. 때때로 고고학은 성경 본문의 의미를 분명하게 하는 자료를 제공했다. 사무엘하 5장 9절에 나오는 '밀로'Milo는 한동안 학자들을 혼란에 빠뜨렸다. 그러나 예루살렘 다윗성에서 구조를 떠받치고 있는 거대한 계단식 돌을 발견함으로써 고대 용어 '밀로'가 무엇을 의미하는지가 분명해졌다.

고고학의 가장 중요한 공헌은 성경의 세계에 생명을 불어넣었고 우리가 그 세계를 제대로 이해하도록 도와주었다는 데 있을 것이다.

고고학으로 밝혀진 가치는 이루 말할 수 없이 크다. 고고학을 통해 성경 본문과 그것이 기록되었던 세계에 살이 입혀졌다. 이는 수많은 고대 유적지에서 수고한 무수한 발굴자들의 헌신 덕분이다.

| 표1 | 팔레스타인을 기준으로 본 고대 근동의 연대기 |

시대 구분	예상 시기
구석기 시대	?~BC 1만 8000년
중석기 시대 중석기 이전~중석기 시대	BC 1만 8000~8300년
신석기 시대	BC 8300~4500년
금속병용 시대 동석기 시대	BC 4500~3300년
초기 청동기 시대	BC 3300~2000년
중기 청동기 시대	BC 2000~1550년
후기 청동기 시대	BC 1550~1200년
철기 시대	BC 1200~586년
바빌로니아와 페르시아 시대	BC 586~332년
그리스 시대	BC 332~63년
로마 시대	BC 63~AD 324년
비잔틴 시대	AD 324~638년

이 도표에 있는 자료는 초기 청동기 시대가 초기 청동기 4기~중간 청동기 시대를 포함하는 BC 2000년까지 전개된 것 외에는 The New Encyclopedia of Archaeological Excavations in the Holy Land에 기록된 것이다. 신석기 이전 시대의 데이터들은 인류의 기원을 보는 견해에 따라 크게 다르다 Stern, The New Encyclopedia of Archaeological Excavations in the Holy Land, Vol. 2.

The Old
Testament Period

|2부| 구약성경 시대

2
Part

4. Before Abraham - 아브라함 이전 시대

5. The World of the Patriarchs - 족장 시대의 세계

6. The Egyptian Experience - 히브리 사람들의 이집트 경험

7. The Exodus - 내 백성을 보내라

8. Conquest and Settlement - 정복과 정착

9. The Kingdom of David and Solomon - 새로운 왕조를 탄생시킨 다윗과 솔로몬

10. The Kingdoms of Israel and Judah - 두 왕국, 이스라엘과 유다

11. Judah Alone Amid International Powers - 열강 속에서 고립된 유다

12. The Exile - 흩어진 백성유배流配

13. The Persian Period - 페르시아 시대

14. The Hellenistic Period - 헬레니즘 시대

Before Abraham

| 아브라함 이전 시대 |

인류는 큰 강 유역에서 다양한 문화를 가꾸기 시작했고, 초기 가장 활발한 문명을 보여 준 곳이 바로 고대 근동 지역이다. 근동 지역을 중심으로 발달된 문명은 도시화를 촉진시켰고, 근동 전역으로 퍼져 나간 도시화는 왕정으로 이어졌다. 이러한 왕정은 수메르 문화를 중심으로 한 메소포타미아의 도시 국가들과 이집트에서 번영했다. 메소포타미아의 도시 국가들이 아카드에 의해 통일되면서 제국이 탄생되었고 고대 근동 지역은 아카드 제국과 이집트로 양분되었다. – 편집자 주

캐슬린 케년이 발굴한 여리고에 있는 신석기 시대의 망대.

하나님께서 태초에 하늘과 땅을 창조하시다

"하나님께서 태초에… 창조하셨습니다" 창 1:1는 창세기의 서언은 우리에게 세상과 인류의 기원에 관한 질문을 던지고 있다. 창세기 1–11장의 어디에도 견줄 수 없는 파노라마는 아브라함에게서 시작한 하나님의 구원 계획의 드라마를 이해하는 데 필요한 무대를 제공한다. 하지만 아브라함이 가나안으로 이주하기 전부터 고대 근동에는 찬란한 문화와 문명이 꽃을 피우고 있었다. 이 시기는 문자가 발명되기 훨씬 이전이기 때문에 학자들은 이 시기를 '선사 시대'Prehistory 라고 부른다. 우리는 이 시기에 대한 지식을 오로지 고고학에 기댈 수밖에 없다. 고고학자들은 선사 시대를 발굴한 유적을 근거로 다시 세분화했다. 그리고 이 시기를 이름 붙일 때 그리스어로 '돌'이란 뜻의 '리딕'Lithic 을 사용했는데, 이 시기에 사용된 도구나 무기가 돌로 만들어졌기 때문이다. 그러나 돌 외에도 한 시대를 다른 시대와 구별하는 기준은 많다.

구석기 시대 | 수렵과 채집을 하다

구석기 시대란 인간이 수렵과 채집을 하며 살았던 시대를 말한다. 식량을 구하러 다니고 야생 동물 사냥을 하는 것에 삶의 모든 에너지를 소비했던 시대를 말한다.

|중석기 시대| 주변 자원을 이용하다

중석기 시대BC 1만 5000-8300년경 사람들은 주변의 자원을 이용하기 시작했다. 낚시를 하고 야생 밀, 보리를 거두어서 좀더 안정된 공동체를 이루게 되었다. 중석기 초기의 것으로 보이는 원형의 집터가 몇 군데서 발견되었는데, 팔레스타인의 나투피아Natufian 문화는 오직 사냥과 채집에 의존하는 사회 그리고 농업과 축산에 기초한 사회적 과도기를 보여 준다.

|신석기 시대| 농경을 중심으로 정착을 이루다

점차 인구가 증가하고 새로운 발상이 터져 나오자 농사를 지으며 오랫동안 한 곳에 정착하는 마을이 생겨났다. 신석기 시대BC 9000-4500년경가 시작된 것이다. 이 시대에는 식물을 재배하고 동물을 사육했기에 식량 보급이 안정적으로 이루어졌으므로 장기간 한 곳에 정착하는 생활이 가능해졌다. 근동 지역에서 농사를 지으며 살아가는 마을들은 주로 적당하게 비가 내리는 지역을 선호했으며 도자기를 사용하기 시작했다.

신석기 시대의 몇몇 정착지는 그 규모가 놀라울 정도로 컸다. BC 7500년경 여리고는 넓이가 2만 4,000m²로 돌로 쌓은 큰 둥근 탑과 함께 성벽으로 둘러싸인 요새화된 도시였다. 트랜스요르단의 아인 가잘 Ain Ghazal*은 넓이가 12만 1,400m²에 이르렀다. 이곳에서는 높이가 1m 이상인 인간 석고상이 많이 발견되었는데, 조상신 숭배와 관련이 있을 것으로 보인다. 터키 중앙 지역에 있는 카탈 후유크 Catal Hüyük**는 넓이가 12만 9,500m² 이상 되었다. 그러나 대부분의 신석기 시대 마을은 규모가 상당히 작았다. 중요한 신석기 시대 유적지로는 자르모Jarmo, 핫수나Hassuna, 사마라Samarra, 니느웨Neneveh, 우가릿Ugarit, 비블로스Bybols 등이 있다. 모든 사람이 마을에서 생활한 것은 아니었다. 어떤 사람은 양과 염소를 돌보며 때때로 목초지를 찾아다니는 목자가 되기도 했다. 정착한 마을 사람들과 반유목인들의 모습은 근동 사회와 성경에 깊이 새겨져 있다.

|금속병용 시대| 금속을 사용하다

금속병용 시대 혹은 ‘동석기 시대’BC 4500~3300년경에는 몇 가지 중요한 변화가 있었다. 첫 번째 변화는 일상 용품과 무기를 만드는 데 금속구리을 사용한 점이다. 이 시기 근동에 정착하는 무리가 점점 많아졌으며, 요새화는 잘 안 되었어도 전보다 확장되었다.

동석기 시대의 크고 작은 정착지는 근동 지역 곳곳에서

에덴동산은 어디에 있었을까?

창세기는 하나님이 최초의 인간 부부에게 주신 한 동산에 관해 서술한다. 창세기는 가나안에서 봤을 때 동쪽에 에덴이라 불리는 동산을 두었다창 2:8고 말한다. 에덴이라는 말은 히브리어의 ‘기쁨’이란 말에서 유래한 것 같다. 에덴은 바빌로니아어 ‘에디네’Edine, 즉 평원에서 파생했거나, 아니면 서부 셈어의 ‘물이 풍부한 곳’이란 말과 관련이 있는 것 같다. 따라서 에덴동산창 2:15은 생명의 물을 주는 곳, 그리고 하나님이 아담과 하와를 위해 풍족하게 주셨던 기름진 땅을 말한다.

창세기의 기록은 동산에서 하나의 강이 흘러나온 뒤 비손 강, 기혼 강, 티그리스 Tigris 강, 그리고 유프라테스Euphrates, 유브라데 강으로 나뉜다고 기술한다. 티그리스 강과 유프라테스 강은 잘 알려진 강이다. 이 두 강은 터키 동부 아르메니아Armenian 산맥에서 발원해 메소포타미아 지방을 지나 페르시아 만으로 흘러간다지도 1 참조. 비손과 기혼 강에 대해서는 알려져 있지 않지만, 비손 강은 열방의 족보에 두 번 등장하는 하윌라창 10:6, 29를 관통해 흐른다. 하윌라는 아라비아 북부 지역과 아프리카 해안을 포함하는 것으로 생각된다. 기혼 강은 흔히 이집트의 남쪽 누비아와 매우 관련이 있는 구스 지역을 관통한다창 10:6. 한편 창세기 10장 8절에 근거해서 보면, 메소포타미아 중부와 남부 지역에 있는 카시트Kassite를 구스 지역과 같은 곳으로 이해할 수 있다. 따라서 네 강에 대한 정확한 위치를 현재의 서아시아에서 찾는다는 것은 쉬운 일이 아니다.

학자들마다 다른 에덴동산의 위치

지리적으로 상세히 나와 있는 네 개의 강으로 갈라지는 하나의 강은 지금의 중동 지리와 쉽게 일치되지 않는다. 따라서 학자마다 에덴동산의 위치를 다르게 설명하고 있다. 우선 에덴동산은 티그리스 강과 유프라테스 강이 발원하는 곳에서 가까운 아르메니아 산맥에 있다는 주장이 있다. 이에 따르면 비손 강과 기혼 강도 위의 두 강이 발원하는 산맥과 같은 곳에 있는 것으로 본다.

두 번째는 메소포타미아 남쪽에 에덴동산이 있었다는 주장이다. 만약 에덴이라는 이름이 ‘평원’이라는 뜻의 바빌로니아어에서 유래했다면, 이 주장에 힘이 실린다. 더욱이 가나안을 중심으로 본다면, 메소포타미아 남부는 가나안 동쪽에 있다. 티그리스 강과 유프라테스 강은 메소포타미아를 따라 흐른다. 그렇게 되면 비손 강과 기혼 강은 자그로스 산맥 남쪽에서 평원으로 흐르는 강을 말한다. 이 지역의 관개용 수로들 가운데 둘은 비손 강과 기혼 강이라는 것이 그들의 주장이다.

세 번째는 에덴동산이 고대 근동 지역에 위치한 것으로 기술되어 있으므로 그 위치를 보다 넓은 지역으로 보는 것이다. 이들은 구스라는 이름을 통해 확인되지 않은 두 개의 강이 아프리카의 백나일 강과 청나일 강을 암시하고 있는 것으로 본다. 이런 견해는 이미 티그리스 강과 유프라테스 강은 알려진 곳이고, 에덴동산을 고대 문명의 요람인 근동에 위치한 것으로 보기 때문이다.

* 텔레일랏 엘 가술(Teleilat el-Ghassul / 지명)
팔레스타인 남쪽에서 발견된 동석기 중기 BC 3800~3350년경로 추정되는 유적지다. 오늘날의 요단 염곡에 있으며, 예수회 수도회에 의해 발굴되었다 1929~1938년.

발견되었는데, 눈에 띄게 발달한 메소포타미아의 문화는 아름답고 다양한 색깔의 도자기로도 확인이 가능하다. 메소포타미아 북부는 핫수나, 사마라, 할라프 Halaf 등으로 알려진 문화의 근거지다.

BC 4200년에서 BC 3000년경의 가장 중요한 문명 도시는 메소포타미아 남쪽 지역에 있었다. 알 우바이드 Al-Ubaid 와 우룩 Uruk 즉 성경의 에렉 Erech, 창 10:10이 대표적인데, 진흙으로 만든 벽돌로 쌓아 색을 입히고 고깔 모양으로 건축한 신전들이 있었으며, 이것들은 기하학적으로 설계되었다.

BC 3500년경에는 수메르 사람들이 메소포타미아 남쪽에 정착해 초보적인 문자 체계를 만들고, 큰 신전들을 건설했다. 성경의 시날 땅 창 10:10; 11:2; 14:2은 메소포타미아 남쪽을 가리키는 것으로 보이는데 이곳에서 많은 문명적 진보가 이루어졌음을 알 수 있다. 보다 성숙한 사회로 발전하기 위한 기반이 마련된 것이다.

금속병용 시대에 팔레스타인의 금속 세공사들은 놀라울 정도로 많은 구리 제품을 만들어 냈다. 염해의 엔게디 근처 한 동굴에서도 구리 제품이 발견되었는데, 아마도 가까운 곳의 금속병용 시대 신전에서 사용했을 것이다. 브엘세바에서 발견된 상아 유물들로 미루어 볼 때 이 지역 장인들의 솜씨가 매우 뛰어났음을 알 수 있다. 규모가 제법 큰 염해 동북쪽 텔레일랏 엘 가술* 약 20만 2,300m²에서 발견된 신전에는 상상의 생물과 팔각형 별, 종교 의식에 쓰는 가면 등이 벽화로 그려져 있다. 그러나 동석기 시대의 문화적 업적은 단연 메소포타미아가 훨씬 뛰어났다.

초기 문명의 흥망 성쇠

초기 청동기 시대 BC 3300~2000년경

|도시 혁명| 진정한 문명이 시작되다

BC 3300년에서 BC 2200년경에 '도시 혁명'이 일어났다. 작은 마을 대신 크고 작은 도시가 출현하기 시작한 것이다. 농경 기술의 발달에 따라 다른 지역과 교역할 수 있을 만큼의 잉여 생산물이 생겨나자, 농경 사회를 뒷받침해 주는 사회 기반에 대한 요구가 증대되기 시작했다. 이에 따라 기술자, 행정가, 건축가, 서기관 등이 복합 사회의 다양한 요구에 의해 출현하게 되었다. 이러한 변화는 점차적으로 수백 년 이상 계속되었는데, 근동 지역 어디에서나 동일하게 파급되지는 않았지만, 실질적으로 최초의 도시 시대를 열게 되었다.

최초의 도시 시대가 메소포타미아 남쪽과 이집트와 같은 큰 강을 낀 지역에서 일어났다는 것은 놀라운 일이 아니다. 강들은 여러 면에서 문명의 발달을 촉진시켰다. 강을 따라 통신과 교통이 발달했고, 교역 역시 강을 이용해 이뤄졌다. 한편 사막과 같은 건조한 지역에도 관개 시설을 이용하여 강물을 끌어들일 수 있었다. 관개 시설을 이용함으로써 이전의 천수답보다 식량 생산량이 더 많아졌고, 그 결과 남은 농산물을 수출하거나, 다른 공동체에 지원할 수 있게 되었다. 발달된 농경 사회를 유지해 나가기 위해서는 광범위한 협력이 필요했고, 이를 장려하고 통제할 강력한 중앙 권력이 필요했다. 이러한 필요는 다른 여러 가지 요인들과 결합해 정치적 권력과 무역 확대의 중심지인 도시 출현을 촉진시켰다. 이때가 고고학자들이 초기 청동기 시대 BC 3300~2200년경라고 부르는 시기다. 이 시대에 주목할 만한 문명이 메소포타미아와 이집트에서 번영했다.

|메소포타미아| 문자와 문명의 기초를 닦은 곳

문명 세계의 문을 연 수메르 Sumer 사람들은 BC 3500년부터 2371년경에 메소포타미아 남부를 지배했다. BC 3000년경까지 수메르 사람들은 문자를 발명하고, 건물을 세우고, 왕을 중심으로 한 복합 사회 구조를 정착시키는 등 수메르 문명에 기초를 닦았다. 키쉬 Kish, 우

강들은 여러 면에서 문명의 발달을 촉진시켰다. 강을 따라 통신과 교통이 발달했고, 교역 역시 강을 이용해 이뤄졌다.

수메르 장인이 만들어 낸 아름다운 작품으로 우르의 왕가 무덤에서 발견되었다. 이 숫양은 금, 은, 청금석 lapis lazuli, 조개껍데기 등으로 만들어진 것이다.

|표2| 초기 문명의 발흥

연대(BC)	이집트	메소포타미아	팔레스타인
3300	왕조 이전 시대	남부 메소포타미아 평원에 위치한 도시들 병합. 쐐기문자 발명	농경 사회의 팽창
3200	상형문자 발명함		
	고대시대 제1~2왕조		
3000			
		고대 수메르 시대 BC 2900~2350년경	본격 도시 중심의 발전 아라드, 아이, 여리고. 대규모 성벽으로 둘러싸인 도시들이 세워짐. 이집트, 시내와 무역을 함. BC 2750년경 몇몇 도시들 아라드, 아이이 붕괴 또는 파괴됨. 다른 도시들은 하솔 청동기 제3시대 초기 BC 2750~2200년에 재건되거나 새롭게 건립됨
2800		길가메쉬, 우룩의 왕	
	구 왕국 시대 : 제3~6왕조		
	피라미드 시대		
2600	조세르 Zoser의 계단식 피라미드 : 케옵스 Cheops(쿠푸 Kufu)의 대피라미드		
		우르에서 발견된 왕의 무덤들	
2400		아카드 시대 BC 2371~2230년경	
		사르곤 대제	
2200		나람–신	BC 2250~2000년경부터 도시가 방치되거나 파괴됨
		암흑 시대	
	첫 침체기		
	제7~11왕조 초기	구티 침략	
	중앙집권제 붕괴		
2000		신수메르 부흥기 : 우르 3세 BC 2113~2006년경. 우르–남무의 지구랏	

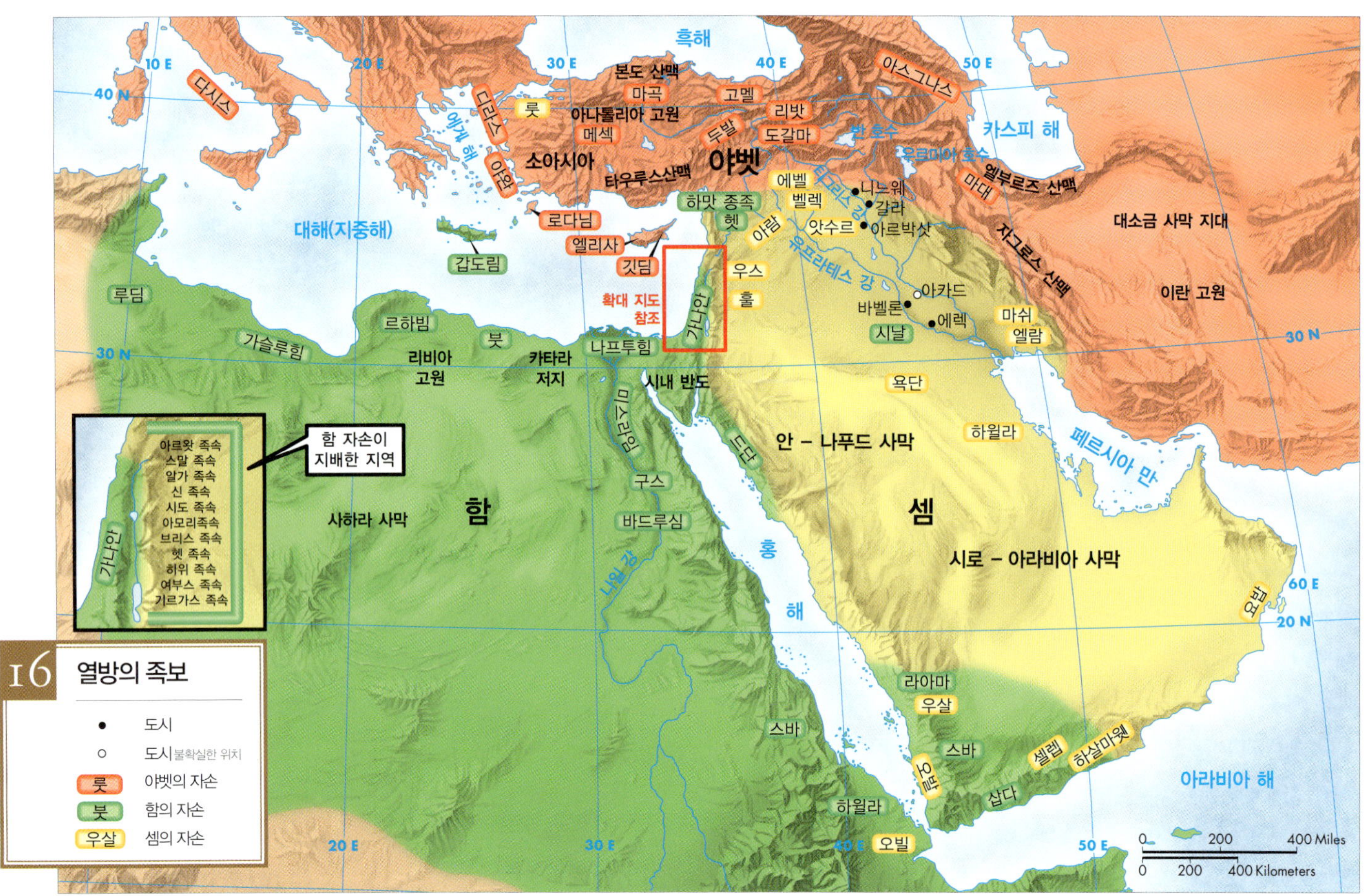

*엔릴(Enlil / 신명)
메소포타미아의 삼신三神 중 하나인 대기의 신을 가리킨다. 수메르어와 아카드어로는 벨Bel이다. 아누Anu, 수메르 말로는 An, 에아Ea, 수메르 말로는 Enki와 함께 삼신을 이룬다.

**니푸르(Nippur / 지명)
지금의 이라크 남동부에 있던 메소포타미아 고대 도시로 정치 중심지는 아니지만 메소포타미아 종교생활에 큰 영향을 미쳤다. 엔릴이 니푸르에서 인간을 만들었다고 한다.

***레너드 울리(L. Woolley, 1880~1960 / 인명)
영국의 고고학자로서 고대 수메르의 도시 우르를 발굴했다. 그는 이때 대홍수의 지질학적 증거를 발견했는데, '창세기'에 기술된 대홍수와 관련 있을 것으로 보여 주목을 받았다.

룩성경의 에렉, 니푸르Nipppur, 라가시Lagash, 그리고 우르Ur 등이 수메르 문명의 대표적인 도시들이다. 이제 도시는 강에서 떨어져 나와 수로를 따라 평원에 세워졌다. 실제로 수메르 문명은 독립된 도시 국가들의 연합으로, 각 도시마다 다스리는 왕이 있었다. 각 도시 중심지에는 최고의 신 또는 여신에게 봉헌한 신전이 있었다. 신전은 정치와 경제적 힘의 상징이었다. 왕은 제사장으로서도 역할을 수행했다. 수메르 최고의 신 엔릴Enlil*을 숭상한 니푸르**에는 화려한 신상이 있었는데, 이 때문에 다른 도시 국가들의 왕은 니푸르에서 승인을 받아 자신의 정통성을 주장하고자 했다. 그러나 도시 국가들은 영토 문제나 자체의 영향력을 확대하기 위해 서로 자주 싸웠다.

고대 수메르 시대는 대략 BC 2900년에서 BC 2350년에 해당한다. 이 기간에 수메르 문명은 절정에 이르렀다. 대다수의 수메르 도시들에는 계단식의 높은 탑 또는 지구랏이 있었다. 지구랏 꼭대기에는 그 도시에서 추앙받는 신을 위한 제단이 세워지기도 했다. 어떤 학자들은 창세기 10장에 나오는 바벨탑Babel tower이 지구랏 중 하나였다고 주장한다.

수메르 문명에서 가장 인상적인 유적은 1928년에 레너드 울리L. Woolley***가 발굴한 우르 왕족 무덤이다. 이 무덤들에서 금 목걸이, 단도, 양은으로 만든 모자와 황소 머리로 장식한 수금 등이 출토되었다. 수메르 장인들의 예술적 솜씨를 짐작케 해주는 것들이다.

수메르 사람들은 일상적인 경제 문서부터 장엄한 서사시에 이르기까지 폭넓은 문학적 세계를 향유했다. 인류 최초의 법전과 의료 기술, 농경법 등은 모두 수메르 사람들에게서 나왔다. 수메르 신학자들은 인생의 기본 문제와 씨름했고, 사람과 세계에 대한 수메르 사람들의 생각을 문학으로 발전시켰다. 우리가 아는 대홍수 이야기도 수메르에서 유래했다. 이처럼 수메르 문명은 후대의 여러 문화에 영원한 흔적을 남기고 있다.

강력한 일인 군주를 만든 아카드 사람들

아카드Akkad 시대는 BC 2371년에서 BC 2350년경으로, 고대 수메르 시대 다음 시기다. 아카드 사람창 10:10 참조은 셈족의 한 갈래로서 수세기 동안 수메르 사람들과 평화롭게 공존해 왔다. 아카드 사람 중 많은 사람들은 메소포타미아 중부와 북부에 거주했다. BC 2371년경 사르곤Sargon은 키쉬를 정복하고, 수메르 통치자 중 가장 강력한 왕 우룩의 루갈작게시Lugalzaggisi*를 정복했다. 결국 사르곤은 모든 수메르 도시를 손에 넣음으로써 대부분의 메소포타미아 지역을 통일했다.

역사가들에게 사르곤 대제로 알려진 그와 그의 후예들은 약160년간 아카드 제국을 통치했다. 사르곤은 아가데Agade**에 새로운 수도를 건설했는데, 이곳은 중부 메소포타미아로 추정될 뿐 그 위치는 알 수 없다. 사르곤과 그의 손자 나람 신Narram-Sin은 동쪽으로는 고대 엘람***과 서쪽으로는 시리아 북부까지 원정에 나섰다. 아카드 제국은 후에 메소포타미아 문화에 두 가지 중요한 유산을 남겼다. 하나는 넓은 영토를 통치한 강력한 일인 군주의 개념을 확산시킨 것이고, 다른 하나는 아카드어였다. 훗날 바빌로니아와 앗시리아 왕들은 자신을 '수메르와 아카드의 왕'이라고 하거나 '세계 네 곳의 왕'으로 칭했다. 아카드어는 BC 1000년대까지 외교와 경제, 그리고 문학의 공통 언어가 되었다.

아카드 제국은 나람 신이 죽은 후에 붕괴되었다. 아카드 제국의 붕괴 원인은 명확하지 않지만, 구티 족****으로 불리는 산지 족속들이 메소포타미아의 대부분을 휩쓴데다가 문명도 쇠퇴기BC 2230~2113년경에 접어들었기 때문으로 보인다. 메소포타미아를 장악한 구티 사람도 우룩 왕 우투헤갈Utuhegal에 의해 정복당했다. 우투헤갈은 우르의 군사적 지배자로 우르 남무Ur-Nammu를 지명했다. 우르 남무는 우르의 제3왕조우르 3세를 열고 신수메르 부흥으로 알려진 문명 시대를 열었다BC 2113~2006년.

우르의 유명한 지구랏을 포함해 최초의 지구랏꼭대기에 성전을 세우고 흙벽돌을 겹쳐 만든 연속 계단으로 구성된 탑은 이 시기에 세워졌다. 최초의 법전으로 알려진 '우르 남무의 법전'과 아름다운 예술적 조각품들 역시 이 시대에 만들어졌다.

|이집트| 수장의 통치로 시작한 나라

BC 3100년경 전까지 이집트는 지역 행정 구역 또는 이 시기에 가장 큰 도시의 지역 수장에 의해 통치되는 노메Nome*****들로 구성되었다. 이러한 지역 수장 중에는 이집트 전 지역을 통치할 만큼 강력한 힘을 갖기도 했다. 점차로 무인들이 지배하는 독립 왕국들이 북쪽의 삼각주 지역이나 나일 강 남쪽 골짜기에서 나타나게 되었다. 이러한 무인 겸 수장들은 남쪽의 야망을 품은 왕전승에 의하면 나르메르Narmer라고 함이 북쪽 나라들을 정복할 때, 즉이집트의 남북을 통일하기까지 간헐적으로 싸웠다. 그리스의 잘못된 전승 때문에 메네스Menes와 동일시되었던그리스 사람들은 메네스를 이집트의 첫 번째 왕으로 생각했다 나르메르는 이집트의 제1왕조를 열고 수도를 현재 카이로 남쪽에 위치한 멤피스에 세웠다. 이로써 이후 3000년간 계속된 이집트 문명이 시작되었다.

우리는 이집트의 첫 두 왕조에 해당하는 400여 년간의 고대 시대를 거의 알지 못한다. 사카라와아비도스에서 발견된 제1, 2왕조의 왕들과 고관들의 무덤들을 통해 이 시대를 추정해 볼 수 있는데, 이집트 사람들은 이때 상형문자로 불리는 문자 체계를 고안해 냈다. 이곳에서 발견된 유물들은 때로 내부적으로 권력 투쟁이 있었음을 암시하기도 하지만, 이집트는 대체로 통일된 상태를 유지했다.

이집트가 왕국을 통일할 수 있었던 데는 이집트 사람 특유의 왕권 개념이 가장 중요한 요인으로 작용했다. 이집트 사람들은 왕 또는 바로는 정의와 진리, 자연의 질서에 의한 신적 원리에 따라 나라를 통치하는 신으로 여겼다. 국가의 안정은 물론 풍요와 번영이 왕에 달렸다고 믿었던 것이다. 이집트 사람들의 왕에 대한 생각은

나라들은 누구로부터 시작되었나?

창세기 10장은 노아의 세 아들인 야벳, 함, 셈의 후손들이 세운 열방의 계보를 제시하고 있다. 이 계보는 고대 세계에서 유일한 것으로, 이스라엘에 알려진 나라와 백성들의 족장 70명의 이름이 포함되어 있다. 이 계보의 나열 순서는 저자의 의도에 따라 뒤로 갈수록 점점 중요한 자가 나오는 식으로 되어 있다. 처음에는 야벳의 14대 후손들의 이름이 열거된다. 야벳의 후손들은 주로 그리스 본토, 소아시아현재 터키, 지중해의 섬들크레타, 키프로스, 로도, 그리고 아르메니아로부터 카스피 해까지를 포함한 가나안의 북쪽과 서북쪽에 위치한다. 다음 계보는 30명의 함 후손들이 나열된다. 함 족속의 후예들은 일반적으로 아프리카 북부이집트와 수단, 소말리아 해안과 아라비아 서부 해안, 그리고 메소포타미아 일부 지역에 위치하고 있다. 가나안은 이스라엘 백성이 약속의 땅에 들어갈 때 만난 여러 백성들의 그룹아모리, 여부스, 브리스, 히위, 기르가스와 그외 족속들과 함께 함의 후손으로 열거된다. 마지막으로 가장 중요한 계보는 이스라엘의 조상인 셈의 후손이 26명 나열된 명단이다. 창세기 11장 10절에서 26절은 하나님의 복의 언약과 인류를 위한 소망을 받은 아브람아브라함과 연계시킨다창 12:1-3.

아직도 셈의 후손 가운데 많은 사람의 정체성이 확인되지 않고 있다. 그 이름 가운데는 메소포타미아 북서 지역과 관련된다에벨, 벨렉, 아람. 엘람은 페르시아 만의 굽은 안쪽이고, 앗수르와 아르박삿은 티그리스 강 북쪽 지역이다. 몇몇 이름은 소말릴란드하윌라, 오빌에 위치한 것으로 이해된다. 욕단의 13명의 아들은 아라비아 반도 족속들과 관련된다.

신화에서도 반영되고 있다. 왕은 매의 신 호루스Horus와 태양신 레Re의 아들이 성육신한 존재, 곧 신이라는 것이다. 이집트 사람들에게 왕은 절대 통치자이며 백성들에게 신들의 은총을 중재하고 평화와 번영을 증진시키는 존재였다. 그리고 이 같은 왕에 대한 신적 개념은 이집트 문명의 매우 중요한 특징이었다.

죽은 왕들을 위해 피라미드를 세운 구왕국 시대

이집트의 피라미드는 신적 통치자에 의해 주도되는 이집트 사회 구조를 구체화한 것이다. 제3왕조에서 제6왕조, 곧 구왕국 시대BC 2686~2181년경에 이집트 사람들은 죽은 왕들을 위한 무덤으로서 대규모의 피라미드를 많이 세웠다. 임호텝 왕Imhotep, BC 2660년경이 그의 선왕인 제3왕조의 조세르Zoser를 위해 세운 사카라에 있는 계단식 피라미드는 최초의 석조 건물 중 하나다. 실제로 첫 번째 피라미드는 제4왕조 시대에 서부 사막 끝에 세운 것이다. 이런 구조로 지은 가장 유명한 피라미드는 BC 2600년경에 카이로 근교 기자Giza에 세운 대피라미드, 즉 쿠푸 왕의 무덤이자 기념비다. 대피라미드의 본래 높이는 150m 가까이 되며, 각 변의 길이는 약 230m, 넓이는 5만 2,610m^2에 이른다. 각각의 피라미드가 갖고 있는 복잡한 구조는 왕과 관련된 특징을 드러낸다. 죽은 왕을 위한 제사는 피라미드 밑에 위치한 성전에서 지냈다. 피라미드 주위에는 왕처럼 이생을 넘어 저세상에 가고자 하는 고관들과 왕족들의 무덤이 있었다. 구왕국 시대의 피라미드는 이집트를 통치하는 신들처럼 신적인 존재로서의 왕, 혹은 바로의 위상을 드러내고 있다.

피라미드 시대에 이집트는 사회 유지를 위해 많은 규범을 만들어 냈다. 본래 이집트 사람들은 보수적인 백성이었다. 예술의 양식과 관습, 건축, 종교, 그리고 구왕국 시대에 발달한 사회는 후대에도 지속되었다. 새롭고 참신한 변화가 나타나기도 했으나, 근동 지역 어디에서도 발견할 수 없는 이집트만의 독특한 문화는 그대로 유지되었다. 이집트의 좋은 기후와 끊임없이 물을 공급하

17 BC 2000년대의 고대 근동

- ● 도시
- ○ 도시불확실한 위치
- ▲ 산
- 피라미드 단지

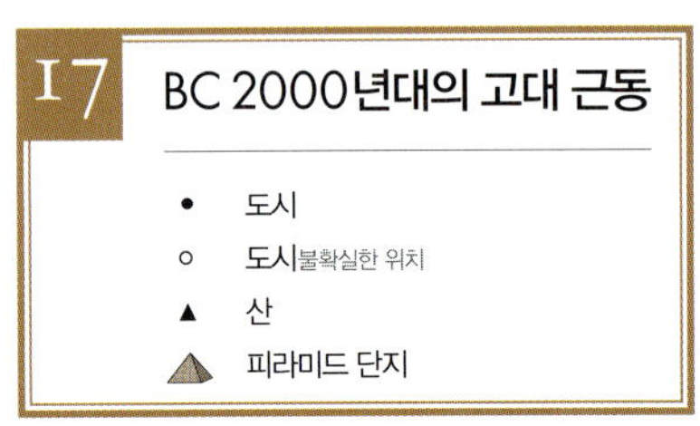

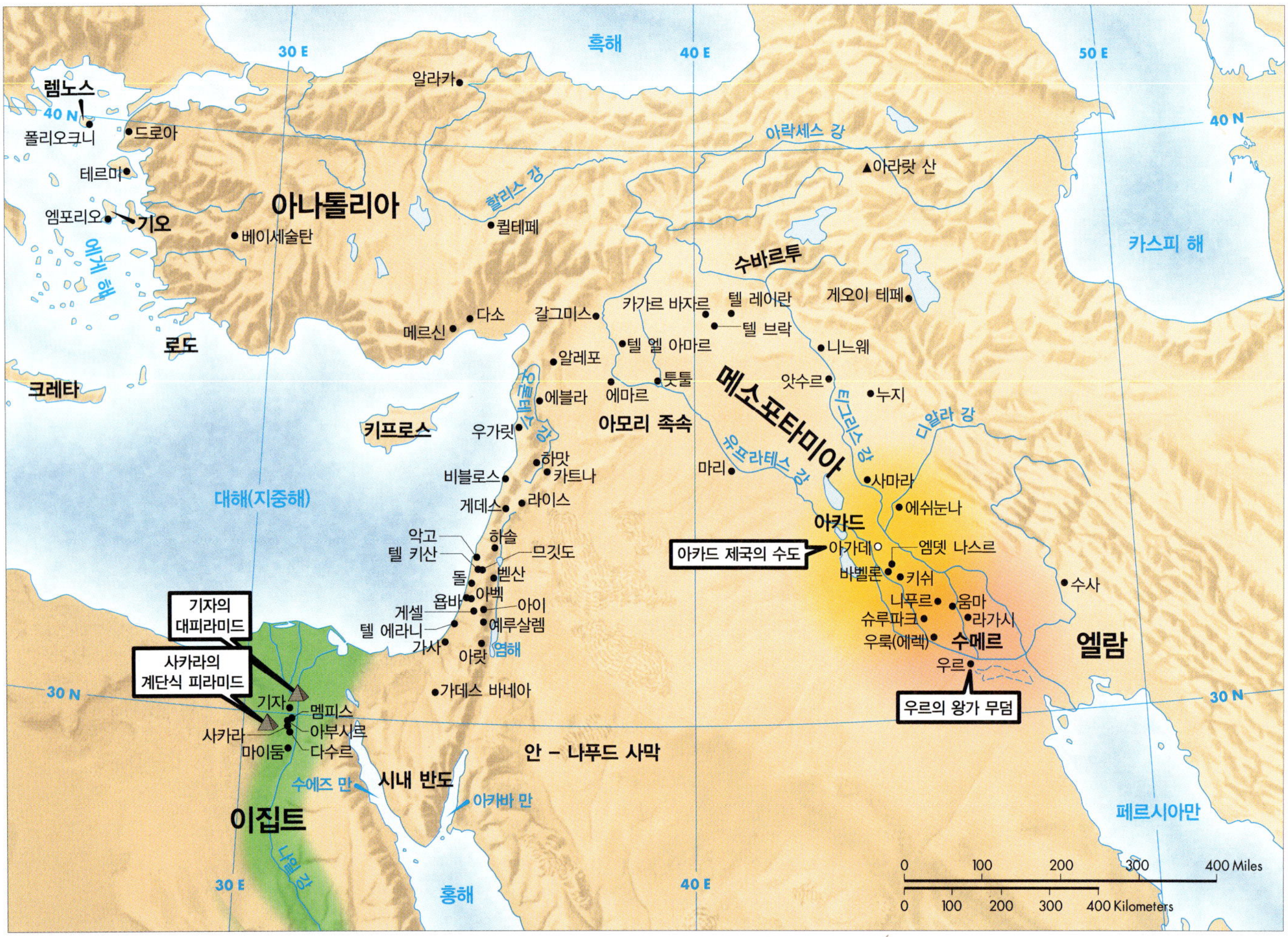

는 나일 강을 통해 이집트 사람들은 정적인 인생관을 갖게 되었다. 이집트의 왕권 개념에 나타난 신적 질서는 이집트 문화의 시간을 초월한 실재를 다시 한 번 강조한다. 더욱이 동북쪽을 제외한 모든 방면에서 외부의 침략을 막아 주는 사막은 한편으로 이집트의 상대적 고립을 초래했지만, 이집트의 변화를 천천히 이끌었다. 대피라미드가 세워진 지 1000년이 지난 후, 이집트로부터 히브리 백성을 구한 모세는 구왕국 시대의 이집트 문명과 대결한 셈이었다.

'아시아 사람'의 침입을 받은 이집트 제1침체기

제6왕조 말에 바로의 권력이 갑자기 약화되었다. 강력한 힘을 가진 귀족들이 넓은 지역에서 스스로 통치자로 등극했다. 이러한 중앙 집권의 붕괴 원인은 이집트의 정치적 분열 때문이었다. 여기저기서 스스로 왕이라고 자처하는 권력자들이 나타났다. 이때 시내 반도와 팔레스타인 남부에서 온 사람들이 이집트에 정착하기 시작했다. 이집트 사람들은 이들을 가리켜 '모래를 건너온 자들' Sand crossers 또는 '아시아 사람들' Asiatics 이라고 부르며 조롱했고, 나중에는 이집트 문명이 쇠퇴한 책임을 이들에게 돌리며 비난했다.

제7왕조에서 제11왕조 BC 2200-2040년경 까지를 제1침체기라고 부른다. 제1침체기는 이집트 역사에서 여러 번 나타났던 중앙 집권 체제의 쇠퇴기 가운데 첫 번째 시대에 해당하는데, 이는 BC 2000년경에 서아시아 전역에서 나타난 도시 사회의 몰락과 거의 일치한다.

| 팔레스타인과 시리아 | 도시 국가의 집합체

BC 3000년경 직후에 팔레스타인은 독립적인 도시 혁명기를 맞았다. 이집트와 메소포타미아와 달리, 불행

사카라 Saqqarah 에 있는 조세르 Zoser 의 계단식 피라미드

하게도 팔레스타인 지역에서는 지금까지 이 시대의 모
습을 알 수 있는 그 어떤 기록 문서도 발굴되지 않았다.
그러나 다행히 고고학적 자료는 많이 남아 있다. BC
3000년경 초, 규모가 크고 육중하게 요새화된 도시들
이 작은 마을들과 함께 이곳에 등장했다. 대다수의 도
시는 물이 풍부하고 땅이 비옥한 해안 평원과 큰 골짜
기를 따라 생겨났다 므깃도, 벧 예라, 야르뭇Yarmuth, 여리고, 게
셀, 하솔 등. 아랏과 아이 같은 도시는 그보다 건조한 지역
이나 산간 지역에 세워졌다. 도시들은 대부분 육중하게

요새화되었는데, 두께가 9m나 되는 벽을 높이 쌓았다.
고고학자들은 이 요새 안에서 성전과 왕궁으로 보이는
큰 건물들을 발견했다.

초기 청동기 시대의 팔레스타인은 저마다 왕이 있는 도
시 국가들의 연합체 형태였다. 각 왕들은 작은 정착 농
경지를 지배했다. 육중한 요새들은 각 도시 국가의 왕
들이 서로 자주 공격했다는 사실을 짐작하게 해준다.
팔레스타인의 도시 국가들은 메소포타미아나 이집트
의 도시 국가만큼 크지는 않았지만, 이들 역시 복잡한
사회 구조를 가지고 있었음을 알 수 있다.
팔레스타인에는 문화적 침체기는 없었다.
유적지에서 발견되는 이집트와 메소포타
미아의 물품을 통해 국제적인 교역을 하고
있었음을 알 수 있다. 팔레스타인의 도시 문
화의 주인공은 누구일까? 많은 학자들은
그들을 가나안 사람의 조상이라고 생각하
고, 그들을 원 가나안 사람 Proto-Canaanites
이라고 부른다.

BC 2250년에서 BC 2000년경 직후 팔레
스타인의 모든 도시가 사실상 파괴되거나
급격한 쇠락을 겪었다. 그 이유는 무엇일
까? 확실한 이유는 모르지만, 분명한 것은
이 시기의 다른 곳도 마찬가지였다는 사실
이다. 이때를 일반적으로 문명의 쇠퇴기라
부른다. 우리가 추정해 볼 수 있는 쇠퇴의
원인으로는 단기간의 기후 변화가뭄라든가,
노화된 문명에서 나타나는 급격한 쇠락, 또
는 경제와 사회관계 붕괴 등이 있다.
시리아의 텔 마르딕Tell Mardikh *은 당시에
시리아 북부 지역을 통치한 도시 국가의 모
습을 보여 주고 있다. 텔 마르딕은 메소포타
미아 문서를 통해서만 알려진 고대 도시 에
블라의 폐허다. 이곳의 한 저장고에서 수메
르어와 에블라어로 기록된 수천 개의 토판
이 발견됨으로써 당시 시리아를 이해하는
데 큰 도움을 주고 있다.

BC 2500년에서 BC 2300년경에 에블라
는 아카드 제국과 경쟁했던 강력한 경제 중
심지였다. 성서학자들은 고대 팔레스타인
을 비롯한 많은 지역의 지리적 자료가 담긴
에블라 문서에 주목해 왔다. 뿐만아니라 에
블라어에도 깊은 관심을 보이고 있다.

므깃도 '성역'. 세 개 중 두 개의 초기 청동기 시대 신전과 제사를 지낸 제단으로 추정되는 높은 단 아마도 신성한 제단인 듯함이 보인다.

The World of the Patriarchs 5

| 족장 시대의 세계 |

아브라함, 이삭, 야곱, 요셉은 이스라엘 역사 초기에 나타난 족장들이다. 창세기 12-50장은 그들이 하나님께 약속 받은 땅을 찾아 나선 여정을 추적하고 있다 창 12:1; 15:7. 족장들의 이주는 그들의 후손이 결국 소유하게 된 땅인 가나안에 초점을 맞추면서도 때로 메소포타미아와 이집트까지 여정이 이어지기도 한다. 이에 대한 기록은 다른 곳에서 찾아볼 수 없기 때문에 오로지 성경, 그중에서도 창세기에 의존할 수밖에 없다. 그러므로 하나님이 이 땅의 모든 민족들 가운데 가장 보잘것없는 민족을 그의 백성으로 선택했음을 확증하는 성경의 기록은 놀라운 일이 아니다 신 7:7.

이스라엘의 조상은 비록 하나님의 구속적인 계획의 중심에 있지만 인류 역사에서는 별로 주목받지 못했다. 성경 외에는 다른 어떤 곳에서도 그들을 언급한 문헌이 없다 보니 그들의 동시대적 배경을 찾기는 쉽지 않다. 몇몇 학자들은 창세기 12-50장의 기록이 중기 청동기 시대BC 2000~1550년를 반영한다고 믿는다. 이 시기에 이스라엘 족장들의 이동이 있었다고 보는 것이다.

중기 청동기의 메소포타미아와 이집트

| 메소포타미아 | 강력한 왕의 나라

메소포타미아 지역을 번성하게 했던 도시 문명이 붕괴된 후 BC 2000년경에 강력한 국가들이 나타나기 시작했다. 메소포타미아 남부에서는 우르라는 도시 국가가 이미 주변의 영토를 장악하고 있었다. 우르 제3왕조의 가장 강력한 왕 우르 남무Ur-Nammu는 거대한 지구랏신전 탑을 세우고 예술과 문학을 장려했다39쪽 참조.

메소포타미아 주요 도시를 지배했던 아모리 족속

그러나 우르의 권세는 메소포타미아에 새롭게 발흥한 민족 집단에 의해 쇠퇴하기 시작했다. 그중에는 메소포타미아 서부 시로-아라비아Syro-Arabia 사막 주변 지역에서 온 셈 족속의 하나인 아모리 족속이 있었다. 아모리 족속은 적은 무리의 양과 염소 떼를 몰고 다니는 반유목민이었다. 부족 사회였던 아모리 족속은 메소포타미아 도시 국가의 지도자들을 침입하여 무너뜨리더니 마침내 이신Isin과 라르사Larsa에 아모리 왕조를 수립했다. 그 후 200년BC 2000~1800년간 메소포타미아의 주요 도시들을 지배했다.

BC 1800년까지 두 개의 강력한 아모리 족속 국가인 마리Mari와 바벨론은 유프라테스 강 주변 지역을 지배했

| 표3 | 중기 청동기 시대의 고대 근동

| 표3 | 중기 청동기 시대의 고대 근동

중기 청동기 시대 BC 2000~1550년

연대(BC)	메소포타미아	이집트	팔레스타인
2100	**우르 제3왕조**BC 2113~2006년 우르 남무		200년 동안 쇠퇴하다가 도시 중심지로 출현. 아브라함, 이삭, 야곱의 이동(?)
2000	아모리 족속이 메소포타미아에서 세력 확대	**중 왕조** : 제11, 12왕조 약 BC 2000~1786년 시누헤 이야기	
1900		저주 문헌	
1800	**구바빌로니아 왕국** 함무라비BC 1792~1750년 마리 왕지므라-림 함무라비 법전 바빌로니아 문학 서사시 : 길가메쉬, 에누마 엘리쉬	**두 번째 침체기** : 제13~17 왕조 아시아 족의 침략힉소스	**고대 가나안 시대** 요새화된 도시들의 출현. 청동기 기술의 도입
1700		통일 이집트 붕괴. 힉소스 왕들이 아바리스에서 삼각주와 이집트 중부까지 통치, 이집트 출신의 왕들은 이집트 남부에서 명맥을 유지	
1600		(요셉과 그의 형제들이 이집트의 삼각주 지역에 이주?)	팔레스타인에서 가장 초기 기록으로 추정되는 유적 발견
1550	히타이트 왕 무르실리스 1세의 바벨론 점령	제17 왕조의 왕들카모세, 세케넨레, 아모세이 삼각주 지역의 힉소스를 축출함. 팔레스타인 남부에 있는 힉소스 요새까지 공격	

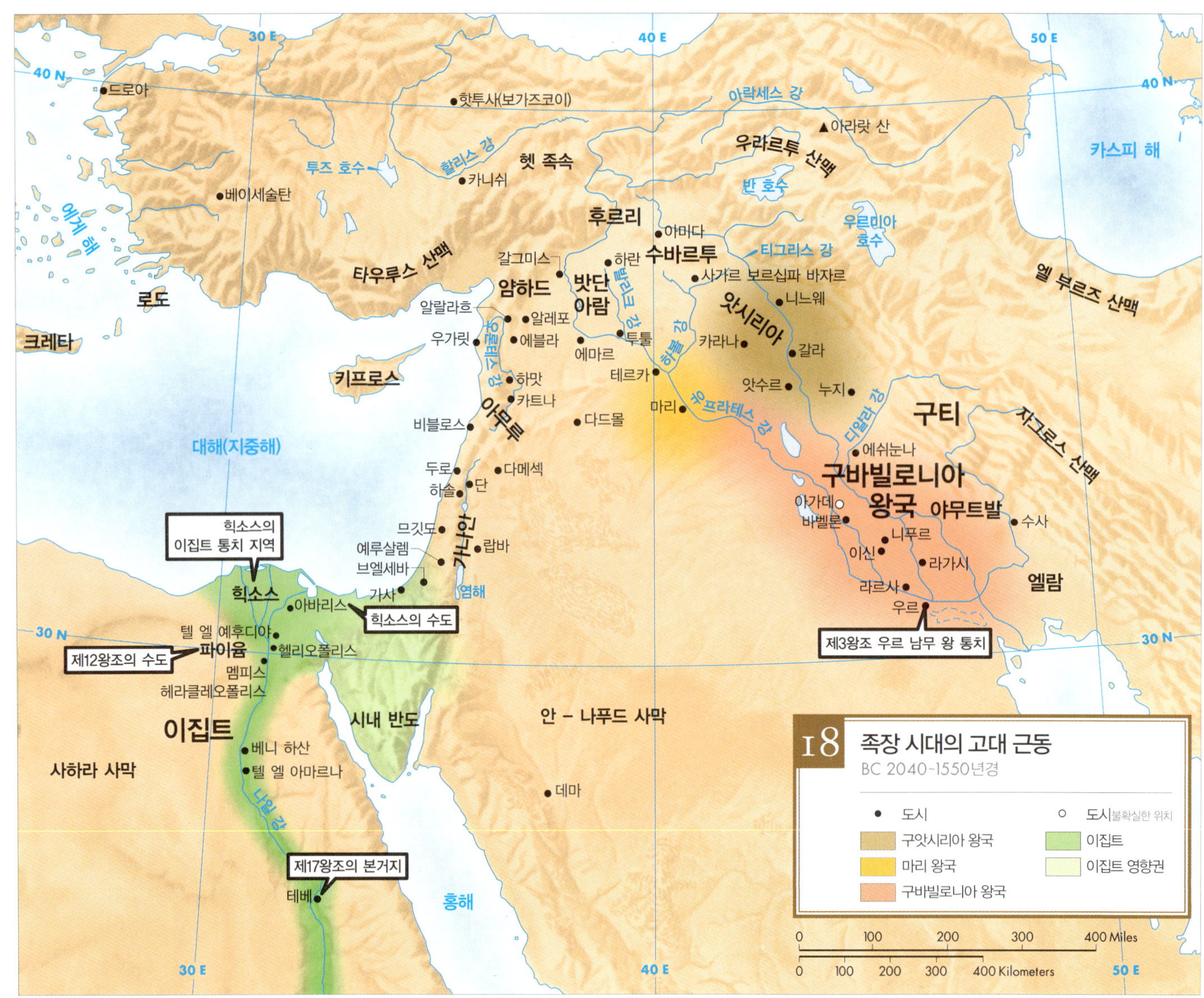

다. 마리 왕 지므리 림Zimri-lim은 가로 200m, 세로 120m 규모에 260개의 방이 있는 궁전을 지었는데, 이곳에서 고고학자들은 아카디아어로 새겨진 2,500개의 점토판을 발견했다. 이 토판은 중기 청동기 사회를 엿볼 수 있는 귀중한 자료이며, 이스라엘 지역 외에서 예언자들이 어떤 역할을 했는지를 알려 준다.

함무라비 통치 시절의 바벨론

BC 1700년까지 바벨론은 메소포타미아의 중부와 남부 지역의 대부분을 통치한 왕국이었다. 바벨론 제1왕조의 여섯 번째 왕이었던 함무라비BC 1792~1750년는 구바빌로니아 왕국에서 가장 중요한 통치자였다. 그는 마리를 정복하고 메소포타미아의 남부와 중부를 포함해서 그리 크지 않은 제국을 건설했다. 그의 유명한 법전은 현재 파리의 루브르 박물관에 있으며, 이를 통해 당

시 사회와 문화 수준이 매우 세련되었음을 알 수 있다. 바벨론의 궁전에서는 대서사시 쓰는 것을 장려했다. 수메르에서 유래한 것을 각색한 길가메쉬 서사시, 혹은 '바벨론 홍수 이야기'라고도 부르는 이 이야기는 창세기 7, 8장에 기록된 홍수 이야기와 유사해서 성경학자들에게 특별한 주목을 받았다. 에누마 엘리쉬Enuma Elish는 시원始原의 괴물인 티아맛Tiamat를 이기고 세상을 창조한 마르둑Marduk 신의 위업을 상술하고 있다. 현재 남아 있는 에누마 엘리쉬 양식은 아마도 두 번째 천 년기보다 후대의 것이지만, 서사적 골격은 구바빌로니아 시대까지 거슬러 올라간다. 아트라하시스Atrahasis 서사시는 인간 창조에 대한 이야기를 담고 있는데, 강력한 신들이 그들보다 하위에 있는 신들에게 땅에서 따분한 일들을 하도록 하자 사람을 만들어 땅의 일을 맡겼다고 한다. 그러나 인간이 급속하게 증가하자 신들의

잠을 방해할 만큼 소음이 커졌고, 신들은 경건한 자 아트라하시스만 남기고 인류를 무서운 홍수로 멸망시켰다는 것이다. 홍수 이후 신들은 인류를 다시 세우고 더 강력한 지배로 인류를 다스렸다. 아트라하시스 서사시는 창조와 홍수를 하나의 연속적인 이야기로 잇고 있는 유일한 메소포타미아 이야기다. 이 서사시는 고대 수메르에서 유래된 것이지만, 현재의 양식은 구바빌로니아 시대의 것으로 여겨진다. 이 세 개의 서사시 외에도 고고학적 유물들은 중기 청동기 시대의 힘과 활기를 말해 주고 있다.

함무라비 이후 바벨론의 권세는 점차 쇠퇴했다. 함무라비의 뒤를 이은 니푸르Nippur와 이신Isin은 왕위에 오른 지 얼마 안 돼 바벨론의 지배권을 잃었다. 히타이트의 무르실리스Mursilis 1세가 BC 1595년 바벨론의 아모리 제1 왕조를 끝낸 것이다. 바벨론은 그 후 400년 동안 암흑기에 들어갔고 그 공백기 동안 카시트 족속Kassites이 메소포타미아 남부를 지배했다.

|이집트| 중왕조 시대

테베에서 발흥한 제12왕조

이집트 역시 BC 2200년부터 BC 1991년까지의 쇠퇴기를 벗어나고 있었다. 테베에서 발흥한 강력한 제12왕조는 파이윰Faiyum 근처 잇요이Itjowy* 로 수도를 옮기고 멀리 남부의 누비아에서 북동쪽의 시내 반도까지 영토를 확장했다.

BC 1950년경을 배경으로 한 시누헤Sinuhe 이야기는 이집트 제12왕조의 관리였으나 도망쳐 나와 팔레스타인과 시리아 남부를 여행하며 아시아 부족들과 함께 지낸 시누헤를 그리고 있다. 시누헤가 여행한 땅은 성경에 기록된 약속의 땅과 매우 흡사하다. "그 땅은 야Yaa라는 이름의 좋은 땅이었다. 그곳에는 무화과 나무와 포도나무가 있었다. 물보다 포도주가 더 많았고 꿀과 올리브가 풍부했다. 온갖 종류의 과실이 나무에 매달려 있었고 보리와 에머 밀Emmer이 있었다.

소 떼는 셀 수 없이 많았다"Pritchard, ANET, p. 21. 이집트와 팔레스타인 간에 이 같은 접촉은 역사 시대에서 매우 자연스러운 것이었다. 그러나 이집트 사람들은 제12왕조 때부터 교통을 통제하기 시작했다. 이집트는 반유목민들에게는 중요한 무역의 판로였을 뿐 아니라 지중해 연안 지역을 자주 괴롭히던 가뭄 때에는 피난처로도 유용했다. 이 지역의 기근은 너무 극심해서 팔레스타인 족장들은 종종 이집트 피난을 결정하곤 했다창 12:10; 41:57~42:1.

제2침체기와 힉소스의 침입

BC 1780년경에 제12왕조가 쇠퇴하자, 이집트는 정치적으로 매우 불안한 제2 침체기를 맞이하게 되었다제13~14왕조까지 포함한다면 BC 1780~1550년경이 됨. 이 시기 어떤 왕도 이집트 전체를 통일하지 못한 채 이집트의 남부와 중부를 지배하는 것으로 만족해야 했다. 북부 삼각주 지역은 차츰 '힉소스'라고 부르는 비이집트 사람들이 지배했다. 힉소스 족속은 팔레스타인에서 온 자들로서 삼각주 지역을 차지한 뒤 스스로 이집트의 합법적인 왕이 되었다아래 참조.

도시 문화가 부활하기 시작한 족장 시대의 팔레스타인

200년이 넘는 기간 동안 쇠퇴하던 가나안이 중기 청동기 시대BC 2000~1550년경를 맞아 도시 문화가 부활하기

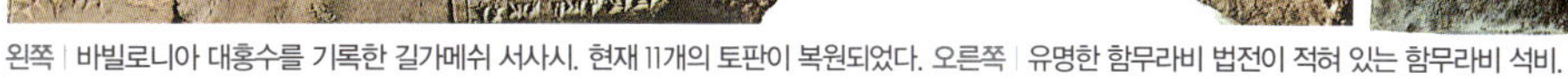

왼쪽 | 바빌로니아 대홍수를 기록한 길가메쉬 서사시. 현재 11개의 토판이 복원되었다. 오른쪽 | 유명한 함무라비 법전이 적혀 있는 함무라비 석비.

가나안은 정치적으로 도시 국가였다.
더 큰 규모의 가나안 도시는
독립된 국가 형태를 띠었으며,
왕이 인근 마을과 영토를 다스렸다.

흙 벽돌로 만든 두꺼운 성벽으로 중무장되었다. 인근에서 캐낸 것으로 여겨지는 돌은 하나가 일 톤 이상 나가는 거대한 것이었다. 어떤 성벽은 '거대한 석공 건축 양식'Cyclopean Masonry * 에 걸맞은 둥근 돌을 사용했다. 이 성벽들은 때로 그 지역의 토양과 잔해물로 만든 거대한 방벽 위에 세워지기도 했다.

성벽 안에는 소박한 가정집들이 있고 가나안 사람들이 세운 신전과 궁전, 행정과 재판을 위한 건물, 산업시설물 등이 있었다. 대부분의 도시는 계획된 도시였다. 금속공예와 도자기 제조 기술 등은 매우 뛰어난 수준이었다. 이 시기에 뛰어난 도자기 기술은 후대 사람들이 거의 따라갈 수 없을 정도였다. 중기 청동기 시대에 구리와 주석을 합금하는 기술은 더욱 발전해 강하고 훌륭한 연장과 무기들을 생산했다.

정치적으로 가나안은 여러 도시 국가들이 모여 있는 땅이었다. 큰 도시들은 제각기 정치적으로 독립된 국가 형태를 취하고 있었다. 도시마다 왕이 있었고, 왕들은 각자의 도시와 인근 마을과 영토를 다스렸다. 대규모의 요새를 보면, 당시 도시 국가 주민들에게 인권이 가장 중요한 문제였다는 것을 알 수 있다. 도시 국가의 왕들을 인접 도시 국가의 세력 확장을 서로 경계했음을 알 수 있다.

가나안 사람들에게 무역은 매우 중요한 경제 활동이었지만, 대부분 농업이 생활 기반이었다. 이집트, 메소포타미아, 키프로스와의 무역이 번성했으며, 주로 잉여 곡물과 올리브유, 포도주, 목재, 소 등을 사치품목과 물물교환 했다. 동시대의 마리에서 발견된 경제 문서에는 가장 큰 가나안 도시 국가들로 하솔과 라이스단가 언급되고 있다. 이 도시들은 인근의 모든 왕국들과 교역해서 국제적으로 중요한 금속 무역을 취급했다. "하솔은

*거대한 석공 건축 양식(Cyclopean Masonry)
거대한 돌덩어리를 사용해서 모르타르 없이 벽을 세우는 양식이다. 큰 돌을 사용해서 접합 부분의 수를 줄이고, 벽의 약점을 최대한 줄여 요새화했다. 크레타와 이탈리아, 그리스에서도 발견되는 양식이다.

시작했다. 이때가 가나안 문화의 절정을 이루던 시기였다. 특히 해안 평원 지역과 이스르엘 평원, 요단강 유역의 넓고 기름진 땅을 중심으로 도시와 마을이 생겨나기 시작했다. 이 시기에 가나안에서 출현한 도시만 해도 지금까지 확인된 것만 500개가 넘는다. 가나안의 도시는 중무장된 요새로 둘러싸여 있었고, 인구의 약 65%가 이곳에 거주했다. 대다수의 도시는 약 8만 940m² 미만으로 작았지만, 약 80만 9,400m² 규모의 큰 도시도 취락지의 약 5%를 차지했다.

최근 발견된 주요 도시들을 통해 당시 세련된 도시 사회의 면모를 알 수 있다. 게셀, 므깃도, 아벡, 세겜, 여리고, 단라이스 Laish, 그리고 하솔 등이 대표적인 도시들이다. 이 도시들의 가장 큰 특징 중 하나는 거대한 요새를 이루고 있다는 것이다. 각 도시는 돌로 기초를 놓고 진

이들 모든 나라의 우두머리였습니다."수 11:10 라고 성경은 기록하고 있는데, 이는 하솔이 정치적 · 경제적으로 매우 큰 도시였음을 의미한다.

성경에 기록된 족장들의 가나안 여정이 실제보다 적은 수의 왕과 도시들을 언급하고 있어서 가나안 땅이 매우 한적한 듯한 인상을 준다. 이는 중기 청동기 시대에 번성한 가나안 도시 국가들의 면모와 비교할 때 매우 큰 차이를 보인다. 왜 이런 차이가 생긴 걸까?

첫째로 당시 족장들은 가나안 지역 가운데 덜 밀집한 지역인 네게브와 서부의 산지들로 이동했다. 둘째로 족장들은 그들의 생활방식이 기본적으로 목축인 까닭에 큰 도시들을 피해 초원 지대를 선호했으며 가끔씩 그들은 도시의 거주민들과 접촉하기도 했다. 족장들과 관련해서 창세기에 언급된 세겜, 벧엘, 살렘예루살렘 등은 대부분 당시 실제 거주지였다. 창세기에 묘사된 족장들의 생활양식은 도시적이라기보다는 대체로 목가적이었다아래의 내용 참조.

말씀을 좇아 떠나는 족장들의 여정

아브라함아브람은 가족을 이끌고 메소포타미아 남부에 있는 고대 수메르 도시 우르Ur*에서 가나안으로 이주하기 시작했다. 창세기는 경로나 시기에 대해 자세히 언급하지 않고 있다. 일부 학자들은 족장들의 여정을 BC 2000년과 BC 1700년 사이에 있었던 아모리 족속 등의 민족 대이동과 같은 시기로 본다. 그러나 족장들의 여정이 민족 대이동에 속할 것 같지는 않다. 성경은 아마도 이들이 적은 수의 가족이나 씨족을 거느린 아모리 족속의 혈통으로서 염소 떼와 약간의 소와 양을 기르는 사람들로 설명하고 있다창 13:2~18:7. 그들은 장막에서 살았으며창 12:8; 13:18 적당한 물과 가축을 위한 먹이가 있는 지역에 천막을 쳤다.

족장들의 생활양식은 창세기에 묘사된 대로 기본적으로 목가적이고 유목민의 생활이었다. 아마도 가끔 밀이나 보리 등을 재배하면서 때때로 특별한 지역에 정착하기도 했겠지만창 26:12, 계절이 바뀌거나 가축들의 필요에 의해 가족들과 함께 이동을 하며 살았다. 마리 문서 BC 1900~1700년에는 이와 유사한 생활양식이 나타난다.

흙으로 만든 방벽에서 발견된 중기 청동기 시대의 성문이 북쪽 국경 도시, 단에서 발견되었다.

열 개의 돌이 한 줄로 서 있는 거석히브리어로 마체보트 Masseboth라 함으로서, 똑바로 세워진 돌들은 아마도 도시의 삶을 위한 일종의 언약 의식을 상징하는 것으로 보인다. 중기 청동기 시대의 '산당' 인 게셀에서 발견되었다.

부족민들 가운데는 적은 무리의 소를 키우는 목축민들이 있었는데, 이들은 때로 정착지의 생활에 적응해 가면서 도시나 마을과 여러 방식으로 접촉을 유지하지만 기본적으로는 부족 사회로서 유목민의 생활을 했다.

|아브라함의 이주| 부르심을 따라 떠나다

전통적인 견해에 의하면 아브라함은 메소포타미아 남부의 우르에서 이주하기 시작했다. 그러나 일부 학자들은 우르가 메소포타미아 북부 지역에 위치한다고 주장한다. 족장들의 고향이라고 말하는 다른 언급들이 모두 북부 지역을 가리키기 때문이다. 하지만 우르가 북부 지역에 있다는 주장에는 근거가 희박하다. 아브라함과 일행은 우르를 떠나 유프라테스 강 상류를 거쳐 하란까지 이주했다. 다른 가능한 경로를 추정해 보면 티그리스 강을 따라 북쪽에 있는 앗시리아의 도시 앗수르까지 가서 서쪽의 초원 지대를 통과할 수도 있다.

달의 신神인 신Sin의 숭배지이며 무역의 중심지인 우르처럼 하란은 하볼 강과 발리크 강 유역에 위치해 물이 있고 가축에게 꼴을 먹이기 적당한 초원 지대였다. 창세기 11장 31절은 아브라함과 일행들이 하란에서 오랫동안 머물렀고 그곳에서 아브라함의 아버지 데라가 죽었다고 기록하고 있다.

중기 청동기 시대의 문헌은 하란 근처에 있는 도시들을 언급하고 있는데 스룩Serug, 브돌Pethor, 나홀Nahor 등으로 아브라함의 친척들과 이름이 유사하다. 성경에 나오는 밧단 아람Paddan-aram, 창 28:2과 아람 나하라임Aram-naharaim, 창 24:10, 보통 '메소포타미아' 라고 번역함은 하란을 둘러싸고 있는 발리크 강과 하볼 강 지역을 언급한 것으로 보인다.

아브라함과 이삭은 아들들의 혼처를 하란 근처에 사는 친척들 집에서 구했다 창 24, 28장. 이처럼 족장들은 그 후로도 오랫동안 하란과 연고를 유지했다.

약속의 땅 가나안에 들어가다

아브라함 일가는 당시 대상로 중 하나를 택한 것으로 보이는데, 하란에서 가나안까지 이동한 경로는 확실하게 알려진 것이 없다. 사막을 통과해 다메섹까지 가는 지름길은 다드몰Tadmor 오아시스를 경유하는 것이다.

이보다 덜 위험하기는 하나 여정이 긴 것으로 해변 길의 주요 경유지인 갈그미스*를 통과해 알레포와 카트나Qatna를 지나 다메섹으로 가는 것이다. 다메섹에서 왕의 대로King's Highway로 가면 남쪽으로 동 요단에 이

른다.

아브라함은 가나안 동쪽으로 들어가 얍복 강을 경유해 요단 동쪽 고원 지대를 통과했다. 그 외 다른 대안 경로로는 요단 상부에 있는 하솔 근처를 통과하는 것인데 그럴 가능성은 거의 없다. 요단 동쪽 고원 길로 내려오면 와디 파라 Wadi Farah 를 통해 팔레스타인 서쪽 산지에 있는 세겜으로 올라갈 수 있다. 아브라함은 남쪽으로 물이 있는 도로를 따라 벧엘과 아이 Ai 사이에 있는 완만한 언덕에 장막을 쳤다. 이때는 멀리 남쪽의 네게브 Negeb 로 가기 전이다 창 12:5-9. 그러다 기근이 닥치자 잠시 이집트로 피난을 갔다 창 12:10-20.

네 자손이 땅의 먼지와 같이 번성하리라

창세기 12-50장에 기술된 아브라함의 이동 경로는 후대의 족장들이 이주할 때 이용한 전형적인 경로였다.

염해 남단. 불로 파괴된 소돔과 고모라, 그리고 나머지 세 개의 평원 도시가 있었던 곳으로 추정된다 창 19:23-29. 염해 남단의 얕은 부분은 전형적인 소금 지층으로 되어 있다.

주로 네게브 지역에서만 살던

이삭과 달리 야곱은

메소포타미아 북서쪽에서부터

이집트까지 방랑 생활을 했다.

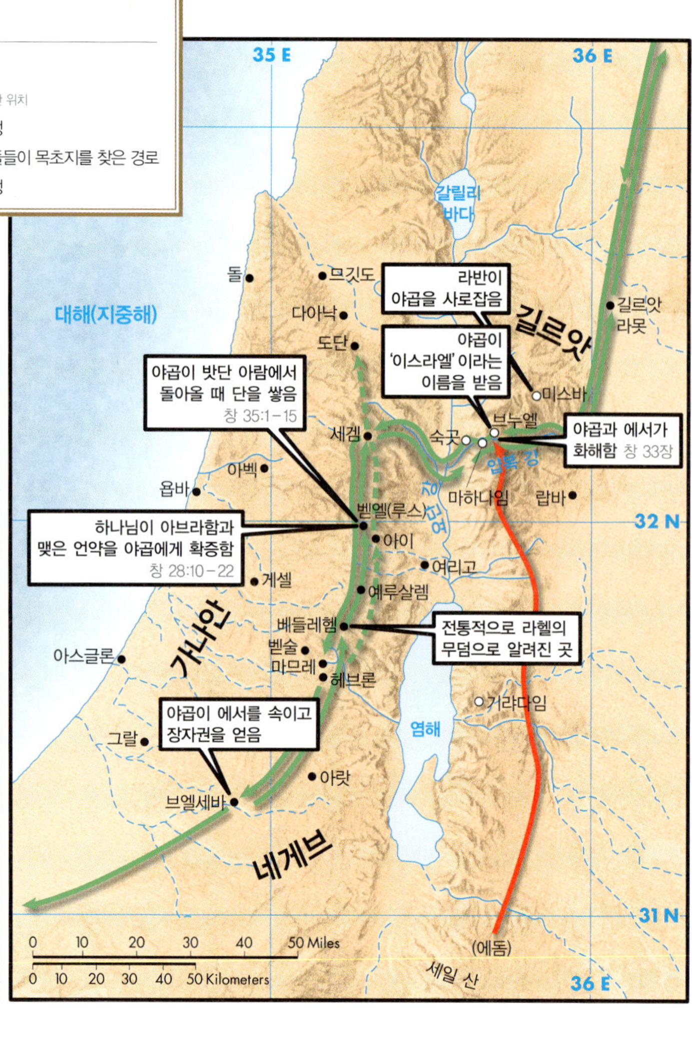

여기서 두 개의 주요한 지역군이 나오는데, (1)서부 팔레스타인의 중앙 산지세겜, 아이, 벧엘와 (2)멀리 남쪽의 네게브와 사막브엘세바, 브엘 라헤 로이, 헤브론(기럇 아르바), 마므레, 가데스이다.

이들 지역은 부족의 가축 떼에게 좋은 목초지를 제공해 주었다. 산지와 네게브 사이를 주기적으로 오갔던 기후의 심한 변동은 '계절적 이동'Transhumance을 말하는 것으로 계절의 추이에 따라 이주하는 것을 의미한다. 겨울 동안에 부족은 가축을 남쪽의 네게브와 주변 광야 지역으로 이동시켜 겨울비로 자란 풀을 먹인다. 더운 여름에는 목초지 때문이기도 하지만, 족장들은 뜨거운 열기를 피하기 위해 높은 산지로 이동한다. 족장들의 주기적인 이동은 계절적으로 목초지를 찾아 이동하는 작은 규모의 목동들과 유사하다.

창세기 12-50장은 이 '계절적 이동'에 해당되지 않은 지역들을 언급하고 있다지도 19, 20번 참조. 아브라함의 조카 롯이 다섯 개의 '평지 도시들' 가운데 하나인 소돔에 정착한 것이다.

그러나 이 다섯 도시들에 죄악이 깊어지자 지각 변동으로 인한 재앙이 닥치게 된다창 13, 19장. 소돔, 고모라, 아드마, 스보임, 소알의 다섯 도시는 요단 남쪽의 동편에 있으며 이미 다른 민족들이 정착해 살던 곳이었다. 북쪽에서 원정을 온 네 왕들의 군사적 표적이 되기도 했다. 원정으로 인한 전쟁이 일어났을 때 아브라함은 롯을 구해 지극히 높으신 하나님의 제사장, 살렘예루살렘 왕 멜기세덱Melchizedek으로부터 축복을 받았다창 14장. 그러나 '평지 도시들'의 정확한 위치는 지금도 수수께끼로 남아 있다. 몇몇 학자들은 정확한 근거는 없지만, 이 도시들이 염해 남단의 얕은 물가로 잠겼다고 주장한다. 실제로 염해 남단 아라바Arabah의 작은 와디를 따라 형체를 알아볼 수 없는 촌락들의 잔해가 발견되었는데 초기 청동기 시대의 폐허들이다.

리산Lisan* 반도의 밥 에드 드라Bab ed-Dhra에는 초기 청동기 시대의 공동묘지 수천 개가 매장되어 있다. 이는 황폐한 이 지역에 대규모의 인구가 소금 생산과 역청으로 경제 활동을 했었음을 보여 준다.

얍복 강의 모습.

족장들의 이주는 이웃 정착민들과의 접촉이 불가피했다. 아브라함과 이삭은 모두 아비멜렉 왕이 다스리는 해안 평원 지대 남부에 있는 그랄*에 한동안 살았다 창 20:26. 그랄의 목자들과 물 때문에 분쟁한 것은 부족과 도시의 필요가 서로 충돌했을 때 발생하는 전형적인 사건이었다 창 26:18-23.

하지만 족장들과 도시 주민들과의 관계는 대부분 우호적이었을 것이다. 예를 들면 아브라함은 헤브론에서 헷 사람들 Hittites 로부터 가족을 매장할 땅을 구입했다 창 23장. 이로써 에브론 Ephron 의 밭에 있는 막벨라 굴은 아브라함과 사라, 이삭과 리브가, 야곱과 레아의 마지막 안식처가 되었다.

| 야곱의 여정 | 내가 너를 떠나지 않으리라

야곱의 여정은 그의 조부 아브라함의 여정만큼이나 많은 지역을 포함한다. 네게브 지역에서만 주로 살았던 이삭과 달리 야곱은 메소포타미아 북서쪽에서부터 이집트까지 방랑 생활을 했다.

야곱과 그의 형 에서는 그랄과 브엘세바 주변의 네게브 지역에서 자랐다. 이 지역의 수많은 우물들은 인근 사막에서 불어오는 열기를 누그러뜨렸고 가축 떼에게 물을 제공했다. 장자권을 가진 에서를 속여 이삭에게서 장자의 축복을 확보한 야곱은 신부를 구하러 조상의 고향인 밧단 아람 Paddan-aram** 북쪽으로 떠났다. 야곱은 여정 중에 루스에서 꿈을 꾸었는데, 하나님은 아브라함과 맺은 언약을 야곱에게 확증해 주었다. 야곱은 감사한 마음으로 그곳을 하나님의 집이라는 뜻으로 '벧엘'이라 부르고 하나님의 도움으로 돌아올 수 있기를 기원했다 창 28:10-12. 그 후 야곱은 아마도 과거에 아브라함이 가나안으로 왔던 경로를 따라 유프라테스 강 너머 조상의 고향으로 떠났을 것이다.

야곱의 경쟁

하란에 도착한 야곱은 슬하에 두 딸 라헬과 레아을 둔 삼촌 라반을 만났다. 야곱은 아름다운 라헬을 사랑했지만 라반의 술수로 레아와도 혼인을 해야 했다. 야곱은 밧단 아람에서 많은 세월을 보내면서 번창했다. 레아는 여섯 명의 아들과 한 명의 딸을 낳았고, 레아의 하녀인 실바에게서 두 명의 자식을 더 낳았다. 라헬이 임신하기 전에, 라헬의 하녀 빌하도 두 아들을 낳았고, 라헬은 그 후 요셉을 낳았다. 게다가 야곱이 친 라반의 가축 떼가 늘어나 그의 가족이 부귀영화를 누릴 만큼 번성했다.

라반의 아들들이 야곱의 계획을 알아차리고 아버지에게 야곱을 경계하라고 촉구했다. 야곱은 비밀리에 그의 가족과 가축 떼를 이끌고 483km 이상의 먼 거리인 길르앗을 통과해 왕의 대로를 따라 남쪽으로 떠났다. 라반은 야곱을 추격해 길르앗 Gilead 의 미스바 Mizpah 에서 사로잡았지만 삿 10:17 참조, 그곳에서 그들은 평화 조약을 맺었다 창 31:43-55. 하지만 야곱은 자신이 장자권을 빼앗은 그의 형 에서를 만나야만 했다 창 27:30-45.

약속의 땅으로 가는 야곱

얍복 강 상류 마하나임Mahanaim*에서 야곱은 강을 건너기 전에 형 에서의 마음을 달래기 위한 선물을 보냈다. 그날 밤 야곱은 천사와 씨름했고, 그로 인해 하나님이 야곱의 이름을 이스라엘로 바꾸셨기 때문에 그는 새 이름을 얻게 되었다. 이 사건을 통해 야곱은 여호와를 인격적으로 인식하게 되었으며, 그 지역을 '하나님의 얼굴'이라는 뜻으로 '브니엘'브누엘이라고 불렀다.

야곱은 처음에는 세겜 근처에, 그 다음에는 벧엘Bethel에 있는 산지로 귀환하기 전에 숙곳Succoth에 머물렀다 창 33:17; 35:6. 야곱은 옛 조상들의 이주 경로를 따라 헤브론Hebron 근처 마므레Mamre에 있는 아버지 이삭의 집으로 들어갔다. 여정 중에 라헬이 죽어 베들레헴 근처에 묻었다 창 35:16-27, 그러나 사무엘상 10장 2절에 따르면 라헬은 베냐민 지파의 영토 안에 있는 벧엘 근처에 매장되었음을 시사한다. 야곱과 그의 아들들은 마므레에 머물기도 했지만 여름에는 가축들의 목초지를 찾아 북쪽 세겜 근처에 있는 산지에까지 갔다.

|요셉의 이집트 입국| 아시아 민족들이 이집트로 이주하다

수세기 동안 아시아 민족들은 지중해 연안 지역을 괴롭히던 잦은 기근을 피하고 무역의 기회를 찾아 시내 반도를 건너 이집트로 갔다. BC 1750년경 한 이집트 사람의 비문에는 이집트에 와서 가축 떼를 치는 목자들에 대해 다음과 같이 기록했다. "바로의 지배 아래 안식처를 구걸하는… 처음부터 네 아버지의 아버지에즉, 바로따라서…." 이집트 사람들은 이 이주민들을 경멸해서 그들을 '천박한 아시아 사람들', '모래사막을 건넌 자들'이라고 불렀다. 아메넴헤트Amenemhet 1세**는 이들 아시아 사람들이 이집트로 접근하기 위해 통과하는 시내 반도에 무장된 요새를 짓도록 했다. 이를 '통치자의 성벽'이라고 불렀는데, 동쪽에서 건너오는 유목 민족들의 이주를 감시하기 위한 것이었다.

요셉이 이집트에 간 사연

요셉의 이야기는 이스라엘의 조상들이 이집트에 오게

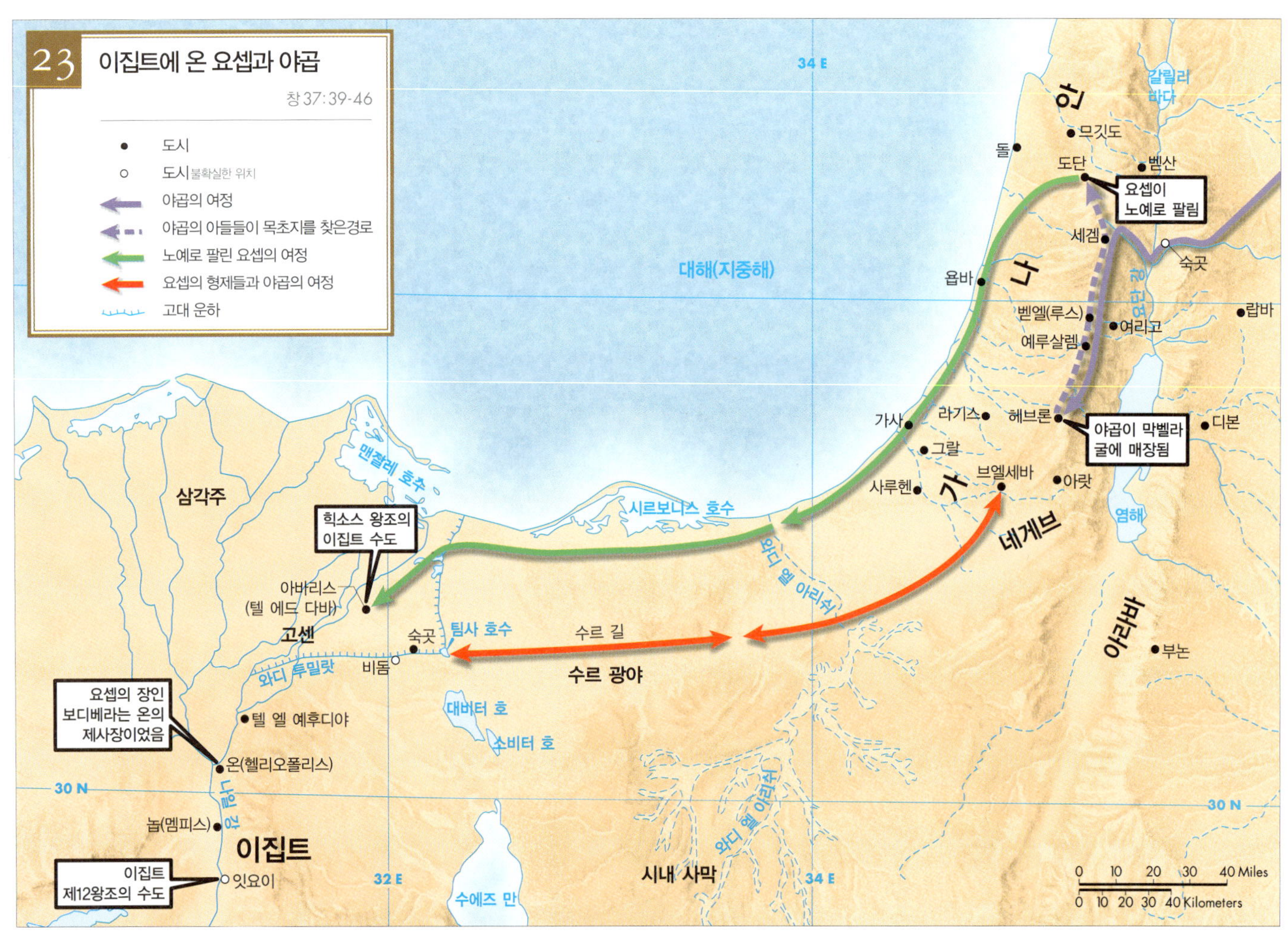

된 배경을 설명하고 있다. 요셉의 형제들이 이집트로 향하는 이스마엘 족속의 대상들에게 요셉을 팔았는데 창 37:25-28, 이를 통해 팔레스타인과 이집트 사이를 오가는 대상들이 많았음을 확인할 수 있다. BC 1750년경으로 밝혀진 베니 하산 Beni-Hasan [*] 에 있는 한 이집트 사람의 무덤 벽화에는 교역을 목적으로 상품을 가지고 이집트로 들어오는 작은 규모의 아시아 사람들이 그려져 있다 53~54쪽의 사진 참조. 요셉의 이집트 생활은 바로 궁전에서 일하는 고위 군사 관리인 보디발 Potiphar 이 그를 노예로 들이면서 시작되었다.

그로부터 13년 후 억울하게 감옥 생활까지 한 요셉은 왕 다음가는 2인자 자리에까지 오르게 된다. 꿈 해석에 남다른 재능을 보인 요셉이 이집트에 닥칠 기근을 예언함으로써 국가적 재난을 막아 낸 공로로 장관 자리에 오른 것이다. 요셉은 땅을 다스리고 왕의 정책을 수행하는 거대한 관료 정치를 장악했다. BC 1750년 이후 장관의 권력은 더욱 막강해져 결국 고 이집트 The Upper Egypt, 남부와 저 이집트 The Lower Egypt, 북부로 나뉘어 두 장관이 각각 통치하게 되었다.

요셉이 누린 권세는 어떤 것이었나?

'총리대신의 임무' The Duties of the Vizir 라는 제목으로 시작되는 제18왕조의 한 문서는 그 책임을 다음과 같이 강조했다. 청원을 들을 것, 공정하게 재판할 것, 바로의 수행을 위해 군대를 동원할 것, 과세 부과와 세금을 징수할 것, 관리를 임명하고 감독할 것, 왕실의 재산을 관리할 것 등이었다. 사실상 중요한 외교적인 문제를 제외하고는 시민 정부의 모든 분야가 총리대신의 감독 하에 있었던 것이다.

요셉의 주요 관심사는 다가올 가뭄을 잘 견딜 수 있도록 준비하는 것이었다. 흥미롭게도 투트모세 Thutmose III 3세의 총리대신인 레크미레 Rekhmire [**] 는 '저장고를 채우고 곡식 창고를 풍요롭게 한 사람'이라는 칭호를 받았는데 이는 요셉이 맡은 임무와 매우 흡사했다.

요셉은 이집트 식 이름을 받았으며, 태양신을 섬기는 온 On, 이후에는 헬리오폴리스 [***], 카이로 북동쪽에 위치의 강력한 제사장 가운데 하나인 보디베라의 딸 아스낫 Asenath 과 혼인했다.

팔레스타인만큼이나 흔하지는 않지만 이집트에도 종종 기근이 들었다. '이집트 7년 흉년의 전승'이라는 제목이 달린 이집트의 한 옛 문헌에는 나일 강이 매년 범람해 땅을 새롭게 해야 하는데 그렇지 못한 때를 다음과 같이 묘사했다. "곡물이 부족하고 과실이 말라붙었다. 먹을 것이 턱없이 부족했다. 모든 사람이 이웃의 것을 훔쳤다. 그들은 앞으로 나아가지 못했으며 아이들은 울부짖었다. 젊은이들은 할 일이 없었고 노인들은 비탄에 잠겼다. 그들의 다리는 굽었고 그들은 땅바닥에 웅크리고 앉아 있었다. … 성전은 닫혔으며 신전에는 바람만 날렸다. 모든 것이 비어 있었다" Pritchard, ANET, p. 31. 또 다른 문헌에는 지방 관리들이 기근으로 인한 굶주림을 해결하기 위해 백성들에게 저장해 놓은 곡식을 분배하는 문제를 놓고 의논하는 글이 실려 있다. 장기간의

[*] 베니 하산(Beni-Hasan / 지명)
이집트 중왕국 시대의 유적지다. 카이로 남쪽 약 245km 지점이며 나일 강 동쪽 연안에 있다. 제11, 12왕조 시대의 남부 이집트 제16주 오릭스 관리들의 암반 속 무덤으로 유명하다.

[**] 레크미레(Rekhmire / 인명)
투트모세 3세와 아멘호텝 2세의 통치 기간에 도시 데베스와 고관의 총리대신으로서 봉사한 제18왕조의 관료였다. 그는 셰이크 아브드 엘 쿼나 Sheikh Abd el-Qurna 에 화려하게 꾸민 무덤을 세웠다.

[***] 헬리오폴리스(Heliopolis / 지명)
'기둥 도시'라는 뜻으로, 태양신 레를 숭배한 가장 오래된 고대 이집트의 도시다. 저 이집트의 15번째 수도로 정치보다는 종교적으로 더 중요한 곳이었다.

베니 하산의 귀족 공동묘지에서 발견된 크눔 호텝 Knum-hotep 의 무덤 벽화. 이집트 중왕조 시대 BC 1900년경 의 벽화들은 이집트로 입국하는 37명의 아시아 사람들을 묘사하고 있다.

가뭄 때문에 고생하던 야곱은 아들들을 이집트로 보내 곡식을 사오라고 일렀다.

요셉의 형제들은 이집트로 두 번 갔는데, 한 번은 베냐민을 데리고 가지 않았고 다른 한 번은 막내 베냐민을 데리고 갔다 창 42-45장. 두 번째로 이집트에 갔을 때 요셉은 그의 형제들에게 자신이 요셉임을 밝히고 가뭄을 피해 이집트로 오라고 청했다. 야곱은 자신이 편애하던 아들이 살아 있다는 소식에 매우 기뻐하며 급히 요셉의 초청에 응했다.

다시 만난 가족

브엘세바가 있는 네게브를 떠나 창 46:1 야곱과 그의 아들들은 '수르 길'을 통해 시내 반도를 건너 이집트로 들어가 와디 투밀랏 Wadi Tumilat * 에 위치한 숙곳 근처에 도착했다. 가나안 남부와 요단 동부에서 온 아시아 목자와 상인들은 주로 이 경로를 이용했다. 가족은 '고센 땅' 창 46:28; 47:6 에서 살게 되었다. 이집트의 북동부 삼각주 지역에 있는 고센 땅을 과거에 '라암셋 땅' 창 47:11 이라고 부른 것은 시대착오적인 잘못이다. 일부 학자들은 고센을 시내 반도 쪽으로 손가락 모양으로 돌출한 비옥한 땅인 와디 투밀랏으로 본다.

이집트 왕바로 앞에서 야곱과 그의 아들들은 자신들은 목자로서 가나안의 기근을 피해 왔으며 이집트에 위협적인 존재가 아니며 요셉의 권세를 이용해 지위를 얻으려는 욕심도 없다고 했다. 요셉에 대한 감사의 뜻으로 바로는 그의 가족을 가축에게 먹일 목초가 충분한 삼각주 동부 지역의 좋은 곳에 정착하도록 했다. 이와 함께 그들이 가축들을 능숙하게 돌보는 것을 보고, 왕은 야곱의 가족들이 그 지역에서 방목하는 왕의 가축 떼들을 관리하도록 했다 창 47:1-11. 이렇게 해서 이집트에 체류하게 된 것이 무려 400여 년간 지속됐다.

이집트 안에 체류하다

요셉과 그의 형제들이 이집트에 들어가 살게 된 시기는 언제일까? 이스라엘의 조상이 이집트에 들어간 시기를 제2 침체기, 즉 힉소스 왕조 시대로 보기도 하는데 널리 인정된 견해는 아니다. '힉소스'The Hyksos 라는 말은 원래 '외국인 통치자들'Foreign rulers 이라는 이집트어의 훼손된 말이다. 주로 셈 족이 기원인 것으로 알려진 '힉소스' 는 제1 왕조 말기에 이집트의 삼각주 동부 지역을 침공했다 BC 1780년.

마침내 힉소스 족속은 삼각주 대부분의 지역을 다스리는 통치자가 되었는데, 최근에 밝혀진 바에 의하면, 수도는 텔 에드 다바 Tell ed Dab'a 아바리스 Avaris ** 에 세워졌다. 팔레스타인과 시리아 남부 주민들의 문화를 공유한 힉소스 족속은 힉소스 왕을 이집트의 바로로 묘사했으며, 실제로 이집트 제15, 16왕조의 왕들 BC 1674~1567년 은 힉소스 족속이었다.

일부 학자들은 요셉이 이집트에서 최고의 자리에 오를 수 있었던 데는 같은 셈 족인 힉소스 족속이 통치자였기에 가능했다고 주장한다. 그러나 이집트 출신의 통치자들도 요셉과 같은 외국인을 고위 관리로 등용하곤 했기 때문에 확실한 증거라고 볼 수는 없다. 야곱 족속이 제12왕조 BC 1991~1786년 때 이집트에 왔다는 견해는 신빙성이 있어 보인다. 왜냐하면 정확한 시대를 알 수 없지만 요셉 이야기의 상세한 부분이 중기 청동기 시대와 잘 들어맞기 때문이다.

The Egyptian Experience

| 히브리 사람들의 이집트 경험 | 이스라엘 사람들은 자신의 조상이 이집트에서 오랫동안 노예 생활로 고통을 받았다는 사실을 깊이 인식하고 있다. 출이집트기에 기록된 대로 야곱의 자손들이 이집트로 이주해 하나님의 커다란 은총으로 구원을 받기까지 400년이 걸렸다 창 15:13; 출 12:40; 갈 3:17. 그러나 성경은 이 4세기 동안을 몇 구절로 짤막하게 증언하고 있다. 출이집트기 첫 장에 묘사된 "요셉을 알지 못하는 새로운 왕이 일어나 이집트를 다스렸습니다."출 1:8라는 본문은 창세기 마지막에 기록된 요셉 시대의 평화로운 상태에서 곤경에 처하기까지의 배경을 설명하고 있다.

이집트 탈출 이전의 이집트 18, 19 왕조의 역사적 배경

이집트에서의 노예 생활은 BC 1550년부터 BC 1200년까지의 시기로 후기 청동기 시대에 해당한다. 다행히 방대한 이집트의 문헌 중에 이 시대에 대한 기록이 남아 있다. 이집트 학자들은 이집트의 유능한 통치자 가운데 마지막 왕으로 알려진 람세스 3세Ramesses Ⅲ, ?~BC 1175년를 포함한 제18왕조에서 20왕조BC 1567~1085년까지를 '신왕조'로 기술한다. 이 시기에 이집트 왕들은 유프라테스 강 상류까지 영토를 확장해 대제국을 세웠다. BC 1230년경에 세워진 이집트의 메르넵타Merneptah 석비에는 성경 외에 이스라엘을 언급한 최초의 기록이 남아 있다. 이집트의 어떤 문헌에도 이스라엘의 이집트 탈출에 대한 기록이 없다. 하지만 이 시기에 모세가 하나님의 인도로 히브리 사람들을 이집트에서 이끌고 약속의 땅으로 갔다는 정황은 어느 정도 추측이 가능하다. 이 중대한 사건이 어떤 학자들은 BC 15세기BC 1440년에 일어났다고 하고, 어떤 학자들은 BC 13세기BC 1250년에 일어났다고 주장한다 이집트 탈출 시기에 대한 두 가지 다른 견해에 대해서는 67쪽의 표6 참조. 어떤 주장이 옳은지 모르지만 당시 바로는 이집트의 권세와 영향력이 최고조에 달했을 때 이집트를 다스리던 왕이었다. 그러나 그들의 막강한 권세도 시내 산의 불타는 떨기나무 앞에서

| 표4 | 후기 청동기 시대BC 1550~1200년**의 근동**

연대(BC)	이집트	팔레스타인	메소포타미아	소아시아
1570	신왕조 : 제18~20 왕조. 아모세의 힉소스 축출 후 제18왕조 수립BC 1570~1320년.		미탄니 왕국이 메소포타미아 북서 지역에서 시리아 북부까지 잠식	
1550	테베노 아문가 중요한 지역이 됨	힉소스 축출 후 팔레스타인에 대한 이집트의 관심과 영향력 증가	누지 문서	헷 족속
1500	투트모세 3세와 아멘호텝 2세의 팔레스타인과 시리아 원정이집트 탈출(?). 이집트는 지중해 연안 중부의 남쪽에서 누비아까지 제국 수립	투트모세 3세, 지중해 연안 남부 지역을 16차례에 걸쳐 원정을 함. 지중해 연안 지역에 이집트 전진 기지 수립. 수많은 가나안 도시들이 후기 청동기 시대에 여러 번 파괴된 흔적을 보임		
1450			투트모세 3세와 아멘호텝 2세가 미탄니 왕국을 물리침. 이집트와 미탄니 왕국 간 평화 체제가 됨	헷 제국 시대
1400	아멘호텝 3세 : 이집트 제국의 절정. 텔 아마르나 문서에서 아케나텐을 '이교도 왕'으로 묘사	텔 엘 아마르나 문서에 팔레스타인 왕들과 도시들이 언급됨. 팔레스타인의 '하비루'로 언급		
1350	지중해 연안 지역에서 일시적으로 이집트 세력이 쇠퇴			슈필루리우마
1300	제19왕조BC 1320~1200년, 삼각주 지역에 강력한 새 통치자들 부상. 람세스 2세BC 1304~1237년가 오론테스 강가에 있는 카데쉬에서 전쟁을 함. 헷과 적대관계에서 평화관계로 발전	세티 1세, 팔레스타인 원정. 벧산에 비문을 남김	앗시리아의 중왕조 시대	무왓탈리스
		람세스 2세, 지중해 연안 남부 지역 원정	아닷 니라리 1세	오론테스 강 유역의 가데스Kadesh 전투
			살만에셀 1세	
1250	이집트 탈출(?)		투쿨티 니누르타 1세	하투실리스 3세 이집트와 평화 체제
1200	메르넵타가 팔레스타인 원정을 함. 석비에 이스라엘을 굴복시켰다고 기록함. 제20왕조BC 1200~1085년	메르넵타, 팔레스타인 원정. 성경 외에서 이스라엘이 언급된 최초의 기록		헷 제국의 급격한 멸망
1175	람세스 3세 해양 민족들을 물리침			

*세케넨레(Seqenenre, ?~? / 인명)
BC 16세기BC 1545경에 활동한 이집트의 왕으로 BC 17세기에 이집트를 유린한 서부 셈 족 계통의 정복자 힉소스의 무리한 요구에 시달렸다.

모세에게 말씀하신 여호와의 영광 앞에서는 초라할 뿐이었다.

삼각주 지역을 지배하던 힉소스Hyksos 족은 강력한 이집트 출신의 왕들이 테베Thebes에서 성장할 즈음인 BC 1570년과 BC 1550년 사이에 쇠퇴하기 시작했다. 제17왕조의 마지막 왕들인 세케넨레Seqenenre*와 카모세Kamose는 힉소스의 요새들을 몇 차례에 걸쳐 공격하며 혈전血戰을 치렀다. 그러나 힉소스를 팔레스타인 남부 멀리까지 축출시킨 왕은 아모세였다. 아모세는 힉소스 족의 지배를 붕괴시켰을 뿐만 아니라 제18왕조를 수립해 신왕조 시대를 열었다. 이로써 이집트는 다시 한 번 왕조 통치 체제 아래 들어갔다. 어떤 학자들은 '요셉을 알지 못하는 바로'를 아모세와 동일시한다. 같은 셈 족인 힉소스의 통치 아래서는 히브리 사람들이 대우를 받았으나 이집트 출신 왕조가 수립되면서 그 같은 좋은 날이 끝난 것으로 보기 때문이다.

|이집트 18왕조와 팔레스타인| 18왕조는 가나안에서 사람들을 잡아 오다

제18왕조의 바로들은 계속된 군사 원정을 통해 남으로는 수단누비아에 이르고 북으로는 시리아까지 뻗어 나갔다. 투트모세 3세BC 1504~1450년와 아멘호텝 2세BC 1450~1425년는 지중해 연안에서 두드러진 활약을 보였다. 테베와 멤피스의 사원 벽에는 그들의 업적이 새겨져 있는데, 투트모세 3세는 자신이 시내 반도를 넘어 가나안까지 16차례에 걸친 원정을 자랑하고 있다. 이 원정들 중에는 멀리 유프라테스 강까지 이르러 미탄니 왕국을 탐색하기도 했다. 투트모세 역사서BC 1468년경에 따르면, 투트모세는 므깃도에서 연합 동맹으로 저항하는 가나안 왕들을 물리쳤다.

아멘호텝 2세는 두 차례에 걸친 원정에서 가나안 사람들을 포로로 데려갔는데, 당연히 그들을 노예로 부리기 위해서였다.

위 | 가나안 시대에 세워진 므깃도 성문이다. 멀리 이스르엘 평원이 보인다. 투트모세 3세는 이스르엘 평원에서 가나안 연합군을 물리침으로써 이 지역을 장악하게 되었다.
아래 | 카르낙에 있는 아몬 레 신전.

25 후기 청동기 시대의 이집트와 팔레스타인

- ● 도시
- ○ 도시 불확실한 위치
- 이집트
- 이집트 영향권
- 미탄니 왕국
- 헷 족속

가나안 도시 국가의 몰락 | 이집트의 번영과 이어지는 전쟁

이집트 왕들은 팔레스타인을 통과하는 해변 길을 지배하고자 했다. 이에 따라 가나안과 시리아 왕들을 봉신封臣으로 봉하고 그들에게 무거운 조공을 부과했다. 이집트의 전진 기지는 벧산* 처럼 전략적인 곳인데다 요새까지 분산되어 있는 가사, 수메르Sumer, 그리고 쿠미디Kumidi에 세워졌다. 당시 이집트에 저항한 가나안 왕들은 파멸을 자초한 셈이었다.

가나안의 많은 도시들은 후기 청동기 시대에 파괴되었는데, 이중 이집트에 불충해서 보복당한 예가 많다. 계속되는 원정과 과중한 조공 요구는 가나안 도시 국가들을 쇠퇴하게 만들었다. 여러 유적과 문헌을 통해 당시 기술과 생활수준이 내리막길을 걸었고 문화 역시 침체기를 겪었음을 알 수 있다. 이와 대조적으로, 테베성경의 노 아몬는 후기 청동기 시대에 세계에서 가장 강력한 제국의 수도로 군림했다. 제18왕조와 19왕조는 테베를 신왕조의 수호신인 아몬 레Amon-Re에게 봉헌된 거대한

*벧산(Beth-shan / 지명)
이스라엘 북동쪽 도시로 낮은 골짜기에 있는 중요 정착지다.

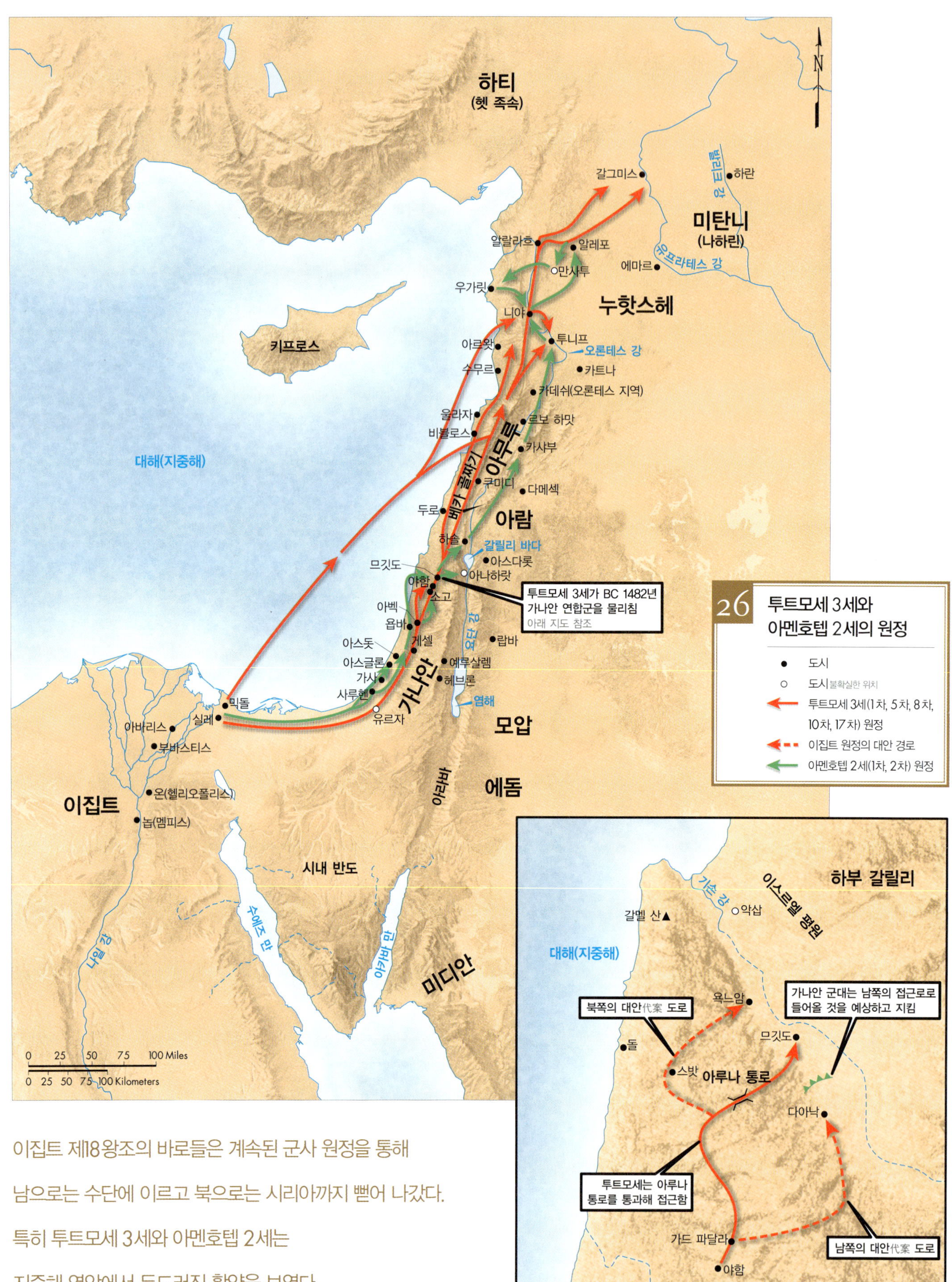

이집트 제18왕조의 바로들은 계속된 군사 원정을 통해

남으로는 수단에 이르고 북으로는 시리아까지 뻗어 나갔다.

특히 투트모세 3세와 아멘호텝 2세는

지중해 연안에서 두드러진 활약을 보였다.

신전들을 갖춘 도시로 성장시켰다.

테베에 있는 룩소르Luxor와 카르낙Karnak 신전들은 신왕조로 거슬러 올라가지만 오늘날까지 경외감을 불러일으키는 건축물들이다. 신왕조의 왕들은 자신들이 죽은 후에도 경배를 받기 위해 테베에서 나일 강을 따라 기념비적인 신전들, '수천 년 동안 지속될 집들'을 건축했다. 데이르 엘 바리Deir el-Bahri*에 세워진 람세스 2세와 하트셉수트를 기념하는 대규모 신전과 라메세움Ramesseum은 바로의 신적 권위를 웅변해 준다.

서쪽으로 더 가면 외딴 곳에 왕들의 무덤인 왕들의 골짜기가 있는데 이곳에서 발견된 유물을 통해 당시 통치자들이 누린 황금빛 찬란한 영광을 엿볼 수 있다. 실제로 제18왕조 말기의 그리 중요하지 않은 왕이었던 투탕카문의 무덤을 보면 그보다 더 강력했던 왕들이 누린 부 富는 어땠을지 짐작이 간다.

| 이집트의 이교도 왕 아케나텐 | 아텐 신에 충성하다

이집트 사람들이 섬기는 아몬 레Amon-Re를 비롯해 이집트 신들을 거부한 왕이 있었으니 그가 바로 아케나텐** BC 1379-1362년이다. 그는 오직 아텐Aten*** 신에게만 충성을 다했다. 아텐 신은 태양 원반으로 상징되는 태양신이다. 그는 수도를 테베에서 아케타텐Akhetaten으로 옮기고 '아텐의 경계 아래 있는 도시'라고 불렀다. 오늘날 텔 엘 아마르나Tell el-Amarna로 알려진 이 도시에서 아카디아어로 씌어진 350개 이상의 점토판이 발견되었는데, 왕들이 보낸 서신을 담고 있다. 이 서신은 팔레스타인과 시리아의 가나안 왕들이 보낸 것으로 대부분 이집트의 도움을 요청하고 있다.

아마르나 서신들은 BC 1350년경의 가나안 정세를 엿볼 수 있는 귀중한 자료다. 가나안은 분열되어 있었으며 야심만만한 봉신 군주들의 땅이었다. 군주들은 이집

*데이르 엘 바리(Deir el-Bahri / 지명)
'북부 수도원'이란 뜻으로, 룩소르 반대편 나일 강 서쪽 언덕에 위치한 시신 안치용 신전 건물과 무덤들이다. 제11왕조의 멘투호텝 2세의 시신 안치용 성전이 제일 처음으로 세워졌다.

**아케나텐(Akhenaten / 인명)
아멘호텝 4세로도 불리는 제18왕조의 열째 혹은 열한 번째의 바로였다. 이집트 역사상 가장 아름다운 왕비 네페르티티Nefertiti와 결혼했고 태양의 원반 신인 아텐Aten이라 불리는 고대 이집트 신의 숭배자가 되었다. 아텐을 경배하여 자신을 아케나텐'아텐을 섬기는 자'라는 뜻이라고 개명했다. BC 1379년부터 재위하는 기간 동안 아텐아톤은 이집트 최고의 신이 되었다. 수도를 테베에서 아텐 제의의 도시 엘 아마르나멤피스와 테베의 중간 지점로 옮겼다.

***아텐(Aten / 신명)
정식 명칭은 '수평선에, 태양의 원반에 비쳐진 빛의 이름을 기뻐하는 라호루스'다. 짧게는 라 호루스 아텐이나 단순히 아텐으로도 나온다. 원래는 태양신의 현현 정도였으나 나중에 태양신 아톰과 레에게서 분리되어 독립된 신이 되었다. 아텐은 날개 달린 태양 원반이나 또는 끝부분이 손 모양으로 되어 있는 빛살을 내뿜는 태양 원반으로 묘사된다. 아텐의 주요 신전은 테베, 헬리오폴리스, 아케타텐에 있다. 아텐 신을 유일신으로 숭배하고자 했던 아케나텐의 시대에 이르러 아텐교는 그 절정기를 맞았다.

| 표5 | **이집트의 신왕조 시대**

제18왕조

왕	연대(BC)	주요 사건들
아모세아모시스	1570~1546	삼각주에서 힉소스 축출. 팔레스타인의 힉소스 요새 공격, 누비아 정복 시작
아멘호텝 1세아메노피스	1546~1526	이집트의 지배가 누비아를 넘어 남쪽까지 확장
투트모세 1세투트모시스	1525~1512	이집트 군대 이끌고 유프라테스 강까지 원정. 테베 서쪽에 있는 왕들의 골짜기에 무덤을 건축한 첫 번째 왕
투트모세 2세투트모시스	1512~1504	병약해 통치와 업적을 남기지 못함
하트셉수트	1503~1482†	남편 투트모세 2세의 죽음으로 잠시 권력을 쥔 여왕
투트모세 3세투트모시스	1504~1450	미탄니 왕국을 침공하기 위해 탐색전으로 최소한 16차례 팔레스타인과 시리아 원정
아멘호텝 2세아메노피스	1450~1425	팔레스타인과 그 외 지역의 반란을 평정하기 위해 지중해 연안 지역에 119개의 도시를 건설. 므깃도에 두 차례에 걸쳐 원정
투트모세 4세투트모시스	1425~1417	
아멘호텝 3세아메노피스	1417~1379	제18왕조의 절정기를 장식한 왕, 대규모 건축물 세움
아멘호텝 4세 = 아케나텐아메노피스	1379~1362	텔 엘 아마르나 문서에서 아텐 신을 숭배한 '이교도 왕'으로 기록. 아마르나 문서는 주로 이 시대를 기록. 아케타텐Akhetaten이라는 새로운 수도 건설
스멘카레	1364~1361†	아케나텐의 그늘 아래 가려진 계승자
투탕카문투트 왕	1361~1352	아텐 숭배를 포기하고 아문 신 숭배로 전환. 수도 아케타텐을 버리고 테베로 돌아감
아이	1352~1348	짧은 기간에 권좌에 오른 구 귀족
호렘하브	1348~1320	투탕카문의 참모이며 군사 지도자. 이집트 내부 결속을 다지고 새로운 왕조를 열게 함

제19왕조

왕	연대(BC)	주요 사건들
람세스 1세	1320~1318	제19왕조 수립. 라암셋에 수도 건설삼각주 북동부에 있는 칸티르
세티 1세세토스	1318~1304	지중해 연안 남부 지역에 이집트 제국을 재건설. 벧산에 갈릴리 바다 남부의 원정을 이끌었다고 새긴 비문을 남김
람세스 2세	1304~1237	오론테스 강 유역의 카데쉬에서 헷 족속과 전쟁을 함. 헷 족속과 평화 체제. 기념비적 건물 건축자
메르닙타	1236~1223	패배시킨 나라들 중 하나로 '이스라엘'이란 이름을 최초로 언급한 비문을 남김
아멘메스	1222~1217	
세티 2세세토스	1216~1210	

연대기-CAH. 3rd ed.를 따른 것임 / †-섭정으로 추정

람세스의 아들 메르넵타는 가나안의 족속들을 물리치고 나서
그 내용을 석비에 남겼다. 이 '이스라엘 비문'은 성경 외에 이스라엘이
언급된 최초의 문헌으로 주목받고 있다.

트를 비롯한 가나안의 이웃들에게 영토를 빼앗기지 않으려고 경계를 늦추지 않았다. 그들의 주요 관심사는 오로지 자신들의 신분 상승이었다. 이처럼 이 점토판들은 이집트 탈출 시대가 머지않은 가나안 땅의 시대상을 조명하고 있다.

아마르나 점토판은 하비루Habiru라는 무리에 대해 언급하고 있는데, 그들은 다른 가나안 군주들을 괴롭힌 세겜 왕과 연합한 용병으로 묘사되고 있다. 학자들은 일찍이 성경의 히브리 사람과 하비루의 유사성에 주목하고 이 둘을 동일시하고자 했다. 그러나 단순한 동일시는 가능하지 않다.

문헌을 통해 확인한 바에 의하면, '하비루' 라는 말은 다양한 지역에서, 그리고 수백 년 동안 사용한 말이다 63쪽의 '종잡을 수 없는 무리 하비루' 참조. 하비루는 대체로 사회의 주변인을 일컫는 말이다. 이스라엘의 조상들 중에도 당시 사회와 거의 관계를 맺지 않고 사는 사람들이 있었는데, 그들도 하비루로 분류될 수 있다.

태양 원반으로 상징화된 아텐 신이 왕의 가족에게 빛을 비추는 동안 아케나텐과 그의 부인이 아텐 신에게 제물을 바치고 있는 모습이 부조로 새겨져 있다.

19왕조와 헷 족속 | 나일 강 유역에 수많은 기념물을 세우다

BC 1320년경에 제18왕조의 권세가 서서히 몰락하자 새로운 통치자들이 부상했다. 소아시아를 중심으로 세력을 키워 나가던 헷Hittite 족속의 위협에 직면하자 제19왕조는 아케나텐과 그의 계승자들이 외면하던 팔레스타인 등지에 대한 통치권을 주장하기 시작했다. 헷 족속은 수세기 동안 소아시아 중앙을 지배하면서 BC 1350년경에는 슈필루리우마Shuppiluliuma가 이집트 영토에 속해 있던 지역들을 침범하기 시작했다.

제19왕조의 바로들은 테베에서 그들의 행정 중심지를 북쪽으로 옮겨 아바리스Avaris의 폐허 위에 새로운 수도를 건설했다. 아바리스는 옛날 힉소스 왕조의 요새였는데 라암셋으로 도시의 이름을 바꾸었다. 세티 1세BC 1318~1304년, 람세스 2세 BC 1304~1237년, 그리고 메르넵

타BC 1236~1223년는 팔레스타인을 지나 북쪽으로 원정을 나가 유프라테스 강까지 침략했다. 벧산에서 발견된 석비돌에 새겨진에는 세티 1세가 갈릴리 바다 남부에 살던 하비루와 싸워 승리했다는 내용을 담고 있다. 람세스 2세는 재위 5년에 오론테스 강 유역의 카데쉬에서 무왓탈리스Muwattalis가 이끈 헷 군대와 대대적인 전투를 벌였다.

후에 그는 가나안에 대한 이집트의 주권을 보장하는 조건으로 헷 왕 핫투실리스Hattusilis와 평화 조약을 맺었다. 이집트 역사상 가장 큰 규모의 건물을 세운 람세스는 아부 심벨Abu simbel에서 멤피스에 이르기까지 나일 강을 따라 수많은 기념물을 세웠다.

람세스의 아들 메르넵타는 가나안의 족속들을 물리치고 나서 그 내용을 석비에 남겼다BC 1230년. 이 '이스라엘 비문'은 성경 외에 이스라엘이 언급된 최초의 문헌으로 주목받고 있다. 내용은 다음과 같다. "아스글론Ashkelon을 획득하고 게셀Gezer을 사로잡았고 야노암Yanoam은 존재하지 않은 것처럼 되었고 이스라엘은 황폐해졌고 그의 자손들은 사라졌다"Pritchard, ANET, p. 378. 하지만 이스라엘이 한 민족을 의미하는지, 혹은 그 땅에 현존하던 백성의 집단을 말하는 것인지 의미가 모호하다. 다만 이 석비를 통해 한 가지 분명히 알 수 있는 것은 적어도 BC 1200년경에는 이스라엘이라고 알려진 민족이 약속의 땅 일부를 차지했다는 사실이다.

이집트의 생활상

이집트에서 발견된 이스라엘 조상들의 생활양식은 가나안과 매우 달랐다. 이집트는 신격화된 바로가 다스리는 곳이었다. 레의 아들이며 매의 신 호루스가 부활한 바로는 삶의 모든 영역에 걸쳐 완벽한 권위를 행사했다. 모든 사물에 올바른 질서를 부여하는 그의 권력은 이집트어로 '마아트 Ma'at'라 함 땅에 풍요를 가져오고 이집트에 승리를 가져다준다. 그는 신과 인간의 중재자로서 삶의 일상사와 분명하게 구분된 신분을 누렸다.

| 이집트의 행정 | 거대한 관료 체계로 다스리다

이집트의 거대한 관료 체계는 이집트 사회 전반을 지배했으며 행정을 담당했다. 재상은 행정부의 최고직으로서 궁정의 일을 처리하는 수많은 서기관과 감독관, 시장, 관리들을 지휘했다. 각 관리는 매우 한정된 분야에서 특정한 책임을 맡았다. '고 · 저 이집트의 곡창지대 감독', '보충 부대의 서기관' 등의 직함은 각 부서의 임무를 묘사

27
텔 아마르나 문서를 통해 본 BC 14세기의 가나안

● 아마르나 문서에 언급된 도시 혹은 도시 국가

○ 아마르나 문서에 언급된 도시불확실 지역

지방 군주들을 침공한 하비루

세겜 왕국

아무루 왕국

텔 아마르나 서신에 언급된 왕들

❶ 라바유   ❺ 압디 티쉬리
❷ 압디 헤파   ❻ 밀킬루
❸ 립 앗다   ❼ 주라타
❹ 비르디야   ❽ 압디 아쉬르투

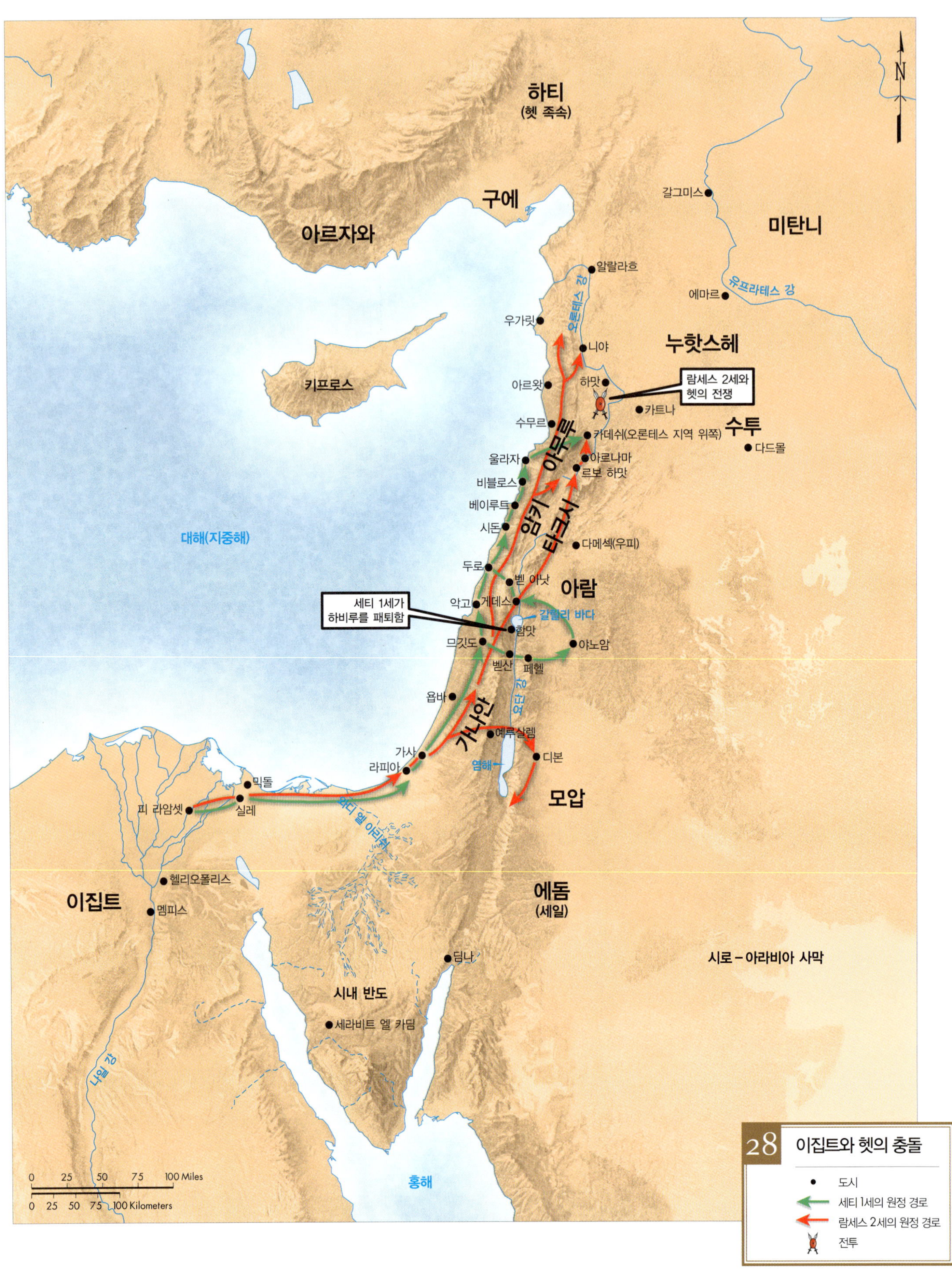

N
하티
(헷 족속)
구에
아르자와
미탄니
갈그미스
알랄라흐
유프라테스 강
에마르
우가릿
누핫스헤
니야
아르왓
하맛
람세스 2세와
헷의 전쟁
수무르
카트나
수투
카데쉬(오론테스 지역 위쪽)
다드몰
울라자
아로나마
비블로스
르보 하맛
베이루트
시돈
다메섹(우피)
대해(지중해)
두로
벧 아낫
아람
악고
게데스
갈릴리 바다
세티 1세가
하비루를 패퇴함
할맛
야노암
므깃도
벤산
페헬
욥바
예루살렘
가나안
가사
디본
라피아
염해
모압
밋돌
피 라암셋
실레
와디 엘 아리쉬
헬리오폴리스
에돔
(세일)
멤피스
딤나
시로 – 아라비아 사막
시내 반도
세라비트 엘 카딤
나일 강
홍해
0 25 50 75 100 Miles
0 25 50 75 100 Kilometers
28 이집트와 헷의 충돌
도시
세티 1세의 원정 경로
람세스 2세의 원정 경로
전투

하고 있다. 이집트 역사 초기에는 왕족들이 고위 관리 직을 맡았지만 중기 왕조BC 2050~1786년경 시대부터는 전문적인 관료 계층들이 생겨났다.

많은 업무가 사실상 상속되어 아들들이 아버지의 특정한 직책을 그대로 물려받았으며, 업무의 효율화를 위해 서기관 학교에서 쓰기 등의 기술적인 교육을 받았다. 이집트의 문헌들은 더 비천하고 중노동을 요하는 업무에 비해 서기관 직업이 선호되었음을 알려 준다.

|농경 사회| 이집트의 계절은 나일 강을 따라 온다

이집트에는 큰 도시보다 농사짓는 땅이 훨씬 많았다. 이집트의 농부는 대체로 나일 강을 따라 흩어져 있는 마을이나 도시에 살았으며, 굽지 않은 진

'하비루'는 여러 가지 이유로 고향을 떠나

다른 나라에서 외국 사람으로 사는 사람들로서,

특정한 족속을 의미하는 게 아니라

사회 계층의 하나로 고안된 용어다.

흙 벽돌을 이용해 집과 궁전을 지었다.

이집트의 일상은 땅을 통과해 흐르는 나일 강의 리듬에 보조를 맞추었다1장 6~7쪽의 '이집트 속박의 땅' 참조. 이집트 사람들은 일 년을 네 달씩 세 절기로 나누어 절기마다 다른 일을 했다. '범람'의 시기6~9월에는 불어난 강물이 범람해 농사를 거의 지을 수 없으므로, 이때에는 왕의 건축물을 짓는 노동자로 고용되었다.

강물이 빠져 나가는 '나타남'Comming forth, 10~2월 중순의 계절이 오면 논밭에서 농사를 짓는다. 감독관들이 논밭

테베에 있는 룩소르 신전. 정면에 보이는 탑문은 람세스 2세의 동상으로, 헷과 전투를 벌였다는 기록이 새겨져 있다.

종잡을 수 없는 무리 하비루 Habiru, 하피루 Hapiru

주전 두 번째 천 년기의 고대 근동 문헌들은 하비루 혹은 하피루에 대해 250회 이상 언급하고 있다. 19세기 말엽에 발견된 텔 엘 아마르나 문서에서 이 용어를 처음 발견하고 학자들은 하비루로 발음하는 것이 가장 적합하다고 생각했지만, 이 용어하비루? 하피루? 아피루?의 정확한 발음은 확실하지 않다. 최근의 연구는 이 종잡을 수 없는 하비루에 대해 다른 통찰력을 제공하고 있다.

'하비루'라는 용어는 BC 1900년 이후로 여겨지는 아나톨리아의 앗시리아 무역 기지에서 발굴한 문헌에서 처음으로 발견됐다. 그 후 마리 문서BC 1750년경와 누지 문서BC 1500년경, 시리아 해안에 있는 알랄라흐Alalakh와 우가릿Ugarit에서 발굴된 문헌BC 1350년경, 그리고 핫투사스Hattusas, 보가즈코이 Bogazkoy에서 나온 히타이트 헷 족속 문헌과 텔 엘 아마르나 문서BC 1400~1350년 등에서 아주 빈번히 나타났다. 하비루에 대한 마지막 언급은 람세스 4세BC 1160년경 때였다. 하비루의 지리적인 분포는 아나톨리아에서 이집트까지며 동쪽에서 남쪽으로는 메소포타미아와 엘람까지 이르렀다. 후기 청동기 시대의 이집트 문헌BC 1550~1200년은 팔레스타인과 레바논에 있던 하비루에 대해 자주 언급하고 있다. 아멘호텝 2세BC 1450~1425년와 세티 1세BC 1318~1304년는 팔레스타인에서 포로로 잡은 하비루를 데려와 부역을 시켰다.

'하비루'는 어떤 특정한 족속을 의미하는 게 아니라 사회 계층의 하나로 고안된 용어다. 하비루는 여러 가지 이유로 고향을 떠나 다른 나라에서 외국 사람으로 사는 사람들이었다. 이방 사람으로서 하비루는 권리와 기회에 제한을 받았다. 그들은 궁중의 행정을 위해 공공 노예로 일하거나 비숙련 노동자로 살았다. 그밖에 하비루는 자신을 최고 입찰가로 사들인 주인에게 봉사하는 용병으로 살거나, 사회 변두리에서 범죄자로 살았다. 텔 엘 아마르나 문서에 의하면 세겜 왕과 그의 아들은 하비루를 고용해 가나안 이웃들을 괴롭혔다.

이집트 문헌에서 하비루는 자주 이집트 권역 밖의 산간 지역에서 나타났다. 하비루 전체가 범죄자나 용병이 아니었음에도 불구하고, 그들의 난민 신분 때문에 사회적으로 평판이 좋지 않은 사람을 가리키는 용어로도 사용되었다. 그래서 하비루는 '부랑자'Outcast라는 꼬리표를 달고 살았던 것으로 보인다. 따라서 이집트 사람들이 사용한 하비루를 이스라엘의 조상인 히브리 사람들과 동일시 할 수는 없다. 하비루라는 용어는 이스라엘의 조상들보다는 훨씬 더 넓은 범위의 집단에게 적용된 사회 현상이었다. 그러나 이스라엘의 조상들 중에는 주전BC 두 번째 천 년기에 있었던 하비루에 속한 사람들도 있었을 것이다.

테베에서 발견된 벽화. 제18왕조 때의 것으로 보이며, 당시의 농업 활동을 엿볼 수 있다.

의 경계를 다시 세워 주면 일꾼들은 곡괭이와 호미를 들고 관개 시설을 청소하고 모종을 위해 논밭을 정리했다. 농부들은 범람으로 퇴적된 신선하고 비옥한 땅에 비교적 쉽게 파종할 수 있었다.

물을 끌어들여 작물에 관개하는 일은 쉼이 없는 고역이었다. 초기 단계의 관개 시설은 현대의 '샤두프' Shaduf, 대개 평형추를 이용해 매달린 물통을 들어 올리는 방식와 유사하며 손이나 발의 힘으로 물을 끌어들여 메마른 곡식에 대는 방법도 있다 신 11:10 참조. '가뭄'의 계절이 다가오면 수확이 시작되는데 2월 중순~5월, 모든 노동력이 동원되어 곡물을 모은다. 세금 관리인들은 각 논밭의 생산량을 주의 깊게 기록하고 정부의 감독자들은 토지 소산물을 모아 놓은 곡식과 저장소를 살핀다.

백성들은 이집트의 부를 위해 농사를 지었다. 그들

은 왕족의 건축 사업이 있으면 동원되어 일해야 했다. 하지만 부유한 사람들은 대리인을 보내거나 관리에게 뇌물을 주어 명단에서 이름을 제외시키기도 했다. 이집트 사람들은 죽은 후에도 현재의 삶이 지속된다고 믿었기 때문에 하인들의 입상을 무덤의 사자 死者 옆에 두기도 했다. 이 입상들을 '샤와브티' Shwabti 라고 하는데, 다음 생애에도 농업이 중요한 산업이 될 터이므로 주인을 대신해 농사를 짓게 하려고 고안된 것이다. 따라서 부유한 이집트 사람일수록 무덤에 수천 개의 입상을 매장했다.

그밖에 노동력은 노예로 충당했다. 모든 고대 사회가 그렇듯이, 이집트 사람들은 여러 방면에서 노예를 부렸다. 노예들은 가정에서는 하인으로 논밭에서는 일꾼으로, 그 밖에 군대와 정부를 위해 일했다. 감옥에서 풀려난 범죄자들도 있었지만, 대체로 이집트의 노예는 수많은 전쟁에서 포로로 끌려온 외국 사람이거나 상인들로부터 산 사람들이었다. 대부분 팔레스타인과 시리아에

요셉 시대가 지나자,

이스라엘 사람들은 이집트 사회에서 경멸 받는

외국 사람으로 살아야 했다.

에마르 : 북부 시리아의 경제 교차로

텔 메스케네Tell Meskene의 발굴은 후기 청동기 시대BC 1550-1200년의 북부 시리아를 밝히는 중요한 자료가 되었다. 동쪽으로 흐르는 유프라테스 강 지류에 속하는 텔 메스케네는 에마르Emar로 확인되었으며, 에마르는 유프라테스 골짜기의 중심에 있으면서 서쪽의 영토를 연결해 주는 대상로를 전략적으로 둔 그리 크지 않은 도시였다. 주전BC 세 번째 천 년기와 두 번째 천 년기의 것인 에블라와 마리의 문헌들은 에마르를 언급하고 있는데, 현재 남아 있는 유적지는 후기 청동기 시대BC 14-12세기 초의 것뿐이다. 아마도 유프라테스 강 유역을 휩쓸어 버린 변화로 초기의 도시 터는 버려지고, 현재 새로 생긴 엘 앗사드El Assad 호수 아래 잠긴 것으로 보인다.

새로운 도시는 약 70만 8,200m² 규모로 헷 족속의 지배 아래 건설되었는데, 그 규모는 중기와 후기 청동기 시대BC 2000-1200년에 팔레스타인에서 가장 큰 도시였던 가나안의 하솔과 견줄 만했다. 에마르는 슈필루리우마BC 1375-1335년에 의해 건설된 헷 제국에 종속되어 정치적으로 거의 독립하지 못했다. 에마르와 자매 도시 텔 파코스Tell Faq'ous는 헷 제국의 남동쪽 변방 요새와 무역 중심지였다. 헷 제국은 이 도시들에서 쇠퇴해 가는 미탄니 왕국으로부터 나라를 보호하고 잠재적으로 더 큰 위협이 될 수 있는 앗시리아의 봉기를 막으려 했다.

에마르는 북부 시리아의 중심지인 알레포Aleppo와 갈그미스처럼 비중이 큰 도시는 아니었지만 이 지역을 잇는 고대 무역 도시로서 중요했다. 오히려 정치적으로 강력한 주변 도시들과 달리 에마르 왕은 도시 생활에서 적당한 역할을 할 수 있었던 것으로 보인다. 에마르에서는 장로들이 왕과 함께 두드러진 역할을 했다. 에마르는 옛 부족 동맹체와 당시 떠오르는 왕정이 혼합된 행정 사회로서 후기 이스라엘의 신흥 왕정 모습의 단서가 되었다.

에마르에서 발굴된 네 개의 신전과 궁전, 30채가 넘는 가옥들은 BC 1350년경에서 BC 1200년에 파괴되기까지 지어진 건축물들이다. 신전들 중 두 채는 바알과 아스다롯Astart을 경배하기 위해 나란히 지어졌다. 신성한 구역 테메노스Temenos에 위치한 제단과 행렬 도로는 두 신전에 연결되었다. 두 신전은 직사각형으로 길게 건축되었는데 희생제물을 바치는 탁상과 신의 형상을 세우는 단이 있는 큰 방이 하나 있다. 다른 신전에서는 '점치는 자의 문헌'Diviner's Archives으로 알려진 큰 점토판이 발견되었다. 이 문헌의 이름은 '에마르 신들의 점치는 자'라고 하는 관리자를 언급하고 있는 데서 유래했다. 이 관리자는 어느 서기관 학교를 감독하는 사람으로서 문헌에 나오는 제의 문제를 다룬 수많은 문서를 기록한 것으로 보인다.

궁전은 후기 시리아 북부 지역의 전형적인 양식인 '비트 힐라니'Bit-hilani 유형에 속한다. 이 궁전은 현재까지 발굴된 가장 초기 시대의 힐라니Hilani 양식을 보여 주는데 헷 제국의 영향을 받은 것이다. 힐라니 양식이란 열을 지어 나란히 세운 기둥이 홀을 크게 두 개로 나눈 여러 개의 방을 가진 구조로서 예루살렘에 있는 솔로몬 궁전의 원형原型으로 보기도 한다.

아카디아어로 쓴 설형문자의 문헌들은 법률 문서, 행정 문서, 신전 명단, 제의 문헌, 의료, 그리고 점 등과 관련된 것들이다. 특히 제의 문서들은 제사장과 여제사장의 안수를 위한 자세한 가르침과 절기 규정, 달력에 관한 문제들을 언급하고 있어 주목을 받고 있다.

'나부'Nabu라고 불리는 집단도 흥미로운데, 이들은 신과 관련된 문제를 탐구하는 사람들이다. 나부라는 말은 '선지자'를 일컫는 히브리어 '나비'Nabi와 관계 있으며, 그 두 용어의 의미를 명백하게 해주고 있다.

에마르의 발굴은 후기 청동기 시대 시리아 북부의 복잡한 정치·사회·경제뿐만 아니라 이스라엘을 포함한 더 큰 세계를 이해하는 데 상당한 정보를 제공하고 있다.

서 온 아시아 사람들이었다. 이처럼 이집트에는 많은 다양한 노예들이 있었지만, 대체로 농부들과 다르지 않은 삶을 살았다. 부유한 주인의 노예인 경우 차라리 농부보다 더 나은 생활을 했다.

| 이집트의 어두운 면 | 히브리 사람이 노예가 되다

이집트에서의 삶은 고대 근동 지역을 고통스럽게 했던 극심한 기근에서 벗어날 수 있었으며 다른 나라에는 없는 풍부한 농산물을 공급해 주었다. 그러나 바로가 무정하게 과거 히브리 사람들에게 베풀던 호의를 거두어들이자 히브리 사람들은 비로소 이집트의 어두운 면을 보게 되었다. 논밭의 공동 일꾼으로 징집되고 국고성 비돔과 라암셋을 건설하기 위해 징집되면서 출 1:11, 14, 이스라엘의 조상들은 속박의

테베의 레크미레Rekhmire 무덤 안에 있던 벽화BC 1450년경로 벽돌 만드는 과정을 보여 준다.

땅 이집트에서 자신들이 외국 사람으로서 경멸받고 있다는 사실을 확인했다. 표면상으로는 조상들의 하나님에게 잊혀진 듯한 히브리 사람들은 이집트의 감독관들이 부과한 과도한 부역으로 신음하고 있었다 출 2:23.

Chapter 7

The Exodus

내 백성을 보내라

"내 백성을 보내라." 모세는 바로에게 외쳤다. 이스라엘 역사에서 400년 노예 생활로부터 이스라엘 백성을 구원하신 하나님의 이집트 탈출 사건보다 더 핵심적인 사건은 없다. 모세와 미리암의 찬양은 이스라엘을 위해 이집트의 군대를 물리치신 하나님의 권능을 크게 높이고 있다 출 15장. 후대의 선지자들은 이스라엘 백성을 자유케 하신 하나님의 은혜와 40년의 기나긴 광야 생활 가운데서 보호해 주신 하나님의 권능의 손길을 따뜻한 어조로 회상하고 있다 렘 2:2-6; 호 11:1. 시내 광야에서 하나님은 이스라엘 지파들을 불러 자신과 언약을 맺으시고, 이들에게 나라를 세우게 하신다 출 19:3-6; 20장.

이집트 탈출 언제 했나?

많은 사람들이 이집트 탈출 사건이 언제 일어났는지 궁금해 한다. 학자들은 아직도 이집트 탈출 사건이 BC 15세기BC 1440년냐, 13세기BC 1250년냐를 놓고 논쟁하고 있다. BC 15세기라고 주장하는 학자들은 전통적인 연대 추정 방법으로, 대부분 열왕기상 6장 1절에 이스라엘 자손이 이집트 땅에서 나온 지 480년 만에 솔로몬이 예루살렘에 성전을 건축했다는 기록에 근거한다. 이 성전의 건축 연대가 BC 960년경으로 추정되는데, 여기에 480년을 더하면 이집트 탈출 사건이 있었던 시기는 BC 1440년이라는 계산이 나온다.

다른 성경의 연대기 기록도 15세기를 뒷받침하고 있다. 사사기 11장 26절을 보면 사사 입다가 살았던 BC 1100년경보다 300년 앞선 시기에 이스라엘 백성이 요단 동편 지역에서 살았음을 암시하고 있다.

텔 엘 아마르나 문서에 언급된 '하비루' 역시 BC 15세기설의 근거로 이용된다63쪽의 '종잡을 수 없는 무리 하비루' 참조. BC 14세기로 추정되는 이 문서는 가나안 왕들에게 큰 골칫거리였던 '하비루'라는 부랑자에 대해 언급하고 있다. 일부 가나안 왕들은 '하비루'를 부리기도 했는데, 몇몇 학자들은 이 하비루를 히브리 사람들과 연관짓고 있으며, 그 시기가

아부 심벨에 위치한 람세스 2세의 신전. 네 개의 보좌에 앉아 있는 거대한 상은 이집트 전역을 통치한 지배자를 의미하는 이중 왕관을 쓰고 있는 왕을 묘사하고 있다.

이집트 탈출 사건이 일어난 BC 15세기라는 것이다. 사사기까지 확장해서 보면 BC 15세기가 훨씬 더 신빙성 있어 보인다. 사사들이 활동한 기간은 총 400년이 넘는다. 여기서 이스라엘 사사들의 활동이 겹치는 기간을 생각하면, 사사기에 언급된 이 기간은 적합해 보인다.

만일 이집트 탈출이 BC 15세기에 일어났다면, 투트모세Thutmose 1세에서 투트모세 4세까지에 이르는 초기 제18왕조 중 하나일 수 있지만, 출이집트기에 나오는 바로는 투트모세 3세나 아멘호텝Amenhotep 2세일 가능성이 있다.

한편 이집트 탈출이 BC 1250년경에 일어났다는 견해를 뒷받침하는 증거들도 만만치 않다. 출이집트기 1장 11절에 보면 히브리 사람들이 세운 두 개의 국고성비돔과 라암셋이 언급된다. 라암셋Raamses은 삼각주 지역 북동쪽에 있는 칸티르Qantir의 쭉 뻗은 지역과 거의 동일시되며 힉소스의 옛 수도 텔 에드 다바Tell ed-Dab'a 지역과 그 주변 지역인 아바리스Avaris까지 포함할 수 있다. 발굴을 통해 이 도시의 주요 건축물이 BC 13세기 람세스 2세에 의해 재건축되었음을 알 수 있었다. 제19왕조의 왕들은 가나안과 시리아 남부 지역에 대한 이집트의 지배권을 주장하기 위해 신전을 북쪽인 라암셋으로 옮기고 당시 적대국 헷 족속과 맞섰다6장의 57~61쪽 참조. 이집트 탈출 사건이 이 시기에 일어났다고 주장하는 학자들은 메르넵타 비문Mereptah Stele을 BC 1230년대로 추정한다61쪽 참조.

세련된 언어 사용이 돋보이는 메르넵타 비문은 지중해 연안 남부에서 이집트가 이스라엘을 포함한 연합 세력을 물리쳤다고 기록하고 있다. 13세기 후반의 이스라엘에 대한 언급이 처음으로 기록되어진 이 비문은 이집트 탈출 사건을 13세기로 보는 견해를 뒷받침해 주고 있다.

또 BC 1200년에 파괴된 가나안의 도시들은 여호수아가 이끄는 이스라엘 군대에 의해 함락되었을 수 있다. 특히 하솔에 대한 기록은 인상적이다. 여호수아 11장 10절은 하솔이 이스라엘에 의해 멸망했다고 기록하고 있는데, 실제로 그 지역을 발굴한 이갈 야딘Y. Yadin*에 따르면, 하솔은 BC 13세기에 처참한 종말을 맞이했다고 한다. 최근에 하솔을 발굴한 암몬 벤 토르Ammon Ben Tor도 야딘의 주장을 확인해 주고 있다. 확실히 여호수아서에 나오는 다른 지역들은 어려운 문제들을 제시한다. 또한 가나안의 도시들이 파괴된 것과 이집트 탈출 연대를 연관시키는 것은 그렇게 간단한 일이 아니다. 다만 하솔의 연구는 이집트 탈출 시기가 BC 13세기 후반에 일어났다는 증거가 된다.

마지막으로, 갈릴리 산지와 사마리아, 그리고 유다 지

| 표6 | 이집트 탈출 연대는?

연대(BC)	13세기설	이집트의 역사	15세기설
2100			아브라함
			이삭
2000		이집트 중왕조 제2왕조, BC 1991-1786년	야곱
1900	아브라함 이삭		요셉과 그의 형제들이 이집트에 들어감
1800	야곱	두 번째 침체기	이집트에서 정착
1700	요셉과 그의 형제들이 이집트에 들어감	힉소스 시대 제15, 16왕조	
1600		신왕국 시대 제 18~20왕조 아모세	
1500		투트모세 3세	
		아멘호텝 2세	1440년경 이집트 탈출
1400	이집트에서 정착	아멘호텝 3세	여호수아의 정복
1370		아케나텐 Akhenaten	
		투탕카문 Tutankhamun	사사 시대
		세티 1세	
1300		람세스 2세	
	1250년경 이집트 탈출		옷니엘
		메르넵타 Merneptah	
1200	여호수아의 정복		에훗
	사사 시대 옷니엘 에훗	람세스 3세	드보라와 바락 기드온
1100	드보라와 바락 기드온 입다 삼손		입다 삼손
	사무엘		사무엘
	사울 BC 1020~1000년경		사울
1000	다윗 BC 1000~960년경		다윗

이집트 탈출을 BC 1250년경으로 보는 학자들은

보통 열왕기상 6장 1절에 나오는 한 세대를 40년이 아닌

25년 혹은 그 이하로 본다.

세라비트 엘 카딤 Serabit el-Khadim의 이집트 광산 중심지에 있었던 하토르 Hathor* 신전. 이곳은 예부터 터키석과 구리를 채굴하던 광산지다.

역에 대한 최근 조사에 의하면, BC 1200년 직후부터 이 지역에 거주민이 급증한 것으로 여겨지는 증거들이 발견되었다. 바로 초기 이스라엘 백성이 살았던 거주지가 아닌가 여겨진다. 일반적으로 작고 조잡하게 지어진 새 마을들은 이전에 정착하지 않은 지역들의 장소에서 나타난다. 누가 마을을 지었는지는 확실히 알 수 없지만, 만일 그 거주지가 이스라엘의 것이라면, 이집트 탈출 사건이 BC 1250년경에 일어났다는 확실한 증거가 되므로, 상당한 논쟁거리가 될 수 있다.

이집트 탈출을 BC 1250년경으로 보는 학자들은 보통 열왕기상 6장 1절에 나오는 한 세대를 40년이 아닌 25년 혹은 그 이하로 본다. 열왕기상은 이집트 탈출 이후 솔로몬이 성전을 건축하기까지 12세대가 흘렀다고 기록하고 있는데, 한 세대를 40년12세대 × 40년 = 480년이 아닌 약 25년으로 보면 300년12세대 × 25년 = 300년이라는 계산이 나온다.

솔로몬이 성전을 건축한 BC 960년에 300년을 더하면 BC 1260년이 된다. 다시 말해 이집트 탈출 사건의 연대가 BC 1260년경이라는 것이다. 이러한 해석은 이집트 탈출 사건의 연대가 BC 13세기라는 주장을 가능하게 한다. 만일 이집트 탈출 사건이 BC 1200년대에 일어났다면 세티 1세, 람세스 2세, 또는 메르넵타가 모세와 대결한 바로였을 것이다.

그러나 성경과 고고학 자료에 대한 해석이 얼마든지 달라질 수 있기 때문에 어느 한쪽만을 주장하는 태도는 피해야 한다. 따라서 이집트 탈출 시기에 대한 분명한 근거를 제시하는 새로운 주장이 나오기 전까지는 둘 다 가설로 남겨 두어야 한다. 표6의 '이집트 탈출 연대는?'67쪽 참고은 두 가지 가설을 근거로 초기 성경의 연대표를 제시한 것이다.

새롭게 밝혀지는 시내 광야

지구상에 시내 반도만큼 수려하고 아름다운 경관을 지닌 곳도 없다. 그러나 살기에는 매우 척박한 곳이어서 베두인들과 몇몇 고행하는 수도사들 외에는 이 외진 곳에 접근하기가 쉽지 않다. 최근에야 탐험가와 고고학자들에 의해 시내 반도의 소중한 곳이 밝혀지기 시작했다. 삼각형 모양의 시내 반도는 가로 약 418km, 세로 약 240km에 이른다. 홍해의 두 팔인 수에즈Suez만과 아카바만이 각기 시내 반도 양쪽에 접해 있다. 대부분의 사람들은 시내 반도를 그저 평평한 모래 광야로 보기 때문에 그 땅에 감추어진 다양한 지질학적 자연 현상을 보지 못한다.

시내 반도는 강수량이 적고 매우 척박

시내 반도 남부의 웅장한 화강암 산맥이 아침 햇살을 받아 다양한 색깔을 만들어 내고 있다.

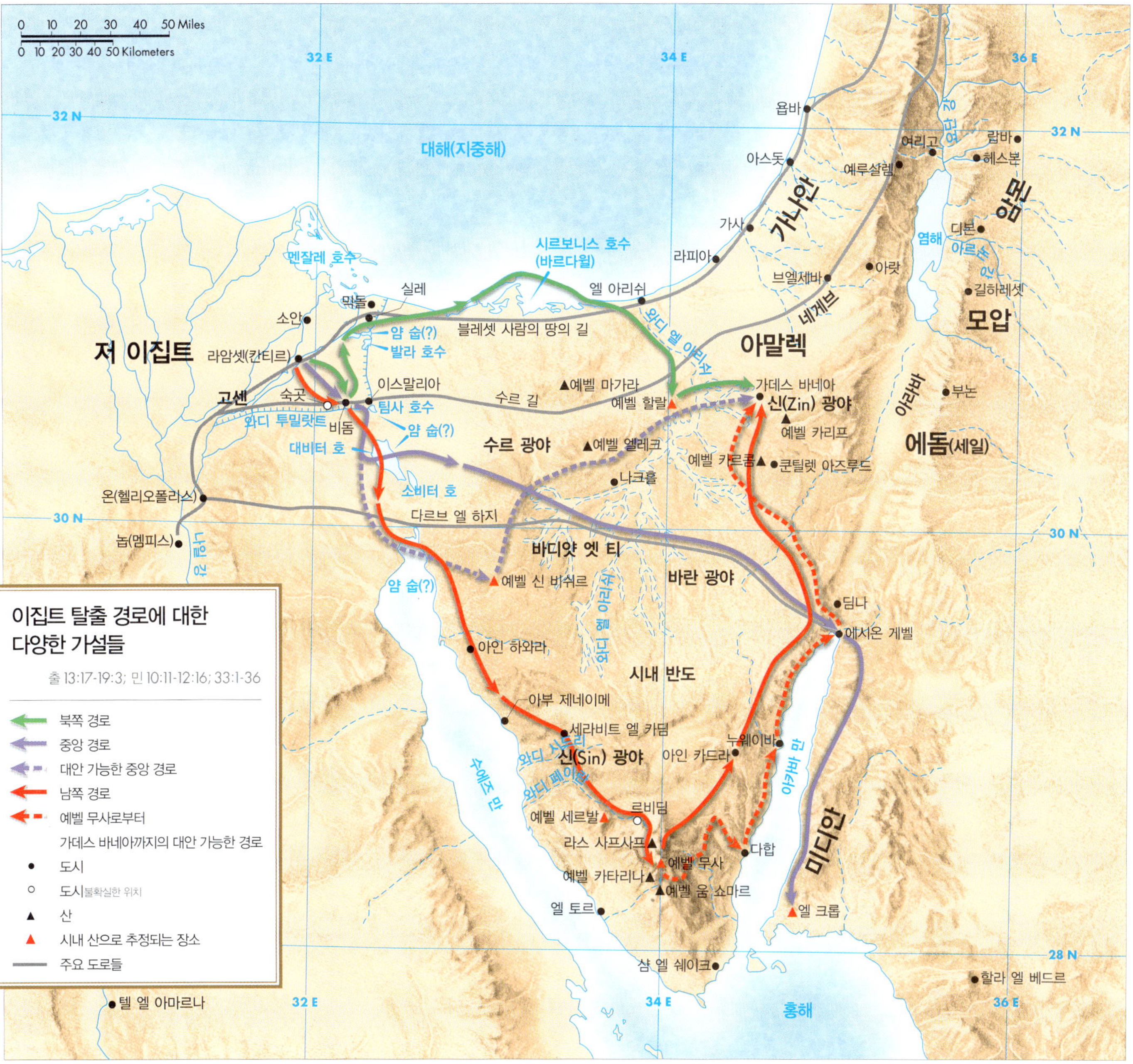

29 이집트 탈출 경로에 대한 다양한 가설들

출 13:17-19:3; 민 10:11-12:16; 33:1-36

한 기후를 가진 사막이다. 간간이 오아시스를 만나는 것 외에는 녹색 식물을 찾아볼 수 없는 메마른 지역이다. 하지만 다양한 색깔의 사암과 높이 솟은 낭떠러지들로 에워싼 깊은 와디, 그리고 시내 광야 남부 꼭대기에 있는 웅대한 핑크 빛 화강암 산들은 환상적인 절경을 만들어 낸다. 이 지역은 약 601억 4,000만 m^2이며 지정학적으로 (1) 북부 해안 평원 지대 (2) 중부 고원 지대 (3) 남부 화강암 산악 지대의 세 곳으로 나뉜다.

|북부 해안 평원| 해안 모래 평원과 깊고 푸른 지중해가 대비되다

시내 반도의 북부 지역은 폭이 평균 32km에 이르는 해안을 따라 모래 평원으로 이루어져 있다. 해안 가까이에는 높이가 18m에 이르는 높은 모래 언덕이 있어, 깊고 푸른 물결이 일렁이는 지중해와 좋은 대조를 이룬다. 광야 서쪽으로는 고대에 '수르 광야' 출 15:22로 불리던 알 지파르Al-Jifar로 연결된다. 팀사Timsah 호수, 발라

와디 투밀랏트Tumilat 내에 있는 운하. 학자에 따라서는 이곳을 고센Goshen 으로 여기는데, 쫓아오는 바로 군대를 피해 도망치던 이스라엘 사람들이 숙곳 Succoth 인근을 지날 때 이 지역을 통과 했을지도 모른다.

Balah 호수, 그리고 비터Bitter 호수성경에서는 '마라'라 함에 이르는 일련의 호수들은 시내 반도의 서쪽과 이집트 사이의 경계가 된다. 오늘날 수에즈 운하는 이 호수들을 연결해 수에즈 만과 지중해 사이를 다니고 있다. 이 호수들은 하나님이 그 백성을 구원하기 위해 강한 동풍을 사용하시는 장면에서 얌 숩Yam Suph, 또는 '갈대 바다'에 대한 논쟁에 등장한다.

북쪽 끝에는 시르보니스Sirbonis 호수를 둘러싸고 조그맣게 튀어나온 곳이 있는데, 실제로는 길이가 약 72km 이며 폭이 약 20km에 이르는 개펄이다. 자비스C. S. Javis에 의하면 이 호수는 바람에 의해 유입된 바닷물이 정기적으로 빠지면서 방대한 양의 토양이 퇴적되어 형성된 것이라고 설명한다. 몇몇 이스라엘의 학자들은 얌 숩의 기적이 일어났던 지역이라고 주장하기도 한다.

|중부 고원| 이집트의 터키옥 광산

해안 평원의 남쪽에는 주로 석회암과 사암으로 이루어진 중부 고원 지대가 시내 반도의 절반 이상을 차지하고 있다. 이 고원 지대는 남쪽을 향해 서서히 높아진다. 예벨Jebel, 아라비아어로 '산'이라는 뜻 할랄Halal, 예벨 마가라 Jebel Maghara, 예벨 엘레크Jebel Yeleq를 포함한 낮은 산들은 고원 지대의 북쪽 한계를 나타낸다. 중부 고원 지대는 높이가 1,500m에 이르는 예벨 에트 티Jebel et-Tih, 와 예벨 엘 에그마Jebel el-Egma에 이르러 끝이 난다. 인근에 사는 베두인들에게도 '바디얏 엣티'Badiyat et-Tih 곧 '방랑의 사막'The Desert of the Wanderings으로 알려진 이 메마르고 황량한 광야는 중부 고원 지대를 가로질러 펼쳐져 있다. '터키옥'을 캐는 이집트의 광산들이 세라비트 엘 카딤Serabit el-Khadim에 있는 고원 지대의 남서쪽 끝을 따라 위치해 있다. 이 광산에서 발견된 비문들에서 바로가 귀한 터키옥을 캐기 위해 셈 족들을 노예로 부렸음을 알 수 있다.

|남부 산악 지역| 핑크 빛 화강암의 향연

시내 반도는 남부 산악 지대가 가장 인상적이다. 거대한 핑크 빛 화강암으로 이루어진 산들은 1,800m 이상으로 마치 파수꾼처럼 높이 솟아 있다. 이 지역 중심에 있는 산들이 대부분 예벨 무사Jebel Musa, 즉 '모세의 산'2,280m이다. AD 350년경부터 우리가 시내 산으로 알고 있는 곳이다. 예벨 움 쇼마르Jebel umm-Shomar, 2,585m, 예벨 카타리나Jebel Katarina, 2,636m와 같이 바위 투성이의 봉우리들은 깊은 절벽과 같은 와디를 사이에 두고 있어서 강렬한 힘과 위엄이 느껴진다. 커다란 화강암 단층 지괴로 접근하는 주요 경로인 와디 페이란 Wadi Feiran 은 예벨 세르발 Jebel Serbal, 2,080m 지역에서 가장 큰 오아시스를 가지고 있다. 만약 이스라엘 백성이 시내 반도 남부 지역으로 왔다면 분명히 이 와디를 따라 이동했을 것이다.

이집트 탈출 경로

성경은 출이집트기, 민수기, 신명기를 통해 이집트 탈출 경로에 대한 많은 지리적인 기록을 남기고 있다. 민수기 33장은 이집트에서 여리고 맞은편의 모압 평원에 이르기까지 그들이 진을 쳤던 모든 장소들을 이해하기 쉽게 나열하고 있다. 그럼에도 불구하고 이에 대한 해석도 다양해서, 학자들은 성경의 본문에 근거해 북부, 중앙, 남부의 세 가지 경로를 제시하고 있다.

모세가 십계명을 받았던 시내 산에 대해서도 학자마다 달라서 수십 개가 넘는 산들이 거론되고 있다. 그중 출이집트기에 분명하게 언급된 곳이 몇 군데 있다. 여행의 출발지인 라암셋은 결론적으로 칸티르로 밝혀진 반면, 중간 도착지인 가데스 바네아는 아인 엘 쿠데이랏 Ain el-Qudeirat 이나 인근의 여러 샘물 중 한 곳으로 보는 것이 가장 타당할 것이다. 이외 나머지 지역들은 모두 가설로 설명하고 있다.

| 시내 산의 위치 | 시내 산 어디에 있나?

시내 산의 위치에 대한 광범위한 논쟁은 이 책의 논의를 넘어선다. 이 성스러운 산의 위치는 어쨌거나 이스라엘 백성이 어떻게 이동했는지에 달렸다. 북쪽 경로 이론에 대해서는 몇 가지 논란이 있다. 광야로 사흘 길을 가서 여호와 하나님께 희생 제사를 드리겠다고 모세가 바로에게 요청했을 때, 이곳은 나일 강 삼각주 동쪽에 있는 고센에서 가까운 산을 의미한다 출 5:3. 주로 시내 반도 북부 지역과 팔레스타인 남부 광야 지역에 살았던 반유목민인 아말렉과 전투를 벌였던 르비딤 출 17:8-16 은 시내산 북부 지역인 것으로 보인다. 또 시내산과 바란 산에 대한 시적인 표현들은 신 33:2; 합 3:3 남서부의 광야와 팔레스타인의 남부를 묘사한다고 보기는 어렵기 때문에 이스라엘 백성은 북쪽 통행로를 이용했을 것으로 보인다. 이스라엘 백성이 멘잘레 Menzaleh 호수쪽으로 가기 위해 택한 북쪽 경로는 아마도 시르보니스 Sirbonis 호수를 둘러싼 비좁은 지역을 따라 가데스 바네아로 이어졌던 것으로 보인다.

이 시나리오에 의하면, 시내 산은 예벨 마가라, 예벨 할랄, 또는 예벨 엘레크로 추측할 수 있다. 한편 시내 산을 비터 호수 남동쪽에 있는 예벨 신 비쉬르 Jebel Sinn Bishr 에 위치한 것으로 생각할 수도 있다. 이는 모세가 요구했던 '사흘간의 여정' 조건도 만족시키고 가데스 바네아가 시내 산까지 열하루 걸린다는 설명과도 잘 맞는다 신 1:2. 어떤 학자는 시내 산을 사우디아라비아 안에 있는 것으로 보고, 페트라 Petra 부근 또는 아라비아 반도 훨씬 남부 지역인 엘 크롭 El-khrob 또는 할라 엘 베드르 Hala el-Bedr 일 것으로 추정한다. 모세가 바로를 피해 도망갔던 미디안 땅 출 2:15; 18:1 이 보통 아라비아 반도의 일부로 여겨지는 것도 위의 가설을 뒷받침하고 있다. 그러나 미디안 부족들의 이주 범위가 아라비아 반도를 넘어섰다는 것은 이미 인정되고 있는 사실이다 민 13:29; 25:6, 7; 삿 6:1-6; 왕상 11:18 참조. 시내 산이 아라비아에 있다고 주장하는 학자들은 시내 산에서 하나님이 나타나신 장면을 지적하며 출 19:18, 지진과 화산 활동이 있었을 것이라고 제안한다. 당시 아라비아 서부 해안에서 화산 활동이 있었다는 증거가 기록되어 있기 때문이다.

하지만 출이집트기 19장에 나오는 표현은 신의 현현顯現으로 이해해야 한다. 이 표현은 화산 활동이나 지진에 대한 묘사라기보다는 하나님의 영광스러운 모습을 그린 것으로 보아야 한다 시 18:7-15; 미 1:24 참조. 그리고 만일

'갈대 바다', 암 숲으로 여겨지는 곳 중 하나인 팀사 호수.

예벨 신 비쉬르, 시내 산으로 여겨지는 곳 중 하나.

예부터 시내 산이라고 여겨지던 곳. 하늘에서 번개가 치고 있고 중앙에 성 캐서린 수도원이 보인다. 수도원 은 모세가 불타는 나무를 보았다고 추정되는 곳에 세워졌다.

이스라엘 백성이 아라비아에 있는 시내 산으로 지나갔다면, 마치 무슬림들이 아프리카에서 다르브 엘 하지Darb el-hajj* 로 알려진 메카로 가기 위해 순례 여행을 떠나듯이, 그들도 시내 반도의 중심부를 가로질러야 했을 것이다. 하지만 필자의 관점에서 볼 때, 시내 산이 아라비아 반도에 있다는 주장은 가능성이 적어 보인다.

몇 가지 근거들이 이스라엘 백성이 시내 반도 남부 지역으로 도망쳐 왔으며 시내 산도 반도 남부에 있다는 주장을 입증해 주고 있다.

첫째로, 출이집트기 13장 17절에는 '블레셋 사람의 땅의 길'로는 가지 말라고 경고하고 있다. 이 해변 길은 주요 간선 도로이자 북부 해안선을 따라 넓게 펼쳐진 주요 군사 도로로서 이집트의 바로가 수많은 수비대와 함께 진군할 때 사용했던 경로다. 따라서 이 도로는 이집트 사람들에 의해 철저하게 감시되었을 것이다.

둘째로, 신명기 1장 2절은 시내 산을 가데스 바네아에서 열하루 길 떨어진 곳이라고 말한다. 이 기록에 의해 시내 산은 시내 반도 남부 지역에 있는 산들 중 하나라는 것이 가장 타당하다.

셋째로, 이스라엘 백성은 엘리야가 성산으로 피한 BC 850년 이후로 시내 산의 정확한 위치를 잃어버렸다. 만일 성산이 사람들이 자주 왕래하는 반도 북부 지역에 있었다면, 그 위치를 기억했을 것이다.

그리고 마지막으로, 시내 산에서 가데스 바네아로 가는 여정에서 언급되는 지명들을 인정한다면 이 역시 남부 지역이 이집트 탈출 경로였음을 증거하는 단서가 된다. 예를 들어 디사합신 1:1을 시내 반도의 남동부 해안에 있는 지금의 다합Dahab이라고 보는 데는 이견이 없다. 욧 바다민 33:33는 타바Taba의 오아시스로 에시온 게벨텔 엘 케레이페 Tell el-Kheleifeh에서 남쪽으로 몇 킬로미터Km 떨어진 곳으로 밝혀졌다. 다음에 나올 본문을 통해서도 시내 산의 위치는 시내 반도의 남부 지역 중 한 곳으로 추정해 볼 수 있다.

| 이집트 탈출 경로 | 그들은 어느 길로 갔나?

이집트 탈출은 제19왕조의 행정 중심 도시였던 라암셋에서 시작된다출 12:37. 이집트 사람들에게 '람세스의 집'으로 알려진 이곳은 왕궁과 이집트 고관들의 집이

있었다. 히브리 사람들이 직접 구워 만든 벽돌로 집을 지었기 때문에 히브리 사람들은 이곳을 잘 알았다. 남동쪽으로 이동해 숙곳에 이르자, 무리는 하나님의 명령에 따라 더 가까운 길인 줄 알면서도 '블레셋 사람의 땅의 길'은 피했다 출 13:17. 숙곳은 와디 투밀랏의 동쪽 끝에 있는 텔 엘 마스쿠타 Tel el-Maskhutah로 알려져 있는데, 이집트 문헌에 기록된 TKW 고대 지명에 대한 이집트식 발음에서도 이를 인정하고 있다. 숙곳은 시내 반도에서 이집트로 들어오는 부족들을 점검하는 국경 마을이다.

바다로 접근

숙곳을 지나 바다로 접근하면서, 이스라엘 민족은 바다를 건너기 전 두 번에 걸쳐 진을 치는데, 이때 네곳의 지명, 곧 에담, 비 하히롯, 믹돌, 그리고 바알스본이 언급된다 출 13:20; 14:2. 이처럼 자세한 지명이 언급되고 있음에도 불구하고 이스라엘 민족이 이동한 경로는 불확실해서 여러 가지 해석이 가능하다.

히브리 사람들은 '수르 길'을 따라 동쪽으로 계속 나아갔거나, 아니면 다시 '뒤돌아' 북쪽으로 향해 멘잘레 Menzaleh 호수 주변 지역에 갇혔을 수도 있다. 멘잘레는 염수에 의한 늪지대로 이집트 문헌에는 파피루스의 원료인 갈대가 자라는 지역으로 기록되어 있다.

아마도 모세는 광야로 향하는 남동쪽 길을 선택했을 것이다. 한 이집트 문서에는 숙곳 남쪽에서 두 명의 도망친 노예를 관리가 추적했다는 이야기가 기록되어 있다 Papyrus Anastasis I in Pritchard, ANET, p. 259. 만일 에담과 믹돌이 같은 지역이 아니라면, 이 이야기는 이름이 아주 비슷한 두 지역에 대해 언급하고 있는 것이다. 이것은 히브리 노예들이 국경 검문을 피해 탈출 경로로 사용했던 길을 따라갔다는 사실을 말해 주고 있다.

바다에서의 구원

비 하히롯에서 진을 친 이스라엘 백성은 앞에는 바다가, 뒤에는 그들을 추격해 오는 이집트 군대 사이에 있었다. 이때 하나님은 강한 동풍을 보내어 바다를 가르고 이스라엘 백성이 무사히 바다를 건너도록 하셨다. 성경의 여러 구절들은 이 바다를 '얌 숩'Yam Suph이라고 부르고 있다. 보통은 '홍해'라고 번역되어 있는데, 보다 적절한 표현은 '갈대 바다' 일 것이다 출 13:18; 15:4. 예부터 수에즈 만의 북쪽 끝을 '얌 숩'이라고 불렀는데,

숙곳과는 거리가 상당히 떨어져 있다. 따라서 바로의 군병들이 이집트를 떠나 수에즈 만에 이르러 진을 친 이스라엘 백성보다 더 일찍 도착했을 것이다. 그러므로 이집트와 시내 반도 경계에 있는 호수들 팀사 호수 또는 비터 호수 중 하나 중 하나가 하나님의 권능이 나타난 곳으로 여겨진다.

광야로 들어섬

기적과 같이 바다를 건넌 후, 모세는 이스라엘 백성을 이끌고 수르 광야로 사흘 길을 걸어갔다 출 15:22. 불모지나 다름없는 황량한 땅 시내 반도는 풍요로운 땅 이집트와는 너무나 달랐다. 작은 나무 덤불 외에는 쉴 만한 곳도 없었다. 이스라엘 백성이 물을 달라고 울부짖자 하나님이 마라에서 응답하신 사건이 일어났다. 히브리어로 '마라' 는 '쓰다' 는 뜻으로 오아시스의 쓴 물을 달게 바꾸어 주신 곳이다. 이스라엘 백성은 계속해서 시내 반도의 해안을 따라 내려가다가 충분한 샘과 대추야자 열매가 열린 엘림 와디 가란델 Wadi Gharandel에 진을 치게 된다.

어떤 학자들은 수에즈에서 남쪽으로 약 80km 떨어진 예벨 신 비쉬르 Jebel Sin-Bishr를 시내 산이라고 주장하기도 한다. 이 산에서 북동쪽으로 가데스 바네아까지 가는 사막 길이 편하게 이어지기 때문이다. 모세가 바로에게 사흘 길쯤 광야에 가서 하나님께 제사를 드리겠다고 요청했던 것 출 5:3을 보면 예벨 신 비쉬르가 시내 산일 가능성이 있다. 하지만 이집트 탈출 경로는 바로의 영향권에서 벗어나 더 남쪽으로 내려갔을 것으로 생각된다.

시내로 접근

이스라엘 백성은 엘림을 지나 그들이 하나님의 신적인 섭리로 만나와 메추라기를 경험하기 시작한 신 광야로 들어섰다 출 16:1. 아마도 그들의 경로는 세라비트 엘 카딤에 있는 이집트의 터키옥 광산 근처를 지난 것으로 보인다. 이 지역은 산들이 하늘 높이 솟아 있고 구불구불

> 이스라엘 백성은 엘림을 지나 그들이 하나님의 신적인 섭리로 만나와 메추라기를 경험하기 시작한 신 광야로 들어섰다. 기적과 같이 바다를 건넜으나, 모세는 이집트 바로의 영향권에서 벗어나기 위해 더 남쪽 길을 선택했을 것이다.

한 와디가 여러 방향으로 나 있다. 이스라엘 백성은 아마도 주변에 펼쳐진 낯선 환경 때문에 이질감을 느끼면서도 광야로 더 깊이 들어가면 갈수록 온갖 재난으로부터 보호해 주시는 여호와의 손에 전적으로 의지하고 그분의 인도함을 받아야 한다는 사실에 두려움을 느꼈음에 틀림없다.

시내 반도 남부 지역의 중심부까지 연결되는 와디 페이란을 따라가는 동안 이스라엘 백성은 다양한 색깔을 내는 사암에서 핑크 빛이 도는 화강암으로 바뀌는 것을 보게 된다. 르비딤에서 아말렉의 공격을 받았을 때는 성공적으로 물리칠 수 있었다 출 17장. 르비딤은 예부터 파이란 오아시스로 알려져 있지만, 이 추정이 맞을 가능성은 높지 않다. 아마도 와디 르파이드Refayid가 실제 르비딤일 가능성이 더 높다. 아말렉 족속들은 보통 이렇게 남쪽까지 내려오지는 않는다. 이로 인해 북쪽 경로에 대한 주장이 가능하게 된다.

시내 산에 도달함

이집트를 탈출한 때로부터 석 달 후 이스라엘 백성은 시내 반도 남부 지역에 있는 높은 산봉우리들 중 하나님이 지정하신 산 밑에 진을 치게 되었다 출 3:12; 19:1. 시내 산에서 여호와 하나님은 이스라엘과 언약을 맺고 모세에게 십계명을 주셨다 출 19, 20장.

예벨 카타린예벨 카타리나와 동일 장소인 듯, 2,636m, 예벨 움 쇼마르2,585m 등 더 높은 산이 있긴 하지만 시내 산은 전통적으로 예벨 무사2,280m라고 여겨 왔다. 모세가 불타는 떨기나무 가운데서 하나님을 만났다고 출 3장 여겨지는 예벨 무사에 AD 550년경 유스티아누스에 의해 그리스 정교회의 성 캐서린 수도원이 세워지기도 했다. 이 주변에 있는 우물들은 지금도 베두인 족의 가축들과 수도사들에게 물을 공급해 주고 있다.

가데스 바네아를 향해

시내 산에서 일 년을 보낸 후 이스라엘 백성은 다시 북쪽으로 240km쯤 떨어진 가데스 바네아를 향해 가기 시작했다. 민수기 33장에는 그들이 진을 친 곳으로 20곳이나 나와 있지만, 민수기 10-13장에는 세 곳만 언급되어 있을 뿐이다. 그나마도 확실하게 밝혀진 곳은 없다. 다만 아카바 만에서 약간 안쪽으로 들어간 여러 곳의 와디를 따라갔을 것으로 추정된다. 그들의 경로는 바란 광야를 통과했다고 기록하고 있는데 민 10:12; 12:16, 바란 광야는 당시 시내 반도의 넓은 지역을 지칭하는 용어로 사용되었다. 그곳에서 미리암과 아론이 모세의 지도력에 도전했고 민 12장, 백성은 계속해서 하나님께 불평했다 민 11장. 그리고 얼마 후 드디어 백성은 시내 반도와 가나안의 경계에 있는 가데스 바네아에 도착했다.

가데스 바네아에서의 체류

가데스 바네아는 이스라엘 백성이 하나님을 신뢰하지 못했기 때문에 38년의 긴 세월 동안 광야에 머물게 되면서 각 지파들의 집합 장소가 되었다. 가데스 바네아는 시내 반도의 북쪽 끝에 위치했는데, 인근의 아인 엘 쿠데이랏 혹은 아인 케데이스Ain Qedeis, 아니면

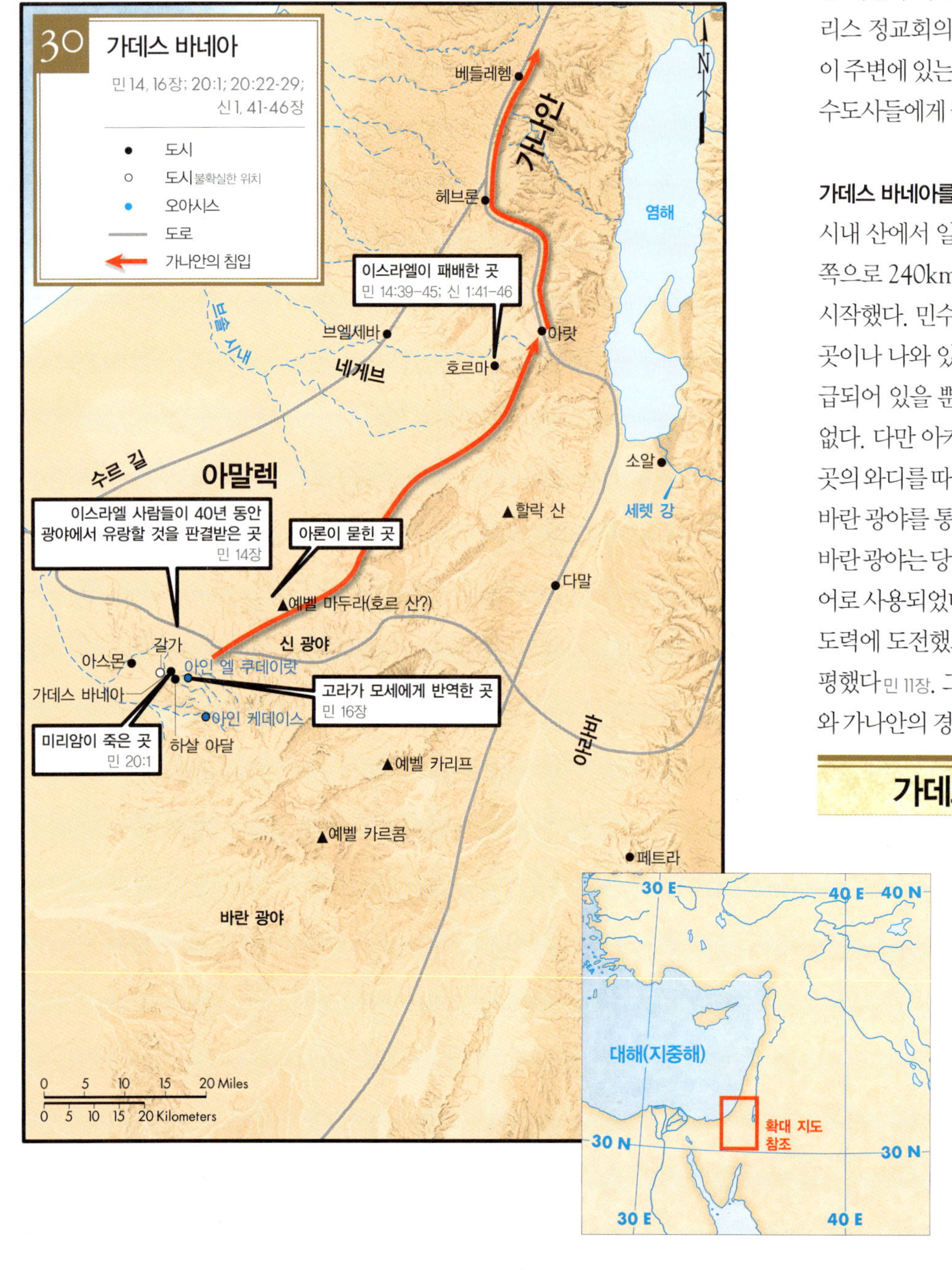

두 지역 모두 중요한 샘이 있었을 것이다. 이스라엘 백성은 가데스 바네아에 머물면서 이 샘들을 이용했을 것이다. 비록 당장 느껴지는 환경은 좋아 보였지만 가데스 바네아를 둘러싼 주변 환경은 매우 심각했다. 성경은 가데스 바네아를 지질학적으로 완전히 쓸모없고 식물과 물이 없는 신 광야와 관련지어서 말하고 있다. 신 광야는 가데스에서 시작해 북동쪽으로 뻗어 나가는데, 바란 광야에도 가데스라는 지명이 있다 민 13:26.

가데스 바네아는 두 개의 중요한 도로가 교차하는 지점에 있었다. 하나는 이집트와 에돔을 잇는 도로이고 다른 하나는 아카바 만에서 북쪽으로 가나안 고지에 있는 네게브까지 연결되는 도로다. 지금부터는 가데스 바네아에서 일어난 주요 사건들을 다루도록 하겠다.

| 가데스 바네아 체류 동안의 사건 | 그곳에서 무슨 일이 있었나?

I. 모세는 약속의 땅을 정탐하기 위해 12명의 정탐꾼을 보냈다 민 13장. 정탐꾼들은 바란 광야를 떠나 네게브에 들어가서 팔레스타인 서쪽에 있는 중부 산악을 지나갔다. 그들의 경로는 네게브와 팔레스타인 서부 산악 지대를 거쳐 북쪽으로는 르보 하맛* 까지 이르렀다. 에스골 골짜기에서 포도를 수확했다는 것을 볼 때, 때는 여름으로 보인다. 정탐꾼들은 돌아와서 서로 다른 보고를 하게 된다. 대다수의 정탐꾼은 그 땅은 견고하기 때문에 정복하기 어렵다고 주장한 반면, 갈렙과 여호수아는 약속의 땅으로 나아가 차지하자고 주장했다 민 13:25-33.

II. 백성은 다른 정탐꾼들의 보고에 겁을 먹고 그 땅을 정복할 수 있다는 여호수아와 갈렙의 주장에도 불구하고 이집트로 돌아가려는 계획을 세웠다. 하나님께 대항하는 이스라엘 백성의 반란에 모세가 개입해 백성을 구하긴 했지만 하나님은 약속의 땅에 들어갈 수 있음을 믿지 않는 세대를 모두 제하시겠다며 40년 동안 광야에서 방황하는 벌을 내리셨다 민 14:1-35.

III. 어쩔 수 없이 하나님의 판결을 받아들인 이스라엘 백성은 가나안 땅 남쪽을 쳐들어가려고 시도했지만, 아말렉과 가나안 연합군에 의해 브엘세바 근처에 있는 호르마**에서 패하고 말았다 민 14:39-45; 신 1:41-46.

고대 텔에서 바라본 가데스 바네아 지역.

IV. 고라, 다단, 아비람에 의한 반란은 단지 죄로 오염된 백성의 불신을 확인했을 뿐이었다 민 16장.

V. 모세의 누이며 여선지자 미리암이 가데스 바네아에서 죽었다 민 20:1.

VI. 모세가 가데스 바네아에서 불평하는 이스라엘 백성에게 물을 주었다 민 20:2-13; 참조 출 17:1-7. 가데스 바네아에서 하나님은 모세와 아론에게 그들의 교만한 행위로 약속의 땅에 들어가지 못하는 형벌을 내리셨다.

VII. 가데스 바네아를 떠난 직후, 에돔으로 가는 길에 아론은 죽어 호르 산에 장사했다 민 20:22-29. 모세는 아론의 아들 엘르아살을 거룩하게 한 후 아버지의 임무를 맡게 했다. 호르 산의 위치는 확실하게 밝혀지지 않았지만 가데스 바네아 북쪽, 에돔으로 가는 길에 있는 것으로 생각된다. 호르 산이 예벨 마두라 Jebel Madurah 라고 주장하는 사람도 있다.

가데스 바네아에서 모압 평원까지

가데스 바네아에서 모압 평원까지 가는 여행은 민수기 20, 21장, 신명기 1, 2장, 그리고 사사기 11장 12−28절에 기록되어 있는데, 여기서 여러 가지 지리학적인 혼란이 발견된다. 민수기 20장과 21장 4절, 그리고 신명

염해 북쪽에 있는 모압 평원. 왼쪽으로 느보 산이 있다.

에돔과 모압의 왕들이 자신의 땅을 통과하지 못하게 하자 다시 남쪽으로 방향을 바꿔 '홍해 길'을 따라가면서 아카바 만의 꼭대기인 에시온 게벨에 도착하게 되었다.

기 2장은 모세가 에돔과 모압 지역을 지나갈 것을 요청했을 때 그곳 왕들이 거절했기 때문에 동쪽으로 돌아가야 했다고 기록하고 있다 민 20:14-21. 그러나 민수기 33장과 21장 10-20절을 보면 그들의 진행 경로가 아라바를 가로질러 왕의 대로를 지나간 것처럼 보인다. 왜 이런 서로 다른 설명이 나오는지는 알 수 없다. 다만, 에돔과 모압 지역을 우회했다는 기록이 성경 전체의 흐름과 잘 맞는다. 하지만 세렛 강을 건넌 것을 광야에서 방황한 것의 일부로 생각한다면, 두 그룹으로 나뉘어 이동했다는 가설도 매력적인 설명이 될 수 있다.

이스라엘은 처음에 북동쪽 신 광야로 이동해, 그곳에서 죽은 아론을 호르 산에 장사했다 민 20:24-29. 그후 아라바까지 나아갔으나 에돔과 모압의 왕들이 자신의 땅을 통과하지 못하게 했다. 그러자 다시 남쪽으로 방향을 바꿔 '홍해 길'을 따라가면서 아카바 만의 꼭대기인 에시온 게벨에 도착하게 되었다 민 14:25; 신 2:1.

에시온 게벨에서 이스라엘은 다시 북쪽으로 올라가 자신들의 먼 친척인 에돔 족속과 모압 족속을 지나가라는 명령을 받는다. 이 명령은 두 가지로 해석할 수 있다 신 2:3-12. 아마도 모세는 에돔과 모압 땅을 돌아가는 동쪽의 사막 길을 선택했을 것이다. 이 경로는 '모압 광야 길'로 에시온 게벨까지 이 경로를 분명히 사용했다. 하지만 또 하나의 가능성은 백성이 북쪽으로

32 가데스 바네아에서 모압 평원까지

민 20, 21장; 신 1, 2장; 삿 11:12-28

- ● 도시
- ○ 도시불확실한 위치
- ▲ 산
- 가데스 바네아에서 모압 평원까지 이르는 가능한 경로
- 가능한 대안 경로 1
- 가능한 대안 경로 2
- 이스라엘의 전투 임무
- 시혼 공격
- 옥 공격
- 전투
- 왕의 대로
- 그 외 경로

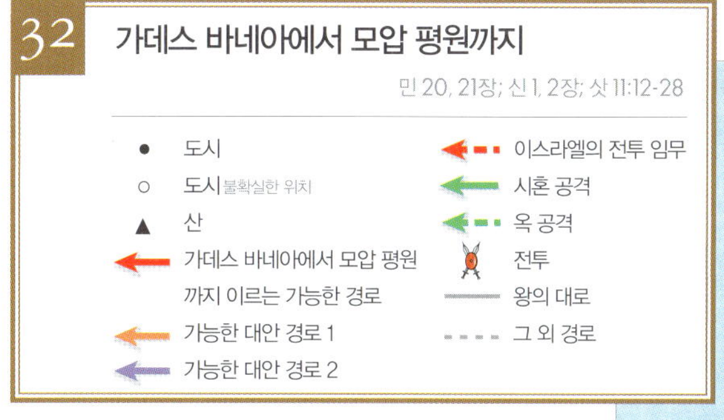

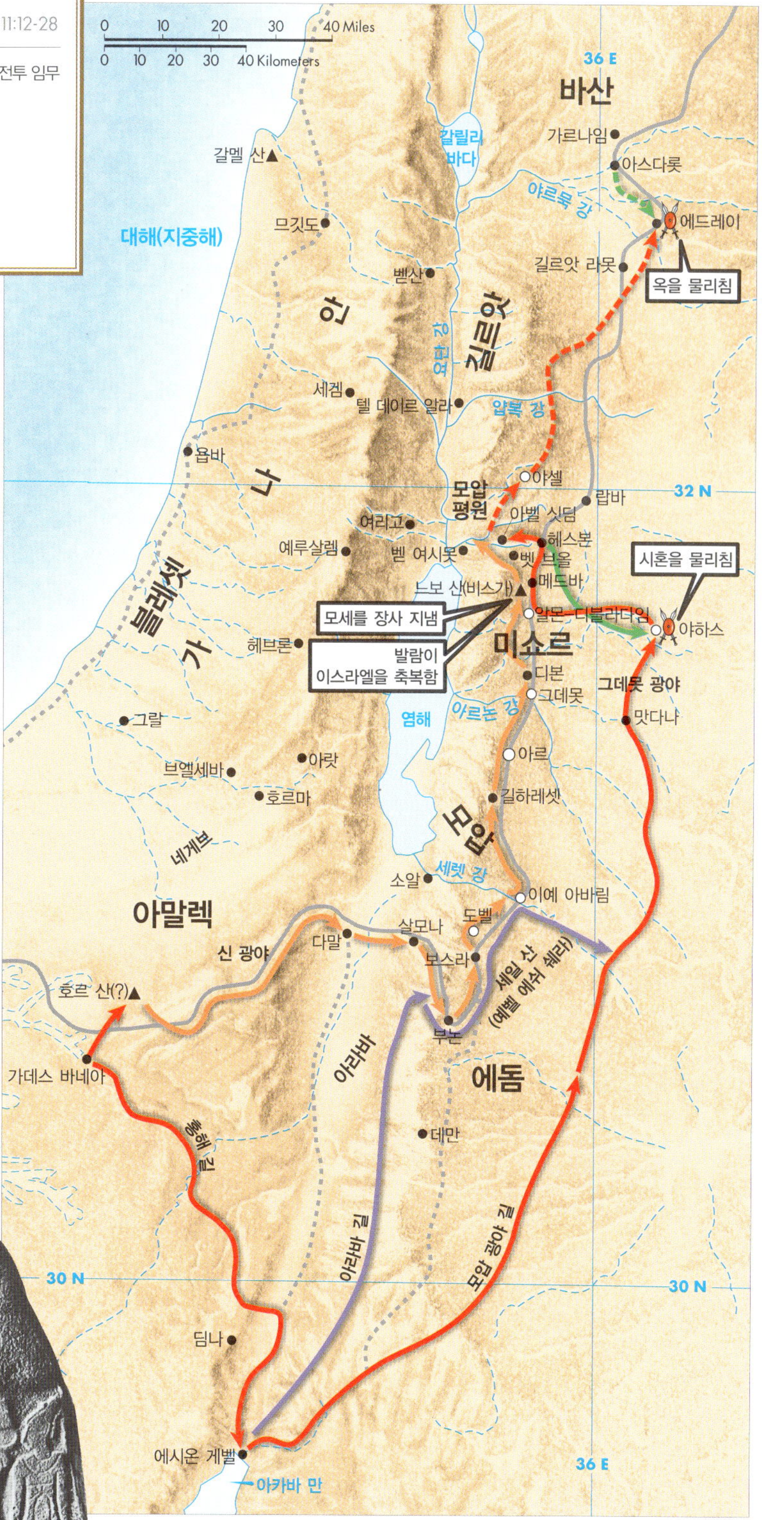

이동해 아라바 동쪽 경계에서 당시 구리 광산으로 알려진 부논까지 나아간 것이다. 이것은 청동 뱀 사건과 지역적으로 잘 들어맞는다민 21:6-9. 계속 북상하면서 힘든 지형을 통과해 세렛 강까지 이른 다음 이스라엘 백성은 다시 사막 길을 통해 모압을 우회하게 되었다신 2:8. 드디어 모세는 이스라엘 백성을 남쪽으로 인도해 아르논 골짜기를 건너 왕의 대로를 가로지르게 되었다. 당시 아모리 왕들은 트랜스요르단요단 동편 지역의 여러 곳을 다스리며 북쪽으로 뻗어가고 있었다. 이제 전투의 때가 온 것이다.

이스라엘의 트랜스요르단 정복

모세가 헤스본 왕 시혼에게 사자를 보내 아모리 땅을 안전하게 지나가게 해달라고 요청했으나 시혼이 거절했다. 헤스본은 왕의 대로에서 중요한 도시였으며, 미쇼르Mishor 혹은 모압, '고원지대'Table land의 풍성한 목초지를 관할하는 핵심 지역이었다. 시혼은 모세의 요청을 거절하고 공격하기 위해 군사를 모았다. 야하스Jahaz에서 이스라엘 백성은 시혼의 군대를 물리치고 뒤이어 아르논*과 남쪽 길르앗에 흩어져 있는 아모리 족속의 마을들을 정복했다민 21:21-32; 신 2:24-37.

그런 다음 이스라엘은 바산 왕 옥을 공격해 도시와 마을들을 차지했다민 21:33-35; 신 3:1-11. 이 승리로 이스라엘은 아르논에서 헤르몬 산에 이르는 지역을 다스리게 되었고, 나중에 르우벤, 갓, 그리고 므낫세 반 지파가 차지하게 되었다.

전쟁에 승리한 이스라엘 백성은 요단 강을 건너 여리고가 내려다보이는 모압 평원의 싯딤에 진을 쳤다. 그러자 주변 지역의 왕들은 두려워했고 모압 왕 발락은 브올의 아들 발람에게 이스라엘을 저주해 달라고 요청했다민 22-24장. 요단 골짜기에 있는 텔

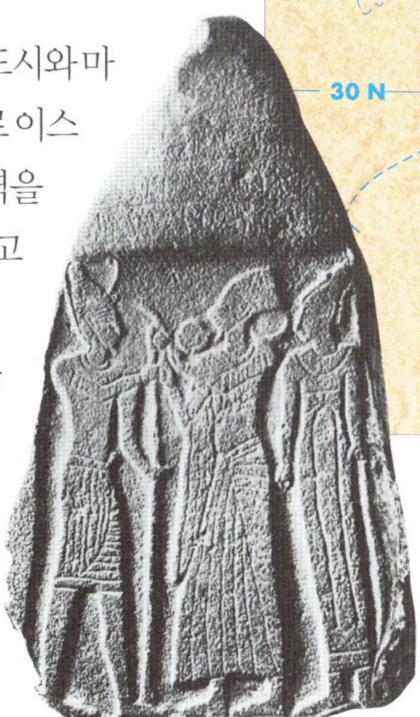

모압 발루아Balua에서 발견된 석판으로, 이집트 신 앞에 모압의 지도자들이 서 있다.

*아르논 강(Arnon / 지명)
아르논은 요단 강 서쪽에 위치한 강으로 건천이다. 사막의 고원 지대에서 염해 입구까지 약 72km 이어져 있다. 폭은 넓은 곳은 30m 정도 되지만, 대부분 좁다랗다.

데이르 알라Tell deir alla*에서 발견된 고대 아람 문서에는 여러 세대에 걸쳐 명성을 얻은 선지자 발람의 예언이 들어 있다. 비록 이스라엘 백성은 이방신 바알브올Baal of Peor을 섬김으로써 2만 4,000명의 목숨을 잃었지만 하나님은 발람에게 이스라엘을 축복하게 하셨다 민 25장.

모세는 모압 평원에서 이스라엘 백성을 향해 마지막 설교를 하게 된다. 그는 광야에서 범한 불순종으로 인해 멀리 느보 산에서 약속의 땅을 바라보는 것만 허락되었다 비스가 산, 민 20:8-13. 그러나 그는 자신의 목적을 이루었다. 이스라엘은 이제 요단 강을 건너 자신들의 조상들에게 약속한 땅을 차지하기 위해 만반의 준비를 갖춘 상태였다. 모세를 느보 산에서 장사 지낸 후 백성은 새로운 지도자, 눈의 아들 여호수아를 따르게 되었다. 그들은 여호수아를 여호와가 이스라엘의 승리를 위해 세운 지도자로 여겼다.

트랜스요르단에는 어떤 족속들이 있었나?

적어도 BC 1250년경에 기록된 이집트의 자료에는 에돔, 모압을 요단 동편 지역에 살던 민족으로 언급하고 있다. 이 민족들의 기원이나 그들이 그곳에서 얼마나 오랫동안 살아왔는지는 구체적으로 알 수 없지만, 최근에 이루어진 요단 동편의 중부와 남부 지역에 대한 고고학 연구에 따르면, BC 2000년과 BC 1200년 사이에 이 지역에서는 지배층의 변화가 없었다고 한다. 이스라엘이 요단 동편에 있는 이들에게 인척 관계를 주장한 것은 아브라함의 가족관계를 통해서다. 창세기에 의하면, 에서는 야곱의 형이었고 모압과 암몬은 롯이 두 딸과 근친상간을 통해 얻은 후손이었다 창 19:30-38.

| **에돔** | 에돔 족속은 아라바 동쪽 산악 지대에 있는 와디 알 헤사 Wadi al-Hesa, 세렛 Zered 남쪽에 살았다. 에돔이라는 이름은 히브리어로 '붉다'라는 뜻인데, 에돔이 살고 있는 산악 지대는 붉은 누비안 지역의 사암으로 이루어져 있다. 당시 성경은 에돔과 '세일' Seir, 또는 '세일 산'을 동일하게 취급했다 창 32:3; 민 24:18. 세일 산은 예부터 아라바 동쪽에 있는 예벨 에쉬 쉐라 Jebel esh-Shera라고 생각했지만, 어떤 학자들은 세일을 유다 남쪽의 광야 지역에 있다고 주장하기도 한다.

에돔 족속은 데만 Teman과 보스라 Bozrah와 같은 산지 요새는 물론 유다 왕국의 통치하에 있던 아라바, 에시온 게벨과 아카바 만의 솔로몬 항구로 이어지는 대상로를 위협했다. 그래서 다윗 왕은 에돔을 정복하고 그 땅에 군대를 주둔시켰다 삼하 8:14. 이스라엘은 솔로몬 왕 때까지 에돔을 지배하다가 여호람 왕에 이르러 에돔의 반란이 성공하면서 지배권을 잃게 되었다 왕하 8:20. 그 후 150년 동안 이 중요한 대상로를 놓고 유다와 에돔 간의 분쟁이 계속되었다. 에돔은 아하스 Ahaz 왕 때 에시온 게벨 엘랏 Elath을 손에 넣더니 이후 점차로 유다 네게브 남쪽까지 침입해 들어왔다. 호르밧 큇미트 Horvat Qitmit에서 에돔의 신 카우스 Qaus, 코스 Qos에게 제사 지내던 성지가 발견되었는데, 이것 역시 에돔이 유다 땅을 침입했다는 증거가 되고 있다. 이후 나바테아 사람 Nabatean들의 압력으로 아라바 서쪽에 있는 에돔 족속이 증가했는데, 이 새로운 이주민들은 이두매 사람 Idumean으로 알려져 있다.

에돔만큼 이스라엘에게 격렬한 비난을 받은 나라도 없었다. 에돔은 구약에서 선지자들이 열방에 대해 예언할 때 자주 등장하는데 사 34장; 렘 49:7-22; 암 1:11, 12 오바댜 외에도 심판에 대한 신탁에서 많이 나타났다 사 34장; 말 1:2-5. 에돔 족속은 BC 587~586년에 예루살렘이 느부갓네살 왕에게 함락당할 때도 관여하고 있다 시 137:7; 애 4:22; 욜 10-14절. 이처럼 에돔은 이스라엘과 형제관계이면서 이스라엘에게 약속된 땅을 침입한 상대국이었기 때문에 이스라엘에게 더 깊은 원한을 사게 되었다.

| **모압** | 모압 족속은 염해 동쪽 지역을 차지하고 있었다. 그들의 옛 근거지는 세렛과 아르논 강 사이에 있는 땅이다. 길하레셋**과 아르와 같은 주요 도시들은 모압의 중심부인 아르논 남쪽에 있었다. 하지만 모압 족속은 아르논 북쪽에 펼쳐진, 그리고 당시에는 르우벤 지파에게 할당된 기름진 '대평원' 히브리어로 '미쇼르 Mishor'라고 함을 몹시 탐내고 있었다. 이 대평원의 주요 도시는 헤스본과 메드바 Madaba였는데, 이들은 상업적으로도 매우 중요했다. 이에 따라 모압 족속, 암몬 족속, 이스라엘은 서로 이 땅을 차지하기 위해 자주 싸웠다. 에훗이 모압 왕 에글론으로부터 이스라엘을 구원한 이야기는 이러한 관계를 잘 예시해 준다.

모압 땅은 기름진데다 비가 적당히 내려서 곡식을 키우기에 적합했다. 완만한 경사를 이룬 언덕 주위로도 땅을 개간할 수 있었다. 룻기에서 보듯이 이스라엘이 기근으로 고통당할 때 모압이 도피처가 되었다. 모압은 특히 양을 치며 모직물을 만드는 것으로 유명했다. 오므리 왕조가 이스라엘을 통치하던 시절 모압 족속 가운데 가장 유명한 왕인 메사 Mesha는 이스라엘에게 해마다 어린 양 10만 마리와 숫양 10만 마리의 털을 공물로 바쳤다 왕하 3:4. 메사 왕은 유명한 '모압 비문' Moabite Stone에도 등장하는데, 이 비문에는 메사 왕이 오므리의 아들 아합 Ahab이 죽자 이스라엘에 대항하는 반란에 성공해 아르논 북쪽 땅을 다시 차지했다고 기록하고 있다. 메사는 아르논 북쪽의 도시인 디본 Dibon 출신이었다. 그는 자신의 모든 업적을 모압의 신 그모스 Chemosh에게 돌렸다.

| **암몬** | 암몬 족속은 롯의 아들 벤 암미 Ben Ammi의 자손들로서 길르앗과 시리아 사막 사이에 작은 도시 국가를 개척했다. 암몬 족속의 수도 랍바 Rabbah, 지금의 요르단 수도 암만는 얍복 강 상류에 있다. 암몬 족속은 길르앗을 사이에 두고 왕국을 지키기 위해 이스라엘과 자주 충돌했다. BC 1100년경 사사 입다가 길르앗으로 침입한 암몬 족속을 막아 냈다는 기록이 있다 삿 11장. 나중에 사울은 암몬 왕 나하스 치하에 있는 야베스 길르앗의 백성들을 구해 냄으로써 자신의 왕권을 든든히 세웠다 삼상 11장. 다윗도 암몬을 정복하고 공물을 바치는 속국으로 삼았는데, 이는 솔로몬 시대까지 계속되었다.

솔로몬은 암몬 여인들을 아내로 삼으면서 예루살렘에 암몬 신 밀곰 Milcom에게 바쳐진 신당들을 건축했다. 솔로몬의 아들이자 후계자인 르호보암의 어머니가 바로 암몬 여인이었다 왕상 14:21. 암몬 왕들이 웃시야와 요담에게 조공을 바친 것으로 기록되어 있음에도, 분열 왕국 시기의 암몬에 대한 정보는 그리 많지 않다 대하 26:8; 27:5. 암몬 왕 바아사는 BC 853년경 반앗시리아 연합군으로 카르카르 Qarqar 전쟁에 참여했다. BC 725년과 BC 625년 사이에 암몬 왕국은 앗시리아의 지배를 받으며 번성했다. 예레미야는 암몬이 이 기간 동안에 자부심과 자신감을 가지게 되었으며, 암몬 왕 바알리스 Baalis가 바벨론이 유다의 통치자로 보낸 그달리야의 살해에 관련되었다고 기록하고 있다 렘 40:14. 하지만 암몬은 바벨론에 반란을 일으킴으로써 다른 지중해 연안 왕국들과 함께 멸망하고 말았다.

Conquest And Settlement

| 정복과 정착 |

모세의 죽음으로 이스라엘 역사에 중요한 한 장이 갈무리되었지만, 이제 새로운 도전이 백성 앞에 놓이게 되었다. 모압 평원에서 요단 강을 앞에 두고 이스라엘 백성은 하나님이 아브라함 에게 약속하신 그 땅을 바라보았다. 그 땅을 자신들의 유산으로 주장하는 것은 쉬운 일이 아니었다. 가나안에는 이미 여러 민족들이 살고 있었다. 그들이 기꺼이 가나안 땅을 양보할 리가 없었다. 가나안 족속들은 해안을 따라 그리고 깊은 골짜기를 따라 요새화된 도 시에서 살았다. 아모리 족속은 고지대에 살았으며, 아말렉 족속은 네게브 지역에서 유랑 생활을 하고 있었다 민 13:29. 여기에 여부스 족속, 히위 족속, 브리스 족속, 새로운 헷 족속 등이 그 땅의 마을과 도시들을 차지하고 있었다 신 7:1; 수 3:10; 9:1. 모세의 지도력을 승 계한 여호수아는 백성과 함께 전쟁을 준비하면서, 하나님의 능력만이 자신의 조상들에게 주신 옛 언약을 성취할 수 있음을 알았다. 여호수아와 사사기는 가나안의 정복과 정착에 대해 기록하고 있다. 여호수아가 이 과정의 전반부에 집중했다면, 사사기는 주변 족속 들의 압력에 맞서 그 땅을 정복하고 지켜 나가는 이스라엘 백성의 투쟁을 그리고 있다. 이 두 권의 책을 주의 깊게 읽다 보면 다음 두 가지 사실이 명확해진다. 첫째는, 그 땅의 정복은 한 세대에서 이루어지지 않았다는 점이다. 정복은 여러 세대에 걸쳐 확장해 나갔고, 마침내 다윗과 솔로몬 시대BC 1000~922년에 와서 완전하게 이루어졌다. 다윗은 이스라엘 각 지파에게 분배된 땅을 하나로 통일한 왕이었다. 따라서 사사기는 이스라엘 백성이 가나안에서 세를 확장해 가며 정착한 시기로 보면 될 것이다. 둘째는, 이스라엘 백성은 자신들의 영향력을 산지에서뿐만 아니라 평지와 골짜기에까지 확장해 나갔는데, 이것 역시 쉽지 않았다. 병거를 거느린 가나안 족속 들은 확실히 평지에서 강세를 보였다 수 17:16-18. 게다가 블레셋 족속 이나 모압 족속이 끊임없이 이스라엘을 위협했다.

가나안 정복 당시 팔레스타인의 국제 정세

BC 1200년에서 BC 1000년까지 고대 근동 지역은 후기 청동기 시대를 장악했던 이집트와 헷 제국이 무너지고 새로운 패권 국가의 등장을 앞둔 변화의 시기였다. 이집트와 헷 제국의 몰락은 근동 지역의 수많은 지역에서 그 잔해를 발견할 수 있으며, 문헌을 통해서도 이 변화로 인한 혼란을 확인할 수 있다. 고고학자들은 BC 1200년에서 BC 1000년까지를 '철기 1 시대'라고 부른다. 하지만 새로운 시대를 알리는 진정한 변화는 사실상 철기 시대가 급속히 들어오면서 이루어진 게 아니었다. 철기 1시대의 두드러진 특징은 레반트에 이스라엘을 포함한 새로운 민족들의 등장이었다.

| 바다 사람들 | 이집트를 위협하다

근동 지역으로 새로운 땅을 찾아 바다를 건너온 사람들을 의미하는 바다 사람들The Sea Peoples의 이주는 이 새 로운 시기의 가장 큰 특징이다. 바다 사람이란 새로운 땅을 찾아 육지와 바다를 통해 여러 차례에 걸쳐 에게 해와 발칸 반도, 흑해 남쪽 해안으로 들어온 무리들을 말한다. 그들은 동쪽의 앗시리아와 미탄니Mitanni의 위협으로 이미 허약해진 헷 제국을 무너뜨리고, 시리아우 가릿 Ugarit와 레바논 해안에 있는 주요 도시들을 무너뜨 렸다. 한편 일부 해양 민족들은 메르넵타Merneptah와 람 세스 3세Rameses Ⅲ, ?~BC 1175년경 재위 기간에 이집트를 공격하기도 했다. 그중에는 가나안 남부 해안에 정착한 블레셋도 있었다.

메디네트 하부Medinet Habu *의 람세스 3세 묘실에서 발견된 벽화들에는 바다 민족들과 싸워 승리한 내용이 기록되어 있는데, 당시 침략자들을 이해하는 데 아주 귀중한 자료다. 바다 사람들은 소가 끄는 수레에 물건을 싣고 가족과 함께 이동했다. 벽화는 이집트 사람과 해양 민족 간에 벌어진 치열한 전투를 담고 있다. 아마도 이집트 삼각주 어딘가에서, 아니면 팔레스타인 해안에서 멀리 떨어진 곳에서 충돌한 것으로 보인다. 바다 사

*메디네트 하부(Medinet Habu / 지명)
고高이집트 테베에 있는 공동묘지 중 남쪽 지역을 가리킨다. 람세스 3 세가 해양 민족을 물리친 후 아몬 신에게 기념으로 바친 신전을 가리 키기도 한다.

람들과 계속된 전쟁은 람세스 3세가 죽고 나서 불거진 이집트 내부 문제와 결합해 이집트를 긴 쇠퇴기로 접어들게 만들었다.

권력의 진공기 | 이집트의 쇠퇴

헷 제국이 멸망하고 이집트가 쇠퇴기로 접어들면서 팔레스타인과 시리아를 지배하던 권력에 누수가 생겼다. 이 공백기를 채울 강력한 세력이 등장하지 않았던 것이

다. 이 공백기의 최대 수혜자는 앗시리아였지만, 아직 근동 지역을 장악할 만한 힘은 없었다. 이에 따라 이 기회를 이용해 주변의 나라들은 지중해 연안 지역에 새로운 정치적인 기초를 세우게 되었다.

BC 1200년경부터 기록에 언급되기 시작한 아람* 족속은 시리아와 메소포타미아 북서쪽에 있는 주요 도시들을 중심으로 왕국을 건설했다. 아람 다메섹 Aram-Damascus, 아람 소바 Aram-Zobah, 하맛은 모두 다윗 시대부

33	철기 시대의 고대 근동

BC 1200~1000년

터 줄곧 아람 왕국으로 언급되었던 곳이다. 블레셋은 BC 1150년에 가나안 남부 해안을 따라 정착하기 시작했다. 요단 동편 지역 트랜스요르단에는 모압, 에돔, 암몬의 왕국들이 잠시나마 다스리던 땅에 대한 장악력을 견고하게 다지고 있었다. 신 헷 국가들 갈그미스 Carchemish, 사말 Samal, 아르밧 Arpad, 알레포 Aleppo도 해양 민족의 멸망 뒤 소아시아 남동부 지역에 나타났다.

BC 1200년에서 BC 1000년 사이에 지중해 연안 지역은 정치적으로 변화를 겪고 있었다. 팔레스타인 서부 산간 지대에서 원주민을 내쫓고 땅을 차지한 이스라엘 민족은 당시 새로운 땅을 찾아 이동한 많은 무리들 중 하나였다. 이 지역을 통합할 거대한 세력이 아직 나타나지 않은 당시는 "모두가 자기 보기에 옳다고 생각하는 대로 행동"하던 때였다 삿 17:6; 21:25.

여호수아의 정복 전쟁

여호수아 1–11장은 여호수아가 팔레스타인 서부의 산간 지대를 공격하는 사건을 기록하고 있다. 우리에게

람세스 3세 묘실 사원에는 바다 사람들과 싸워 승리한 내용이 기록되어 있다. 사이사이에 블레셋 전쟁 포로의 모습도 볼 수 있다.

34 바다 사람의 출현

- ● 도시
- ⬅ 바다 사람의 침입 경로

람세스 3세에 의해 언급된 바다 사람들 :

트젝케르 JEKKER, 덴옌 DENYEN
펠레셋 PELESET (블레셋 PHILISTINES)
세클레스 SHEKLESH, 웨세스 WESHESH
사르다누 SHARDANU

0 50 100 150 200 Miles
0 50 100 150 200 Kilometers

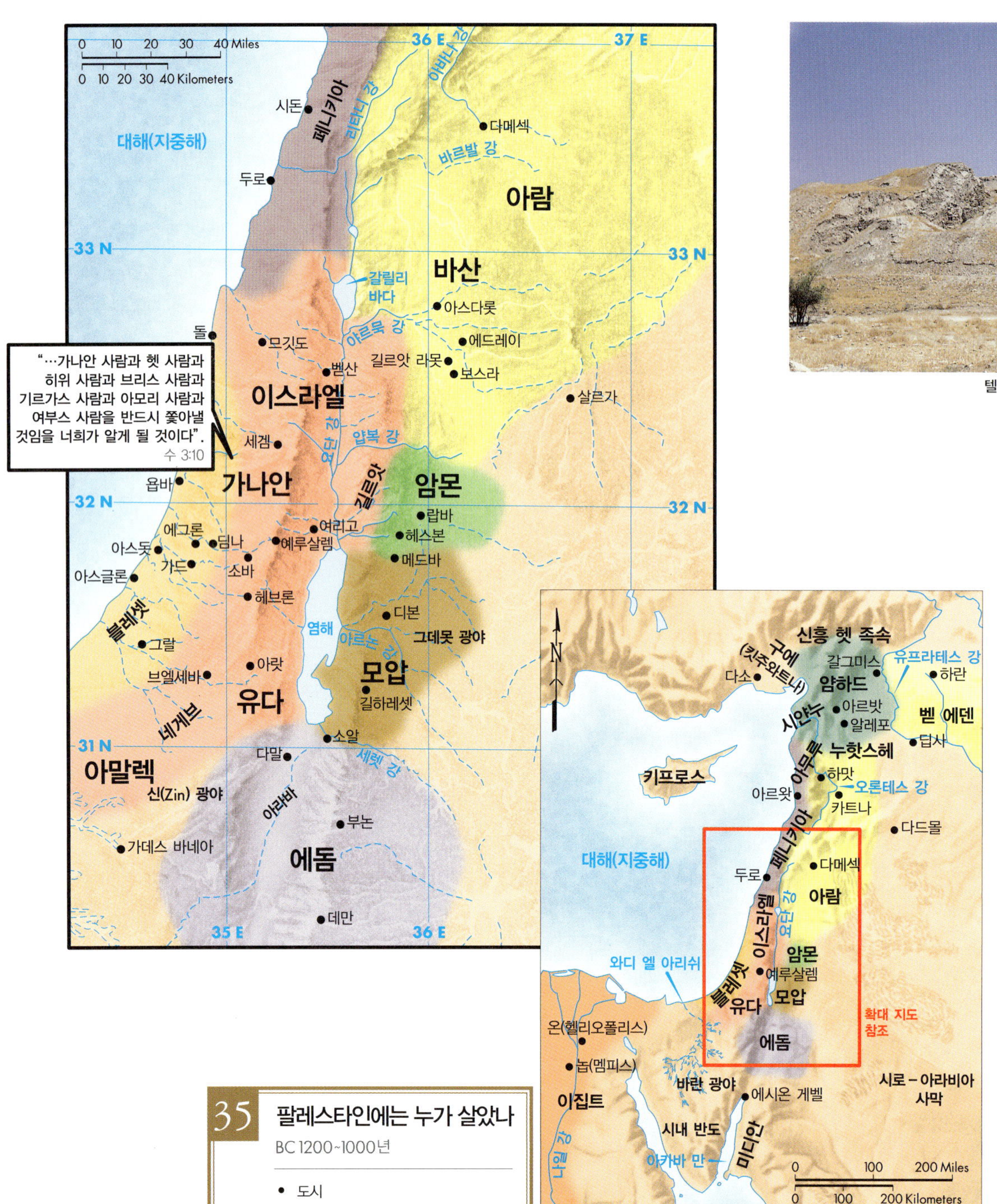

텔 에스 술탄은 구약성경의 여리고와 일치한다.

35 팔레스타인에는 누가 살았나
BC 1200~1000년

• 도시

|중부 지역 원정| 가나안의 심장으로 들어가다

요단 강을 건너 길갈에 진을 치기 전에 여호수아는 모압 평원 싯딤에서 여리고로 정탐꾼을 보냈다.

여리고는 요단 강에서 전략적으로 중요한 여울 근처에 위치한 오아시스였다. 여리고에서 중부 고원 지대로 향하는 경로는 세 가지가 있다. 만일 여리고가 함락된다면 가나안의 산악 지대로 향하는 길은 그대로 열리게 되는 것이다. 여호수아의

친숙한 이 이야기는 가나안 땅을 하나로 연합한 정복 전쟁이라는 인상을 준다. 그러나 사사기 1장과 여호수아 13장 1-6절을 비교해 보면 여호수아가 죽은 후에도 아직 정복해야 할 땅이 많이 남아 있음을 알 수 있다. 여호수아 13장 7-24절에 나오는 정복한 왕들의 이름은 여호수아 3-11장에 기록된 전투 장면들이 초기 정복 과정이었음을 보여 준다.

전쟁에서의 승리는, 앞으로 더 확장해 나가기 위한 기초를 다지는 발판이었다.

승리에 대한 이야기수 6장와 이 지역의 역사적 유물들을 근거로 고대 여리고의 흙 둔덕인 텔 에스 술탄Tell es-Sultan*에서 3대 주요 발굴 작업이 있었으나, 불행히도 후기 청동기 시대BC 1550~1200년, 일반적으로 이집트 탈출 시기를 증언해 줄 만한 유물은 거의 남아 있지 않았다. 다만 지금까지 확인한 바에 의하면 작은 도시약 4만 ㎡가 있었으며 그 이전 시기인 청동기 시대에 침략을 방어하기 위한 것으로 보이는 성벽이 남아 있는 정도다.

여리고의 중요한 오아시스를 손에 넣은 여호수아는 다

시 가나안의 산악 지대로 갈 수 있는 여러 경로 중 어떤 길을 선택할 것인가 하는 문제에 직면했다. 중무장을 하고 위험한 예루살렘으로 갈 것인가? 아니면 남서부의 베들레헴으로 갈 것인가? 여호수아는 와디 막쿡 Wadi Makkuk을 택해 벧엘 부근의 고원 지대 중심지로 갔다. 우선 소규모 군대를 조직해 인근 아이 성을 공격했다. 비록 아간의 범죄로 인해 첫 번째 공격에는 실패했지만, 다시 군대를 정비해 복병 작전을 펴서 아이 성을 완전히 함락시켰다수 7, 8장.

아이 성에서도 고고학적인 증거는 찾지 못했다. 다만 아이 성은 벧엘에서 남동쪽으로 2km 정도 떨어진 '엣 텔'Et-Tell로 밝혀졌다. 하지만 발굴 조사팀에 의하면, 엣 텔은 BC 2350년에서 BC 1150년까지 사람이 살지 않았다고 한다. 이처럼 성경의 기록과 고고학적인 발굴 결과가 다르자, 학자들은 몇 가지 가설을 내놓았다. 우선 아이 성은 벧엘 부근에 있던 군사 기지였기 때문에 사람이 살지 않았다는 것이다. 하지만 바꾸어 생각하면 엣텔이 정말 아이 성일까 하는 의문을 가질 수 있다. 학

자들도 이 의문을 놓고 심각하게 고려했으나, 지금까지는 고대 아이 성의 위치로 여겨지는 적합한 장소가 나오지 않고 있다. 오히려 성경의 설명은 엣 텔이 아이 성이라는 사실을 분명하게 입증하고 있다. 따라서 현재로선 이 문제에 대한 분명한 해답을 얻기는 어렵다. 증거가 나올 때까지 기다려야 하지만, 벧엘에서 나온 고고학적인 자료들은 BC 13세기에 함락되었다는 것을 확인해 주고 있다수 1:22-26. 이 승리로 인해 이스라엘은 가나안의 심장으로 들어갈 수 있었다.

|남부 지역 원정| 아모리 연합군에 맞서다

여호수아는 다음으로 가나안 남부 지역에서 아모리 다섯 왕의 연합군과 일련의 전투를 치르게 된다. 아도니 세덱 예루살렘의 왕이 이끄는 헤브론, 야르뭇 Jarmuth, 라기스, 에글론 연합군은 예루살렘 북서쪽에 있는 히위 족속 기브온, 그비라, 브에롯, 기랏 여아림을 위협했다. 히위 족속은 이미 이

아이 성은 벧엘에서 남동쪽으로 2km 정도 떨어진 '엣 텔'로 밝혀졌다.

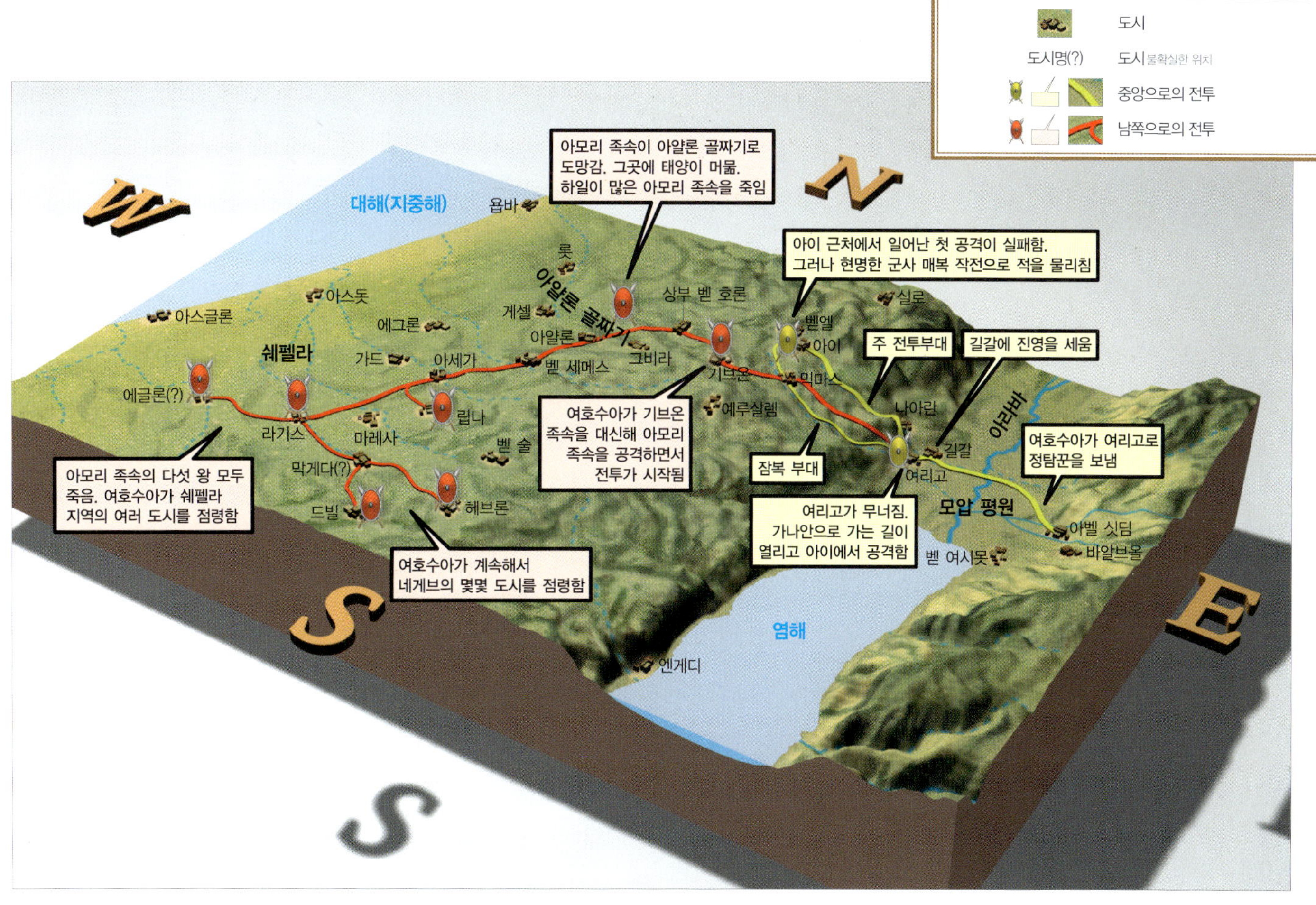

*메롬(Merom / 지명)
이스라엘 북부의 농경지인 훌라 골짜기에 있던 호수였으나 1950년대 농경지로 간척되었다.

**크레이터(Krater)
포도주의 원액과 물을 혼합하기 위한 주둥이가 넓은 항아리나 그릇 같은 용기.

***미탄니(Mitanni / 지명)
북부 메소포타미아의 인도–이란 족의 제국으로 BC 1500-1360년경에 번성했다. 전성기에는 동쪽으로는 키르쿠크 고대 아랍카와 자그로스 산맥을, 서쪽으로는 앗시리아를 지나 지중해까지 세력을 확장했다.

스라엘과 화친을 맺었기 때문이다.

여호수아는 기브온 거민을 위하여 전쟁에 개입하고 태양이 여전히 머물던 아얄론 골짜기에서 아모리 연합군을 공격했다 수 10장. 그 날 내린 거친 우박으로 죽은 자들의 수가 이스라엘 군대의 칼에 의해 죽은 자들보다 많았다. 이스라엘의 대적들은 남서쪽 쉐펠라의 언덕과 골짜기로 도망갔고, 아모리 다섯 왕은 모두 죽임을 당했다. 이 위대한 승리로 여호수아는 쉐펠라 지역의 여러 도시들 립나, 라기스, 에글론을 손에 넣었고, 전투는 헤브론, 드빌, 네게브에서 계속 이어졌다 수 10:29-43.

|북부 지역 원정| 거대 도시 하솔을 제압하다

하솔 왕 야빈이 이끄는 가나안 연합군에 대항한 북부 공격은 여호수아의 원정정복을 마무리했다. 외형적으로 과거 가나안의 거대한 도시 국가들 가운데 가장 컸던 하솔은 여전히 인구가 4만 명가량 되는 강력한 힘을 떨치고 있었다. 높이 올린 성벽과 제방은 어떠한 공격도 막아 낼 만했다.

여호수아는 메롬Merom 호수*에서 상부 갈릴리 고원 지대에 있는 가나안 군대를 기습 공격했다. 이곳에서는 병거가 제 기능을 하지 못하기 때문에, 가나안 군대는

모든 왕국들의 머리, 하솔

하솔은 여호수아에 의해 파괴되기 전까지는 가나안에서 가장 크고, 중요한 도시 국가였다 수 11:1-10. 하솔은 갈릴리 바다에서 북쪽으로 14km 정도 떨어진 곳으로, 요단을 가로질러 다메섹에 이르는 해변 길이 지나는 곳이다. 하솔은 훌라Huleh 분지와 주요 대상로를 지배했다. BC 1850년경에 기록된 마리 문서들에 의하면 하솔은 청동을 만드는 데 사용되는 주석을 취급하는 주요 교역 중심지였다. 이집트의 자료에 따르면 하솔은 저주 문서BC 2000-1800년에 처음 등장하기 시작해 세티 1세BC 1304-1290년 시대에도 나타난다. 특히 하솔의 최전성기인 BC 1300년대의 모습은 여러 문서에 기록되어 있다. 아마르나Amarna 문서에는 하솔의 왕을 '압디 티르쉬'Abdi-tirshi라고 언급하고 있는데, 이 시대 가나안의 지도자들은 '왕'이라는 칭호를 거의 사용하지 않았다는 점에서 당시 하솔의 권세를 짐작할 수 있다. 여호수아가 하솔을 정복한 후, 성경은 하솔을 '본래 그 모든 나라의 머리'라는 말로 정확히 환기시켜 준다 수 11:10.

하솔의 거대한 언덕Tell은 주변 평지에 비해 높이가 39m에 이르고, 북쪽의 흙으로 쌓은 커다란 성벽은 중기 청동기 시대 가나안 사람들에 의해 건축되었다BC 1750년경. 성벽 안의 하부 도시Lower City에는 BC 1220년경 성이 함락될 때까지 사람이 살았으나, BC 1200년 후에 이 높은 언덕으로 이주해 갔다. 언덕과 하부 도시는 약80만 9,300m²에 이르는데 하솔은 헬레니즘 시대 이전까지는 팔레스타인에서 가장 큰 도시였다.

이갈 야딘Yigael Yadin은 1955년부터 1958년까지 하솔 발굴 작업을 지휘했고 1968년에 다시 발굴에 참여했다. 최근에는 암몬 벤토르Ammon Ben-Tor의 지휘 하에 발굴 작업이 다시 진행되고 있다. 물론 BC 2000년 전에도 사람들이 거주했지만, 하솔은 사람들이 언덕에 정착하고 도시가 북쪽으로 넓게 확장되는 중기 청동기 시대에 현저하게 확장됐다. 길이 914m에 폭 640m의 도심 지역을 둘러싼 거대한 성벽이 건축되기도 했다. 이곳에서는 공공 건물과 가옥, 그리고 전례 없이 정렬된 신전들이 발견되었다. 야딘은 이집트에서 힉소스를 몰아낸 아모세가 BC 1550년경에 일어난 엄청난 파괴의 장본인이라고 주장한다. 그리고 이 파괴 이후로 후기 청동기 시대BC 1550-1200년가 시작되었다.

후기 청동기 시대에 하솔의 종교 생활을 알려 주는 고고학적인 증거가 발견되었

하솔에서 발견된 '주상 사원'Stele Temple이라고 이름 붙여진 후기 청동기 시대의 가나안 유적지. 왼쪽의 좌상 옆으로 주상들이 히브리어로 '마체봇' 이라 한 줄지어 있다.

는데, 신전과 예식에 사용된 값비싼 물건들은 그 시대를 잘 알려 준다. 그중 한 신전이 후대 솔로몬의 성전과 비슷한 구도를 나타내고 있다. 즉 두 개의 기둥으로 이루어진 현관 솔로몬 성전의 '야긴'과 '보아스'를 상기시켜 줌. 왕상 7:15-22과 이보다 약간 넓은 홀, 그리고 그 안의 '지성소'까지 비슷하다. 이 신전은 같은 장소에 세워진 일련의 신전 중 하나로, 발굴 당시 BC 1200년경 신전이 파괴되기 전까지 예배에 사용되던 기구가 발견되었다.

지성소에서 발견된 물건들에는 제주 탁자들과 두 개의 커다란 크레이터Krater**, 봉헌 탁자, 그리고 폭풍의 신 '하닷'Hadad이 장식된 현무암 향단이 있다. '오서스태트'Orthostat로 일컫는 잘 다듬어진 석판은 실내 벽면 밑을 대는 판으로 종종 사용되었다. 아름다운 사자 모양의 석판이 신전 바로 아래 놓여 있는데, 비슷한 석판이 다른 곳에서도 발견되었다. 이것은 하솔이 헷 문명의 영향을 받았음을 암시한다. 점괘로 사용된 것으로 보이는 암소 간의 모양을 새긴 점토도 이 부근에서 발견되었다.

경사진 서쪽 성벽 안에 세워진 직사각형 모양의 신전에서는 여러 개의 작은 주상 Stele, 히브리어로 '마체봇 Mazzeboth'이라 불리는 기립 석상, 신 12:3 참조과 신 또는 왕의 좌상이 발굴되었다. 중앙의 주상은 원형을 그리며 초승달을 향해 두 손을 벌리고 있는데, 이는 달의 신 '신'Sin과 그의 배우자와 관련이 있다. 근처 도공의 작업장에서 작은 점토 가면들과 여신이 두 마리의 뱀을 들고 있는 은도금된 청동대가 발견되었다. 이 제구대Cult Standard를 통해 이 '주상 신전'이 달의 신의

배우자를 위한 곳임을 알 수 있다.

후기 청동기 시대의 하솔은 그야말로 국제 도시였다. 이미 앞에서 말한 헷의 영향 외에도 미탄니Mitanni*** 족속의 영향을 받은 원통 모양의 인장과 상당한 양의 미케네 도기들은 폭넓은 국제관계를 말해 준다. 하지만 후기 청동기 시대의 팔레스타인은 그리 평화롭지 않았다. BC 1450년경에 있었던 하솔의 파괴는 아마도 투트모세 3세 또는 아멘호텝 2세 때 있었던 이집트 침공이 그 원인이었을 것이다. BC 1200년경 하솔의 상부와 하부 도시들이 큰 화재로 완전히 파괴되었다. 이로써 가나안 역사에서 하솔은 영원히 사라졌다. 많은 학자들은 이 화재를 여호수아와 이스라엘 백성이 "하솔을 불태웠습니다"수 11:11라고 했던 것과 연관짓고 있다.

손도 쓰지 못하고 진멸되었다. 이스라엘 군대는 북쪽의 시돈으로 도망간 생존자를 끝까지 쫓아가 진멸했으며 수 11:1-9, 하솔을 공격해 불태웠다. 하솔에서 BC 13세기 후반으로 추정되는 거대한 화재의 흔적이 발견되었는데, 당시 여호수아의 승리를 입증하고 있다.

|여호수아의 업적| 미완의 정복 전쟁 | 지도 38 참조

이 전투들을 우리는 어떻게 이해할 것인가? 분명한 것은 계속된 전투에도 불구하고 가나안 사람의 위협을 그 땅에서 완전히 제거하지 못했다는 사실이다. 이후로도 드보라 삿 5장를 비롯한 사사들은 가나안 족속들과 싸워야 했다. 서부 산악 지대에서 발견된 도시들 모두가 여호수아가 이끈 전투로 정복된 것은 아니었다. 예루살렘은 다윗 시대까지는 아직 이방 사람의 영토로 남아 있었다. 여호수아 13장 1-6절은 여호수아의 전투가 끝나 갈 무렵에도 아직 정복되지 않은 땅이 남아 있었음을 보여 주고 있다. 해안 평원 지대의 기름진 들판, 이스르엘 평원과 벧산 지역들 역시 아직 이스라엘이 손안에 넣지 못한 땅이었다. 그러나 하나님은 여호수아의 지도력을 통해 팔레스타인 서부 산악 지대를 이스라엘의 각 지파에게 나눠 주셨다. 이렇게 해서 이스라엘 지파들은 정복 전쟁이 완결되지 않은 채로 드문드문 정착해 살게 되었다. 이스라엘 학자들은 여호수아에서 말한 것처럼 이스라엘이 정복했다고 한 땅의 인구 밀도가 눈에 띄게 높아졌다는 사실을 지적해 왔다. 새로운 정착지는 갈릴리 고지대, 에브라임, 유다 지역에 생겨났다. 이 정착지들은 종종 조잡하게 지어졌는데, 그들의 건축 기술로 판단하건대, 아마도 소규모 목축과 농사일을 하는 사람들의 마을인 것으로 보인다.

길로 Giloh와 키르벳 랏다나 Khirbet Raddana * 와 같은 지역은 이스라엘 백성이 약속의 땅에서 일찌감치 자리를

*키르벳 랏다나(Khirbet Raddana / 지명)
전형적인 철기 1기 시대 마을로 중앙 산지의 요지에 위치했다. 발굴 결과 이 마을은 넷 혹은 여섯 가족이 모여 자급자족 생활을 한 작은 마을로 밝혀졌다.

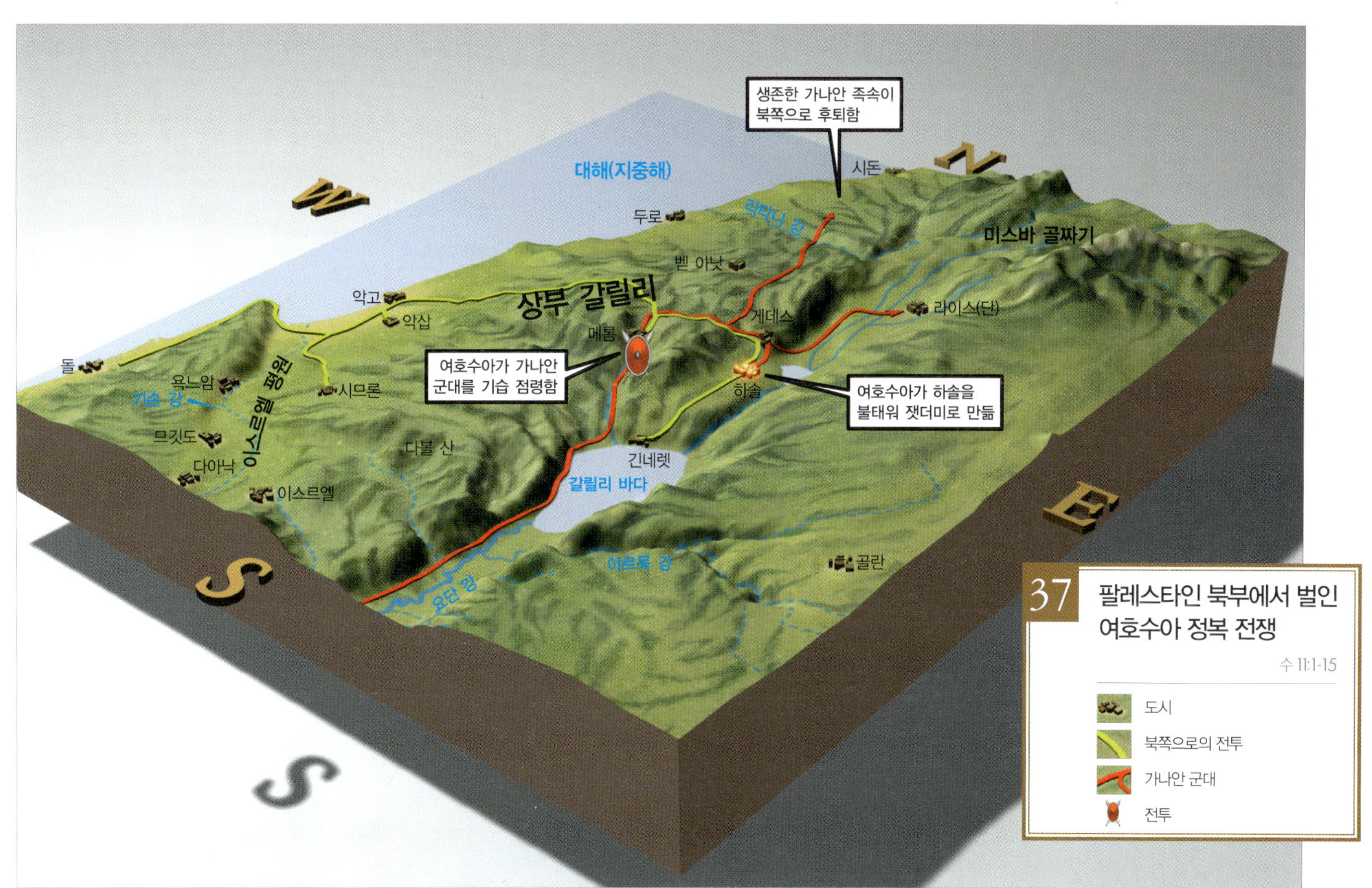

37 팔레스타인 북부에서 벌인 여호수아 정복 전쟁

수 11:1-15

이스라엘이 정복한 지역
수 13:1-7; 15:63; 16:10; 17:11-18; 삿 1:1-3:6
도시
도시 불확실한 위치
사사기 1장에서 이스라엘이 아직 정복하지 않았다고 언급한 도시
산
이스라엘이 지배한 지역
아직 정복되지 않은 지역
0 10 20 30 40 50 Miles
0 10 20 30 40 50 Kilometers
아무루
페니키아
레바논 골짜기
36 E
34 N
스닷
르보 하맛
하살 에난
비블로스
다메섹
아바나 강
시돈
헤르몬 산
아람
바르발 강
알랍
리타니 강
라이스(단)
두로
기드론
벧 아낫
마아가
게데스
훌라 호수
르홉
벧 세메스
하솔
33 N
악십
메롬
악고
갈릴리
그술
바산
아벡
나할랄
갈릴리 바다
골란
아스다롯
갈멜 산
기손 강
시므론
다볼 산
야르묵 강
욕느암
엔돌
돌
므깃도
이스르엘 평원
다아낙
벧산
길르앗 라못
이블르암
길르앗
소고
야베스 길르앗
에발 산
세겜
숙곳
마하나임
암몬
그리심 산
얍복 강
야르곤 강
아벡
답부아
욥바
실로
야셀
욕브하
에브라임 산지
아이
32 N
게셀
사알빔
기브온
여리고
헤스본
벧엘
라바(암만)
아얄론
예루살렘(여부스)
느보 산
베셀
아스돗
에그론
벧 세메스
베들레헴
메드바
가드
아모리 족속이 아얄론 근처에서 단 지파를 압박함 삿 1:34-36
동부 사막
아스글론
해안 평원
블레셋
라기스
헤브론
염해
디본
가사
그니스 족속
엔게디
아로엘
나할 브솔
그랄
시글락
유다
아랏
겐 족속
아르논 강
모압
브엘세바
아말렉 족속
길하레셋
31 N
와디 엘 아리쉬
다말
에돔
신 광야
보스라
34 E
35 E
36 E

잡았음을 말해 주고 있다. 최근의 연구에 의하면 이 고원 지대에서 돼지* 뼈가 발견되지 않는데, 이는 그곳이 이스라엘의 정착지임을 나타내는 확실한 증거라고 할 수 있다.

이스라엘 지파들

초기 이스라엘은 자신들의 조상 야곱의 아들들과 손자들의 계통에 따른 지파로 이루어졌다 창 35:22-27. 비록 각 지파들의 이름이 다르게 불리긴 했지만 지파의 수는 '열둘'이었다. 예를 들어, 레위 지파가 열두 지파 중 하나로 언급되었으며 요셉 지파도 한 지파로 불렸다 창 46:8-25; 49:1-27. 한편 레위가 지파의 명단에서 빠진 대신 요셉의 아들들에브라임과 므낫세이 각각의 지파로 포함되어 '열둘'을 유지하기도 한다 민 1, 26장. 이 지파들을 통틀어 '이스라엘의 자손'이라고 불렀다.

'이스라엘의 자손'은 각 지파를 하나로 결합시키는 중요한 종교적 전통과 사회 구조를 공유했다. 그러나 초기에 각 지파들은 정치적 · 군사적 자치권을 크게 행사했다. 그들은 사울과 다윗 시대 전까지 여호와 하나님만이 이스라엘의 왕으로서 지파들을 이끈다고 믿었다. 각 지파는 친족관계나 다른 사회적인 유대에 의해 씨족과 가족으로 이루어졌다. 일가는 지파의 기본 단위이며 여러 개의 가족들이 서로 알아볼 수 있는 혈통관계에 있었다. 여호수아는 가나안 땅을 '그들의 가족에 따라' 분배해 주었다 수 15:1. 전쟁이 일어나 군대를 모을 때도 각 일가에서 차출되었다 민 1, 26장 참조.

각 일가는 히브리어로 '벧아브' Beth-ab로 불리는데 '아버지의 집' Father's House이라는 뜻으로 여러 가족이 대가족을 이루었다. 이중 혼인하지 않은 남자혼인한 딸은 제외됨는 온 가족의 일원이었다. 벧아브는 일반적으로 3대 혹은 그 이상을 포함하기 때문에 사람의 수가 크게 늘어날 수 있었다. 지파의 구조는 아간의 범죄 사건을 통해 분명하게 알 수 있다. 하나님은 그 범죄자를 밝혀 내기 위해 지파별, 일가별, 그리고 마지막으로 가족 구성원별로 나아오게 하셨다 수 7:14-19. 일가와 '아버지의 집'은 개인을 보호해 줄 뿐 아니라 가족의 정체성도 지켜 주었다. 따라서 땅은 가족들에 의해 신성한 신뢰로써 지켜야 했다. 만일 빚 때문에 땅을 잃을 위협을 받고 있다면 '아버지의 집'이나 일가에 속한 친족이 그 빚을 대신 갚아 주어야 했다 레 25:23-55; 참조. 렘 32:6-15.

땅 분배 | 열두 지파에게 분배된 땅

여호수아에는 이스라엘 지파들이 가나안 땅을 분배하는 과정이 자세하게 기록되어 있다. 특히 중요한 정보 두 가지를 담고 있는데, 첫째는 지파별 경계에 대한 설명이며, 둘째는 도시들의 목록이다. 경계에 대한 설명은 한 지파의 경계를 규정하는 경계표 또는 도시 간의 경계 지점에 대해 언급하고 있다.

특히 유다 지파의 경우 비교적 아주 자세히 여러 지점을 설명하고 있다. 하지만 잇사갈과 동쪽의 므낫세 반, 갓, 납달리 지파의 경우 간략하거나 모호하며, 심지어 사실상 존재하지 않는 것으로 보이는 곳도 있다. 초기 이스라엘 사회에서 지파 간의 경계를 분명히 하는 것은 각 지파의 권리를 분명하게 하고 나중에 있을 분란을 방지하기 위해 매우 중요했다.

여호수아와 민수기 34장 1–12절에서 설명한 가나안 땅의 경계를 비교해 보면, 유다 지파의 남쪽 경계와 가나안의 북쪽 경계가 일치한다. 서쪽 경계 지중해와 동쪽 경계 역시 두 책의 설명이 일치한다. 다만 북쪽 경계만이 설명이 다르다. 아셀 지파도 납달리 지파도 대략 그발 Gebal, 비블로스 Byblos에서 르보 하맛 Lebo-hamath을 거쳐 다메섹의 북쪽 사막 끝에 있는 스닷 Zedad까지 경계 짓는 북쪽의 더 거대한 땅은 요구하지 않았던 것으로 보인다.

여호수아에 언급된 도시들은 또 다른 정보를 주고 있는데, 예를 들어 시므온 지파는 유다 지파에 속한 도시들과 똑같이 기록되어 있다.

대부분의 학자들은 이를 통해 시므온 지파가 더 강한 유다 지파에 흡수되었다고 보거나, 왕국이 분열되었을 때 남쪽 유다 왕국에 속해 그들의 정체성을 유지해 왔을 것으로 보기도 한다 대상 4:24-41 참조.

한편 요단 동편의 지파들르우벤, 갓, 므낫세 반 지파의 경계는 주로 도시 목록으로 설정되어 있지만 수 13:8-33; 참조. 민 32:28-42, 왕실 서기들에 의해 정기적으로 수정되었을 것이므로, 그밖의 지명들은 후대의 행정 구역을 반영하고 있다.

> 초기 이스라엘은 자신들의 조상 야곱의 아들들과 손자들의 계통에 따른 지파로 이루어졌다.
>
> 여호수아에는 이스라엘 지파들이 가나안 땅을 분배하는 과정이 자세하게 기록되어 있다.

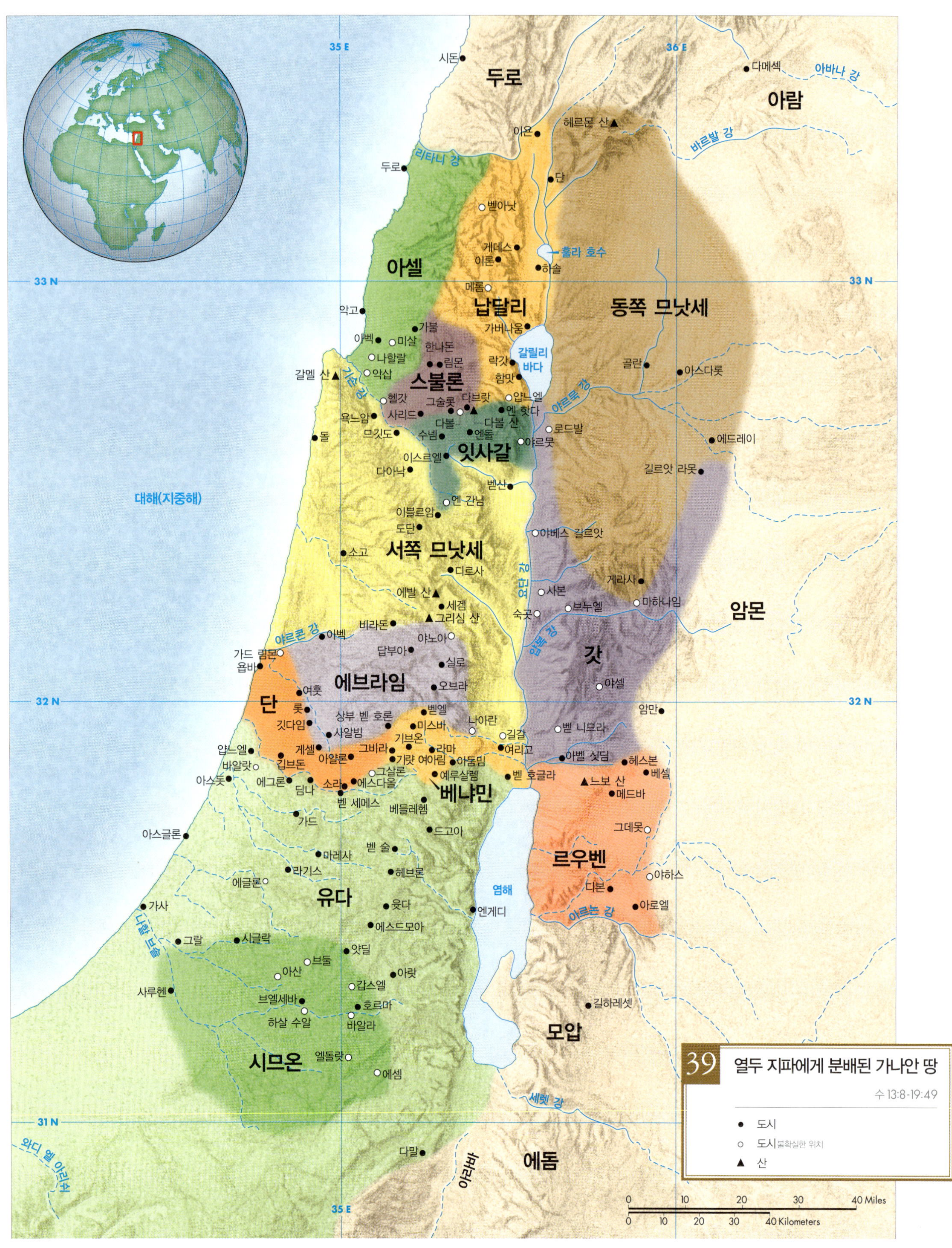

35 E
36 E
시돈
두로
다메섹
아바나 강
아람
이욘
헤르몬 산 ▲
바르발 강
두로
리타니 강
단
벧아낫
33 N
33 N
아셀
게데스
훌라 호수
이론
하솔
메롬
악고
납달리
동쪽 므낫세
가불
가버나움
아벡
미살
한나돈
락갓
갈릴리 바다
골란
아스다롯
나할랄
림몬
함맛
스불론
악삽
헬갓
그술롯
다브랏
얍느엘
엔 핫다
야르묵 강
욕느암
사리드
다볼 ▲
다볼 산
로드발
에드레이
므깃도
수넴
엔돌
야르뭇
잇사갈
길르앗 라못
이스르엘
벧산
다아낙
대해(지중해)
엔-간님
야베스 길르앗
이블르암
도단
소고
서쪽 므낫세
디르사
게라사
에발 산 ▲
세겜
사분
마하나임
암몬
▲ 그리심 산
숙곳
브누엘
야르콘 강
비라돈
야노아
갓
아벡
답부아
야셀
가드 림몬
실로
욥바
에브라임
오브라
암만
32 N
32 N
여훗
단
롯
벧엘
나아란
벧 니므라
깃다임
상부 벧 호론
미스바
길갈
사알빔
기브온
라마
여리고
아벨 싯딤
헤스본
게셀
그비라
아둠밈
아벨 싯딤
벧셀
얍느엘
아얄론
기럇 여아림
베냐민
벧 호글라
느보 산 ▲
바알랏
깁브돈
예루살렘
메드바
아스돗
에그론
딤나
소라
에스다올
벧 세메스
베들레헴
그데못
가드
르우벤
아스글론
벧 술
드고아
마레사
헤브론
야하스
라기스
엔게디
디본
에글론
유다
웃다
염해
아로엘
아르논 강
가사
에스드모아
그랄
시글락
앗딜
아랏
아산
브둘
길하레셋
사루헨
갑스엘
브엘세바
호르마
모압
하살 수알
바알라
시므온
엘돌랏
세렛 강
에셈
31 N
와디 엘 아리쉬
다말
에돔
나할 브솔
39
열두 지파에게 분배된 가나안 땅
수 13:8-19:49
● 도시
○ 도시 불확실한 위치
▲ 산
0 10 20 30 40 Miles
0 10 20 30 40 Kilometers

| 레위 지파의 도시들 | 종교 · 행정의 중심지가 되다 | 지도 40 참조

레위 지파는 땅을 분배받지 못했다. 대신에 모세는 다른 지파들에게 분배된 몇 개의 도시와 그 주변에 있는 목초지를 레위 지파에게 주라고 명령했다 민 35:2. 여호수아 21장은 레위 지파에게 유산으로 준 48개의 도시들이 기록되어 있으며, 이는 레위 지파의 세 자손들 고핫 자손, 게르손 자손, 므라리 자손에게 분배되었다 수 21장; 참조. 대상 6:54·81.

이 도시들에는 레위 지파만 산 것이 아니어서 곧 종교적 행정적 중심지가 되었다. 몇몇 도시들은 다윗 시대까지 가나안 사람들이 지배했다. 이스라엘의 핵심지인 유다, 에브라임, 므낫세 지역들에 있는 레위 도시들은 아주 적었다.

| 도피성 | 여섯 개의 피난처 | 지도 40 참조

여호수아 20장에는 여섯 개의 레위 도시가 도피성으로 지정되어 있다. 부득이하게 살인을 저지른 사람은 재판을 통해 자신을 변호하고 죄를 입증할 때까지 피의 보복자를 피해 도피성으로 도망칠 수 있었다 민 35:9-34. 히브리어로 '고엘' go'el은 피의 보복을 하려는 희생자들의 친척을 뜻함. 살인자는 살인 혐의를 벗는 적절한 재판이 이루어질 때까지, 또 대제사장이 죽기 전까지 도피성에 머물 수 있었다.

> 여호수아 21장은 레위 지파에게 유산으로 준 48개 도시들이 기록되어 있는데, 이것은 레위 지파의 세 자손들에게 분배되었다.

가나안 땅, 어떻게 분배했나

갈릴리 지파들 : 아셀, 잇사갈, 납달리, 스불론

| 아셀 지파 | 수 19:24-31 | 아셀 지파는 갈멜 산 북쪽에 있는 해안 평원 악고 Acco 평원과 갈릴리 서쪽 언덕을 분배받았다. 올리브와 농작물들을 생산하기에 적절한 기름진 땅이었다 창 49:20 참조. 사사기 5장 17절에 묘사된 구절을 보면, 아셀 지파가 해양에서 선원 생활을 하는 한편, 악고 평원에서는 어려움을 겪고 있다고 언급하고 있다. 사사기 1장 31절은 적어도 일곱 개의 성이 아직 가나안 사람들에 의해 지배받고 있으며, 아셀 지파는 그 '가나안 족속 가운데 거주' 33절했다고 기록하고 있다. 다윗 왕 때 이스라엘이 이 지역을 잠시 지배했으나, 솔로몬이 성전 건축을 위해 두로의 장인과 원자재를 받는 조건으로 두로 왕 히람에게 이 평원의 20개 도시를 양보했다 왕상 9:10-14.

| 잇사갈 지파 | 수 19:17-23 | 잇사갈 지파는 하부 갈릴리 동부의 현무암 바위로 이루어진 경사지와 이스르엘 평원의 동쪽을 분배받았다. 이 땅의 남쪽 경계는 길보아 산과 접했고, 서쪽 경계는 기손 강까지 이르렀다. 벧산과 같은 가나안 사람들의 땅은 잇사갈 지파가 이 골짜기를 지배하는 데 확실히 걸림돌이 되었다. 게다가 고지대의 특징인 험난한 지형과 물 부족, 그리고 갈릴리 동부의 경사지 등은 정착하기에 많은 어려움이 있었다. 이런 사실은 후기 청동기 시대와 철기 시대 초기로 추정되는 고고학적인 유물이 드물다는 점에서도 알 수 있다. 잇사갈 지파는 이스라엘 역사에서 한 명의 사사 돌라와 두 명의 왕 바아사, 엘라를 배출했다 왕상 15:27; 16:8.

| 납달리 지파 | 수 19:32-39 | 납달리 지파가 정착한 곳은 대부분 산악 지대이며, 숲이 우거진 갈릴리 지역이었다. 서쪽으로는 아셀, 남쪽으로는 스불론, 잇사갈과 접해 있다. 납달리 지파는 이스르엘 평원 끝에 있는 다볼 산까지 살았다. 긴네렛 Chinnereth, 게네사렛 바다와 요단 강이 납달리 지파의 동쪽 경계였으나, 북쪽 경계는 기록되지 않았다. 아마도 리타니 Litani 강이 납달리 지파가 정착한 북쪽 끝이 아닐까 생각된다.

벧 세메스와 벧 아낫 같은 가나안 도시들이 이스라엘의 공격을 성공적으로 막아낸 탓도 있겠지만, 초기 이스라엘 백성은 비교적 사람이 살지 않는 갈릴리의 고지대와 험한 메론 Meron 산악 지대에 정착했던 것으로 보인다 삿 1:31.

| 스불론 지파 | 신 33:18, 19; 수 19:10-16; 삿 1:30 | 스불론 지파는 이스르엘 평원의 서쪽까지 확장되는 남쪽 갈릴리의 남서부 고지대를 배분받았다. 이 땅은 척박한 갈릴리의 남쪽 고지대에서부터 기름진 이스르엘 평원까지 다양하고 폭넓은 지형적인 특징을 갖고 있다. 스불론 지파는 가나안 족속들을 쫓아 내지 못했는데, 특히 평원에서는 그곳의 원주민들과 함께 살면서 그들에게 일을 시켰다 삿 1:30.

스불론 지파의 군사들은 드보라와 바락이 가나안 족속들을 상대로 기손 강에서 큰 승리를 거둘 때 잇사갈 지파와 납달리 지파와 함께 용감하게 싸웠다 삿 4:6, 10; 5:15-18. 다볼 산은 스불론 지파와 잇사갈 지파, 납달리 지파의 경계에 위치했는데, 아마도 이 산에서 세 지파가 제사를 지낸 것으로 보인다 신 33:18, 19. 스불론 지파는 악고 평원과 가까워서 간헐적으로 해상 무역에도 관여한 것으로 보인다 창 49:13.

이스르엘 평원에 있는 다볼 산은 스불론, 잇사갈, 납달리 지파들의 영토가 한데 모이는 곳이다.

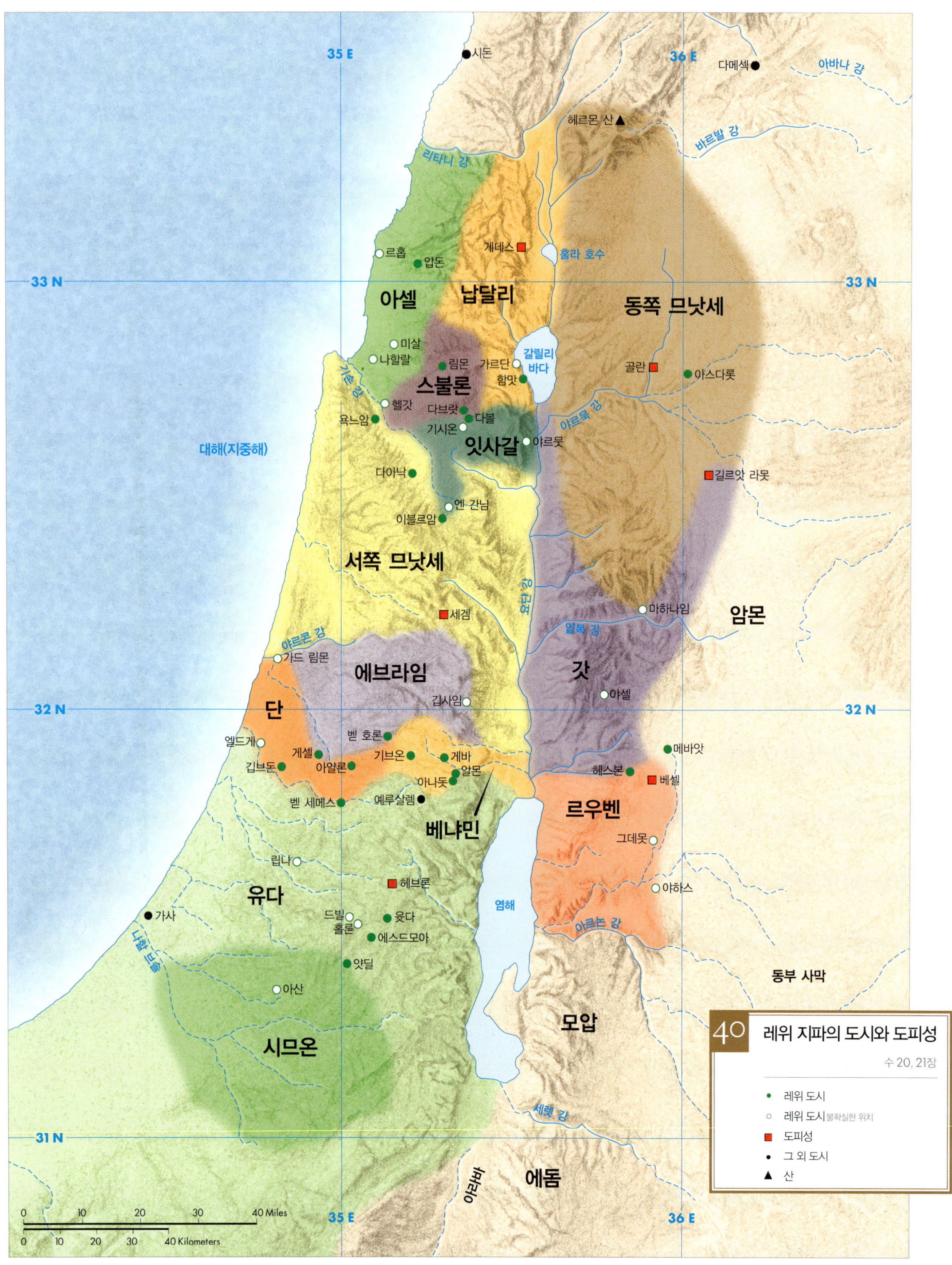
35 E
36 E
시돈
다메섹
아바나 강
헤르몬 산
바르발 강
리타니 강
33 N
33 N
르홉
압돈
게데스
훌라 호수
아셀
납달리
동쪽 므낫세
미살
나할랄
림몬
가르단
갈릴리 바다
골란
야스다롯
스불론
함맛
헬갓
다브랏
다볼
욕느암
기시온
잇사갈
야르뭇
다아낙
엔-간님
길르앗 라못
이블르암
서쪽 므낫세
요단 강
마하나임
암몬
세겜
얍복 강
아르콘 강
갓
가드 림몬
에브라임
야셀
단
갑사임
32 N
32 N
엘드게
벧 호론
메바앗
게셀
기브온
게바
헤스본
베셀
깁브돈
아얄론
알몬
아나돗
벧 세메스
예루살렘
르우벤
베냐민
그데못
립나
헤브론
유다
그데못
드빌
윳다
야하스
가사
홀론
에스드모아
염해
얏딜
아르논 강
아산
동부 사막
시므온
모압
세렛 강
31 N
31 N
대해(지중해)
나할 므솔
나할 브솔
에돔
0   10   20   30   40 Miles
0   10   20   30   40 Kilometers
35 E
36 E

40 레위 지파의 도시와 도피성
수 20, 21장
레위 도시
레위 도시 불확실한 위치
도피성
그 외 도시
산

요단 강 동편 지파들 : 르우벤, 갓, 동쪽 므낫세 지파

이스라엘은 요단 강을 건너기 전에 요단 동편 헤스본의 시혼과 바산의 옥을 정복했다. 목초지로 아주 적합하다고 판단한 갓 지파와 르우벤 지파, 그리고 므낫세 반 지파가 모세에게 이 땅을 분배해 달라고 하자, 모세는 그들이 이 땅을 분배받는 조건으로 세 지파의 남자들은 요단 강 서쪽 지역을 정복할 때 도와줄 것을 명령했다 민 32장. 요단 동편 지역을 분배하는 과정이 여호수아 13장 8-13절과 민수기 32장 33-42절에 간단하게 기록되어 있다. 이 과정에서 긴네렛 바다 동쪽과 북동쪽에 살고 있던 그술 족속 Geshurites, 마아갓 족속 Maacathites, 그리고 두 그룹의 아람 족속들은 쫓겨나지 않고 이 땅에서 함께 살았다.

| **르우벤 지파** 민 32:27-38; 수 13:15-23 | 르우벤 지파는 아르논 골짜기에서 시작해 북쪽으로 헤스본에 이르는 넓은 탁상 고원 지대 Tableland, 히브리어로 '미소르 Mishor' 라고 함를 취했다. 이 땅은 아르논 남쪽 지역보다 더 기름지고 암석이 적은 지형이었다. 아르논 남쪽 지역에 살던 모압 족속이 이 평원 지역을 호시탐탐 노렸기 때문에 종종 영역 지배권을 놓고 이스라엘과 충돌했다. 이 기름진 평원 지역은 목초지로서 양들을 방목하기에 좋았고 밀과 보리를 재배하기에도 좋았다. 주요 도시로는 헤스본, 디본, 메드바 Medeba가 있다. 민수기와 여호수아에 따르면 갓 지파는 르우벤 지파가 분배받은 영역에 여러 개의 도시를 세우고 거주했던 것으로 보인다 민 32:34, 35.

| **갓 지파** 민 32:34-36; 수 13:24-28 | 갓 지파는 요단 강 동쪽에 있는 길르앗의 목초지를 선택했다 신 33:20, 21 참조. 갓 지파의 경계는 정확하게 구분하기가 어렵다. 대부분 갓 지파의 땅으로는 헤스본 북쪽 부근에서 얍복 강까지를 말한다. 암몬 왕국은 동쪽으로 갓 지파와 인접해 있었다. 기록에 의하면 북쪽으로 얍복 강에서 긴네렛 바다에 이르는 길고 폭이 좁은 영역을 갓 지파가 지배했다. 요단 동편의 고원 지대 서쪽은 암석으로 이루어진 경사지며, 특히 얍복의 북쪽은 숲으로 우거진 지역이었다.

또한 갓 지파는 암몬 족속과 모압 족속, 그리고 광야에 사는 여러 족속들로부터 침략을 자주 받았는데, 이 사실은 '야곱의 축복'을 다시금 떠오르게 한다 창 49:19. 얍복 강 북쪽에 있는 마하나임은 므낫세 반 지파와 경계를 이룬 갓 지파의 핵심 도시였다 수 13:26; 21:38. 요단 동쪽 건너편에 땅을 분배받은 다른 지파들과 함께 갓 지파는 용사로 기록되어 있다 신 33:20; 대상 5:18; 12:8.

| **동쪽 므낫세 지파** 민 32:39-42; 수 13:29-32 | 동쪽 므낫세 East Manasseh 지파는 얍복 강 북쪽에 있는 길르앗 산지에 정착했다. 므낫세의 큰아들인 마길은 '길르앗의 아버지'로 불렸으며 민 26:29, 그 지역에 사는 아모리 족속을 쫓아냈다 민 32:39. 므낫세 반 지파는 야르묵 Yarmuk 북쪽과 긴네렛 바다 동쪽에 있는 바산 지역들을 차지했다. 하지만 북쪽과 동쪽 경계는 알려지지 않았다. 므낫세 반 지파는 아람 족속들의 압력, 특히 다메섹에 상당히 노출되어 있었다.

요셉 지파들 : 에브라임과 서쪽 므낫세 지파

야곱과 모세의 축복은 북쪽 지역의 가장 중요한 두 지파인 에브라임 지파와 므낫세 지파에게 특별한 지위와 힘을 실어 주고 있다 창 49:22-26; 신 33:13-17. 요셉에게서 난 두 아들 에브라임과 므낫세는 이스라엘 평원의 남쪽인 중앙 산간 지대에서 '베냐민의 안장'이라고 불리는 곳까지 살았다. 이 지역은 후기 청동기 시대 BC 1550-1200년까지 사람이 별로 살지 않은 곳이었다. 이스라엘 백성이 이주해 올 때 이 지역은 숲이 우거져 있었다 수 17:14-18. 이 땅을 분배할 때는 갈멜 산 남쪽의 해안 평원이 포함되어

있었지만, 에브라임 지파와 므낫세 반 지파는 상당 기간 동안 해안 지역을 제대로 다스리지 못했다.

| **에브라임 지파** 수 16:5-10 | 야곱은 형인 므낫세보다 동생인 에브라임을 더 축복하여, 나중에는 에브라임의 족속들이 큰 자가 되리라고 예언했다 창 48:8-20. 여호수아는 에브라임 지파에게 세겜 남쪽에서 벧엘에 이르는 고립된 산간 고원을 분배해 주었다. 유다와는 달리 에브라임은 분명한 분수령이 없었다. 그 땅은 동쪽이나 서쪽에서 접근이 쉽지 않은 험한 산악지대로 넓게 펼쳐져 있다. 하지만 에브라임 지파는 야곱과 모세의 축복에 따라 포도원과 과수원으로 유명한 기름진 땅을 일구었다 창 49:22-26; 신 33:13-17. 벧엘과 실로는 에브라임 지파의 중요한 성읍들이다.

| **서쪽 므낫세 지파** 수 17:1-13 | 서쪽 므낫세 West Manasseh 지파는 에브라임 지파의 북쪽에서 이스르엘 평원까지 이르는 숲이 우거진 땅에 정착했다. 처음부터 므낫세 지파는 골짜기와 해안 지역에서 가나안 족속들을 쫓아내지 못하고, 다윗 시대까지 벧산, 다아낙, 돌, 므깃도와 같은 주요 도시들을 가나안 족속의 지배 아래 남겨 두었다 삿 1:27, 28. 므낫세 지파의 핵심 지역은 이스르엘 평원 남쪽 고지에 있는 언덕에 있었다. 서쪽과 동쪽에 펼쳐진 와디들 예를 들어 와디 파라을 통해 므낫세 지파의 중심지로 쉽게 접근할 수 있었는데, 중심지로는 세겜, 도단, 벳섹과 같은 도시들도 있었다. 세겜, 디르사, 사마리아와 같은 북이스라엘 왕국의 주요 도시들은 모두 므낫세 지파 땅에 있었다. 므낫세의 서쪽 끝을 따라 해변 길이 지나가며, 에브라임과 같이 이 지역도 비옥하고 농산물이 풍부한 축복받은 땅이었다.

남부 지파들 : 베냐민, 유다, 시므온

| **베냐민 지파** 수 18:11-28; 참조. 수 15:5-11; 16:1-3, 5 | 베냐민 지파는 근접해 있는 강력한 두 지파 에브라임과 유다 지파 사이에 작지만 전략적인 땅을 분배받았다. 벧엘의 남쪽에서 시작해 예루살렘까지 이어지는 함몰된 곳 또는 '안장' Saddle이라고 불리는 곳을 중심으로 도시를 세웠다. 이 땅은 동쪽 가장자리를 제외하고는 비옥하며 비도 잘 내리는 지역이다. 베냐민은 산등성이를 따라 난 서부 대로인 '능선 도로'의 남과 북의 경로가 되는 곳에 있었다. 또 서부 해안 지역과 요단 강 건너편 지역을 잇는 주요 동서 경로 역시 베냐민을 통과한다. 기브온, 벧엘, 미스바, 여리고가 베냐민 지파의 성읍들이다. 예루살렘도 포함되었으나 나중에 유다의 수도가 되면서 더 크게 확장되었다. 베냐민 지파는 용사로 명성을 얻었으며, 물매로 돌을 던지는 능력이 뛰어났다 창 49:27; 삿 20:15-17.

기브온에서 바라본 베냐민 지역.

북쪽에 인접해 있는 에브라임과 므낫세 지파와는 특별한 유대관계를 맺었다. 이스라엘의 첫 번째 왕인 사울은 베냐민 지파 출신이었다. 이 때문에 베냐민 지파는 더 남쪽에 있는 유다 지파의 다윗보다는 차라리 사울의 아들인 이스보셋이스 바알 Esh-Baal을 따랐다.

| **유다 지파** 수 15:1-63; 삿 1:8-18 | 여호수아 15장은 유다 지파의 배분에 대해 광범위하게 열거하고 있다. 아마도 남왕국의 중심을 이루고 다윗 왕조를 세우는 중요성 때문에 저자의 관심이 유다 지파에 쏠렸던 것으로 보인다. 유다 지파는 서부 고원 지대의 남쪽 지역을 차지했다. 북쪽을 제외하고는 삼면이 요새처럼 유다를 둘러싸는 지정학적 위치 때문에 유다는 국제관계에선 소외되기도 했다. 서쪽으로는 쉐펠라 Shephelah가 있어 유다의 주요 도시들로 접근하는 것을 막는 역할을 했다. 당시 유다 지파는 쉐펠라를 지배했지만 해안 평원까지 세력을 넓히지는 못했다. 동쪽과 남쪽으로는 넓은 광야가 유다의 주요 도시들로 접근하는 것을 막는 요새 역할을 했다.

유다의 많은 도시는 네 그룹으로 나눌 수 있는데, 네게브, 쉐펠라, 중부 산간 지대, 동부 광야 지역이다. 이 같은 구분과 함께 다른 하위 구분은 후대에 사용된 행정 구역으로부터 인용해 온 것일 것이다. 라기스, 헤브론, 베들레헴, 엔게디 등은 역사적으로 중요한 성읍들과 마을들이 포함되어 있다. '야곱의 축복' The Blessing of Jacob은 다윗 왕조가 유다 지파로부터 나올 것을 예언하고 있다. 이 축복은 또한 암석으로 이루어진 곳에 나귀의 무리와 포도원의 과실이 풍성할 것을 강조하고 있다 창 49:10-12. 사사기 1장 3-18절은 이 지역을 놓고 유다 지파와 시므온 지파가 함께 싸웠으며, 예루살렘을 장악하려고 했지만 실패한 이야기들을 기록하고 있다. 유다 남쪽은 겐 족속 Kenites, 아랏 주변 지역과 갈렙 족속 Calebites, 헤브론 지역, 그나스 족속 Kenazzites, 드빌 주변 지역을 포함한 다양한 족속들이 차지했다.

| **시므온 지파** 수 19:1-9 | 시므온 지파와 레위 지파는 '야곱의 축복'에서 여동생 디나를 추행한 세겜 족속을 복수한 것 창세기 34장을 비롯해, 그들의 폭력적인 행동에 대해 책망을 듣게 된다 창 49:5-7. 대부분 네게브 서부 지역에 몰려 있는 17개의 도시들은 시므온 지파에게 분배된 지역이 유다 지역의 영역 안에 있음을 보여 준다. 많은 학자들은 시므온 지파가 정체성을 잃었다고 말한다. 아마 그 이유는 폭력적인 성향과 유다에 흡수되었기 때문일 것이다. 시므온은 신명기 33장에 나오는 '모세의 축복' The Blessing of Moses을 포함해 중요한 축복이나 목록에 언급되지 않고 있다.

이주한 지파 : 단 지파

| **단 지파** 수 19:40-48; 삿 17, 18장 | 단 지파에게 분배된 지역은 원래 중앙 산간 지역의 서쪽 경사지에 접한 곳으로 남쪽 경계는 편집자 주 소렉 골짜기를 따라 쉐펠라 아래와 북쪽으로는 카나 강 야르콘 강을 따라 해안에 이른다. 단 지파에 대한 수수께끼 같은 드보라의 노래로 볼 때 단 지파가 땅을 분배받은 초기에는 적어도 해안에 있는 땅 일부를 장악했던 것으로 보인다 삿 5:17.

소라, 딤나, 에그론은 단 지파가 원래 분배받은 마을과 도시로 삼손의 이야기에서 등장한다. 그러나 아모리 족속과 블레셋의 끊임없는 압력을 이기지 못한 단 지파는 결국 이 지역을 버리고 새로운 곳을 찾아 나서야 했다. 사사기 17, 18장은 단 지파가 훌라 분지* 북쪽 끝에 위치한 고대 가나안의 도시인 라이스레셈에서 한 남자를 우연히 만나 함께 북쪽으로 가게 된 사건을 소개하고 있다. 그들은 조상의 이름을 기념해 그 도시의 이름을 '단'으로 고친 후 그곳에 신상을 세웠고 제사를 드릴 레위 지파의 제사장도 두었다.

'모세의 축복'은 단 지파의 뛰어난 군사적 능력을 보여 주고 있는데 신 33:22, 아마도 이는 '야곱의 축복'을 반영한 것인지도 모른다 창 49:16, 17. 그러나 '야곱의 축복'은 단 지파가 앞으로 저지를 배신에 대해 암시하고 있다. "단은 길 위의 뱀이요 길 위의 뿔 달린 뱀이다. 그가 말의 뒤꿈치를 물어 그것을 타고 있는 사람을 뒤로 넘어지게 할 것이다" 창 49:17.

단은 후에 여로보암 2세 Jerohoam II가 금송아지를 만들어 전국적으로 신전을 만들었을 때, 이방신을 섬기는 중심지가 되었다.

도피성은 누구나 쉽게 접근할 수 있도록 이스라엘 전역에 있었다. 즉 요단 강 서쪽으로는 게데스와 세겜, 헤브론에, 요단 동편을 따라서는 골란, 길르앗 라못, 베셀에 있었다.

가나안의 종교적 위협에서 이스라엘을 구원한 사사들

여호수아의 승리로 정착의 발판을 얻게 된 이스라엘은 사사 시대에 이르러 일련의 시험을 받게 된다. 이스라엘의 지파들은 자신들이 분배받은 가나안의 영토를 지키기 위해 수많은 압력과 맞서야 했다. 가나안의 도시 국가들은 완강하게 자신들의 영토를 지키는 한편 끊임없이 이스라엘을 위협했다.

블레셋은 BC 1150년에 남부 해안 평원에 이르러, 가사 Gaza, 아스돗 Ashdod, 가드 Gath, 아스글론 Ashkelon, 에그론 Ekron 등 다섯 도시를 빠르게 세워 나갔다. 암몬과 모압, 에돔 역시 요단 동편 지역을 계속 위협했다. 여기에 광야의 폭군 아말렉과 미디안 족속까지 약대를 타고 와 이스라엘 백성을 괴롭혔다.

이스라엘은 열두 지파로 흩어진 백성을 통합하고 지도할 왕이 없었으므로, 조직적으로 힘을 키워 달려드는 주변 세력들과 맞서는 데 많은 어려움을 겪었다.

그러나 이스라엘을 가장 크게 위협한 것은 가나안의 종교였다. 가나안 사람들을 모두 몰아내라는 여호와 하나님의 명령에도 불구하고 이스라엘은 가나안 사람들 사이에서 정착하여 이방의 사상과 관습들을 받아들였다 삿 3:5, 6. 가나안의 제례 의식이 급속하게 퍼져 나가더니 마침내 바알을 섬기기에 이르렀다 삿 2:11; 6:25-32; 95쪽의 '가나안의 종교' 참조. 사사기 19장에 기록된 레위 사람의 첩을 강간한 사건은 암흑과도 같은 위험한 시기에 나타나는 도덕적인 타락의 전형을 보여 주고 있다.

| **사사들과 이스라엘의 압제자들** | 사사들이 대적들과 맞서다 | 지도 41 참조

사사기에 따르면, 하나님은 이스라엘에 압제자들을 보내어 백성의 죄를 심판하고 그들의 행동을 바로잡게 하

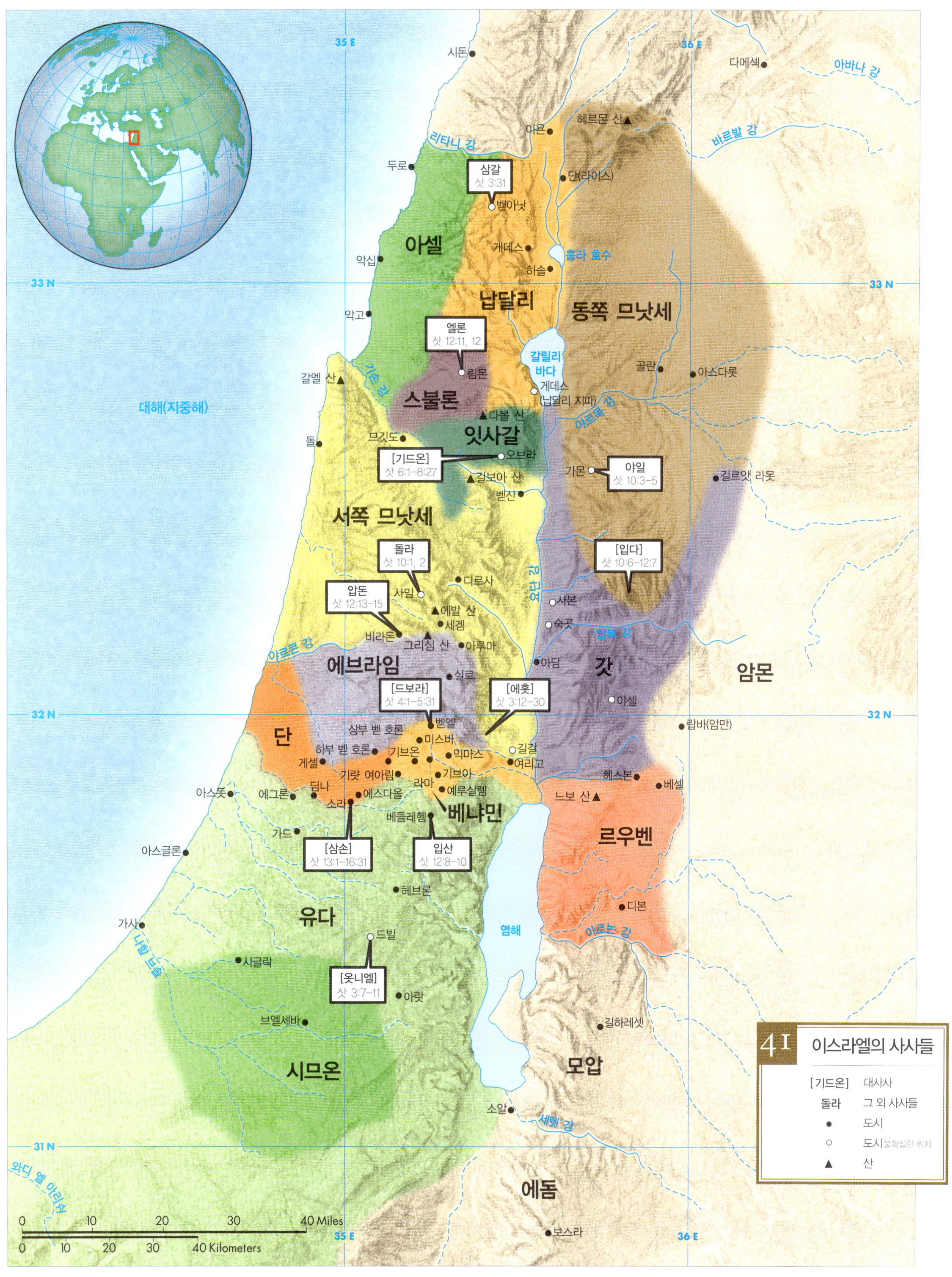

35 E
36 E
시돈
다메섹
아바나 강
리타니 강
아욘
헤르몬 산 ▲
바르발 강
두로
삼갈
삿 3:31
단(라이스)
악십
아셀
벧아낫
게데스
훌라 호수
악고
하솔
납달리
동쪽 므낫세
갈멜 산 ▲
엘론
삿 12:11, 12
갈릴리
바다
골란
아스다롯
기손 강
스불론
림몬
게데스
(납달리 지파)
야르묵 강
대해(지중해)
돌
므깃도
다볼 산 ▲
잇사갈
[기드온]
삿 6:1-8:27
오브라
가몬
야일
삿 10:3-5
길르앗 라못
갈보아 산 ▲
벧산
서쪽 므낫세
돌라
삿 10:1, 2
[입다]
삿 10:6-12:7
압돈
삿 12:13-15
사밀
디르사
요단 강
에발 산 ▲
세겜
사본
비라돈
그리심 산
아루마
숙곳
얍복 강
에브라임
실로
아담
갓
암몬
[드보라]
삿 4:1-5:31
[에훗]
삿 3:12-30
야셀
단
벧엘
32 N
32 N
랍바(암만)
상부 벧 호론
미스바
하부 벧 호론
기브온
믹마스
길갈
게셀
기럇 여아림
기브아
여리고
헤스본
베셀
아스돗
에그론
딤나
라마
예루살렘
느보 산 ▲
에스다올
소라
베냐민
르우벤
가드
베들레헴
입산
삿 12:8-10
아스글론
[삼손]
삿 13:1-16:31
헤브론
가사
유다
염해
디본
드빌
옷니엘
삿 3:7-11
시글락
아랏
아르논 강
브엘세바
길하레셋
시므온
모압
나할 브솔
소알
세렛 강
와디 엘 아리시
에돔
보스라
0   10   20   30   40 Miles
0   10   20   30   40 Kilometers
33 N
33 N
31 N
35 E
36 E

41 이스라엘의 사사들
[기드온] 대사사
돌라 그 외 사사들
● 도시
○ 도시(불확실한 위치)
▲ 산

| 표7 | 이스라엘의 사사들 |

사사	사역 기간	압제자	압제 기간	평화 기간	사사기의 기록	지역 혹은 지파 동맹
옷니엘		아멜렉의 구산 리사다임 왕 Cushan-rishathaim, 아람 나하림 Aram naharim 왕	8	40	3:8-11	유다
에훗		모압 왕 에글론	18	80	3:12-20	베냐민
삼갈		블레셋			3:31	아낫의 아들 이스라엘 족속이 아닐 수도 있음
바락과 드보라		야빈과 시스라가 이끈 가나안 족속들	20		4:1-5:31	잇사갈(?) 에브라임(?) 바락은 납달리 출신
기드온		미디안 족속과 아말렉 족속	7	40	6:1-8:27	므낫세
돌라	23				10:1, 2	잇사갈
야일				22	10:3-5	길르앗 족속, 동쪽반 므낫세 지파(?)
입다	6	암몬 족속과 블레셋	18		10:6-12:7	길르앗 족속, 동쪽반 므낫세 지파(?)
입산	7				12:8-10	베들레헴 출신 유다가 가장 확실하지만 스불론일 수도 있음
엘론	10				12:11, 12	스불론
압돈	8				12:13-15	비라돈 Pirathon 족속 에브라임
삼손	20	블레셋	40		13-16장	단

열두 지파로 흩어진 이스라엘은
조직적으로 힘을 키워 달려드는 주변 세력들과
맞서는 데 많은 어려움을 겪었다. 이때 하나님은
사사들을 사용해 압제자들을 물리쳐 주셨다.

역에 사는 반유목민들미디안 사람과 아말렉이다.
대체로 압제자들은 이스라엘 전체 지역보다는 가까이 사는 각 지파들을 괴롭혔다. 하나님은 사사들을 사용해 회개한 지파들을 압제자들로부터 구원해 주셨다. 옷니엘, 에훗, 드보라, 기드온, 입다, 그리고 삼손이 중요한 사사였다면, 나머지 여섯 명의 사사들은 성경에서 간략하게 언급될 뿐이다표7 참조. 여호와의 영이 임해 권능을 얻은 사사들은 군사적인 지도력을 갖추어 이스라엘의 대적들과 맞섰다. 사사들은 출신 지파도 달랐고 출신 배경 또한 다양했는데, 일반적으로 압제받는 지역의 지파에서 배출되었다.

모압의 압제에서 이스라엘을 구한 에훗 | 지도 42 참조

베냐민 지파의 에훗은 모압 왕 에글론에 의한 18년 동안의 압제를 물리쳤다삿 3:12-30. 아말렉 족속과 암몬 족속의 도움을 받아 모압 족속은 이스라엘을 공격해 아르논 북쪽 지역을 빼앗고 요단 강 건너편까지 통치 영역을 확장시켰다. 그들은 '종려나무의 성'이라고 불리는

섰다. 이스라엘을 둘러싼 이 압제자들은 다음과 같다. (1) 가나안의 원주민들 (2) 최근에 정착한 사람들블레셋, 모압 족속, 암몬 족속 (3) 사막 주변 지

여리고까지 점령한 뒤신 34:3 참조 베냐민 지파에게서 세금을 걷어들였다. 이에 에훗은 단 한 번의 과감한 시도로 에글론을 죽이고 베냐민 사람들을 규합해 모압 족속을 다시 요단 강 건너편으로 몰아냈다.

가나안 사람을 물리친 드보라와 바락 | 지도 43 참조

사사 시대 가나안 사람들은 이스라엘에 비해 병거를 갖고 있다는 이점 때문에 골짜기와 평원를 장악했다. 가나안의 압력은 산간 지역에서 벗어나 평원 지대로 영역을 확장하려는 이스라엘의 시도를 번번이 좌절시켰다. 그러나 이스라엘 군대는 이스르엘 평원에서 하솔 왕 야빈의 군대 장관 시스라가 이끄는 가나안 군대에 맞서 크게 승리를 거두기도 했다.

벧엘 부근의 야자나무 아래에서 이스라엘을 재판하던 여선지자 드보라는 납달리 지파 출신의 바락을 가데스에서 불러 내 납달리 지파와 스불론 지파의 남자들을 다볼 산으로 모으는 사명을 주었다. 잇사갈 Issachar, 에브라임 Ephraim, 베냐민 Benjamin, 마길에서 온 파견군도 드보라의 부름에 합세했다.

이스라엘의 반격을 받자, 시스라는 병거와 군대를 이끌고 하로셋 학고임 Harosheth ha-goiim에서 다볼 산 밑에 있는 기손 강으로 이동했다. 군대의 진영을 옮긴 것은 와디 키손의 넓은 평원이 병거들을 가장 효과적으로 움직일 수 있기 때문이었다. 드보라의 명령에 따라 바락이 공격하자, 가나안 군대는 평원으로 내려갔다. 그러나

가나안의 종교

이스라엘은 약속의 땅에 들어온 후부터 바벨론 유수 BC 586년경를 당할 때까지 끊임없이 가나안의 종교와 전쟁을 치러야 했다. 가나안의 다신교는 히브리 선지자들이 요구하는 엄격한 유일신과는 분명하게 대조를 보였다. 가나안의 바알 숭배는 여러 면에서 이스라엘의 제례 의식과 비슷했는데, 희생 제사를 비롯해 농경과 목축업에 의한 절기 등이 그것이다. 이스라엘 백성은 가나안에 정착한 초기부터 종교적 도전을 강력하게 받았다. 후기 청동기 시대의 우가릿 시리아 해변에 있는 라스 삼라 Ras Shamra *에서 발견된 '바알의 서사시'는 바알 숭배를 이해하는 데 많은 도움을 준다.

바알 숭배는 사람의 인생도 땅과 곡식, 육축을 양육하는 비에 의존하는 지중해 연안 지역 The Levant에서 발전했다. 이집트와 메소포타미아와는 달리 지중해 연안 지역은 강수량이 많지 않은데다 관개 시설을 만들 만한 큰 강도 없었다. 가나안 사람들은 자신의 고단한 인생을 의지하기 위해 신을 섬겼다. 알려진 신들만도 이루 헤아릴 수 없을 만큼 방대한데, 그 중 이름 자체가 신이라는 뜻을 가진 '엘'El이 신 중의 신으로서 자폰Zaphon 산에 거한다고 믿었다. 창조자 엘은 '신들의 어머니'로 불리는 그의 아내 아세라 Asherah를 통해 70신들의 아버지가 되었다. 엘의 복수형은 엘로힘Elohim인데, 이 둘 중 하나가 구약성경에서 이스라엘의 하나님을 가리키는 명칭으로 사용되었다.

하지만 가나안에서 가장 중요하게 섬긴 신은 '주' 또는 '주인'이라는 뜻의 바알이다. 바알은 땅에 생명을 공급하는 지상의 주인이었다. 하닷은 서부 셈 족에서 폭풍의 신으로 자주 언급되는데 반해 바알은 긴 여름 가뭄으로 메마른 땅을 되살릴 수 있는 비를 내려 준다. 바알의 상징은 황소지만, 구름 위에 서서 손에 어떤 물건 아마도 곤봉이나 번개을 들고 있는 모습으로 묘사된다.

황소는 힘과 권세, 풍요를 상징하며, 바알뿐 아니라 엘도 상징한다. 팔레스타인의 철기 시대 유적지에서 여러 개의 황소 입상이 발견되었는데, 그 안에는 사마리아 언덕에서 나온 작은 청동상과 아스글론에서 나온 은송아지도 포함되어 있다. 이는 팔레스타인 전역에 널리 퍼진 바알 숭배의 인기를 반증한다. 성경은 가나안 신이 지역에 따라 다른 모습으로 숭배되고 있다는 것을 알리기 위해 바알의 복수형인 '바알림'Baalim을 사용하고 있다. 도시와 마을, 언덕, 골짜기마다 자신만의 '바알'을 섬긴 것이다. 예를 들어, 바알 멜카르트 Baal Melqart는 이세벨이 이스라엘로 들여 온 두로의 주신主神 이다.

우가릿 문서는 얌Yamm과 못Mot 이 치르는 바알의 전투를 설명하고 있다. '바다의 왕자'Prince of the Sea 얌은 인생을 압도하거나 삶이 신뢰할 수 있는 질서를 혼란에 빠뜨리는 무질서한 세력으로 표현된다. 못은 지하 세계를 다스리며 바알을 파멸시키는 존재다. 히브리어로 '죽음'이란 뜻을 가진 못은 바알을 사로잡아 살해한다. 하지만 바알의 배우자인 아낫Anath이 바알을 대신해 못과 싸워 못의 강력한 손아귀에서 바알을 안전하게 데려온다. 바알과 못의 전투는 다양한 해석이 가능한데, 한 가지

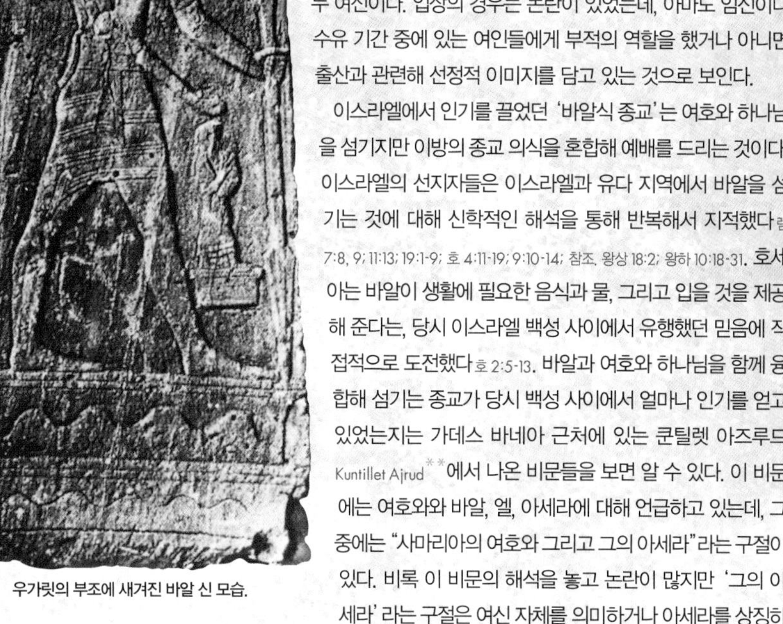

우가릿의 부조에 새겨진 바알 신 모습.

분명한 점은 절기와 기근, 생명과 죽음 사이의 미묘한 균형을 암시하고 있다. 생명은 비에 의존하고 있다는 당시의 절박한 환경에서 비롯된 문화를 발견할 수 있는 것이다. 엘리야와 바알의 선지자는 '누가 땅에 내리는 비를 가져올 수 있는가?'를 놓고 대결했다 왕상 18장.

아세라는 팔레스타인 지역에서 폭넓게 섬기는 여신으로 성경에서 두드러진 역할을 한다. 성경 본문은 아세라 신을 섬기는 신전과 제단이 사마리아, 벧엘, 예루살렘에 있었다고 말한다 왕상 14:23; 16:33; 왕하 23:4. 아세라는 높은 곳에 걸린 나무로 된 주술적 물건으로 상징되는데, 아마도 나무 목상일 것으로 생각된다. 구약성경은 반복적으로 아세림 아세라의 복수형을 저주하고 있으며, 종교 개혁이 일어난 시기에는 이를 찍어 버리고 불태우기도 했다 왕하 18:4; 대하 31:1; 34:3.

가나안 종교는 출산과 관련해 이스라엘에 많은 영향을 미쳤다. 가나안 사람들은 남성과 여성이 성적인 관계를 맺을 때 의식을 가졌는데, 이 의식은 이스라엘 백성에게도 전해졌다 왕하 23:7; 호 4:10-14. 가슴이 부각된 여성의 나신상이 이스라엘의 유적지에서 자주 발굴되는데, 이는 아세라 또는 아스다룻 Astarte, 출산을 상징하는 두 여신이다. 입상의 경우는 논란이 있었는데, 아마도 임신이나 수유 기간 중에 있는 여인들에게 부적의 역할을 했거나 아니면 출산과 관련해 선정적 이미지를 담고 있는 것으로 보인다.

이스라엘에서 인기를 끌었던 '바알식 종교'는 여호와 하나님을 섬기지만 이방의 종교 의식을 혼합해 예배를 드리는 것이다. 이스라엘의 선지자들은 이스라엘과 유다 지역에서 바알을 섬기는 것에 대해 신학적인 해석을 통해 반복해서 지적했다 렘 7:8, 9; 11:13; 19:1-9; 호 4:11-19; 9:10-14; 참조. 왕상 18:2; 왕하 10:18-31. 호세아는 바알이 생활에 필요한 음식과 물, 그리고 입을 것을 제공해 준다는, 당시 이스라엘 백성 사이에서 유행했던 믿음에 직접적으로 도전했다 호 2:5-13. 바알과 여호와 하나님을 함께 융합해 섬기는 종교가 당시 백성 사이에서 얼마나 인기를 얻고 있었는지는 가데스 바네아 근처에 있는 쿤틸렛 아즈루드 Kuntillet Ajrud * *에서 나온 비문들을 보면 알 수 있다. 이 비문에는 여호와와 바알, 엘, 아세라에 대해 언급하고 있는데, 그 중에는 "사마리아의 여호와 그리고 그의 아세라"라는 구절이 있다. 비록 이 비문의 해석을 놓고 논란이 많지만 '그의 아세라'라는 구절은 여신 자체를 의미하거나 아세라를 상징하는 나무 기둥을 의미할 수도 있다. 페니키아 사람, 유대 사람, 이스라엘 백성, 또는 다른 족속이나 이방 사람 중 누가 이 비문을 작성했는지는 알 수 없으나, 분명한 것은 이 비문들이 BC 900년에서 BC 700년 사이에 팔레스타인 남부 지역에서 종교 혼합주의가 만연했음을 말해 준다는 사실이다.

당시 바알 숭배자들과 여호와를 섬기는 자들 간의 분열과 싸움은 매우 심각했다. 이세벨은 두로의 바알 멜카르트를 섬기며 여호와를 섬기는 자들을 멸절하려 했다. 이에 엘리야는 강력하게 반대하며 바알 선지자들과 갈멜 산에서 대결을 펼쳤다. "너희가 이 둘 사이에서 얼마나 더 머뭇거리겠느냐? 여호와가 하나님이시면 여호와를 따르라. 그러나 바알이 하나님이면 바알을 따르라" 왕상 18:21고 외쳤던 것이다.

금방 내린 비로 기손 강에 물이 불어 병거를 제대로 움
직일 수 없었다 삿 5:20, 21. 가나안 군대와 함께 시스라는
후퇴해 다볼 산 동쪽의 엘론 베사아난님 Elon bezzanan-
nim, '사아난님의 상수리나무'라는 뜻에 있는 겐 Kenite 사람 헤벨
의 장막으로 피했다. 헤벨의 아내 야엘은 시스라가 잠
든 사이에 그의 머리에 천막 말뚝을 박아 시스라를 죽
였다. 가나안 군대를 그들의 텃밭에서 무찌른 이 위대
한 승리는 이스라엘 초기에 기록된 시 '드보라의 노래'
를 통해 크게 찬양되었다 삿 5장.

반유목민적 약탈자들을 물리친 기드온 | 지도 44 참조

기드온은 추수 때 이스라엘을 약탈하려던 반유목민적
약탈자들을 물리쳤다 삿 6-8장. 미디안 사람과 아말렉 사
람들은 메뚜기의 재앙처럼 광야에서 나와 들에 익은 곡
식과 땅의 모든 농작물들을 닥치는 대로 휩쓸어 갔다.
이 침략자들은 약대 낙타를 타고 들어와 빠르게 농작물
을 약탈한 후 다시 사막으로 돌아가기 때문에 추격하기
가 어려웠다. 이런 고통을 칠 년 동안 당하고 보니 남은
것은 궁핍함뿐이었다.

이스라엘 백성을 구원하고자 하나님은 오브라에 있는
아비에셀 Abiezer 사람 기드온을 선택하셨다. 기드온의
군대는 아셀 지파, 므낫세 지파, 스불론 지파, 그리고 납
달리 지파에서 나온 사람들이었다. 이중 이스르엘 평원
의 하롯 샘*에서 300명을 선택하셨고, 기드온은 이들
과 함께 엔돌 근처에 진을 치고 있는 미디안 군대를 밤
에 기습적으로 공격했다 시 83:9-11 참조. 나팔 소리와 횃불
에 놀란 미디안 군대는 두려워 떨며 남동쪽 사막의 안
전한 곳으로 도망쳤다.

에브라임 지파는 그들의 퇴로를 막아 벧 바라**와 요단
강에 있는 여울목을 점령했다. 그리고 이곳에서 미디안
의 지도자 오렙과 스엡을 사로잡았다. 기드온과 그의
군대는 요단 강 건너편까지 적들을 쫓아가 얍복 강에 있
는 숙곳과 브누엘까지 이르렀다. 서쪽 사막 지역의 대

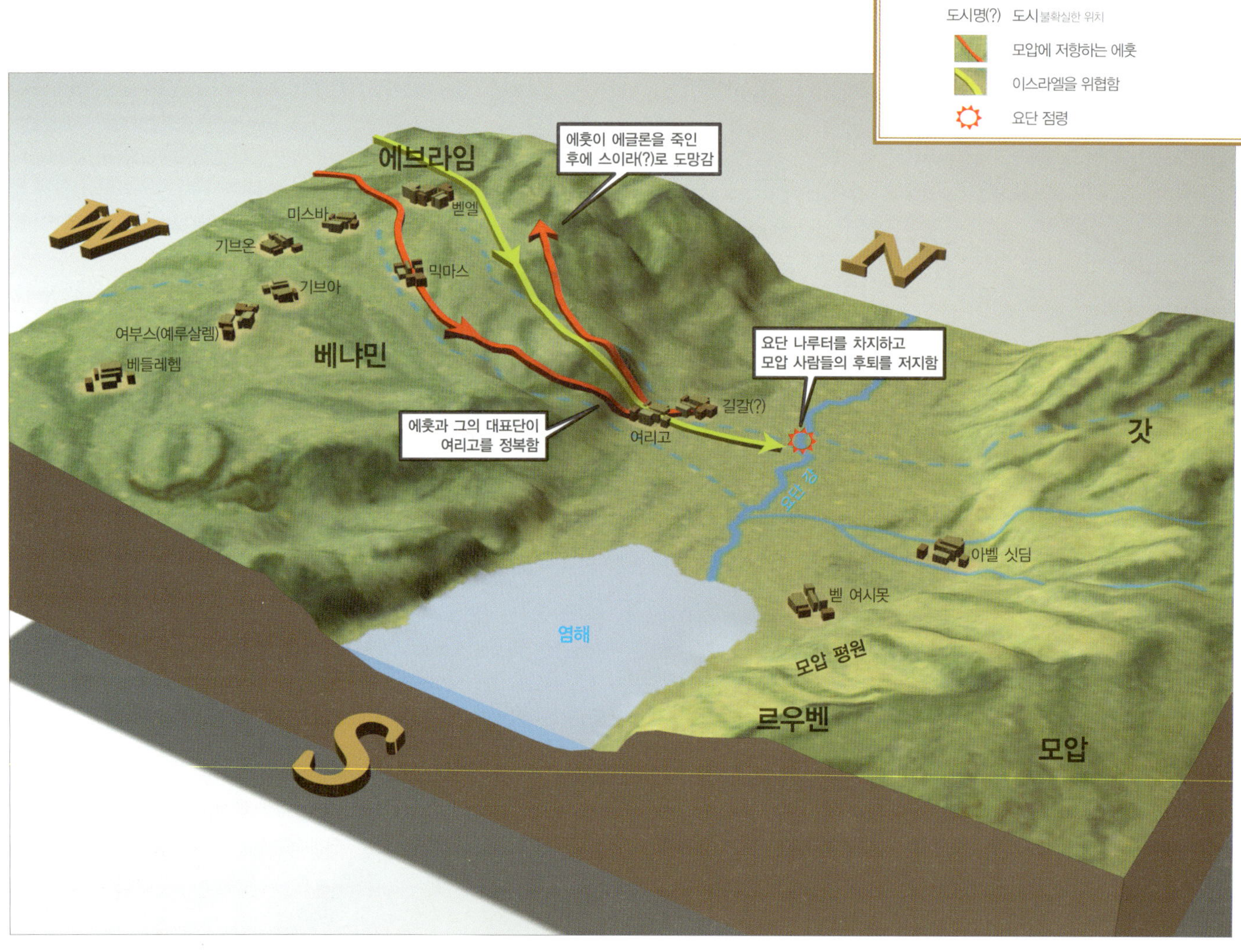

상로를 장악한 기드온은 다시 한 번 와디 시르한Sirhan 에 있는 갈골Karkor에서 미디안 군대를 공격해 그들을 경악케 했다. 승리한 후 각 지파의 장로들이 기드온에게 왕이 되어 줄 것을 요청했지만, 기드온은 여호와 하나님만이 이스라엘을 다스리실 수 있다고 믿어 그 요청을 거절했다 삿 8:22, 23.

암몬 족속을 물리친 입다 | 지도 45 참조

암몬 족속은 길르앗에 있는 이스라엘 지파들을 18년 동안 괴롭혔다 삿 10:6-12:7. 모압과 마찬가지로 암몬 족속도 요단 강 건너편에 있는 이스라엘 백성과 끊임없이 부딪쳤는데, 랍바오늘날 요르단의 암만가 그들의 본거지였다. 암몬 족속은 길르앗에 있는 이스라엘 백성뿐 아니라 정기적으로 요단 강을 건너 유다와 베냐민, 에브라임까지 침입해 들어가 백성들을 괴롭혔다. 그러자 불한당으로 쫓겨 난 입다를 길르앗의 장로들이 찾아가 도움을 청했

고, 입다는 암몬 족속을 갈르앗에 있는 미스바에서 크게 물리쳤다. 잇따라 그는 아로엘에서 아벨 그라밈Abel-keramim까지 랍바의 서쪽과 남쪽에 있는 20개의 도시를 점령했다 삿 11:32, 33. 에브라임 사람들이 암몬과의 전쟁에서 길르앗이 지도력을 갖는 것에 반발하자, 입다는 요단 강 여울목의 아담 근처에서 에브라임과 싸워 크게 물리쳤다 삿 12:1-6.

블레셋의 위협

블레셋은 사사 시대에 이스라엘에게 가장 끈질기고 위협적인 존재였다. 이 잔인한 전사들은 먼저 람세스 3세 때 이집트를 침입하려던 바다 사람들 가운데 등장한다. 이집트 삼각주를 공격했다가 좌절한 블레셋 사람들은 자신이 살던 가나안 남쪽 해안으로 물러났다. BC 1175년에서 BC 1150년에 이르는 12세기 초반, 블레셋은 해변 길을 따라 세워진 도시 가사, 아스돗, 아

BC 1175년에서 BC 1150년에 이르는 12세기 초반, 블레셋은 해안 길을 따라 세워진 도시 가사, 아스돗, 아스글론을 장악하면서 가나안의 소유권을 주장했다.

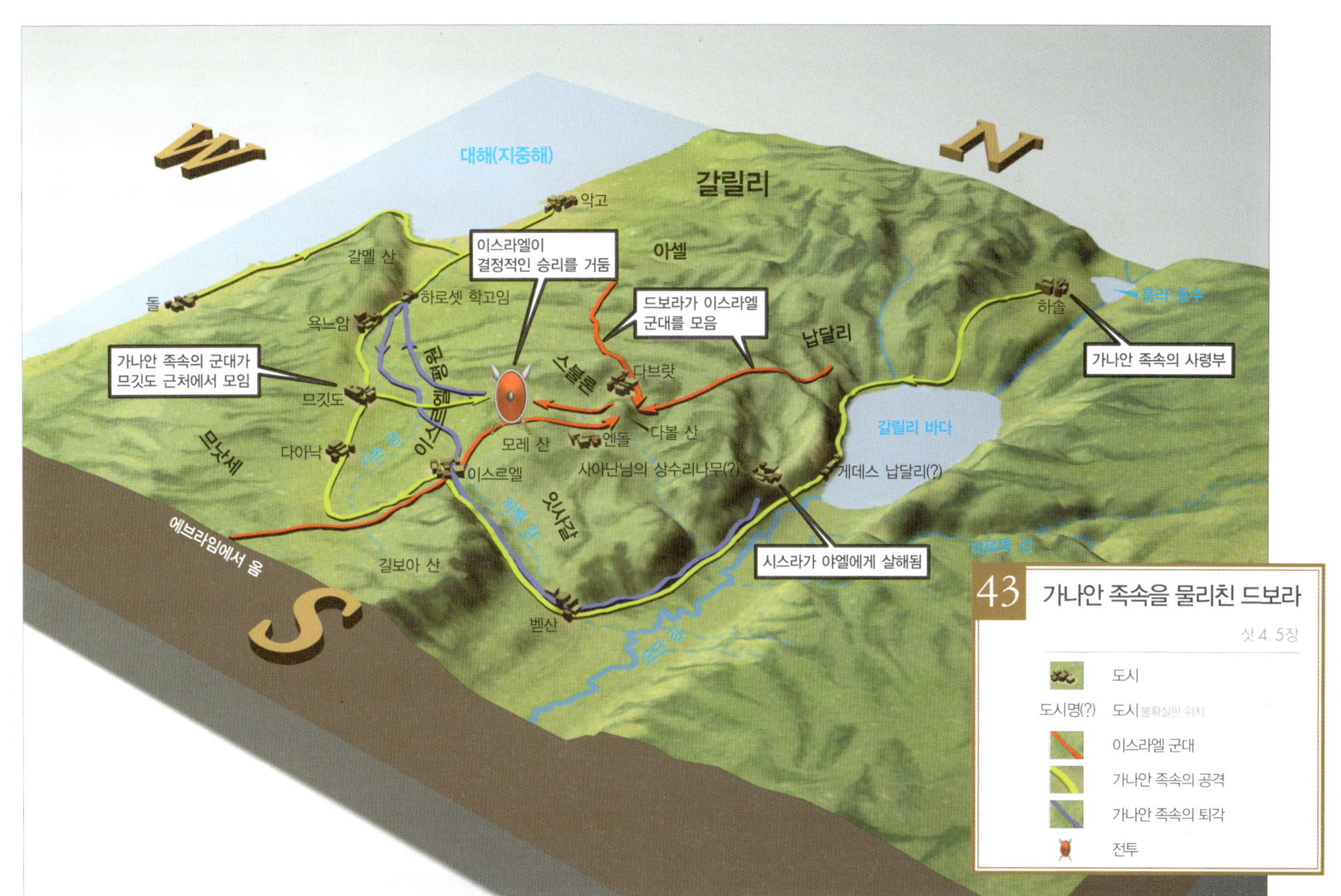

<table>
<tr><td>43</td><td colspan="2">가나안 족속을 물리친 드보라</td></tr>
<tr><td></td><td colspan="2" align="right">삿 4, 5장</td></tr>
<tr><td></td><td>도시</td><td></td></tr>
<tr><td>도시명(?)</td><td>도시 불확실한 위치</td><td></td></tr>
<tr><td></td><td>이스라엘 군대</td><td></td></tr>
<tr><td></td><td>가나안 족속의 공격</td><td></td></tr>
<tr><td></td><td>가나안 족속의 퇴각</td><td></td></tr>
<tr><td></td><td>전투</td><td></td></tr>
</table>

스글론을 장악하면서 가나안의 소유권을 주장했다. 그들은 파죽지세로 내륙을 압박하면서, 쉐펠라 가장자리에 있는 에그론텔 미크네 Tell Miqneh과 가드텔 에스 사피 Tell es-Safi?에서 세력을 키워 갔다. 이 다섯 도시를 통합해 연합 국가를 이룬 뒤 블레셋은 강력한 힘을 발휘했다. 각 도시는 '영주'Lord가 지배했다삼상 5:8.

남부 해안 평원의 작은 마을들도 지배한 블레셋은 새로운 도시를 건설했다. 그중 하나인 텔 카실레Tell Qasile는 야르콘Yarkon 강에 위치한 항구로서 BC 12세기 초에 세워졌으며 이름의 어원은 알려지지 않았다. 블레셋 사람들은 남부 해안 평원에 살면서 유다 지파와 단 지파를 위협했다.

메디네트 하부에서 발견된 바다 사람들의 모습과 최근 고고학자들이 발굴한 유적들은 블레셋을 이해하는 데 도움이 되고 있다.

그들이 이룩한 문명은 에게 해의 영향을 많이 받았는데, 특히 미케네의 영향이 두드러진다.

| 블레셋의 기원과 문화 | 미케네의 영향을 받다

성경은 블레셋의 기원을 아마도 크레타 섬으로 추정되는 갑돌Caphtor로 보고 있다. 성경에서는 '그렛 족속'Cherethite 또는 '크레타 사람'Cretans을 블레셋과 같은 의미로 사용하고 있다겔 25:16; 습 2:5. 메디네트 하부Medinet Habu에서 발견된 바다 사람들의 모습과 최근 고고학자들이 발굴한 유적들은 블레셋을 이해하는 데 도움이 되고 있다. 그들이 이룩한 문명은 에게 해의 영향을 많이 받았는데, 특히 미케네의 영향이 두드러진다. 미케네는 BC 1200년경 멸망할 때까지 그리스에서 문명을 번성시켰다. 고고학자들에 따르면 호머Homer의 일리아드Illiad는 희미하게나마 이 위대한 문화를 회고하고 있다고 본다.

블레셋의 도자기는 BC 12세기에 처음으로 등장하는데, 후기 미케네 문명과 아주 유사하다. 도자기에는 독특한 붉은색과 검은색으로 양각된 새와 중심이 같은 반

원들과 흰색 바탕에 그려진 나선형의 동심원들
이 장식되어 있다. 아스돗에서 발견된 여자 입상
들은 미케네 지역에서 발견된 여신의 입상과 매
우 유사하다. 텔 카실레Tell Qasile에서 발견된 세
개의 블레셋 신전들은 키프로스 구브로, 미케네,
델로스 섬에서 발견된 신전들과 닮았다. 심지어
골리앗의 투구, 놋 각반, 쇠비늘 갑옷과 같은 무
장은 미케네의 유물 가운데 '무사 항아리'에 새
겨진 갑옷을 연상시킨다. 또 이집트와 키프로스
의 특징들이 초기 블레셋 문명에서 나타난다.
그러나 블레셋은 팔레스타인의 가나안 문화에
급속도로 적응해 나갔다. 그들의 독특한 도자기
는 점차 가나안의 도자기들과 구별되지 않을 정
도로 비슷해졌다.
블레셋의 가장 중요한 신 중 하나인 다곤의 신전
은 가사와 아스돗에 있었고, 에그론에는 바알세붑 Baal-
zebub을 위한 신전이 세워졌다 왕하 1:2. 벧산에서는 아스
다롯 여신을 숭배했다 삼상 31:10.

삼손과 블레셋 사람들 | 쉐펠라의 주도권을 놓고 싸우다

블레셋이 쉐펠라까지 영토를 확장하자, 이스라엘과 블
레셋의 충돌은 더 이상 피할 수 없게 되었다. 단 지파와
유다 지파는 그들 영토의 중심부로 통하는 굴곡진 언덕
과 전략적으로 중요한 와디에 대한 지배권을 주장했다.
삼손의 이야기는 블레셋과 이스라엘이 쉐펠라에 대한
주도권을 놓고 겨루는 모습을 그리고 있다.

삼손은 단 지파 출신으로 소렉 골짜기 동쪽
언덕 '소라' 라는 마을에서 태어났다. 그는
인근 딤나 출신의 블레셋 여인과 혼인했으나 나중에 같
은 지역 출신의 들릴라와 사랑에 빠졌다. 블레셋 여인
인 아내에게 배신당한 삼손은 아스글론에서 30명을 죽
이고 여우 꼬리에 불을 붙여 딤나 주변의 밭을 불태움
으로써 블레셋에 대한 복수를 감행했다. 비록 들릴라의
간사한 속임수에 빠져 적들의 손에 붙잡혔으나, 마지막
순간에 하나님의 힘을 다시 찾고 그 유명한 다곤 신전
의 기둥을 무너뜨리는 역사적인 사건의 주인공이 된다.
당시 다곤 신전에는 가사 시민들로 가득 차 있었다.
그러나 삼손은 단 지파를 블레셋의 억압으로부터 구원

왼쪽 위 | 미케네의 무사 항아리. 미
케네 무사의 갑옷과 투구, 무기가 묘
사되어 있다. 이는 블레셋의 거인 골
리앗의 갑옷과 투구와 비슷하다.

*텔 제르오르(Tell Zeror / 지명)
하데라Hadera 동쪽 방향으로 지중
해에서 10km 떨어져 있다. 작은 골
짜기가 그 사이를 가로질러 생긴 두
개의 봉우리로 이루어져 있다. 북동
쪽의 봉우리는 무슬림 묘지며 더 큰
남서쪽 봉우리에는 아랍 마을의 유
물들이 있다. 고고학적 연대는 AD
13-15세기로 추정된다.

하는 데는 실패했다. 단 지파는 원래 분배받았던 그 땅을 버리고 새로운 땅을 찾아 북쪽으로 이주해야만 했던 것이다 삿 18장.

블레셋은 BC 11세기 중반, 이스라엘을 끊임없이 위협하던 시기에 가장 강성했다. 텔 제르오르Tell Zeror*, 므깃도, 벧산, 쉐펠라의 많은 지역들 딤나, 라기스, 벧 세메스은 블레셋이 이스라엘을 위협했던 영역들을 나타낸다. 블레셋의 지도자들은 전쟁터에서 전략을 주도면밀하게 운용하는 군사적인 통치자였다. 병거와 궁수, 마병, 보병까지 갖춘 블레셋 군대는 이스라엘의 군사력보다 우위에 있었다. 사무엘상 13장 19, 20절을 보면 블레셋은 철기구들을 정교하게 만드는 기술을 독점해 이스라엘로 하여금 철제 무기를 만들 수 없도록 했다.

| 언약궤 | **블레셋이 언약궤를 빼앗다** | 지도 47 참조

BC 1050년경 해변 길에 위치한 전략적인 도시 아벡을 차지한 블레셋은 아벡을 전략 기지로 삼아 언약궤를 보관하고 있던 실로를 포함한 중부 산간 도시들을 위협했다. 그러자 이스라엘 백성은 아벡 근처에 있는 에벤에셀로 군대를 옮겼다. 곧이어 이스라엘과 블레셋 사이에

전투가 벌어졌고 승리한 블레셋이 언약궤를 빼앗아 아스돗의 다곤 신전에 가져다 놓았다. 그러나 아스돗에 종기의 재앙이 내려지자 언약궤를 가드로 옮겼고, 또다시 같은 일이 일어나자 다시 한 번 에그론으로 옮겼다. 반복되는 재앙에 두려워진 블레셋 방백들은 언약궤를 다시 돌려보내기로 합의하고 속건제를 드린 뒤 언약궤를 수레에 실어 소렉 골짜기에 있는 벧 세메스로 보냈다 사무엘상 5, 6장.

이스라엘의 초대 왕 사울

| 사울의 등장 | **이스라엘이 왕을 요구하다** | 지도 48, 49 참조

BC 1050년 아벡에서 블레셋에게 패한 후 이스라엘 백성은 일시적이나마 하나님께 범죄한 것을 참회함으로써 유예 기간을 얻었으나 블레셋으로부터 심각한 핍박을 받았다 삼상 7장. 그러나 지파 지도자들의 타락은 이스라엘에 더 큰 위험을 초래했다. 사무엘의 아들들은 당시 사법 제도를 어지럽혔고 브엘세바에서 사사로 사역하면서 뇌물을 받았다 삼상 8장. 상황이 악화되자 각 지파의 장로들은 라마에서 사무엘을 만나 "다른 나라들처

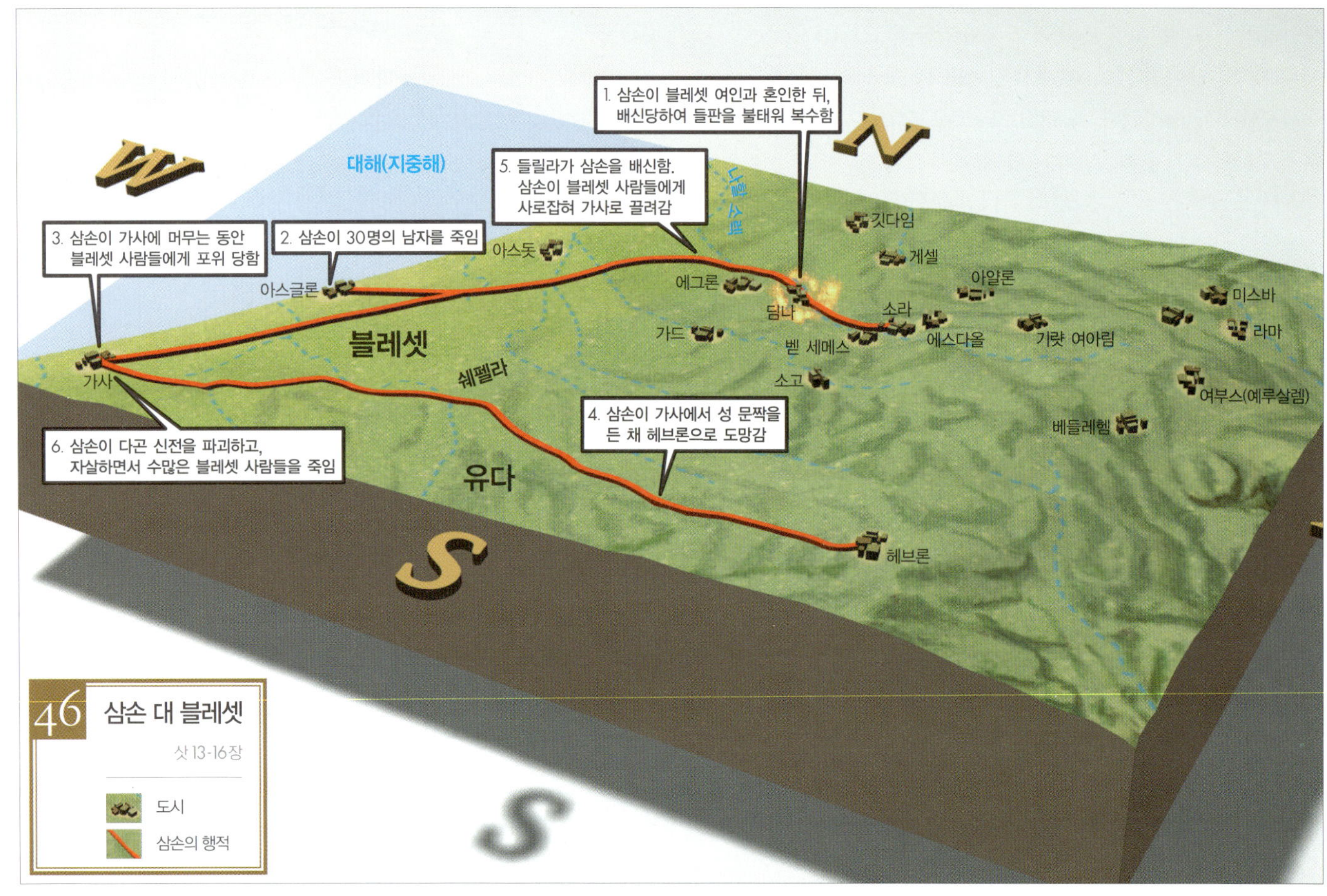

럼 우리를 다스릴 뿐 아니라 우리를 이끌고 나가 싸워 줄 왕이 있어야 합니다" 삼상 8:19, 20 라고 요청했다. 이는 이스라엘 역사에 중대한 전환기를 가져온 사건이었다. 베냐민 지파의 라마 출신인 사무엘은 노년기에 이르러 이스라엘이 지파 연맹체에서 왕국으로 전환하는 데 핵심적인 역할을 하게 되었다. 사무엘은 각 지파들의 사사로 사역했는데, 해마다 라마에서 시작해 벧엘, 길갈, 미스바에서 거행되는 순회에서도 이스라엘을 다스렸다. 그는 왕을 요구하는 장로들의 요청을 자신의 지도력에 대한 거부인 동시에 여호와 하나님께 대한 반역으로 여겼다. 하지만 하나님의 명령에 따라 사무엘은 베냐민 지파이며 기스의 아들 사울을 발견하고, 라마에서 그를 이스라엘을 다스리는 왕으로 기름 부어 세웠다 삼상 9:15-10:1. 마침내 BC 1020년경 장로들은 미스바에 모여 사울을 이스라엘의 왕으로 선출했다 삼상 10:17-27. 사울은 수도를 예루살렘에서 북쪽으로 수 킬로미터km 떨어진 기브아에 세웠다. 사울의 임무는 블레셋의 멍에

로부터 이스라엘을 구원하는 일이었으나, 많은 이스라엘 백성은 왕이 맞서기에는 블레셋이 너무 강력하다고 생각했다. 드디어 사울이 자신의 능력을 입증할 수 있는 기회가 왔다. 야베스 길르앗에서 암몬 왕 나하스와 싸워 줄 것을 요청한 것이다. 나하스는 야베스 길르앗을 둘러싼 뒤 포위를 푸는 대가로 모든 남자들의 오른쪽 눈을 빼라고 요구했다.

여호와의 영에 의해 감동을 받은 사울은 군대를 소집했다. 용감하게 요단 강을 건너가 나하스를 무찌르고 야베스 길르앗을 구해 냈다 삼상 11장. 마침내 백성은 사울이

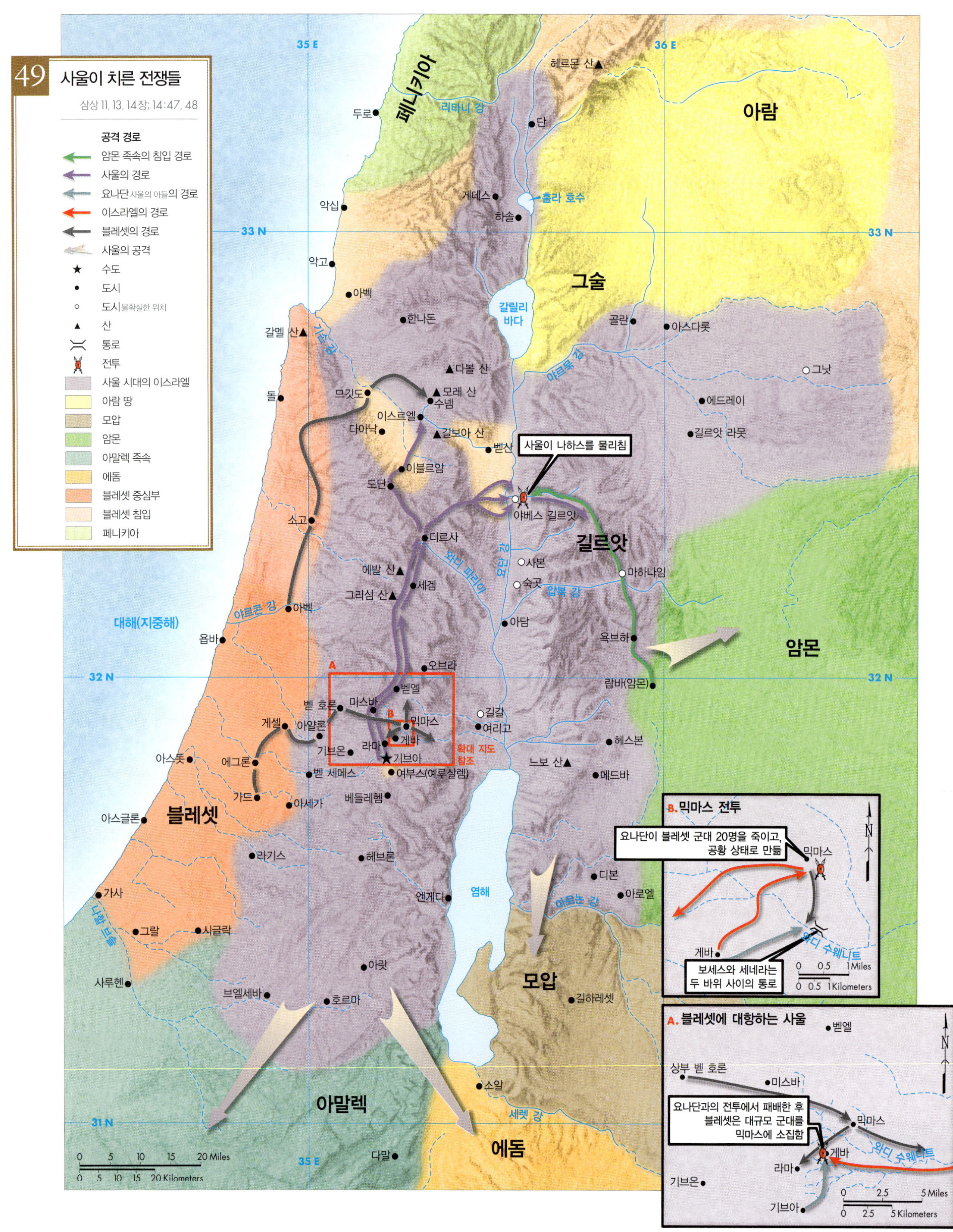

49
사울이 치른 전쟁들
삼상 11, 13, 14장; 14:47, 48

공격 경로
암몬 족속의 침입 경로
사울의 경로
요나단 사울의 아들의 경로
이스라엘의 경로
블레셋의 경로
사울의 공격
★ 수도
• 도시
○ 도시 불확실한 위치
▲ 산
통로
전투
사울 시대의 이스라엘
아람 땅
모압
암몬
아말렉 족속
에돔
블레셋 중심부
블레셋 침입
페니키아

페니키아
리타니 강
두로
악십
악고
아벡
한나돈
갈멜 산
기손 강
돌
므깃도
다아낙
이스르엘
이블르암
도단
소고
아벡
야르곤 강
대해(지중해)
욥바

헤르몬 산 ▲
단
게데스
하솔
훌라 호수
그술
갈릴리 바다
야르묵 강
골란
아스다롯
그낫
에드레이
길르앗 라못

다볼 산 ▲
모레 산 ▲
수넴
길보아 산 ▲
벧산
사울이 나하스를 물리침
야베스 길르앗
길르앗
사본
숙곳
마하나임
얍복 강

디르사
에발 산 ▲
그리심 산 ▲
세겜
와디 파리아
아담
욕브하

오브라
벧엘
미스바
벧 호론
게셀
아얄론
기브온
라마
게바
믹마스
벤 세메스
여부스(예루살렘)
여리고
길갈
확대 지도 참조
느보 산 ▲
헤스본
메드바

아스돗
에그론
가드
아스글론
가사
나할 브솔
그랄
시글락
라기스
헤브론
엔게디
염해
아르논 강
디본
아로엘

브엘세바
사루헨
아랏
호르마
소알
세렛 강
길하레셋
모압
에돔
다말
아말렉
블레셋

32 N
31 N
32 N
33 N
33 N
35 E
35 E
36 E

랍배(암몬)
욕브하
암몬
아람

0 5 10 15 20 Miles
0 5 10 15 20 Kilometers

B. 믹마스 전투
N
요나단이 블레셋 군대 20명을 죽이고, 공황 상태로 만듦
믹마스
보세스와 세네라는 두 바위 사이의 통로
게바
와디 수웨니트
0 0.5 1 Miles
0 0.5 1 Kilometers

A. 블레셋에 대항하는 사울
N
벧엘
상부 벤 호론
미스바
요나단과의 전투에서 패배한 후 블레셋은 대규모 군대를 믹마스에 소집함
믹마스
게바
라마
와디 수웨니트
기브온
기브아
0 2.5 5 Miles
0 2.5 5 Kilometers

하나님이 택하신 사람이라고 확신하게 되었고, 길갈에서 새 왕에게 충성을 다짐했다.

사울과 블레셋 | 사울이 블레셋에게 시달리다 | 지도 49 참조

그러나 사울은 블레셋이라는 더 무시무시한 상대를 앞에 두고 있었다. 블레셋은 베냐민 지파 땅에 속한 게바에 수비대를 주둔시켜 이스라엘을 위협했다. 게바는 와디 수웨니트The Wadi Suweinit*를 감시할 수 있는 자바 Jaba와 거의 동일시 된다. 사울과 그의 아들 요나단은 믹마스와 기브아에서 이스라엘 군대를 모았다. 여기서 기브아는 아마도 텔 엘 풀Tell el-Ful**을 의미할 것이다. 베냐민 지파의 도시들, 즉 기브아, 게바, 기브온등의 정확한 위치는 알기 어렵다. 이 지명들은 모두 히브리어로 '언덕' 또는 '고지'라는 뜻으로 산간 지역의 여러 곳을 일컫던 말이기 때문이다.

요나단은 게바를 공격해 블레셋을 물리쳤는데, 블레셋은 잠시 후퇴하는 듯하더니 다시 와디 수웨니트를 건너 믹마스로 더 많은 군대를 보냈다. 그러자 이스라엘 백성은 두려운 나머지 게바를 버리고 도망갔다. 어떤 사람은 가물어 메마른 와디의 동굴에 숨었고 어떤 사람은 은신처를 찾아 요단 강을 건너 길르앗으로 갔다. 이스라엘의 군대를 모두 흩어 버린 블레셋은 믹마스에서 동쪽과 서쪽 그리고 북쪽으로 진격했고 사울은 길갈로 후퇴해야 했다.

요나단의 투지는 다시 한 번 블레셋과의 전세를 뒤집어 놓았다. 요나단과 그의 무기를 맡은 자는 와디를 건너 보세스와 세네라 불리는 절벽을 기어 올라갔다. 급습을 당한 블레셋은 큰 혼란에 빠졌고, 사울은 이 소동에 힘입어 이스라엘 백성을 모아 기브아에 와서 요나단을 도왔다. 사울과 요나단은 블레셋을 믹마스에서 서쪽으로 몰아냄으로써 잠시 블레셋의 위협으로부터 피할 수 있었다. 그러나 사울의 시대는 충돌과 전투가 끊이지 않았다. 사울은 모압과 에돔, 소바***의 아람 왕들, 아말렉과 싸워 승리했다 삼상 14:47, 48. 그러나 그는 블레셋과의 결정적인 충돌을 끝내지 못했다. 성경에는 이에 대해 "사울은 일생 동안 블레셋과 치열하게 싸웠습니다" 삼상 14:52라고 기록되어 있다. 게다가 사울은 길갈에서 잘못된 희생 제사를 드림으로써 제사장의 역할을 침범했고, 이로 인해 사무엘의 지지를 잃고 말았다.

사울은 아말렉과의 전투에서 아무것도 남기지 말고 진멸하라는 하나님의 명령을 어기고 전리품을 챙김으로써 사무엘을 더욱 분노하게 했다 삼상 13:11-14; 15:1-35. 결국 하나님은 사울을 부적합한 왕으로 여기시고 사무엘에게 명령해 다윗을 이스라엘의 다음 왕으로 기름 부으셨다 삼상 16장.

사울과 다윗 | 다윗을 죽이려는 사울 | 지도 50 참조

사울과 다윗의 이야기는 여러 편을 통해 소개된다. 베들레헴 출신의 어린 양치기 소년이 엘라 골짜기에서 블레셋 장수 골리앗과 싸워 이기자 사울은 다윗을 위협적인 인물로 여기게 되었다 삼상 17장. 다윗의 명성은 사울의 업적을 가리기에 충분했다. "사울이 죽인 사람은 수천 명이요 다윗이 죽인 사람은 수만 명이라네" 삼상 18:7. 다윗의 업적을 높이는 이스라엘 여인들의 노래 소리는 사울의 영혼을 괴롭혔다. 결국 사울의 질투와 분노로 인해 다윗은 왕궁에서 도망쳐 나와 사울이 죽을 때까지 도망자의 삶을 살아야 했다. 사무엘상 19-30장에는 사울을 피해 도망 다니는 다윗의 모습을 기록하고 있다. 그의 기나긴 방랑은 사무엘이 임시 거처로 마련해 준 라마에서 시작된다 삼상 19:18. 다시 라마를 피해 놉Nob으로 간 다윗은 제사장 아히멜렉에게서 음식과 무기를 제공받고 서쪽으로 도망가 가드에 이르게 된다 삼상 21:1-9.

블레셋의 가드 왕 아기스는 다윗이 위협적인 인물이라는 것을 알고 그에게 은신처를 제공하지 않았다 삼상 21:12-15. 결국 다윗은 헤브론 북서쪽에 있는 한 언덕에 은신처를 마련하고, 아둘람 굴로 그의 가족들을 모았다 삼상 22:1. 사울의 통치에 불만을 품은 사람들이 다윗에게 모여들면서 다윗도 작은 군대를 이루게 되었다. 이즈음 다윗은 그일라 골짜기를 침략한 블레셋을 물리쳐 또 한 번 명성을 떨친다. 그러나 가족의 안전을 염려해 다윗은 가족을 모압으로 보냈다 삼상 22:3.

다윗은 다시 사울이 추격해 오자 예루살렘 동쪽 광야 외딴 지역으로 피신했다. 십 광야, 마온 황무지, 엔게디 요

"사울이 죽인 사람은 수천 명이요, 다윗이 죽인 사람은 수만 명이라네." 다윗의 업적을 높이는 이스라엘 여인들의 노래 소리는 사울의 영혼을 괴롭혔다. 결국 사울의 질투와 분노로 인해 다윗은 왕궁에서 도망쳐 나와 사울이 죽을 때까지 도망자의 삶을 살아야 했다.

*와디 수웨니트(The Wadi Suweinit / 지명)
와디 수웨니트는 베냐민 지파의 지역에 속하며 동쪽에서 산지로 접근할 수 있는 길 중 하나다. 와디 수웨니트는 원래 여리고에서 예루살렘으로 올라가는 험한 길인 와디 켈트의 지류로서, 와디 수웨니트의 깊은 협곡은 믹마스와 게바 사이를 갈라 놓는다. 게바에 진을 친 사울의 군대와 믹마스에 진영을 둔 블레셋 군은 아마도 이 협곡을 사이에 두고 서로 대치한 것으로 보인다 삼상 13:16; 14:5.

**텔 엘 풀(Tell el-Ful / 지명)
베냐민 지파의 옛 도시로 기브아의 현대명이다. 예루살렘 북쪽에 인접해 있으며, 비바람에 심하게 침식된 곳으로 1922년과 1933년에 윌리엄 올브라이트가 부분적으로 발굴했다.

*** 소바(Zobah / 지명)
아람 사람의 소왕국으로 시편에서는 아람 소바로 기록되었다 시 60편. 하맛 소바라고도 불렸다 대하 8:3. 소바는 아람의 소왕국 중 가장 강력한 세력을 이루었으나 사울과의 전쟁에서 패배했고 삼상 14:47 소바 왕 하닷에셀은 다윗에게 패배해 조공을 바쳐야 했다 삼하 8:3-12. 이후 소바 사람들은 암몬의 용병이 되어 다윗과 싸웠다 삼하 10:6-19; 대상 19:6.

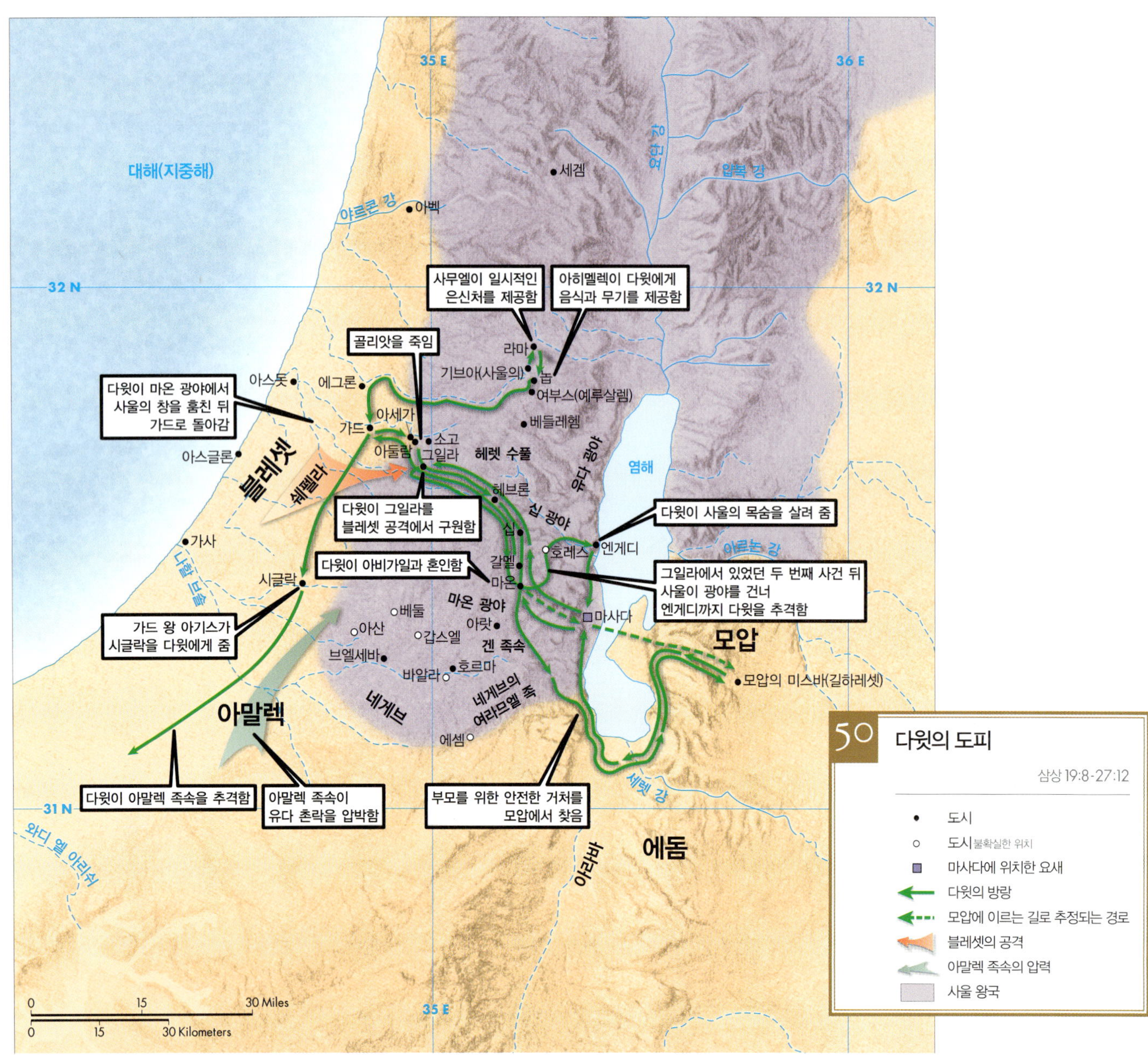

사울의 용맹한 아들 요나단을 포함한 많은 이들이 길보아 산에서 전사했다.

사울도 블레셋이 쏜 화살에 맞아 부상을 당한 채 스스로 목숨을 끊었다.

새는 다윗이 피난처로 머물던 광야 지역이다삼상 23:14-26:25. 십 광야 사람들이 다윗을 배신해 사울에게 갔으나, 다윗은 이미 마온 황무지로 피신한 뒤였다. 사울이 마온 황무지까지 쫓아왔으나 블레셋의 침략 소식을 듣고 다시 돌아갔다삼상 23:14-29.

다윗은 척박한 유다 광야 지역에 있는 엔게디 요새에 머물게 되었다삼상 25:1. 엔게디에서 다윗은 사울의 생명을 취할 수도 있었지만, 하나님의 기름 부음 받은 자를 해치고 싶지 않아 그를 살려 주었다. 마온 황무지에 머물 때, 다윗은 갈멜에 사는 나발의 아내 아비가일Abigal을 만나 혼인했다삼상 25:1-44. 마침내 다윗은 블레셋의 가드 왕 아기스의 보호를 받기로 했다. 아기스에게 자신

의 군사를 내주고 그에게 봉사하기로 약속하자, 다윗은 아기스로부터 시글락을 받았다. 블레셋의 봉신으로서 다윗은 주변 지역을 공격해 약탈해야 했다. 하지만 다윗은 유다 마을들을 괴롭혔던 반유목민인 그술 사람과 기르스 사람, 아말렉 사람들을 공격해 오히려 유다 지역의 마을들을 보호했다삼상 27장. 이로써 유다 백성은 다윗을 더욱 신임하게 되었고, 곧 다윗을 자신들의 왕으로 인식하게 되었다.

사울의 죽음 | 사울이 블레셋의 조롱을 받다

비록 다윗에 대한 질투심으로 총명이 흐려지긴 했지만, 사울의 진정한 적은 블레셋이었다. 블레셋은 이스르엘

사울과 그의 아들들이 가나안 족속의 신전 위에 못 박혔던 구약시대 벧산. 멀리 사울이 블레셋 족속과 싸우다 전사한 길보아 산이 보인다.

평원을 통과하는 주요 도로들을 통제함으로써, 사울이 북이스라엘 지파들과 연락하는 길을 끊어 버렸다. 블레셋은 이스르엘 평원의 주요 도로들을 장악하기 위해 아벡에 군대를 모으고 만반의 태세를 갖추었다 삼상 29:1. 하나님의 섭리였을까. 블레셋의 수령들이 다윗의 충성심을 의심해 다윗은 궁극적으로 사울의 죽음을 초래한 이 전쟁에 참여하지 않았다 삼상 29:2-11. 이스르엘 평원으로 이동한 블레셋 군대는 모레 산* 밑에 있는 수넴 Shunem에 진을 치게 되었다. 사울도 군대를 모아 길보아에 진을 쳤다 삼상 28:4. 긴박하게 도움이 필요했던 사울은 엔돌에 있는 신접한 여인을 찾아 사무엘의 영혼을 불러 냈고, 거기서 사울은 자신과 아들에게 임할 재앙의 예언을 들었다 삼상 28:7-24.

사울은 블레셋의 병거가 힘을 제대로 발휘하지 못하는 길보아 산에서 방어해 보려고 했다. 하지만 블레셋의 공격은 이스라엘을 능가했다. 사울의 용맹한 아들 요나단을 포함한 많은 이들이 길보아 산에서 전사했다. 사울도 블레셋이 쏜 화살에 맞아 부상을 당한 채 스스로 목숨을 끊었다. 블레셋은 사울과 그의 아들들의 시신을 거두어 벧산 성벽에 못 박고 그들을 조롱했다. 사울에게 감사함을 느낀 야베스 길르앗 사람들만이 그들의 시신을 가져다가 장사지내고 사울이 더 이상 굴욕당하지 않도록 지켜 주었다 삼상 31장.

Chapter 9

The Kingdom of David and Solomon

| 새로운 왕조를 탄생시킨 다윗과 솔로몬 |

BC 1000년경 사울이 죽자 군주정치에 대한 이스라엘의 시도가 이것으로 끝나는 것 아닌가 하는 회의가 고개를 들기 시작했다. 이스라엘 백성은 왕이 있다고 해서 사사 시대보다 더 부유했던 것도, 블레셋 등의 대적들로부터 더 안전했던 것도 아니었다. 이스라엘 백성은 여러 족속이 난립한 팔레스타인 지역에서 쉽게 멸망되거나 아니면 이방 문화에 간단히 흡수돼 버릴 수도 있었다. 그런 이스라엘의 운명을 바꾼 것은 다윗과 그의 아들 솔로몬이었으니 그들이 발휘한 지도력은 특별할 수밖에 없다. 단 두 세대 만에 두 명의 왕에 의해 이스라엘의 대적들은 사라졌고 시내 광야에서 유프라테스 강까지 영향력을 확장시킨 왕국이 건설된 것이다.

다윗과 솔로몬 재위 기간에 이스라엘은 근동 지역에서 정치적 · 경제적으로 중요한 역할을 했다. 더욱이 이스라엘은 아직 연약하기는 하지만 상당 부분 다윗의 능력과 솔로몬의 자질로 인해 처음으로 지파들 간에 연합을 이루게 되었다. BC 1000년부터 BC 922년까지 이룬 물질적인 업적은 참으로 놀랍다. 예루살렘에 세운 거대한 왕궁은 그 땅의 경제적인 발전을 입증하고 있다. 또 당시 시인과 역사가들의 활동이 장려되었는데, 시편은 다윗의 시가 여러 편 실려 있으며, 사무엘하 9-20장과 열왕기하 1, 2장은 이스라엘 문화가 처음으로 번성했던 당시 왕궁 역사가의 묘사 기술을 잘 보여 준다.

다윗의 통치
BC 1000~960년

| 다윗의 왕권 강화 | 이스보셋을 지지하는 북쪽 지파들의 위협에 맞서다

다윗은 BC 1000년 사울이 죽고 난 후 자신의 통치BC 1000~960년에 반대하는 중대한 대적을 만나게 되었다. 비록 유다 지역의 각 지파 장로들이 헤브론에서 다윗을 왕으로 선포했지만, 북쪽 지파들은 길보아산의 참사를 피한 사울의 아들 이스보셋을 지지했다. 사울의 군대 장관 아브넬에 힘입어 이스보셋은 요단 강 건너편 마하나임에 수도를 세웠다 삼하 2:1-11. 아브넬의 휘하에는 그를 따르는 충성스러운 군대가 있었으므로 다윗에게는 큰 위협이 되었다.

지파들 간의 내전

이처럼 둘로 나뉜 이스라엘의 분열은 지파들 간에 정치적인 혼란을 불러왔으나, 이로 인한 내전은 이 년을 넘지 못했다. 이 기간 중에 일어난 전투는 기브온 물가에서 아브넬의 군대와 요압이 싸운 전투뿐인 것으로 알려져 있다. 이때 요압은 자신의 동생 아사헬을 잃었다 삼하 2:12-32.

나중에 이스보셋이 사울의 첩과 통간했다는 누명을 아브넬에게 씌우자 아브넬은 다윗에게 화해를 청했다. 그러나 라이벌 의식을 가진 요압은 헤브론에서 평화 조약이 마무리되기 전에 피의 보복으로 아브넬을 죽였다. 며칠 후 이스보셋은 가까운 사람에 의해 살해되었다. 이스보셋과 아브넬이 수일 차이로 죽자 북쪽 지파 장로들은 다윗을 자신들의 왕으로 모실 수밖에 없었다. 다윗은 30세에 헤브론에서 모든 지파의 장로들에 의해 이

기브온에 있는 못가. 사울 사후에 아브넬과 요압의 군대가 전투를 했던 곳이다 삼하 2:12-17.

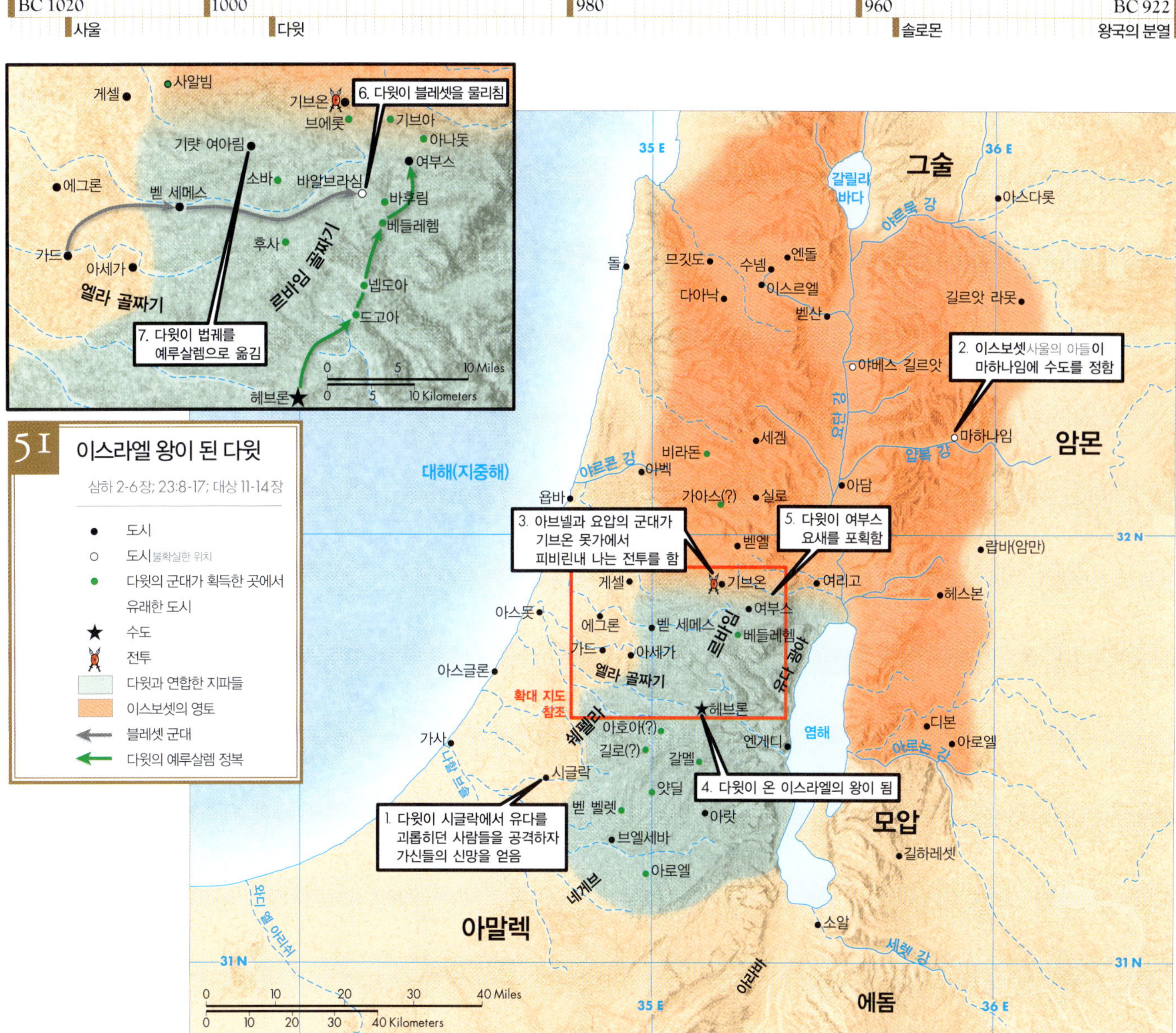

스라엘 왕으로 추대되어 40년 동안 이스라엘을 다스렸다 삼하 5:1-5.

온 이스라엘의 왕이 됨

이제 다윗은 왕으로서 이스라엘 전역을 장악하는 과제를 안고 있었다. 말썽 많은 지파들의 지지를 얻어 그 기반을 굳게 다지기 위해서는 지파별 편견이나 차별을 엄격하게 금지하고 동시에 그들의 충성심을 이끌어 내야 했다. 그러나 다윗은 단 한 번의 정치적인 계책을 통해 여부스 족속의 근거지였던 예루살렘을 수도로 삼을 수 있었다. 그때까지 어떤 지파도 예루살렘을 장악하지 못했다. 예루살렘은 어떤 지파와도 연합하지 않은 정치적으로 '중립적인' 곳이었다. 아마도 다윗의 군대는 튼튼

한 성벽으로 둘러싸인 성안으로 들어갈 수 있는 통로를 성벽 밑에서 찾아냈던 것 같다. 예루살렘 성에서 기혼 샘으로 연결된 수로를 통해 성안으로 기어 들어갔던 것이다 삼하 5:6-11. 하지만 최근 연구에 의하면, 수직으로 뚫린 구간을 타고 오르는 것은 놀랄 만한 묘기와도 같다고 한다 더 자세한 내용은 114-119쪽의 '다윗과 솔로몬의 도시 예루살렘' 참조.

다윗은 재빨리 예루살렘에 자신의 관사를 세우고 두로 왕 히람의 도움을 받아 왕궁을 건축했다. 그리고 다윗은 이스라엘의 진정한 연합이 여호와 하나님을 향한 그들의 믿음 안에 있음을 인식하고 언약궤를 기럇 여아림에서 예루살렘으로 옮기고 그 거룩한 궤를 모실 장막을 세웠다 삼하 6장. 이 한 번의 사건으로 다윗은 모든 지파

다윗은 나이 30세에 헤브론에서 모든 지파의 장로들에 의해 이스라엘 왕으로 추대되어 40년 동안 이스라엘을 다스렸다.

52 다윗의 정복 전쟁
삼하 11:1-12: 31; 대상 18:1-12
● 도시
○ 도시 불확실한 위치
▲ 산
정복 전쟁의 경로
에돔 족속의 위협과 후퇴
블레셋의 위협
아람 군대
이제는 쇠퇴한 사울 왕국
다윗이 정복한 영토
0 10 20 30 40 50 Miles
0 10 20 30 40 50 Kilometers
35 E
36 E
34 N
34 E
35 E
33 N
33 N
32 N
32 N
31 N
하맛
디브핫
비블로스
군
베로대
소바
다메섹
다메섹
아바나 강
아람
바르발 강
페니키아
시돈
벧 르홉
두로
리타니 강
헤르몬 산
단
마아가
하솔
훌라 호수
악고
갈릴리 바다
그술
아스다롯
헬람
돕 지역
길르앗 라못
대해(지중해)
갈멜 산
기손 강
다볼 산
모레 산
므깃도
길보아 산
벧산
야르묵 강
요단 강
그리심 산
세겜
마하나임
압복 강
암몬
아르논 강
아벡
기럇 여아림
벧 호론
벧엘
랍바(암만)
게셀
아얄론
기브온
여리고
르바임 골짜기
예루살렘
소렉 강
블레셋
가드
바알브라심
헤브론
메드바
가사
염해
아르논 강
아로엘
브엘세바
네게브
아랏
모압
길하레셋
동부 사막
소금 골짜기
세렛 강
에돔
아라바
보스라
10. 다윗이 솔로몬 성전의 청동 물두멍을 만들기 위해 디브핫Tibhath, 군Cun, 베로대Berothai에서 다량의 청동을 취함
3. 다윗이 소바 왕 하닷에셀을 침
6. 하닷에셀이 대규모의 아람 군을 소집함
7. 두 번째로 하닷에셀을 추격한 다윗이 헬람에서 큰 승리를 거둠
9. 다윗이 암몬 족속을 패배시킴 삼하 8:3-12; 10:1-13; 12:26-31
8. 다윗이 공개적 모욕에 대한 보복으로 요압을 보냄
1. 다윗이 블레셋 족속을 패배시키고, 쉐펠라의 통제권을 얻음 삼하 5:17-22
2. 다윗이 모압 족속을 물리침 삼하 8:2
4. 다윗이 에돔 족속을 물리침 삼하 8:13, 14; 왕상 11:14-18
5. 소금 골짜기에서 다윗이 승리하자 에돔 왕이 이집트에 안전을 구함

들을 하나로 연합할 수 있었고 동시에 종교적인 충성심까지 얻게 되었다. 이후 다윗과 그의 자손들은 예루살렘을 중심으로 이스라엘을 다스리는 왕권을 이어 갔다. 다윗과 맺은 여호와의 언약은 다윗과 그의 자손들을 이스라엘의 왕으로 세우신 하나님의 선택을 확증해 준다 삼하 7장. 다윗 성 예루살렘은 '여호와의 시온'으로서 이스라엘의 정치적·종교적 중심지가 되었다.

|다윗이 치른 전쟁| 팔레스타인을 넘어 시리아까지 세력을 확장하다 |지도 52 참조

다윗은 왕위에 있는 동안 이스라엘을 위협하는 주변 나라들과 수많은 전쟁을 치러야 했다. 그 과정에서 다윗은 이스라엘의 각 지파에게 더 많은 땅을 분배해 주었을 뿐만 아니라 예루살렘의 영향력을 팔레스타인을 넘어 시리아까지 확장해 나갔다. 이런 놀라운 업적에는 이스라엘 백성뿐 아니라 헷 족속, 블레셋 족속, 암몬 족속 등에서 뽑은 용병들을 중심으로 전문적인 군대를 조직한 덕분이기도 했다.

특히 '30용사'는 다윗에게 충성을 다하며 늘 최선봉에 선 정예 부대였다 삼하 23:8-39. 다윗이 치른 전쟁들 중에서 특별히 요단 강 건너편과 시리아와의 분쟁은 학자마다 다른 해석을 내놓고 있다.

다윗과 블레셋 사람들

다윗은 초기에는 소렉 상부, 르바임 골짜기*까지 올라와서 예루살렘을 위협하는 블레셋 군대들을 빠르게 제압했다. 두 번에 걸쳐 블레셋을 무찌른 다윗은 마침내 쉐펠라까지 장악했다 삼하 5:17-25; 23:9-19; 대상 14:8-17. 하지만 가드 왕 아기스와의 관계 때문인지 블레셋 남부 해안 지역의 도시들은 합병하지 못했다. 그럼에도 불구하고 다윗의 승리는 블레셋의 확장을 막기에 충분했고, 이후 블레셋은 더 이상 이스라엘의 위협적인 존재가 되지 못했다.

다윗과 요단 동편 나라들

다윗은 이스라엘의 주도권을 확실히 하기 위해 요단 동편 중요 지점에서 장기적인 전쟁을 치렀다. 성경은 모압과 에돔과의 전쟁을 간략하게 언급하고 있다 삼하 8:2, 12-14; 왕상 11:14-17. 모압 족속 정복은 아르논 북쪽 기름진 평원 지대의 지배를 견고히 했다. 후에 군대 장관 요압

의 명령에 따라 아비새는 에돔 족속과 싸워 크게 승리했는데, 이때 가장 중요한 전투가 바로 염해 남부에 있는 소금 골짜기에서 벌어진 전쟁이었다. 열왕기상 11장 14-17절에 의하면, 에돔의 어린 왕자 하닷은 이집트로 도망쳤으며, 다윗은 에돔에 수비대를 두고 모압으로부터 조공을 받았다 삼하 8:2, 14.

다윗과 아람 왕국들

아람 왕국과의 충돌은 다윗의 재임 기간 내내 이어졌다 삼하 8:3-12; 10:6-19; 왕상 11:23-25; 대상 18, 19장. BC 1100년까지 레바논과 시리아 지역에서 출몰한 아람 왕국들에는 소바, 다메섹, 하맛, 벧 르홉 등이 있다. 이중 다윗과 주로 대적한 이는 소바 왕 하닷에셀이었다. 당시 하닷에셀은 다메섹을 장악한 뒤 하맛 왕 도이를 괴롭히고 있었다. 그는 팔레스타인 북부와 요단 강 건너편을 자신의 영역으로 여긴 것 같다.

암몬과의 전쟁은 하닷에셀과의 충돌을 더욱 촉발시켰다. 암몬의 새 왕 하눈은 다윗이 자신의 아버지 나하스의 죽음을 애도하기 위해 랍바로 보낸 사절들을 모욕했다. 이에 다윗은 요압을 랍바로 보내 응징했다 삼하 10장. 이를 미리 예상한 하눈이 하닷에셀에게 도움을 요청하자, 하닷에셀은 벧 르홉과 소바, 돕, 마아가와 같은 여러 아람 왕국에서 차출한 대군을 조직해 메드바**에서 요압과 맞섰다 대상 19:7. 하닷에셀은 퇴각하여 북쪽 유프라테스에 이르는 아람 사람들을 모아 규모가 더 큰 군대를 이끌고 나왔다. 다윗이 이끄는 군대가 갈릴리 바다 동쪽에 있는 헬람에서 하닷에셀과 싸워 크게 이기자, 하닷에셀과 연합한 왕들이 이스라엘과 화친하고 섬기기를 요청했다 삼하 10:19.

이스라엘 백성은 결국 랍바를 함락시킴으로써 암몬 족속을 정복했다. 하지만 그 오랜 전쟁 기간 동안 후방에 남아 있던 다윗은 밧세바와 그녀의 남편 우리아에게 큰 죄를 저질렀다 삼하 11, 12장.

다윗은 하닷에셀의 영토를 침입해 아람 군대를 파괴하고, 베다 Betah, 디브핫 Tibhath?, 베로대, 그리고 레바논 베카 Beqa의 군에서 많은 놋을 취하는 한편, 다메섹에 수

다윗 성 예루살렘은 '여호와의 시온'으로서 이스라엘의 정치적·종교적 중심지가 되었다. 이후 다윗과 그 자손들은 예루살렘을 중심으로 이스라엘을 다스리는 왕권을 이어 갔다.

*르바임 골짜기(Valley of Rephaim / 지명)
예루살렘 서남쪽, 베들레헴 근처로 유다와 베냐민의 경계에 위치하고 있다 수 15:8. 땅이 비옥해 농작물의 수확이 풍성했다 사 17:5. 블레셋 사람은 다윗의 위세를 누르기 위해 벧세메스에서 산지로 통하는 길을 따라 올라가 이 골짜기까지 공격해 왔다 삼하 5:18, 22. 다윗은 이를 격퇴하여 그들의 땅을 봉쇄했다. 르바임 골짜기는 지금의 엘 부케아 el-Buqei'a 다.

**메드바(Medeba / 지명)
염해 동쪽으로 약 29km 떨어져 있는 모압의 고대 도시. 아모리 사람의 왕 시혼이 탈취한 성읍이었으나 다시 이스라엘이 시혼의 손에서 빼앗아 르우벤의 소유가 되었다 수 13:16. 아하스 당시에는 모압 사람들의 성소였다. 암몬 사람들이 요압에 의해 패배했을 때 이곳에서 도피처를 찾았다 대상 19:1-15. 메드바의 가장 유명한 유물은 6세기 비잔틴 교회 바닥의 모자이크 지도로, 이 모자이크는 9세기 후반에 그곳에 새로운 교회를 건축하면서 발견된 것이다. 모자이크의 대부분은 파괴되었지만, 예루살렘을 표시하는 부분은 그대로 남아 있다. 팔레스타인의 남부 욥바에서 길하라셋에 이르는 지역와 이집트의 삼각주 지역 일부를 나타내는 팔레스타인 최고의 지도다.

힐락쿠
구에
사말
갈그미스
갈그미스
빗 바히아니
운키
아르밧
벧 에덴
텔 타아나트
알레포
빗 아구시
벧 에덴(빗 아디니)
유프라테스 강
딥사
하맛
키프로스
아람 소바
하맛
카트나
아르왓
페니키아
카데쉬(오론테스 지역)
다드몰
비블로스
오론테스 강
대해(지중해)
레바논 산맥
시돈
다메섹
아바나 강
두로
단
바르발 강
하솔
마아가
악고
긴네렛
그술
갈릴리 바다
아스다롯
므깃도
길르앗 라못
벧산
해변 길
왕의 대로
요단 강
세겜
암몬
욥바
게셀
랍바(암만)
블레셋
기브아
아스돗
가드
예루살렘
가사
염해
모압
라피아
브엘세바
길하레셋
동부 사막
다말
에돔
가데스 바네아
이집트
에시온 게벨
홍해
53 다윗과 솔로몬 왕국
도시
솔로몬 왕국의 경계
사울 재위기의 이스라엘
다윗이 정복한 땅
솔로몬의 영향이 미친 지역
정복되지 않은 땅
주 도로
대해(지중해)
홍해
0   20   40   60   80   100 Miles
0   20   40   60   80   100 Kilometers
N

비대를 두고 아람 연합군에서 빠진 하맛 왕 도이와 조약을 체결했다 삼하 8:3-10.

다윗의 성취

용맹한 군사적 지도자 다윗은 이스라엘이 거대한 국가로 성장하는 발판을 마련했다. 우선 벧산, 예루살렘 등 팔레스타인의 강력한 도시들을 정복함으로써 영토를 확장했다. 주요 대상로가 지나는 요단 동편뿐만 아니라 이스르엘 평원과 쉐펠라, 그리고 모든 갈릴리 지역까지 다윗 왕국의 일부가 되었다. 암몬과 모압, 에돔, 그리고 일부 아람 왕국들도 예루살렘에 공물을 바침으로써 신하의 예를 갖추었다.

블레셋의 영역을 남쪽 해안으로 제한하고 페니키아와는 우호적인 관계를 유지했다. 다윗은 죽을 때까지 BC 960년경 이스라엘 왕국의 상당한 부분을 개척했으며 정치적인 입지를 확고히 다졌다. 한편 다윗은 자신의 왕국을 행정적으로 이끌어 갈 수 있는 조직과 기구들을 만들었다. 다윗 왕국에서 일했던 사람들과 그 직함들이 성경의 여러 곳에서 발견된다 삼하 8:16-18; 대상 18:15-17; 27:32-34. 다윗이 왕위에 오른 당시만 해도 내부적으로는 분열로 인한 혼란을 겪고 있었고, 외부적으로는 수많은 외침에 시달리고 있었다. 다윗의 업적은 그런 열악한 환경에서 이룩한 것이었기에 더욱 빛이 났다. 다윗은 그의 아들 솔로몬 시대의 영화를 위해 이스라엘에 안정된 기초를 닦아 놓았다.

솔로몬의 통치
BC 960~922년

솔로몬의 통치 시기 BC 960-922년는 다윗이 이룩한 군사적인 성공을 바탕으로 40년 동안 평화와 번영을 누린 황금기였다. 솔로몬은 가사에서부터 시리아 중부에 이르는 광활한 왕국을 아버지 다윗에게서 물려받았다. 다

> 다윗은 죽을 때까지 이스라엘 왕국의 상당한 부분을 개척했으며 정치적인 입지를 확고히 다졌다.

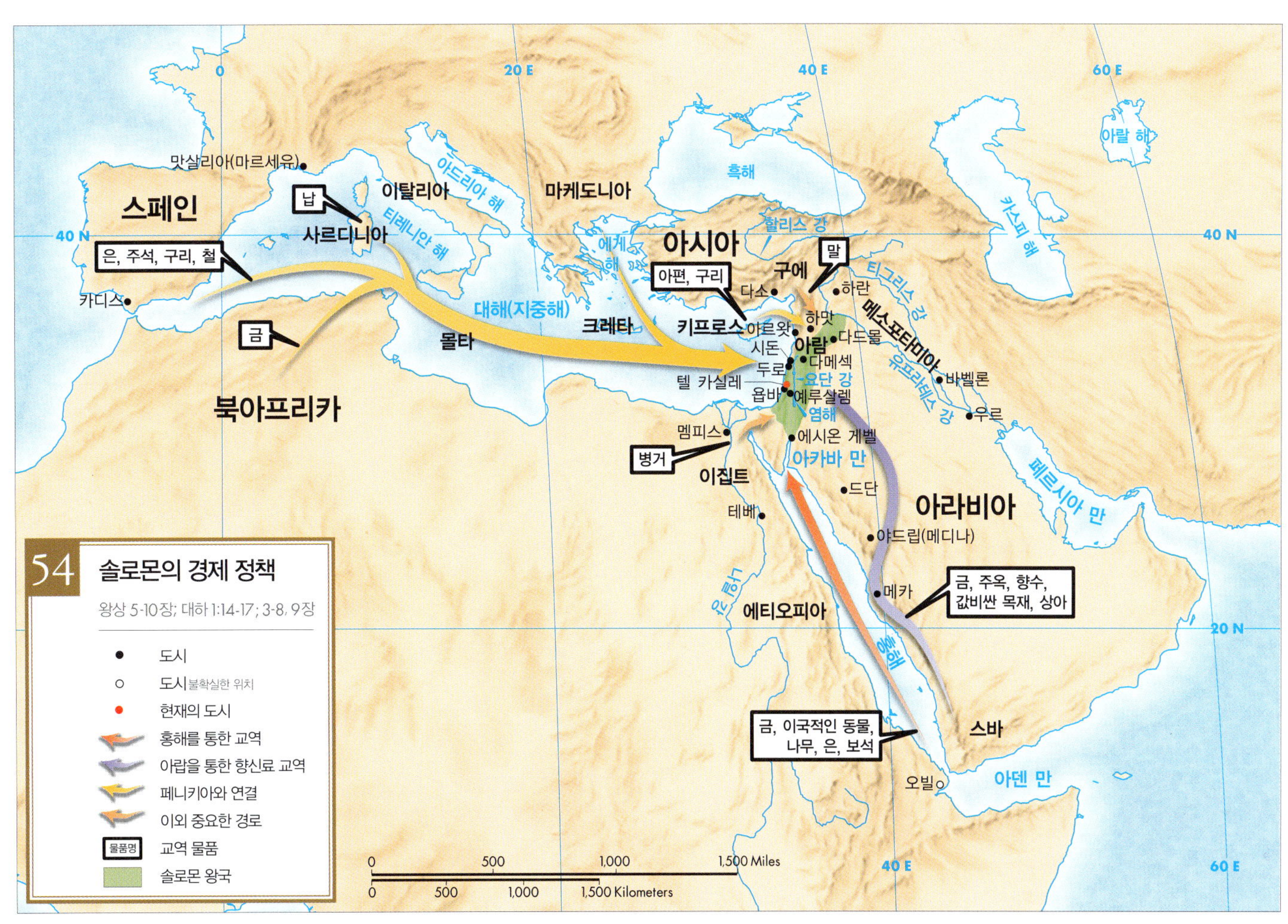

* 텔 카실레(Tell Qasile / 지명)
BC 12세기경 블레셋 족속에 의해
건설된 항구 도시가 발견된 곳으로,
야르콘 강 유역에 있다. 베냐민 마
자르 교수에 의해 1948년에 발굴
되었다.

윗의 쉴 틈 없는 정복 전쟁 덕분에 솔로몬은 해변 길과 왕의 대로와 같은 주요 대상로와 지역들을 통제할 수 있었다. 솔로몬은 거의 모든 근동 지방으로 나아가는 주요 간선로를 이용해 무역을 함으로써 엄청난 재물을 쌓았다. 이렇게 구축한 부로 솔로몬은 대규모 건축 사업을 추진했는데, 이는 이스라엘의 국력을 나타내는 상징이었다. 이것에 대한 기록이 열왕기상 3-11장과 역대하 1-9장이다. 하지만 고고학에서 밝혀 낸 솔로몬 시대의 물질문명은 이보다 더 찬란했던 것으로 보인다.

솔로몬의 경제 정책 | 국제 교역의 중심이 되다

솔로몬은 국제 공해公海와 수로를 통한 교역에 집중했다. 솔로몬이 거느린 700명의 아내와 300명의 첩을 통해 당시 국제적인 교류가 얼마나 광범위했으며 활발했는지를 알 수 있다. 당시 왕들은 관례적으로 다른 국가의 왕족과 혼인 관계를 맺음으로써 일종의 정치적인 동맹 관계를 보증했던 것이다. 솔로몬은 암몬 족속과 에돔 족속, 모압 족속, 헷 족속, 그리고 페니키아 여인까지 아내로 맞아들였다 왕상 11:1. 이름을 알 수 없는 이집트 21왕조의 왕도 딸을 솔로몬에게 시집보내면서 게셀 성을 혼인 지참금으로 주었다 왕상 9:16. 이러한 폭넓은 동맹 관계는 국제적인 경영가 솔로몬에게 더 많은 부를 안겨 주었다.

열왕기상 3-11장은 솔로몬의 폭넓은 교역 관계를 말해 주고 있다. 의심할 바 없이 이스라엘에 가장 많은 이익을 가져다 준 곳은 다름 아닌 페니키아였다. 다윗의 당부를 따라 솔로몬은 페니키아 사람인 두로 왕과 밀접한 관계를 유지했다. 페니키아 사람들은 고대에 가장 유능한 선원이며 상인이었다. BC 1000년경부터 페니키아 사람들은 지금의 레바논 해안에 있는 항구에서 배를 타고 나가 교역 물품을 찾아 다녔다. 페니키아 사람들은 지중해 유역과 스페인까지 식민지를 세워 교역의 거점으로 삼았다. 페니키아의 주요 항구 도시 두로와 시돈, 비블로스, 아르왓은 세계의 물품이 드나드는 일종의 물류센터 역할을 했다 131쪽의 '페니키아의 문화' 참조.

히람과는 상호 이익을 위해 연합해서 교역 사업을 펼쳐 나갔는데, 솔로몬은 히람의 도움으로 항구 시설을 늘리는 한편 아카바 만에 있는 에시온 게벨에 함대를 주둔시켰다. 항해에 경험이 없는 이스라엘을 위해 히람은 함대를 유지하고 운용하는 데 필요한 장인과 선원들을 제공했다 왕상 9:26-28; 10:11, 12, 22. 홍해를 떠난 선박들은 오빌로 항해해 수많은 금과 함께 열대 동물과 나무들, 그리고 은과 귀한 보석들을 가지고 돌아왔다.

비록 그 정확한 위치는 알려져 있지 않지만, 텔 카실레 Tell Qasile*에서 나온 비문은 오빌의 금을 언급하고 있다. 어떤 학자는 오빌이 동아프리카 해안 지역에 있다고 보는 반면, 어떤 학자는 사우디아라비아의 전설적인 황금 지역일 것이라고 보기도 한다. 하지만 솔로몬의 선박에 싣고 돌아오는 상품들을 보면, 아프리카와 아라비아 반도 해안에 있는 여러 항구들을 거쳐서 돌아온 것으로 생각된다. 페니키아 사람들은 솔로몬이 장악하고 있는 새로운 시장과 대상로를 사용한 반면, 솔로몬은 자신의 경제 활동에 해상 무역을 추가할 수 있었다.

스바 여왕이 솔로몬을 방문한 유명한 사건 역시 교역과 관련된 것으로 보인다. 스바는 아라비아 반도에 위치한 작은 왕국 중 하나로 향신료와 향수, 보석, 금으로 유명한 곳이었다. 하지만 지정학적으로 고립된 이 작은 나라는 보다 넓은 시장으로 나가기 위해 솔로몬이 장악하고 있는 대상로가 필요했다. 솔로몬과의 협상을 통해 스바의 대상隊商들은 약대를 타고 다니며 지중해 연안 지역과 그 너머의 부유한 지역들을 오갈 수가 있었다. 솔로몬은 또한 무기와 말 등을 거래하는 '중개인' 역할도 했다. 열왕기상에 의하면 솔로몬은 명마로 유명한 터키의 구에 Kue, Que, 훗날 길리기아라로 불림에서 말을 수입했고, 이집트로부터는 병거를 들여왔다. 솔로몬은 1,400대의 병거를 가지고 자신의 왕국을 방어하는 한편 남은 것은 아람과 헷 족속의 왕들에게 팔았다 왕상 10:26-29.

솔로몬의 건축 사업 | 성전 건축과 광범위한 재건축을 시행하다

이렇게 벌어들인 재물로 솔로몬은 자신의 왕국을 더욱 강력하게 만들고자 이스라엘의 새로운 위상에 어울리는 왕궁을 건설했다. 성경은 그의 광범위한 건축에 대

솔로몬 시대에 건축한 것으로 보이는 하솔의 포루 성벽 Casemate Well.

므깃도에 있는 솔로몬 성문의 잔해. '격자형 옹벽공법' Headers-Strechers 양식의 석공술이 눈길을 끈다.

해 자주 언급하고 있는데, 고고학계에서도 이스라엘 초기의 기념비적인 건축물로 보이는 유물들을 발굴하고 있다. 학자들은 발굴 작업을 통해 BC 900년대, 즉 솔로몬 재위 기간에 건축 활동이 두드러졌다고 밝히고 있다. 건축 양식은 페니키아와 아람의 것과 같으며, 건축을 위해 국립 건축가를 고용했던 것으로 보인다.

솔로몬은 주요 도로들을 지키는 한편 행정적으로 중요한 도시들에 건축물을 세웠다. 열왕기상 9장 15절을 보면 솔로몬은 하솔, 므깃도, 그리고 게셀에 특별한 관심을 보였다. 이 세 도시는 모두 고대 가나안의 도시로서 해변 길에서 전략적인 위치를 점하고 있었다. 그러나 솔로몬이 왕이 되기 전에 이미 심각하게 쇠퇴의 길을 걷고 있었다. 솔로몬의 건축가들은 각 도시를 여섯 개의 방을 갖춘 포대가 설치된 성벽으로 둘러쌌다. 이는 솔로몬의 도시에서 나타나는 전형적인 특징이다. 두 개의 성벽이 도시를 둘러싸며 수직의 벽들이 필요한 방이나 '포대'를 만드는데, 이 공간은 창고나 생활공간으로 활용되곤 했다. 이런 형태의 성벽은 솔로몬 재위 기간과 같은 평화의 시기에는 충분히 안전을 보장해 주었지만, BC 900년 이후 이보다 더 강력한 공격 기술이 등장함으로써 급격하게 황폐화되었다.

므깃도는 지금까지 '왕실의 도시'에 있는 공공건물 중에서 가장 중요한 정보를 제공하고 있다. '궁전'으로 명명된 두 건물은 지역의 통치자가 살았거나 왕이 공무로 들를 때 관사로 사용하던 것으로 생각된다. 콜로네이드 열을 진 기둥 와 두 개의 방으로 이루어진 건물은 구별된 문을 통해서만 접근할 수 있는 커다란 안뜰에 있었다. 도시 남동쪽 끝에는 도시 바깥의 샘물을 끌어들이는 지하 통로가 있는데, 만일 적들에게 포위당했을 경우 안전하게 물을 공급받기 위해서였다. 초기 유적 발굴팀이 발견한 '솔로몬의 마구간'은 아마도 BC 900년 이후에 오므리나 아합에 의해 건축된 저장 창고일 것으로 생각된다.

열왕기상 9장 17, 18절은 솔로몬 시대에 이밖에 지역들이 재건축되었다고 기록하고 있다. 바알랏 Baalah 과 하부 벧 호론 Lower Beth-horon 은 해안 평원 지역에서 유다의 중심지로 가는 길

텔 아랏에서 발굴된 성전의 모습. 성소 앞마당에 놓여 있는 희생 제단이 보인다. 뒷쪽으로 성소 내부가 보이는데, 두 개의 제단과 발굴 당시 발견된 두 개의 신성한 돌이 놓여 있다.

목을 지켰다. 다드몰은 다메섹에서 북쪽으로 192km 떨어진 주요 상업 도시로 알려졌다. 그러나 많은 학자들은 이 도시가 원래 히브리어로 '유다 광야에 있는 다말Tamar'이라고 믿고 있다. 역대하 8장 3, 4절에는 솔로몬이 시리아 지역에 있는 하맛과 다드몰을 건축했다고 기록하고 있는데, 열왕기상 9장 18절에 따르면 이 지역은 유다 국경 지역의 남쪽에 있는 것으로 보인다. BC 10세기에 건축된 작은 요새들과 농경 정착지들 라맛 마트레드 Ramat Matred, 바알랏 브엘 Baalath-beer 이 발견되었다. 이들은 대상로를 보호하고 솔로몬 왕국의 남쪽 한 계선을 방어하기 위해 세워졌다. 튼튼한 건물이 아랏과 브엘세바에도 세워졌다. 흥미로운 것은 BC 10세기경 아랏에 작은 신전이 세워졌다는 점이다. 이를 통해 솔로몬의 건축 사업이 성경에 기록된 것보다 더 광범위하게 이루어졌음을 알 수 있다.

성경은 다윗과 솔로몬이 예루살렘에 세운 건축물에 특별한 관심을 기울인다 왕상 5-9장; 대하 2-4;8장. 다윗과 솔로몬이 왕위에 있는 동안 여부스 족속이 살던 도시는 왕궁이 있는 국가의 수도로 완성되었다. 비록 솔로몬 최고의 업적은 언약궤를 모실 수 있는 성전을 건축한 것이지만, 성경 말씀은 이 두 왕에 의해 세워진 다른 건축물들에도 관심을 갖고 기록하고 있다 114-119쪽의 '다윗과 솔로몬의 도시 예루살렘' 참조.

솔로몬의 사치가 불러온 갈등

솔로몬의 위대한 업적에도 불구하고 왕국 연합에는 분열의 조짐이 보이기 시작했다. 솔로몬이 추구한 일부 정책이 지파들의 시기와 질투를 샀고 지파들은 반란을 도모하기에 이르렀던 것이다. 다윗 시대에 실시된 인구조사를 근거로 솔로몬은 왕국의 행정 구역을 12 구역으로 나누어 세금을 거둬들였다 왕상 4:7-9. 그러나 이때 솔로몬은 오랫동안 지켜 온 지파들의 경계를 무시했으며 자신이 속한 유다 지파를 특별히 우대했던 것으로 보인다. 게다가 건축 사업을 위해 강제로 노역과 부역을 동원했다. 원래 이 일꾼들은 이스라엘 사람이 아닌 사람들 중에서 징집했는데, 노동력이 부족해지자 이스라엘 백성 중에서도 징집을 했다. 당시 노역을 부리는 최고 책임자였던 여로보암은 이 억압적인 정책에 반기를 들고 이집트로 도망갔다 왕상 11:26-40.

여기에 솔로몬의 사치스런 생활이 왕국의 수입을 뛰어넘으면서 세수를 증가하기에 이르렀고, 이에 따라 지파들의 불평이 쌓여 갔다.

또 솔로몬이 취한 이방 종교에 대한 묵인은 여호와께 충실한 이스라엘 백성들로서는 참을 수 없는 수치였다. 솔로몬은 모압 신 그모스 Chemosh와 암몬 신 밀곰 Milcom, 시돈의 여신 아스다롯 Ashtoreth을 위해 예루살렘 주변 언덕에 제단을 쌓고 자신의 처첩들과 함께 예배했다 왕상 11:1-13.

한편 이스라엘의 오랜 대적들도 다시 왕국에 대항해 일어났다. 에돔 왕 하닷은 이집트에서 고향으로 돌아와 예루살렘과 홍해의 항구 도시 에시온 게벨을 잇는 대상로를 위협했다. 다메섹 왕 르손은 솔로몬의 지배 하에 있는 아람의 작은 왕국들을 빼앗았다 왕상 11:14-23.

솔로몬이 나이가 들어 통치력을 잃게 되고 곪아 있던 내부 문제까지 터져 나오자 한때 예루살렘에 충성을 다하던 주변 왕국들이 독립을 꾀하기 시작했다. 선지자 아히야가 예언한 대로 왕상 11:29-39 솔로몬 왕국은 위기와 몰락으로 치닫더니 BC 922년 솔로몬이 죽자 연합 왕국은 무너지고 말았다.

다윗과 솔로몬의 도시 예루살렘

다윗이 예루살렘을 차지해 왕국의 수도로 삼고 나서 예루살렘은 성경에 나오는 많은 도시들 가운데 유례가 없는 위치를 얻게 되었다. 고고학자들은 지난 20여 년 동안 예루살렘에 대한 진실을 밝혀 내기 위해 노력했다. 베냐민 마자르Benjamin Mazar와 나만 아비가드Nahman Avigad, 이갈 실로Yigael Shiloh*, 캐슬린 케년Kathleen Kenyon, 마겐 브로시Magen Broshi를 비롯해 많은 사람들이 여기에 참여했다. 이들이 발굴한 유적들을 통해 그동안 의문으로 남겨진 것들이 해결되었는가 하면 새로운 문제들이 제기되기도 했다.

예루살렘을 발굴하는 작업은 쉽지 않았다. 무엇보다 이 도시의 역사에 대한 우리의 지식에는 많은 빈 공간이 남아 있다. 이 도시가 경험했던 여러 번의 멸망과 재건축, 채석과 자재의 재사용, 그리고 오랜 세월의 풍파 속에 부식된 것 등은 고고학자들이 찾고 있는 증거들을 파괴하거나 혼란스럽게 만들었다.

예루살렘이 고대의 다른 도시들과 달리 산등성이에 세워졌다는 사실과 아직도 이곳에 사람이 살고 있다는 사실은 고고학을 통해 역사를 재구성하는 작업을 더욱 복잡하게 만들고 있다. 그럼에도 불구하고 그들의 노력 덕분으로 우리는 예루살렘에 대한 지식을 넓힐 수 있게 되었다.

| 예루살렘의 지형 | 예루살렘은 산지를 따라 형성되었다

예루살렘은 서쪽과 동쪽의 두 산지를 따라 형성되었다. 이 산등성이는 북쪽에서 남쪽으로 갈수록 확장되어 깊은 골짜기처럼 요새를 이룬다. 기드론Kidron 골짜기는 동쪽 산등성이를 더 높은 스코푸스Scopus 산**, 올리브 산감람산, 805m과 구분해 준다. 힌놈 골짜기는 서쪽 봉우리를 따라 내려와 두 봉우리를 감싸다 남쪽에서 기드론 골짜기와 만난다. 요세푸스가 '티로포이온Tyropoeon 골짜기' 또는 '치즈 제조기 골짜기'라고 부른 중앙 골짜기 Josephus, JW, 5: 4:1는 이 두 봉우리를 다시 나눈다.

예루살렘의 초기 이주민들은 동쪽 봉우리

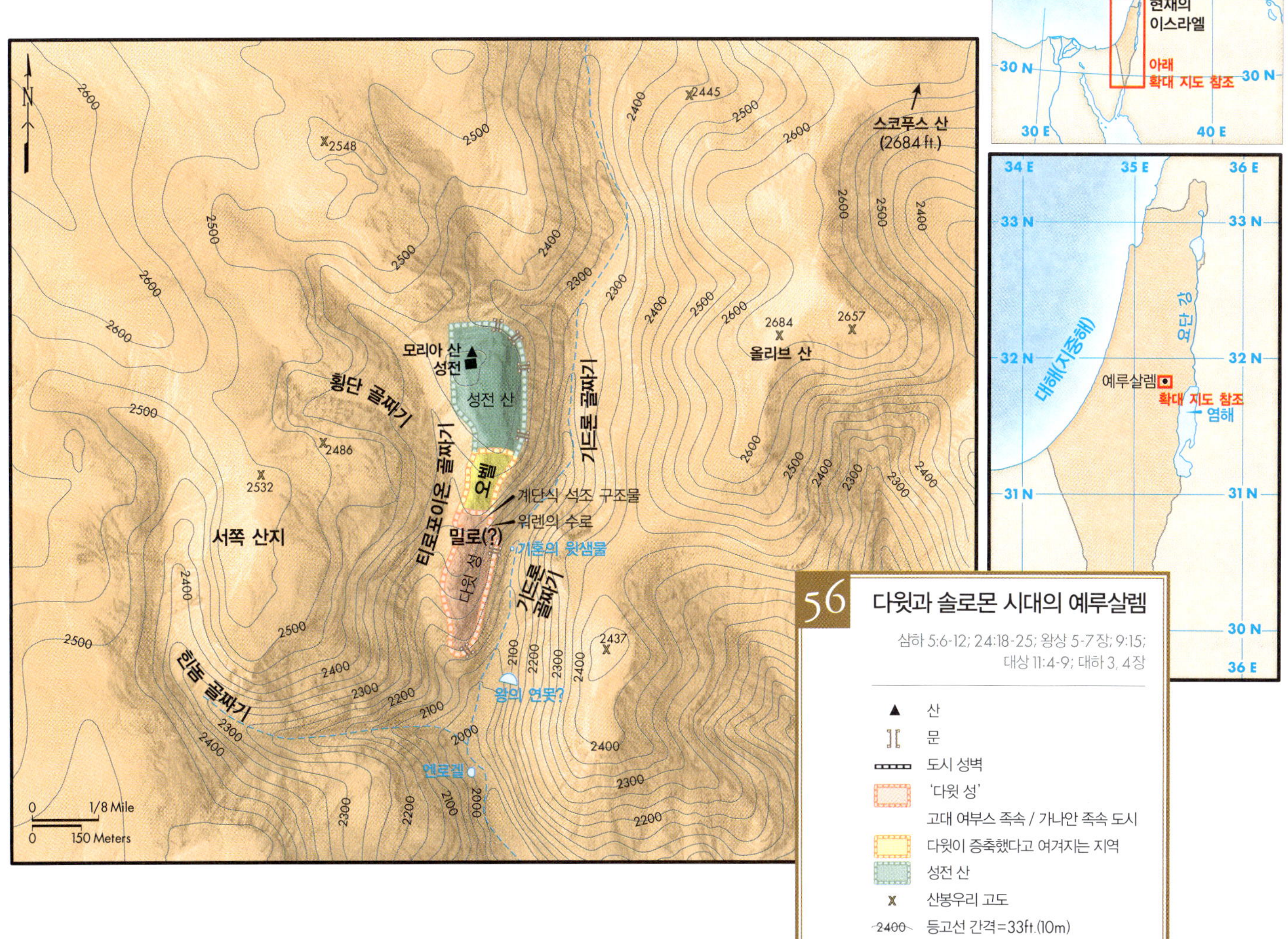

56 **다윗과 솔로몬 시대의 예루살렘**

삼하 5:6-12; 24:18-25; 왕상 5-7장; 9:15; 대상 11:4-9; 대하 3, 4장

- ▲ 산
- ⯊ 문
- ▭▭▭ 도시 성벽
- ▭ '다윗 성'
- ▭ 고대 여부스 족속 / 가나안 족속 도시
- ▭ 다윗이 증축했다고 여겨지는 지역
- ▭ 성전 산
- ✕ 산봉우리 고도
- ～2400～ 등고선 간격=33ft.(10m)

가나안, 여부스의 예루살렘 풍경. 중앙에 '계단식 석조 구조물'이 있다.

BC 13-12세기로 추정되는 계단식 석조 구조물을 가까이에서 촬영했다. 측면을 따라서 다윗 왕조 후기 시대로 추정되는 여러 가옥들의 유적이 남아 있다.

의 남쪽 끝에 정착했다. 적을 방어하기 쉽고 무엇보다 이 지역의 주요 물 공급원인 기혼 샘이 가까이에 있기 때문이다. 가나안 사람과 여부스 족속은 봉우리의 남쪽 끝을 따라 4만m²에 이르는 예루살렘 지역을 개발했다. 이 지형지도 56 참조은 BC 1000년경 다윗이 이 땅을 정복했을 때의 모습이다. 그래서 지금도 예루살렘 남동쪽 언덕은 '다윗 성'으로 불린다삼하 5:9. 다윗은 정복한 예루살렘을 모리아 산대하 3:1으로 알려진 동쪽 봉우리의 북쪽까지 확장시켰다. 동쪽 능선은 남쪽으로 기울어진 경사면이므로, 이 능선의 북쪽 지역은 남쪽보다 75m 정도 더 높다. 솔로몬이 이 높은 곳에 성전을 세웠기에 오늘날 '성전 산'이라고 부른다. 서쪽은 동쪽보다 더 높고 폭이 넓지만 기혼 샘과 같은 물이 없었다. 그래서 BC 710년경 히스기야가 이 봉우리의 남쪽 지역을 둘러싸는 새로운 성벽을 세우고 나서야 이스라엘 사람들이 정착하기 시작했다.

'횡단 골짜기*'에 의해 서쪽 봉우리는 두 부분으로 나뉘고 북쪽 방어선에 대한 자연적인 경계가 형성되었다. 남서쪽 봉우리는 횡단 골짜기보다 남쪽에 있으며 성전 산보다 더 높다. 요세푸스는 남쪽 봉우리를 '상부 도시 Upper City'라고 불렀다. 로마 시대에 헤롯 대왕과 같이 이스라엘의 부유한 사람들은 이 상부 도시에 별장이나 왕궁을 짓고 호사를 누렸다. 예수 시대에 이르러 예루살렘은 서쪽과 동쪽 봉우리에서 북쪽 외곽에까지 확장되었다예를 들어 베스다 지역이 여기에 해당됨.

가나안과 여부스 족속의 예루살렘 | 다윗 이전에는 누가 살았을까?

이 지역에서 발굴된 도기류를 통해 기혼 샘 부근에 사람들이 정착하기 시작한 때를 BC 3500년경의 금속병용 시대석기에서 청동기로 넘어가는 중간기로 추정한다. 가장 빠른 건축물은 초기 청동기 시대BC 3100-2800년로 추정되며, 중기 청동기 시대에 이르러 예루살렘이라는 지명이 이집트 문서 중에 저주 문서 가운데 등장한다. 상당한 방어 시설을 갖춘 성벽과 건물, 그리고 바닥 등이 이미 이 시대에 개발된 것으로 추정된다. 창세기 14장 18절은 멜기세덱에 대해 '지극히 높으신 하나님의 제사장', '살렘 왕'이라고 묘사하고 있는데 여기서 '살렘'은 예루살렘일 가능성도 있다.

예루살렘은 후기 청동기 시대BC 1550-1200년의 이집트 기록에 더 자주 등장한다. 예루살렘 왕 압디 헤파Abdi-hepa**가 쓴 여섯 통의 편지는 아마르나 고문서에 보존되어 있다. 압디 헤파는 이집트에 하비루를 비롯한 적들로부터 자신을 도와줄 것을 요청했다63쪽의 '종잡을 수 없는 무리 하비루' 참조. 이곳에서 나온 고고학적 유물들은 매우 희귀한데 동쪽 봉우리에서 발견된 건축물의 일부를 이루고 있기 때문이다. 올리브 산에서 발굴된 무덤에는 도자기와 키프로스에서 수입된 물품들이 나왔다. BC 1200년경으로 추정되는 후기 청동기 시대에서 철기 시대로 전환되는 과정은 아직 밝혀지지 않고 있다. 여호수아 시대 예루살렘의 거주민과 왕 아도니세덱은 아모리 족속인 것으로 알려져 있다 수 10:1-5. 사사기 1장 8절에 따르면 유다가 한때 예루살렘을 장악하기도 했지만, 다윗이 정복할 때까지 이방 사람들 손에 있었다. 성경의 여러 구절들이 예루살렘을 여부스의 도시라고 묘사하고 있는데, 아마도 헷 족속과 연관된 여부스 족속을 말하는 것 같다 수 15:8; 삿 19:10; 대상 11:4, 5.

동쪽 봉우리 경사면에서 발견된 '계단식 석조 구조물'은 매우 흥미롭다. 높이 18m, 폭 13m 규모의 이 구조물은 주변의 언덕과 조화를 이루고 있는데 BC 1200년경의 것으로 추정된다.

이 구조물이 어떤 목적으로 세워졌는지는 아직도 논란 중에 있다. 도시에 세운 성의 기초로 사용되었다는 주장도 있고, 봉우리에 세운 건축물의 공간을 확장하기 위해 이를 지지하는 거대한 부벽扶壁이라는 주장도 있다. 아니면 사무엘하 5장 7절에 나오는 '시온 산성'을 일컫는 것은 아닐까? 어쩌면 '시온 산성'은 동쪽 봉우리를 둘러싸고 있는 요새를 가리키는 것일 지도 모른다. 이 구조물이 어떤 목적으로 사용되었든 계단식 석조 구조물은 다윗 시대 이전의 건축 양식을 보여 준다.

| 다윗과 솔로몬의 예루살렘 | 이스라엘의 수도가 되다

BC 993년에 완성된 다윗의 예루살렘 정복은 이 도시의 역사에서 중대한 사건이 아닐 수 없다 삼하 5:6-9; 대상 11:4-7. 다윗은 예루살렘을 이스라엘의 수도로 삼고 언약궤를 예루살렘으로 옮겨 왔다. 예루살렘은 이스라엘 국가의 수도가 되었을 뿐만 아니라 나라의 성지가 된 것이다.

다윗이 정복한 여부스 족속의 도시는 기혼 샘 위에 있는 남동쪽 언덕을 중심으로 그 규모가 4만 m² 정도였다 삼하 5장. 이 지역의 수로 체계는 거의 완벽하게 연구되었는데, 도시 동쪽의 성벽 안쪽에서부터 수로의 입구와 지하 터널이 수직으로 13m 정도 연결되어 있다 이 구간은 현재 '워렌의 수로' Warren's Shaft * 로 알려져 있다. 여기서 곧바로 수평 터널로 이어져 물을 공급해 주는 기혼 샘까지 연결된다. 예루살렘 사람들은 성벽 밖으로 나갈 필요 없이 수로 입구에서 물통을 내려 물을 길었던 것이다. 다윗이 예루살렘을 정복할 때 이 수직으로 연결된 수로를 기어 올라와 여부스 족속을 기습했다는 가설이 있기는 하나 삼하 5장 참조, 최근의 연구들은 수로를 기어오르는 것이 사실상 불가능하다고 지적하고 있다.

성경은 다윗 시대에 이루어진 예루살렘의 건축 사업에 대해 "다윗은 성을 다시 쌓았는데 밀로Millo에서부터 성벽을 쌓았고" 대상 11:8; 참조, 삼하 5:9라며 간략하게만 소개하고 있다. '밀로'는 히브리어로 '채우다, 채워진'이라는 뜻인데, 학자마다 그 의미를 달리 해석하고 있어 정확히 무엇을 뜻하는지는 알 수 없다. 일부 학자들은 '밀로'가 다른 구조물을 지탱하기 위해 예루살렘의 동

다윗 시대의 예루살렘을 재현한 것이다.

쪽 경사면을 따라 세워진 부벽을 가리킨다고 말한다. 이 이론에 따르면, 왜 '밀로'가 정기적으로 보수되어야 했는지가 자연스럽게 설명된다 왕상 9:15; 대하 32:5 참조. 한편 밀로가 다윗 성 북쪽의 동쪽 봉우리에 있는 좁은 협곡을 메운 것이라는 주장도 있다. 아마도 초기 여부스 시대에 만들어진 '계단식 석조 구조물'은 밀로의 일부였을 것이며, 이로 인해 만들어진 공간에는 공공건물이 세워졌을 것이라는 얘기다. 어떤 주장이 맞는지는 알 수 없지만 분명한 건 동쪽 경사면에는 건축물을 지지하고 사용 가능한 공간을 확장하기 위해 부벽이 필요했다는 사실이다.

다윗은 두로 왕 히람의 도움으로 백향나무로 집을 지었다 삼하 5:11. 이 집은 궁전을 의미하는 것이겠지만 솔로몬이 지은 화려한 궁전에 비하지는 못했다. 성경은 여러 곳에서 다윗이 예루살렘 북쪽으로 영토를 확장해 나갔음을 증언하고 있다. 그는 하나님의 제단을 북쪽의 높은 고지에 두기 위해 여부스 족속인 아라우나에게 그의 타작마당을 사서 그곳에 여호와의 제단을 쌓았다 삼하 24:18-25. 그리고 솔로몬은 다윗이 산 이 땅에 성전을 건축했다 대하 3:1.

솔로몬은 다윗이 사들인 땅을 예루살렘 성벽 안에 포함시킴으로써 예루살렘을 위한 위대한 포부를 실천해 나갔다 왕상 11:27. 모리아 산으로 알려진 북쪽의 성벽보다 조금 더 높은 곳을 요새화하고 성전과 궁전을 세우기 위

* 그발(Gebal, 지명)
지금의 야바일이며, 고대의 항구 도시다. 레바논의 베이루트 시에서 북쪽으로 약 30km 지점의 지중해 해안에 위치했다. 헬라어로 비블로스라고 한다.

한 공간을 마련했다. 솔로몬은 페니키아에서 보내 온 장인과 히람이 보낸 자재들, 그리고 징집한 노동력을 이용해 건축 사업에 집중했다.

징집된 일꾼들은 성전 건축을 위해 칠 년, 왕궁 건축을 위해 13년을 일해야 했다. 열왕기상 7장 1-8절은 레바논 나무로 지은 집기둥이 있는 큰 방, 재판정, 그리고 바로의 딸을 위한 집 등 왕궁의 여러 건물들에 대해 기록하고 있다. 그러나 이 건물들이 서로 다른 곳에 떨어져서 세워졌는지, 아니면 시리아 북부와 터키 남부에서 발견되는 것처럼 큰 왕궁 비트 힐라니 Bit Hilani 양식 안에 속한 여러 부분을 나타내는지는 아직 확실하지 않다. 어떤 경우든지 솔로몬의 왕궁은 그의 명성에 걸맞은 부와 규모를 자랑했다.

|솔로몬 성전| 이스라엘의 영광

솔로몬의 업적 가운데 가장 기념할 만한 것은 성전 건축이다. 다윗 성 북쪽 높은 곳에 자리 잡은 아름다운 성전은 350년 후 느부갓네살이 파괴하기 전까지 이스라엘의 영광을 나타냈다. 페니키아의 영향력은 칠 년 동안의 성전 건축 기간에도 주도권을 장악했다.

두로 왕 히람은 솔로몬을 도와 목재와 숙련된 장인들을 제공했다. 페니키아의 도시 그발 Gebal, 비블로스*에서 온 사람들은 솔로몬의 일꾼과 합류했다. 이스라엘은 금속에 관한 한 경험이 없었으므로, 페니키아로부터 금속

올리브 산에서 바라본 예루살렘 성전 산에 걸린 일몰.

열왕기상 6장에 나오는 성전에 대한 측량 값을 내부의 면적과 현관을 포함한 모든 공간으로 생각한다면, 그 전체 길이는 35m이고 폭은 10m가 된다. 하지만 에스겔이 성전 주변의 저장 창고까지 포함해 제시한 수치에 따르면 길이 54m, 폭 26m로도 볼 수 있다.

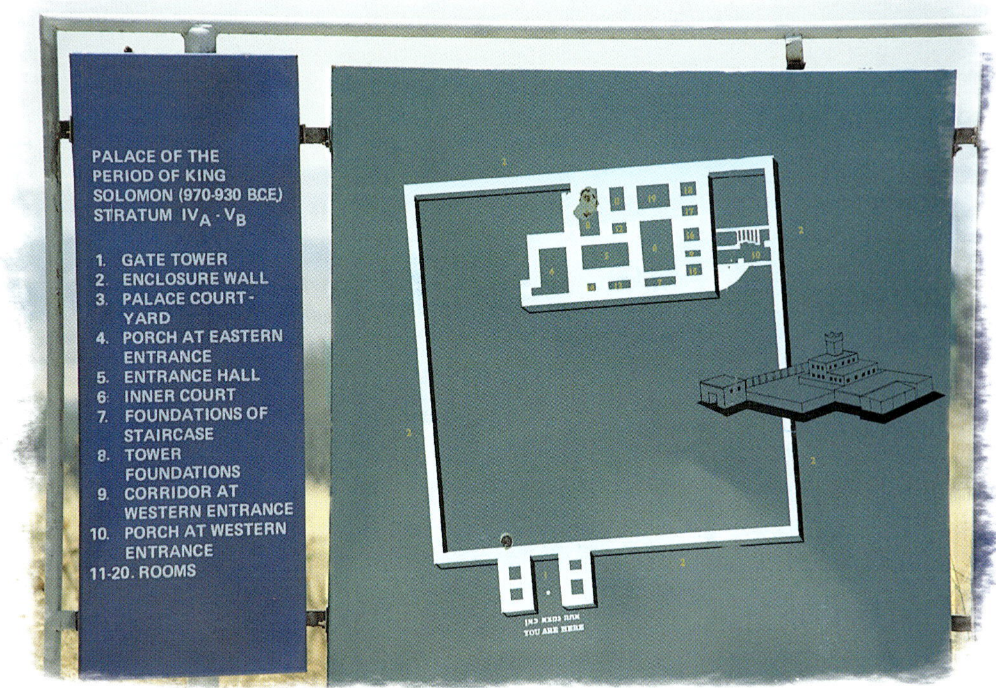

므깃도에 위치한 방어벽과 성문으로 둘러싸여 있는 통치자의 왕궁 도면. 여러 개의 뜰과 방들이 한 구조 안에 모여 있는 '비트 힐라니'Bit-hilani 구조다. 예루살렘의 솔로몬 왕궁도 이 양식을 따른 것 같다.

장인과 함께 두로 사람 히람도 데려왔다. 그는 청동 기둥과 장식을 만들고, 커다란 대야 또는 '녹인 바다' 와 청동 제단, 그리고 성전에서 사용되는 다른 기물과 도구들을 만들었다 왕상 6장.

여호와의 성전은 직사각형의 구조로 동서를 축으로 세 부분으로 이루어졌다. 동쪽에 있는 야긴과 보아스로 불리는 두 청동 기둥이 세워진 현관을 통해 성전으로 들어간다. 이 현관은 성전의 주요 공간인 '성소' 로 이어진다. 이곳에는 제사에 사용되는 금 촛대 메노라 Menorah와 향단, 진설병을 놓는 금상이 놓여 있다. 성전 서쪽 끝에는 '지성소' 로 알려진 언약궤가 있는 정사각형의 방이 있다. 올리브 나무에 금박을 입힌 두 '그룹'Cherubim이 묵묵히 거룩한 언약궤를 내려다보고 있다. 건축학적으로 세 부분으로 나눈 신전의 구조는 하솔과 라기스에서 발견된 초기 가나안 신전에서 유래한 것으로 알려져 있다. 보다 후에 지어진 '왕립 신전'은 시리아의 텔 타이나트Tell Tayinat* 에서 발견되었는데 BC 9세기로 추정된다. 텔 타이나트의 신전은 솔로몬의 성전과 구조뿐 아니라 왕국과 근접한 곳에 있다는 것까지 비슷하다. 솔로몬 성전의 외벽은 정교한 흰 대리석을 현지에서 깎아서 만들었다. 내벽은 백향나무로 덮었고, 올리브 나무와 황양목으로 바닥과 문, 문틀, 그 외 다른 가구들을 만들었다. 화려하게 꾸민 조각과 귀한 보석, 그리고 금으로 입힌 장식들은 내벽과 각종 기물들을 장식했다. 복층의 창고들이 출입구를 제외한 성전의 모든 면을 둘러쌌다. 거대한 청동대야와 제단은 현관이 있는 동쪽 뜰에 있었다.

성전의 규모는 당시 측량의 단위인 '규빗' 의 크기를 얼마로 보는지에 따라, 그리고 여러 본문에서 나오는 측량의 해석에 따라 달라질 수 있다 왕상 6장; 대하 3장; 겔 40-42장. 규빗의 길이는 역사적으로 변동이 있지만 대략 44.4cm에서 53.3cm 정도로 본다.

만일 열왕기상 6장에 나오는 성전에 대한 측량 값을 내부의 면적과 현관을 포함한 모든 공간으로 생각한다면, 그 전체 길이는 35m70규빗이고 폭은 10m20규빗가 된다. 하지만 에스겔이 성전 주변의 저장 창고까지 포함해 제시한 수치에 따르면 길이 54m, 폭 26m로도 볼 수 있다. 어쨌거나 모든 사실을 종합해서 봤을 때 솔로몬 성전은 매우 위대한 건축물이었음에 틀림없다. 그리고 이 성전에 대한 기억은 비록 그 실체가 파괴된 후에도 여전히 신실한 유대 사람들의 마음속에 남아 있다스 3:12, 13; 학 2:1-3.

*텔 타이나트(Tell Tayinat / 지명) 타이나트는 시리아 북방 오론테스Orontes 북부의 아묵 골짜기Amuq Valley에 위치해 있다. 이곳에 텔이 있는데 그 이름이 텔 타이나트다. 이 텔은 1936년 시카고 대학이 발굴했는데, 이를 통해 솔로몬 성전에 대해서 더 많은 것을 알게 되었다. 당시의 역사적인 양식들과 일치하고 페니키아 장인들의 건축 양식에 어울리는 것으로 밝혀졌다.

The Kingdoms of Israel and Judah

| 두 왕국, 이스라엘과 유다 |

BC 922년에 맞이한 솔로몬의 죽음은 한 명의 왕이 이스라엘의 모든 지파들을 다스리던 시대가 끝났음을 의미했다. 그 후 두 개의 독립 국가가 생겨났는데, 남쪽에는 유다요 북쪽에는 이스라엘로서, 서로 다른 정부와 국가적 특성을 지니게 됐다. 이스라엘이 철기 시대의 복잡한 국제 변화 속에서 200년BC 922-722년 동안 존속할 수 있었던 반면에, 유다는 그보다 훨씬 후인 BC 586년까지 정체성을 유지할 수 있었다. 그러나 결국 이스라엘과 유다는 메소포타미아의 강국들 앗시리아와 바벨론에 굴복당하고 마는데, 이들 강국들은 파죽지세로 동부 지중해 연안의 조그만 나라들을 모두 삼켜 버렸다.

BC 922년부터 BC 586년까지의 시기는 종종 분열 왕국 시대로 불리는데, 이 시기는 구약성경에서 상당 부분의 배경이 되고 있다. 수많은 이스라엘의 선지자들아모스, 이사야, 호세아, 미가, 예레미야 등이 이 어려운 시기에 말씀을 전했다. 열왕기상 12장부터 열왕기하 25장까지가 이 시기의 사건들을 다루고 있으며, 역대하 10장부터 36장까지의 내용도 이 시기를 뒷받침하고 있다. 여러 시편들과 지혜서도 이 시기를 반영하고 있는 듯하다. 전체적으로 볼 때, 분열 왕국은 구약성경의 많은 것들을 이해하는 데 있어 복잡하지만 중요한 배경이 되고 있다.

외부 세계에 개방된 이스라엘의 지리적 특성은 물질적 풍요를 가져온 반면, 우상숭배에 오염되기 쉽고 적의 공격에 쉽게 함락되는 위험성을 안고 있었다.

북왕국 이스라엘

이스라엘과 유다 왕국은 다윗과 솔로몬의 제국으로부터 비롯되었지만, 성격은 근본적으로 달랐다. 이스라엘은 선지자들에 의해 에브라임이라고 불리기도 했는데, 일반적으로 유다보다 더 부유하고, 강대했다. 이스라엘의 국경은 벧엘에서부터 북쪽으로 단에 이르러, 갈릴리, 사마리아의 산지들, 길르앗과 북쪽 모압을 포함하는 트랜스요르단까지 포함했다. 두 개의 국제적 주요 도로해변 길과 왕의 대로가 이스라엘 지역을 통과했다. 이러한 대상로들을 관리한다는 것은 상업적인 부유함을 누리고 사치품들을 취할 수 있음을 의미했다.

북서쪽 국경에 인접한 부유한 페니키아의 도시들은 이스라엘의 경기를 부양하는 역할을 했다. 반면에 이스라엘이 이처럼 지리적으로 개방되어 있었다는 점은 이스라엘의 도시와 마을에 이방의 물질 문화와 사회적 풍습뿐만 아니라 종교까지도 유입되도록 했다. 그래서 페니키아 사람들과의 접촉은BC 850년경에 엘리야와 엘리사가 강력하게 반대했던 바알 숭배라는 전염병을 유발시켰다.

이스라엘의 정치는 옛 에브라임과 므낫세 지파가 차지하고 있던 지역들을 중심으로 이루어졌다. 므낫세 지파 지역에서 가까운 곳에 있던 세겜과 디르사, 그리고 나중엔 사마리아가 이스라엘의 수도 역할을 했다. 특히 사마리아는 BC 850년경부터 BC 722년 앗시리아에 의해 멸망할 때까지 이스라엘의 중심지였다. 이스라엘의 왕들은 아홉 개의 다른 가문들에서 나왔는데표8, 9 참조, 단지 두 가문만이 두 세대를 넘어 존재했다. 대중적인 지지로 선출된 왕들은 선지자로서 위임을 받았으나 지지 기반이 약해지면 무력에 의해 제거되기도 했다. 이와 같은 정치적 불안과 함께 적이 공격했을 때 함락당하기 쉬운 지리적 취약성은 이스라엘 멸망의 주된 요인으로 작용했다.

남왕국 유다

한편, 유다의 지형은 이스라엘에 비해 주변 강대국과 훨씬 격리되어 있었다. 유다의 국경은, 때로 훨씬 적은 지역을 통치하기도 했지만, 대체로 베냐민 지역에서부터 남쪽으로 가데스 바네아까지 뻗어 나갔다. 지리적으로 국제적인 도로가 유다 국경을 통과하지도 않았고 자연적 장애물이 많았던 덕분에 유다는 이스라엘이 지니지 못했던 보호 방책을 지니게 됐다. 그러나 이런 지리적 환경은 이스라엘이 누린 이웃 나라들 간의 상업적 관계를 제한시켰다. 다만 유다는 남쪽의 홍해를 낀 항구인 에시온 게벨과 네게브를 통해 대상들과 상업적 관계를 유지할 수 있었다. 그러나 이곳은 유다가 강했을 때만 이용할 수 있었다. 에돔 사람들과 이 대상로를 놓고 끊임없이 전쟁을 했던 것이다. 그러나 유다가 상대적으로 주변국과 격리되어 있었다는 점은 외부의 영향들을 받아들이는 데 덜 민감한 동질의 사람들이 많았다는 이점을 갖게 했다.

유다 왕국은 예루살렘과 다윗 왕가 위에 세워졌다. 예루살렘은 유다의 종교적·정치적 중심지였는데, 언약궤를 안치하고 있는 성전은 온 땅에서 가장 존귀한 성소였다. 유다의 모든 왕들은 왕권을 찬탈한 아달랴를 제외하고는 다윗 가문 출신이었다. 유다의 이와 같은 정치적 안정은 다른 나라들의 부러움을 샀다. 비록 군사적으로나 경제적으로 이스라엘보다는 약했지만, 유다는 지파적 전통과 충성심에 근거한 내적인 견고함을 지니고 있었고, 이것은 북쪽의 강한 경쟁국보다 130년이나 더 존재할 수 있게 해주었다.

왕국의 분열

BC 922년에 솔로몬이 죽었을 때, 유다 지파는 그의 아들 르호보암을 다윗 왕조의 후계자로 세우려 했다. 그러나 북쪽 지파의 지도자들은 새 왕이 옛 정권의 사회적·경제적 정책들을 따르려는 것을 예견하고 그를 왕으로 세우는 것을 반대했다. 그들은 새 왕의 정책이 유다에게는 유리하지만 자신들에게는 무거운 짐을 지우는 것으로 생각했다. 예루살렘에 호화스런 왕궁을 짓기 위해 세금을 내고, 솔로몬의 건축 계획들을 위해 노역을 제공하는 것이 북쪽 지파들의 힘을 약화시켰기 때문

표8 | 분열 왕국 시대의 이스라엘과 주변 나라들 BC 922~722년

연대(BC)	유다	이스라엘	선지자	아람 다메섹	앗시리아
922	솔로몬 왕국의 분열 르호보암 BC 922~915년 시삭의 침략 BC 918년	여로보암 1세 BC 922~901년			
900	아사가 벤하닷 1세에게 도움을 요청함	오므리 BC 876~869년		벤하닷 1세가 유다를 공격함	아슈르나시팔 2세 BC 883~859년
875		아합 BC 869~850년	엘리야	벤하닷 2세(하닷에셀)가 사마리아를 포위하고 아합에 대항해 싸움. 카르카르 전투에서 연합군에 참여함	살만에셀 3세 BC 859~824년 카르카르 전투 BC 853년
850		예후가 살만에셀 3세에게 조공을 바침	엘리사	하사엘이 BC 843년부터 BC 806년경까지 이스라엘을 종종 억압함	이스라엘의 조공을 받음 BC 841년
825		요아스 BC 802~786년		벤하닷 3세가 이스라엘을 억압했지만, 아닷 니라리 3세에게 공격을 당함	앗시리아가 약해짐 BC 824~745년 아닷 니라리 3세 BC 810~783년가 다메섹을 공격함 이스라엘을 억압으로부터 해방시킴
800	아마샤 BC 800~783년 웃시야 BC 783~742년 유다와 이스라엘의 번영기	여로보암 2세 BC 786~746년			
775			아모스		
750			이사야 호세아		
735	아하스 BC 735~715년 시리아-에브라임 전쟁 BC 735년	베가 BC 736~732년 이스라엘이 디글랏 빌레셀의 공격을 받음. 호세아가 앗시리아에 반역함		르신이 베가와 함께 유다가 반앗시리아 연합군에 가담하도록 압박함	디글랏 빌레셀 3세(앗시리아 제국)가 므나헴으로부터 조공을 받음 BC 738년. 이스라엘 공격 BC 733년 살만에셀 5세 BC 727~722년가 사마리아를 포위함
722		이스라엘의 멸망	미가		사르곤 2세 BC 722/1~705년가 이스라엘 사람 2만 7,000명을 추방함

57
이스라엘 왕국과
유다 왕국
왕상 12장
● 도시
★ 수도
○ 도시 불확실한 위치
▲ 산
이스라엘
유다
국제 도로
국내 도로
대해(지중해)
페니키아
34 E
36 E
베이루트
시돈
다메섹
이욘
▲헤르몬 산
여로보암이 성소를 지음
리타니 강
두로
아벨 벧 마아가
단
아람
악십
게데스
훌라 호수
하솔
악고
긴네렛
그술
갈릴리 바다
아벡
아스다롯
갈멜 산
가드 헤벨
▲다볼 산
야르묵 강
에드레이
므깃도
이스르엘
돌
다아낙
▲길보아 산
길르앗 라못
벧산
도단
이블르암
페헬
소고
야베스 길르앗
사마리아
디르사
이스라엘
오므리 왕조 때부터 이스라엘의
정치적인 수도가 됨
▲에발 산
★세겜
브누엘
마하나임
그리심 산▲
아벡
숙곳
얍복 강
욥바
아담
실로
여로보암이 성소를 지음
상부 벧호론
벧엘
하부 벧호론
32 N
랍바(암만)
암몬
게셀
미스바
32 N
아얄론
라마
게바
여리고
헤스본
아스돗
에그론
기브아
느보 산 ▲
메드바
가드
예루살렘
아세가
베들레헴
아스글론
벧 술
드고아
마레사
헤브론
라기스
아도라임
십
디본
가사
갈멜
마온
염해
유다
아랏
브엘세바
블레셋
네게브
길하레셋
해변 길
모압
와디 엘 아리쉬
세렛 강
다말
에돔
동부 사막
보스라
가데스 바네아
광야
34 E
0 10 20 30 40 50 Miles
0 10 20 30 40 50 Kilometers

| 표9 | 이스라엘과 유다의 왕들

유다	브라이트*(BC)	밀러 / 헤이스**(BC)	이스라엘	브라이트*(BC)	밀러 / 헤이스**(BC)
르호보암	922~915	924~907	여로보암 1세	922~901	924~903
아비야	915~913	907~906	나답 ✛	901~900	903~902
아사	913~873	905~874			
			바아사	900~877	902~886
			엘라 ✛	877~876	886~885
			시므리 자살	876	
			오므리 왕조	876-842	885~843
여호사밧	873~849	874~850	오므리	876~869	885~873
			아합	869~850	873~851
			아하시야	850~849	851~849
여호람	849~843	850~843	여호람 ✛	849~842	849~843
아하시야	843~842	843	예후 왕조	842~746	843~745
아달랴 찬탈자	842~837	843~837	예후	843/2~815	843~816
요아스	837~800	837~?	여호아하스	815~801	816~800
아마샤	800~783	?~?	여호아스 요아스	801~786	800~785
웃시야 아사랴	783~742	?~?	여로보암 2세	786~746	785~745
요담	742~735	?~742	스가랴 ✛	746~745	745
			살룸 ✛	745	745
			므나헴	745~737	745~736
아하스	735~715	742-727	브가히야 ✛	737~736	736~735
			베가 ✛	736~732	735~732
			호세아	732~724	732~723
			사마리아의 멸망	722	
히스기야	715~687/6	727~698			
므낫세	687/6~642	697~642			
아몬	642~640	642~640			
요시야	640~609	639~609			
여호아하스	609	609			
여호야김	609~598	608~598			
여호야긴	598/7	598/7			
시드기야	597~587	597~586			
예루살렘과 성전이 파괴됨 BC 586년					

- [✛]는 암살을 뜻함.
- 브라이트* – John Bright, *A History of Israel. 3rd ed.*의 연대
- 밀러 / 헤이스** – J. Maxwell Miller and John H. Hayes, *A History of Ancient Israel and Judah*의 연대
- [ ]표기는 왕조를 뜻함.

이었다. 그 결과 예루살렘의 지도력에 반발하는 세력들이 힘을 모으게 되었다. 이전에 존재했던 지파 동맹 체제*가 새롭게 출현한 것도 문제를 더 심화시켰다. 이와 같은 난처한 사안들이 반감을 부추겼다.

르호보암과 지파 장로들과의 운명적인 만남이 세겜에서 이루어졌다. 그들이 충성하는 조건으로 왕상 12장, 장로들은 르호보암 측에 과거 솔로몬의 무리한 요구를 줄여 달라고 요청했다. 그러나 르호보암은 이 같은 장로들의 요청을 정면으로 거부하고, 그들의 선동에 대해 엄한 규율로 위협함으로써 돌이킬 수 없는 상황으로 몰아 갔다. 마치 번개처럼, 르호보암의 어리석은 반응은 북쪽 지파 장로들의 마음을 내리쳤다. 그들은 다윗 가

문에 대해 반역의 소리를 드높였다.

에브라임 지파 사람으로 북쪽 지파들의 지도자로 부상한 이가 여로보암인데, 그는 전에 솔로몬의 강제 노역자들을 감독하던 자로서 최근에 이집트에서 돌아와 있었다. 이때는 돌이킬 수 없는 시점에까지 이르렀다.

솔로몬 왕국은 외부로부터가 아니라 내부적 요인들로 인해 사라지게 되었고 쉽게 정복당한 것이다. 그만큼 이스라엘 사람들의 지파에 대한 충성심은 오래 되고 깊었다. 솔로몬 왕국이 사라지고 둘로 나뉘자 국력이 약한 왕국들은 생존하기 위해 발버둥쳤다.

여로보암은 세겜에 수도를 세움으로써 북쪽 지파들에 대한 자신의 영향력을 즉각 강화시켰다. 그러나 백성의

*지파 동맹 체제(Tribal Allegiance / 명칭)
독일 신학자 마틴 노트Martin Noth는 초기 이스라엘 지파 조직을 그리스 역사에 있었던 일종의 인보 동맹 amphictyony으로 설명한다. 이는 별개의 여러 부족들이 공동의 성소를 수호 보존할 목적으로 연합을 맺는 동맹 체제를 말한다. 노트는 이 이스라엘의 지파 제도가 바로 이러한 그리스 지파 동맹과 동일한 성격으로 형성되었다고 주장한다. 하지만 이 주장은 많은 학자들에 의해 부정되고 있다. 이유는 성경에서 이런 동맹 조직에 대한 구체적인 언급이 없다는 것과 또한 광야 집회조차도 노트가 인용하고 있는 델포이의 지파 동맹과는 전혀 비슷하지 않다는 것 등 때문이다.

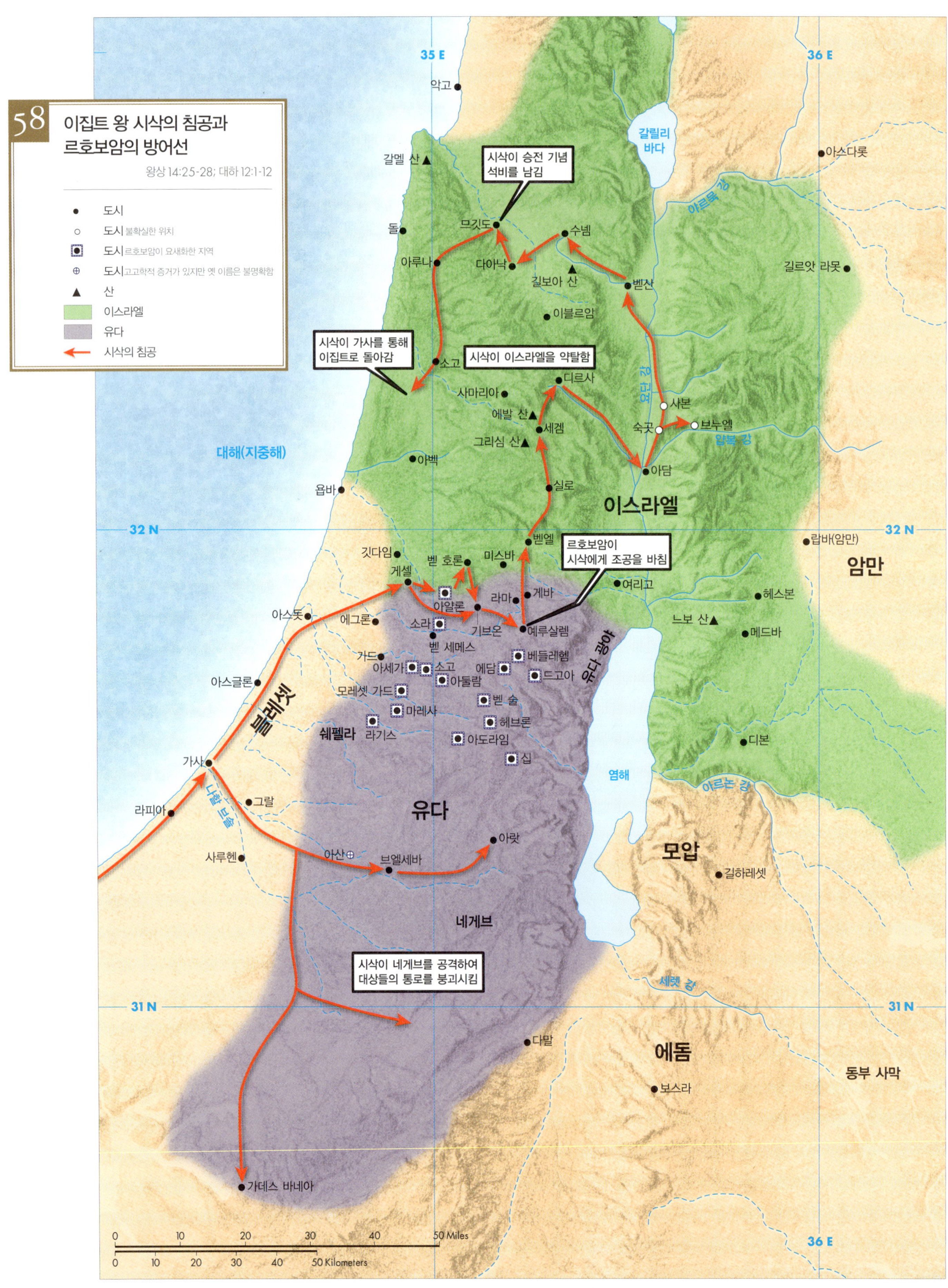
58
이집트 왕 시삭의 침공과
르호보암의 방어선
왕상 14:25-28; 대하 12:1-12

도시
도시 불확실한 위치
도시 르호보암이 요새화한 지역
도시 고고학적 증거가 있지만 옛 이름은 불명확함
산
이스라엘
유다
시삭의 침공

35 E
36 E
악고
갈릴리 바다
아스다롯
갈멜 산
시삭이 승전 기념 석비를 남김
돌
므깃도
수넴
길르앗 라못
아루나
다아낙
길보아 산
벧산
이블르암
시삭이 가사를 통해 이집트로 돌아감
소고
시삭이 이스라엘을 약탈함
디르사
야르묵 강
사마리아
사본
에발 산
세겜
숙곳
브누엘
대해(지중해)
그리심 산
얍복 강
아벡
아담
욥바
실로
이스라엘
32 N
32 N
벧엘
랍바(암만)
깃다임
미스바
벧 호론
르호보암이 시삭에게 조공을 바침
암만
게셀
라마
게바
여리고
헤스본
아얄론
소라
기브온
예루살렘
느보 산
메드바
아스돗
에그론
벧 세메스
유다 광야
가드
아세가
소고
에담
베들레헴
모레셋 가드
아둘람
드고아
아스글론
마레사
벧 술
디본
쉐펠라
라기스
헤브론
블레셋
아도라임
십
가사
유다
염해
아르논 강
라피아
그랄
아랏
모압
사루헨
아산
브엘세바
길하레셋
네게브
시삭이 네게브를 공격하여 대상들의 통로를 붕괴시킴
31 N
31 N
다말
에돔
세렛 강
보스라
동부 사막
가데스 바네아
0 10 20 30 40 50 Miles
0 10 20 30 40 50 Kilometers
36 E

여로보암의 새 예배 처소

여로보암 1세는 단과 벧엘이라는 중요한 두 국경 도시를 택해 그곳에 성전을 건축하고, 그 안에 수치스러운 금송아지들을 세우게 했다 왕상 12:25-33 참조. 단과 벧엘은 둘 다 이스라엘의 과거와 연관이 있는 고대 제사 전통이 있던 곳으로, 예루살렘의 솔로몬 성전과 필적하려는 의도 하에 급속하게 국가적인 성소가 되었다.

단

약 20만 m²에 이르는 고대의 단 텔 엘 카디 Tell el-Qadi, '재판관의 언덕'은 헤르몬 산의 경사지 아래와 중요한 대상로를 따라 있다. 그 언덕 가장자리로 흘러넘치는 많은 샘들은 요단 강의 주요 근원이 된다. 주위의 비옥한 평원들은 초기 청동기 시대의 거민들을 끌어들였고 도시는 청동기 시대 중기와 후기 BC 2000-1200년경까지도 번성했다. 마리 Mari 문서들과 이집트의 저주 문서들은 중기 청동기 시대에 라이스 Laish, 단를 언급하고 있는 반면에, 성경은 단을 아브라함 시대 창 14:14에 처음으로 언급하고 있다. 놀랍게도 이 시기에 존재했던 벽돌 문이 약간 후대의 흙 성벽 사진 참조에 싸여진 채 발견되었다. 훨씬 후대에 새로운 땅들을 찾기 위해 북쪽으로 이주하도록 강요당했던 단 지파가 라이스를 정복하고 이름을 단이라고 지었다. 단 지파들은 도중에 획득한 신상들을 가지고 갔으며 제사를 섬길 제사장들의 계열을 세웠다 삿 18장.

여로보암 1세는 단에 종교적 중심지를 만들었다. 이스라엘의 고고학자 아브라함 비란*이 단을 발굴했을 때, 모나게 깎은 돌로 세워진 19m 높이의 커다란 연단을 발견했는데, 그는 이것을 여로보암 때 제사에 쓰였던 건축물의 일부로 규명했다. 그 연단은 파괴되었다가 800년대쯤 다시 세워졌는데, 아마도 열왕기상 15장 16절부터 20절에서 언급된 벤하닷 Ben-hadad의 침공과 관련이 있는 것 같다. 비란은 처음에 그 건축물이 야외 높은 곳의 산당이라고 해석했지만, 최근의 학자들은 그 연단이 성전의 기초였다고 본다.

여로보암 1세가 지은 단의 제단. 계단을 오르면 마름돌로 축조한 큰 제단에 이른다.

정사각형의 경내에서 다섯 개의 돌계단을 오르면 성전의 남쪽부분에 이르게 된다. 경내에는 모나게 깎은 돌로 만든 번제단 5x5m이 있다. 그 주변에서 조그맣고 네 모나며 뿔이 있는 제단과 보다 큰 제단의 일부가 발견되었다. 서쪽의 부속 건물들은 사제들을 위한 장소와 창고, 그리고 간단한 제사 의식을 위해 마련된 곳이었다. 이 성전 건물은 열왕기상 12장 25절부터 34절을 서술한 것임이 분명하다.

비란은 단에서 특별히 놀라운 것을 발굴했는데, 그것은 '다윗의 집'이라고 언급하고 있는 석비 형태의 일부로서, 다윗과 그의 왕조에 관해 언급한 최초의 성경 외적인 자료다. 최근에 같은 석비로 보이는 두 개의 조각이 발견되었다. 그 석비는 9세기 내내 이스라엘과 다메섹 사이에서 간헐적으로 벌어졌던 전쟁 중에 그 도시를 차지했던 아람 왕이 남기고 간 것 같다 129쪽의 '아람 사람들과 아람 다메섹 왕국' 참조. 비란은 또 단에서 외문과 내문을 갖춘 잘 보전된 성문 구역을 발견했다. 9세기와 8세기의 전형적인 건축물인 두 개의 망루가 성문 측면에 있고, 보초병들을 위한 방 네 개가 있었다. 이스라엘의 북쪽 국경 지역들 중에서 단은 앞으로 드러나 있었기 때문에 특별히 요새화할 필요가 있었다. 비란은 성문의 북쪽 성루 밖에서 천막 Canopy 을 지지해 주었을 주춧돌을 갖추고 마름돌 양식으로 세워진 긴 의자 같은 시설을 발견했다.

긴 의자로 보이는 것의 쓰임은 분명하지 않다. 왕이 앉는 자리일 수도 있고 삼하 19:9 참조, 성문 근처에 세워진 산당일 수도 있다 왕하 23:8 참조.

단은 8세기에 들어와서도 종교적으로 중요한 곳이었다 암 8:14. 비록 성경에는 언급된 바 없지만, 단은 BC 733년에 디글랏 빌레셀 Tiglath-pileser 3세에 의해 희생되었음에 분명하다. 그 후로도 단은 헬라 시대와 로마 시대에 중요한 제사 중심지 중 하나였지만, 성경은 단에 대해 거의 언급하지 않고 있다 대하 30:5; 렘 4:15; 8:16 참조. 헬라 시대의 것으로서 헬라어와 아람어로 기록된 후대의 비문에 "단에 있는 신에게"가 묘사되어 있다.

벧엘

족장 시대까지 거슬러 올라가는 전통들은 벧엘 '하나님의 집'을 이스라엘의 과거와 연결시켜 주고 있다. 아브라함은 벧엘 근처에 단을 쌓았고 창 12:8, 야곱은 이전에 루스라고 불리던 벧엘에서 밤을 보냈는데, 꿈에 하나님은 아브라함에게 주신 언약을 다시 확언하셨다 창 28:10-22; 참조. 창 35:1-16.

가나안 사람들이 거주하던 시대의 성전들이 벧엘에서 상당수 발견되었는데, 그 잔해들이 현재의 베이틴이라는 마을에 부분적으로 남아 있다. 이스라엘은 짧은 기간 동안 언약궤를 벧엘에 두었는데 삿 20:26, 27, 사사 시대에는 벧엘이 중요한 도시였기 때문이다.

여로보암 1세는 이러한 전통들과 함께 벧엘이 이스라엘의 국경 중 남쪽 끝에 자리 잡고 있어 전략적 요충지였기 때문에 벧엘을 국가적인 성지로 선택했다. 단에서처럼, 여로보암은 성전을 짓고 그 안에 금송아지를 두었다 왕상 12:29-33. 그러나 아쉽게도, 지금까지 이 구조물의 흔적은 발견되지 않았다. 여로보암은 벧엘에서 전례가 없을 정도로 대규모의 축제와 제사를 지냈다. 벧엘이 예루살렘과 가까웠기에 예루살렘에서 북쪽으로 18km 벧엘의 성전은 솔로몬의 성전과 자연스럽게 대립하게 되었다. 벧엘은 참 선지자와 거짓 선지자들이 설교하는 곳이기도 했다 왕상 13:1-10. 엘리야는 여행 중에 벧엘에서 선지자 무리를 만났고 왕하 2:2-4, 아모스의 열화와 같은 말들은 벧엘의 제사장 아마샤의 비난을 유발하기도 했다 암 7:10-13. 참 선지자들은 벧엘을 우상숭배의 중심지라고 비난했다 암 3:14; 5:5,6; 호 10:15. 아모스는 벧엘에서 행해진 잘못된 예배를 풍자적으로 흉내냈으며 암 4:4, 호세아는 종교가 심각하게 잘못되어 간 점을 혹평하면서, 벧엘을 벧아웬 '사악한 집'이라는 뜻으로 부르기도 했다 호 5:8,9; 10:5.

BC 722년이 지나서 앗시리아 사람들이 벧엘을 멸망시켰지만, 새로운 지배자는 제사장을 세우면서 벧엘의 종교적 중요성을 유지시켰다 왕하 17:28-41. BC 7세기 말에 요시야 왕이 개혁을 통해 벧엘의 제단과 산당을 헐었지만 왕하 23:15, 벧엘은 아랍 사람들에게 정복되기 전인 비잔틴 시대까지는 존속되었다.

*아브라함 비란(Avraham Biran / 인명) 존 홉킨스 대학에서 학위를 취득했다. 이스라엘 고대 유물 부서에서 일했으며 박물관장을 역임했고 1966년 텔 단을 발굴했다. 히브리 유니온 대학에서 성서고고학을 가르치며 후학에 힘썼다.

종교적 충성심은 또 다른 난관이 되었다. 그의 대적 르호보암이 예루살렘과 여호와의 성전을 관리하고 있었는데, 특히 성전은 고대 이스라엘에서 가장 존귀한 성물로 간주되었던 언약궤를 보관하고 있었다.

여로보암은 두 개의 성전단과 벧엘을 건축하도록 명령하고, 그 속에 금으로 된 황소우리말성경에는 금송아지로 번역되어 있음 형상을 세우게 했다. 이것은 예루살렘의 위상을 상쇄하려는 것이었다왕상 12:25-33 참조. 단과 벧엘 둘 다 고대 이스라엘 전통의 중심지요, 새로운 왕국의 국경 끝에 위치하고 있었다125쪽의 '여로보암의 새 예배 처소' 참조.

여로보암의 새로운 성전들은 예루살렘 성전에 필적하기에 아주 적합한 것으로 보였다. 그러나 황소 형상을 택한 것은 치명적인 결과를 낳았다. 황소는 이방신들, 특히 가나안 신들인 엘과 바알과 연관이 깊었다. 최근에 아스글론에서 발견된 동으로 된 조그만 황소 상BC 1400년과 세겜 근처에서 발견된 또 다른 것BC 1100년은 그 형상이 우상과 관련 있다는 점을 확증한다. 아마도 여로보암은 자신이 금으로 만든 황소 상을 세웠을 때 그것이 이스라엘 백성에게 언약궤여호와의 보이지 않는 임재가 좌정하고 있는를 대신할 수 있는 대안으로 생각했던것 같다. 동기가 무엇이었든 결과는 비참했다. 금송아지 상은 우상과 이방 종교의 상징이 되고 만 것이다.

초기의 국경 분쟁과 침략

왕국의 분열은 이스라엘과 유다에게 곧바로 문제를 가져왔다. 두 왕국은 이제 다윗과 솔로몬 시대보다 훨씬 더 작고 약해졌다. 두 나라 간에도 국경 문제로 다투면서 베냐민 지파 지역에서 전쟁이 발발했다. 베냐민 지파는 북왕국 이스라엘과 더 깊은 지파적 유대를 맺고 있었지만, 지역적으로는 예루살렘과 더 가까웠기 때문에, 남왕국 유다로서도 포기할 수 없는 중요한 곳이었다. 그래서 BC 900년을 전후로 이스라엘과 유다 간의 충돌이 간헐적으로 계속되었으며 라마와 게바, 그리고 미스바는 요새화된 곳의 핵심 지역으로서, 두 왕국이 서로 번갈아 가며 차지하거나 빼앗겼다 왕상 15장.

| 이집트의 위협 | 허약한 이스라엘과 유다

르호보암 통치 오 년에 이집트의 바로 시삭 1세가 이스라엘을 침공해 들어왔다 BC 918년. 이집트는 수세기 동안 동부 지중해 연안 국가들에 호전적이지 않았다. 이집트가 약했기 때문이기도 하지만, 통일 왕국이 강했기 때문이었다. 이런 이집트가 이스라엘에 눈을 돌렸다는 것은 그만큼 이스라엘과 유다의 힘이 약했음을 의미한다. 이집트 22왕조의 창시자 시삭은 리비아 사람으로 테베의 아몬 신전에 승전 기념비를 세웠는데 왕상 14:25,26, 그에 따르면 시삭은 먼저 유다를 공격한 데 이어 이스라엘을 강탈했다.

시삭은 팔레스타인을 점령할 생각이 없었다. 단지 그곳을 약탈한 다음 네게브와 유다의 남쪽 사막 지역을 통과하는 대상로를 지배하고자 했다. 네게브의 여러 요새들은 BC 1000년과 BC 900년 사이에 세워졌는데, 시삭이 BC 900년이 되기 바로 직전에 침략해 파괴한 것으로 보인다. 시삭이 공격할 무렵 르호보암은 자신의 왕국을 정비하면서 여러 지역을 요새화했다. 그 지경이 솔로몬 시대에 비하면 훨씬 줄어든 상태였다 대하 11:5-12. 그럼에도 불구하고 유다와 이스라엘은 시삭의 공격에 효과적으로 대응하지 못했다. 그러나 그 후 신분이 모호한 세라 아마도 시삭 군대의 장교일 것이다가 다시 유다를 침공해 왔을 때, 유다에 패해 돌아갔다 대하 14:9-15.

이스라엘 역시 왕국이 분열된 후 더 나을 것이 없었다. 이스라엘은 요단 동쪽에 보유하고 있던 대부분의 지역을 잃었다. 모압, 암몬, 특히 에돔이 독립하게 되었다. 모압과 이스라엘의 관계는 1868년 디본*에서 발견된 모압 비문 Moabite Stone에 자세하게 기록되어 있다. 이 석비는 지금은 파리 루브르 박물관에 있다. 모압 왕 메사 왕하 1:1; 3:4-27 는 그의 선조들이 이스라엘과 대적해 어떻게 싸웠는지를 묘사했다. 때론 승전해 자유를 누렸고, 때론 패해 이스라엘의 지배를 받았다고 기록하고 있다.

| 아람의 위협 | 왕의 대로를 탐내다

당시 이집트보다 더 위협적인 상대는 이스라엘 북동

디본에서 발견된 모압 비문. 메사 왕이 이스라엘의 압제에서 모압을 구원해 준 것에 대해 그모스에게 감사한다는 글이 씌어 있다.

| 표10 | 이스라엘을 괴롭힌 아람 다메섹의 왕들

이름	성경에서 언급	성경 구절
르손	솔로몬과 동시대 사람. 다메섹을 빼앗고 이스라엘의 적국이 됨. 어떤 학자들은 르손을 헤시온으로 간주 왕상 15:18	왕상 11:23-25
다브림몬	벤하닷 1세의 아버지 다브림몬의 아들	왕상 15:18
벤하닷 1세	아사의 요청에 따라 바아사가 통치하는 이스라엘을 공격	왕상 15:18-22; 대하 16:1-6
벤하닷 2세 앗시리아의 자료에는 하닷에셀로 알려짐	아합과 동시대 사람. 사마리아를 포위함. 긴네렛 바다 동쪽에 있는 아벡에서 아합과 싸움. 길르앗 라못에서 이스라엘과 싸움. BC 853년에 카르카르에서 살만에셀 3세와 싸우기 위해 아합과 반앗시리아 연합군에 참여	왕상 20:1-34; 22:1-40; 왕하 6:24-7:20; 8:7-15; 대하 18:1-34
하사엘	BC 843년경에 다메섹의 왕위를 찬탈한 자. 앗시리아의 기록은 그를 '무명인의 아들', 즉 평범한 사람이라고 부름. 여호람 때 길르앗 라못을 포위함. 예후와 여호아하스가 통치하던 때인 9세기 말에 이스라엘, 유다, 그리고 블레셋의 도시를 자주 억압함. 다메섹 왕들 중에 가장 유능한 왕	왕상 19:15; 왕하 8:7-15, 28, 29; 10:32; 12:17,18; 13:1-9, 25
벤하닷 3세(?)*	하사엘의 아들. 여호아하스와 동시대 사람. 이스라엘을 계속 억압함. 요아스가 벤하닷과 싸워 일시적으로 아람 사람들의 멍에에서 벗어남. 아닷 니라리 3세가 다메섹을 공격함 BC 805년 혹은 806년. 벤하닷은 그의 아버지 하사엘이 세운 왕국의 많은 부분을 잃게 됨	왕하 13:3-8
르신	찬탈자 추측. BC 737~735년경에 이스라엘, 블레셋, 그리고 페니키아의 도시들을 포함하는 반앗시리아 연합군을 이끎. 아하스로 하여금 연합군에 가담하도록 강요하기 위해 BC 735년에 이스라엘과 함께 유다를 공격함 시리아-에브라임 전쟁. 독립국 아람 다메섹의 마지막 왕. BC 732년경에 앗시리아 사람들에 의해 죽음	왕하 15, 16장; 사 7장

*벤하닷이란 이름을 가진 다메섹 왕들이 많아서 그 숫자에 대해서는 의견이 분분함.

쪽에 있는 아람 사람들의 국가들이었다. 특히 아람 다메섹은 요단 동쪽으로 이어지는 왕의 대로를 탐내 자주 공격했다. 과거 솔로몬 시대에 누렸던 권세와 영화는 이미 사라지고 없었다. 유다 왕 아사는 이스라엘 왕 바아사와 싸우면서 아람 다메섹의 왕 벤하닷 1세에게 도움을 청했다 왕상 15:16-21. 벤하닷이 이스라엘을 공격하자 유다 북쪽 경계 지역의 압박은 풀렸지만, 이스라엘과 다메섹의 갈등은 깊어졌다. 이스라엘과 다메섹은 한 차례의

유예 기간을 제외하고는 9세기 내내 전쟁을 치렀던 것이다 129쪽의 '아람 사람들과 아람 다메섹 왕국' 참조.

'오므리의 집'으로 불린 이스라엘

BC 860년경 오므리 왕과 그의 아들 아합 왕 통치 기간에 이스라엘은 동부 지중해 연안의 작은 국가들 중에서 지도자로 부상했다. 오므리 왕조는 BC 842년 예후의 유혈 쿠데타로 끝나기 전까지 40년 가까이 BC 876~842년경 이스라엘에 정치적 안정을 가져왔다. 오므리와 그의 후계자들은 이스라엘에 물질적 번영, 군사적 힘, 그리고 국제적 위상을 가져왔다. 앗시리아의 기록들은 이스라엘을 언급할 때 '오므리의 집'이라고 표현했는데, 그의 왕조가 몰락한 후에도 그렇게 불렀다.

그러나 부귀와 힘을 추구하는 정책들은 한편으로 이스라엘 사회를 심각하게 분열시키기도 했다. 부귀는 소수 특권층에게만 돌아감으로써 사마리아의 왕실과 시민들 사이에 긴장 관계를 야기했다. 나봇을 살해하고 그의 포도원을 취하고자 한 아합과 이세벨의 계략은 당시 귀족 정치의 부패를 설명해 준다 왕상 21장. 게다가 바알주의 Baalism가 다시 한 번 일어났는데, 아합의 아내 이세벨의 후원 아래 이루어지기까지 했다.

성경에는 오므리에 관한 기록이 놀라울 정도로 거의 없다. 앗시리아의 자료들과 고고학에 의존해서 오므리의 치적을 밝혀야 할 정도도. 오므리는 군사 쿠데타로 권력을 잡고 6년 동안 디르사를 임시 수도로 삼았다. 후에 그는 세멜에게서 산지를 사들여 사마리아에 그의 아들 아합과 함께 새 수도를 건설하고 이스라엘을 다스렸다.

| 오므리와 아합의 정책들 | 이스라엘에 번영을 가져오다

오므리와 그의 후계자들은 세 가지 독특한 정책을 추구했는데, 이것이 이스라엘에 번영을 가져왔다. 첫째, 오므리는 페니키아 사람들과 긴밀한 동맹을 맺었다. 이를 위해 그의 아들 아합을 두로 혹은 시돈 왕 엣바알 Ittobaal, 잇토 바알의 딸 이세벨과 혼인시켰다. 둘째, 그는 유다와 평화를 추구했다. 셋째, 그는 트랜스요르단을 강력하게 지배했다.

아람 사람들과 아람 다메섹 왕국

이스라엘 북쪽을 둘러싼 주변 국가들은 이스라엘이 가나안에 정착할 즈음에 아람 사람들이 세운 왕국들이다. 아람 사람들은 시리아와 메소포타미아 북서쪽에 위치한 하볼과 발리크 강 지역을 점령했다. 이 지역은 아브라함이 이주하기 시작했던 곳이다. 이스라엘 사람들은 아람 사람들이 자신의 조상과 연관성이 있다는 점을 다음과 같이 상기했다. "내 조상은 방랑하는 아람 사람으로서" 신 26:5. 성경에 기록된 족보에 의하면 아람 사람들은 아브라함의 형제 나홀의 손자였던 아람의 후손들로 묘사되고 있다 창 22:20,21; 25:20; 31:24 참조.

위협적인 이웃, 아람 사람

아람 사람들은 BC 1200년경 이집트의 기록에 처음 등장한다. 이들은 목축을 하며 유랑하는 족속이었다. 그들의 언어는 히브리어와 유사한 서부 셈족 방언이었다. 이후 다른 무리들에 의해 수용되면서 아람어는 페르시아 제국 서쪽 지역의 주요한 언어가 되었다. 학자들은 아람 사람들이 사막 주변에서 상부 메소포타미아와 시리아로 침입해 들어왔다고 생각했다. 하지만 최근의 연구들은 그들이 BC 1200년경 강대국들이 붕괴될 때 자신들의 입지를 강화하기 위해 이 지역에 거주하고 있던 서부 셈족 사람들의 일부였을 것으로 추정하고 있다. 이후 200년 동안 아람 사람들은 부족을 중심으로 그들이 점령한 땅에서 살았다.

BC 1000년에 이르자 아람 사람들은 이스라엘처럼 크고 작은 왕국을 형성했는데, 대체로 작은 왕국이 많았다. 그 왕국들은 종종 '빗' '집'이라는 의미이라는 이름과 주요 지파의 이름을 사용했다. 예를 들면 빗 자마니Bit-Zamani, 빗 아디니Bit-Adini, 암 1장 5절의 벧 에덴 등이 있다. 그런가 하면 '아람'에 그 지역의 주요 도시들을 덧붙여 명명하기도 했다. 예를 들면, 아람 소바Aram-Zobah, 아람 다메섹 등이 그것이다. 북쪽 시리아와 상부 메소포타미아에 있었던 아람 국가들은 구에Que, 쿰무후Kummuhu, 갈그미스와 같은 신히타이트 국가들과 싸웠다. 중부와 남부 시리아에 위치한 아람 국가들은 이스라엘과 가까운 지역에 있었기 때문에 성경에 주로 나타난다. 아람 도시들 중에서 가장 북쪽에 있었던 하맛이 성경에 종종 언급되었다. 이곳은 다메섹 북쪽으로 160km 이상 떨어진 곳에 있는 오론테스Orontes 강변에 있었다 삼하 8:9,10. 성경은 이스라엘의 북쪽 끝을 묘사하기 위해 '하맛 어귀' '르보 하맛'으로 번역되기도 함라는 말을 사용하고 있다 민 34:8; 왕상 8:65; 왕하 14:25-28.

아람 소바는 중앙 레바논 베카 골짜기을 따라 홈스Homs 평원까지 뻗어 있었다. 아람 소바의 왕들은 사울과 다윗 등 이스라엘 왕과 싸웠다 삼상 14:47; 삼하 8:3. 이스라엘 주변에 있던 다른 아람 왕국들로는 벧 르홉, 마아가, 그술 등이 있다. 그러나 이스라엘과 관련해 가장 중요한 아람 국가는 강력한 이웃이었던 아람 다메섹이었다.

고대 근동의 강자, 아람 다메섹

다메섹은 아바나*와 바르발**로부터 물을 공급받는 사막 주변의 녹지다. 거대한 대상의 중심지로서, 해변 길과 왕의 대로가 교차하는 곳에 있었다. 왕의 대로를 통해 아라비아 반도의 풍요로움이 수입되었고, 해변 길을 통해 이집트, 메소포타미아와 왕래했다. 다메섹은 수천 년 동안 사람들이 거주해 왔기 때문에, 보다 이전 시대의 유적들을 발굴하기가 사실상 불가능했다. 그러나 에블라 문서 BC 2000년는 다메섹을 언급하고 있으며, 앗시리아 자료들과 성경은 BC 1000년부터 BC 700년까지 이스라엘과 아람 다메섹의 관계에 대한 정보를 제공해 주고 있다.

이스라엘과 다메섹은 서로 이웃해 있으면서 왕의 대로의 지배권을 놓고 다투었다. 다윗은 아람 다메섹 왕을 무찌르고 그 도시를 요새화했지만 삼하 8:5,6, 솔로몬은 아람 왕 르손에게 다메섹을 빼앗겼다 왕상 11:23,24.

솔로몬이 죽고 그의 왕국이 분열되자, 다메섹과 이스라엘의 관계는 더욱 복잡해졌다. 성경에는 다메섹 왕들이 언급되는데, 특히 '벤하닷' '폭풍의 신 하닷의 아들'이라는 뜻이라 불리는 왕이 많이 언급되고 있다.

벤하닷 1세는 이스라엘 왕 바아사의 압박으로 곤란해진 유다 왕 아사를 위해 이스라엘을 침공했다 왕상 15:16-22. 성경에 의하면 아합은 벤하닷 2세?에 대항했으나 왕상 20장; 22장, BC 853년에는 다메섹과 연합해 카르카르***에서 앗시리아 왕 살만에셀 3세에 대항했다. 앗시리아의 기록에는 다메섹의 왕을 '하닷 이리'Hadaa-iri로 부르고 있다. 다메섹은 BC 850년부터 BC 800년 사이에 레반트, 그중에서도 남쪽에 위치한 국가들 중에서 가장 강력했다. 따라서 언제나 이스라엘을 위협하는 존재였다. 아람의 하사엘과 그 후 벤하닷이 다메섹을 지배했을 때 이스라엘은 학대를 받았다 왕하 10:32,33; 13:1-5. 아람 왕 하사엘이 가드Gath를 정복하고 유다를 위협했을 때 여호아하스 요아스는 그에게 조공을 바쳤다 왕하 12:17,18.

최근 단에서 발견된 석비 조각은 이스라엘과 다메섹의 관계를 새롭게 조명해 주고 있다. BC 830년경에 세워졌을 것으로 추정하는 석비에는 아람이 이스라엘 북부를 지배한 것으로 해석되는 비문이 있다. 비문은 또 '다윗의 집'을 언급하고 있는데, 이는 유다 왕조 계열에 대한 분명한 자료로서 학계에 충격을 던져 주기도 했다. 이밖에 석비는 BC 800년대에 있었던 이스라엘과 다메섹 간에 관계 변화를 설명하고 있다.

이스라엘의 여호아하스 왕은 벤하닷으로부터 몇몇 도시를 되찾았다 왕하 13:22-25. 다메섹이 앗시리아 왕 아닷 니라리 3세Adad-nirari III에게 패해 힘이 약해졌을 때, 이스라엘의 여로보암 2세는 그 틈을 이용해 다메섹과 하맛까지 점령했는데, 이는 과거 다윗이 그랬던 것과 필적할 만한 것이었다 왕하 14:28.

BC 745년에 앗시리아의 디글랏 빌레셀 3세는 동부 지중해 연안 국가들에 피해를 입히는 군사적 행동을 개시했다. 이때 다메섹이 앗시리아의 진군을 막기 위해 연합군을 형성했다. 이즈음에는 다메섹이 국력을 어느 정도 회복한 것으로 보인다. 다메섹 왕 르신은 이스라엘 왕 베가Pekah를 비롯해 주변 나라들과 연합해 앗시리아의 공세를 막으려고 했다. 그러나 유다는 반앗시리아 전선에 가담하지 않았다. 시리아 에브라임 전쟁 142-143쪽의 '시리아-에브라임 전쟁' 참조은 이 연합국들에 대한 앗시리아의 보복을 불러왔다. 디글랏 빌레셀은 BC 733년에 이스라엘을 공격했고, 그 이듬해 BC 732년에는 다메섹에 심각한 타격을 입혔다.

이후 아람 다메섹은 더 이상 독자적인 왕국으로 존재하지 못하고 앗시리아에 복속되었다. 그럼에도 불구하고 다메섹은 로마 시대까지 대상들의 주요 중심지 역할을 했다. 나바테아 왕국의 국경 지역에 있었던 10개 도시 데가볼리Decapolis 중 하나로 다메섹이 언급되고 있다. 나바테아 왕 아레타스 4세Aretas IV는 사울이 개종할 당시 다메섹을 통치했다 고후 11:32.

---

*아바나(abana / 지명) 다메섹에서 28km 지점에서 발원한 빠라다 강이 일곱 줄기로 갈라져 흘러내리는데 그중 한 줄기로서 다메섹 성중을 통과한다. 현재는 빠 니아 강이라고 부른다.

**바르발(Pharpar / 지명) 열왕기하에 언급된 시리아 다메섹의 2개 강 중 덜 중요한 강이다. 구약성경 아랍 판은 이곳을 다메섹으로 한정하지만, 일반적으로는 아와스, 현재의 타우라Taura를 말한다.

***카르카르(Qarqar / 지명) 신앗시리아 문서에 의하면 시리아 북서쪽에 있는 고대 도시로 알려져 있다. 카르카르 전투는 고대 역사에서 가장 중요한 전투 중 하나로, BC 853년경에 살만에셀 3세가 이끄는 앗시리아 군대와 11개 연합군이 전투를 치렀다.

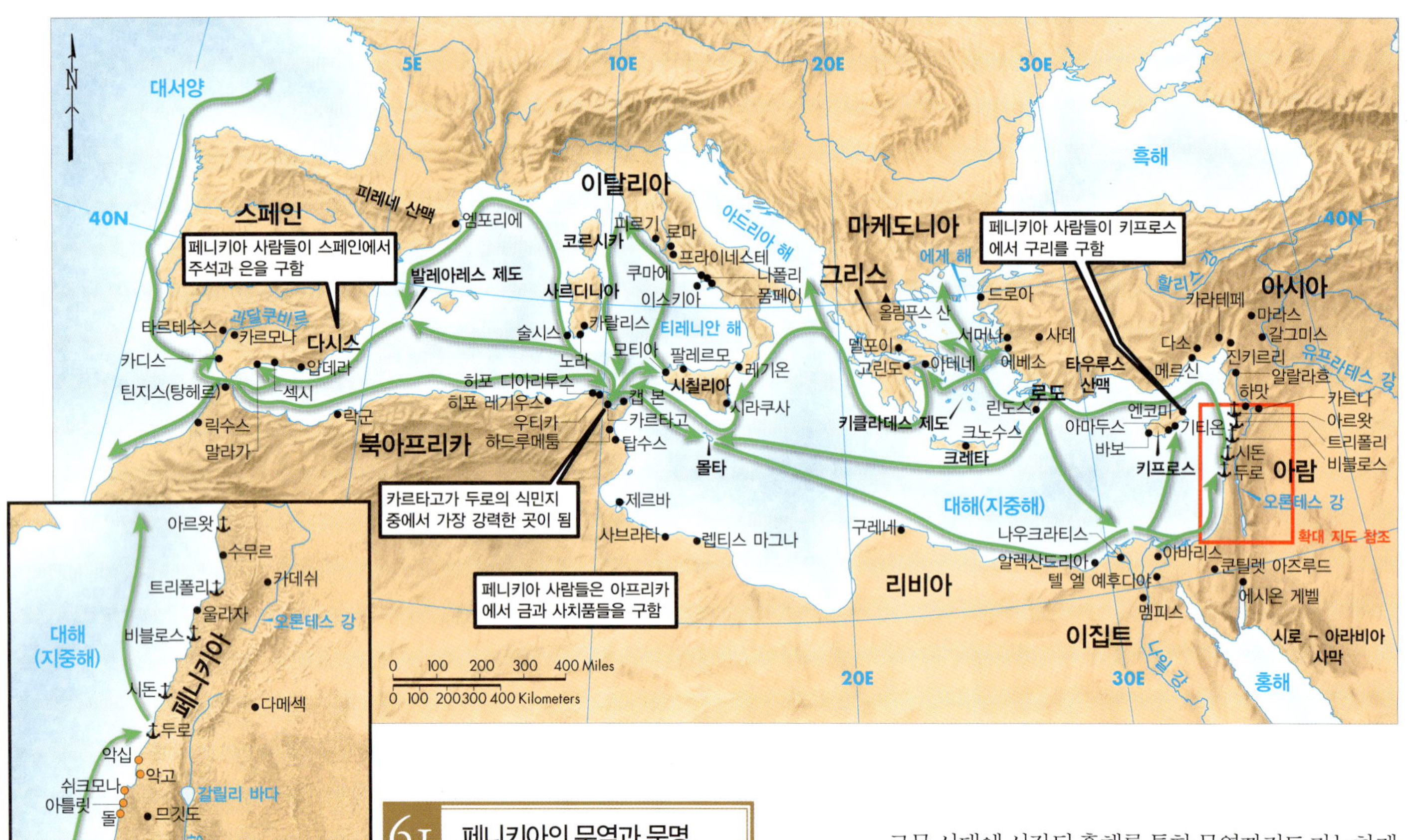

| 오므리와 페니키아 사람들 | 경제적 협력 관계

이스라엘과 페니키아 사이에 있었던 경제적 협력 관계는 다윗과 솔로몬 시대로 거슬러 올라갈 수 있다. 통일 왕국 시대에 이스라엘은 농산물의 주요 산지였고, 동부 지중해 연안의 남쪽 국가들로 통하는 주요 대상로를 통제하고 있었다. 이 두 가지 점이 페니키아 사람들로선 이스라엘이 매우 매력적으로 여겨졌다.

한편 솔로몬은 에시온 게벨에 거점을 둔 홍해 함대를 페니키아 사람들과 함께 지원했다. 그 함대는 아라비아와 아프리카 해안을 부지런히 다니며 외국의 나무들과 오빌Ophi* 지역의 금을 포함한 여러 값비싼 물품들을 가져왔다. 이처럼 오므리와 아합은 페니키아와 경제적 협력 관계를 긴밀하게 유지했다. 그들은 오므리의 아들 아합과 시돈 왕 엣바알의 딸 이세벨의 혼인을 통해 이를 확고히 했다 왕상 16:31.

이러한 동맹은 이스라엘에게는 넘쳐나는 농산물을 수출할 수 있는 판로를 구축해 주었고, 페니키아 사람들에게는 중요한 대상로를 이용할 수 있을 뿐 아니라 솔로몬 시대에 시작된 홍해를 통한 무역까지도 가능하게 해주었을 것이다. 반면, 두 나라의 협력 관계는 아합의 후원 아래 이뤄진 이세벨의 호전적인 바알 숭배를 이스라엘에 불러들였다.

| 오므리와 유다 | 동맹 관계

오므리는 유다와의 국경 분쟁이 두 나라의 자원을 고갈시킬 뿐이라고 여겨서 유다와는 평화를 추구했다. 이 평화의 시대를 위해 아합의 딸 아달랴Athaliah와 유다의 여호람이 결혼을 했다. 이스라엘과 유다의 두 왕족이 결혼으로 통합된 것이다.

두 나라의 동맹으로 이스라엘이 더 많은 혜택을 누렸던 것으로 보인다. 유다는 두 차례에 걸쳐 이스라엘에 군대를 보냈는데, 한 번은 아람 사람들의 위협을 격퇴하기 위해서였고, 또 한 번은 모압의 반역을 잠재우기 위해서였다 왕상 22:4; 왕하 3:7.

유다 역시 이 동맹으로 인해 경제적 혜택을 얻었다. 유다의 신실한 여호사밧 왕은 이스라엘과 평화를 추구함으로써 에시온 게벨을 통치할 수 있었다. 비록 오빌의 금광에 이르는 길을 열어 보려는 여호사밧의 시도는 좌절되었지만, 적어도 유다를 귀찮게 하는 에돔 사람들을 일시적이나마 통제할 수 있었던 것으로 보인다 왕상 22:44-48; 대하 20:25-37.

그러나 아합의 딸 아달랴로 인해 예루살렘 왕실에까지

산헤립 왕궁에 부조로 새겨져 있는 페니키아의 전함.

바알 숭배가 침투하게 되었다. 이 불행한 시기에 두 나라의 왕실에는 이교 숭배, 음모, 그리고 살인이 집요하게 따라다녔다.

오므리와 트랜스요르단 지배 관계

오므리 왕조는 요단 동편 지역을 강력하게 지배하고자 했다. 아합 왕이 죽은 직후에 메사가 모압 사람들의 독립을 다시 쟁취했지만, 한때 오므리는 모압을 정복했다. 이는 메사 석비Mesha Stele에 기록되어 있다. 비록 에돔 사람들은 반기를 들었지만 대하 21:8-10 적어도 얼마 동안 에돔은 유다의 통치하에 있었다 왕상 22:47.

가장 심각한 위협은 다메섹의 왕들이었는데 바아사 통치 시절에 그들은 아사의 요청으로 이스라엘의 북쪽 국경을 공격했다 왕상 15:18-20. 그들의 목적은 왕의 대로를 비롯한 대상로를 지배하는 것이었다. 아합은 벤하닷 2세와 몇 차례 전쟁을 치러야 했다 앗시리아의 기록에는 하닷 에셀로 되어 있음. 아합은 사마리아를 겨냥한 아람 사람들의 침공을 물리쳤고 왕상 20:1-25, 요단 동편의 요충지 길르앗 라못 근처에서도 몇 차례 아람과 전쟁을 치렀다 왕상 20:26-43; 22:1-40.

그러나 벤하닷도 아합도 결정적인 승리를 거두지 못했는데, 이처럼 이스라엘과 다메섹 간의 전쟁은 오므리 왕조에 이르러 승패를 거듭했다 129쪽의 '아람 사람들과 아람 다메섹 왕국' 참조.

오므리 왕조의 건축 사업 사마리아에 새 도읍을 열다

최근의 발굴 작업을 통해 오므리와 아합이 건설한 도시 국가의 실체가 드러나고 있는데, 매우 인상적이다. 두 왕은 이스라엘 전역에 대량의 건축 사업을 벌였다. 요새를 개선하고, 왕궁의 행정 중심지를 만들고, 사치품들로 공공건물과 개인 건물을 장식했다. 이 시기의 건축 양식과 장식 양식들에서 페니키아 사람들과 더 오래 전에 살았던 가나안 사람들의 기술을 가늠할 수 있다.

*야르콘(Yarkon / 지명) 이스라엘 서쪽 중앙의 강으로 '녹색'이라는 뜻이다. 로쉬 하아인 근처에서 발원해 텔 아비브 야포 북쪽의 지중해까지 흐른다26km. 사철 내내 마르지 않는 강으로 사론 평원북쪽과 연안 저지대남쪽 사이의 경계를 이룬다.

고고학적 발견들은 오므리와 아합의 후원으로 이루어진 건축 사업이 솔로몬의 기술을 능가했다는 점을 시사해 준다.

오므리와 그의 아들 아합은 세겜 북서쪽 10km에 위치한, 세멜로부터 사들인 산에 새로운 수도를 세웠다 왕상 16:23,24. 오므리가 이곳을 택한 이유는 무엇보다 쉽게 적을 방어할 수 있고, 방사상으로 뻗은 도로들이 교차점 근처에 있기 때문이었다.

새로운 도시 사마리아는 해발 430m의 산 위에 있었다. 산꼭대기에는 오므리와 아합이 건축한 왕궁과 성채가 있었다. 성채의 넓이는 1만 6,000㎡인데, 이 정도 넓이라면 한 마을을 이룰 수 있는 규모다. 성채는 거대한 직사각형 대지 89 x 178m 위에 세워졌으며 그 둘레를 두 겹 형태의 벽이 감싸고 있었다. 성채 안에는 왕궁, 창고, 행정 건물들이 세워졌다.

건축 기술은 페니키아의 영향을 받았음을 보여 준다. 이것은 오므리의 집이 페니키아와 긴밀한 관계를 맺고 있었다는 점을 고려할 때 놀라운 일이 아니다. 아합의 아내 이세벨은 페니키아의 공주였다.

사마리아의 채석 기술과 석공 기술은 비범했다. 벽들은 바위를 파서 만든 홈에 세워졌는데, 각각의 돌은 균일한 크기를 유지했다. 유적은 거의 남아 있지 않지만, 초기 소아시아 지방 수도들에 흩어져 있는 잔해들을 통해 사마리아 왕궁의 화려함을 짐작할 수 있다. 성채에서 발견된 상아 무더기들은 철기 2기 시대의 것으로 현존하는 예술품 중에서 최고다. 상아들은 페니키아, 시리아, 이집트의 특색을 나타냄과 동시에 국제적인 위상과 왕실의 호화스러움을 상징한다. 아합이 건축한 '상아궁' 왕상 22:39이 성경에 언급되어 있는데, 아모스는 사치를 좋아하는 이스라엘 왕들의 상아 상들을 비난했다 암 6:4. 어느 행정 건물에서는 63개의 도기 파편들 글이 새겨진 질그릇 조각들이 발견되었고 기름과 포도주를 배에 실었던 기록들을 담고 있다. 이들은 아마도 왕실을 후원하기 위해 물품으로 납부한 일종의 세금으로 보인다.

사마리아는 성채 아래로 뻗어 있었다고 하지만 철기 시대의 이 하부 도시들에 대해서는 알려진 게 없다. 엘리야 시대에 바알 숭배의 중심지였음에도 불구하고 아합이 건축한 바알 신전과 아세라 제단이 어디에 있는지도 아직 확인하지 못했다 왕상 16:32, 33; 왕하 10:21. 요새화된 성채의 벽 안에는 못 10 x 5m이 하나 있었다. 아합이 죽었을 때 그의 피 묻은 병거를 씻은 곳으로 여겨진다 왕상 22:34-38.

사마리아가 가장 번성한 때는 앗시리아로부터 어떤 위협도 받지 않았던 여로보암 2세 통치 기간이었다. 이때

하솔에 있는 수로 시설.

북쪽의 아람 지역을 다시 정복했다왕하 14:25-27. 아모스는 당시 가난한 사람들을 핍박해 경제적으로 풍요를 누리던 부유한 귀족과 왕족들을 비난했다암 4:1-3; 5:10-13. 그러나 사마리아의 영광은 BC 722년 앗시리아가 그 땅을 정복하고 그들의 지방 정부로 만드는 것으로 끝나고 말았다.

오므리 왕조 때 하솔과 므깃도의 변화가 특히 두드러졌다. 오므리 왕조는 하솔의 크기를 두 배로 만들고 요새를 견고하게 했다. 앗시리아와 다메섹의 잦은 위협 때문에 요새화와 물 공급이 시급했던 것이다. 솔로몬 시대에 축성하여 노후된 낡은 성벽을 허물고 외벽과 내벽으로 쌓아 더욱 견고하게 만들었다. 벽돌로 쌓은 성벽은 두께가 2~7m로 그 기초는 돌로 단단하게 놓았다. 네 개 혹은 그 이상의 약실藥室을 갖춘 견고한 성문들은 도시를 지켜 주었다. 때로 성문 구역은 안쪽 성문으로부터 직각으로 세워진 바깥 성문을 더 갖추기도 했다. 적들이 안쪽 성문을 공격하는 것을 어렵게 만들기 위해서였다. 므깃도는 이와 같은 요새의 대표적인 실례가 되었다.

전쟁 중에는 무엇보다 물 공급이 과제였는데, 군대가 포위전에 들어갔을 때 더욱 그랬다152-153쪽의 '앗시리아는 어떻게 싸웠나?' 참조. 기술자들은 큰 도시에 물이 끊기지 않고 공급되도록 기발한 방법을 고안해 냈다. 므깃도에서는 성벽 바깥에 있는 샘을 도시 안까지 끌어들이는 수로를 건설했다. 도시 안에서 수직 수갱을 파고 들어가 계단으로 이어지게 했다. 하솔 시민들은 물을 얻기 위해 도시를 벗어날 필요가 없었다. 기술자들은 거대한 수로를 지하 수면까지 파 내려가 성안에서 물을 길을 수 있게 했다. 이러한 기술은 게셀과 기브온 등 이스라엘과 유다의 여러 지역에 전파되었다149-150쪽의 '히스기야 때부터 BC 586년 멸망하기까지의 예루살렘' 참조.

요새 안에는 지방 총독과 관료들이 사는 견고한 건물들이 세워졌으며 방어 시설이 구비된 작은 왕궁들도 있었다. 사마리아에서 발견된 수많은 원시 이올리안 양식의 기둥머리들은 사마리아의 뛰어난 솜씨가 다른 주요 행정 중심지로 퍼져 나갔다는 점을 보여 준다.

집회와 군대 소집을 위해 제공되는 넓은 뜰들은 대도시의 특징이다. 여로보암 1세에 의해 건축된 것으로 보이는 단의 성전은 BC 900년 직후 파괴된 뒤 아합에 의해 다시 확장된 것으로 여겨진다. 단에 있는 이스라엘 성

전을 통해서도 알 수 있듯이, 주요 건물들은 넓은 공터에 세워졌다.

므깃도와 하솔을 포함한 여러 곳에서 기둥이 있는 건물들이 발견되었다. 학자들은 이것을 창고나 병거와 말을 보관하는 마구간으로 해석하고 있다. 이 건물들 중에는 식량을 저장한 곳도 있었다. 이곳은 아마도 식량을 모으고 분배하는 역할을 했을 것으로 보인다. 또 어떤 건물은 아합 군대의 거대한 병거를 보관하는 역할을 했을 것이다.

| 오므리와 앗시리아 | 앗시리아의 팽창을 주춤하게 한 카르카르 전투

BC 850년경 주변 열강은 이스라엘을 위협하기 시작했다. 앗시리아의 강력한 왕이었던 아슈르나시팔 2세BC 883-859년* 와 살만에셀 3세BC 859-824년는 매년 조공을 걷기 위해 서쪽 지역으로 군사적 침공을 감행했다. 아슈르나시팔 2세는 갈라니므롯를 군사적 거점으로 삼고 북서 메소포타미아와 북쪽 시리아를 단숨에 정복했다. 그의 아들 살만에셀 3세는 BC 853년에서 BC 838년까지 지중해 해안을 따라 남쪽을 여섯 차례나 침공했다. 앗시리아의 기록은 그가 BC 853년에 다메섹의 하닷 에셀과 하맛의 이루훌레니Irhuleni, 이스라엘의 아합 왕이 이끄는 지중해 동부 연안 국가의 연합군들과 카르카르에서 마주쳤다고 기록하고 있다138~139쪽 참조.

앗시리아의 위협은 일시적이나마 이스라엘과 다메섹이 동맹 관계를 맺도록 했다. 기록에는 살만에셀 3세가 승리했지만, 이 카르카르 전투** 는 앗시리아의 팽창을 주춤하게 만든 사건이었다. 흥미롭게도 유다는 당시 연합군에 가담하지 않았다. 하지만 2,000병거와 1만 군

* 아슈르나시팔 2세(Ashurnasir-pal II / 인명)
'후계자를 지키는 자' 라는 뜻의 이름을 가진 이 왕은 BC 884-859년까지 앗시리아를 다스렸다. 그는 아버지 투쿨티 니누르타 2세를 이어 즉위해 메소포타미아와 오늘날의 레바논 영토를 정복하고 앗시리아 제국으로 복속시켰다. 이 왕은 영리한 장군이자 행정가인지는 몰라도 매우 잔인한 왕으로 유명했다. 노예가 된 포로들을 부려서 니므롯에 새로운 앗시리아 제국의 수도를 건설했다. 그의 아들 살만에셀 3세가 그의 뒤를 이었다.

** 카르카르 전투(The battle at Qarqar / 명칭)
BC 853년에 일어난 전쟁으로 당시 살만에셀 3세가 이끄는 앗시리아 군대가 다메섹의 하닷에셀과 이스라엘의 예후 왕이 이끄는 12나라의 동맹군과 카르카르에서 벌인 전쟁을 말한다. 이 전쟁은 어떤 전투보다 참가한 병사가 많았다는 것과 처음으로 일부 부족들이 역사적으로 기록되었다는 것으로 유명하다. 이것은 쿠르크 비문The Kurkh Mon-olith에 기록되어 있다. 전쟁이 일어났던 카르카르는 현재의 고고학적 유적지인 텔 카르쿠르Tell Qarqur로 여겨진다.

라맛 라헬Ramat Rahel 발굴을 통해 발견된 원시 이올리안 양식의 기둥머리.

엘리야와 엘리사의 사역

오므리 왕조가 이스라엘에 가져다 준 권세와 풍요는 한편으로는 이스라엘 사회를 갈라놓았다. 사마리아 왕실에 가해진 페니키아 사람들의 영향력은 골칫거리였다. 이는 아합과 두로의 페니키아 공주 이세벨의 결혼을 통해 잘 알 수 있다. 이스라엘의 풍요는 왕실과 왕실의 총애를 입은 특권층, 그리고 수도에 사는 사람들의 사치를 불러왔다. 이는 사회 · 경제 · 정치적으로 소외된 가난한 사람들을 분노하게 만들었다. 뿐만 아니라 이스라엘 왕실이 바알 숭배를 공식적으로 후원하면서 이스라엘 사회는 사회적 · 경제적 긴장 관계가 형성되었다 제8장 95쪽의 '가나안의 종교' 참조.

아합은 사마리아에 바알 신전을 지었고 왕상 16:32, 여호와의 성전에 추가해서 지었거나 대체했던 것으로 보인다. 이세벨은 450명의 바알 선지자 우리말성경은 예언자로 번역함와 400명의 아세라 선지자들을 후원함으로써 바알 멜카르트 Baal-Melqart 숭배를 장려했으며 왕상 18:19, 여호와의 선지자들을 무자비하게 억압했다. 이러한 정책은 이스라엘의 정신에 심각한 위기를 초래했다. 이에 대해 하나님은 두 명의 특별한 선지자를 보내 이스라엘을 사역하게 하셨다. 바로 엘리야 Elijah와 엘리사 Elisha였다. 두 선지자는 자료의 특성상, 그리고 정보의 부족함 때문에 신비에 가려져 있지만, 두 사람 모두 이스라엘 역사에서 중요한 시기에 선지자로 활동했다.

엘리야는 길르앗의 디셉 Tishbe에서 외치며 다녔던 엄하고도 고독한 사람이었다 엘리야에 대한 기록은 왕상 17-19장, 21장; 왕하 1, 2장에 소개되어 있다. 그는 아무도 기대하지 않을 때에 갑자기 그리고 신비롭게 나타났다. 바알 숭배와 대적한 엘리야는 아합과 이세벨을 '이스라엘을 괴롭히는 자'로 간주하며 공개적으로 비난했다. 그는 하나님이 그 땅에 가뭄을 보내신다고 선포했다. 이것은 자신들의 신이 비를 내려 준다고 믿었던 바알 숭배자들의 신념을 겨냥한 것이었다. 엘리야는 이를 선포하고 나서 요단 강 동쪽의 그릿 Cherith 시냇가에 숨었다 왕상 17:1-7. 그 후 엘리야는 시돈 근처에 있는 사르밧 사렙다으로 가서 머물다 어느 과부의 죽은 아들을 살려 주었다 왕상 17:8-24.

연대가 분명하지는 않지만, 엘리야는 아합이 나봇을 살해하고 나봇의 포도원을 빼앗은 것에 대해 하나님의 심판을 선포했다 왕상 21장. 또 아합과 그의 아내 이세벨의 집에 대해 치명적인 저주를 선포했다. 엘리야 사역의 결정판은 갈멜 Carmel 산에서 일어났다. 엘리야는 여호와와 바알 중 누가 참 신인지를 결정하자며 바알의 선지자들을 불렀다 왕상 18장. 그리고 하늘에서 불이 내려 엘리야의 제단을 태워 버림으로써 참 신을 가려냈다. 그 자리에 있던 바알의 사제들은 처참하게 숙청되었다.

의아하게도 엘리야는 갈멜 산에서 승리한 후 이세벨의 진노를 피해 남쪽으로 도망가게 된다. 브엘세바 Beersheba 근처에서 엘리야는 피할 곳을 찾았고, 시내 반도 남쪽의 예벨 무사 Jebel Musa에 위치한 것으로 알려진 호렙 Horeb 산으로 나아가기 전에 광야에서 천사를 만나 먹을 것을 얻는 경험을 했다 왕상 19장. 그러나 이 책 이집트 탈출 경로를 설명하는 71-74쪽에서는 이곳이 아닌 다른 지역을 언급하고 있다. 호렙 산에서 하나님은 엘리야에게 (1) 하사엘을 다메섹 왕으로 세우고, (2) 예후를 이스라엘의 왕으로 기름 부으며, (3) 엘리사를 그의 후계자로 삼을 것을 명하셨다.

그 후 엘리야는 아마도 엘리사의 고향 아벨 므홀라에서 엘리사를 만난 것으로 보인다. 아벨 므홀라의 정확한 위치는 분명하지 않지만 요단 강 서쪽에 있으며 아마도 이스르엘 평원 동쪽 지역에 있었던 것 같다.

엘리사는 엘리야에게 헌신된 제자가 되려고 자신의 일터를 떠났다. 아하시야 왕이 죽은 지 얼마 안 돼 BC 850년 엘리사는 벧엘과 여리고를 지나 길갈에서 요단 강까지 엘리야를 따라갔다. 기적으로 강을 건넌 후에 엘리사는 엘리야가 회오리바람을 타고 하늘로 올라가는 극적인 장면을 목격했다 왕하 2:9-12. 엘리사는 이 위대한 선지자의 겉옷을 취했다.

엘리사는 엘리야와 몇 가지 점에서 차이가 있다. 엘리사는 '선지자의 아들들'이라고 불리던 무리들에게 자주 나타났고, 왕들의 조언자로서도 활발하게 활동했다. 성경

사를 거느린 유다가 아합의 지도 하에 연합군에 가세했을 가능성도 배제할 수 없다. 그러나 이스라엘과 유다는 이후로도 앗시리아의 공세에 시달려야 했다.

신앗시리아 제국의 발흥

이사야는 앗시리아를 '하나님의 진노의 막대기'Rod of Gods wrath로 묘사했다사 10:5. 이러한 예언은 죄로 가득 찬 이스라엘과 유다에 임박한 심판을 경고할 뿐만 아니라, 근동 국가들의 권력 구조가 극적으로 변화되었음을 알리고 있다.

3세기가 넘도록BC 1200-900년 레반트지중해 동부 연안의 작은 국가들은 열강의 침략을 받지 않았다. BC 1200년경 이집트가 레반트지중해 동부 연안에 세웠던 제국이 붕괴되자, 그 공백을 채우기 위해 메소포타미아의 여러 제국들이 침략해 들어왔지만 심각한 정도는 아니었다. 그 후 동부 지중해 연안의 신흥 국가들, 즉 다메섹Dama-scus, 하맛Hamath, 벧 에덴Beth-eden과 같은 아람 국가들을 비롯해 페니키아와 블레셋 도시들, 모압Moab · 에돔Edom · 암몬Ammon과 같은 요단 동편 국가들, 그리고 이스라엘은 상대적으로 외부의 방해 없이 불안정한 균형

은 엘리사가 행한 여러 기적들을 기록하고 있는데, 그 중에는 여리고의 샘물을 깨끗하게 한 일왕하 2:19-22, 수넴 여인의 아들을 죽음에서 살려 준 일왕하 4:8-37, 길갈에서 국에 독이 퍼진 솥을 깨끗하게 한 일왕하 4:38-41, 그리고 아람의 군대장관 나아만을 나병으로부터 깨끗하게 한 일왕하 5장 등이 있다. 엘리사 역시 갈멜 산과 사마리아에 종종 나타났지만, 엘리사의 행적을 재구성하는 것은 엘리야와 마찬가지로 어렵다. 그는 사마리아가 아람 왕 벤하닷의 포위에서 완전히 해방될 것이라고 예언했다왕하 6:24-7:20.

엘리사의 가장 두드러진 역할은 왕을 세우는 일이었다. 엘리사는 다메섹과 이스라엘의 정치적 혁명을 위해 사용된 도구였다. 엘리사는 벤하닷이 병들어 누웠을 때 다메섹으로 가서 하사엘을 다음 왕으로 선포했다. 앗시리아 기록에 의하면 하사엘은 찬탈자로 묘사되어 있다. 하사엘은 벤하닷을 질식시켜 죽이고 다메섹 왕으로 등극했다왕하 8:7-15.

엘리사가 다메섹의 하사엘이 이끄는 아람 공격의 초점이 된 길르앗 라못까지 그의 젊은 선지자을 보냈을 때 오므리 왕조에 대한 피의 보복이 시작되었다. 이스라엘 왕 요람은 이미 부상을 입어 회복을 위해 이스르엘로 돌아간 상태였고 예후는 요람 군대의 지휘관 중 하나였다. 엘리사가 보낸 젊은 선지자는 예후에게 기름을 부었을 뿐만 아니라 그에게 오므리의 집을 제거하라고 지시했다.

병거를 타고 이스르엘로 달려간 예후는 엘리야가 예언한 것을 성취하기 위해 예전에 나봇의 소유였던 곳에서 요람을 죽였다. 유다 왕 아하시야는 그의 사촌 요람을 방문하러 갔다가 급히 병거를 타고 벧 학간으로 도망갔다. 그러나 아하시야는 예후의 군사들에게 치명적인 부상을 입고 결국 므깃도에서 죽고 말았다. 예후는 이스르엘에서 왕후 이세벨을 죽이고 사마리아로 달려가 아합 왕의 70명의 왕자를 죽였으며, 수많은 바알 숭배자들을 죽였다왕하 9:30-

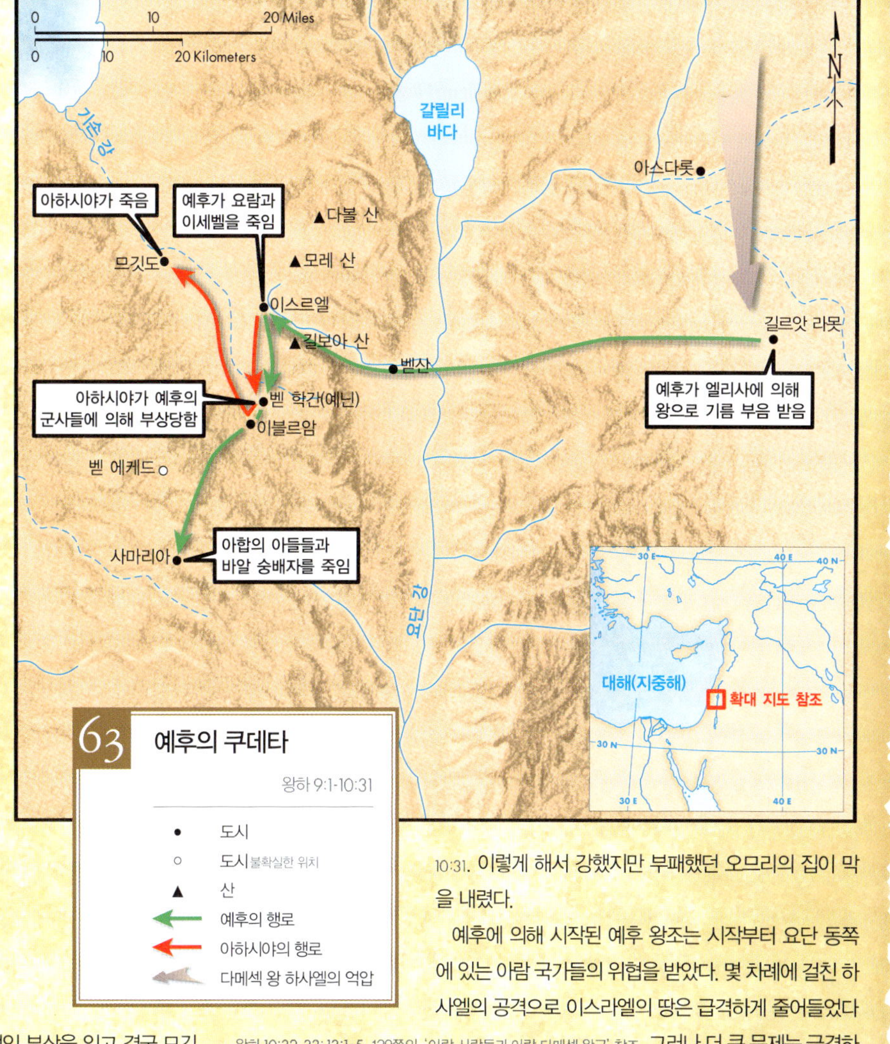

10:31. 이렇게 해서 강했지만 부패했던 오므리의 집이 막을 내렸다.

예후에 의해 시작된 예후 왕조는 시작부터 요단 동쪽에 있는 아람 국가들의 위협을 받았다. 몇 차례에 걸친 하사엘의 공격으로 이스라엘의 땅은 급격하게 줄어들었다왕하 10:32, 33; 13:1-5, 129쪽의 '아람 사람들과 아람 다메섹 왕국' 참조. 그러나 더 큰 문제는 급격하게 성장하는 앗시리아 제국이었다. 예후는 BC 841년에 살만에셀 3세에게 조공을 바쳤다.

지중해 연안 국가 연합군은 카르카르 전투를 통해 앗시리아에 대항했으나 역부족이었다.

＊ 나이리(Nairi / 지명)
앗시리아어로 '강들' 이라는 뜻이다. 밴 호수 주변에 위치해 우라르투 지방에서 후기 청동기 시대부터 초기 철기 시대 BC 13~10세기까지 왕국을 세웠다. 현재 터키 남동쪽의 동부 아나톨리아 지역이다.

을 유지할 수 있었다. 그러나 이러한 균형도 오래 지속되지는 못했다. BC 900년경 앗시리아의 강력한 왕들이 이곳을 위협했기 때문이다.

| 앗시리아의 군사적 목적 | 앗시리아는 정복 전쟁을 통해 무엇을 얻고자 했나?

주변 국가들을 정복해 나가던 앗시리아는 다음과 같은 세 가지 장애들에 직면했다. (1)서쪽으로는 강력한 아람 국가들이 중요한 대상로들에 걸쳐 있어서 지중해 해안으로 나가는 것을 막았다. (2)북쪽 산간 지대 나이리 'Nairi Lands'에 사는 족속들은 아나톨리아 Anatolia에 이르는 중요한 대상로와 앗시리아 평원에 있는 주요 도시들을 위협했다. 이곳은 앗시리아에 말과 금속을 공급한 주요 원천이었다.

결국 이 족속들은 반 호수와 우르미아 호수 사이에 위치한 우라르투 Urartu 왕국과 연합했다. 이 때문에 앗시리아는 우라르투 왕국과 싸우기 위해 산맥 깊숙이까지 진군해야 했다. (3)남쪽으로는 바빌로니아를 통제해야

했다. 이것은 앗시리아로서는 상당한 도전일 수밖에 없었다. 특히 갈대아 사람과 엘람 사람은 바벨론을 이용해 앗시리아를 공격하려 들었다. 실제로 BC 800년 이후로 공격이 거세졌다.

앗시리아는 군사적 침략을 통해 다음 세 가지 목적들을 이루고자 했다. (1)앗시리아의 본토를 지키기 위한 보안 지대를 확보하는 것 (2)주요한 대상로들을 정복하는 것 (3)목재, 금속, 그리고 말과 같은 필수적인 원자재들을 확보하는 것이었다. 더욱이 앗시리아 왕들은 그들의 민족신으로서 온 땅을 다스리기에 합당한 신으로 간주했던 앗수르 Ashur의 영광과 명예를 위해 싸웠다.

앗시리아의 이 같은 정복 전쟁은 아슈르 단 BC 934~912년

| 표11 | 신앗시리아 제국의 왕들

앗시리아의 권력 상황	앗시리아 왕	통치 연도(BC)	활동과 업적
앗시리아 부흥을 꾀함	아슈르나시팔 2세	883~859	갈라니므롯를 재건해 수도로 삼음
			공포 정치 전략으로 두로, 시돈, 비블로스와 같이 남쪽에 있는 나라들로부터도 조공을 받음
	살만에셀 3세	859~824	지중해 동부 연안 국가들을 여섯 차례 침공함. BC 853년 카르카르에서 이스라엘 왕 아합을 비롯한 연합군과 싸움. BC 841년 이스라엘 왕 예후로부터 조공을 받음 앗시리아 석비
쇠퇴기 BC 823-745년	삼시아닷 5세	823~811	
쇠퇴기를 맞은 이유 :	아닷 니라리 3세	810~783	BC 9세기 말과 8세기 초에 시리아를 침공함 BC 805-796년?. 림나의 석비 Rimmnah Stele 는 다메섹을 공격하고 '사마리아'의 요아스로부터 조공을 받았다고 기록하고 있음. 아마도 왕하 13장 5절에 언급된 '구원자'일 것임
1. 우라르투 왕국과 갈등			
2. 내분	살만에셀 4세	782~772	
3. 중앙 정부의 약화	아슈르 단 3세	771~754	
	아슈르 니라리 5세	753~746	
제국의 확산	디글랏 빌레셀 3세불	745~727	우라르투를 다스림. 중앙 집권화. 앗시리아 영토를 유프라테스 강 서쪽과 남쪽으로 확장하는 정책들을 개발 BC 738년 이스라엘의 므나헴으로부터 조공을 받음 왕하 15:19,20. 바벨론을 정복. 시리아-에브라임 전쟁 때 유다의 아하스가 디글랏 빌레셀에게 도움을 요청함 BC 733-732년. 그 후 이스라엘의 영토가 현격하게 줄어듦 왕하 15:29 이스라엘 왕 호세아가 처음에는 살만에셀 5세에게 조공을 바쳤으나 이집트가 돕겠다고 약속하자 반역함 왕하 17:1-5. 살만에셀 5세가 사마리아를 3년간 포위. BC 722년 사마리아 멸망
	살만에셀 5세	727~722	
	사르곤 2세	722~705	두르 샤루킨코르사밧을 새로운 수도로 세움. 사마리아의 정복자라고 주장. BC 720년 이집트와 블레셋의 후원에 힘입어 반역에 나선 사마리아를 정복하고 앗시리아의 한 지방으로 만듦. 2만 7,000명의 이스라엘 백성을 니느웨 근처 하볼 강변으로 쫓아 냄. 사마리아 지역에도 정착하게 함 왕하 17:24. BC 713~712년 아스돗, 유다, 에돔, 모압이 이집트 25대 왕조인 사바쿠의 도움으로 반란을 일으키자, 지중해 동부 연안 국가들을 침공 사 20장 참조. 므로닥발라단이 이끈 갈대아 엘람 동맹의 지속적인 저항에 부딪힘. 우라르투를 침공해 정복함. BC 705년에 킴메르 족속과 싸우다 전사
	산헤립	705~681	앗시리아의 수도로 사용하기 위해 니느웨를 재건함. 바벨론 내에서 있었던 갈대아 사람들의 저항을 진압함. BC 701년 유다를 공격해 유다의 도시 46곳을 파괴함. 예루살렘은 포위되었지만 파멸은 면함 왕하 18,19장; 사 36,37장; 대하 32장. 라기스 벽화와 실로암 비문, 산헤립의 기둥 Prism 들이 중요한 고고학적 증거가 되고 있음
			BC 669년에 이집트를 공격
	에살핫돈	681~669	BC 663년에 테베를 정복함. 신앗시리아 제국의 절정기
	아슈르바니팔 2세	669~627	BC 652년에 그의 형제 샤마쉬 슘 우킨이 이끌었던 바벨론의 반란을 무찌름

왕에 의해서 시작되었다. 그는 자신의 권세를 공고히 하는 한편 앗시리아 평원을 지배했다. 그 후 아닷 니라리 2세BC 911-891년와 투쿨티 니누르타 2세BC 890-884년가 서쪽의 아람 국가들과 북쪽의 산간 지대 족속들을 침공했다. 그리고 아슈르나시팔과 그의 아들 살만에셀 3세에 이르러 절정에 이르렀다.

| 아슈르나시팔 2세 | 공포 정치로 제압해 나가다

아슈르나시팔은 앗시리아의 보안 지대를 넓게 확보하기 위해 동쪽과 북쪽, 그리고 서쪽으로 활발하게 침략 전쟁을 벌였다. 그는 거역하는 지도자들에게 매우 잔인한 전략을 사용했다. 그의 이런 심리전은 앗시리아의 다음 왕들에게 계승되었다. 그는 강력한 아람 국가인 빗 아디니Bit-adini, 암 1:5에는 '벧 에덴'으로 나와 있음를 정복함으로써 갈그미스를 거쳐 시리아와 지중해까지 승리의 진군을 할 수 있도록 했다. 이에 따라 두로와 같은 남쪽

나라들에게서도 조공을 받았다. 아슈르나시팔은 갈라니므롯를 대규모로 다시 건축했으며 그의 개인적인 왕궁까지 지었다. 이곳을 중심으로 앗시리아는 서쪽으로 커다랗게 원을 그리는 형태로 하볼 지역에서 유프라테스 강으로, 다음에는 유프라테스 강을 따라 바벨론 국경까지 진군했다. 정복한 나라에서는 조공을 거둬들였으며, 거역하는 속국에 대해서는 강력하게 처벌했다. 이것은 200년 동안 계속됐다.

| 살만에셀 3세 | 예후의 조공을 받다

살만에셀 3세는 아버지의 확장 정책을 이어 나갔다. 그는 BC 853년에서 BC

BC 841년 살만에셀 3세가 남부 레반트로 출정한 것을 기록한 살만에셀 3세의 앗시리아 석비다. 이스라엘의 예후 또는 그 사절들 중 한 명이 앗시리아 왕 앞에 엎드린 모습이 그려져 있다 대영박물관의 허가를 받고 게재함.

65

여로보암과 웃시야 시대의 이스라엘과 유다

왕하 14:23-28; 대하 26장

838년까지 여섯 차례나 서쪽 지역을 침공했다. 성경에는 언급되어 있지 않지만, 그가 BC 853년에 서쪽 지역을 처음으로 침공했을 때 이스라엘의 아합과 싸웠다. 아합은 앗시리아의 확장을 막기 위해 형성된 동부 지중해 연안 국가 연합군 중 하나였다. 현재 대영박물관에 소장되어 있는 앗시리아 석비살만에셀 3세의 공적을 새긴 비석에 의하면, 살만에셀은 북쪽 시리아에 있는 카르카르 Qarqar 전투에서 연합군과 맞서 싸웠다. 비석은 대승을 거뒀다고 기록하고 있지만, 살만에셀은 곧장 남서쪽으로 정복 전쟁을 나갈 수 없을 정도로 이 전투에서 전력을 많이 잃었다.

그러나 이후의 침략에서 남쪽의 갈멜 산까지 정복해 나갔다. 마침내 살만에셀은 BC 841년 이스라엘의 예후와 남부 지중해 연안 국가들로부터 조공을 받았다. 137쪽의 석비에 새겨진 그림은 이스라엘 왕 예후가 앗시리아 왕 앞에 엎드리고 있는 모습이다. 살만에셀은 또한 북서쪽으로 나이리 Nairi 지역까지 침공했다. 이것은 철 매장량이 풍부한 길리기아 Cilicia까지 이르는 도로를 확보하기 위해서였다.

앗시리아의 일시적인 쇠락 │ 지역 감독관들이 소요를 일으키다

앗시리아는 살만에셀 3세가 통치하는 동안 전에 없던 영광을 누리게 되었다. 그러나 BC 824년에 그가 죽자 BC 745년까지 쇠락의 길을 걸었다. 앗시리아의 힘을 쇠퇴하게 만든 몇 가지 요인들을 들자면, 우선 살만에셀 3세의 후계자들이 서로 다투기만 할 뿐 유능하지 못해 백성의 신임을 얻지 못했다는 것이다. 그래서 그 틈을 타 힘을 키운 지역 감독관들이 종종 소요를 일으켰다. 또 다른 이유는 앗시리아가 북부의 유프라테스 강을 비롯해 북서 지역을 지배하자 이에 반발한 우라르투 왕국이 주요 대상로를 위협하며 교란했던 것이다. 그 결과 앗시리아는 처음에 서쪽을 침략했을 때처럼 무력해져 갔다.

하지만 아닷 니라리 3세 BC 810~783년는 서쪽으로 북시리아의 아라파드를 침략하고 다메섹까지 공격했다. 이것은 이스라엘을 아람 사람의 억압으로부터 해방시켜 준 사건이었

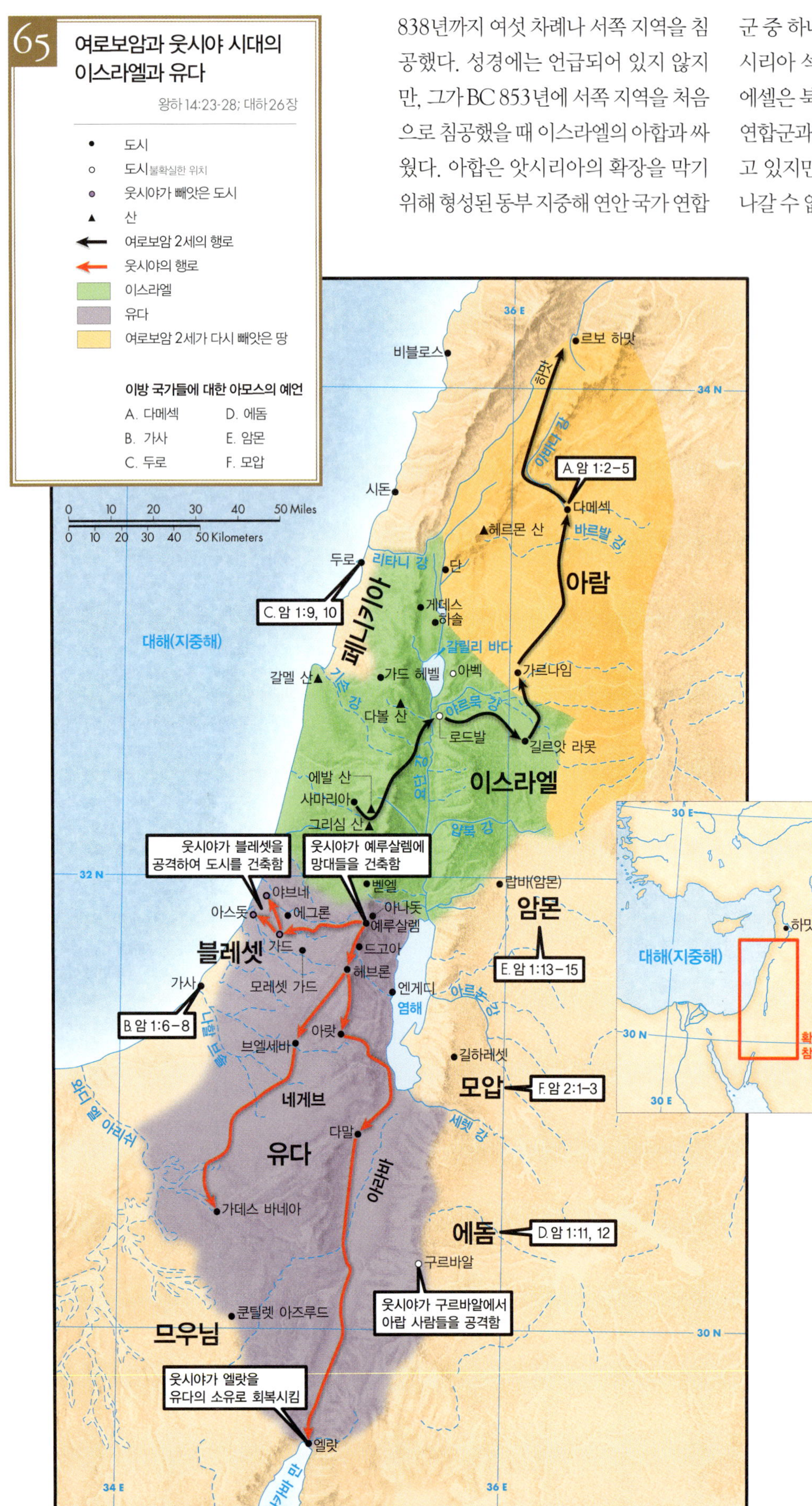

다. 성경은 여호아하스 통치 기간에 이스라엘을 다메섹으로부터 구해 준 자를 '구원자'Savior로 묘사하고 있다 왕하 13:5. 아마도 이 '구원자'Savior가 아닷 니라리 3세였을 것이다.

이스라엘과 유다의 번영 도래

BC 800년경 이스라엘과 유다에 번영과 평화의 시대가 도래했다. 앗시리아의 간섭도 없었고 여로보암 2세BC 786~746년와 웃시야BC 783~742년가 안정되게 통치하는 동안 두 나라는 영향력을 확장시킬 수 있었고 물질적으로도 혜택을 누렸다. 여로보암은 이스라엘의 영토를 "하맛 어귀에서부터 아라바 바다까지 회복" 했는데왕하

14:25, 아람 국가 다메섹과 하맛을 곤경에 빠뜨리고 북쪽으로 영향력을 회복했음이 분명하다. 마찬가지로 유다에서는 웃시야아사랴가 에돔 사람들의 억압에 대항해서 홍해의 항구 도시 엘랏을 다시 지배하게 되었고, 암몬에게 조공을 받았으며 블레셋의 가드, 아스돗, 야브네Jabneth를 점령했다대하 26장.

앗시리아의 팽창 재개

디글랏 빌레셀 3세 | 옛 영광을 재현하다

디글랏 빌레셀 3세BC 745~727년가 BC 745년에 앗시리아의 왕으로 등극하면서 앗시리아는 새로운 국면을 맞게 되었다. 성경에서 '불'Pul로도 알려진 디글랏 빌레셀은 오랫동안 골머리를 앓게 했던 속국들을 앗시리아에 복속시켰다. 그리고 앗시리아에 반역하는 지역 주민들을 멀리 쫓아내고 다른 지역에서 끌고 온 이방 포로들을 그 지역에 살게 했다. 이 같은 정책은 앗시리아의 후

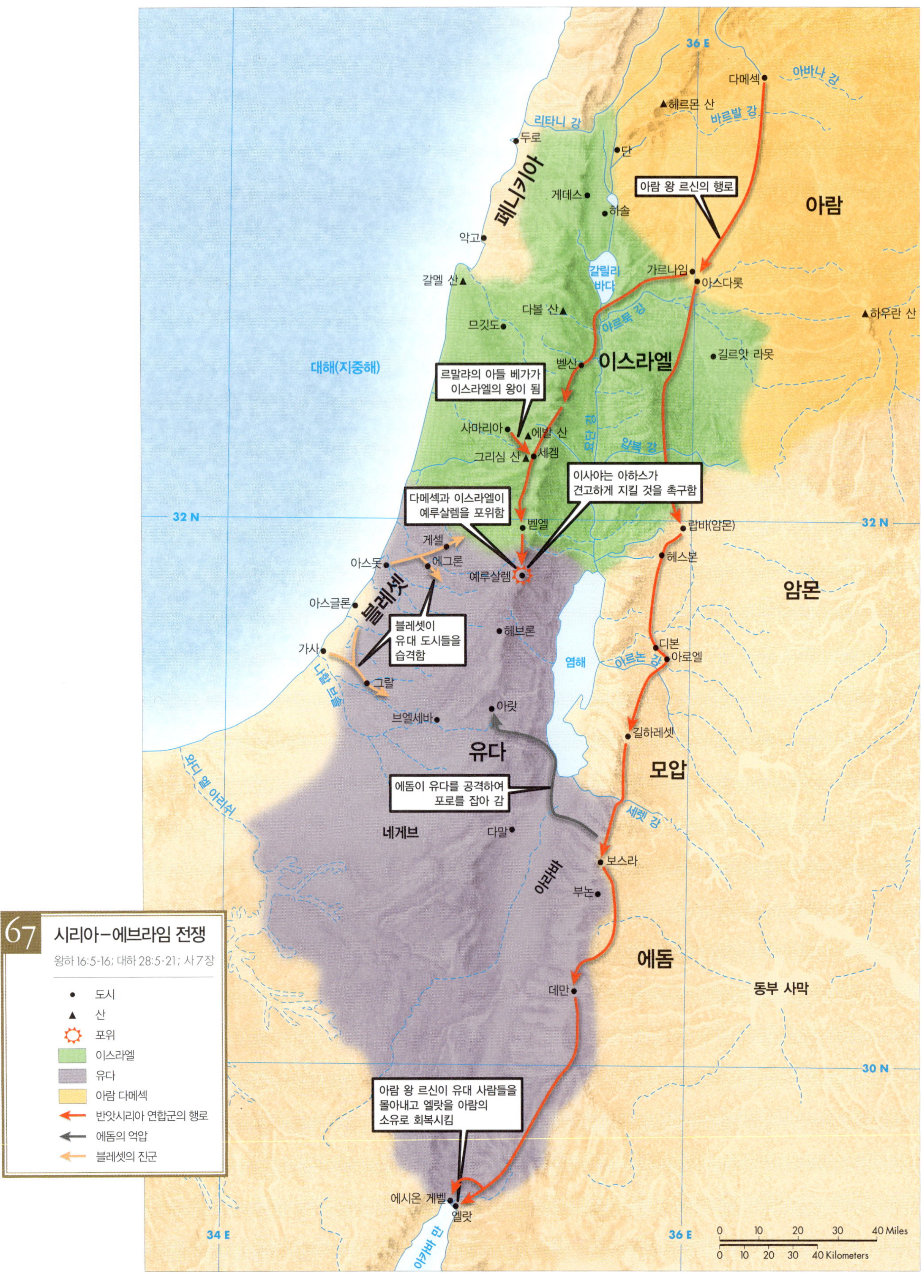
다메섹
아바나 강
헤르몬 산
리타니 강
바르발 강
두로
단
아람
게데스
하솔
아람 왕 르신의 행로
악고
갈릴리 바다
가르나임
아스다롯
갈멜 산
다볼 산
아르묵 강
므깃도
하우란 산
벧산
이스라엘
길르앗 라못
대해(지중해)
르말랴의 아들 베가가 이스라엘의 왕이 됨
얍복 강
요단 강
사마리아
에발 산
세겜
그리심 산
이사야는 아하스가 견고하게 지킬 것을 촉구함
다메섹과 이스라엘이 예루살렘을 포위함
벧엘
32 N
랍바(암몬)
헤스본
게셀
아스돗
에그론
예루살렘
암몬
아스글론
블레셋
헤브론
디본
아로엘
가사
나할 브솔
그랄
블레셋이 유대 도시들을 습격함
염해
아르논 강
브엘세바
아랏
길하레셋
유다
모압
에돔이 유다를 공격하여 포로를 잡아 감
네게브
다말
아라바
세렛 강
보스라
부논
에돔
데만
동부 사막
30 N
와디 엘 아라쉬
아람 왕 르신이 유대 사람들을 몰아내고 엘랏을 아람의 소유로 회복시킴
에시온 게벨
엘랏
34 E
36 E
아카바 만
67
시리아–에브라임 전쟁
왕하 16:5-16; 대하 28:5-21; 사 7장
도시
산
포위
이스라엘
유다
아람 다메섹
반앗시리아 연합군의 행로
에돔의 억압
블레셋의 진군
0 10 20 30 40 Miles
0 10 20 30 40 Kilometers
36 E

대 왕들도 시도했던 것으로 주변 국가들의 민족주의적 열정을 꺾어 놓았다. 그러나 지도자만큼은 토착 세력으로서 앗시리아에 고분고분한 자들로 세우고자 했다. 이렇게 세워진 지도자는 앗시리아에 매년 조공을 바치고 군대 병참을 제공해야 했다.

디글랏 빌레셀은 앗시리아가 서쪽 지역을 장악할 것이라고 거듭 장담했다. 우라르투Urartu, 아람 사람들의 한 국가는 시리아에서 앗시리아와 끊임없이 충돌했던 나라로, 디글랏 빌레셀은 먼저 우라르투의 영향력을 약화시키기 위해 서쪽을 침공하고 우라르투에 군사적으로 압박해 들어갔다. 그 과정에서 동요한 나라는 즉각 조공을 바쳤다. 하지만 반역을 꾀하는 나라는 무력으로 합병했다. BC 738년에 이르자 이스라엘의 므나헴이 앗시리아에 조공을 바쳤다 왕하 15:18-20. 디글랏 빌레셀은 서쪽의 반앗시리아 세력들에 무자비하게 대응했다 지도 68 참조. BC 729년 디글랏 빌레셀은 바벨론을 정복했다. 바벨론은 아람 사람과 갈대아 사람들이 앗시리아로부터 독립하기 위해 앗시리아를 위협하던 곳이었다. 이렇듯 디글랏 빌레셀의 통치는 근동 국가의 어느 누구도 그 영향에서 벗어날 수 없는 새로운 제국주의 시대가 도래했음을 알려 주었다.

디글랏 빌레셀 3세에 의해 옛 영광을 되찾은 앗시리아는 곧 이스라엘과 유다를 위협했다. 한편 여로보암 2세와 웃시야 왕이 죽고 나자 유다와 이스라엘은 닥친 풍랑을 성공적으로 헤치고 나갈 만한 지도자를 세우지 못했다. 여로보암 사후 이스라엘은 BC 746년에서 BC 722년까지 다섯 가문에서 나온 여섯 명의 왕들이 왕좌를 차지했지만 불행히도 그들은 대부분 암살을 당했다. 유다의 아하스 BC 735-715년는 자처해서 앗시리아의 속국이 되었다. 히스기야만이 독립을 위해 노력했으나, 그로 인한 대가는 참혹했다.

디글랏 빌레셀이 BC 738년에 서부를 향한 원정에 나섰고 이것이 이스라엘에 영향을 주어 므나헴 왕이 앗시리아에 조공을 바치기 시작했다 왕하 15:19, 20. 아마도 므나헴이 반앗시리아적 경향을 보여 디글랏 빌레셀의 주의를 끌었던 것 같다.

앗시리아의 비문들에는 유다 왕 아사랴 아마도 유다의 웃시야일 듯하다. 그러나 논쟁의 여지가 있다에 관한 언급이 나온다. 아사랴는 앗시리아의 서부 원정에 대항했지만 그 결과를 감수해야 했다. BC 738년경 시리아와 팔레스타인의 모든 나라들이 앗시리아의 멍에를 지게 된 것이다.

| 시리아 – 에브라임 전쟁 | 연합군의 예루살렘 포위

반앗시리아 정서가 고대 근동 지역을 뜨겁게 달구기 시

69 사마리아의 멸망과 이스라엘 사람들의 유배

왕하 17:1-6, 24-34; 대상 5:26; 호 7:11; 12:1

작했다. 다메섹 왕 르신이 결정적인 역할을 했을 것으로 보인다. 르신은 이스라엘 왕 베가, 블레셋의 도시 국가들과 함께 에돔까지 포함했을 것으로 추정되는 반앗시리아 연합군을 조직했다. 요담에 이어 유다 왕 아하스는 앗시리아의 군사적 압력에도 불구하고 연합군에 합류하지 않았다. BC 735년 다메섹과 이스라엘은 연합군에 가담하지 않는 아하스를 폐위하고자 예루살렘 '시리아-에브라임 전쟁'을 포위했다 왕하 16:5; 사 7:1-14.

앗시리아의 속국 왕 아하스는 디글랏 빌레셀에게 도움을 청했고, 그 결과 시리아-에브라임 연합군은 앗시리아의 공격에 무참하게 짓밟혔다. BC 734년에 디글랏 빌레셀은 지중해 연안을 따라 남쪽으로 가사까지 침략해 들어가 반역을 일삼는 블레셋 도시국가들을 응징했고 시리아-에브라임 연합군에 이집트가 어떤 협조를 했는지도 조사했다. BC 733년 앗시리아 군대는 말머리를 돌려 이스라엘로 진군해 왔다. 앗시리아 군대가 훌라 분지Huleh Basin* 지역을 내려오면서 북쪽 지역을 요새화하고 있던 주요 도시들이욘, 아벨 벳 마아가, 야노아, 게데스, 하솔을 정복했다 왕하 15:29.

앗시리아 군대는 이스라엘 사람들을 포로로 끌고 가기 위해 이스라엘 전역에 배치되었다. 이스라엘의 80% 정도가 앗시리아의 새로운 행정 구역들돌, 므깃도, 길르앗, 가르나임로 나뉘어 편입되었다. 호세아는 베가를 살해하고 사마리아를 중심으로 한 이스라엘의 왕이 되었다. 그러나 이스라엘은 이미 예전의 영토를 거의 잃어버린 상태였다. BC 732년에 디글랏 빌레셀은 다메섹을 공격해 그 나라를 정복하고 앗시리아 지역으로 바꾸어 버렸다. 앗시리아의 팽창은 유다를 앗시리아의 속박의 그늘로 더욱 깊이 몰아넣었다 왕하 16:10-19; 대하 28장.

| 사마리아의 멸망 | 별이 지다

살만에셀 5세BC 727-722년는 디글랏 빌레셀 3세가 죽은 후 아주 잠시 동안 통치했다. 그래서인지 그와 관련된 유적은 거의 없다. 살만에셀 5세 통치기에 호세아는 이집트의 후원을 믿고 앗시리아에 대항하여 반역을 일으켰다 왕하 17:1-4. 이집트 24왕조의 창시자 테프나크테 Tefnakhte는 앗시리아의 침공이 남쪽 깊이 내려올 것을 두려워해 반란을 조장했던 것으로 보인다. 이 반란에는 페니키아와 블레셋 도시 국가들도 포함된 듯하다. 살만에셀은 BC 722년 사마리아가 함락될 때까지 삼

년 동안 사마리아를 포위했다 왕하 17:5,6. 살만에셀 5세의 뒤를 이어받은 사르곤 2세BC 722-705년에게 사마리아 함락의 공이 돌아갔지만, 성경은 살만에셀이 북왕국 이스라엘을 마지막으로 멸망시킨 장본인임을 암시하고 있다 왕하 17:5.

사르곤 통치기에 많은 이스라엘 백성이 추방되어 하볼 북부 골짜기고산와 할라 지역의 니느웨 근처, 그리고 멀리 메대까지 쫓겨났다 왕하 17:6; 대상 5:26. 사르곤의 비석들은 이스라엘에서 2만 7,290명의 포로를 잡아왔다고 기록하고 있다. 사마리아에는 바벨론구다과 시리아하맛과 스발와임에서 잡혀 온 사람들이 살았다 왕하 17:24. 이스라엘 사람들 중에는 도피처를 찾기 위해 남쪽 예루살렘으로 도망갔지만, 대다수 이스라엘 사람들은 사마리아에 새롭게 형성된 앗시리아 지역에서 정복당한 백성의 모욕감을 느끼며 살아야 했다.

사르곤 통치기에 많은 이스라엘 백성이 추방되어 하볼 북부 골짜기 고산과 할라 지역의 니느웨 근처, 그리고 멀리 메대까지 쫓겨났다. 사르곤의 비석들은 이스라엘에서 2만 7,290명의 포로를 잡아왔다고 기록하고 있다.

니느웨에 있는 아슈르바니팔 궁정에 새겨진 부조로, 앗시리아 군인이 포로들에게 갖가지 고문을 하고 있다.

나라의 위기가 계속되자 하나님은 그분의 백성에게 말씀을 전할 선지자적 대변인들을 보내셨다. 앗시리아의 위협은 이스라엘에 '문서' 예언자들_{그들이 예언한 내용이 성경에 포함되어 있는 예언자들}을 등장시키는데, 이들은 예언의 '황금기'라고 불리던 당시 다양한 형태로 하나님의 대변자로 활동했다. 아모스와 호세아가 북왕국 이스라엘에 필요한 말씀을 전했다면, 미가와 이사야는 유다를 섬겼다. 이들 네 명의 선지자 모두 신앗시리아의 부활이 하나님의 계획하심으로 이루어진 것이며, 이스라엘과 유다의 죄를 묻는 하나님의 '진노의 지팡이'라고 보았다.

아모스

아모스는 이스라엘에 폭풍이 닥치기 전인 BC 760년경, 즉 여로보암 2세가 통치하던 평화와 번영을 누리던 때에 격렬한 메시지들을 선포했다. 아모스는 유다 광야의 드고아 출신이지만 이스라엘에서 사역했다.

그는 단순한 목자가 아니었다. 국제 정세를 기민하게 해석할 줄 알았으며 이스라엘의 죄를 가려낼 줄 알았다. 아모스 1장과 2장에 언급된 이방 국가들을 향한 그의 예언은 당대의 사건뿐만 아니라 역사적 사건들에 관한 그의 지식이 얼마나 방대한지를 보여 주고 있다. 또 이스라엘을 파멸에 이르게 하는 병이 무엇인지를 정확하게 분석했다.

아모스는 시골 사람들을 소외시키고 억압함으로써 부를 축적하던 왕실과 귀족들을 비난했다_{암 4:1; 5:10-13; 6:4-7}. 왕실과 귀족들의 사치스러움과, 그들이 파렴치한 방법으로 땅과 생계를 빼앗음으로써 가난해진 사람들의 고통과 어려움을 비교했다. 그중 가장 우레와 같은 비난은 무엇보다 왕이 벧엘에 세운 성소였다. 그의 사역은 오래 지속되지는 못했지만 임박한 심판에 대한 예언들은 이스라엘 백성을 불안에 떨게 만들었다_{암 3:11-15; 6:8-11; 8:7-14; 9:1-4}.

호세아

호세아는 '문서' 예언자로서는 유일하게 이스라엘 출신이었다. 호세아는 이스라엘이 혼란스러웠던 마지막 20년간_{BC 740-720년경}을 이스라엘을 위해 예언했다. 호세아는 그가 고멜과 혼인한 사건을 통해 하나님의 사랑과 이스라엘의 불성실함을 깊이 이해하게 되었다. 그의 결혼은 이스라엘이 하나님에 대해 저지른 죄의 본보기였다. 풍요와 복을 준다고 믿었던 바알 숭배와 영적인 간음으로 이스라엘은 하나님께 비열한 죄를 저질렀다_{호 4:11-14; 10:1, 2; 11:1-4}. 그는 이스라엘이 그들의 하나님께로 돌아오지 않을 때 닥치게 될 국가적 재난을 예고했다_{호 5:8, 9; 8:1-7; 10:14,15}. 그는 군사적 힘에 의존하거나 정치·군사적 동맹을 통해 하나님의 의로운 심판을 피하려는 시도에 대해 경고했다_{호 7:11; 8:8-10; 14:1-3}. 불행하게도 호세아는 자기가 선포한 멸망의 예언이 디글랏 빌레셀 3세에 의해 이루어지는 것을 살아 있는 동안 보았다. 디글랏 빌레셀 3세는 북이스라엘을 파멸시키고, 백성

70 **사마리아 멸망 후 앗시리아 관할 구역**

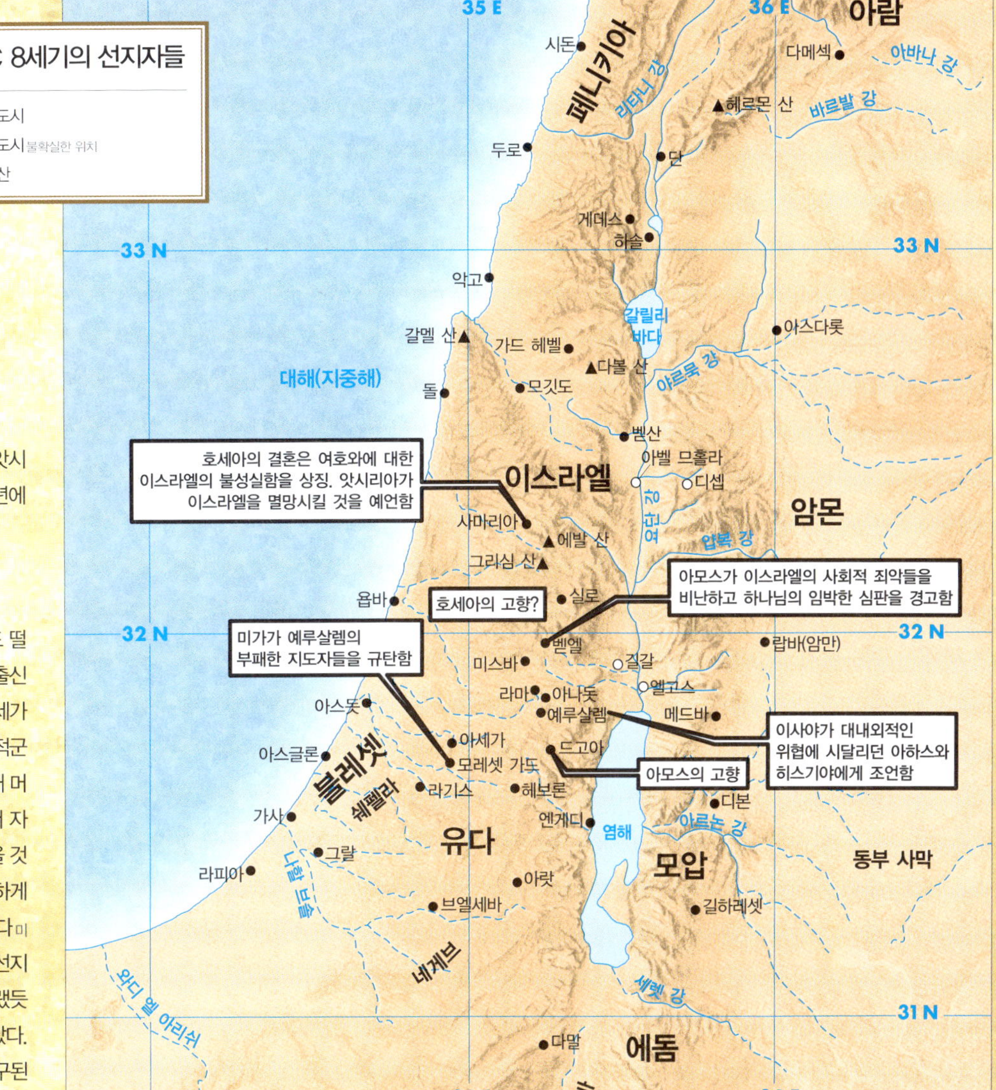

을 추방했으며, 이스라엘의 대부분의 지역을 앗시리아에 복속시켰다. 호세아는 아마 BC 722년에 있었던 사마리아의 함락도 목격했을 것이다.

미가

미가는 예루살렘에서 서남쪽으로 40km 정도 떨어진 쉐펠라에 있는 조그만 도시 모레셋 가드 출신이었다. 모레셋 가드는 이웃 도시 라기스, 아세가와 함께 언제나 예루살렘을 함락시키러 오는 적군들에게 시달려야 했다. 미가는 예루살렘에 오래 머문 듯하다. 아마도 부패한 국가 관료들 앞에서 자기 마을의 어려움을 호소하는 장로로 활동했을 것이다. 그는 몇 십 년 전에 아모스를 몹시 분개하게 했던 학대 사건들을 겨냥해 메시지를 선포했다미 2:1-5; 3:1-3. 그는 예루살렘의 멸망을 예언한 첫 선지자였다미 3:12. BC 8세기의 선지자들이 다 그랬듯이 미가 역시 참된 종교의 본질에 관심이 많았다. 그는 정의와 친절, 겸손이 참된 종교인에게 요구된다고 생각했는데, 유다의 많은 사람들이 이 점이 결핍되어 있다고 보았다미 6:1-8; 참조. 암 5:21-24; 호 6:4-6; 사 1:10-17. 미가는 부패한 권력의 처분에 따라 힘없이 살아가는 사람들과 자신을 동일시했다.

미가의 활동 시기가 정확히 언제인지는 알 수 없다. 어떤 학자는 사마리아가 멸망한 BC 722년 이전으로 보는가 하면, 산헤립이 침략한 BC 701년경으로 보기도 한다.

이사야

이사야Isaiah는 웃시야 왕이 죽고 난 후 소란스러웠던 시기인 BC 742년경에 선지자로서 소명을 받았다사 6장. 그의 사역 시기는 앗시리아의 강력한 왕 디글랏 빌레셀 3세BC 754-727년가 출현했던 때와 일치하며, BC 701년 산헤립이 예루살렘을 포위할 당시에도 활동했다이사야 36-39장 참조. 이사야는 유다가 대내외적인 위협을 받고 있을 때 아하스와 히스기야 왕의 막연한 친구로서 조언을 했다. 이사야는 유다 왕족이었을 수도 있다. 전승에 의하면 이사야의 아버지 아모스가 아마샤의 형제로서 이사야와 웃시야와는 사촌지간이라는 것이다. 비록 이 이야기가 사실인지는 입증할 수 없지만, 적어도 이사야가 유다 왕들 앞에 쉽게 나아갈 수 있었던 것은 사실이었다.

이사야는 '여예언자'사 8:3로 묘사된 여인과 결혼을 해서 두 아들을 낳았다. 두 아들의 이름은 이사야가 예언한 주제들을 상징하고 있다. 그의 아들 마헬살랄하스바스는 '노략을 서두르다, 노획을 속히 하다'라는 뜻으로, 유다의 적, 즉 다메섹과 이스라엘이 앗시리아에 의해 속히 멸망하리라는 예언을 담고 있다. '남은 자가 돌아오리라'는 의미의 스알 야숩은 유다의 남은 자가 앗시리아 사람들의 손에 실행된 하나님의 심판으로부터 살아남게 될 것이라는 약속을 상징하고 있다.

이사야의 사역은 BC 742년에서 BC 701년 이후까지 적어도 50년간 이어졌다. 그의 메시지는 유다의 사회적 악들사 1:21,22; 3:1-26; 5:1-30과 참된 종교의 본질사 1:12-17, 이상적인 다윗 왕의 출현사 9, 11장 등을 강조했다. 이사야는 시리아-에브라임 전쟁 때 아하스 왕에게 조언을 했고사 7장, 산헤립이 유다를 침공해 46개 도시를 파괴하고 예루살렘을 포위했을 때 히스기야 곁에 있었다. 이 사건 이후 이사야가 얼마나 더 살아서 말씀을 전했는지는 성경에 나와 있지 않다. 전승에 의하면 이사야는 므낫세 왕 통치 초기에 죽임을 당했다고 한다.

Judah Alone Amid International Powers

| 열강 속에서 고립된 유다 |

비옥한 초승달 지역의 남서쪽 끝에 위치한 이스라엘은 열강의 침략에 자유롭지 못했다. 북상하려는 이집트와 남하하려는 앗시리아, 바빌로니아 제국의 희생물이었다. 평화 시에는 문명이 오고가는 통로였지만, 전쟁 시에는 제일 먼저 희생물이 되었다. 강대국 앗시리아는 북쪽 이스라엘을 정복해 멸망시키고 남쪽 유다를 압박했다. 이에 유다는 앗시리아를 막으려 했지만 역부족이었다. 앗시리아는 저항하는 유다 도시들을 파괴하고 멸망시키려 했지만, 하나님의 기적적인 개입으로 멸망을 벗어날 수 있었다. 앗시리아 이후 바빌로니아가 유다를 압박하자 유다는 이집트를 의지하려 했다. 이집트가 바빌로니아에 패함으로써 유다가 의지할 대상이 아님이 분명해졌는데도 유다는 선지자의 말을 듣지 않고 바빌로니아에 저항했다. 이로 인해 포로로 사로잡혀 갈 것이라는 선지자의 말이 현실이 되고 말았다. 결국 유다는 두 차례에 걸친 사로잡힘으로 미래에 대한 소망도 꿈꿀 수 없는 형편이 되었다. – 편집자 주

*우라르투(Urartu / 지명)
흑해 남동 지방과 카스피 해 남서쪽의 산악 지대에 있었던 고대 국가를 말한다. BC 9-8세기에는 중동 지역의 강국으로 성장했으나 사르곤 2세에 의해 멸망했다. 현재 아르메니아, 터키 동쪽, 이란 북서쪽에 해당한다.

앗시리아의 위협

BC 722년 이스라엘 멸망 후 앗시리아는 제국으로서 최고의 전성기를 누렸다. 즉 BC 7세기 말 갑작스런 붕괴가 있기 전까지로, 에살핫돈Esarhaddon, BC 681~669년과 아슈르바니팔Ashurbanipal, BC 669~627년이 통치하던 때였다. 이 시기 시리아와 팔레스타인은 앗시리아 군대에 맞설 힘이 없었다. 그러나 이집트에 새로우면서 공격적인 누비아Nubian계의 제25대 왕조BC 725~664년가 들어서면서 원조를 약속받았다. 갈대아 사람Chaldean과 엘람 사람Elamete들이 바빌로니아에서 소요를 일으키자 시리아와 팔레스타인에서도 반역 운동이 일어났다. 하지만 이러한 움직임은 결과적으로 팔레스타인에 국가적 재난을 가져왔다.

이스라엘의 멸망 후에도 유다는 앗시리아의 충성스러운 속국으로 남아 있었다. 그러나 그 대가는 실로 큰 것이었다. 아하스 왕BC 735~715년은 유다의 존속을 대가로 예루살렘에 이방 종교가 들어오는 것을 허용했다왕하 16:10-18. 이스라엘의 마지막 때에 그랬던 것처럼 사회악이 유다에 파고들고 있었다사 5:8-23; 미 2:1-5; 3:1-3. 사마리아의 정복자 사르곤 2세Sargon II, BC 722~705년는 통치 기간 내내 제국의 여러 지역에서 일어난 반란

유다 지역 발굴 현장에서 발견된 항아리 조각이다. 손잡이에 히브리어로 '르멜렉l'melek', 즉 '왕의 소유'라는 인장이 찍혀 있다.

을 진압해야 했다. 특히 갈대아 군대의 지휘관 므로닥 발라단BC 721년이 엘람과 연합해 스스로 바벨론 왕이라고 주장했다. 이 사건은 사르곤에게는 군사적 위협이나 다름없었다. 여기에서 용기를 얻은 시리아와 가사는 자신들을 돕겠다고 한 이집트의 약속을 믿고 반란을 일으켰다. 앗시리아는 반란을 일으킨 두 나라를 진멸했다. 사마리아 역시 이 반란에 연루되었는데, 앗시리아는 사마리아 사람들을 북서 메소포타미아 지역에 있는 고산과 니느웨 주변, 그리고 동쪽으로는 메대에 이르기까지 이주시켰다143쪽 참조.

BC 714년 우라르투 족속*이 앗시리아의 병참선을 위협하자 사르곤은 우라르투 족속의 주력 군대에 총공격을 했다. 갈대아 사람과 엘람 사람들이 바벨론에 압력을 가하고 우라르투 족속이 문제를 일으키자, 이 혼란한 틈을 탄 서쪽 지방의 속국들은 앗시리아로부터 독립을 꾀하기 시작했다. 물론 여기에는 이집트가 원조해 줄 것이라는 기대도 한몫했다.

히스기야의 독립 운동

| 히스기야의 개혁 | 강력한 국가로 거듭난 유다

이러한 소란한 시기에 유다의 왕좌에 오른 이가 바로 히스기야다. 그런데 이 히스기야가 왕위에 오른 시기는 정확하지가 않다. 성경에 의하면 빠르게는 BC 729년, 늦게는 BC 715년으로 추정할 수 있다. 대체로 늦은 시

표12 | 홀로 싸우게 된 유다 BC 722~586년

연대(BC)	유다	선지자	이집트	앗시리아	a메대	바벨론
722	아하스 BC 735~715년 : 앗시리아의 속국	이사야 / 미가		사르곤 2세 BC 722~705년		
715	히스기야 BC 715~687년 앗시리아에 반역			산헤립 BC 705~681년 유다를 침공함		갈대아 총사령관, 므로닥 발라단
700	산헤립의 침공 BC 701년		디르하가 BC 690~664년	산헤립이 바벨론을 파괴함		
	므낫세 BC 687~642년			에살핫돈 BC 681~669년이 이집트를 공격함		
675	므낫세에 의해 장려된 부패와 우상 숭배가 유다를 휩쓸게 됨		삼메티쿠스 BC 664~610년	아슈르바니팔 2세 BC 669~627년가 테베를 약탈함 BC 663년		
650	요시야 BC 640~609년	예레미야 BC 627~582년		아슈르바니팔 2세가 죽음 BC 627년		나보폴라사르가 바벨론 왕에 오름 BC 626년
625	요시야의 개혁, '율법책' 발견 BC 621년	나훔		신 샤르 이수쿤	키악사레스 BC 623~584년	
615		스바냐	느고 2세 BC 610~594년	앗시리아가 약탈당함 BC 614년 아슈르우발릿 2세. 니느웨가 멸망함 BC 612년 하란이 멸망함 BC 610년		
	요시야의 죽음 BC 609년	하박국				
	여호야김 BC 609~598년					느부갓네살 BC 605~562년 갈그미스 전투
605	바벨론에 대한 반역					
600						
598/597	예루살렘의 1차 포위와 유배 여호야긴 BC 598~597년	에스겔				유다 1차 침공
587/586	예루살렘의 2차 포위. 성전의 파괴		아프리에스 호브라, BC 589~570년			유다 2차 침공. 예루살렘과 성전을 파괴함

기를 인정하는 편이다 BC 715~687년. 그의 부친 아하스와는 달리 히스기야는 종교 개혁과 정치적 자유를 이루기 위해 노력했다 대하 29-31장. 그는 BC 712년에 이미 아스돗이 이끌고 이집트의 샤바코 Shabako가 후원한 앗시리아 반역 운동에 가담한 바 있었다. 그러나 에돔, 모압과 함께 곧 물러났다. 아마도 이집트에 의존하는 것을 이사야가 경고했기 때문인 것으로 보인다 사 20장. 히스기야는 블레셋 평원에 있는 도시들을 점령해 나감으로써 그의 위치를 공고하게 다졌으며 왕하 18:8, 한편으로 아하스 때 허용된 이방 종교의 풍습을 제거하는 일련의 종교 개혁을 실시했다. 히스기야는 우상의 형상과 함께 산당을 파괴하도록 명령했고 신성한 기둥들과 아세림 Asherim*, 예루살렘 성전을 청결하게 하고, 유월절 절기를 성대하게 지키도록 했다 대하 29-31장. 히스기야 통치 시절 유다는 남쪽에 있는 지중해 연안 국가 중 가장 강력한 나라가 되었다.

*아세림(Asherim / 신명) 페니키아 사람들이 행복을 가져다 주는 신으로 숭배한 아세라가 신성하게 여긴 나무, 혹은 나무로 깎아 만든 신상을 의미한다. 대체로 아세라를 상징하는 목상을 말한다.

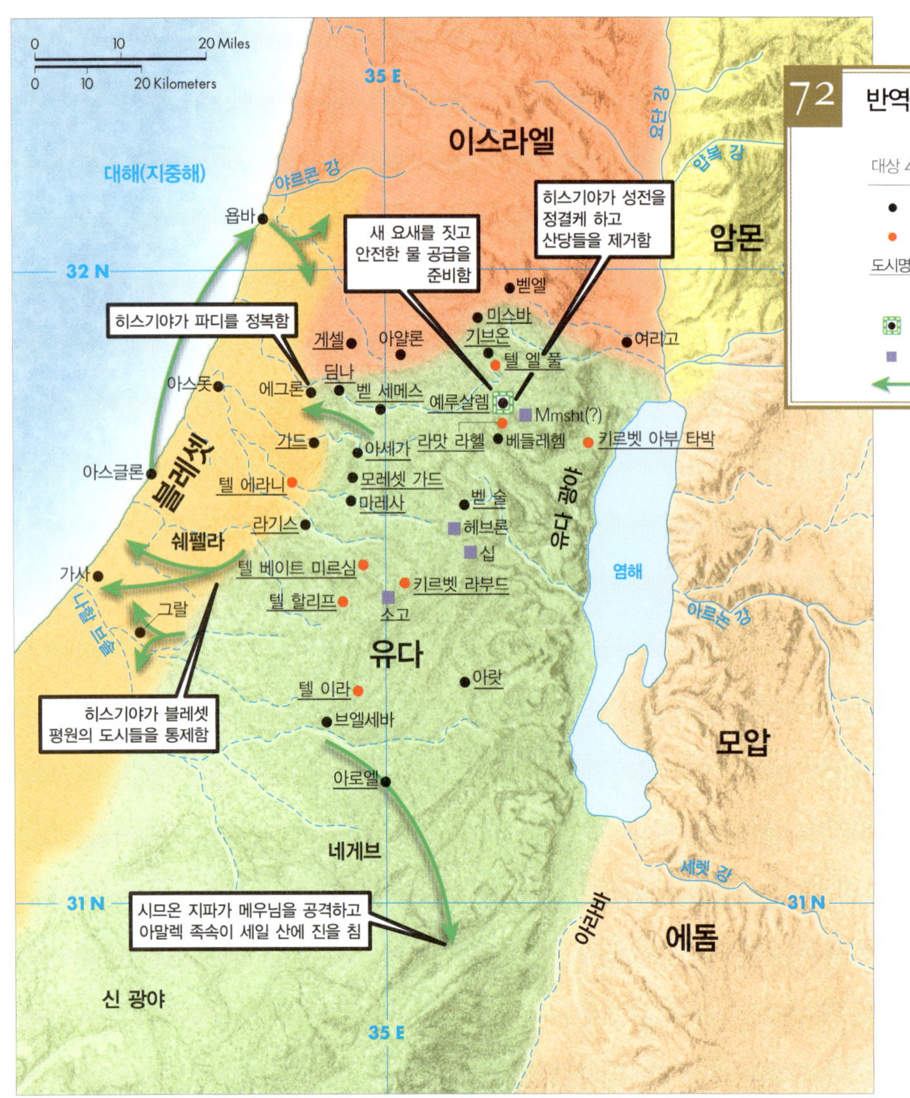

시의 급수를 확보했다 왕하 20:20; 대하 32:30; 사 22:8-11. 또 군대를 강화 및 저장고 등의 병참 체제를 정비했다.

유다 지역을 발굴하던 당시 보관용 항아리 조각들이 많이 발견되었다. 이 항아리 손잡이에는 '왕에게 속하는 혹은 왕을 위한 히브리어로는 '르멜렉 L'melek' 이라는 비문이 새겨진 왕의 인장이 찍혀 있었으며 이들은 네 개의 이름을 언급하고 있었다. 십, 소고, 헤브론, 그리고 알 수 없는 'mmsht'라는 이름이다. 처음 세 개의 이름은 유다의 도시고, 마지막 이름은 예루살렘의 관직을 뜻하는 것으로 보인다. 아니면 기름과 포도주 같은 필수품들을 모으고 분배하기 위해 지역마다 세운 중심지일지도 모른다. 당시는 세금 대신 내는 물품들을 모아 저장해 두었다가 필요할 때마다 다시 분배하곤 했다 146쪽의 사진 참조.

| 히스기야의 반앗시리아 깃발 |

바벨론 므로닥 발라단과 손을 잡다

BC 705년 사르곤 2세가 죽고 산헤립 BC 705~681년 이 그 뒤를 이었을 때 바벨론에서는 므로닥 발라단이 이끄는 반역 운동이 다시 한 번 시도되었다. 이때 히스기야는 므로닥 발라단이 보낸 특사들을 예루살렘에서 맞이했다. 이는 히스기야가 반앗시리아적 음모에 동조하고 있음을 보여 주고 있다 왕하 20:12-15. 히스기야가 앗시리아에 반역할 뜻이 있었음은 그가 국방을 강화시켰다는 성경적 기록들에 의해서도 분명해 보인다.

| 히스기야의 전쟁 준비 | 앗시리아를 막아라

히스기야는 예루살렘 서쪽 지역을 강화하기 위해 성벽을 다시 쌓았다. 한편 길이 510m 정도의 터널을 파서 이스라엘은 만약에 있을 앗시리아의 포위에 대비해 기혼 샘의 물을 예루살렘 요새 안으로 끌어들임으로써 도

| 히스기야의 저항 | 산헤립의 공세

BC 701년 유다 왕국을 잘 정비한 히스기야는 마침내 앗시리아 산헤립에 저항했다. 여기에는 시돈과 아스글론, 그리고 그들의 왕 파디 Padi를 히스기야에 넘겨준 에그론을 포함하는 광범위한 지역이 가세했다.

그러나 히스기야의 저항은 앗시리아의 산헤립을 자극하는 결과를 낳았다. 저항하는 속국들을 무너뜨리기 위한 산헤립의 침공은 성경뿐만 아니라 앗시리아의 자료들에도 자세하게 기록되어 있다 왕하 18:13-19:35; 대하 32:1-23; 사 36, 37장; 산헤립의 침공에 관해 기록하고 있는 다섯 권의 완전하거나 부분적인 사본들.

| 앗시리아의 유다 공격 | 앗시리아가 쳐들어오다

산헤립은 먼저 시돈으로 가서 왕을 교체하고, 그가 정

복한 페니키아의 도시들로부터 조공을 받았다. 그 다음 남쪽 아스글론으로 가서 시드키아Sidqia 왕을 제거했다. 그는 이전에 시드키아가 다스렸던 블레셋 평원 북부에 있는 도시들욥바 Joppa, 브네 브락 Bene-berak, 아소르 Azor, 그리고 벧 다곤 Beth-dagon을 정복하고, 이어서 쉐펠라 평원으로 진군했다. 산헤립의 치적을 기록한 사기에는 전략적으로 중요한 소렉 골짜기에 있었던 에그론과 딤나의 정복에 대해 언급하고 있다. 앗시리아는 히스기야에게 넘겨진 파디를 풀어 주도록 압박해 그를 다시 에

그론의 왕에 앉혔다.

쉐펠라 평원에 있는 마을과 도시는 앗시리아의 침입으로 더 심하게 파괴되었다. 니느웨의 산헤립 왕궁 벽에 조각된 것 중에는 라기스를 포위한 내용이 묘사되어 있다. 라기스는 예루살렘으로 진군하는 것을 막기 위해 쉐펠라 평원에 세운 유다의 주요한 요새 중 하나였다. 미가 1장 10-16절은 유사한 운명을 겪어야 했던 다른 도시들에 관해 정확하게 소개하고 있고 모레셋 가드, 악십, 가드, 그리고 아둘람, 랍사게가 예루살렘의 백성들에게 경고

* 워렌의 수로(Warren's Shaft / 명칭)
19세기 후반에 워렌이 발견한 예루살렘의 수로다. 옛 도시에서 기혼 샘 근처까지 흐른다. 포위된 도시 내 거주민들이 안전하게 물을 기를 수 있도록 설계되었다.

히스기야 때부터 BC 586년 멸망하기까지의 예루살렘

예수살렘에 있는 넓은 벽Broad Wall. 기단은 앗시리아에 저항하기 위해 도시를 정비할 때 히스기야가 만든 것으로 추정된다.

최근의 고고학적 발굴은 예루살렘이 서쪽으로 확장한 것은 히스기야 왕 때BC 715-687년부터라는 것을 밝히고 있다. 고고학자들은 앗시리아의 침공을 피해 이스라엘에서 피난민들이 대거 몰려온 것도 히스기야의 확장 정책에 영향을 미쳤을 것으로 보고 있다.

당시 남서쪽 언덕이 예루살렘의 요새에 통합되었다는 것을 암시하는 강력한 유적이 발견되었다. 횡단 골짜기 남쪽으로 길이 65m, 폭 7m의 '넓은 성벽'이 바로 그것이다. 이를 발견한 나만 아비가드Nahman Avigad는 이 성벽을 히스기야가 쌓았을 것으로 보았다. 이사야서에도 히스기야가 "예루살렘의 가옥 수를 세어 보고 더러는 집을 허물어 그것으로 성벽을 막아 보기도" 했다고 기록되어 있다사 22:10. 실제로 히스기야의 성벽은 아비가드가 발견한 성벽의 바깥쪽 모퉁이 아래에서도 볼 수 있는 집들을 허물고 세운 것이었다. 이 거대한 성벽은 앗시리아의 포위에 견디기 위해 건축되었는데, 서쪽 언덕을 에워싸고 있었다. 성벽은 힌놈의 골짜기 위에서 남쪽으로 돌아 계속 이어졌으며 힌놈과 기드론 골짜기가 만나는 다윗의 요새들이 있는 도시까지 포함한다.

이 '넓은 성벽'이 36만 4,000m²나 되는 땅을 추가로 포함함으로써 예루살렘의 요새화된 지역 전체는 대략 60만 6,900m²가 되었다. 편입된 지역에는 여예언자 훌다가 살던 '미쉬네'Mishneh, '둘째 구역'이라는 뜻. 왕하 22:14와 아마도 서쪽과 동쪽 경사 지역 사이에 함몰된 곳을 말하는 듯한 '막데스'Maktesh도 포함되어 있다습 1:11. 당시 그 도시에 살았던 거민들의 수는 1만 5,000명에서 2만 5,000명 정도로 추정된다.

히스기야의 인상적인 치적, 지하 수로

BC 700년경 예루살렘은 세 개의 수로 덕분에 여러 가지 혜택을 받았다. 워렌이 발견한 기혼 샘까지 수직으로 이어진 워렌의 수로Warren's Shaft* 등을 비롯해 예루살렘의 급수 체계는 예루살렘의 여러 지역으로 물이 흐르도록 했다. 실로암 수로는 기혼 샘에서 400m나 남쪽으로 뻗어서 동쪽 산등성이 끝에 있는 못까지 이어졌다. 수로는 도시의 방어벽 밖에 있었다. 좁은 터널과 바위를 파서 만든 수로는 물을 저수지로 보낼 뿐만 아니라 관개 시설로도 이용되었다. 실로암 수로 동쪽으로 난 틈들은 기드론 골짜기에 있는 밭에 물을 댈 수 있도록 했다.

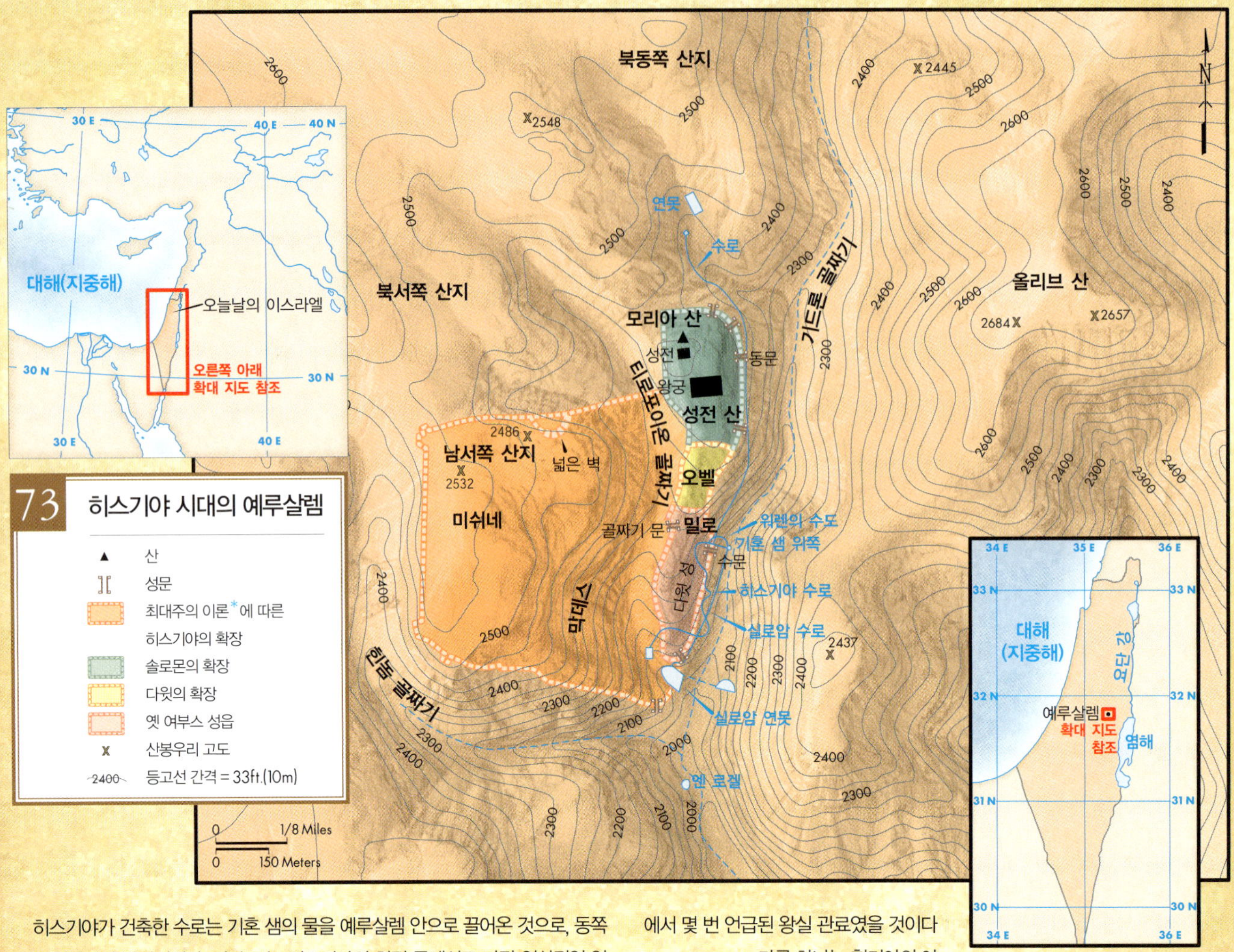

73 히스기야 시대의 예루살렘

히스기야가 건축한 수로는 기혼 샘의 물을 예루살렘 안으로 끌어온 것으로, 동쪽 산등성이에서 발견되었다. 이 수로는 히스기야의 치적 중에서도 가장 인상적인 업적으로 알려졌다. 서로 반대쪽으로 나뉜 석공들은 남동쪽 산지를 관통하는 무려 533m나 되는 긴 터널을 만들었는데, 터널은 티로포이온 골짜기Tyropoeon Valley** 남쪽에서 시작되어 실로암 저수지까지 연결되었다. 이 수로는 예루살렘이 앗시리아에 포위되었을 때 물 공급원이 되었으며, 히스기야가 앗시리아의 지배에 대항하여 유다의 독립을 이끌었을 때 유용한 역할을 했다 왕하 20:20; 대하 32:34; 사 22:10, 11.

유다 왕조 말년의 예루살렘

BC 700년경부터 BC 587년경까지로 추정되는 예루살렘의 모습을 보여 주는 놀라운 유물들이 남동쪽 산등성이의 동쪽 경사지에서 발견되었다. 경사지를 따라 세워진 일련의 계단 석조물들은 그곳에 공공 건물들과 가옥들이 있었음을 말하고 있다. 그중에는 큰 돌로 된 건물 마름돌 양식도 있는데 공공의 기능을 했던 것으로 보인다. 그밖에 네 개의 방이 있는 주거지가 발견되었다. 폐허에서 이름이 적힌 유물이 발견되었다 해서 붙여진 '아히엘의 집'Hous of Ahiel으로 전형적인 주거 형태를 하고 있다. 좁은 골목길과 계단들이 경사지를 따라 세워진 다양한 건축물들을 연결하고 있다. 어떤 건물에서는 '불라'Bulla라고 부르는 진흙으로 된 인장이 51개나 발견되었다. 그 인장들 중에는 성경과 관련된 이름이 나온다. 하나는 사반의 아들 그마랴로 아마도 예레미야

히스기야는 이 지하 터널을 통해 기혼 샘에서 성안의 실로암까지 이르는 수로를 파서 물을 공급받았다.

에서 몇 번 언급된 왕실 관료였을 것이다 렘 36:9-12, 25, 26. 다른 하나는 힐기야의 아들 아사랴로서 아마도 제사장들의 족보에서 언급되는 제사장인 것 같다 대상 9:10, 11; 참조, 스 7:1.

동쪽 경사지에 있는 집들에서는 무게를 재는 추와 동물을 본뜬 작은 상과 조각한 나무 조각들, 그리고 풍요신의 조각상들이 발견되었다. 이 풍요 신상은 므낫세Manasseh를 비롯해 유다의 다른 왕들이 이방신을 수용했음을 보여 준다. 이 같은 풍습이 몰고 올 재앙을 선지자들이 경고했지만 실패했다. 결국 BC 586년 바벨론 왕 느부갓네살Nebuchadnezzar이 예루살렘을 약탈했을 때 하나님의 심판이 그 도시에 임하게 되었다. 고고학자들은 발굴을 통해 느부갓네살의 약탈과 예루살렘의 대부분을 삼켜 버린 대화재를 설명하는 증거들을 발견했다. BC 586년 이후부터 포로 생활에서 돌아와 다시 재건을 할 때까지 예루살렘은 오랫동안 폐허 상태로 버려져 있었다.

*최대주의 이론(Maximalist Theory) 고고학계의 보수주의 견해를 가진 학자들의 이론. 고고학 발굴을 통해 발견된 유물과 유적지가 성경과 관련 있는 경우 가능한 성경의 사실과 조화시키려는 입장이다. 반면 최소주의자Mimalist들은 확실하고 객관적인 증거가 없는 한 성경의 사실과 연결시키기를 꺼려 하는 입장을 보인다.

**티로포이온 골짜기(Tyropoeon Valley / 지명) 모리아 산과 시온 산 사이의 골짜기로 '치즈 만드는 자들의 골짜기'라는 뜻을 가지고 있다. 요세푸스가 이름 붙였다.

하는 기록 중에 립나가 언급되어 있다 왕하 19:8. 이사야의 예언 중에는 앗시리아 군인들이 북진해 예루살렘에 다다랐다는 점을 암시하고 있다. 이것은 베냐민 지파의 도시와 마을을 위협했다는 뜻이다 사 10:28-34. 산헤립은 46개의 유다 도시를 모두 파괴했다고 주장했다. 이것은 BC 700년경으로 추정되는 유다 지역들을 발굴하면서 발견된 여러 파괴된 지층들을 통해 충분히 입증되고 있다 152-153쪽의 '앗시리아는 어떻게 싸웠나?' 참조.

예루살렘 포위 | 산헤립에게 조공을 바치다

립나와 라기스를 포위한 산헤립은 예루살렘의 항복을 받기 위해 최고사령관 중 하나인 랍사게를 예루살렘으로 보냈다. 앗시리아 군대는 예루살렘 도시를 둘러싸고 아무도 도망가지 못하게 주위에 흙으로 된 둑을 쌓았다. 산헤립은 히스기야 왕을 '새장에 갇힌 새처럼' 예루살렘에 갇힌 죄수로 만들었다고 자랑했다. 얼마 후 절망적으로 도움을 요청하는 히스기야 왕을 돕기 위해 디르하가가 이끄는 이집트 군대가 개입했지만, 산헤립은 엘드게 근처에서 이집트 군대마저 쳐부수었다.

랍사게는 예루살렘이 이집트를 의지하는 것을 보고 "네가 저 상한 갈대 지팡이인 이집트를 믿나 본데 만일 사람이 그것을 의지하면 그것이 의지한 그 사람의 손을 찌르고 들어간다" 왕하 18:21며 조롱했다. 상황이 절망적으로 치닫자 히스기야는 자포자기하는 심정이 되었다. 그때 이사야는 예루살렘이 멸망하지 않을 것이라고 선포하면서 히스기야 왕을 격려했다. 얼마 후 하나님의 기적적인 개입이 일어났고, 예루살렘을 포위하던 앗시리아 군대는 도리어 군사 18만 5,000명을 잃은 채 포위를 풀고 돌아갔다 왕하 19:35,36.

그리스의 역사가 헤로도투스 Herodotus* 는 앗시리아 군대가 흑사병 때문에 무장 해제되어 펠루시움 Pelusium 근처에서 패배했다고 기록하고 있다. 이 기록이 앗시리아 군대가 지중해 연안에서 패배한 것과 어떤 연관성이 있는지는 분명하지 않다.

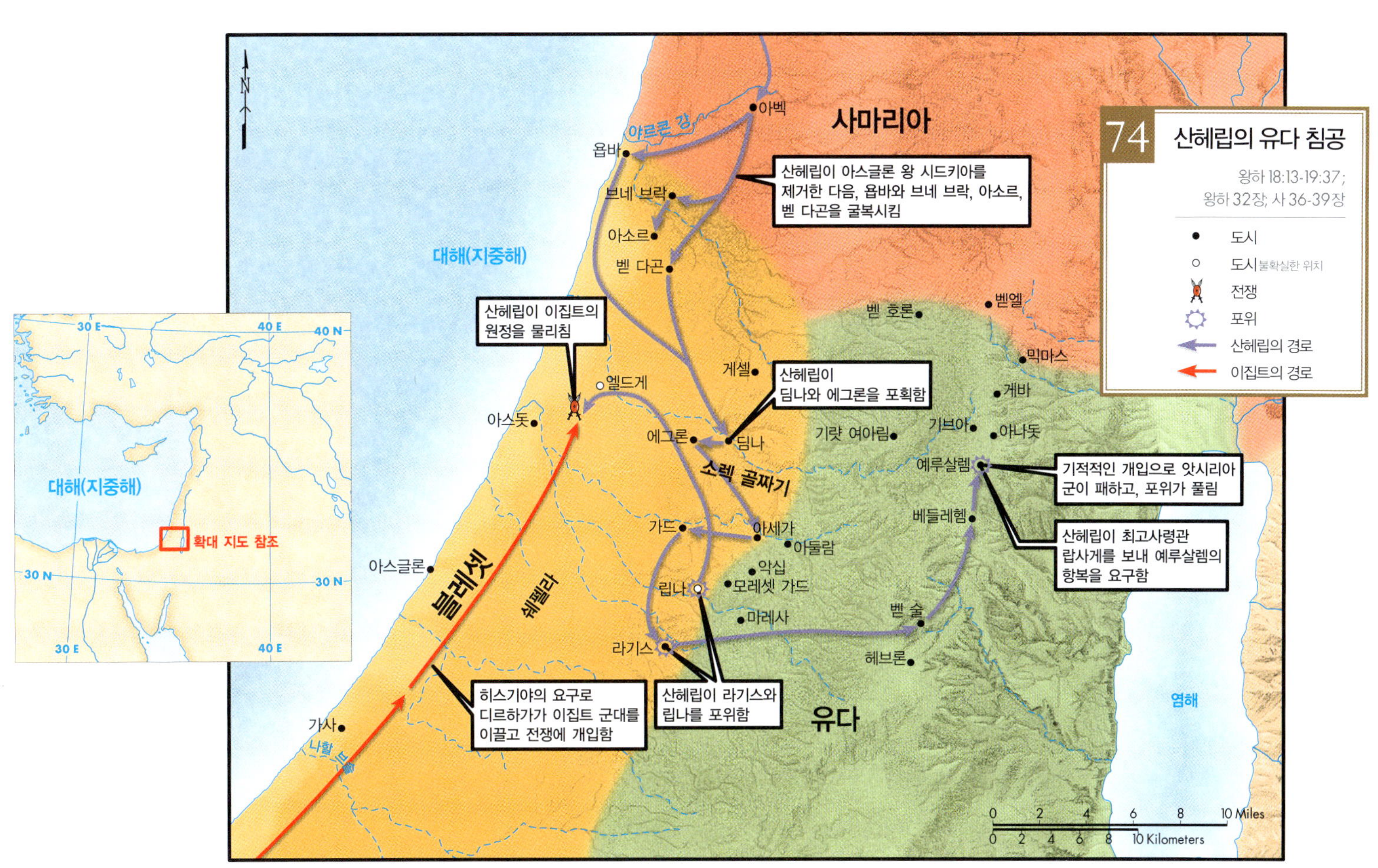

앗시리아는 어떻게 싸웠나?

앗시리아 군대는 극악무도한 잔악함과 전쟁터에서 구사하는 뛰어난 전략 전술로 명성이 드높았다. 앗시리아 전차 부대에 관한 나훔의 영상적인 묘사들은 앗시리아 군대가 이스라엘에 가한 혼돈스러운 공포를 보여 준다 나 3:1-3. 실제로 신앗시리아 제국은 정교한 군사 무기들을 모았고, 그것을 앗시리아의 경제 · 정치적 목적을 이룩하고 확장하는 데 적절하게 사용했다.

앗시리아의 잔악함은 병적인 것이라기보다 수많은 속국들을 진압하기 위한 수단이었다. 반역할 경우 어떤 결과를 초래하는지 분명하게 보여 줌으로써 더 이상 어떠한 난동도 생각하지 못하게 만드는 것이었다. 앗시리아 왕궁에 있는, 포로로 잡혀 온 지도자들을 심문하고 수족을 절단하는 여러 그림들은 그곳을 방문한 지방 관리들에게 반역에 대한 형벌이 얼마나 소름끼치는 것인지를 상기시켜 주고 있다.

니느웨에 있는 디글랏 빌레셀 3세의 왕궁에서 발견된 부조다. 앗시리아 사람들이 공성퇴로 성을 공격하고 있다.

앗시리아 왕들은 수십만에 이르는 군대들을 지휘했다. 지역과 군사적 목적에 따라 군대의 규모가 결정되었다. 상비군은 왕을 보호했고, 수비대는 필요한 인력을 계속 끌어 모아 전쟁에 즉시 대응하도록 했다. 이들은 전문가로서 앗시리아 사람과 각 지역의 민족들로부터 징집되었다. 각 지역은 앗시리아 군대를 위해 일정한 숫자의 용병을 제공해야만 했다. 이밖에 다른 군대들도 국가적으로 필요한 때에 즉시 징집될 수 있었다. 앗시리아의 주요 도시 니느웨, 갈라, 코르사밧 Khorsabad 는 왕 직속의 병기고가 있어서 그곳에서 군대가 훈련을 받고, 준비되고, 검열되고, 파병되었다. 병기고에는 훈련장을 비롯한 창고, 넓은 마당으로 둘러싸인 장교 숙소 등이 있었다. 갈라에 있는 '살만에셀 요새'가 대표적인 예다.

앗시리아 군대는 여러 종류의 부대들로 구성되었다. 보병 부대에는 투석기로 돌을 던지는 병사와 창을 던지는 병사, 그리고 활을 쏘는 병사들이 있었다. 그들은 포위전뿐만 아니라 넓은 지역에서 이루어지는 대격전에도 참여했다. 활을 쏘는 병사들은 아주 강하고 정확한 합성 화살들과 함께 보병 부대의 중추를 이루었다. BC 8세기부터 앗시리아 사람들은 투석기로 돌을 던지는 병사들을 이용했다. 이것은 요새화된 도시들을 포위하고 엄호 사격을 할 때 특히 유용했다. 기병대는 말에 올라타고 활을 쏘는 병사들과 창을 던지는 병사들로 구성되었다. 그들은 넓은 지역에서 유용했지만 포위전에는 거의 나가지 못했다. 앗시리아 전차 부대는 적군을 가장 공포에 떨게 한 부대였다. 당시 상황을 재현한 벽화에는 두 마리 혹은 네 마리의 말이 끄는 전차를 두서너 명이 올라 탄 모습이 있다. 두 명이 끄는 전차에는 한 명이 말을 끌고 다른 한 명이 활을 쏘고 있다. 그 뒤로 한 명 혹은 두 명의 방패를 가진 자들이 합세했다. 전차를 운전하는 자도 전쟁 중에는 창을 던졌으며, 전차에 오른 모든 자들은 칼을 들고 있다. 이와 같은 전투병 외에도 부대에는 수송하는 마차와 보급병도로를 내고 다리를 세우고, 교차로를 만들고, 포위할 때 사용하는 기계들을 만드는 기술자들, 정보병정찰병과 통역병들, 군사 행동에 관해 기록하고 포획물의 목록을 작성하는 서기관들, 그리고 희생 제사를 드리고 신적인 징조를 점치는 종교 사병들도 포함되었다. 일반적으로 앗시리아 군대는 수확기와 혹심한 겨울 날씨를 피해서 여름철에 군사 행동을 개시했다. 앗시리아에 우호적인 지역에서는 생필품이 그 지역에서 제공되었지만, 적대적인 지역에서는 직접 땅에서 난 것들로 생활해야 했다.

앗시리아 군대는 게릴라전특히 북쪽의 산악 지대에서을 비롯해 넓은 지역에서의 대격전, 그리고 포위전을 구사했다. BC 853년 이스라엘의 아합 왕이 관여한 연합군과 살만에셀 3세Shalmaneser Ⅲ 사이에 있었던 카르카르Qarqar 전투는 대격전의 전형적인 예다. 치열한 전투 뒤에는 수많은 인명 피해가 속출했다. 불행하게도 이스라엘과 유다 백성은 포위전에 더 익숙했다. 앗시리아는 종종 도시를 포위했으며, 공격할 목적으로 혹은 모든 보급로를 차단하고 굶겨서 항복하게 만들 의도로 그렇게 했다. 적의 포위에서 성공적으로 견뎌 내려면 우선 강한 요새가 필요했다. 다음으로는

므깃도에서 발굴한 당시의 곡물 저장고.

그럼에도 불구하고 예루살렘은 멸망을 면할 수 있었지만, 히스기야의 저항은 예루살렘에 커다란 타격을 주었다. 유다의 여러 도시들이 파괴되었고 산헤립에게 더 많은 조공을 바쳐야 했으며, 블레셋 지역을 더 이상 지배할 수 없게 된 것이다.

므낫세의 오랜 통치

히스기야의 말년은 성경 저자들의 주의를 끌지 못했던 모양이다. 그는 아마도 앗시리아를 상대로 더 이상 문제를 일으키지 않았던 것 같다. BC 687년에 그의 아들 므낫세가 그를 계승해서 무려 55년간이나 통치했다. 므낫세는 그의 할아버지 아하스처럼 우상숭배를 비롯해 혐오스러운 일들을 허용했다. 성전 뜰에는 별신을 위한 제단이 등장했고, 바알을 위한 산당이 여기저기에 세워졌으며, 인간을 제물로 바치는 풍습이 다시 성행했다 왕하 21:1-17; 대하 33:1-21. 역대기의 저자는 므낫세가 말년에 회개했으며 예루살렘에 건축물 몇 가지를 세웠다고 기록하고 있다. 그러나 므낫세는 앗시리아의 충실한 속국 왕이었을 뿐 이스라엘의 정치적 회복을 위해 어떠한 노력도 기울이지 않았다.

앗시리아가 우세했던 상황을 고려할 때 므낫세가 택한 길은 합리적인 것으로 보인다. BC 689년 산헤립은 바빌로니아를 장악함으로써 여러 해 동안 계속되었던 반역을 잠재웠다. 이때부터 앗시리아는 최강자로서 군림했다. 마르둑Marduk의 형상이 앗시리아로 옮겨졌고, 산헤립은 '수메르와 아카드의 왕'으로 불렸다. BC 681년 산헤립이 죽자 앗시리아는 잠시 위축되는 듯했으나 에살핫돈이 즉위하면서 과거의 영광을 되찾았다.

> 므낫세는 앗시리아의 충실한 속국 왕이었을 뿐 이스라엘의 정치적 회복을 위해 어떠한 노력도 기울이지 않았다.

안정된 급수 시설, 그리고 충분한 식량이 준비되어 있어야 했다. 앗시리아 시대 이스라엘과 유다의 많은 도시들은 이러한 요소들을 선점하고 있었다 131-133쪽의 '오므리 왕조의 건축 사업' 참조.

앗시리아에서 발견된 많은 벽화들은 그들의 포위 전략을 잘 보여 주고 있다. 특히 '라기스 벽화'는 BC 701년 산헤립 왕이 예루살렘을 겨냥한 침공에서 라기스를 포위한 장면을 묘사하고 있다. 앗시리아는 도시 근처에 진을 치고 그 주위에 경계선을 그어 방어하는 자들이 도망가지 못하게 했다. 앗시리아가 포위할 때 사용하는 무기는 이동식 포위 망대를 갖춘 공성퇴성벽 파괴용 옛 무기를 포함했다. 기술자들이 흙과 돌들로 쌓은 토성 위에 이것들을 배치했다. 공성퇴는 성문과 성벽의 약한 지점을 공격하는 데 사용되었다 겔 4:2; 21:22. 공성퇴 안에 병사가 들어가 충각으로 성벽을 부수는 동안 위쪽에서는 활 쏘는 자들이 엄호 사격을 했다. 공성퇴에는 소방수들도 태웠으며, 그들의 임무는 공성퇴에 불이 붙는 것을 방어하는 일이었다. 돌격병들은 사닥다리를 성벽 위쪽에 대어 도시 안으로 들어가고자 했고, 공병들은 요새 아래로 굴을 뚫고 들어가거나 성벽의 약한 지점들을 부수었다.

화살병들과 돌을 던지는 병사들은 돌격병들을 위해 바깥쪽에서 엄호 사격을 했다. 이처럼 다각적인 공격은 방어하는 사람들에게 극도의 압박을 가했다. 도시 안에서는 불을 붙인 투사물을 던지는 것으로 방어를 했다. 저항이 심해 공격자들의 희생이 너무 크거나, 후방의 도움이 있기까지 포위가 지체되거나, 적이 단순히 포기할 때, 그 도시는 살아남을 수 있었다.

니느웨에 있는 산헤립 왕궁 벽에 묘사된 라기스 포위 장면이다. 앗시리아가 공성퇴로 공격하는 동안 유대 군사들이 필사적으로 공성퇴를 향해 불을 붙인 횃불을 던져 방어하고 있지만 역부족이었다. 오른쪽으로 절망적인 도시 밖으로 후송되고 있는 포로 행렬의 모습이 보인다 대영박물관의 허가 하에 게재.

도시 안에서는 적의 포위 상태에서 심각한 기근을 겪기도 했다. 사람들은 때로 절망적인 상황에서 야만적인 행동을 하기도 했다 왕하 6:24-30. 앗시리아는 도시를 함락하기 위해 심리전을 이용했다. 산헤립은 유다를 침공하기 전 히스기야를 위협하기 위해 예루살렘에 랍사게와 다르단Tartan, 랍사리스Rabsaris를 보냈다 왕하 18, 19장. 랍사게는 예루살렘의 주민들에게 저항이 무의미하다고 히브리어로 경고했다. 그는 히스기야의 개혁에 대해 잘 알고 있는 듯했으며, 히스기야가 이스라엘의 하나님을 거슬렀다고 말했다 왕하 18:22. 랍사게는 또 히스기야가 이집트에 원조를 구하고 자신의 전투 무기들을 신뢰하는 것에 대해 조롱했다. 앗시리아의 정보 체계는 신뢰할 만했다. 이것은 앗시리아의 다른 자료들에서도 이미 밝혀진 사실이다.

도시가 항복하거나 공격에 의해 함락되면 생존자들에겐 가혹한 운명이 남겨졌다. 많은 이들이 죽임을 당했다. 특히 지도자들이 그랬다. 앗시리아의 벽화는 사지가 절단된 모습을 묘사하고 있다. 실제로 반역한 무리들에게 이 같은 형벌이 내려졌다. 앗시리아는 생존자들을 무리 지어 앗시리아 제국 내 다른 지역으로 유배를 보냈다. 되도록 포로들이 살던 고향과 환경이 비슷한 곳으로 보냈다. 포로들은 황무지를 개간하는 일을 담당하거나 앗시리아를 건설하는 데 필요한 노동을 제공했다.

불행 중 다행으로 가족은 헤어지지 않았다. 그래서 새로운 환경에 성공적으로 정착하기 위해 노력할 수 있었다. 이스라엘 백성들은 놀랍게도 새로운 환경에 재빨리 적응해 나갔다. 그러나 바벨론 포로기 때처럼 자신의 정체성을 유지하지는 못했다.

에살핫돈과 아슈르바니팔 2세 치하, 앗시리아의 패권

| 에살핫돈 | 이집트의 조공을 받다

에살핫돈BC 681~669년은 바벨론을 재건함으로써 그 도시와의 갈등을 해소해 나갔다. 그는 엘람 사람이 확장하는 것을 막고 킴메르 족속성경의 고멜 사람과 스키타이 족속Scythians, 성경의 아스그나스이 침공했을 때 메대 사람을 끌어들여 완충 지대로 삼았다. 서쪽으로는 두로와 시돈의 반역을 진압했으며 시리아와 팔레스타인의 여러 왕들로부터 조공을 받았다. 므낫세도 조공을 바친 왕들 중 하나였다. 이집트 왕 디르하가BC 690~664는 남쪽에서 교란을 일으켰으며 이 일로 앗시리아의 응징을 받게 되었다. BC 671년에 에살핫돈은 디르하가를 공격해 멤피스Memphis를 강탈하고, 이집트의 삼각주 지역의 방백들로부터 조공을 받았다. 디르하가는 도망해 훗날 멤피스를 재탈환했다. 이로 인해 앗시리아의 2차 침공이 뒤따랐다. 그러나 에살핫돈은 자신의 목표에 이르기도 전에 죽었다.

| 아슈르바니팔 2세 | 형을 제치고 왕이 되다

BC 669년에 아슈르바니팔 2세BC 669~627년가 에살핫돈을 이어 앗시리아 왕이 되었다. 그의 형 샤마쉬 슘 우킨Shamash-shum-ukin은 바벨론의 왕이 되었다. 이와 같은 권력의 분할은 에살핫돈의 뜻에 따른 것이었으며, 왕위 계승이 순조롭게 이뤄지게 하기 위해서였다.

| 이집트 정복 | 앗시리아의 최고 전성기

BC 667년 아슈르바니팔은 이집트 왕 디르하가를 침공해 이집트를 정복했다. 이때 멤피스는 장악되었으나 디르하가는 도망쳤다. 디르하가의 계승자인 타누아타문Tanuatamun이 삼각주 지역을 재탈환하는 데 성공했으나 아슈르바니팔이 타누아타문의 군대를 테베까지 추격하여 BC 663년에 장악했다나 3:8-10은 테베의 장악에 관해 언급함. 이로써 아슈르바니팔이 군인이나 정치가로서 정통하지 않았음에도 불구하고, 앗시리아의 권세는 최고 절정에 이르렀다.

| 앗시리아 제국의 위협들 | 이집트와 바빌로니아의 저항

아슈르바니팔 통치 중 그동안 은폐되었던 수많은 문제들이 터져 나오기 시작했다. 우선 여러 지역에 흩어져 살던 족속들이 끊임없이 반란을 일으켰다. 여기에 킴메르 족킴메리안과 스키타이 족이 앗시리아의 북쪽과 서쪽 지역을 압박했고, 메대 사람과 페르시아 사람들이 이란 평원에 정착하게 되었다. 아슈르바니팔은 BC 655년부터 BC 642년까지 엘람과 길고 피비린내 나는 전쟁을 치렀다. 그 결과 엘람의 수도 수사Susa가 멸망했다. 특히 바벨론은 앗시리아의 매우 심각한 골칫거리였다. 아슈르바니팔의 형제 샤마쉬 슘 우킨이 BC 652년에 엘람과 갈대아 사람들의 지원에 힘입어 반란을 일으켰던 것이다. 바벨론에 대한 길고도 잔혹했던 앗시리아의 포위 공격은 마침내 BC 648년에 성공을 거두었다. 반역이 실패로 돌아가자 샤마쉬 슘 우킨은 스스로 목숨을 끊었다.

이집트 역시 만만찮은 상대였다. 당시 이집트는 대체로 앗시리아에 협조적이었는데, 사이스Sais 왕을 중심으로 한 26대 왕조는 리디아 용병의 도움을 받아 앗시리아의 수비대들을 추방시켰다. 아슈르바니팔 시대에 앗시리아 제국은 사실상 심각한 균열에 몸살을 앓고 있는 상황이었다.

앗시리아의 멸망

BC 627년 아슈르바니팔의 죽음은 앗시리아의 종말을 의미했다. 수십 년에 걸친 외부와의 전쟁과 확산되어 가는 사회적 불안정으로 인해 쇠약해지기 시작한 앗시리아는 아슈르바니팔의 두 아들아슈르 에틸 일라니 Ashur-etil-ilani와 신 샤르 이스쿤 Sin-shar-iskin이 왕위 자리를 놓고 벌인 4년간의 내전으로 한계에 이르고 있었다. 두 사람 어느 누구도 합당한 지도력을 보여 주지 못했지만, 신 샤르 이스쿤이 BC 623년에 왕위를 차지해 BC 612년까지 다스렸다. 그러나 앗시리아의 강력한 적대국들이 노리고 있는 가운데 국내의 혼란은 재앙이나 다름없었다.

| 저항 세력과 앗시리아 최후의 날 | 왜 멸망했나?

앗시리아에 골칫거리였던 갈대아 사람 계통의 여러 왕들 중에 마지막 왕이었던 나보폴라사르Nabopolassar가 BC 626년에 바벨론의 왕권을 탈환했다. 이란의 북서부에서는 메대 족이 앗시리아 영토를 공격하기 시작했다. 처음에는 프라오르테스Phraortes, BC 647~624년 왕이 주도했다가 이후에는 키악사레스Cyaxares, BC 623~584년가 더욱 강력하게 이끌었다.

이때 이집트의 삼메티쿠스 1세Psammeticus, BC 664~610년가 앗시리아를 도우러 왔다. 이는 앗시리아와의 관계 때문이라기보다 메소포타미아를 지배하고 지중해 동부 연안 국가들을 위협하고 있는 메대와 갈대아의 강력

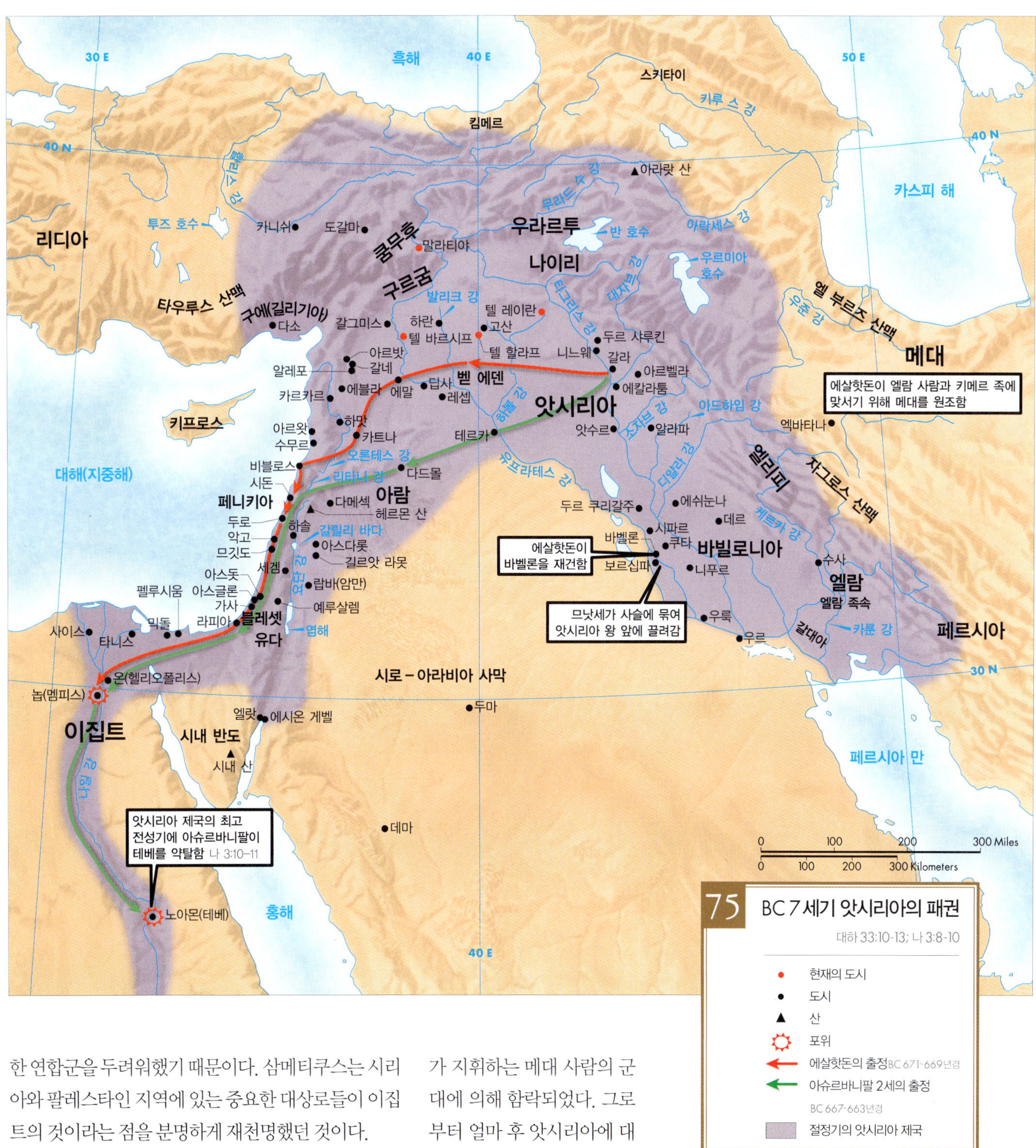

한 연합군을 두려워했기 때문이다. 삼메티쿠스는 시리아와 팔레스타인 지역에 있는 중요한 대상로들이 이집트의 것이라는 점을 분명하게 재천명했던 것이다.

BC 7세기를 20년 남겨 두고 앗시리아의 최후가 급격하게 다가왔다. 남쪽으로는 나보폴라사르가, 동쪽으로는 키악사레스가 앗시리아 본토에 깊은 상처를 남긴 것이다. BC 614년 고대 앗시리아의 수도이자 앗시리아의 위대한 신의 이름과 같은 아슈르Ashur가 키악사레스가 지휘하는 메대 사람의 군대에 의해 함락되었다. 그로부터 얼마 후 앗시리아에 대적하기 위해 키악사레스와 나보폴라사르가 혼인 관계를 통해 동맹을 맺었다. 그리고 BC 612년 니느웨를 함락하고 앗시리아의 수도를 파괴했다. 이때 신 샤르 이스쿤이 죽었다.

선지자 나훔은 니느웨에 임한 파멸에 크게 기뻐했다 나 1:15-3:19. 앗시리아의 생존한 왕족 중 한 사람인 아슈르 우발릿Ashur-uballit 2세가 이끌던 앗시리아 군대는 메소포타미아 북서 지역에 있는 하란으로 도망갔다. 이집트의 지원을 받아 아슈르 우발릿은 적의 후방을 공격하는 작전으로 나보폴라사르에 대적했지만, 하란은 BC 610년에 함락되고 말았다. 일 년 후 앗시리아 사람들은 이집트의 새로운 왕 느고 2세Neco II, BC 610-594년의 지원을 받아 하란을 되찾으려 했으나 끝내 성공하지 못했다. 앗시리아는 그렇게 화려한 영광을 뒤로하고 사라지고 있었다. 이제 남은 한 가지는 느고 2세가 폭풍처럼 질주하는 갈대아 사람바빌로니아 사람 앞에서 시리아와 팔레스타인의 통치를 유지할 수 있을 것인가였다.

이집트의 야망

이집트는 해변 길을 관할하고 시리아의 중앙에 있는 리블라Riblah*와 유프라테스 강 서쪽에 있는 갈그미스에 견실한 수비대를 두었다. 뿐만 아니라 이집트는 블레셋 평원의 도시와렘 47:1, 아마도 므깃도까지 포함한 해변 길의 주요 지역들을 지배했을 것인데, BC 609년에 요시야 왕이 느고에 대항해 싸우다 죽은 곳이 므깃도 근처다 왕하 23:28-30; 158쪽의 '요시야의 죽음' 참조.

BC 605년 갈그미스에서 이집트와 바빌로니아가 최후의 결전을 겨뤘다. 나보폴라사르의 아들 느부갓네살이 갈대아 군대를 지휘했으며, 예레미야의 예언은 그 접전의 날을 생생하게 상기시켜 주고 있다 렘 46장. 예레미야는 이집트에 관해 다음과 같이 말하고 있다.

발 빠른 사람이 도망치지 못하고
강한 사람도 피하지 못한다.
유프라테스 강가 북쪽에서
그들이 넘어지고 쓰러진다…

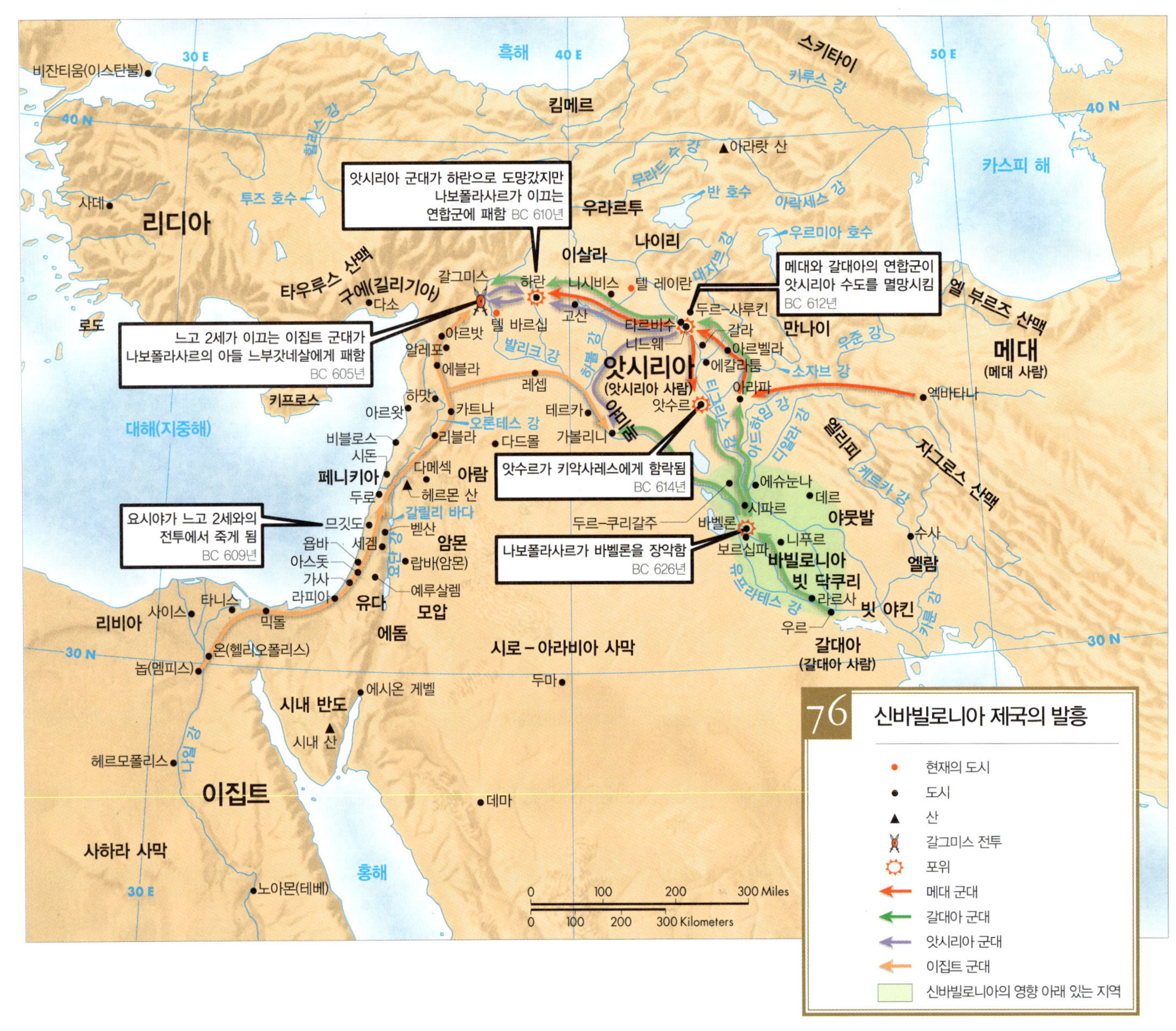

그날은 만군의 주 여호와의 날이다. 대적에게 복수하는 복수의 날이다. 칼이 삼켜서 배가 부르며 그들의 피로 취할 것이다. 이는 유프라테스 강가 북쪽 땅에서 만군의 주 여호와가 희생을 낼 것이기 때문이다. _ 렘 46:6, 10

격렬하게 싸웠지만 갈그미스 전투는 느부갓네살의 승리로 돌아갔다. 같은 해인 BC 605년에 아버지가 죽고 느부갓네살이 왕좌를 물려받았다. 그리고 이 날은 새로운 제국신바빌로니아 제국의 시작을 알리는 날이었으며, 팔레스타인의 운명이 결정되는 날이었다.

요시야의 왕국

앗시리아의 급격한 쇠퇴는 유다로서는 개혁과 독립을 할 수 있는 기회였다. 요시야 왕의 야망은 한때 이집트가 지중해 동부 연안 지역의 지배권을 강화하면서 위축되는 듯했다. 하지만 이집트의 주된 관심은 병참선과 시리아 지역에 있는 앗시리아 군대를 지원하기 위한 주요 간선 도로해변 길를 따라 세워진 수비대에 있었다. 이것이 요시야로 하여금 특히 그의 31년 통치 기간 중 마지막 20년간을 상당히 여유 있게 활동하도록 만들었다. 요시야는 여덟 살에 왕좌에 올랐다. 요시야는 그의 아버지와 할아버지와는 다르게 거룩한 성품을 보였고, 므낫세와 아몬 때에 만연했던 우상숭배를 완전히 제거했다. 요시야 개혁의 연대기는 불명확하다. 역대기에 의하면, 이르게는 그의 통치 8년째BC 633-632년경에 시작되었을 수도 있지만, 그가 성년이 된 통치 12년째 BC 628-627년에 시작되었을 가능성이 더 크다. 요시야는 제사 제도를 개혁하기 시작했다. 만약 그것이 사실이라면 이 일은 앗시리아 쇠퇴에 있어서 중요한 사건이었던 아슈르바니팔 왕의 죽음BC 627년과 거의 부합하게 된다.

| 율법책의 발견 | 요시야가 옷을 찢으며 울다

BC 622년 성전에서 신명기의 어떤 형태로 생각되는 '율법책'이 발견되자, 요시야의 개혁은 더욱 박차를 가하게 되었다왕하 22:8-20. 성경은 요시야가 예루살렘과 유다에서 성행하던 다양한 우상숭배를 척결했다고 기록하고 있다. 전차와 바알의 산당들, 아세라 상들, 해에게 바쳐진 기병, '하늘의 주'별신들를 숭배하는 데 사용된 그릇들, 힌놈의 아들 골짜기The Valley of Benhinnom* 에 인간을 제물로 바치는 장소들왕하 23:4-20; 대하 34:1-7이 바로 우상숭배의 증거였다. 그는 또 우상을 섬기는 제사장들을 파직시키고 예배 의식을 예루살렘에 집중시

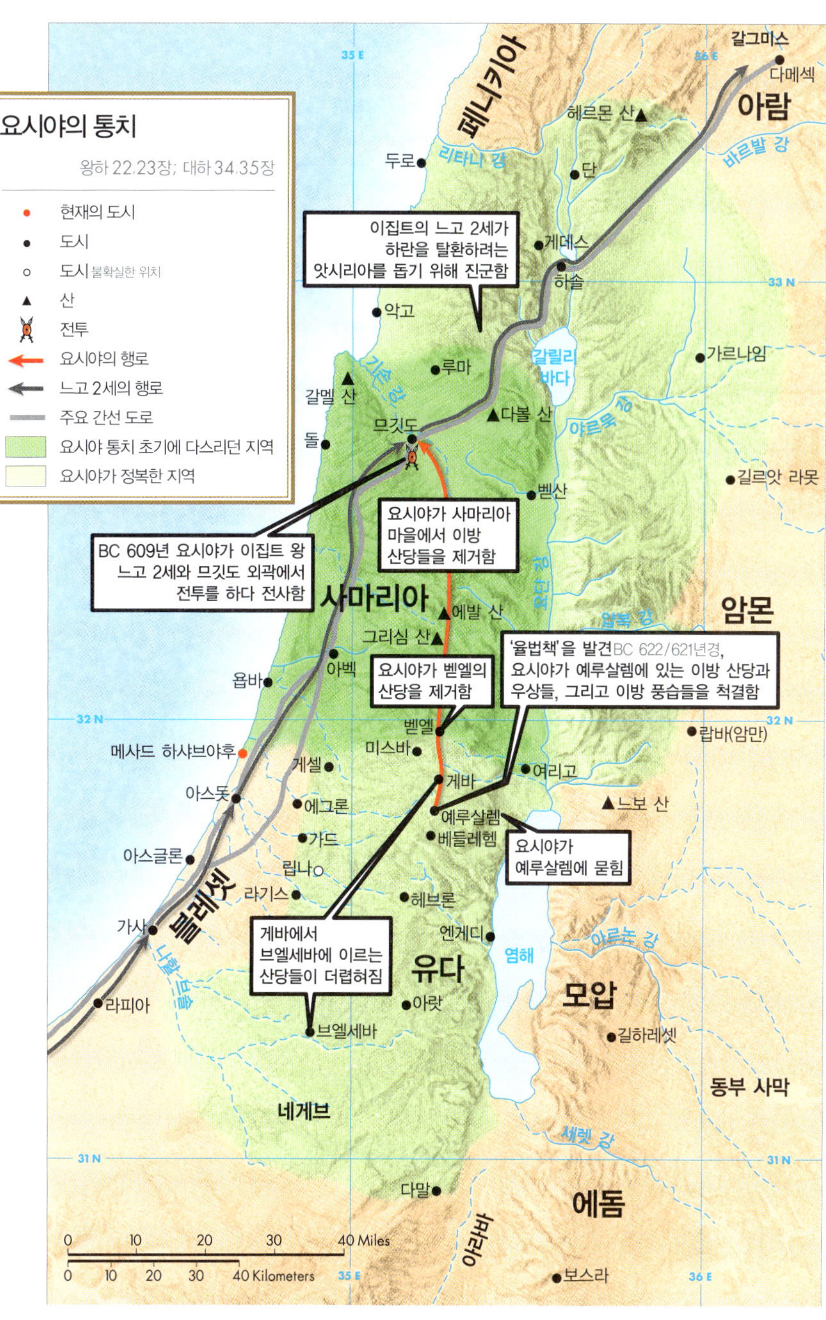

갈대아 사람이

통치하는 바벨론은

BC 609년에

이르러 매우

강력해졌다. 앗시리아와

이집트와의 싸움에서

나보폴라사르가

거둔 승리는 바벨론을

메소포타미아의

종주국으로 만들었다.

키려고 노력했다. 그러나 이러한 개혁은 당연히 반발 세력을 만들었다. 즉 앗시리아와의 평화로운 공존을 추구하던 사회 지도층이나 개혁으로 파직 혹은 추방당한 제사장들이 그랬다. 그러나 요시야는 통치 기간 내내 개혁의 고삐를 늦추지 않았고, 그만큼 많은 사람들의 지지를 얻었다. 당시 급변하는 국제 정세 속에서 요시야의 개혁은 독립적인 유다의 재건이라는 민족주의적 정책과 맞물려 많은 지지를 얻었다.

| 요시야의 업적 | 요시야의 개혁

요시야가 추구한 민족주의 정책이 어느 정도 성과를 냈는지는 분명하지 않다. 다만, 이집트 왕 삼메티쿠스 1세가 요시야의 야망을 모르지 않았다는 것은 분명하다. 그러나 이집트는 역사적으로 팔레스타인 해안가의 여러 길들과 해변 길 주위에 있는 도시들에 주목했다. 다시 말해 요시야가 활동하던 산이 많은 오지에는 관심이 적었다.

성경은 요시야가 상당히 많은 업적을 이루었다고 기록하고 있다. 요시야는 므낫세와 에브라임에 있는 도시들로부터 돈을 받았고, 북쪽 지역의 납달리까지 정결하게 했다 대하 34:6, 9. 이는 요시야가 고대 이스라엘의 북쪽 지역까지 되찾았다는 점을 암시하는 기록이다.

열왕기서의 저자는 요시야가 여로보암 1세에 의해 벧엘Bethel에 세워진 산당을 폐기하고 사마리아에서 추가적인 정화 작업을 실행했다고 기록하고 있다 왕하 23:15-20. 유다에서는 개혁 작업이 '게바에서부터 브엘세바까지' 확산되었다 왕하 23:8.

이 모든 것을 종합해 볼 때 요시야는 과거 다윗이 그랬던 것처럼 나라를 회복하는 데 온 힘을 모았던 것으로 보인다. 하지만 요시야가 이집트의 속국으로 있으면서

개혁 작업을 했는지, 아니면 완전히 독자적으로 활동했는지는 알 수 없다.

| 요시야의 죽음 | 꿈은 무너지고

BC 609년 요시야는 이집트 왕 느고 2세BC 610~594년와 치른 전투에서 사망했다. 느고 2세는 하란을 재탈환하기 위해 마지막 안간힘을 쓰는 앗시리아를 도와 이집트 군대를 북쪽으로 이끌고 있었다. 요시야는 므깃도 근처에서 느고를 맞아 싸우다가 부상을 입어 예루살렘에 묻히게 되었다 왕하 23:28-30; 대하 35:20-27. 요시야가 왜 느고를 공격했는지는 분명하지 않다. 바벨론이 최후 승자가 될 것으로 예견했거나, 아니면 이집트가 자신의 왕국을 간섭하는 것에 반발했는지도 모른다. 그러나 요시야의 죽음은 이스라엘의 위대한 왕 한 명을 잃은 것뿐만 아니라 그가 추진하던 종교 개혁이 끝났음을 의미했다. 게다가 요시야가 통치하던 유다 이외의 지역들벧엘은 제외마저 빼앗기게 되었다.

신바빌로니아 제국과 유다의 마지막 왕들

갈대아 사람이 통치하는 바벨론은 BC 609년에 이르러 매우 강력해졌다. 앗시리아와 이집트와의 싸움에서 나보폴라사르가 거둔 승리는 바벨론을 메소포타미아의 종주국으로 만들었다. 또 시리아와 팔레스타인을 향해 남쪽으로 진군하는 길을 열게 되었다. 이집트의 느고 2세만이 바벨론의 침략에 저항할 수 있을 만큼 바벨론은 강성해져 있었다. 선지자 하박국은 이러한 상황을 예견해, 하나님은 "보아라. 이제 바벨론 사람들을 내가 일으킬 것이다. 그들은 사납고 과격한 사람들이다. 남의 생활 터전을 빼앗으려고 온 땅을 돌아다닐 것이다"라고 선포했다 합 1:6.

| 유다의 딜레마 | 바빌로니아냐 이집트냐

바빌로니아와 이집트의 세력 다툼은 유다의 왕들을 불안하게 만들었다. BC 609년 요시야가 죽고 난 후 느고는 유다 백성에 의해 왕으로 선택된 요시야의 아들, 여호아하스를 제거하고 또 다른 아들 엘리야김을 왕으로 세우면서 그의 이름을 여호야김Jehoiakim으로 바꾸어 버렸다 왕하 23:30-35. 요시야 통치 중에 유다가 얼마나 독립적이었는지는 모르지만 그의 사후 그 영화는 사라지고 말았다. 유다는 이집트의 속국이 되었고, 여호야김은 느고의 비위를 맞춰야 했다. 하지만 이 같은 정세는 오래 지속되지 못했다.

| 표13 | 신바빌로니아 제국의 왕들 BC 626~539년

이름	통치 연대(BC)	중요한 사건
나보폴라사르 Nabopolassar	626~605	BC 626년에 바벨론을 빼앗은 갈대아 총사령관. 메대 사람 키악사레스와 동맹을 맺음. BC 612년에 니느웨를 정복함
느부갓네살 Nebuchadnezzar	605~562	BC 605년에 갈그미스 전투에서 이집트를 무찌름. 예루살렘을 두 번이나 포위함 BC 598~597; 587~586년
에윌므로닥 Evil Merodach / 아멜 마르둑 Amel-marduk	562~560	느부갓네살의 아들. 유다 왕 여호야긴을 풀어줌 왕하 25:27-30
네리글리사르 Neriglissar	560~556	느부갓네살의 사위. 예루살렘이 마지막으로 포위되었을 때 시드기야 왕 앞에 나타난 네르갈사레셀로 추정됨 렘 39:3
라바시 마르둑 Labashi-marduk	556 석 달 통치함	네리글리사르의 아들. 나보니두스에 의해 제거됨
나보니두스 Nabonidus	556~539	바벨론 밖에서 오랜 세월을 보냄. 그가 없는 동안 벨사살이 섭정함. BC 539년에 바빌로니아가 고레스에게 항복함

BC 605년에 있었던 갈그미스[*] 전투는 바벨론을 이집트 국경와디 엘 아리쉬 Wadi el-Arish까지 아우르는 가장 강력한 국가로 만들었다. BC 604년 느부갓네살은 팔레스타인을 침공해 아스글론을 정복했다. 여호야김은 재빨리 느부갓네살에게 충성을 맹세했다. 느부갓네살은 갈그미스 전투 직후에 그의 아버지가 죽고 나서 바벨론 왕으로 등극한 왕이었다. 아마도 이 침공 때 느부갓네살이 다니엘Daniel과 그의 세 친구하나냐, 미사엘, 아사랴를 포로로 잡아 바벨론으로 데려간 것 같다단 1:1-7.

유다는 이제 이집트와 바벨론이라는 강대국과 복잡하게 얽히게 되었다. 바벨론이 동부 지중해 연안 국가들을 지배하자, 이집트는 해상 무역의 중요한 지역인 페니키아 항구들을 잃게 된 것을 분개했다. 이후 이집트는 지중해 동부의 연안 국가들에게 지원을 약속하며 바벨론에 반역할 것을 끊임없이 부추겼다. 더욱이 느고에 의해 왕위를 얻게 된 여호야김은 친이집트 정책을 폈다. 예레미야는 하나님이 유다의 죄를 심판하기 위해 바벨론을 사용하고 있으며 바벨론에 저항하는 것은 헛되다고 거듭 경고했지만, 유다의 지도자들은 여호야김의 정책을 지지하

고 나섰다160쪽의 'BC 7세기의 선지자(예언자)들' 참조. 바벨론에 3년간BC 604~601년 조공을 바치던 여호야김은 BC 601년 느부갓네살이 이집트 침공에 실패하자 바벨론에 거역하기 시작했다. 여기에는 물론 이집트의 지원 약속이 뒷받침되어 있었다.

*갈그미스(Carchemish / 지명)
현재 시리아 경계의 터키 남부에 위치했던 로마의 고대 도시 국가다. 북시리아의 야루불루스라는 도시를 흐르는 유프라테스 강 서쪽 강둑에 있었다

BC 7세기의 선지자 예언자 들

신앗시리아 제국의 붕괴와 신바빌로니아 왕조의 급격한 융성으로 빚어진 국가적 위기는 위대한 선지자들을 배출시켰다. 선지자들은 유다 왕국이 쇠퇴해 가는 것을 지켜보아야 했다. 어떤 선지자는 아주 짧은 기간 동안 활동했지만 어떤 선지자는 BC 586년 예루살렘이 멸망한 후 바벨론 유수 뒤에도 활동했다.

앗시리아의 흥망을 예언한 선지자 나훔

선지자 나훔에 관해서는 알려진 바가 거의 없다. 그의 고향 엘고스 Elkosh* 가 어디에 있는지조차 분명하지 않다. 유다 남부에 있었다고 추정되는데, 최근에는 갈릴리라고 주장하기도 한다. 나훔은 신앗시리아 제국이 BC 7세기 중반에 정점에 이르렀다고 보고 곧 멸망할 것을 예언했다. BC 663년에 아슈르바니팔 2세에 의해 테베 노아몬 가 멸망할 것을 예언하기도 한 나훔은 니느웨가 BC 612년에 멸망하자 매우 기뻐했다. 나훔은 오로지 앗시리아 제국의 흥망만을 예언했다. 앗시리아의 죄악이 극에 달했기 때문이었다.

예루살렘의 심판을 예언한 선지자 스바냐

스바냐는 자신에 대해 거의 언급하지 않고 있다. 출생지조차 소개하지 않고 있다. 만약 1장 1절에 언급된 히스기야가 유다의 이전 왕을 가리킨다면 이것은 확실하지 않은 해석임, 스바냐는 유다의 왕족과 연관되어 있으며 예루살렘에 거주했을 것으로 추정할 수 있다. 스바냐는 주로 요시야 시대의 예루살렘에 대한 심판을 예언했다.

스바냐는 유다와 예루살렘의 많은 죄 때문에 심판이 임박했다고 선포했다 습 1:4, 12,13; 3:1-4. 한 세기 전에 아모스와 이사야가 외쳤던 주제들을 메아리치게 하면서, 스바냐는 '주의 날'은 하나님이 유다를 향해 고통을 주시는 때라고 묘사했고 습 1:14-18, 심판 후에 남는 자들을 향한 새로운 복도 약속했다 습 2:7,9; 3:12,13. 그러나 스바냐는 유다를 파멸시킬 적이 누구인지를 분명히 명시하지 않았다.

어떤 학자는 스바냐가 남부 러시아의 대초원에서 남쪽으로 내려온 스키타이 족속이라고 보는가 하면, 어떤 학자는 스바냐가 앗시리아 사람이나 갈대아 사람이라고 보기도 한다.

하나님의 정의를 질문한 하박국

하박국은 어떻게 하나님이 더 의로운 백성을 심판하기 위해 덜 의로운 민족을 사용하실 수 있는가 하는 난처한 질문으로 고민했다 합 1:12,13. 그의 딜레마는 하나님이 유다를 심판하기 위한 수단으로 '사납고 과격한 사람들' 합 1:6인 갈대아 사람을 일으키셨다는 것에서 비롯되었다. 그는 옳음과 그릇됨이 뒤바뀐 시대에 악을 심판하지 않는 하나님의 침묵 때문에 고민했다. 하박국은 성루에 선 보초병처럼 하나님의 응답을 기다렸다 합 2:1. 하나님은 의인이 믿음으로 살고, 의롭지 못한 것은 불가피한 심판의 씨앗을 그 속에 지니게 된다고 선포하심으로써 하박국에게 응답하셨다 합 2:2-

5. 하나님은 정의가 궁극적으로 승리하게 되며, 비록 하박국이 결과를 보지 못하게 되더라도, 믿음이 항상 생명을 창출한다는 점을 신뢰하기를 원하셨다. 하박국은 BC 616년과 BC 600년 사이에 갈대아 사람들의 학대가 최고조에 달했을 때 자신의 딜레마에 맞서면서 메시지를 전했다. 아마도 BC 605년에 갈그미스 전투에서 느부갓네살이 이집트에 대해 대승한 것이 그의 질문을 심화시켰을 것이다.

하나님의 성실하심을 노래한 선지자 예레미야

예레미야는 유다가 멸망하기 수십 년 전부터 예루살렘에 있는 동포들에게 예언했다. 우리는 구약성경의 다른 어떤 선지자들보다 예레미야에 관해 잘 안다. 이것은 그가 예언을 하는 중에 자신의 개인적이고도 파란만장한 영적 경험들을 이야기했기 때문이다.

예루살렘에서 북동쪽으로 3km 정도 떨어진 베냐민 지파의 아나돗에서 태어난 예레미야는 제사장 가문에 속했다. 그는 요시야가 통치하던 13년째부터 BC 627-626년경 BC 586년 예루살렘이 멸망한 이후까지 유다에서 사역했다. 그러므로 그는 요시야의 위대한 개혁과 앗시리아의 멸망, 신바빌로니아 제국의 등장, 예루살렘의 첫 포위 BC 598-597년경와 패망에 이르기까지 전 과정을 목격했다. 말년에 그는 이집트로 납치되어 그곳에서 죽은 것으로 추정된다 렘 43:1-7.

예레미야가 요시야의 개혁과 어떤 관계가 있는지는 알 수 없다. 그의 예언이 요시야 때 한 것이라고 분명하게 말할 수 있는 것이 별로 없다 1장부터 6장까지가 요시야 시기와 가장 잘 부합하는 것으로 여겨짐.

그의 예언의 대부분은 여호야김과 시드기야가 재난을 초래하는 정책을 펴고 있다고 충고하고 비난하는 것이었고, 이 두 왕은 모두 느부갓네살에 반역해 바벨론으로 끌려 갔다. 예레미야는 바벨론이 유다의 만성적인 죄들에 대해 하나님의 심판 도구라고 여겼기 때문에 바벨론에 저항하는 것은 소망이 없다고 보았다. 예레미야는 바벨론의 '멍에'에 항복하도록 조언했다 렘 27장. 그는 그의 말 때문에 반역자로 낙인찍혀서 신망을 잃었고 감옥에 갇히기도 했다.

예레미야는 성전 경내에서 유다의 어리석은 행위들을 경고하면서 유다와 예루살렘의 멸망과 바벨론 유수를 예언했다 렘 7, 28장. 예루살렘이 느부갓네살의 두 번째 포위로 실의에 빠져 있을 때 예레미야는 소망과 힘이 넘치는 예언을 전했다 렘 30-33장. 그는 이스라엘의 회복 렘 30:18-22과 구속받은 공동체의 마음에 새 언약이 기록된 것을 예언했다 렘 31:31-34. 그의 소망을 상징적으로 나타내기 위해 예레미야는 느부갓네살의 군대가 예루살렘을 포위하고 있을 때, 아나돗에 있는 조상의 땅을 되찾아오는 권리를 행사했다 렘 32장. 예레미야는 포로 생활이 거짓 선지자들이 기대한 것보다 더 오래 걸릴 수 있지만 그것 역시 일시적이라고 생각했다.

예레미야의 소망은 '영원한 사랑'으로 사랑하시는 하나님 안에 자리 잡고 있었다. 그 사랑의 기초는 하나님의 무한한 신실하심이었다 렘 31:3.

예루살렘에 대한 첫 번째 원정 | 풍전등화 앞에 선 예루살렘

느부갓네살은 한동안 유다의 반역에 대해 대응하기를 미루고, 오히려 외인 부대를 이용해 여호야김을 괴롭히는 쪽을 택했다 왕하 24:2. 즉 암몬, 모압, 아람의 군대를 이용하는 이이제이 以夷制夷 정책을 편 것이다. 특히 에돔은 유다 남쪽에서 시시때때로 약탈을 시도해 상황을 더 악화시켰다 왕하 24:1, 2; 시 137:7; 애 4:21, 22; 옵 1:10-14. BC 598년 느부갓네살은 마침내 바벨론 군대를 이끌고 예루살렘을 포위했다.

여호야김은 아마도 예루살렘을 포위한 느부갓네살에 항전하다 죽었을 것으로 보인다 왕하 24:6; 참조. 대하 36:6과 비교. 그리고 BC 597년 3월 16일 예루살렘은 함락되었다. 여호야김의 뒤를 이어 왕에 오른 여호야긴 Jehoiachin

이 도시를 느부갓네살에게 넘겨주자, 느부갓네살은 성전의 보화들을 포함해 예루살렘을 약탈한 후 여호야긴과 유대 지도자들을 바벨론으로 데려갔다 왕하 24:13-16. BC 597년에 있었던 이 처음 유배에는 선지자 에스겔도 포함되었다.

| 유다와 예루살렘의 최후 | 느부갓네살이 성전을 불태우다

BC 597년 예루살렘이 함락된 후 느부갓네살은 여호야긴의 젊은 숙부 맛다니야를 유다의 왕으로 세우고 그의 이름을 시드기야로 바꾸었다. 11년간 유다를 통치한 시드기야는 예레미야의 강력한 경고에도 불구하고 반바빌로니아 Anti-Babylonian 정책을 폈다 렘 27-29장. 시드기야는 당시 이집트의 삼메티쿠스 2세 BC 595~589년와 호브라 아프리에스 Apries라고도 부름, BC 589~570년가 바벨론에 대항해 진군했던 것에 영향을 받아 예레미야의 경고를 무시했던 것으로 보인다. 호브라는 BC 588년에 두로와 시돈을 침략했다.

같은 해 느부갓네살은 시드기야의 반역을 징벌하기 위해 유다를 공격했다. 이때 유다의 도시들이 파괴되었다. 이 지역들의 발굴을 통해서도 도시의 피해가 짐작될 만큼 심각했다.

특히 BC 701년에 이어 두 번째로 외국 군대에 의해 함락된 라기스는 귀중한 유물들을 남기고 있다. 두 번째 파괴층에서 발견된 18개의 토기 파편들 '라기스 서간들' 은 당시 참혹한 상황을 말해 주고 있다. 한 서간은 지휘관들이 아세가에서는 더 이상 봉화를 볼 수가 없어서 라기스에서 보내는 봉화에 주목하고 있다는 내용을 담고 있다. 이 내용으로 볼 때 아마도 아세가는 이미 바벨론 군대에 함락되었을 것이다.

느부갓네살의 군대는 예루살렘을 이 년 동안 포위했다 BC 588~586년. 예루살렘은 어떤 소망도 없이 식량 지원이 끊긴 채 버티다가 BC 586년 7월에 함락되었다. 바벨론은 요새를 무너뜨리고 성전과 왕궁, 가옥들을 불태움으로써 도시를 파괴했다 왕하 25:8-21; 렘 39:1-10. 예루살렘의 여러 곳에서 발견된 화재의 잔해들은 바벨론의 공격과 그 후에 있었던 잔혹한 파괴를 말해 주고 있다.

시드기야는 동쪽으로 도망갔지만 여리고 근처에서 붙잡혀 시리아 리블라에 있는 느부갓네살 앞에 잡혀 갔다. 그곳에서 시드기야는 자신의 아들들이 처형당하는 것을 목격해야만 했다. 시드기야는 눈이 멀고 사슬에 묶인 채 바벨론으로 끌려갔다.

2차에 걸친 유대 백성의 유배는 유다 왕국의 지도자들을 고갈시켜 버렸다 왕하 25:11; 렘 52:29. 유다와 예루살렘은 무방비 상태로 공격에 노출되어 있었고, 물질적인 자원도 거의 없었으며 다가 올 미래에 대한 소망도 없었다. 예레미야가 예언한 포로 시대가 현실이 되고 만 것이다.

예레미야의 강력한 경고에도 불구하고 반바빌로니아 정책을 편 시드기야는 결국 눈이 먼 채 바벨론으로 끌려갔다.

느부갓네살 왕에 의해 파괴된 라기스 성에서 발견된 '라기스의 서간들' 중 하나다. 군대의 하급 관료가 상급자에게 보낸 이 편지는 마지막 봉화 신호를 받고 그 지시대로 복종하겠다는 내용을 담고 있다. 본문에는 "내 주께서 하달하신 모든 지시사항에 따라서 라기스의 봉화 신호를 하기 위해 지켜보고 있음을 알려드립니다. 우리는 아세가 Azekah의 신호를 볼 수 없기 때문입니다"라고 기록되어 있다. 이를 통해 아세가가 이미 바벨론에 함락되었음을 알 수 있다.

The Exile

| 흩어진 백성 유배(流配) |

BC 586년의 예루살렘 멸망은 유다 역사에 커다란 분기점이었다. 독립의 상실, 인구의 심각한 분산을 가져온 국외 추방, 그리고 다윗 왕조의 실질적인 멸망은 유대 민족에 전례 없는 위기를 초래했다. 이제 하나님과 유대 백성들의 관계는 어떻게 될 것인가? 예루살렘의 멸망과 성전의 파괴는 유대 민족의 육적 · 영적 상태에 어떤 결과를 가져올 것인가? 이러한 의구심은 유대 공동체와 함께하는 하나님의 목적에 대해 근본적인 재고를 하게 만들었다. 그러나 우리가 이 중요한 시기에 대해 알고 있는 것은 그리 많지 않다. 예레미야가 BC 586에서 BC 582년 사이에 있었던 일을 조금 전해 주고 있고렘 39-44장, 에스겔이 포로로 끌려간 사람들에 관한 부가 정보만을 제공해 주고 있을 뿐이다렘 29장 참조. 많은 학자들은 이사야 40−55장이 이 시대의 역사를 반영한다고 생각한다. 이사야의 40−55장은 바벨론에 포로로 잡혀간 유대 사람들이 처한 곤경에 대해 알려 주고 있다. 또한 포로로 시대의 삶은 바빌로니아 자료들에서도 살펴볼 수 있는데 그 속에선 여호야긴이 포로로 잡혀간 얘기도 담겨 있다. 니푸르* 근처의 무루슈 가문이 사업차 사용했던 아람어로 된 법적 문서에서는 몇몇 유대 사람의 이름이 등장하는데, 아마도 이들은 포로 잡혀온 유대 사람의 후손일 것이다. 비록 후기 시대BC 440~416년에 작성된 것이지만, 이러한 자료들은 당시 포로 공동체의 생활상을 조명하는 소중한 정보다. 이제 우리는 두 부류의 유대 공동체를 고찰할 필요가 있다. 하나는 유다 땅에 남아 있던 사람들이고, 다른 하나는 유다로부터 추방당하거나 유다를 탈출한 사람들디아스포라이다.

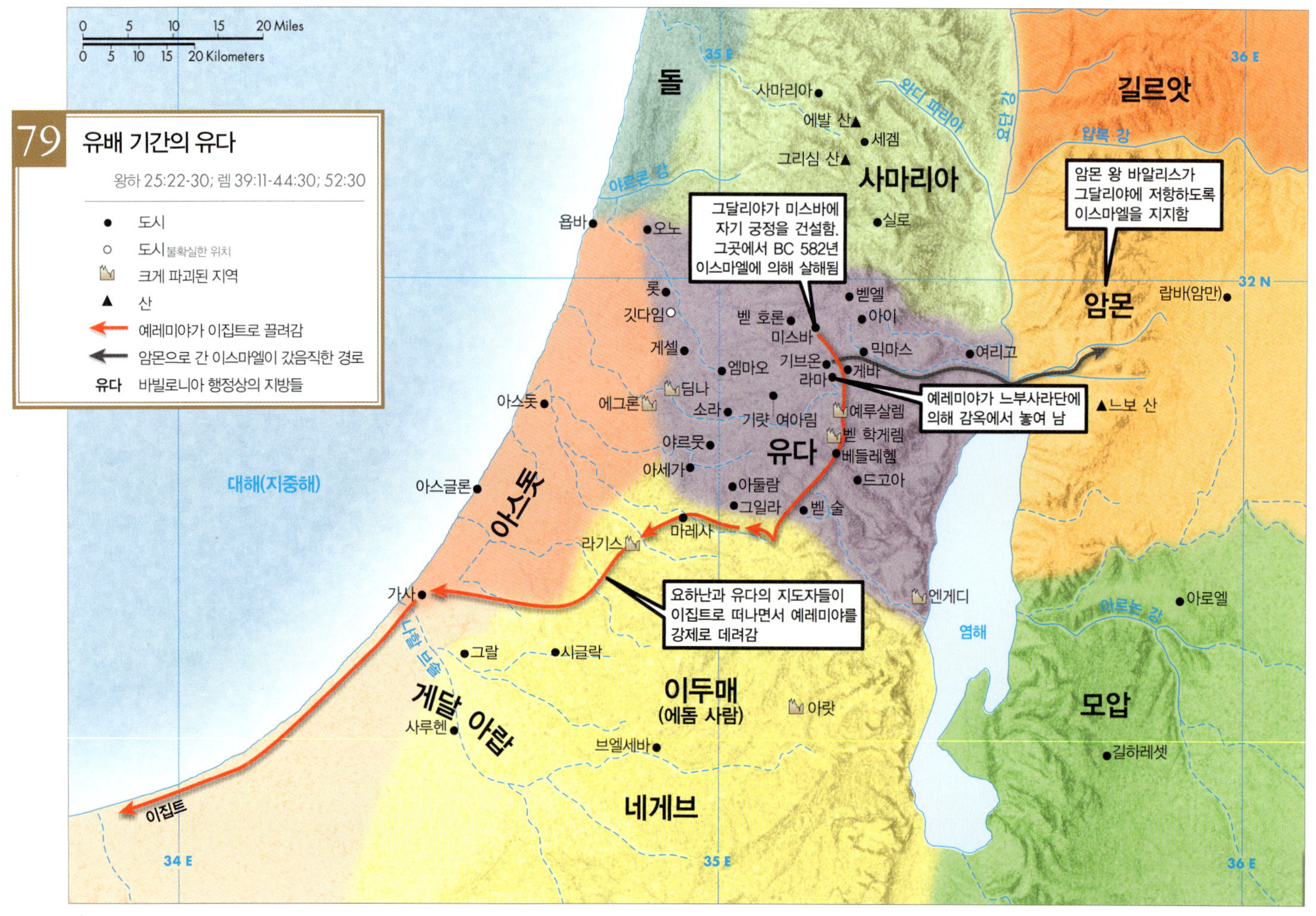

80 유대 사람의 바빌로니아 유배 경로

왕하 24:10-16; 25:8-12; 스 2:59; 8:17; 렘 52:28-34; 겔 3:15

유다 땅에 남은 사람들

바빌로니아의 침공으로 인해 여러 도시가 파괴되어 유다 땅은 극심한 시련을 겪게 되었다. 아랏, 라기스, 라맛 라헬Ramat Rahel, 엔게디, 딤나, 에그론, 예루살렘 등을 발굴하자 당시의 파괴된 흔적들이 발견되었다. 다만 예루살렘의 북쪽 지역은 다른 지역에 비해 상대적으로 피해를 덜 받은 것으로 나타났다.

당시 유다의 정치적 상황은 명확하지 않다. 느부갓네살 왕은 그달리야를 유다 지역의 통치자로 임명했는데 그

가 정확히 어떤 위치의 사람이었는지는 확실하지 않다 렘 41:1,10 참조. 만일 그가 그 지역을 통치하는 왕으로 위임됐다면 유다 지역은 적어도 BC 582년까지는 바빌로니아의 영토로 포함되지 않았다고 보아야 한다. 하지만 그달리야가 총독으로 임명되었다면 유다 왕국은 BC 586년 후에 곧바로 바빌로니아의 영토로 편입되었을 것이다.

비록 그달리야가 왕족 가문은 아니었지만, 그는 예루살렘에서 유력한 가문에 속한 사람이었다. 그의 아버지

*니푸르(Nippur / 지명)
지금의 이라크 남동부의 메소포타미아 고대 도시다. 수메르 신화에서 신 엔릴의 고향으로 메소포타미아 종교 생활에 큰 역할을 했다. 메소포타미아를 통치하는 모든 왕조는 이 도시와 특히 엔릴의 성역을 신성시했다.

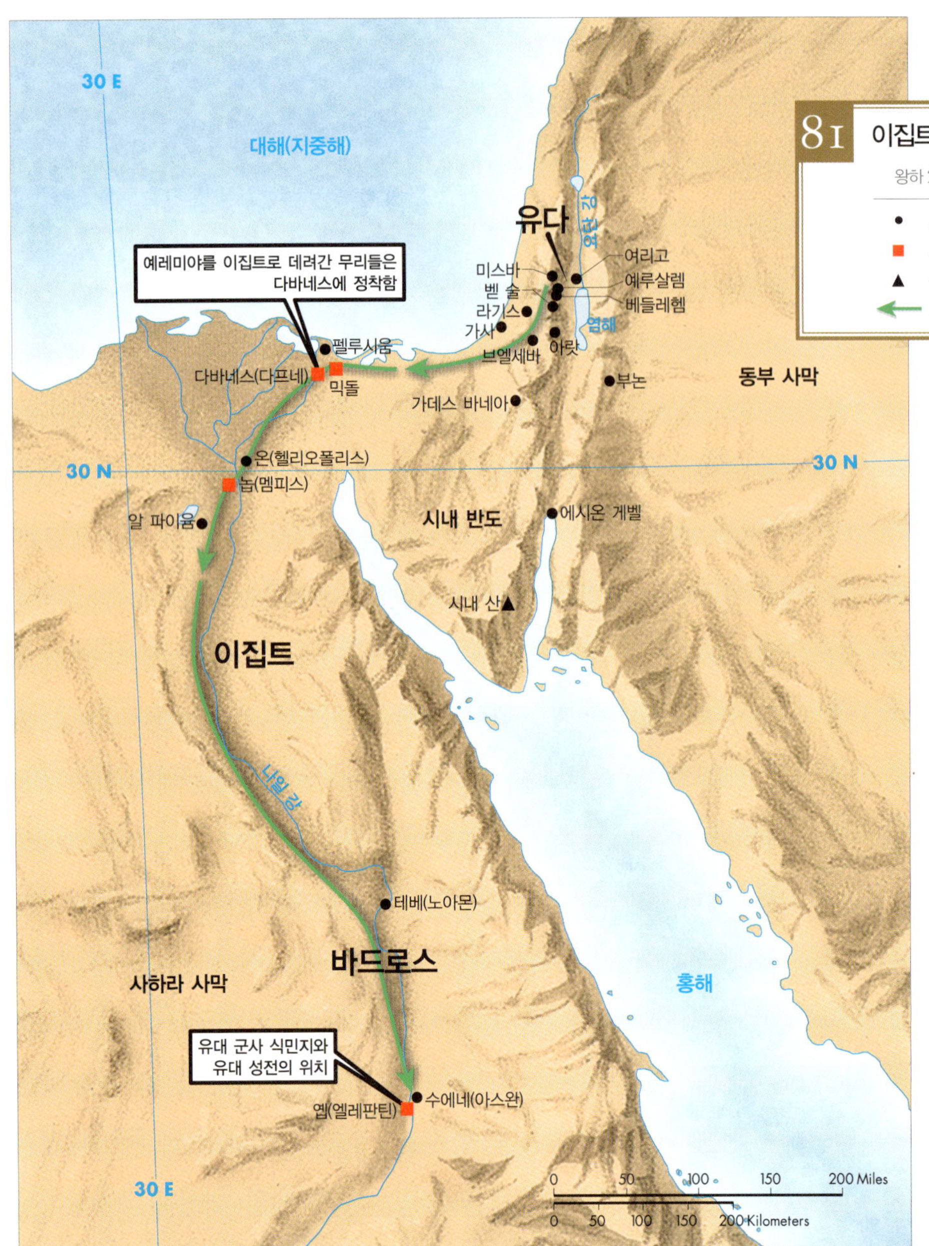

바빌로니아는 잡아온 포로들을 그발 강을 따라서 바벨론과 니푸르 근처의 마을과 도시에 정착시켰다. 포로들은 자신들의 정착 지역을 가리켜 '델'이라는 용어를 사용했는데, 이 말은 버려진 땅을 의미한다.

상황은 매우 비참했다. 예레미야 애가에 기록된 슬픈 노래들은 당시 유다 땅에 남았던 사람들의 고통을 대변하고 있다. 왕의 종친이었던 군대 장관 이스마엘은 암몬 왕 바알리스의 지원 하에 BC 582년에 그달리야를 암살했다 렘 41:1-10. 하지만 가레아의 아들 요하난의 개입으로 반정에는 실패했다. 그 후 이스마엘과 그를 따르는 무리들은 암몬으로 도망갔다. 바빌로니아의 보복을 두려워한 요하난과 유대 지휘관들은 이집트로 피신했고, 그들의 뜻에 반대하던 예레미야도 이집트로 끌려갔다 렘 41:16-43:8. 바빌로니아는 그달리야를 살해한 일로 또 다른 유대 사람들을 잡아갔을 것이다 렘 52:30.

바벨론에 사로잡혀 간 유대 공동체

포로로 끌려간 많은 사람들은 대체로 유다에 남아 있던 동족들보다는 나은 삶을 살았다. 예레미야는 포로들에게 집을 짓고, 텃밭을 만들며, 새로운 주거지에서 예전과 같은 사회 공동체를 세우라고 촉구했다 렘 29:4-7. 바빌로니아는 잡아온 포로들을 그발 강을 따라서 바벨론과 니푸르 근처의 마을과 도시에 정착시켰다 스 2:59;

아히감과 할아버지 사반은 둘 다 요시야의 왕궁에서 근무하던 자들이었다 왕하 22:12-14.

그달리야는 예부터 베냐민 지파에 속한 미스바에 왕궁을 건설했다. 당시 미스바는 물질적 자원도 전혀 없고 그달리야가 지도력을 발휘하기 매우 힘든 황폐한 지역이었다.

바빌로니아의 관리들은 백성의 짐을 덜어 주려고 애썼다. 왕실 시위 사령관이던 느부사라단Nebuzaradan이 유다에 남아 있던 가난한 사람들에게 땅을 분배해 주었으며 그달리야를 원조하기 위해 임시군을 지원해 주기도 했다 렘 39:10; 40:10-12. 더러 종교 예식이 황폐해진 예루살렘 성전에서 거행되기도 했으나 렘 41:4,5, 전체적으로

겔 1:1; 3:15. 포로들은 자신들의 정착 지역을 가리켜 '델' Tel 이라는 용어를 사용했는데 델 아비브, 델 멜라, 델 하르사, 이 말은 버려진 땅을 의미한다. 이 용어를 통해 바빌로니아 사람들이 포로들에게 버려진 땅을 주었으리라고 짐작할 수 있다.

바벨론에서 발굴된 행정 문서에는 BC 597년에 포로로 잡혀간 여호야긴과 그의 아들들을 언급하고 있다. 에윌므로닥 왕BC 562-560년은 여호야긴을 풀어 주고 왕궁 안에 그를 위한 처소를 마련해 주었다왕하 25:27-30. 대체로 포로들의 신변 안전은 만족스러운 편이었으며 생활은 그리 힘들지 않았다. 하지만 그들의 타향살이는 정신적으로 고통스러웠으며 당시 그들이 겪은 애환은 시편 137편에 잘 나타나 있다.

이집트로 내려간 유대 공동체

이집트는 다른 유다 피난민들의 안식처가 되었다. 유다로부터 예레미야를 데리고 나와 삼각주 지역에 있는 다바네스Tahpanhes*에 정착한 무리는 이집트에서 성소를 세우고 새로운 삶을 꾸리고자 했다렘 43:1-7. 이들 말고도 당시 이집트로 이주해 온 유대 사람 무리들이 여럿 있었는데 믹돌Migdol, 놉Noph, 멤피스Memphis, 바드로스Pathros 등에 정착해 살았다렘 44:1.

이집트 남쪽 깊숙이 자리 잡은 엘레판틴Elephantine, 옙Yeb**에서 발견된 유다 군사 식민지에 관한 후기 행적들은 유대 피난민들이 그들의 새로운 정착지에서 어떻게 적응하며 살았는지를 보여 주고 있다. 비록 새로운 환경에 적응해 살면서 여호와와 다른 신들을 혼합시키기도 했지만 그들은 엘레판틴에 신전을 세우고 철저한 의식과 절기 제도를 지켜 나갔다. 이렇게 해서 유대 공동체는 후에 기독교 전파에서 매우 중요시되는 디아스포라Diaspora의 전조가 되었다.

제국의 심장 바벨론

신바빌로니아의 강력한 왕들에 의해 바벨론은 BC 600년에 전성기를 맞이하게 되었다. BC 689년 앗시리아의 산헤립에 의해 파괴된 이후 바벨론은 갈대아 출신의 왕 나보폴라사르Nabopolassar와 느부갓네살에 의해 찬란한 제국의 수도로서 면모를 갖춰 갔다.

BC 450년경 그리스의 역사가 헤로도투스는 바벨론을 가리켜 "우리가 알고 있는 그 어떤 도시보다도 아름답게 장식된 도시"라고 기록하고 있다Histories, Book I.

전략적으로 유프라테스 강에 세워진 바벨론은 수상 교통뿐만 아니라 중요한 육상 요충지 역할도 했다. 유프라테스 강은 바벨론을 관통하며 흐르고, 강을 중심으로 도시는 두 지역으로 나뉜다. 동쪽 강둑은 고대 도시의 중심지로서 도심 건물이 들어서 있었다. 서쪽 강둑에는 일반 백성들이 살았다. 느부갓네살 왕은 동쪽과 서쪽이 서로 드나들도록 커다란 선박 모양의 교각橋脚을 세우고 다리를 놓았다. 그 아래로 유프라테스 강이 흐른다. 격자 모양의 거리와 수로는 도시의 모든 장소로 연결되었다.

헤로도투스는 특히 바벨론의 성곽에 깊이 감동받았다고 기록했는데 이 지역에서 발굴된 유적을 통해 그의 말이 대부분 사실임이 밝혀졌다. 동쪽과 서쪽 모두를 둘러싸고 있는 성벽은 진흙 벽돌로 만들어진 이중벽이며, 그 크기가 직사각형 넓이로 약 1,024만m²에 달했다. 외벽의 두께가 3.7m, 내벽은 그보다 더 두꺼운 6.5m였으며 외벽보다 더 높았다. 헤로도투스의 말에 의하면 두 벽 사이의 공간은 군대와 마차가 지나가도록 사용되었다. 벽을 빙 돌아 거의 20m 높이의 탑들이 군데군데 세워졌으며, 유프라테스 강물을 끌어들여 20m나 되는 해자가 성을 둘러쌌다.

느부갓네살은 자신의 궁전을 보호하기 위해 동쪽 강둑

바벨론의 이쉬타르 성문 정면에 있는 용의 부조.

위에 또 다른 성벽을 쌓았다. 그 성벽은 '여름 궁전' 북쪽에서 시작해 유프라테스 강과 만나는 도시 안쪽의 동쪽과 남쪽까지 뻗어 있었다. 이중 벽을 통해 도시 안으로 들어가는 아홉 개의 문이 있었고 각 문에는 바벨론에서 신봉하던 다양한 신과 여신들의 이름이 붙여졌다 이쉬타르, 마르둑, 신, 엔릴, 우라쉬, 샤마쉬, 아닷, 자바바, 루갈 기라. 동쪽 강둑 위에 세워진 옛 도시 중심지는 넓이가 약 256만 m²에 이르는데, 이곳에 고대 바벨론의 신전과 제국의 대궁전이 자리 잡고 있었다.

현재 베를린 박물관에는 유명한 이쉬타르Ishtar 문이 복원되어 있는데, 북쪽에서 이 이쉬타르 문을 따라 '개선로'를 거쳐 도시에 들어갈 수 있었다. 개선로는 그 폭이 약 18m나 되는 곳도 있다. 이곳에서 중요한 행사가 치러졌다. 또 이 대로를 따라 공공건물들이 지어졌다. 측면에 한 쌍의 탑으로 이루어진 이쉬타르 문은 짙은 청색 빛이 나는 벽돌로 덮여 있고, 그보다 밝은 색의 벽돌로 용과 황소가 새겨진 부조 작품이 있다. 더욱이 개선로 앞에 세워진 건물의 외벽에는 거대한 사자처럼 보이는 동물이 장식되어 있다.

신바빌로니아의 주요 왕궁은 이쉬타르 문 안쪽 바로 서쪽에 있었다. 이 넓은 공간 안에는 대략 5만 2,000m²의 느부갓네살 왕의 의전실과 궁전, 황실 수비대의 병영, 황실 서고, 행정 업무실 등이 있었다. 왕궁은 모두 다섯 구역으로 나뉘어 있었으며 뜰 주위에 모여 있었다. 그중 중앙에 위치한 세 번째 황실 수비대의 병영 구역이 가장 넓은 면적을 차지했다66 x 55m. 이 뜰의 남쪽 부분에서 왕실52 x 17m로 통하는 세 개의 출입문이 발견되었다.

정전正殿은 청靑, 다茶, 황黃, 흑黑색의 벽돌로 이루어져 있었다. 현재 발굴된 수많은 기둥과 벽돌, 토관의 파편들을 통해서도 매우 화려한 왕궁이었음을 알 수 있다.

건축가들은 뱀, 전갈, 장미꽃, 사자와 같은 여러 가지 장식용 문양을 사용했다. 아마도 이 방이나 다른 큰 방 가운데 하나가 벨사살 왕이 바빌로니아 왕국의 운명을 알려 주는 벽에 씌어진 신비한 글을 보았던 무대였을 것이다단 5장.

바빌로니아는 그들의 신과 여신들을 위해 많은 신전을 세웠는데 바벨론 문서에서만 40개 이상이 발견된다. 하지만 지금까지 발굴된 것은 몇 개 되지 않으며, 지하 세계의 여신인 닌막Ninmahk의 신전은 왕궁 맞은편 이쉬타르 문 안쪽에 세워져 있다. 아가데의 이쉬타르 신전과 니누르타Ninurta를 위한 산당도 찾아냈다. 바벨론에서 가장 중요한 신전은 마르둑의 신전으로 에사길라Esagila, 즉 '머리를 높이 든 자의 집'으로도 알려져 있다. 신전 터의 일부만이 발굴되었으며, 대부분은 고대 도시의 흙무덤에 깊숙이 묻혀 폐허가 된 상태다. 신전을 둘러싸고 있던 이중벽은 신성한 신의 영역을 구별하는 역할을 했다. 또 다른 신들을 위한 작은 신전과 제사장이나 신전에서 일하는 사람들을 위한 부속 건물들이 그 안에 있었다. 느부갓네살 왕은 마르둑 신전의 벽에 금과 진귀한 보석을 박아 장식했음을 자랑했다. 헤로도투스에 의하면 비록 보지는 못했지만 신전 안에는 금으로 된 입상과 좌상의 마르둑 신상 두 개가 있었다고 한다.

그러나 바벨론에서 최고로 인상적인 건축물은 에테메 난키Eteme-nanki, '하늘과 땅의 기초가 되는 건물'이라고 알려진 지구랏이다. 지구랏 혹은 '신들의 탑'이라고 알려진 이것은 아주 먼 3000년 전의 메소포타미아 모습이었다. 지구랏은 에사길라 북쪽에 크고 신성한 구역 안에 세워져 있었다. 그러나 태양에 말려서 구운 흙 벽돌로 지어진 건물은 지금까지 남아 있지 않기 때문에 학자들은 역사상 최고의 건물을 복원하기 위해 주로 고대의 기록들에 의존해야만 했다. 한 변의 길이가 90m가 넘는 정방형의 기초 위에 세워진 지구랏은 6층으로 구성되었으며, 위로 올라갈수록 좁아지는 형태였다. 또 각 층은 서로 다른 색으로 단장되었는지도 모른다.

마르둑 신전은 지구랏 꼭대기에 있었다. 적어도 계단 중 하나가 신전으로 가는 계단

어느 화가가 그린 BC 6세기경의 바벨론 모습시카고 대학의 허락을 받고 게재함.

이었을 것이다. 전체 높이는 90m 정도 된다. 지구랏 주변의 부속 건물에는 사제들의 생활 공간과 서고, 제식을 관장하던 행정실이 있었다. 고대 불가사의 중 하나인 바벨론의 유명한 '하늘 정원'Hanging Gardens은 현재 남아 있지 않다.

이처럼 고대 바벨론 지역에서 발견된 인상적인 유물들은 나보폴라사르와 그의 계승자들이 누린 풍요와 권세를 말해 주고 있다. 하지만 BC 539년 고레스가 바벨론을 차지한 다음부터 바벨론은 오랫동안 쇠퇴기에 접어들게 되었다. 크세르크세스Xerzes는 바벨론이 반역을 일으키자 그 대가로 BC 482년 지구랏을 부수고 마르둑 대신상을 파괴했다. 나중에 알렉산더 대왕은 에사길라* 를 재건하려고 했으나, 그의 갑작스런 죽음으로 중단되었다. 톨레미 왕조Ptolemies의 통치 하에서 바벨론은 여전히 종교적인 중심지 기능을 담당했으나 경제적으로는 많이 쇠퇴해 있었다. 신약의 저자들은 바벨론이라는 명칭을 하나님의 왕국에 대항하는 세력을 가리키는 상징으로 사용하고 있다계 14:8. 초기 기독교 시대의 바벨론 지역은 버려진 상태였다.

---

* 에사길라(Esagila / 지명) 고대 바벨론의 수호신이던 마르둑의 사원으로 에테메난키라고 하는 거대한 매장 유구인 지구랏의 남쪽에 위치했다. 그 규모는 가장 긴 부분이 200m였고, 복잡하게 배치된 많은 방으로 둘러싸인 세 개의 넓은 정원이 있었다.

포로기 선지자_{예언자}들과 유다의 귀환

바빌로니아 유배로 인한 영적 위기와 이후에 있은 귀환 사건은 이스라엘 신앙의 핵심에 이의를 제기하게 만들었다. 여러 가지 어려운 질문이 제기되기 시작했고 유대 사람들은 이에 대한 답을 구하기 시작했다. 하나님은 왜 이스라엘 백성을 바빌로니아로 끌고 가셨는가? 하나님은 이스라엘 백성과 의절하셨는가? 하나님과 이스라엘 백성 사이의 언약은 파기되었는가? 유대 사람들은 자신의 고향으로 돌아갈 수 있는가? 만일 돌아간다면 그들이 바랄 것은 무엇인가? 이런 질문들에 답하고 포로민들을 격려하며 유다로 돌아온 귀향민들을 지도하는 것이 BC 6세기와 BC 5세기에 활동한 포로기 선지자들의 사명이었다.

에스겔

에스겔'하나님이 강하게 하신다'라는 뜻은 부시의 아들이며 사독 제사장 가문의 사람이었다. 예루살렘에서 살던 에스겔은 BC 586년 느부갓네살에 의해 예루살렘이 멸망하기 전에 그의 아내가 죽었고, BC 597년 바빌로니아로 잡혀갔다 왕하 24:8-17. 그는 델 아비브에서 포로들과 함께 살았다 겔 3:15. 그곳은 바벨론 그발 강 근처에 살던 유대 포로의 정착지 중 하나였다 겔 1:1.

에스겔은 여호야긴이 끌려간 지 다섯 해 되는 때 BC 593년에 포로들을 향한 선지자적 사명을 받았으며, 적어도 20년 이상 하나님의 메시지를 선포했다 겔 40:1. 심판과 소망에 관한 에스겔의 메시지는 주로 포로들을 향한 선포였지만 BC 586년까지 예루살렘에 거주하던 유대 사람들에게도 전달되었다. 이스라엘의 파수꾼으로서 겔 3:17, 참조 33장 에스겔은 나라 전체에 만연한 죄로 인해 하나님의 즉각적인 심판이 예루살렘에 임박했음을 경고했다. 에스겔은 자신의 메시지를 전달하기 위해 이상한 상징적 행위나 환상적 경험을 사용했다 겔 1-24장. 그는 토판을 이용해 예루살렘의 포위를 흉내 냈으며, 눕는 행위로 유다와 이스라엘의 죄와 벌에 관한 특정한 날 수를 상징적으로 나타내기도 했다 겔 4:1-8. 특히 예루살렘 멸망의 막바지 시기인 시드기야 왕 때는 예루살렘 거민들에게 곧 임할 심판에 대한 상징으로 포로의 행장을 메고 성벽을 뚫고 나가는 행동을 보이기도 했다 겔 12장. 생생하면서도 강력한 일련의 환상들 속에서, 에스겔은 이스라엘의 죄로 인해 더럽혀진 성전으로부터 하나님의 영광이 떠나는 것을 목격했다 겔 8-11장. 이처럼 에스겔은 여러 행위들을 통해 하나님이 성전에서 떠나시고, 범죄한 백성들을 바빌론의 손에 넘기셨다는 핵심적 메시지를 전달했다. 에스겔 25-32장은 유다를 둘러싼 나라들을 향한 예언을 하고 있는데, 특히 이집트와 두로의 부유한 페니키아 도시들에게 강한 경고의 메시지를 선포하고 있다.

예루살렘 멸망 후 하나님은 이스라엘 백성에게 소망의 메시지를 전하고 앞으로 있을 포로 귀환을 알리기 위해 에스겔을 사용하셨다. 하나님을 그의 양떼를 회복시키시는 선한 목자로 비유하는 에스겔의 묘사 겔 34:11-31는 그리스도를 선한 목자로 나타내는 신약의 비유를 예시하는 것이었다 요 10장. 하나님의 명령으로 뼈가 살아나 골짜기를 메우는 에스겔의 유명한 환상 겔 37장은 흩어진 유대 사람들을 향해 회복을 약속하는 메시지였다. 에스겔은 하나님이 순결하게 된 남은 자들 가운데 다시 거하시는 새날을 예언했다. "내 처소가 그들과 함께 있을 것이다. 나는 그들의 하나님이 되고 그들은 내 백성이 될 것이다" 겔 37:27. 에스겔은 사막에 생명을 불어넣는 강과 같은 축복을 함과 동시에 새로운 성전에 대한 일련의 환상들을 통해 소망을 가질 것을 당부했다 겔 40-48장.

학개와 스가랴

학개와 스가랴는 페르시아의 다리오 1세* 집권 2년째 되는 해인 BC 520년에 예루살렘에서 메시지를 선포했다 학 1:1; 슥 1:1. 다리오는 BC 522년에 캄비세스 Cambyses가 죽

고 난 소란스러운 때에 페르시아 왕이 되었다. 학개와 스가랴 선지자는 유대 사람들에게 예루살렘 성전의 재건을 촉구했다. 고레스의 칙령 BC 538년이 있은 후 유대 사람들이 고국에 돌아왔을 때 예루살렘은 황폐해 있었다. 처음에는 세스바살 BC 537년경과 스룹바벨의 지도 아래 성전을 재건하기 위해 노력했으나, 공사는 BC 520년까지도 마쳐지지 못했다 스 5:16. 학개와 스가랴는 백성들에게 하나님을 향한 서원의 표징으로서 공사를 속히 마무리할 것을 촉구했다. 당시 유다의 통치자는 스룹바벨이었으며, 대제사장은 여호사닥의 아들 여호수아가 맡고 있었다.

'축제', '절기'라는 뜻의 히브리어에서 이름이 유래한 학개는 아마도 BC 586년에 예루살렘이 멸망한 직후 그 지역에 계속 남아 있던 유대 사람 중 한 사람인 것으로 보인다. 만일 그렇다면 그는 누구보다 더 솔로몬 성전의 찬란했던 날들을 기억하고 있었을 것이다 학 2:2 참조. 학개는 석달 이상을 예언했는데 BC 520년 8월에서 11월까지 스가랴의 사역과 겹치기도 한다 슥 5:1. 학개는 돌아온 포로들이 성전을 재건하는 것은 등한시하면서 자신들을 위한 거주지를 짓는 데만 열을 올린다고 책망했다 학 1:1-15. 그는 두 번째 성전이 외형적으로 보기에 이전 성전보다는 못하지만 영광은 더 클 것이라고 사람들을 독려했고 2:19, 나라가 번영할 시기에 대해서도 예언했다 학 2:10-19.

스가랴'여호와께서 기억하신다'는 뜻의 이 이름은 구약시대 당시에 매우 흔한 이름이었다는 제사장 가문 출신의 사람이었다. 스가랴 1장 1절에 나오는 잇도는 바벨론에서 스룹바벨과 함께 돌아온 잇도와 동일 인물로 추정된다 느 12:4, 16. 스가랴의 사역은 BC 520년에 시작해 적어도 2년 이상 계속되었으며 슥 1:1; 7:1, 학개와 마찬가지로 성전 재건 사역을 촉구했다 슥 1:16; 4:9; 6:12-15. 그리고 성전은 BC 515년에 마침내 재건되었다 스 6:16-22; 참조, 5:1-5. 스가랴는 평화와 축복의 땅에서 백성들이 하나님으로부터 자신들의 죄를 용서받고 회복될 것을 예표하는 밤의 환상을 여러 번 받았다 슥 1-8장. 그는 여호사닥의 아들 대제사장 여호수아가 영화로운 미래를 위한 하나님의 특별한 도구로 쓰임 받을 것이라고 여겼다 슥 6:9-12. 하나님의 뜻을 거스르는 열국들에 대한 하나님의 궁극적인 승리를 강조하면서 스가랴는 하나님의 천하 통치에 대해서 기록했다 슥 12-14장.

말라기

말라기'나의 사자'라는 뜻는 당시의 기록을 남긴 마지막 선지자였다. 그는 새로운 성전을 봉헌한 때부터 BC 515년 에스라의 귀환 BC 458년이 있기까지 유다 땅에 살던 백성들에게 하나님의 예언을 선포했다. 말라기가 활동하던 당시는 영적으로 매우 무기력했고, 이방 사람들과 혼인해 이방 문화에 동화될 우려가 높았던 때였다. 학개와 스가랴가 예언한 이스라엘의 밝은 미래가 예상대로 오지 않자 백성은 하나님께 경배드리는 것에 소홀하고 영적 사역들에 대해 등한시하기 시작했다 말 1:6-8; 3:8-15.

말라기는 이혼과 이방 여자와의 혼인 말 2:10-16, 가난한 자들에 대한 착취 말 3:5, 하나님에 대한 십일조의 거부로 인한 배은망덕 말 3:6-12 등 여섯 가지 논쟁거리들을 열거하면서 이스라엘 백성의 사회적, 종교적 죄에 대해서 책망했다. 말라기는 신실하지 못한 백성들에게는 심판이, 하나님을 두려워하며 그의 언약을 신실하게 지키는 자들에게는 구원이 있을 것이라고 예언했다. 말라기는 심판과 구원의 새날이 임하기 전에 있을 약속된 엘리야에 대한 예언으로 끝을 맺고 있다 말 4:4-6.

---

*다리오 1세(Darius Ⅰ/인명) 선지자 학개와 스가랴가 활동하던 시대에 '다리오 왕'에 해당하는 인물로, 히스타스페스의 아들이다. 캄비세스를 계승하여 왕이 된 그는 BC 521-486년에 통치했다. 역사적 자료에 의하면 그는 운하를 파고 도로를 정비하는 등 산업을 증진시켰다. 고레스 왕의 종교 정책을 그대로 이어받아 여러 민족에게 종교의 자유를 인정했다.

The Persian Period

| 페르시아 시대 |

BC 600년에서 BC 500년 동안은 근동 지방의 격변기였다. 세기 초반에는 4대 세력이 근동 지방에서 각각 전략적으로 중요한 위치를 차지하고 있었다. 신바빌로니아 제국은 메소포타미아와 레반트 지중해 동부 지역까지 영토를 확장해 갔다. 아마시스 Amasis, BC 570~526년가 통치하던 이집트도 번성을 거듭했지만 레반트 남부를 노리는 바빌로니아의 위협을 꺾지는 못했다. 아마시스는 나일 삼각주 지역에 머물고 있던 그리스 무역 상인들과 경제적 · 군사적 협력을 구축해 나갔다. 메대 Medes는 메소포타미아 북부 지역을 그들의 영토로 차지해서, 엑바타나 Ecbatana를 수도로 삼아 제국을 통치했다. 메대 왕은 서쪽으로 진출해 중앙 아나톨리아 고원 오늘날의 터키까지 장악하게 되었다. 메대 제국의 서쪽 경계에는 사데 Sardis를 수도로 삼고 있던 리디아 Lydia 왕국이 자리 잡고 있었다. 리디아 왕 기게스 Gyges와 크로이소스 Croesus는 팍톨루스 강 Pactolus River에서 채취한 금을 이용해 리디아를 강국으로 성장시켰다. 하지만 수십 년이 지난 후에 이 네 세력은 페르시아라는 새로운 세력에 정복당하고 만다. 이 같은 주변 정세의 변화에 따라 유대 사람은 포로 생활의 종식과 국가 재건이라는 또 다른 기회를 노릴 수 있었다.

페르시아의 발흥

페르시아 사람들은 페르시아 만Persian Gulf 내륙에 위치한 이란의 남서부 지방으로 이주했다BC 900년 이후. BC 700년경 아케메네스Achaemenes 왕조가 안샨Anshan* 지방을 정복하면서 아케메네스는 페르시아 왕조를 지칭하는 말이 되었다. 고레스 2세Cyrus II, 'The Great'는 캄비세스 1세Cambyses I와 메대 왕 아스티아게스Astyages의 딸 만다네Mandane 사이에서 태어났다. 즉 고레스는 페르시아와 메대의 두 왕실이 결합해 탄생한 사람이었다.

| 대왕 고레스 | '기름 부은 자'로 불리다

고레스는 안샨Anshan의 왕으로서 자신의 세력을 빠르게 성장시켜 나갔다. 그는 BC 550년 메대 왕 아스티아게스Astyages를 폐위시키고 수도인 엑바타나를 점령했

다. 고레스는 메대 세력을 제압한 것을 기념하기 위해 파사르가다에Pasargadae**에 자신의 수도를 건설했다. 이후 고레스의 진군 방향은 리디아 왕 크로이소스Croesus에게로 향했고 BC 546년 수도인 사데Sardis를 점령함으로써 최후의 승리를 거두었다. 그리고 소아시아의 서쪽 지역인 이오니아Ionian 지방의 그리스 도시들도 페르시아의 수중에 들어가게 되었다. 고레스의 이오니아 정복으로 그리스와 페르시아 두 세력 간의 대립이 시작되었다.

* 안샨(Anshan / 지명)
지금의 이란 남서부 시라즈 시 북쪽 지방에 있던 고대 왕국 엘람의 도시다. BC 13~12세기의 전성기에는 '안산과 수사의 왕들'로 알려진 엘람 왕국의 지배자들이 바빌로니아의 여러 도시들을 주기적으로 습격했다.

** 파사르가다에(Pasargadae / 지명)
고대 페르시아 아케메네스 제국의 첫 번째 수도다. 오늘날 이란 남서부에 있는 페르세폴리스 북동쪽에 있었다. 페르시아의 파사르가다에 족속에서 유래된 이름이다.

페르시아 왕	통치 연도(BC)	성경의 언급	사건과 업적
고레스 2세 Cyrus II	559~530	유대 백성이 귀환하는 것을 허락함. 예루살렘 성전의 재건을 후원함 스 1:1-4; 6:3-5. 이사야 45장 1절에서 '기름 부음 받은 자'라고 언급됨	BC 559년 안샨 Anshan 왕이었던 고레스 2세는 메대 왕국 Media, BC 550년과 리디아 왕국 Lydian, BC 546년을 점령한 후 BC 539년 바벨론을 점령함
캄비세스 2세 Cambyses II	530~522	없음	고레스 대제의 아들로 BC 525년에 이집트를 정복함. BC 522년 갑작스런 그의 죽음 자살?으로 인해 왕권을 둘러싼 내전이 2년 동안 일어남
다리오 1세 Darius I, Hystaspes	522~486	학개, 스가랴 선지자가 다리오 1세 통치 2년에 설교를 하기 시작함 BC 520년. 성전을 재건하고 BC 515년에 봉헌을 함 스 6:13-15 참고	정통 왕실 가문의 출신은 아니지만 캄비세스의 죽음으로 생긴 혼란을 평정하고 왕위에 오름. 페르시아 제국을 관할구로 구분해 통치했으며, 왕궁 우편 제도를 실시하고, 페르세폴리스를 건설하기 시작했음. BC 490년 그리스를 침공하지만 마라톤 전쟁에서 패함. 이집트에서 반란이 일어남
크세르크세스 1세 Xerxes I	486~465	에스더서에 나오는 아하수에로로 추정됨	다리오 1세의 아들로서 페르세폴리스 건설 작업을 이어 감. 통치 초기에 이집트와 바벨론 등에서 일어난 반란을 진압함. 그리스를 공격해 아테네 지역을 약탈하는 데 성공하지만 BC 480년 이후 해상 살라미 Salamis, BC 480년과 육지 플라타이아 Plataea와 미칼레 Mycale, BC 479년에서 패배함. BC 465년 궁정 쿠데타로 최후를 맞음
아닥사스다 1세 Artaxerxes I, Longimanus	465~425	느헤미야는 아닥사스다 왕의 술 관원장이었음 BC 444년, 느 2:1; 13:6 비교. 일반적으로 아닥사스다 통치 7년에 에스라에게 사명이 주어진 것으로 봄 BC 458년, 스 7:7 참고	이집트의 반란을 겪음. 페르세폴리스의 주요 건물들을 완공했으며, 그리스와 평화 조약을 맺음 칼리아스 평화조약, BC 449년. 자연사 自然死 함
크세르크세스 2세 Xerxes II	423	없음	채 2개월도 다스리지 못함
다리오 2세 Darius II, Nothus	423~404	없음. 이집트의 유대 사람들이 자신들의 신전을 세우는 데 사마리아와 예루살렘에 도움을 요청함 BC 407년경	BC 431~404년 펠로폰네소스 전쟁을 통해 소아시아에 있던 여러 그리스 도시를 재탈환하는 데 성공함
아닥사스다 2세 Artaxerxes II, Mnemon	404~359 358	학자에 따라 에스라의 임무가 아닥사스다 2세 통치 제 7년에 주어진 것으로 간주함 BC 398년경	BC 366~360년에 총독들이 반란을 일으킴. 이집트는 이때 페르시아 제국으로부터 자유를 얻었음
아닥사스다 3세 Artaxerxes III, Ochus	359 358~338 337	없음	BC 359년 마케도니아의 빌립 2세가 권력을 신장해 나감. BC 356년 알렉산더 대왕이 태어남. BC 342년 페르시아가 이집트를 다시 차지함
아르세 Arses	338 337~336	없음	알려진 것이 없음
다리오 3세 Darius III, Codomannus	336~330	알렉산더가 지중해 동부 지역을 정복함. 두로와 가사가 BC 332년에 함락되고, 이집트는 BC 332년 알렉산더에게 점령당함	BC 336년 마케도니아의 빌립이 암살을 당함. BC 334년 알렉산더 대왕이 페르시아 제국을 침공함. BC 333년에는 이수스 Issus에서, BC 331년에는 가우가멜라 Gaugamela에서 알렉산더 대왕에게 패함. BC 330년 다리오 3세 사망

바빌로니아의 멸망 | 내부의 갈등으로 침몰하다

동부 지역에서 고레스 왕의 세력이 확대됨에 따라 바빌로니아의 고립은 심화되었고 나라의 기반마저 흔들리기 시작했다. 바빌로니아의 마지막 왕 나보니두스 Nabonidus는 아라비아의 오아시스 데마에서 거주하며 10년 동안이나 바벨론 도성을 비워 두었다. 그는 자신을 대신해 아들 벨사살을 섭정 왕으로 세우고, 바벨론의 승리를 기원하는 신년 축제에조차 참석하지 않음으로써 내적 위기를 불러왔다. 그의 부재는 바빌로니아 백성들을 불안하게 했고, 당시에 강력한 영향력을 행사하던 마르둑 Marduk 제사장들의 심기를 불편하게 했다. 고레스가 대상로를 선점하면서 시장이 축소되고 상품의 수량이 줄어들자 이로 인해 나보니두스와 백성들 사이의 갈등이 고조되었다.

바빌로니아 제국의 멸망은 예상보다 더 빨리 찾아왔다. 바빌로니아에 등을 돌린 자들의 도움을 받아 페르시아 군대는 티그리스 강 유역 오피스 Opis*에 주둔해 있던 바벨론 군대를 물리쳤다. 나보니두스가 급하게 군대를 소집했지만 바빌로니아의 멸망은 이미 임박한 사실이었다. BC 539년 10월 말경 고레스는 바벨론에 입성하게 되는데 고레스는 자신을 바벨론에 억류되어 있던 백성들의 해방자로 묘사했다. 마르둑 Marduk

고레스 원통 비문. 이 비문에는 고레스를 바벨론의 구원자로 묘사하고 있다. 고레스는 추방당한 민족들을 고국으로 돌려보내고 바빌로니아 통치 하에서 무시되었던 신전들을 재건하도록 허락했다.

위 | 페르시아 왕궁의 피난처였던 페르세폴리스. 다리오 1세와 크세르크세스 1세에 의해 건설되었다.
아래 | 페르시아 왕 다리오 1세가 왕좌에 앉아 있다.

신전의 폐허에서 발견된 유명한 '고레스 원통 비문' Cyrus Cylinder 에는 당시 고레스가 백성들을 관대하게 대하고, 도시를 재건했으며, 고대 신전들을 복구했다는 업적 등이 기록되어 있다. 이는 질서의 '회복자'로서 흩어진 백성을 귀환시키는 정복자의 전형적인 방법 중 하나였다.

고레스 왕은 BC 530년 페르시아 제국의 북동 지역에서 전사했다. 그를 계승해 왕위에 등극한 캄비세스 2세 Cambyses II 는 8년 동안 나라를 통치했다. 캄비세스의 가장 두드러진 업적은 BC 525년에 이집트를 정복한 것이다. 하지만 그가 정복한 이집트는 자주 페르시아에 반역하고 그리스와 동맹을 맺는 등 가장 성가신 속국이었다. BC 522년에 캄비세스가 의문사를 당하자 페르시아는 왕위 계승을 놓고 이 년간 혼란에 휩싸이게 되었다. 이윽고 BC 520년 다리오 1세 Darius I 가 모든 소요를 평정하고 왕위에 올랐다. '베히스툰의 비문' Behistun Stone 에는 그의 왕위 정통성을 주장하는 사실이 기록되어 있다.

다리오 1세 | 탁월한 행정 능력을 발휘하다

다리오 1세 Darius I, BC 522~486년 는 페르시아의 모든 통치자 중에서 가장 뛰어난 행정 능력을 발휘한 왕이었다. 그는 제국을 커다란 20개의 관할 구역으로 구분하고, 각 지역마다 총독을 세워 다스리게 했다. 또 왕궁 우편 제도를 실시하고, 수사 Susa 와 사데 Sardis 를 잇는 왕도 王道 를 건설했으며, 홍해까지 무역을 확장하고, 새로운 왕조의 수도로 페르세폴리스 Persepolis 를 건설하는 작업에 착수했다. 한편 아테네와 스파르타의 영향을 받은 이오니아에서 반란이 일어나자, 이에 대한 보복으로 그리스 본토를 침략할 목적으로 군대를 파병했다 BC 499년. 그러나 BC 490년 마라톤 광야에서 그리스 군에 가로막혀 곤경에 빠지게 되었고 다리오는 결국 후퇴할 수밖에 없었다. BC 486년 그가 죽자 이집트를 포함한 여러 주 州 에서 반란이 일어났다.

아버지에 이어 왕위에 오른 크세르크세스 1세Xerxes I, BC 486~465년는 즉위 초부터 그리스와의 갈등을 비롯해 여러 반란으로 인한 문제를 해결해야 했다. 그는 BC 480년 살라미Salamis 해전에서 그리스 연합군에 의해 페르시아 군이 괴멸됨으로 패전의 고통을 겪어야 했다.

성경 연구가들에게 크세르크세스는 에스더기에 나오는 아하수에로라는 이름으로 더 잘 알려져 있다. 그는 바벨론과 이집트의 반란을 진압하는 데는 성공했지만 그의 아버지에 비해 행정 능력이 부족하고 이룬 업적도 미미했다. 크세르크세스는 BC 482년에 바벨론을 약탈했다. 다리오 1세에 의해 시작된 페르세폴리스 건설을 이어 가던 중 BC 465년 궁정 쿠데타로 살해당했다.

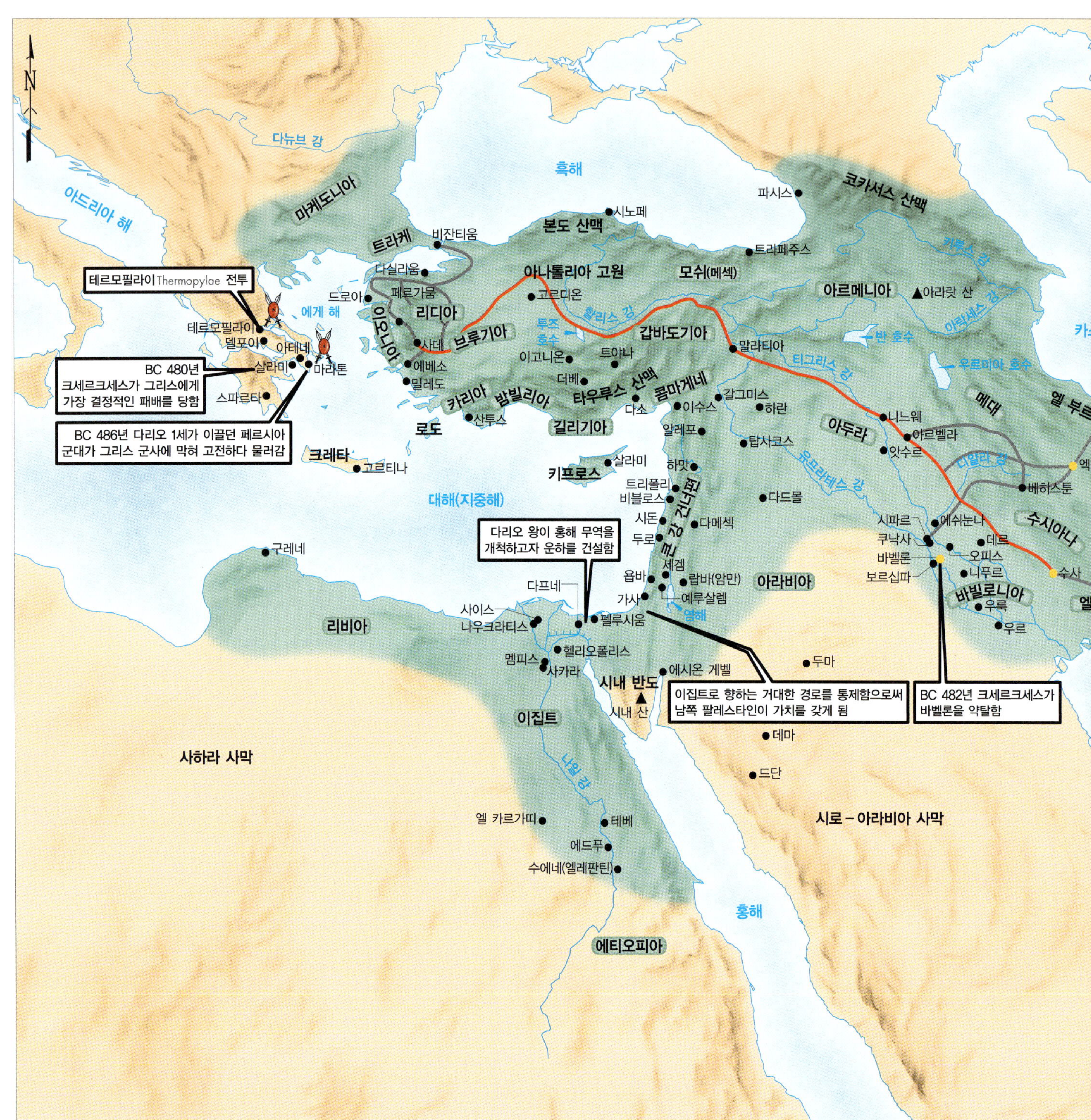

|아닥사스다 1세| 그리스와 이집트를 견제하다

BC 465년 아버지 크세르크세스를 이어 왕위에 오른 아닥사스다 1세 Artaxerxes I, BC 465~425년는 왕위에 오르자마자 아테네Athens와 이집트가 가하는 심각한 위협에 직면했다. 그리스와 페르시아의 세력 범위를 한정하는 칼리아스 평화 조약 The Peace of Callias, BC 449년*을 맺음으로써 그리스와의 전쟁을 종식했다.

아닥사스다 왕은 특별히 이집트에 관심을 집중했다. 페

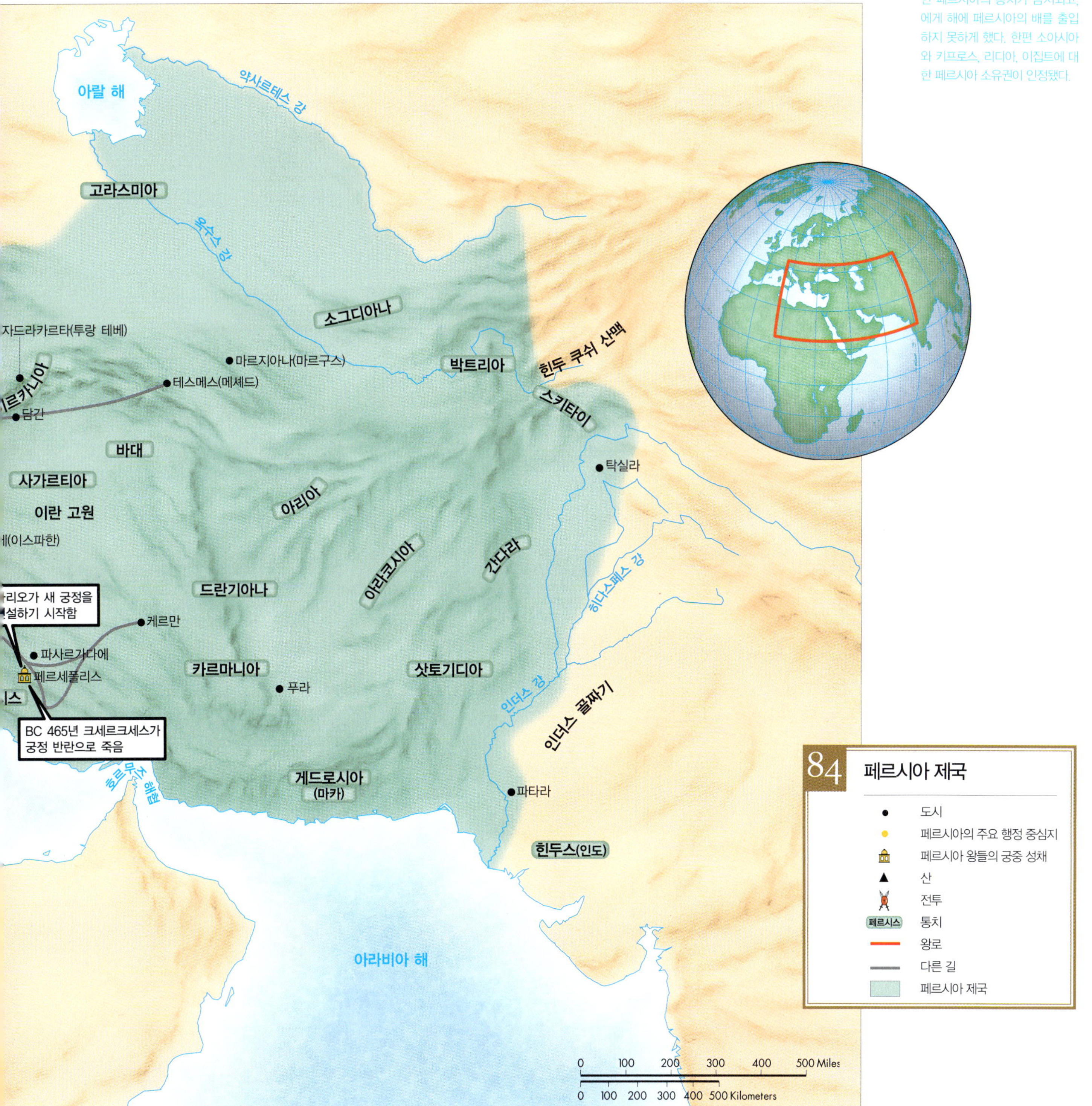

르시아 왕으로부터 부여 받은 느헤미야의 임무는 팔레스타인 남부 지역의 전략적 가치를 보고하고 이집트로 통하는 주요 통로를 확보하는 일이었던 것 같다. 아닥사스다는 이집트와 전쟁을 할 때에 유대 사람의 협력이 필요했다.

에스라 7장 7절에 등장하는 아닥사스다 왕이 아닥사스다 2세BC 404-358년를 가리키는 것이 아니라면 BC 425년 아닥사스다 1세의 죽음은 성경의 사건에서 등장하는 마지막 페르시아 왕의 최후였다고 할 수 있을 것이다178쪽 참조.

유다로 귀향하는 포로들

BC 539년 고레스 대왕이 바벨론을 정복하자, 유대 포로민들에게 새날이 시작되었다. 이사야는 고레스를 주의 기름 부음을 받은 자로 부르고 있는데 이는 그가 사로잡힌 유대 사람들을 조상의 땅으로 보내기 위해 선택된 하나님의 도구로 여겨졌기 때문이다사 45:1, 13.

성경은 유대 사람들에게 두 가지 특권을 허락한 고레스의 칙령BC 538년을 여러 번 언급하고 있다.

고레스가 유다에 허용한 첫 번째 특권은 유다 땅을 간절히 사모하던 유대 사람들에게 고국으로 돌아갈 수 있는 자유를 허용한 것이었다. 두 번째 특권은 고레스가 예루살렘 성전을 재건하도록 명령하고 그 재건 사업을 위해 왕실의 보화를 내어 준 것이었다대하 36:22, 23; 스 1:2-4; 6:3-5.

이 칙령은 현재 대영박물관에 소장되어 있는 '고레스 원통 비문'과 다른 왕실 문서들을 통해서 알려진 고레스 왕의 정책과 정확히 일치하고 있다. 고레스는 이전 앗시리아와 바빌로니아의 통치자들과는 사뭇 다르게 제국 내 백성들에게 자비롭고 관대한 정책을 폈다.

세스바살이 이끈 첫 번째 귀환 | 귀환은 어떻게 이루어졌나?

고레스의 칙령이 내려지고 얼마 후 BC 538년에 '유다 총독'으로 임명된 세스바살은 본향으로 돌아가기 원하

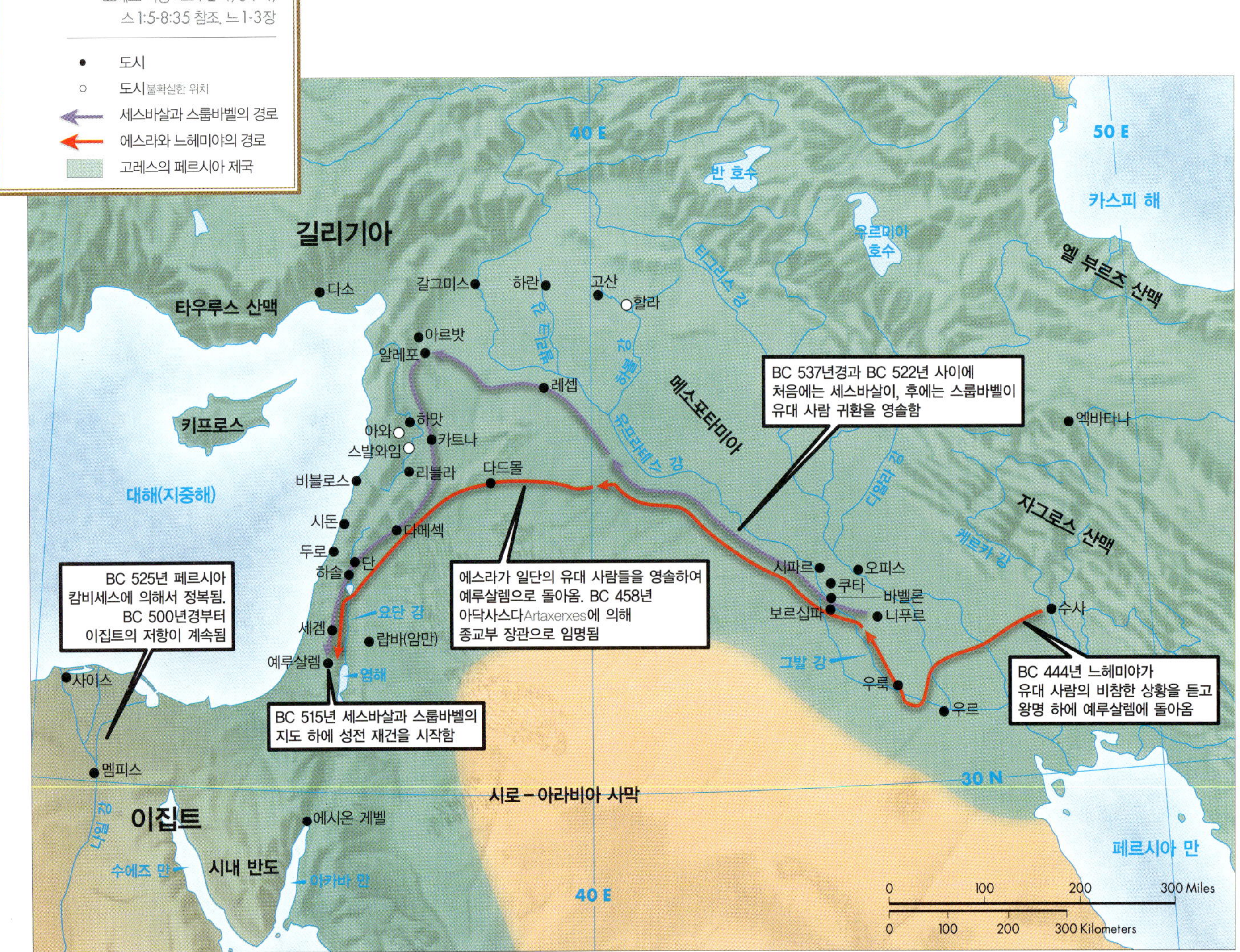

는 첫 번째 무리를 이끌고 유다로 향하는 길고 힘든 여행을 시작했다. 성경은 이들이 어떤 경로를 통해 이동했는지는 구체적으로 언급하고 있지 않다. 가장 빠른 경로는 다드몰 Tadmor, 오늘날의 팔미라 의 사막 도시를 경유하는 것인데 사막 길이 매우 위험했다. 따라서 아마도 귀환자들은 유프라테스 강을 서쪽으로 거슬러 올라가 알레포 Aleppo 쪽으로 향하는 대상로를 따르다가 유다

로 향하는 주요 도로를 따라 남하했을 것이다. 전체 여행 경로는 1,600km 이상 되는 긴 거리였다. 에스라 2장과 느헤미야 7장은 귀환자들의 수가 4만 2,360명이라고 밝히고 있다. 하지만 성경에 나온 이 귀환자의 수가 단순히 첫 번째 귀환자만을 가리키는 것인지 아니면 그 후로 이어진 여러 귀환자의 무리를 합해 기록한 것인지는 알 수 없다.

분명한 것은 잡혀갔던 유대 사람들이 모두 고향으로 돌아온 것은 아니라는 사실이다. 많은 유대 사람들이 영주민 永住民 으로서 바벨론에 남아 있었고, 유대 공

86 BC 5세기의 유다 주와 느헤미야의 대적들

느 4-6장; 13:4-9

- ● 도시
- ○ 도시 불확실한 위치
- ★ 지방 수도였음직한 곳
- ━ 주요 대상로

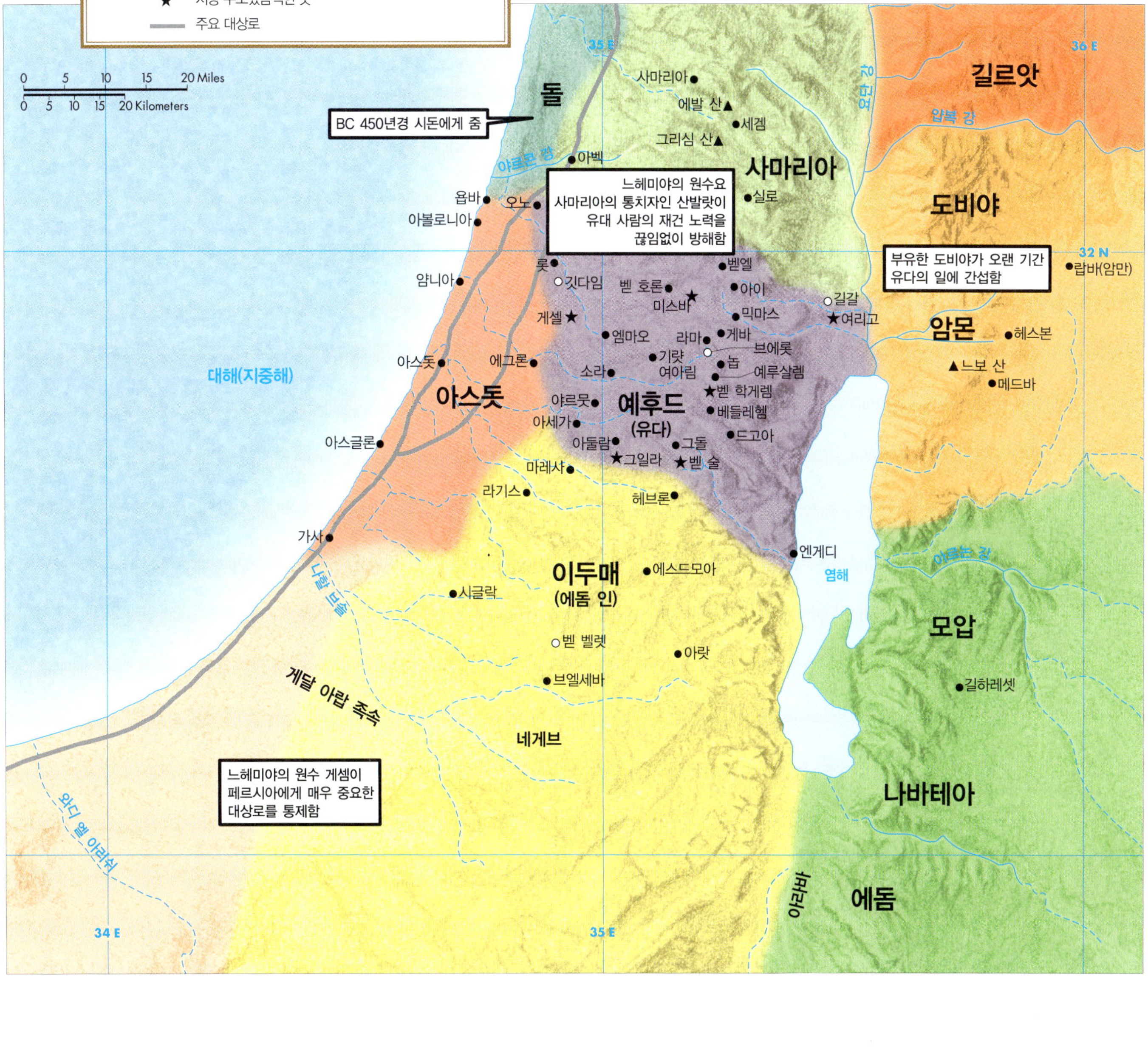

동체 사회의 중요한 핵심을 이루는 두 개의 탈무드 중의 하나가 이들에게서 탄생했다.

첫 번째 귀환에 대해서 알려진 것은 많지 않다. 세스바살은 잡혀간 유다의 왕 여호야긴의 아들로 다윗 집안의 후손이었다. 고레스는 그를 유다의 총독으로 임명하고 느부갓네살이 예루살렘 성전에서 탈취해 온 금은 그릇들을 돌려주었다스 5:13-16. 이렇게 해서 세스바살의 지도 아래 새로운 성전의 기초가 예루살렘에서 마련되었다. 하지만 이후에 성경은 세스바살에 대한 언급을 하고 있지 않아 더 이상 자세한 것은 알 수가 없다.

| 스룹바벨과 여호수아 | 성전을 재건하라

이후 성경에 등장하는 또 다른 두 명의 유대 공동체 지도자는 스룹바벨과 여호수아다. 스룹바벨은 여호야긴의 손자이자 세스바살의 조카다. 그가 예루살렘에 언제 도착했는지, 세스바살의 업무와 어떤 연관이 있는지는 학자들마다 주장하는 바가 다르다.

스룹바벨과 세스바살의 업적은 놀라울 정도로 많은 유사성을 띠고 있다. 둘 다 유다로 돌아오는 무리를 인도했으며 유다의 총독이었고 성전 재건 사업을 지휘했다.

아마도 스룹바벨은 세스바살보다 늦은 시기에 유다 땅으로 돌아왔을 것이고 성전 재건 사업이 고착 상태에 빠져 있을 때 유대 공동체의 지도권을 넘겨받았을 것이다. 성전 재건 사업은 닷드내Tattenai 총독과 같은 페르시아 관리들스 5:6과 유다 주변 지역에 있던 적들의 심각한 반대로 인해 교착 상태에 빠져 있었다스 4장.

그러나 BC 520년에 있었던 학개와 스가랴 선지자의 예언에 힘입어 스룹바벨은 성전 재건 사업을 마칠 수 있었다. 대제사장 여호수아는 스룹바벨에게 매우 귀중한 조력자였다. 이런 일들은 캄비세스 2세의 죽음으로 인한 소동과 다리오 1세의 등극이 있었던 기간 동안 일어났다. 어쩌면 유대 공동체는 페르시아의 혼란을 틈타 독립을 주장할 기회를 엿보았는지도 모른다. 아무튼 BC 515년에 유다 백성들은 새 예루살렘 성전을 봉헌했고스 6:13-18, 이 일로 인해 고국으로 돌아온 유대 사람들의 소망은 절정에 이르게 되었다167쪽 참조.

페르시아의 행정

유다는 거대한 페르시아 제국이라는 베헤못구약에 나오는 힘이 센 초식동물 – 편집자 주의 작은 주州에 불과했다. 페르시

페르시아의 행정 중심지 중 하나인 수사에서 발견된 부조. 유약을 바른 벽돌로 만들었으며, 메대 군사들이 궁정 수비대에서 복무하는 모습을 묘사하고 있다.

아 왕은 제국을 여러 관할 구역으로 나누고 총독들로 하여금 거대한 행정 구역을 이끌어 가게 했다.

팔레스타인은 '유프라테스 강 건너편'으로 알려진 다섯 번째 관할 구역의 일부였을 뿐이다. '유프라테스 강 건너편'아람어로는 '아바르 나하라' Abar nahara, 스 4:10; 히브리어로는 에베르 하 나하르 Eber-ha-nahar, 스 8:36; 느 2:7이라는 말은 BC 450년부터 유프라테스 강의 서편 지역을 가리키는 말로 사용되었다. 시리아Syria, 팔레스타인, 페니키아, 키프로스가 여기에 해당된다. 원래 고레스와 캄비세스 통치 시절에는 바벨론까지도 포함돼 있었다.

헤로도투스에 의하면 다리오 1세는 제국을 24개의 관할구로 나누었으며, '유프라테스 강 건너편' 지역과 바벨론을 분리했다고 한다. 하지만 몇몇 학자들은 제국의 마지막 분할 통치 정책이 크세르크세스아하수에로 때 실시된 것으로 보고 있다. 어쨌든 제국의 다섯 번째 관할구는 북쪽 포세이디움Poseidium에서부터 남쪽 시내 반도에 이르는 넓은 지역이었다.

페르시아는 총독이 다스리는 관할구 아래에 지방장관들이 다스리는 주州, Province로 세분화하여 행정 정책을 펼쳐 나갔다. 뿐만 아니라 주 아래에는 자치구District 혹은 반半자치구Half-district로 더 세분화했고 각 자치구마다 책임자를 선임했다느 3:9, 14, 15 참조.

한편 페르시아는 이전에 앗시리아와 바빌로니아에 의해 실시된 행정 구역을 그대로 존속시키기도 했다. 예를 들면 앗시리아가 주州를 나눌 때 이스라엘에 종속된 지역인 므깃도, 돌, 사마리아, 가르나임, 길르앗 등은 페르시아 시대에까지 고스란히 이어졌다.

| 유다와 사마리아 그리고 그 이웃들 | 예루살렘 재건을 두려워하다

사마리아는 유다 민족에게는 매우 골치 아픈 지역 중 하나였다. 느헤미야의 대적이었던 산발랏과 같은 사마리아의 지도자가 유대 사람들의 나라 재건을 끊임없이 방해했기 때문이었다. 아마도 사마리아 당국은 그들의 남쪽에 있는 유다 지역이 완전히 회복되는 것을 두려워했던 것 같다.

아스돗소렉 강 남쪽 해안 평원에서 그랄과 쉐펠라(대상 27:28)에 이르는 지역까지 포함하여과 이두매는 바빌로니아의 통치를 받는 주州가 되었다.

페르시아는 바다를 통해 도시로 접근할 수 있는 두로와 시돈을 팔레스타인 해안가에 있던 페니키아에 편입시켰다. 이두매는 유다 산지의 남쪽 지역까지 그 영역을 확장했다. 이두매 사람은 주로 아라비아의 침투로 인해 선조 때부터 살던 염해의 남동쪽을 버리고 유다 남부로 이주해 온 에돔 사람들이었다. 이두매 사람들은 나중에 강력한 헤롯 왕조 시대에 성경 역사에서 중요한 역할을 담당하게 된다.

요단 동쪽 지역트랜스요르단의 행정 구조에 대해서는 알려진 것이 많지 않다. 암몬은 유대 사람들의 주요 거주 지역은 아니었다. 암몬 족속 중 유력한 가문 출신의 도비야는 느헤미야의 원수 중 한 사람으로 그 지역에서 매우 영향력 있는 지도자였다느 2:19; 4:3. 도비야 가문은 수세기 동안 유다 민족의 일을 방해했는데, 아라크 엘 아미르'Araq el-Amir*에 있는 아름다운 궁전은 그들이 얼마나 부유했는지를 알려 준다. 모압은 아라비아 세력으로부터 어려움을 당했지만 아라비아의 침략에 붕괴되었던 에돔 족속과는 다르게 구별된 정체성을 유지하고 있었다.

느헤미야 당시 유대 사람들은 암몬과 모압 족속의 여성 가운데서 아내를 많이 취했다느 13:23. 남쪽으로는 게달 아랍 족속Kedarite Arabs의 아라비아 사람들이 에돔과 시내 반도 지역을 관장했다. 느헤미야의 또 다른 대적은 아라비아 사람 게셈이었다. 게셈은 페르시아 제국에 많은 유익을 안겨다 준 주요 대상로를 관장하던 강력한 지도자였다느 6:1.

| 예후드의 경계 | 유다 지역 경계, 어디까지였나?

유다는 수도였던 예루살렘의 산간 지역에 제한되어 있었다. 이 지역 안에서 만들어진 인장과 동전에는 예후드Yehud라는 공식 명칭이 사용되었다.

발굴 유적을 통해 당시 유다 지역의 경계가 어디까지였는지를 대략적이나마 알 수 있다. 북쪽으로는 미스바를 포함한 베냐민 지파의 영토, 남쪽으로는 벧 술, 동쪽으로는 여리고와 엔게디를 포함하고 있고, 서쪽으로는 게

유다는 거대한 페르시아 제국이라는 베헤못의 작은 주에 불과했다. 페르시아 왕은 제국을 여러 관할 구역으로 나누고 총독들로 하여금 거대한 행정 구역을 이끌어 가게 했다. 팔레스타인은 '유프라테스 강 건너편'으로 알려진 다섯 번째 관할 구역의 일부였을 뿐이다.

느헤미야의 희생으로
예루살렘이 회복되다

느헤미야가 BC 445/444년에 예루살렘에 도착했을 때 예루살렘은 폐허나 다름없었다. 지역 관리들과 토착 세력들의 혹독한 방해와 반대에도 불구하고 예루살렘 성전은 BC 515년에 재건되었다. 하지만 예루살렘의 안전을 위해서는 먼저 느부갓네살에 의해 무너졌던 성벽을 수리해야만 했다ㄴ 1:3; 2:3. 자신들을 위협하는 위험 요소의 근절을 위해 예루살렘이 폐허인 채로 남아 있기를 원했던 지방의 사악한 관리들은 예루살렘 성을 재건하려는 시도를 필사적으로 방해했다.

느헤미야는 사마리아의 지도자 산발랏과 암몬 사람 도비야, 아라비아 사람 게셈의 격렬한 반대에 직면했다ㄴ 3:17-20; 4장. 그는 밤에 무너진 성을 돌면서 도시의 피해를 조사하고 예루살렘 성벽을 재건할 계획을 세웠다ㄴ 2:11-16. 다윗 성의 동편 기슭은 성벽과 가옥들이 완전히 무너져 회복 불능의 상태였다. 느헤미야는 축성할 곳을 여러 부분으로 나누어 각 유대 공동체에게 할당해 그곳의 지도자들이 관리 감독하도록 했다. 느헤미야 3장은 예루살렘 축성에 따른 성문과 여러 건축에 대한 수많은 언급들을 담고 있다. 하지만 불행히도 당시 지어진 것들 중 지금까지 남아 있는 것이 없어서 고고학자들은 느헤미야 당시의 예루살렘 모습을 명확하게 그려 내지 못하고 있다.

BC 586년 예루살렘 멸망 후에도 남아 있던 백성들은 다윗 성과 성전 산이 있던 동쪽 산등성이에서 살았다. 비록 히스기야 때 지어진 성벽 일부가 남아 있긴 하지만, 페르시아 제국 통치 당시에 거주민들이 예루살렘의 서쪽 산등성이 지역에 거주했다는 증거는 어디에도 없다. 다윗 성은 과거 어느 때보다 더 위축되어 거주민의 수가 매우 적었다. 당시에 동쪽 산등성이에 있던 대부분의 거주자들은 무방비 상태로 남아 있었기 때문에 느헤미야는 새로운 성벽의 대부분을 그 이전에 있던 성벽 자리 위에 건설했을 것이다.

몇몇 고고학자들은 성벽 중에 모서리 부분이 거칠게 마무리된 석회암 벽돌이 '느헤미야의 성벽'이라고 주장하지만, 다른 학자들은 그 벽이 채석 과정에서 생긴 것이라고 믿고 있다. 동쪽 비탈진 곳의 몇몇 주거지들이 재활용되기도 했지만 대부분의 건물들은 언덕 정상에 자리잡고 있었다.

느헤미야가 첫 번째 복구 작업을 52일 만에 끝마쳤다고 했는데, 이를 통해 그때까지 성벽이 어느 정도 남아 있었던 것으로 보인다. 아마도 BC 586년 이전에는 서쪽 성벽과 성전 산을 둘러싸고 있던 성전 벽이 동일했을 것이다. '골짜기 문'Vally Gate, 3:13은 티로포이온 골짜기Tyropoeon Valley 근처에 있었던 것으로 보인다. 몇몇 학자들은 이 문이 철기 시대부터 있었던 것으로 추정하기도 한다.

느헤미야 3장에 등장하는 다른 출입문들의 위치는 아직 확실하지 않다. 동쪽 수문Water Gate, ㄴ 3:26은 기혼 샘 근방에, 샘 문Fountain Gate, ㄴ 2:14; 3:15은 남동쪽 언덕 기슭에 있었다고 보는 것이 타당할 것이다. 느헤미야 3장에서 언급되고 있는 여러 개의 탑 하나넬Hananel 탑, 함메아Hundred 탑은 예루살렘에서 가장 취약한 부분인 북쪽에 세워졌음에 틀림없다.

느헤미야 당시의 예루살렘은 다윗과 솔로몬 시대의 예루살렘보다 약간 작았던 것으로 보이며 아마도 약 15만~1만 3,000m² 정도 되었을 것이다. 귀환 후 예루살렘에 거주하는 사람들이 매우 적었기 때문에 느헤미야는 도시를 활성화하고자 각 유대 사람 무리 가운데 예루살렘 거주민을 선정해야만 했다ㄴ 11:1,2; 참조. ㄴ 7:4. 예루살렘에서 발견된 도기 중에서 '예후드'라는 말이 새겨진 것은 유대 백성을 페르시아가 통치했음을 보여 주는 것이다. 그러나 느헤미야는 단순히 예루살렘 성벽을 재건하는 데 그치지 않고 예루살렘을 주州의 수도로 격상시키려고 노력했다. 예루살렘 재건 후 예전 성벽 바깥으로 서쪽과 북쪽의 경계를 좀 더 확장시키는 작업이 한 번 더 진행되었다. 이 작업은 헬레니즘과 하스몬 왕조 시대까지 서서히 전개되다가 헤롯 대왕과 그의 후계자들 시대에 가서야 완성된 모습을 갖출 수 있었다.

셀과 아세가를 포함하고 있었다.

장소의 이름과 귀환자들에 대한 정보를 담고 있는 많은 성경의 기록들스 2:21-35; ㄴ 3:2-22; 7:25-38; 11:25-35; 12:28,29은 이런 분포와 일치하고 있다. 유다 지역은 약 23억 400만 m²를 차지하고 있었다. 예루살렘은 이 지방의 수도였으며 총독이 거주하는 곳이었다.

느헤미야의 감독 아래 예루살렘 성벽을 재건했던 사람들의 명단이 기록되어 있는데, 이를 통해 유다 지역이 자치구와 반半자치구로 세분화되어 있었음을 알 수 있다. 정확히 자치구의 수가 얼마나 됐는지는 아직 논란이 되고 있다. 자치구로는 예루살렘을 포함해서 벧 술, 미스바, 벧 학게렘, 그일라 등이 언급되어 있으며 몇몇 학자들은 이 목록에 여리고와 게셀도 포함해야 한다고 주장한다.

고고학적으로 보면 페르시아 시대 당시 대부분의 유대 사람들은 본인이 원하는 대로 자기 선조들의 땅이나 근방으로 가는 것을 선택할 수 있었다.

그러나 예루살렘이 거주지로서 특별히 인기를 얻지 못하자 느헤미야는 마을별로 제비를 뽑아 예루살렘에 사람들이 거주하도록 했다ㄴ 11:1, 2. 사치 품목들은 모두 제한되었다.

당시 해변 지역을 따라 그리스와 페니키아의 영향력이 강력해짐에 따라 유다의 문화적 고립은 더욱 심화되었다. 한편 유다에 대한 페르시아의 정책이 전반적으로 매우 호의적이었기 때문에 사마리아와 같이 적대적인 이웃들은 예루살렘이 그들의 지위를 위협하지 않기를 고대했다.

| 에스라와 느헤미야의 지도를 통한 갱신 | 유대 공동체를 구해 내다

BC 500년 이후 실의와 영적 무관심이 유다 지역을 뒤덮었다. 선지자 말라기는 영적 회복을 구할 것을 강력한 하나님의 계시로 백성들에게 촉구했다.

그러나 유대 공동체는 이교 문화에 동화되어 소멸될 상황에 놓여 있었다. 하나님은 이런 상황에서 백성을 구원할 두 명의 위대한 인물을 보내셨는데 그들이 바로 에스라와 느헤미야였다. 그들의 사역은 남쪽 경계에 대한 페르시아의 관심과 맞물려 있었다.

그리스의 조력에 힘입은 이집트는 BC 488년과 아닥사스다 왕 통치기인BC 465~425년 BC 461년에 페르시아 제국에 반기를 들었다. 페르시아는 팔레스타인 해변과 쉐펠라의 여러 지역에 병참 기지들과 수비대를 건설했는데, 이집트에 대한 장악력을 유지하기 위해서였다.

이에 따라 유다 지역은 이집트를 견제하는 데 매우 중요한 전략적 요충지가 되었다. 유다를 향한 에스라와 느헤미야의 사역은 이러한 배경을 이해해야만 한다.

에스라는 아닥사스다 왕 7년에 예루살렘에 도착했다스 7:7. 전통적으로 여기서 가리키는 페르시아 왕은 아닥사스다 1세를 가리키므로 그 시기는 BC 458년이라고 할 수 있다. 그러나 다른 한편에서는 아닥사스다 2세 칠년인 BC 398년에 에스라가 느헤미야와 함께 예루살렘에 왔다고 주장하기도 한다. 하지만 여러 가지 정황에 비추어 보았을 때 첫 번째 견해가 옳다고 본다. 에스라는 유대 백성이 율법을 다시 지키도록 촉구한 "모세의 율법에 정통한 서기관"스 7:6이었다.

에스라는 유다의 포로들이 자발적으로 낸 봉헌물과 왕이 준 금과 은을 가지고 바벨론으로부터 이스라엘로 돌아왔다. 각 지방의 종교를 지원하는 페르시아의 정책에 따라 아닥사스다 왕은 에스라를 '종교 업무를 담당하는 책임자'로 임명했다. 예루살렘 주민들에게 율법을 낭독한 후에 에스라는 백성들이 자신의 죄를 회개하고 삶을 갱신할 것을 촉구했다느 8-10장.

느헤미야는 유다 총독으로 부임하기 전에 아닥사스다 1세의 술잔을 시중들었다느 2:1. 자신의 동족이 유다 지역에서 극심한 어려움에 처해 있다는 소식을 듣고 느헤미야는 페르시아 왕의 허락을 받아 수사*에서 출발해 BC 445444년에 예루살렘에 도착했다.

느헤미야가 예루살렘을 재건하려고 하자 도비야, 아라비아 사람 게셈, 사마리아의 총독 산발랏과 같은 자들이 극력하게 방해했다. 그러나 느헤미야는 신속하게 정황을 파악한 후 예루살렘 성벽을 재건하기 시작했다느 2:11-4:23.

마침내 성벽 재건 작업을 마친 후 그는 가난으로 헐벗은 백성을 위해 경제 정책에도 힘을 쏟았다. 첫째로 그는 고리대금업을 폐지시켰고 둘째로 총독의 생활을 유지하기 위해 거뒀던 무거운 세금도 폐지시켰다느 5장.

12년 후 수사로 소환되었으나 느헤미야는 유다 백성의 정체성을 심각하게 위협하는 사회적·종교적 문제를 해결하기 위해 유다 총독으로 다시 돌아왔다. 그는 이방 사람과의 혼인을 금하고, 안식일에 상업적 행위를 하는 것을 일체 금지했으며, 레위 사람의 위치를 회복시켜 직분을 감당하게 했다느 11-13장.

실제로 에스라와 느헤미야의 노력은 멸절 위기에 처한 유대 공동체를 구해 냈다. 유대 공동체의 외적·영적 번영을 위한 새로운 기초가 놓인 것이다. 하지만 이교 문화와 동화되는 위협이 완전히 사라진 것은 아니었다. 이후에 펼쳐질 그리스 통치는 유다의 정체성을 흔드는 보다 큰 위협이었다.

귀환 후 예루살렘에 거주하는 사람들이 매우 적었기 때문에 느헤미야는 도시를 활성화하고자 각 유대 사람 무리 가운데 예루살렘 거주민을 선정해야만 했다.
예루살렘에서 발견된 도기 중에서 '예후드'라는 말이 새겨진 것은 유대 백성을 페르시아가 통치했음을 보여 주는 것이다.

The Hellenistic Period

Chapter 14

헬레니즘 시대

알렉산더 대왕의 승리는 근동 지방에 새로운 역사의 장이 열리고 있음을 알리는 신호였다. 제국의 패권이 동에서 서로 옮겨지게 되는데 처음에는 그리스가, 후에는 로마가 패권을 잡았다. 세계사를 공부하는 이들은 '헬레니즘 시대Hellenistic Period'라는 말을 접하게 된다. 헬라Hellas는 '그리스'를 뜻하는 그리스어다. 헬레니즘 시대는 기독교 발전의 터전이 마련되고 유대교의 심층적 변화를 가져온 중요한 시기였다. 동방과 서방의 교

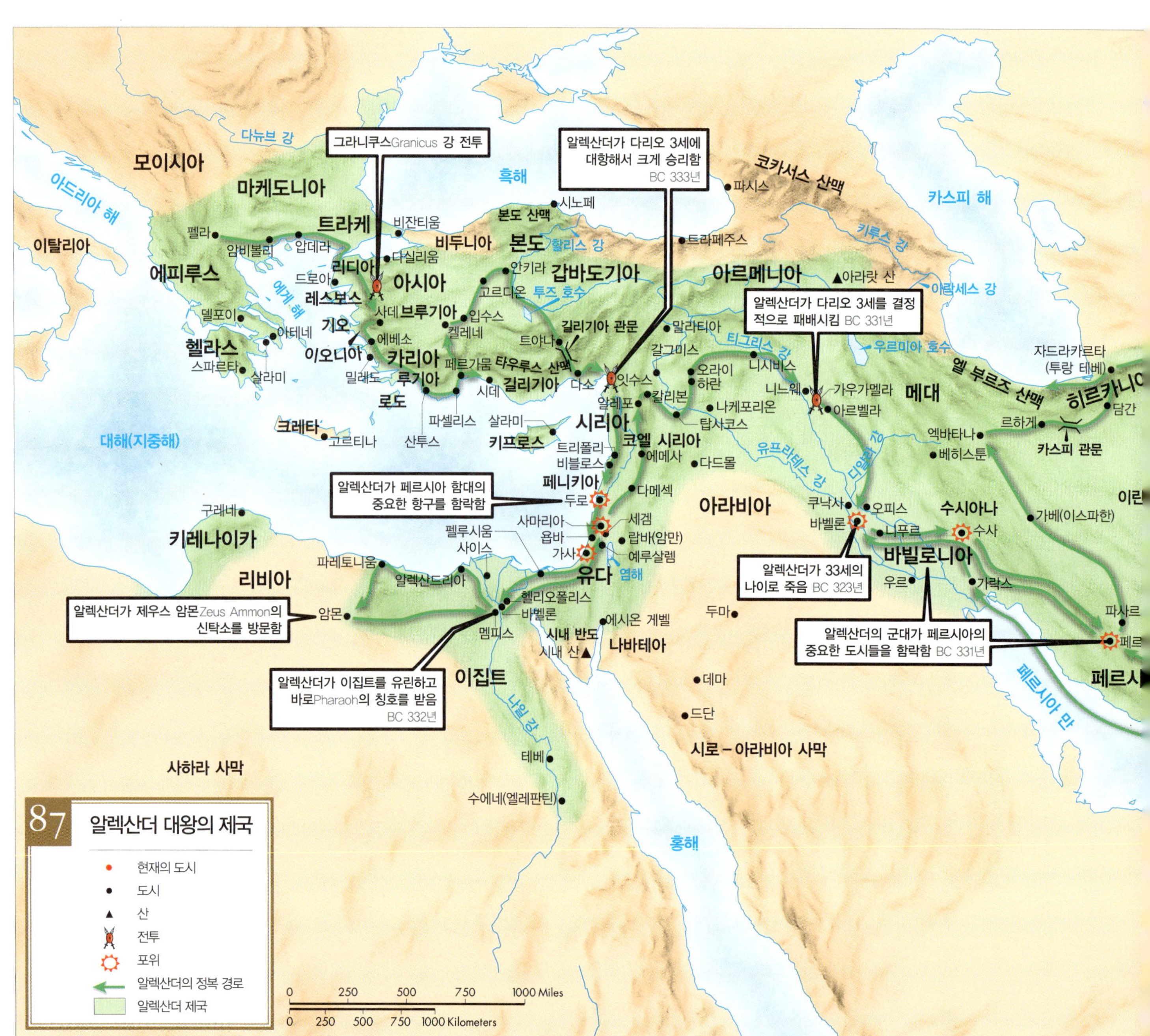

역은 여러 세기 동안 활발했다. 그리스 상인들은 이미 BC 1000년 이전에 지중해 동부 해안 지방을 드나들며 교역을 하고 있었다. 알렉산더의 군사 원정은 그리스 문화가 동방으로 더욱 확산되는 계기가 되었다. 알렉산더는 정복한 모든 나라에 그리스 사상을 바탕으로 한 통일된 문화를 이룩하고자 했다. 그리스 사상은 각 지역의 관습과 개념을 융합한 것이었는데, 이것이 동방의 문화와 결합하면서 더욱 풍부하고 다양한 문화를 만들어 냈다. 국제적 · 세계적 관점이 이전의 역사를 지배하던 지역주의를 대체했으나 팔레스타인과 근동 지방은 알렉산더의 후계자들이 경쟁적으로 벌이는 전쟁으로 고통을 당했다.

알렉산더 대왕은 세계를 하나의 문화로 통합하는 데는 성공했지만 정치적 통합은 이룩하지 못했다. 팔레스타인과 근동 지역은 알렉산더의 계승자들에 의한 질투의 전쟁을 경험했으며 알렉산더의 두 명의 장군이 제국의 동쪽을 둘로 나눠 다스렸다. 프톨레마이오스 Ptolemy 는 알렉산드리아를 중심으로 이집트를 다스렸고, 셀류코스 Seleucus * 는 바빌로니아와 시리아 지역을 다스렸다. 그들은 그리스에서 자신들을 도와줄 조력자와 지도자를 데려오기 위해 부단히 노력했다. 이렇게 해서 많은 관료와 상인, 군인 등의 서구 사람들이 동방에 몰려들기 시작했다. 그리고 그리스의 상류층들은 자신들의 관습, 언어, 사상, 도덕으로 근동 세계를 물들였다.

* 셀류코스 (Seleucus I Nicator, BC 358-281년 / 인명)
알렉산더의 뒤를 이어 셀류코스 왕조를 세운 첫 황제다. 셀류코스는 프톨레마이오스 왕조와 힘을 합하여 분열된 알렉산더 제국을 통합하고 이후 제국의 옛 영토를 지배하는 양대 세력으로 성장했다.

| 그리스 문화의 유입과 영향 | 급변하는 세계 정세

근동 지방은 헬레니즘의 영향으로 급격하게 변화되기 시작했다. 그리스의 유명한 철학자와 시인들이 즐겨 사용하던 고전 그리스어 Classical Greek 가 아닌 그리스의 일반 사람들이 사용하던 통속 그리스어 Koine Greek, BC 5~3세기에 일반적으로 사용되던 그리스어인데 신약성경 또한 이 언어로 기록되었다 가 정치, 경제, 문화에 걸쳐 사용되는 국제적인 통용어가 되었다. 그리스 왕들은 알렉산드리아 Alexandra 나 안디옥과 같은 새로운 도시들을 건설했다. 이런 도시들은 빠른 시간에 경제 · 문화의 중심지로 성장했다. 또 그리스의 통치자들은 정복된 땅에 그리스 신들을 위한 신전, 경기장, 극장과 같은 거대한 건축물을 동방의 주요 도시에 세움으로써 자신의 권력을 과시했다. 젊은 청년들은 경기장에서 고전적인 그리스 사상에 따라 심신을 단련했다. 이와 같은 그리스의 교육과 관습은 동방 전역으로 뻗어 나갔다. 그리스의 영향으로 교육 수준이 급속도로 성장했으며, 사람들은 점점 복잡해지는 사회에 적응하기 위해 기술을 배우고자 했다.

공용화된 주화鑄貨와 함께 누구나 쉽게 대규모 시장에 접근할 수 있게 됨으로써 무역이 활발히 이뤄졌다. 사람들은 점차 작은 도시 국가의 삶에서 벗어나 원대한 꿈을 꾸기 시작했다. 수많은 인파로 넘쳐 나는 문명화된 대도시는 시민들의 도전 의식을 자극했다. 이러한 변화는 '때가 차매' 복음의 사건들이 전개될 길을 준비하고 있었다. 그러나 헬레니즘은 모든 문제를 해결해 주지도 못했을뿐더러 모든 사람에게 영향을 주지도 못했다. 특히 시골 지역에서는 자신들의 문화를 여전히 향유했다. 그리스의 사상과 삶의 양식은 주로 도시의 상류층 사람들에게 선호되었다. 특히 그리스식 삶이 가져다주는 물질적 풍요는 도시 사람들에게 가장 매혹적이었으며 가장 큰 영향을 미쳤다.

|헬레니즘의 도전| 양날의 칼

그러나 헬레니즘은 동시에 여러 문제를 야기했다. 정치적 통합이 이루어지지 않아서 알렉산더의 후계자들 사이에서 광범위한 전쟁이 일어났다. 그로 인해 대부분의 사람들은 경제적으로 고통스러워했고 불안에 떨었다. 노예 제도는 그리스 사회를 지탱하는 특징이 되었다. 그리스의 가치는 여전히 전통적인 종교와 문화에 강하게 상반되고 있었다.

사람들은 성공에 대한 희망의 또 다른 이름이었던 새것과 옛것 사이에서 갈등했다. 오로지 하나님을 유일한 신으로 믿었던 유대 사람들은 헬레니즘의 위협 앞에서 극도로 긴장했다. 게다가 새로운 국제적 교통과 무역은 팔레스타인 밖에서 유대교의 확산과 발전을 급속도로 진척시켰다. 새로운 국제 환경에서 활기차게 활동하는 유대 사람들[디아스포라]이 번성하면서 알렉산드리아와 같은 대도시에서는 그리스화된 유대교가 등장하기 시작했다.

새로운 성장과 확장은 양면의 칼처럼 유대 사람을 긴장

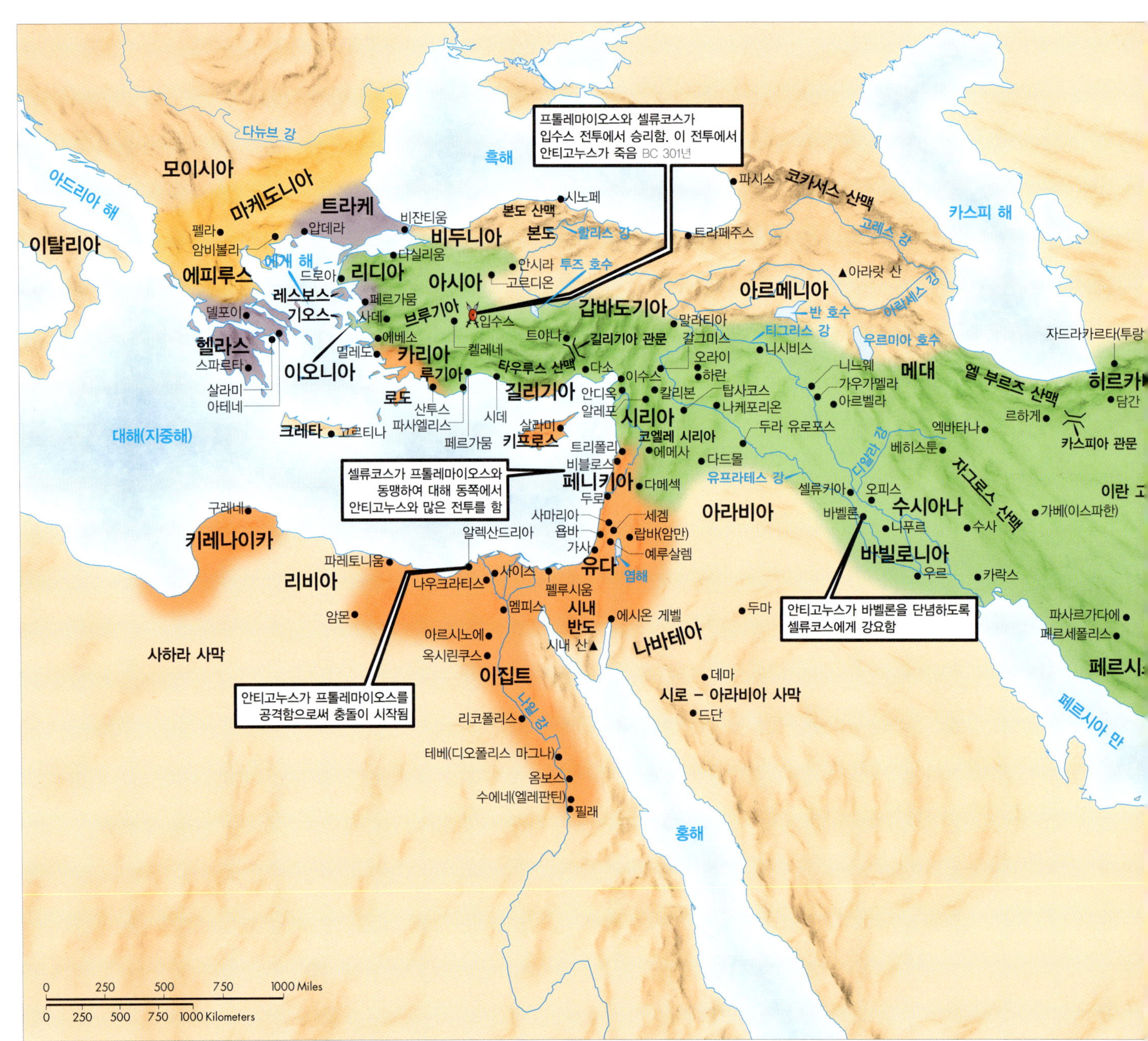

시켰다. 유대 사람이 새로운 문화를 받아들이고 그들의 종교를 계속 고수하는 기준은 무엇이었을까? 매우 보수적인 유대 사람은 헬레니즘과 타협하는 것은 선조 때부터 이어 온 신앙을 부인하는 것이라며 헬레니즘을 맹렬하게 반대했다. 반면에 한편에서는 전통적인 신앙은 신실하게 지키되 헬레니즘이 가져다주는 유익은 취할 수 있다고 주장했다. 결국 이러한 긴장은 시리아Syria의 셀류코스 왕조가 유대 사람들에게 헬레니즘을 강요

하면서 폭발하게 되었다. 그 결과 마카베오Maccabean 혁명*이 일어나게 되었고 잠시 동안이지만 유대 사람들은 독립을 누릴 수 있었다.

알렉산더 대왕의 정복 전쟁

BC 336년 필립 2세Philip II**가 죽자 당시 20세였던 그의 아들 알렉산더BC 356~323년가 '마케도니아 왕'King of Macedon이라는 칭호를 얻게 되었다. 알렉산더는 그리스 연합군을 이끌고 오랜 기간 숙적이던 페르시아 제국과 싸우던 아버지의 야망까지도 고스란히 물려받았다. 알렉산더는 마케도니아와 그리스 사람들로 구성된 4만의 군사를 징집하고, 페니키아 사람들로 구성된 함대까지 동원하여 페르시아 군대와 대치했다. 그의 적은 페르시아 왕 다리오 3세였다. BC 334년 알렉산더는 페르

매우 보수적인 유대 사람은 헬레니즘과 타협하는 것은 선조 때부터 이어 온 신앙을 부인하는 것이라며 헬레니즘을 맹렬하게 반대했다. 한편에서는 전통적인 신앙은 신실하게 지키되 헬레니즘이 가져다주는 유익은 취할 수 있다고 주장했다.

88 알렉산더 제국의 분열
BC 275년경

이집트 정복 | 이집트 '바로'의 칭호를 얻다

알렉산더는 페르시아 함대의 근거지였던 주요 항구들과 이집트를 손에 넣기 위해 남하했다 BC 332~331년. 시리아, 페니키아, 팔레스타인의 해변 지역에 있는 도시들은 순순히 항복하고 길을 열어 주었지만 페르시아 제국 함대의 근거지였던 두로는 알렉산더에 항전했다. 알렉산더는 칠 개월동안 섬 도시 두로를 포위해 고립시켰고 도시를 탈환한 후에는 사람들을 노예로 팔아 넘겼다. 가사 역시 이 개월간 저항했

그라니쿠스 강(the river Granicus / 지명)
지금의 마르마라 해로 흘러 들어가는 코카바스 강을 말한다. 마케도니아의 알렉산더 대왕이 그라니쿠스 강에서 군사 4만 명가량을 맞은편 강둑에 주둔시키고 있던 페르시아에 맞서 싸워 승리했다.

위 | 제라쉬의 헬라식 도시와 제우스 신전.
아래 | BC 333년 잇수스 전투에서 다리오 3세와 싸우는 알렉산더 대왕. 이 장면은 AD 1세기 폼페이에서 발견된 모자이크에서 가져온 것이다.

시아 제국 하에 있던 그리스 도시 국가들을 '해방'하기 위해 소아시아로 군대를 이끌고 건너갔다. 그는 그라니쿠스 강 The river Granicus* 전투에서 페르시아 군대를 무찌르고 첫 승리를 거두었다. 이후 그는 소아시아 전역에 걸친 크고 작은 전투에서 승리를 거두게 된다. 그는 정복한 지역에 마케도니아 사람이나 그리스 사람을 장군으로 세우고 다스리게 했다. BC 333년에 알렉산더는 잇수스 전투 The Battle of Issus 에서 다리오 3세와 직접 교전해 큰 승리를 거두었다. 이때 다리오는 도주를 하고 페르시아 제국의 군대는 완전히 퇴각했다.

으나 똑같은 결과를 초래했을 뿐이었다. 알렉산더는 내륙을 침공할 때는 필요에 따라 기병대를 사용했다. 예루살렘을 포함한 대부분의 내륙 도시들은 특별한 저항 없이 항복했지만, 사마리아와 몇몇 도시들은 끝까지 결전하다 도시 전체가 파괴되고 말았다. BC 332년 말경 알렉산더는 마침내 이집트를 정복하고 '바로' Pharaoh 라는 경칭을 얻게 되었다.

메소포타미아 출정 | 페르시아를 굴복시키다

BC 331년 알렉산더는 다리오를 추격하기 위해 메소

포타미아 북부로 진격했다. 가우가멜라Gaugamela 전투에서 알렉산더가 이끄는 그리스 군은 페르시아 제국의 군대를 완전히 패퇴시켰다. 다리오는 성공적으로 도피했으나 자신의 수하에게 살해당했다. 알렉산더가 바벨론, 수사, 페르세폴리스 등 페르시아의 주요 도시를 점령함으로써 영화로웠던 페르시아의 통치는 종식되었다. 이후로도 알렉산더는 오늘날의 아프가니스탄과 인더스 골짜기까지 진군했다. 그는 정복 전쟁 중에도 마케도니아와 그리스 군대가 주둔하는 많은 도시를 건설했다. 알렉산더가 토착 세력에게 통치를 맡기려 하자 군대 내에서는 이에 반대해 모반을 일으킬 조짐을 보였다. 오랜 원정으로 지칠 대로 지친 군대는 알렉산더에게 반기를 들고 서방으로 군대를 돌릴 것을 강요했다. 결국 알렉산더는 그의 나이 33세가 되는 BC 323년에 바벨론에서 죽음을 맞이했다.

알렉산더 제국의 분열

BC 323년에 알렉산더 대왕이 예기치 못한 죽음을 당하자 제국 전체가 위기에 휩싸였다. 과연 누가 그의 뒤를 이어서 광대한 제국의 통치자가 될 것인가? 알렉산더는 상속자를 남기지 않았다. 그의 곁을 지키던 장군들이 제국의 통치 과제를 놓고 회의를 열고 자신들에게 속한 지역을 분할해 다스리기로 합의했다. 디아도코키Diadochi 혹은 '계승자들'Successors이라고 알려진 이들은 서로 더 많은 영토를 차지하려고 다투었다. 이들 가운데 가장 핵심적인 인물이 바로 프톨레마이오스 1세Ptolemy I Soter, 안티고누스 1세Antigonus Monophthalmus I와 그의 아들 데메트리오스 1세Demetrius Poliorcetes I, '도시의 포위자', 셀류코스 1세Seleucus I다. 프톨레마이오스가 이집트를 관할한 반면 안티고누스는 소아시아 지방을 다스렸다. 알렉산더의 또 다른 장수 셀류코스는 바빌로니아 지역을 통치했다. 그러나 야망으로 가득 찬 이 통치자들 사이에서 전쟁은 불가피했다.

안티고누스가 먼저 프톨레마이오스 1세를 공격하고 셀류코스에 대해 바벨론을 포기할 것을 강요하면서 전쟁을 선포했다. 셀류코스는 안티고누스에 대항하기 위해 프톨레마이오스와 동맹을 즉각 맺었다. BC 315년에 시작된 이 두 세력 간의 격렬한 싸움은 시리아, 페니키아, 팔레스타인 땅을 중심으로 일어났고 지중해 동부에서 해상 전투가 거세게 일어났다. 당시 팔레스타인과

유대 사람들의 운명은 이들의 손에 달려 있었고, 팔레스타인 주민들은 전쟁이 횡행하는 이 시대에 극심한 고통을 겪었다.

BC 312년에 프톨레마이오스는 수많은 유대 사람들을 예루살렘에서 알렉산드리아로 이주시켰다. 같은 해 셀류코스 1세가 바벨론으로 돌아오면서 안티고누스를 대적하는 데 유리한 고지를 차지하게 되었다. BC 306년 안티고누스와 데메트리오스가 수륙 양면으로 이집트를 공략했으나 실패했다. 마침내 BC 301년 입수스 전투에서 안티고누스가 죽고 프톨레마이오스와 셀류코스가 승리를 거두었다. 이 전쟁의 승리로 동부의 패권은 두 헬레니즘 왕조가 차지하게 되었다.

프톨레마이오스 1세에서 시작된 프톨레마이오스 왕조는 이집트를 중심으로 페니키아와 팔레스타인 지역을 얻게 되었다. 알렉산드리아에 수도를 정한 프톨레마이오스 왕조는 이후 100년 동안BC 301-200년 팔레스타인 지역을 통치했다.

셀류코스 1세 계승자들이 세운 셀류코스 왕조는 시리아와 바빌로니아 지역을 차지했다. BC 301년 셀류코스가 입수스 전투로 얻은 팔레스타인 지역을 자신의 몫이라고 주장하면서 이 지역을 둘러싼 두 세력의 대립이 심각해지기 시작했다. 이때부터 BC 200년까지 무려 100년 동안 팔레스타인 지역을 둘러싼 두 세력 간의 전쟁은 다섯 차례에 걸쳐 일어났고, 마침내 셀류코스 왕조가 이 지역을 차지하게 되었다.

팔레스타인의 새로운 지배자 프톨레마이오스

BC 301~200년

프톨레마이오스 왕국BC 301-200년은 여러 그리스 왕국 중에서 가장 부유하고 안정된 상태를 유지했다. 왕국은 알렉산드리아를 시작으로 키레나이카구레네Cyrenaica*, 팔레스타인, 페니키아베니게, 키프로스구브로, 이외 그리

*키레나이카(Cyrenaica / 지명)
아프리카 북부에 있다. 이집트의 프톨레마이오스 왕조BC 323~30년 치하에서 내륙의 바르케 및 키레네는 쇠퇴했고, 대신 이집트, 카르타고와 상업적으로 경쟁했다. BC 67년 키레나이카는 크레타와 함께 로마 제국의 한 주로 편입되었다.

알렉산드리아로 이주한 유대 사람들은 그리스어를 비롯해 그리스 문화를 적극 받아들이며 그 수를 늘려 갔다. 이에 따라 그때까지 히브리어와 아람어로만 되어 있던 성경의 그리스어 역본이 필요하게 되었다. 70인역이라고 알려진 이 그리스어 역본은 프톨레마이오스 2세 때 시작되었지만 꽤 오랜 세월이 지나서야 완성되었다.

스의 몇몇 섬들과 소아시아의 서쪽 지역까지 미쳤다. 프톨레마이오스가 안정적으로 성장하게 된 이유는 첫째, 본토 이집트 사람들이 단일 민족이어서 통치하기가 용이했기 때문이다. 둘째, 주변의 사막이 천연 요새였던 이집트의 지리적 환경이 프톨레마이오스 왕조의 심장부를 외부의 침입으로부터 안전하게 지켜 주었기 때문이다.

| 프톨레마이오스의 정책들 | 어떻게 지배했나?

프톨레마이오스 1세 Ptolemy I Soter, BC 323~285년와 그의 아들 프톨레마이오스 2세 Ptolemy II Philadelphus, BC 285~246년는 왕국을 강력하고 부유하게 만들기 위해 노력했다. 그들은 상업, 재정, 농업을 엄격히 통제하는 관료 정치를 통해 왕에게 재정을 복속시켰다. 나라의 통제 아래 토지는 임대되었고 몇몇 산업은 정부가 독점했다. 세금은 무겁게 징수되었고 그 종류 또한 다양했다. 하지만 프톨레마이오스 왕조는 이집트 사람들에게 그리스화를 강요하지는 않았다. 따라서 이집트 사람들은

대체로 새로운 정책으로 인한 문화적인 영향을 받지 않고 살아갈 수 있었다. 프톨레마이오스 왕조의 관심은 알렉산드리아에 있는 궁정 수입을 최대한 많이 거두어 들이는 데 있었다.

| 알렉산드리아 | 그리스 문화와 교역의 중심

알렉산드리아는 프톨레마이오스 왕조 시대에 그리스 문화와 교역의 중심지였다. 나일 강의 지류가 바다로 향하는 삼각주 서쪽에 위치한 알렉산드리아는 무한한 경제적 잠재성을 지닌 도시였다. 두 개의 항구를 통해 곡물과 파피루스, 유리 등을 수출하고 철과 목재 등을 수입했다. 고대 7대 불가사의 중 하나로 유명한 파로스 Pharos 등대는 항구 전역을 통제할 수 있도록 높이 솟아 올라 있었다. 초대 프톨레마이오스 왕조는 학문 기관이던 뮤즈의 신전에서 일하는 수많은 학자들을 지원하고, 엄청난 고대 문학 작품의 보고로 알려진 도서관을 건립함으로써 헬레니즘식 문화의 발전을 장려했다.

일자리를 찾기 위해 혹은 해상 무역을 위해 알렉산드리아로 이주한 유대 사람들은 그리스어를 비롯해 헬레니즘 문화를 적극 받아들였고, 이로인해 유대 사람 수는 증가했다. 이에 따라 그때까지 히브리어와 아람어로만 되어 있던 성경의 그리스어 역본이 필요하게 되었다. 70인역 Septuagint이라고 알려진 이 그리스어 역본은 프톨레마이오스 2세 때 시작되었지만 꽤 오랜 세월이 지나서야 완성되었다. 나중에 이 역본은 초기 기독교 선교사들의 '성경'이 되었다. 그들은 이 그리스어 역본으로 구약을 전파했다. 아무래도 히브리어는 예비 개종자

| 표15 | 프톨레마이오스 왕조와 셀류코스 왕조 BC 323~175년

프톨레마이오스 왕조	주요 사건	셀류코스 왕조	주요 사건
프톨레마이오스 1세 Ptolemy I Soter, BC 323~285년	프톨레마이오스 왕조를 세움 알렉산드리아에 거대한 도서관을 세우고 많은 유대 사람들을 알렉산드리아에 정착시킴	셀류코스 1세 Seleucus I, BC 312~280년	셀류코스 왕조를 세움. BC 300년에 안디옥을 세움
프톨레마이오스 2세 Ptolemy II Philadelphus, BC 285~246년	셀류코스와 1·2차 전쟁을 치름 알렉산드리아에서 70인역LXX 작업이 시작됨	안티오코스 1세 Antiochus I, BC 280~261년	
프톨레마이오스 3세 Ptolemy III Euregetes, BC 246~221년	셀류코스와 3차 전쟁	안티오코스 2세 Antiochus II, BC 261~246년	
프톨레마이오스 4세 Ptolemy IV Philopator, BC 221~203년	라피아 Raphia에서 안티오코스 3세에게 패함	셀류코스 2세 Seleucus II, BC 246~223년	
프톨레마이오스 5세 Ptolemy V Epiphanes, BC 203~181년	BC 200년에 셀류코스에게 팔레스타인 지역을 빼앗김	안티오코스 3세 Antiochus III, BC 223~187년	BC 200년에 파니아스 Panias 전투에서 승리함으로써 팔레스타인 지역을 확보함. BC 190년에 마그네시아 Magnesia에서 로마에 패함
프톨레마이오스 6세 Ptolemy VI Philometor, BC 181~146년		셀류코스 4세 Seleucus IV, BC 187~175년	헬리오도로스 Heliodorus가 예루살렘 성전을 약탈하려 함
		안티오코스 4세 Antiochus IV, BC 175~163년	예루살렘의 대제사장이 타락함. 이집트를 침공하지만 로마의 개입으로 후퇴함. 여러 정책들로 마카베오 혁명을 초래함. 예루살렘 성전을 더럽힘

들에게는 난해했기 때문이었다.

|팔레스타인| 헬레니즘 문화와 충돌하다

프톨레마이오스 통치 시절 팔레스타인에 대한 고고학적 · 문학적 자료들이 얼마 되지 않기 때문에 당시의 팔레스타인에 대한 정확한 묘사는 불가능하다.

셀류코스의 영토 확장이 점점 심각한 문제로 떠오르게 되자 프톨레마이오스 왕조는 시리아 남부 지역과 팔레스타인 지역에 있던 국경을 강화하고 여러 전략적 위치에 군대를 주둔시키기 위해 요새를 건설했다. 마케도니아 사람과 그리스 사람들의 요새는 알렉산더와 페르디카스Perdiccas*에 의해 마케도니아와 그리스 수비대가 가사와 사마리아에 주둔한 적이 있었다. BC 321년 알렉산더 대왕의 사망 이후 그의 계승자들이 제국을 나눌 때 당시 이 지역은 마케도니아 장군에 의해 관할되고 다른 요새들도 퇴역한 그리스 군사들에게 할당되었다.

한편 프톨레마이오스 왕조는 남부 시리아와 팔레스타인 지역의 경제를 발전시키고 세금과 무역을 관장하기 위해 이집트에서와 마찬가지로 엄격한 관료정치를 실시했다. 이집트로 수출한 종려나무 열매와 올리브 기름, 곡식, 생선, 치즈, 과일 등은 프톨레마이오스 왕조의 부를 과시하는 것이었다. 제논 파피루스Zenon Papyri, BC 259~258년경에 씌어진 것으로 추정됨는 프톨레마이오스 왕조의 재정 장관이었던 아폴로니우스Apollonius가 팔레스타인 지역을 순회했던 사실을 기록하고 있다. 이를 통해서 우리는 당시 팔레스타인의 생활상을 엿볼 수 있으며, 세입을 늘리기 위해 능률적인 관료 정치가 시행되었음을 알 수 있다. 프톨레마이오스 왕조는 유대 지역을 신전 국가Temple state로 취급했는데 이는 특정 신에게 봉헌된 지역을 가리킬 때 사용되던 말이었다. 예루살렘의 대제사장은 유대 사람의 종교와 행정 당국자로서 역할을 감당했다. 또 대제사장은 유대 사람과 프톨레마이오스 왕조 사이

를 잇는 중재자였다. 사실 그의 가장 중요한 임무는 한 해의 세금을 거두어 이집트에 조공을 바치는 것이었다. 프톨레마이오스 3세 당시 대제사장이었던 오니아스 2세Onias II가 조세의 의무를 거부하자, 프톨레마이오스 왕조는 도비야 가문에 이 일을 맡겼다. 성경에 등장하는 느헤미야의 대적 중 한 사람이던 도비야느 2:10; 6:1-19 후손들인 도비야 가문은 매우 부유하고, 헬라화된 문화에 익숙한 유대 사람을 대표했으며 프톨레마이오스 정책으로 파생되는 이익을 노리고 있었다.

해변과 요단 동쪽에 있던 도시들을 중심으로 경제와 금융이 헬라화되면서 유대 사람들은 육체적으로나 정신적으로나 점점 고립되기 시작했다. 돌레마이Ptolemais,

*페르디카스(Perdiccas, BC 365 -321년 / 인명)
마케도니아의 장군으로 알렉산더 대왕 휘하에 있다가 그가 죽은 BC 323년 뒤 섭정했다. 알렉산더가 이끈 군사 작전에서 탁월한 능력을 발휘했으며 대왕이 죽자 귀족들의 선두에 서서 대왕의 왕비를 옹호했다.

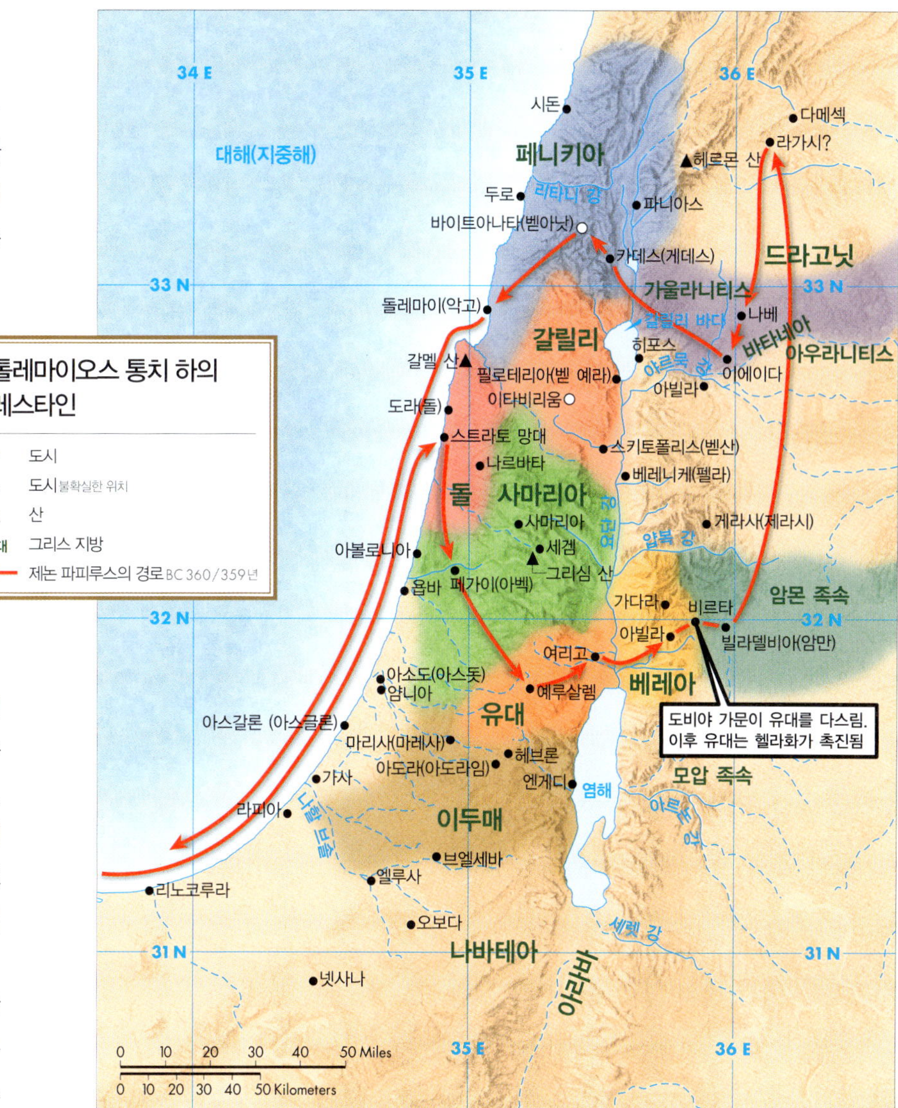

악고 Acco, 가다라 Gadara, 빌라델비아 Philadelphia, 랍바 Rabbah, 필로테리아 Philoteria, 벧 예라 Beth-yerah 등이 헬레니즘 문화에 동화된 채 예루살렘을 둘러쌌다. 이스라엘의 전통적인 믿음과 헬레니즘의 충돌은 피할 수 없게 되었다.

셀류코스 왕조의 팽창

동방에서 프톨레마이오스 왕조와 대등한 세력을 형성하고 있던 셀류코스 왕조는 셀류코스 1세가 BC 312년에 바빌로니아 총독이 되면서 시작되었다. 알렉산더의 '계승자들' 가운데 한 사람이었던 셀류코스 1세는 BC 305년에 자신을 '왕'이라 칭했다. 그와 그의 아들 안티오코스 1세는 시리아 북쪽과 메소포타미아, 소아시아의 일부와 오늘날 이란에 속하는 고원 지대에 이르는 광대한 제국을 통치했다.

셀류코스의 정책들 | 제국을 어떻게 통합했나?

셀류코스 왕조는 전략적 요충지에 두 개의 도시를 새로 세우고 그곳을 중심으로 제국을 통치했다. BC 300년에 세워진 시리아 안디옥Antioch은 정치적으로 가장 중요한 도시였다. 안디옥의 규모와 재력은 알렉산드리아와 견줄 정도로 급성장했고 헬레니즘 문화가 완벽하게 자리 잡게 되었다. 티그리스 강 유역에 위치한 셀류키아Seleucia는 중요한 대상로들이 만나는 거점으로 중부와 동부 지역을 관할하는 행정 도시 역할을 했다.

셀류코스 왕조는 제국의 규모 때문에라도 프톨레마이오스보다 덜 중앙집권적이고 덜 관료적이었다. 또 프톨레마이오스 왕국과는 다르게 셀류코스 왕국은 지역의 경계가 명확하지 않아 방어를 하는 데 어려움을 겪었다. 게다가 그들은 이집트와 같이 단일 민족도 아니었다. 지역마다 힘 있는 통치자들이 자신의 영향력을 행사했기 때문에 혹시라도 있을 반역을 막기 위해 제국의 왕은 외교적 기지를 발휘해야만 했다. 이처럼 지역마다 독자성을 갖고 있는 제국을 하나로 묶기 위해 셀류코스 왕조는 그리스의 관습과 사상을 확산하는 데 힘을 기울였다. 셀류코스 1세와 안티오코스 1세는 그리스 병사들이 주둔하는 수많은 군사 식민지를 건설했다.

이 식민지들은 헬레니즘 문화와 그리스의 사상을 전파하는 역할을 했다. 대부분의 식민지가 그리스 체제로 제도화된 도시 국가로 개발되었다. 하지만 이 광대한 지역을 다스리는 것은 결코 쉬운 일이 아니었다. 동부 지역에서는 반역이 일어났으며 잦은 프톨레마이오스와의 전쟁은 제국을 약화시켰다.

| 안티오코스 3세 | 왕국을 건설하다

BC 223년 안티오코스 3세BC 223~187년가 왕위에 오른 후 셀류코스 왕국의 번영이 되살아났다. 이 역동적인 왕은 스스로 '대제'大帝, The Great라 칭하며 제국을 통합하고 확장시켜 나갔다.

제국의 남쪽 지역을 안정시키고 페니키아와 팔레스타인 지역을 얻기 위해 안티오코스 3세는 제4차 시리아 전쟁BC 219~217년을 일으켰다. 그러나 BC 217년 가사 남쪽의 라피아에서 역사상 처음으로 지방 보충병을 모집한 거대한 프톨레마이오스 군대와 부딪혀 퇴각해야 했다. 안티오코스 3세는 동부 지역에서 군사 원정을 받는 데 성공했으나, 제국의 남쪽 경계는 여전히 불안정한 상태였다. 마침내 그는 제5차 시리아 전쟁BC 202~198년을 일으켰고, BC 200년 파니아스Panias*, 후에 가이샤라 빌립보Caesarea Philippi로 불림에서 결정적인 승리를 거두었다. 이로써 남부 시리아와 팔레스타인 지역까지 셀류코스 왕국의 지배 하에 들어갔다.

셀류코스 통치 하의 팔레스타인

BC 200년 안티오코스 3세가 프톨레마이오스 왕국과의 전쟁에서 승리하자 유대 사람들은 이를 대체로 반겼다. 프톨레마이오스 왕조의 과도한 세금 징수와 가혹한 관료주의 정치에 염증이 나 있었기 때문이었다. 안티오코스는 유대 사람들의 충성심에 대한 대가로 예부터 내려오는 그들의 전통에 따라 살 수 있도록 했다. 또 세금을 경감해 주고 전쟁으로 인해 손상된 예루살렘 성전의

복구를 지원했다. 팔레스타인 지역에서 펼친 초기 셀류코스 왕조의 통치는 매우 평화롭고 순조롭게 진행되었다.

| 로마와의 전쟁 | 뜨는 태양 로마

하지만 로마와의 전쟁은 모든 것을 순식간에 바꾸어 놓았다. BC 190년경 안티오코스는 당시 로마 통치 아래 있던 그리스로 세력을 뻗어 나가기 시작했다. 당시는 이탈리아 반도를 가로지른 한니발 장군의 대담한 침공으로 한때 로마를 긴장시켰던 로마와 카르타고의 제2차 포에니 전쟁The Second Punic War이 막 끝난 무렵이었다더 자세한 내용은 15장 참조.

안티오코스는 한니발 군대가 주둔해 있는 그리스를 침공했다. 그러나 곧 로마의 반격을 받게 되었다. 그 결과 BC 190년 안티오코스는 소아시아 서부에서 벌어진 마그네시아Magnesia 전투에서 패배하는 치욕을 당한다. 로마는 셀류코스 왕국에 막대한 돈을 요구하는 동시에 소아시아에 대한 패권을 차지했다. 이로 인해 안티오코스 3세는 재정적 위기에 몰렸을 뿐 아니라 그의 통치력에도 치명적인 상처를 입게 되었다.

안티오코스 3세는 그리스가 요구한 배상금을 지불하기 위해 동부 지역의 신전들을 닥치는 대로 약탈하던 중 BC 187년에 살해당했다.

안티오코스 3세는 두 명의 아들이 있었는데 BC 187년 장남인 셀류코스 4세가 왕위에 올라 BC 175년 암살당할 때까지 제국을 통치했다.

셀류코스 4세 역시 로마가 요구한 배상금을 지불하기 위해 각 지역의 세금을 늘리고 신전을 약탈했다. 이때 셀류코스 4세가 보낸 헬리오도로스Heliodorus가 예루살렘 성전을 약탈해 보물을 가져가려 했다. 그러나 마카베오 하 3장에 의하면 이때 천사가 나타나 헬리오도로스를 방해해 그 계획이 무산되었다고 한다.

| 안티오코스 4세 | 헬라화를 주창하다

BC 175년에 헬리오도로스가 셀류코스 4세를 살해하자 로마에 정치적 인질로 잡혀 있던 그의 동생 안티오코스 4세가 안디옥으로 돌아와 왕이 되었다. 열렬한 그리스 문화 옹호자였던 안티오코스는 전통적인 헬라식

안티오코스 3세

칭호인 '테오스 에피파네스'Theos Epiphanes, 신의 현현 顯現를 취했다. 새로 등극한 이 왕은 야심만만한 인물로서 제국의 확장을 통해 과거 셀류코스 왕국의 영화를 되찾고자 했다. 로마에 가로막혀 더 이상 서방으로 뻗어 나갈 수 없게 되자 그는 이집트로 눈을 돌렸다.

한편 안티오코스 4세는 자신의 왕국을 통합하기 위해 헬라화Hellenization 정책을 적극 폈다. 예루살렘에서 헬라 식을 강하게 표방하던 전前 셀류코스 당파는 안티오코스에게 호의를 나타냈다. 안티오코스는 합법적인 대제사장이었던 오니아스 3세 Onias III의 동생 야손Jason에게 대제사장직을 팔았다. 야손은 예루살렘에 그리스식 축제를 들여오고 운동 경기를 개최하는 등 철저한 헬라주의자였다. 젊은 남성들은 도시에 세워진 체육관에서 그리스식 훈련을 받았다 마카베오 하 4:7-17.

BC 172년 대제사장 가문 출신도 아닌 메넬라우스Menelaus가 야손에게 더 많은 돈을 주고 대제사장직을 샀다. 이미 대제사장의 희생 제사는 정치적 도구로 탈바꿈해 안티오코스를 위한 세입의 원천이 되었다. 예루살렘은 그리스의 한 도시로 전락하고 말았다. 이런 극심한 사회적 변화는 전통적인 유대 사회에 크나큰 고통을 안겨 주었다.

안티오코스는 BC 170년에서 BC 168년 동안 이집트를 두 차례나 공격했다. 그러나 안티오코스 4세가 이집트를 거의 함락시킬 즈음 로마가 개입해 안티오코스에게 군대를 철수하라고 명령했다. 로마와의 전쟁을 원하지 않았던 안티오코스는 결국 그의 군대를 철수시켰다. 안티오코스가 이집트 침공에 성공하지 못했다는 소식과 심지어는 그가 죽었다는 소문까지 나돌자 야손은 다시 대제사장직을 취하려 했다. 안티오코스는 이를 셀류코스 통치에 대한 반역으로 간주했다.

안티오코스는 팔레스타인 지역의 충성심을 다지고 이집트와의 경계를 확실히 하기 위해 유다의 전통을 압박하여 모든 유대 사람에게 그리스 풍습을 강요했다. 그는 할례 예식과 안식일 규례를 금하는 칙령을 공포하는 동시에 예루살렘 성전 안에 제우스 신을 섬기는 제단을 세웠다 "하나님의 미워하시는 물건" 단 11:31; 12:11. 안티오코스에 대한 충성의 표시로 유대 사람들은 희생 제물로 돼지를 사용해야 했고, 이교도 희생 제사에 참여해야 했다. 안

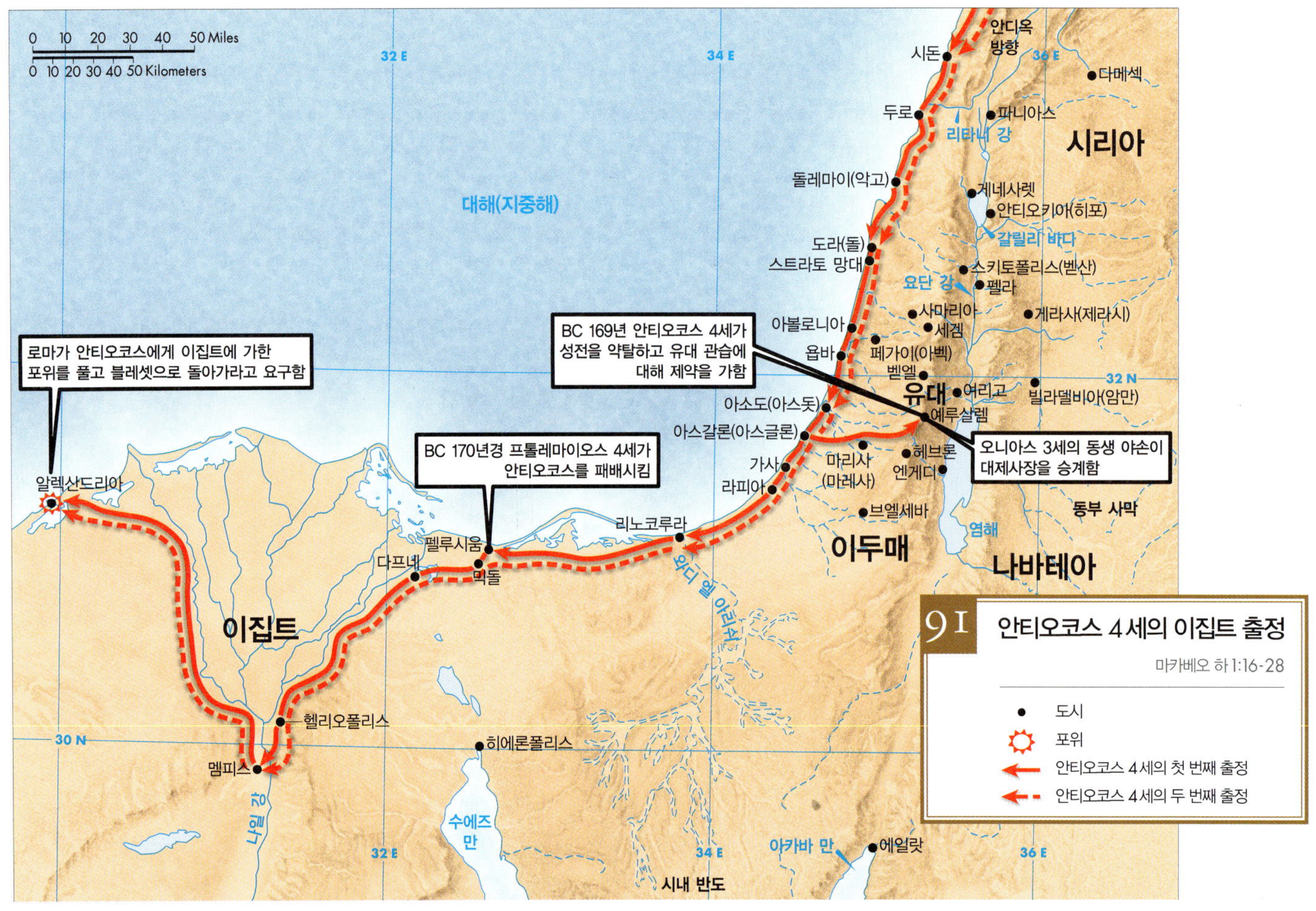

티오코스는 아크라Akra라고 알려진 예루살렘의 북서쪽 요새에 셀류코스 군대를 주둔시키고 자신의 칙령이 잘 지켜지는지를 감시했다. 그곳에서 셀류코스 군대는 왕의 명령에 따라 두 차례나 성전을 약탈했다.

| 마카베오 혁명 | 거세지는 저항 운동

수많은 유대 사람들이 자발적이거나 혹은 강제에 의해 새로운 셀류코스 정권에 협력했다. 하지만 저항하는 사람도 있었다. 저항은 예루살렘 북서쪽의 작은 마을 모데인Modein에 살던 마카베오 가문Maccabean에서 시작되었다. 왕의 대리자가 모데인 지역을 방문해 마을의 충성심을 확인하기 위해 희생 제사를 요구하자 마타티아스Mattathias*라는 유다 제사장이 이를 거부한 것이다. 이어 마타티아스는 그의 아들들과 함께 왕의 대리자와 수하들을 살해했다. 마타티아스와 그의 다섯 아들 시몬 Simon, 요한 John, 유다 Judas, 엘르아살 Eleazar, 요나탄 Jonathan은 고프나 산지Gophna Hills로 도망갔다. 거기서 그들은 유다 율법을 준수하기 위해 규합된 무장 저항 세력 '하시딤' Hasidim, '경건한 자들'이라는 뜻과 규합했다. 하시딤은 그리스 문화와 어떤 타협도 하지 않을 것이며 타협 자체를 믿음의 변절이라고 간주했다. 후에 등장하는 바리새파와 에세네파는 영성을 중시하는 하시딤의 분파였다.

기습전과 지형 전술로 승리를 이끈 유다 마카베오

마타티아스가 죽자 그의 아들 유다 마카베오가 혁명 세력의 지도자가 되었다. 마카베오'망치질하는 자'라는 뜻라고 불리던 유다는 반란을 진압하기 위해 출동한 셀류코스 군사에 게릴라전으로 맞섰다. 그는 기습전과 지형을 이용한 전술로 싸움을 승리로 이끌었다.

그는 예루살렘으로 향하는 좁은 협곡에서 적들을 전멸시키고 확보한 무기로 동료들을 무장시켰다.

유다는 셀류코스 장군들을 잇달아 격퇴시켰다. 아폴로니우스Apollonius는 르보나Lebonah 비탈에서BC 167년, 마카베오 상 3:10-12, 세론 Seron은 벧 호론 비탈BC 166년, 마카베오 상 3:13-23, 니카노르 Nicanor는 엠마오 근방에서BC 165년, 마카베오 상 3:38-4:3-5 패배했다. BC

164년 겨울 유다는 예루살렘 성전을 재탈환하고 이교 제단을 없앴으며 성전을 정화했다마카베오 상 4:36-5:61. 유다의 희생 제사는 모세의 율법에 따라 다시 드려지게 되었다. 하누카 축제수전절는 바로 이 일을 기념하기 위해서 제정된 것이다. 200년이 지난 뒤 예수께서 이 축제에 참석하셨을 때 "나와 내 아버지는 하나다"고 선포하셨다요 10:22-30 참조.

유다는 BC 160년에 전장에서 죽기까지 셀류코스에 맞서 투쟁을 계속했다. 그에 대한 신임이 커져 가는 만큼 유다는 점점 담대해져 갔지만 그로 인해 패배도 여러 차례 맛보게 되었다. 그러나 BC 164년 마침내 유다에 유리한 상황이 전개되었다.

안티오코스 4세가 죽자 셀류코스 4세의 아들들을 포함해 데메트리오스 1세Demetrius I, 리시아스Lysias 장군이 왕위를 놓고 쟁탈전을 벌인 것이다. 이때 리시아스는 유대 사람들의 지지를 얻기 위해 그들의 종교적 자유를 인정해 주었다BC 162년. 이것은 안티오코스 4세의 칙령을 뒤엎는 것이었으며 무장 투쟁을 원치 않던 많은 수의 하시딤Hasidim이 원하던 것이었다. 이후 유대 지도자들은 셀류코스 왕좌를 노리는 경쟁자들을 이용해 정세를 유리하게 만들어 나갔다.

게릴라전으로 실권을 거머쥔 요나탄 Jonathan

BC 160년 유다가 죽자 그의 동생 요나탄 Jonathan이 혁명을 이끄는 지도자가 되었다. 셀류코스 군의 압박이 거세짐에 따라 요나탄을 지지하던 무리들이 투쟁을 포기하기 시작했다. 매우 절박한 상황에 놓인 요나탄은 주둔지를 유대 광야로 이동하고 셀류코스 바키데스 장

| 표16 | 마카베오 혁명을 주도한 마타티아스 가문 |

마타티아스Mattathias	BC 167~166년	모데인 지방에 살던 제사장. BC 166년에 죽음. 안티오코스 4세에 대한 충성을 나타내는 희생 제사를 거부함
유다 마카베오 Judas 'Maccabeus'	BC 166~160년	마타티아스의 셋째 아들. BC 166~160년에 혁명을 주도함. 벧 호론, 사마리아, 엠마오, 벧 술 지역에서 셀류코스 군대를 상대로 승리를 거둠. BC 164년 예루살렘 성전을 탈환하고 성전을 정화함. BC 162년 종교의 자유를 획득하고 엘라사 Elasa에서 싸우다 전사함
요나탄 Jonathan	BC 160~142년	마타티아스의 막내아들. 유다 광야에서 게릴라 전술을 펼침. 바키데스와 휴전을 맺고 믹마스에 주둔함. BC 152년 대제사장으로 임명됨 BC 143년 셀류코스의 트리포 Trypho 장군에게 감금되어 처형됨
시몬 Simon	BC 142~134년	마타티아스의 둘째 아들. BC 142년 셀류코스 통치자로부터 유다의 독립을 의미하는 정치적 특권을 얻어 냄. BC 135년 모반으로 죽음

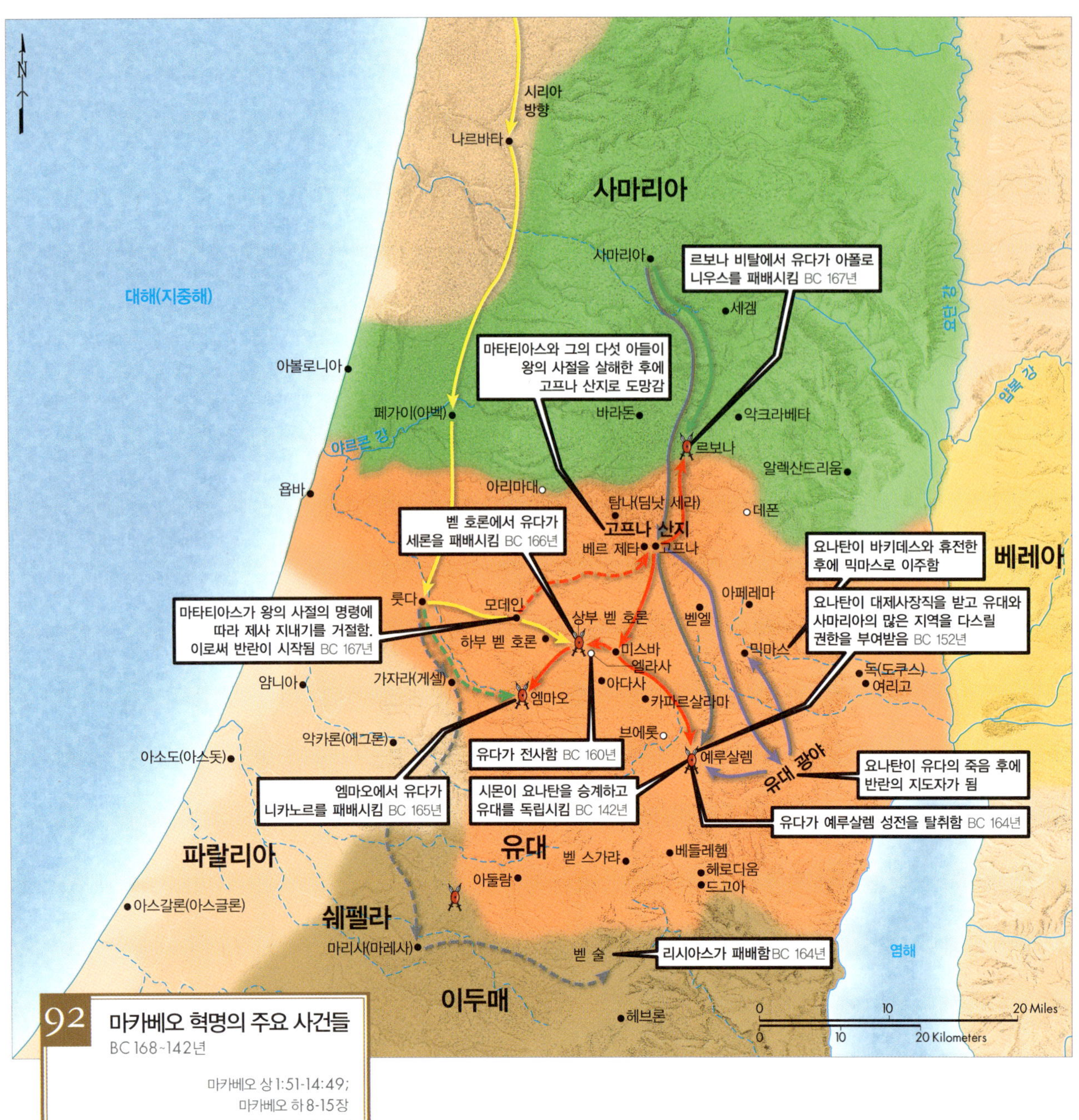

군을 상대로 게릴라전을 펼쳤다. 결국 바키데스 장군은 요나탄과 휴전을 맺었고 이후 요나탄은 믹마스로 주둔지를 옮겨 "백성을 다스리며 이스라엘 민족 반역자들을 모두 없애 버렸다" 마카베오 상 9:73. 하지만 예루살렘은 여전히 그리스의 지지자들과 셀류코스 군대의 수중에 있었다.

요나탄은 셀류코스 권좌를 노리는 알렉산더 발라스 Alexander Balas 와 데메트리오스 사이의 경쟁심을 교묘하게 이용했다. 로마와 요나탄은 자신을 안티오코스 4세의 계승자라고 주장하는 알렉산더 발라스를 지지했다. 이로 인해 요나탄은 대제사장직을 얻었을 뿐 아니라 후에 유다와 사마리아를 관할하는 실권까지 거머쥐게 되었다. 하지만 불행히도 그는 안티오코스 4세의 왕권을 탐하는 또 다른 셀류코스 장군 트리포 Trypho 에 의해 살해당했다.

유다를 독립 국가로 이끈 시몬

마타티아스의 아들 중 마지막까지 살아남았던 시몬은 BC 143년 요나탄의 자리를 물려받았다. 그가 재위했을 당시는 트리포와 데메트리오스 2세가 왕권을 놓고 서로 다투던 시기였다. 시몬은 유다와 예루살렘의 독립을 약속받고 데메트리오스 2세 편에 섰다. BC 142년에 데메트리오스는 유다 전역에서 징수되던 세금을 면

| 표17 | 하스몬 통치자들 |

통치자	통치 연도(BC)	주요 사건
요한 히르카누스 John Hyrcanus	135~104	마카베오 형제의 마지막 인물이었던 시몬의 아들. 메드바 Madeba, 이두매 Idumea, 사마리아, 욥바를 정복함. 그의 통치기에 바리새파와 사두개파가 처음으로 등장했음
아리스토불로 Aristobulus	104~103	요한 히르카누스의 장남. 등극 후 한 명을 제외한 모든 형제를 제거함. 상부 갈릴리를 점령함. 하스몬 왕가에서 처음으로 왕이라는 칭호를 사용함
알렉산더 얀네우스 Alexander Jannaeus	103~76	아리스토불로의 동생으로 형의 미망인과 혼인함
		해안 지방의 영토를 획득하고 가사, 도라 Dora, 안세돈 Anthedon, 라피아 Raphia, 스트라토 망대 Strato's Tower 요단 동쪽 지역까지 확장함. 얀네우스와 바리새파 간에 내전이 일어남
살로메 알렉산드라 Salome Alexandra	76~67	알렉산더 얀네우스의 미망인. 내정을 차지함. 장남 히르카누스 2세를 대제사장직에 임명함
		바리새파에 호의를 베품
히르카누스 2세 Hyrcanus II 와 아리스토불로 2세 Aristobulus II	67~63	살로메의 아들들로 왕위를 놓고 다툼. 사두개파의 지원에 힘입은 아리스토불로가 히르카누스 2세로부터 실권을 빼앗음. 이두매의 장관 안티파테르 Antipater 가 히르카누스의 복권(復權)을 위해 나바테아에 원조를 청함. 폼페이우스 Pompey 가 이 둘의 분쟁에 개입함

제해 주었는데 이것은 사실상 유다의 독립을 인정하는 것이나 다름없었다.

시몬은 예루살렘의 아크라 Akra 요새에 주둔하고 있던 셀류코스 군사들을 무력으로 몰아냈다. 유대 백성들은 그에 대한 감사의 표시로 시몬을 "참된 예언자가 나올 때까지" 마카베오 상 14:41 대제사장과 지도자 Ethnarch, '백성의 통치자'로 추대했다. 이로 인해 유다는 BC 586년 이후 처음으로 독립을 맞이하게 되었다.

하스몬 왕조

시몬과 그의 후손들은 BC 63년 로마가 쳐들어올 때까지 약 80년간 유다 독립 국가를 다스렸다. 역사가들은 이 기간을 가리켜 '하스몬 왕조'The Hasmonean Dynasty 라고 부르는데, 이는 1세기의 역사가 요세푸스가 언급한 마타티아스의 한 조상에서 유래했다 표17 참조. 하스몬 왕조는 팔레스타인 지역의 대부분을 차지했다. 당시 하스몬 왕들은 그리스식 경향이나 이방 왕권의 화려한 문화를 따르지 않았다. 하지만 이들이 대제사장 가문이 아니었음에도 불구하고 '대제사장'이라 불렸기 때문에 바리새파 바리새파는 이때 생겨났다 와 같은 엄격한 유대 사람들과는 사이가 멀어지게 되었다. 이런 보수파와 왕실 간의 갈등은 결국 알렉산더 얀네우스 Alexander Jannaeus 통치 때 무력 충돌로 분출했다.

시몬은 욥바와 게셀과 같은 해변 지역까지 세력을 확장해 가는 동시에 강대국 로마의 침공을 막기 위해 유다가 로마의 동맹국임을 재확인했다. 셀류코스는 팔레스타인에 대한 지배력을 회복하기 위해 안티오코스 7세

Antiochus VII 때 침공했으나 시몬과 그의 아들들이 모데인 근방에서 몰아냈다.

BC 135년 시몬은 일가를 이끌고 여리고 근방의 독 Dok에서 열린 연회에 참여였다가 습격을 당해 살해되었다. 이 모반을 일으킨 자는 유다를 안티오코스 7세에게 넘기려 했다. 하지만 가자라 Gazara* 지방에 있던 시몬의 아들 요한 히르카누스에 의해 진압되었고, 요한은 대제사장 자리에 오르기 위해 예루살렘으로 향했다.

| 요한 히르카누스 | 보수파와 갈등하다

BC 129년 안티오코스 7세가 죽자 히르카누스는 영토 확장에 나서기 시작해 그 해 염해 동쪽에 있는 메드바 Medeba** 와 그 주변 지역을 점령했다. 다음해에는 사마리아로 출정해 그리심 산에 있던 사마리아 신전을 파괴했다. BC 125년 이두매 지역을 정복하고 이두매 사람들에게 유대교를 수용하도록 강요했다. 사마리아로 2차 출정해 도시들과 스키토폴리스 벧산가 있던 북쪽 지역과 에스드렐론 Esdraelon*** 평원을 수중에 넣었다. 히르카누스가 통치한 30년 BC 135~105/104년간은 유대 사람들에게 정치적·경제적 부를 가져다주기도 했지만, 몇 가지 의문점을 남겨 두고 있다. 하스몬 왕조는 헬레니즘식 군주제에서 용병 제도를 가져와 자신의 군대에 용병을 두었다. 자녀들의 이름도 그리스식 이름으로 바꾸었다. 그는 '왕'King 이라는 칭호를 사용하지 않으나 왕실은 그리스 문화로 점차 변모해 갔다. 피정복민들에게 유대교를 강요한 사실에서 알 수 있듯이 이제 종교는 하스몬 왕조를 존속하기 위한 도구로 전락해 버

렸다.

유대 사람들은 대체로 요한을 지지했으나 보수파들 눈에 요한의 행동은 불경해 보였다. 요한은 바리새파보다 사두개파에게 호의적이었다. 사두개파 사람들은 땅을 소유한 상류층의 성직자들로 왕실의 권력과 가까이 함으로써 안정적인 생활을 영위하고 있었다. 아마도 그들은 그리스 관습에 어느 정도 친숙했을 것으로 보인다.

| 아리스토불로 1세 | 골육상잔을 벌이다

아리스토불로 1세가 다스리던 시기BC 104~103년는 매우 잔인했다. 그는 요한 히르카누스의 장자로서 대제사장직에 올랐지만 왕위는 어머니에게 빼앗긴 상태였다. 아리스토불로는 완벽한 실권을 장악하기 위해 그의 어머니결국 그녀는 나중에 굶주려 죽게 된다와 한 명을 제외한 나머지 동생들을 모두 감금했다. 그는 처음으로 '왕'King이라는 칭호를 사용했다. 그가 재임 중에 이룬 업적은 상부 갈릴리Upper Galilee 지역을 정복한 것이 유일한데, 그는 갈릴리 북쪽과 동쪽에 거주하던 아랍 족속인 이두래 사람들Itureans을 물리쳐 이 지역을 확보했다. 그는 이두래 사람들에게 할례를 강요했다.

| 알렉산더 얀네우스 | 내전에 시달리다

알렉산더 얀네우스는 그의 형 아리스토불로가 BC 103년에 죽은 후 왕위를 계승했다. 그는 왕위를 견고히 하기 위해 아리스토불로의 미망인 살로메 알렉산드라Salome Alexandra와 혼인했다. 얀네우스는 영토 확장 정책에 힘을 기울여 요단 동쪽트랜스요르단, 남부 해안 평원라피아, 가사, 안세돈, 샤론 평원스트라토 망대, 도라 등을 잇달아 정복함으로써 유다의 영토를 크게 확장시켰다. 요단 동쪽 지역의 출정으로 인해 유다의 영토는 빌라델비아랍바, 암몬, 오늘날 요르단의 수도 암만를 제외한 파니아스Panias, 신약시대의 가이사랴 빌립보에서부터 염해 지역까지 확장되었다.

얀네우스가 관할하던 대상로를 따라 상업이 활성화되면서 수입, 수출, 통관으로 인한 세금이 늘어나자 왕실 금고의 수입도 증대되었다. 하지만 바리새파가 얀네우스와 그를 지지하던 사두개파와 대립하면서 사회적·종교적 긴장감이 고조되었고 마침내 육 년간의 내전으로 번졌다.

바리새인들은 셀류코스 왕 데메트리오스 3세에게 도움을 요청했다. 데메트리오스 3세는 기다렸다는 듯이 공격해 들어와 세겜 전투에서 얀네우스를 완패시켰다. 하지만 셀류코스가 다시 팔레스타인 지역을 다스릴 것을 두려워한 많은 유대 사람들이 하스몬 왕조를 지지하면서 막대한 정치 자금이 들긴 했지만 결국 얀네우스가 승리를 거두게 되었다. 이후 얀네우스는 전쟁을 주도한 800명의 바리새인과 그의 가족들을 보복 처형함으로써 유대 사람들의 원망을 샀다.

| 독립의 끝 | 로마의 통치가 시작되다

얀네우스의 미망인 살로메 알렉산드라는 그의 남편이 죽자 내정을 취해 구 년 동안 유다 지역을 다스렸다BC 76~67년. 그의 장남 히르카누스 2세에게는 대제사장직을 내렸다. 바리새인들은 이때 산헤드린에서 힘을 키워 나갔다. 후기 유대 문서에는 그의 통치기를 가리켜 놀라운 번영의 시기로 묘사하며 바리새파 쪽으로 치우쳐 있는 탈무드에 영향을 반영시켰다. 하지만 살로메가 죽자 사두개파의 지원을 받고 있던 아리스토불로 2세가 형 히르카누스 2세를 몰아내고 권력을 장악했다. 이는 곧 히르카누스 2세를 지지하던 바리새파와의 전쟁을 의미했다.

비록 히르카누스가 대제사장이긴 했지만 그의 세력은 아리스토불로 2세보다 약했다. 전쟁에서 패한 후, 안티파테르라고 하는 이두매의 장관이 개입했을 때 히르카누스는 그의 대의명분을 포기할 준비가 되어 있었다. 헤롯 대왕의 아버지 안티파테르는 하스몬 왕가를 섬기며 일하던 이두매 장관 출신이었다. 그는 당시 상황이 권력을 차지할 수 있는 절호의 기회임을 파악해 히르카누스 2세 편에 서서 나바테아 왕 아레타스 3세Aretas III에게 지원을 요청했다. 안티파테르의 계획은 순조롭게 진행되어서 아리스토불로는 결국 패배해 수세에 몰리게 되었다.

유다의 내전은 결론적으로 불행을 자초한 것이었다. BC 64년 로마의 폼페이우스 장군이 시리아를 점령하고 팔레스타인 지역을 위협했다. 양 진영 모두 폼페이우스 장군에게 이 일을 해결해 달라고 청원했는데, 폼페이우스는 히르카누스의 손을 들어 주었다. 원통한 아리스토불로가 폼페이우스의 결정에 순응하지 않자 폼페이우스는 군대를 출정해 BC 63년에 예루살렘을 차지하고 히르카누스를 대제사장으로 세웠다. 이때부터 팔레스타인 지역에 로마 통치가 시작되었다.

BC 334 알렉산더 | 250 프톨레마이오스 2세 | 200 안티오코스 3세 | 175 유다 | 100 알렉산더 얀네우스 | BC 63 폼페이우스

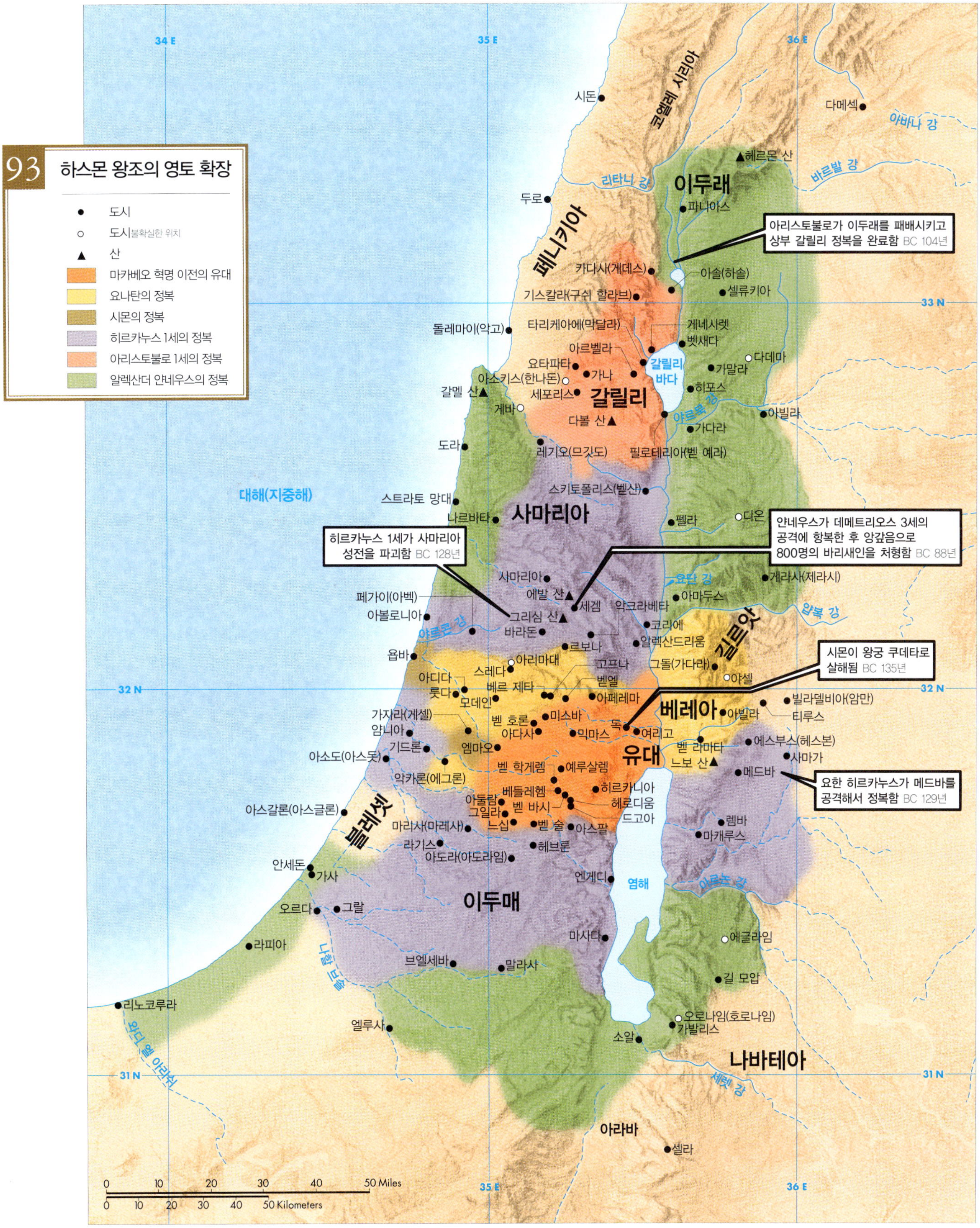

93 하스몬 왕조의 영토 확장
도시
도시 불확실한 위치
산
마카베오 혁명 이전의 유대
요나탄의 정복
시몬의 정복
히르카누스 1세의 정복
아리스토불로 1세의 정복
알렉산더 얀네우스의 정복
아리스토불로가 이두래를 패배시키고 상부 갈릴리 정복을 완료함 BC 104년
얀네우스가 데메트리오스 3세의 공격에 항복한 후 앙갚음으로 800명의 바리새인을 처형함 BC 88년
히르카누스 1세가 사마리아 성전을 파괴함 BC 128년
시몬이 왕궁 쿠데타로 살해됨 BC 135년
요한 히르카누스가 메드바를 공격해서 정복함 BC 129년
대해(지중해)
페니키아
이두래
갈릴리
사마리아
유대
베레아
길르앗
블레셋
이두매
나바테아
아라바
코엘레 시리아
염해
갈릴리 바다
시돈
다메섹
헤르몬 산
두로
파니아스
카다사(게데스)
아솔(하솔)
기스칼라(구쉬 할라브)
셀류키아
돌레마이(악고)
타리케아에(막달라)
게네사렛
벳새다
아르벨라
다데마
요타파타
가나
가말라
아소키스(한나돈)
갈멜 산
세포리스
히포스
게바
다볼 산
아빌라
가다라
도라
레기오(므깃도)
필로테리아(벧 예라)
스키토폴리스(벧산)
스트라토 망대
펠라
디온
나르바타
사마리아
게라사(제라시)
에발 산
아마두스
세겜
아크라베타
그리심 산
페가이(아벡)
아볼로니아
바라돈
코리에
르보나
알렉산드리움
욥바
아리마대
고프나
그돌(가다라)
야셀
아디다
스레다
벧엘
룻다
베르 제타
아페레마
모데인
빌라델비아(암만)
가자라(게셀)
벧 호론
미스바
아빌라
티루스
얌니아
아다사
믹마스
독
여리고
기드론
엠마오
에스부스(헤스본)
아소도(아스돗)
벧 라마타
사마가
벧 학게렘
예루살렘
느보 산
메드바
악카론(에그론)
베들레헴
히르카니아
아둘람
그일라
벧 바시
헤로디움
드고아
아스갈론(아스글론)
마리사(마레사)
느십
벧 술
아스팔
렘바
마캐루스
라기스
헤브론
아도라(아도라임)
안세돈
가사
엔게디
오르다
그랄
마사다
에글라임
라피아
브엘세바
말라사
길 모압
리노코루라
엘루사
오로나임(호로나임)
가발리스
소알
셀라
리타니 강
바르발 강
아바나 강
야르묵 강
요단 강
얍복 강
야르곤 강
아르논 강
세렉 강
나할 브솔
와디 엘 아리쉬
34 E
35 E
36 E
33 N
32 N
31 N
0 10 20 30 40 50 Miles
0 10 20 30 40 50 Kilometers

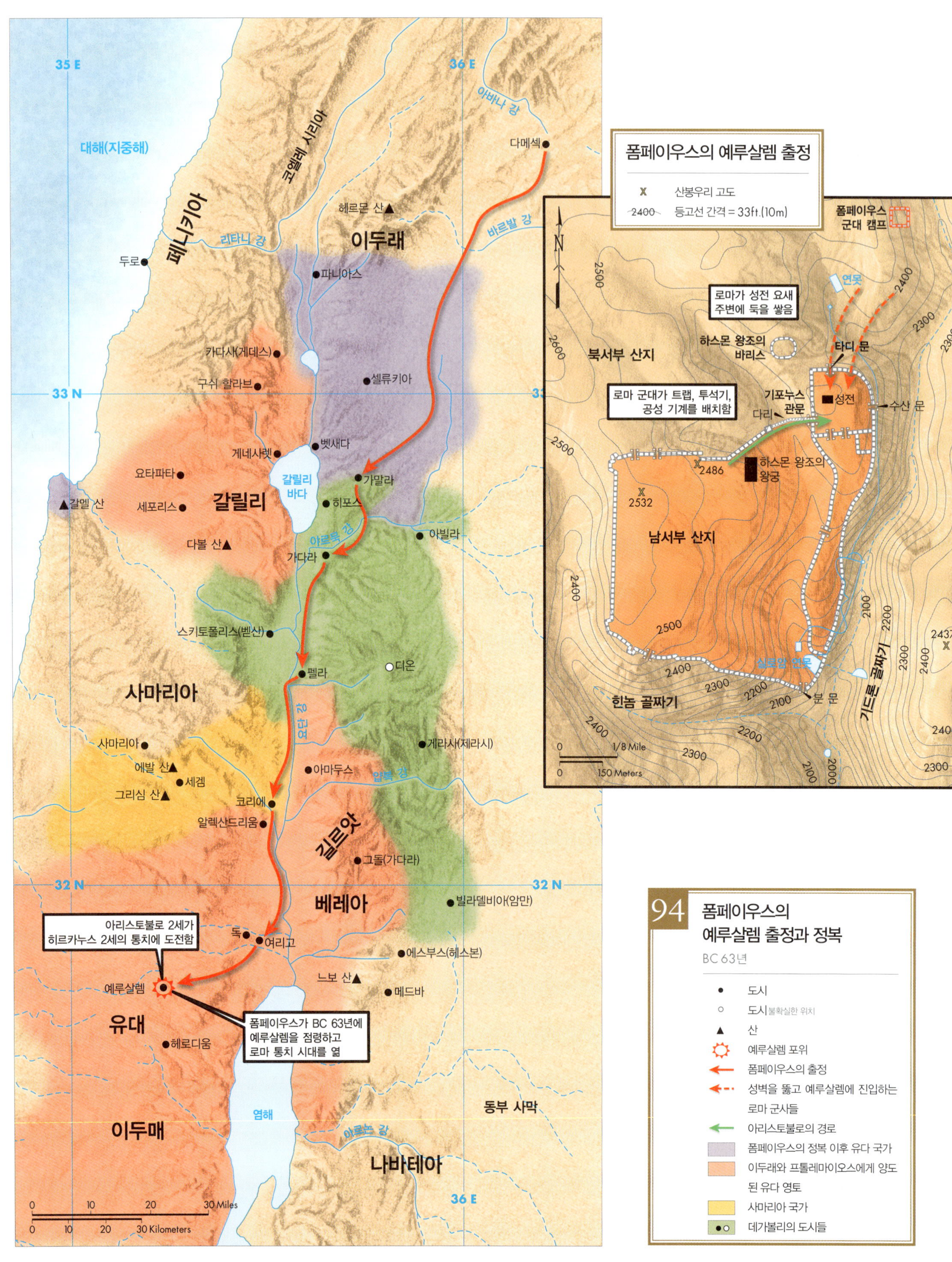
35 E
36 E
대해(지중해)
다메섹
아바나 강
헤르몬 산▲
이두래
바르발 강
리타니 강
코엘레 시리아
페니키아
두로
파니아스
카다사(게데스)
구쉬 할라브
33 N
셀류키아
게네사렛
벗새다
요타파타
갈릴리 바다
갈멜 산▲
세포리스
갈릴리
가말라
히포스
다볼 산▲
야르묵 강
아빌라
가다라
스키토폴리스(벤산)
디온
펠라
사마리아
요단 강
사마리아
게라사(제라시)
에발 산▲
아마두스
세겜
그리심 산▲
압복 강
코리에
알렉산드리움
길르앗
그돌(가다라)
32 N
베레아
빌라델비아(암만)
독
여리고
아리스토불로 2세가
히르카누스 2세의 통치에 도전함
에스부스(헤스본)
느보 산▲
예루살렘
메드바
유대
헤로디움
폼페이우스가 BC 63년에
예루살렘을 점령하고
로마 통치 시대를 엶
염해
이두매
야르논 강
동부 사막
나바테아
36 E
0 10 20 30 Miles
0 10 20 30 Kilometers
폼페이우스의 예루살렘 출정
X 산봉우리 고도
2400 등고선 간격 = 33ft.(10m)
폼페이우스 군대 캠프
N
2500
2600
연못
2400
2400
2300
로마가 성전 요새
주변에 둑을 쌓음
북서부 산지
하스몬 왕조의
바리스
타디 문
2300
로마 군대가 트랩, 투석기,
공성 기계를 배치함
기포누스
관문
성전
수산 문
다리
2500
2486
하스몬 왕조의
왕궁
X
2532
남서부 산지
2400
2100
2437
X
2500
2100
2200
실로암 연못
2400
2300
2300
2200
2100
힌놈 골짜기
2400
2300
2200
2200
분문
기드론 골짜기
2400
2300
0 1/8 Mile
150 Meters
2300
2000
2100
2300
94
폼페이우스의
예루살렘 출정과 정복
BC 63년
● 도시
○ 도시 불확실한 위치
▲ 산
✷ 예루살렘 포위
← 폼페이우스의 출정
◄-- 성벽을 뚫고 예루살렘에 진입하는
로마 군사들
← 아리스토불로의 경로
폼페이우스의 정복 이후 유다 국가
이두래와 프톨레마이오스에게 양도
된 유다 영토
사마리아 국가
데가볼리의 도시들

The World of Jesus and the Early Church

| 3부 | 신약시대의 개막 : 예수 당시의 세계와 초기 교회

3
Part

15. Rome's Emergence as a World Power - 로마의 세계 제패制覇

16. The Romans, Palestine, and Herod the Great - 로마, 팔레스타인, 헤롯 대왕

17. The World of Jesus - 예수 그리스도의 세계가 펼쳐지다

18. The Life and Ministry of Jesus - 예수의 생애와 사역

19. Early Expansion of the Church - 초기 교회의 확장

20. The First Jewish Revolt - 유대 사람의 첫 반란

21. The Christian Church from AD 70 to 300 - AD 70년부터 AD 300년까지의 교회

Rome's Emergence as a World Power

| 로마의 세계 제패 制覇 |

복음서 이야기는 "그 무렵 아우구스투스 황제가 칙령을 내려" 눅 2:1 라는 말로 시작한다. 우리에게 친숙한 이 말은 신약시대를 고대 세계에서 가장 강력한 국가와 연결한다. 로마 제국은 신약성경에 나타나는 모든 사건의 역사적 배경을 제공했으며 복음이 전파되는 데 필요한 조건들을 만들어 주었다. 아우구스투스 황제가 이룩한 '로마의 평화' The Roman Peace, '팍스 로마나' Pax-Romana * 는 수세기 동안 계속되던 격렬한 충돌의 막을 내리고 로마의 법이 지배하는 안전한 세계를 구축했다. 여행과 상업은 광대한 제국 어디서나 자유롭게 번창했다. 어떤 면에서 하나님이 그의 아들을 통해 드러내실 최상의 계시를 위해 준비하신 "때가 차자" 갈 4:4 라는 말은 로마가 지중해 연안 전체를 정치적 · 문화적으로 지배한 시기도 포함된다고 볼 수 있다.

로마 북부에 있는 에트루리아 사람들의 공동묘지 중 하나다.

*로마의 평화(팍스 로마나 Pax-Romana / 명칭)
1세기 지중해 지역을 지배한 이데올로기다. 아우구스투스가 스페인과 갈리아 원정을 통해 이룩한 로마 제국의 질서와 평화 상태를 일컫는 말로 세네카가 처음 사용했다. 이 평화는 권력의 중심인 로마에 의해 시작되고 유지되며 귀결된다. 이런 점에서 팍스 로마나는 압도적인 우위에 있는 공공선을 대표하는 존재를 필요로 하며, 그러한 공공선의 유일한 담지자는 압도적인 힘의 담지자이기도 하다.

**로물루스(Romulus / 인명)
로마의 초대 왕으로 알려져 있다. 루파 카피톨리나 Lupa Capitolina 전설에 의하면 그는 고대 그리스 트로이 전쟁의 한 영웅인 아이네아스 Aeneas 의 손자 혹은 라티누스 Latinus 의 아들이라고 여겨진다. 오늘날 일반적으로 잘 알려진 로물루스에 관한 전설은 로마 역사가 파비우스 픽토르 Fabius Pictor 의 가설에 의한 것이다.

로마의 발흥

조그만 촌락에서 세계 강대국으로 성장한 로마의 흥미진진한 이야기를 여기서는 간결하게 소개하고자 한다. 로마의 초기 역사는 전설적인 민간 설화들로 이루어져 있다. 오늘날까지 이어져 오는 로마의 전승에 따르면 BC 753년에 로물루스 Romulus ** 가 로마를 세웠다. 그리스와 로마의 역사가들은 로물루스가 트로이 전쟁의 영웅 가운데 하나인 아이네아스를 계승했다는 전설을 발전시켰다. 최근의 고고학적 증거들에 따르면 BC 900년이 지나면서 라틴 거주자들이 티베르 Tiber 강에서 전략적으로 중요한 섬 근처 언덕에 정착하기 시작했

다. 농사를 짓는 이 거칠고 억센 거주자들은 언덕에 통나무 오두막을 짓고 살았으며, 이웃의 이탈리아와 라틴 부족들과 종종 싸움을 벌이곤 했다.

BC 650년경 그들은 로마 북쪽에 살던 훨씬 세련된 민족인 에트루리아 사람들의 영향을 받게 되었고, BC 600년경 에트루리아 왕이 로마를 지배했다. 로마 사람들은 에트루리아 사람 Etruscan 들로부터 건축양식, 저작물, 종교적 신념, 사회 관습 등을 차용했으며, 이를 통해 촌락 집합체에서 도시 국가로 발전하게 되었다. 그 후로도 로마는 문학, 교육, 철학 등 여러 분야에서 그리스 사상을 흡수했다. 그런 점에서 로마 사람들의 천재성은 다른 민족들로부터 아이디어를 차용해 독특한 로마의 방식으로 사용하는 능력에 있다 하겠다.

공화정 시대

전승에 따르면 BC 509년 로마 사람들은 왕권에 대해 깊은 회의를 가지면서 로물루스로부터 시작된 일곱 왕 가운데 마지막 일곱 번째 왕을 몰아냈다. 그 뒤 새롭게 창설된 공화국에서는 임기 일 년의 집정관 두 명이 선

95 초기의 로마

에트루리아 도시 국가
라틴 거주지
주요 식민지들
스파르타 동맹 도시
아테네 동맹 도시
로마 공화국
라틴 부족들의 지역
에트루리아의 영향권
갈리아의 침입

0 50 100 150 Miles
0 50 100 150 Kilometers

켈트 족
포 강
펠시나(보노니아)
마르차보토
안티폴리스
리구리안 해
아르노 강
파에술레
루비콘 강
에트루리아
볼라테라에
알레티움
코르토나
페루시아
이탈리아
포풀로니아
베툴로니아
루셀레
클루시움
소바나
볼시니(볼세나)
코르시카
텔라몬
악쿠와롯사
투스카니아
베이
노르키아
볼키
타르퀴니아
피르지
알랄리아
케레
카페나
로마
갈리아 족속의 로마 점령 BC 390년
티볼
프라이네스테
아나그니아
페렌티눔
라티움
로마 전승에 따르면 로물루스가
BC 753년에 로마를 건국함.
BC 509년에 로마 공화국 설립
노르바
카르케이
올비아
라틴 부족의 초기 정착지
BC 950년?
콜라티아(?)
라비눔
아르데아
코라
사트리쿰
쿠마에
네압볼리
캄파니아
칸네
일루리곤
아드리아 해
사르디니아
오트란토 해협
카랄리스(칼리아리)
노라
타렌툼
티레니안 해
타렌툼 만
메사피아 과디아
이오니아 해
리파라
멧사나
로크리
세게스타
히메라
레기온
셀리누스
카타나
메시나 해협
시칠리아
시칠리아 해협
겔라
시라쿠사
히포(보네)
카르타고
누미디아
대해(지중해)

출되어 원로원의 조언을 받아 로마의 국정을 담당했다. 여기에 여러 의회와 관료들이 권력을 확실히 분배했다. 그러나 정치적 혜택은 모두 부자와 귀족에게 돌아갔다. 이로 인해 생긴 긴장 상태는 결국 사회 계층 간 폭력 사태로 번졌다.

BC 312년에 건설된 로마의 첫 번째 대로인 비아 아피아.

로마의 이탈리아 반도 지배
전쟁을 통해 정복하다

로마는 오랜 기간의 참혹한 전쟁과 빈틈없는 조약들을 통해 이탈리아 반도를 지배하게 되었다. 전쟁은 로마의 전쟁 기술을 연마시켰고, 로마 국민을 강인하고 현실적이며 가족과 로마에 대한 충성심이 매우 깊은 민족으로 성장시켰다. BC 390년에 갈리아Gaul 족속이 로마를 점령하자, 로마는 이탈리아 반도를 지배하려는 결심을 하게 되었다. 삼니움 전쟁 Samnite wars, 라틴 전쟁, 이탈리아의 다른 부족들과의 전쟁 등 수많은 전쟁을 통해 로마는 이탈리아를 정복하여 식민지로 만들었다. 패배한 적도 있지만 그보다 더 많은 승리를 거두었다. 전략적 요충지에 세워진 군사 식민지들은 다른 식민지들을 로마와 연결시켰다. BC 312년에 건설된 비아아피아*는 외부 세계로 뻗어나가는 첫 번째 주요 도로였는데 그 도로를 통해 로마의 군대와 문화를 세계로 수송했다.

카르타고와의 전쟁 포에니 전쟁 | 세계를 품다

BC 300년 직후에 이탈리아의 지배자가 된 로마는 카르타고Carthago**와 충돌하면서 이탈리아 해안을 넘어서게 되었다. BC 814년 페니키아 식민지로 건설된 카르타고는 시칠리아를 점령하려는 로마에 위협을 가했다. 로마와 카르타고 사이에 있었던 몇 번의 사소한 충돌들이 결국 그 유명한 포에니 전쟁으로 확대되었다. 로마는 제1차 포에니 전쟁BC 262~241년에서 카르타고를 무찌르고 시칠리아Sicilia, 사르디니아Sardinia, 코르시카Corsica를 손에 넣었다.

제2차 포에니 전쟁BC 218~201년에서 카르타고의 한니발Hannibal 장군이 알프스를 넘어 이탈리아를 침략했다. 한니발이 15년 동안 이탈리아에 머물면서 전쟁을 했지만 로마를 정복하지는 못했다. 로마의 스키피오 아프리카누스Scipio Africanus가 군대를 이끌고 아프리카를 침략하자 한니발은 아프리카로 물러가게 되었고, 결국 BC 202년에 스키피오는 자마Zama에서 한니발을 무찔렀다. 이로 인해 카르타고는 군사력과 경제력을 잃게 된 반면 로마는 해군력을 획득하고 영토를 확장하게 되었다. 점령지에서 거둬들인 세금과 공물은 로마의 국고를 부유하게 만들었다.

스페인과 갈리아 | 거센 저항에 교전하다

로마 군대는 스페인과 갈리아골 Gaul, 프랑스를 향해 서쪽으로 진격했으나 강력한 저항을 받아 교전이 장기화됨으로써 큰 피해를 보았다. 로마의 어떤 장군이 스페인에서 "작은 군대들은 무찔렀지만 큰 군대는 굶주렸다"고 불평할 만큼 고전했으나 로마는 결국 스페인을 굴복시켰다. 지금도 스페인에 가면 수많은 로마 유적지를 볼 수 있다. 갈리아는 그 후 율리우스 카이사르 가이사에 의해 평정됐다.

표18	도시 국가에서 세계 제국으로 성장한 로마
통치 연도(BC)	**주요 사건**
1000~900?	라틴 부족들의 초기 거주자들이 티베르 강변의 언덕에 정착하기 시작함
753	전설에 의한 로마의 건국. 로마의 일곱 왕 시대.
	로마에 대한 에트루리아의 영향과 지배가 강화됨
509	에트루리아 왕 타르퀸Tarquin 2세BC 534~509년의 축출과 로마 공화국의 성립
390	갈리아 족속의 로마 점령
312	로마 최초의 대로 비아 아피아를 건설함
264~241	로마가 이탈리아 반도를 점령해 식민지로 만듦BC 334~264년. 제1차 포에니 전쟁카르타고. 시칠리아BC 241년, 사르디니아BC 238년, 코르시카BC 238년를 합병함
218~202	제2차 포에니 전쟁. 한니발의 이탈리아 침략. 카르타고의 패배. 로마의 스페인 점령
	제1차 마케도니아 전쟁BC 214~205년
200~197/6	제2차 마케도니아 전쟁. 필립 5세의 패배
	로마는 아시아를 침략해 BC 190년에 마그네시아에서 안티오코스 3세를 항복시킴
171~168/7	제3차 마케도니아 전쟁. 마케도니아가 네 개의 독립 지구로 나뉨
150~148	제4차 마케도니아 전쟁. 마케도니아가 로마의 속주로 합병됨
146	로마는 그리스의 반란 이후 고린도를 파괴함
	제3차 포에니 전쟁BC 149~146년. 카르타고가 파괴됨. 로마는 아프리카를 속주로 합병함
133	아탈로스 3세가 버가모를 축으로 한 아탈리드Attalid 왕국을 로마에 유증遺贈함

|동방 원정| 4차에 걸친 마케도니아 전쟁

동방을 화평하게 하는 것은 완전히 다른 문제였다. 동쪽으로 영토를 확장하던 로마는 완강히 저항하는 세력들과 맞서게 되었다. 그중에서도 마케도니아 전쟁Macedonian Wars*은 특히 치열했다. BC 197년 로마는 마침내 마케도니아의 필립 5세를 패퇴시킴으로써 그리스 도시 국가들의 보호자로 자처했다. 그러나 마케도니아의 계속되는 저항으로 마케도니아를 네 개의 자치 공화국으로 나누었다가 BC 168년 로마의 속주로 편입했다 BC 148년. BC 146년 로마는 저항하는 그리스 도시 국가들의 아카이아 동맹The Achaean League**을 응징하기 위해 고린도를 파괴했다.

BC 193년 셀류코스Seleucid 왕조의 안티오코스 3세 Antiochus Ⅲ가 그리스를 침략하자, 로마가 진격해 안티오코스 3세를 소아시아로 몰아냈다. BC 190년 마그네시아에서 안티오코스에게 결정적인 패배를 안겨 준 로마는 자신에게 호의적인 소아시아의 왕들을 후원했다. 아탈리드로 알려진 왕조가 다스리던 버가모Pergamum 왕국은 소아시아 서쪽을 지배했으며 로마의 작전에 꼭 필요한 힘이 되었다. BC 133년 버가모의 마지막 왕 아탈로스 3세는 수세기에 걸친 로마의 압력에 따라 그의 왕국을 로마에 유증했다. 당시 시리아의 셀류코스 왕국의 잔존 세력들과 소아시아 동쪽의 몇몇 왕국들, 그리고 쇠퇴해 가는 이집트의 프톨레마이오스 왕국만이 로마의 지배에서 벗어나 있었다. 한편 메소포타미아의 강력한 바대 왕국Parthia은 로마의 새로운 위협으로 등장했다.

|로마의 내전과 아우구스투스의 출현| 로마가 황제를 선택하다

BC 133년에서 BC 27년 사이의 기간은 로마 역사에서 가장 혼란한 시기라고 할 수 있다. 사회적 갈등은 더욱 깊어져 로마 백성들을 분열시켰다. 계속된 전쟁은 농민들에게 과도한 세금을 요구했다. 많은 사람들이 전쟁에서 죽었으며 부유한 지주들이 전쟁으로 황폐해진 땅을 대량으로 사들임으로써 농민들이 몰락하기 시작했다. 라티푼디움Latifundium이라는 거대 농장이 노예제로 경영됨에 따라 소작농을 위협했다.

토지를 소유하지 못한 시민들은 로마로 몰려들었으며, 그 결과 사회 혁명의 분위기가 무르익게 되었다. 그러나 거대 농장을 소유한 원로원의 귀족들은 하위 계층이 자신들의 권리와 특권을 침범하지 못하게 막는 데 급급했다.

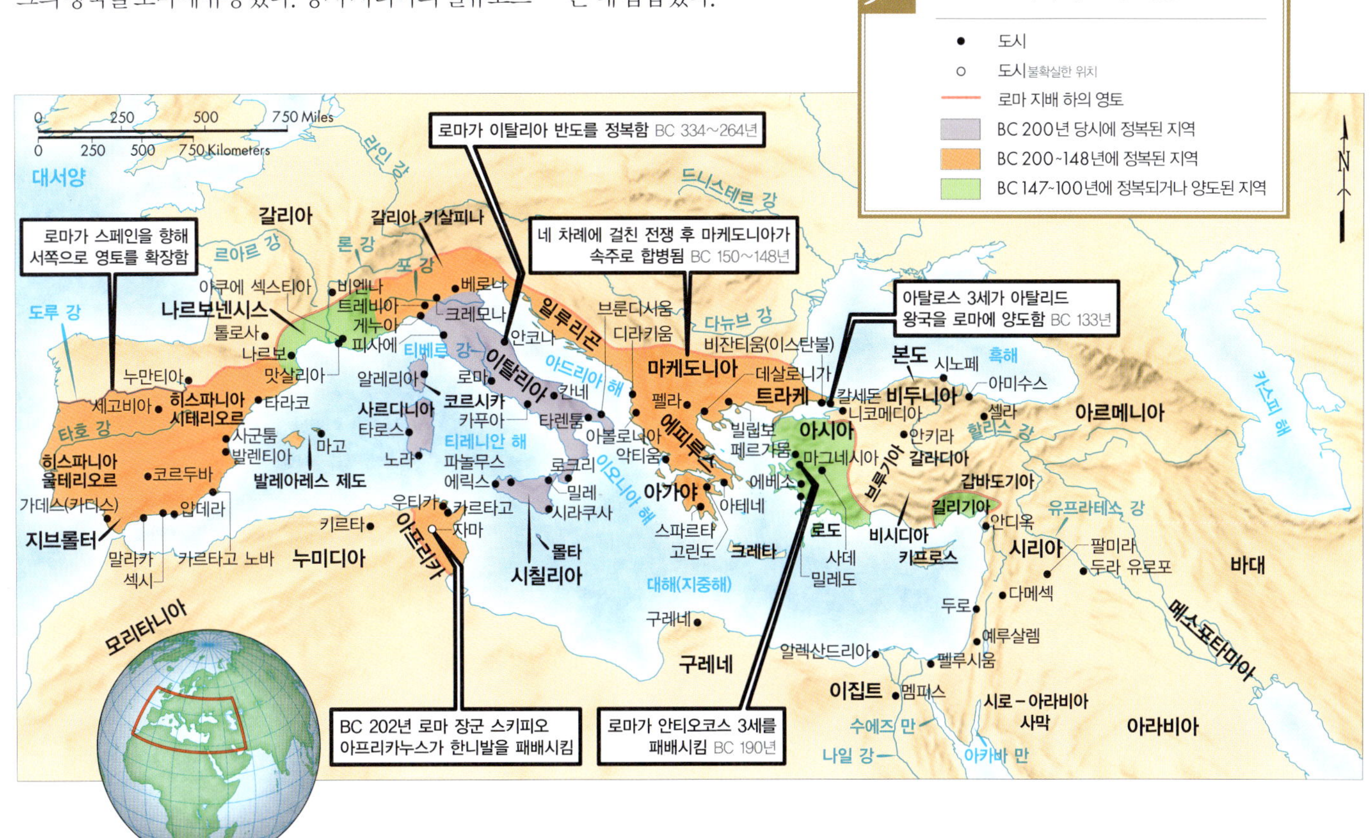

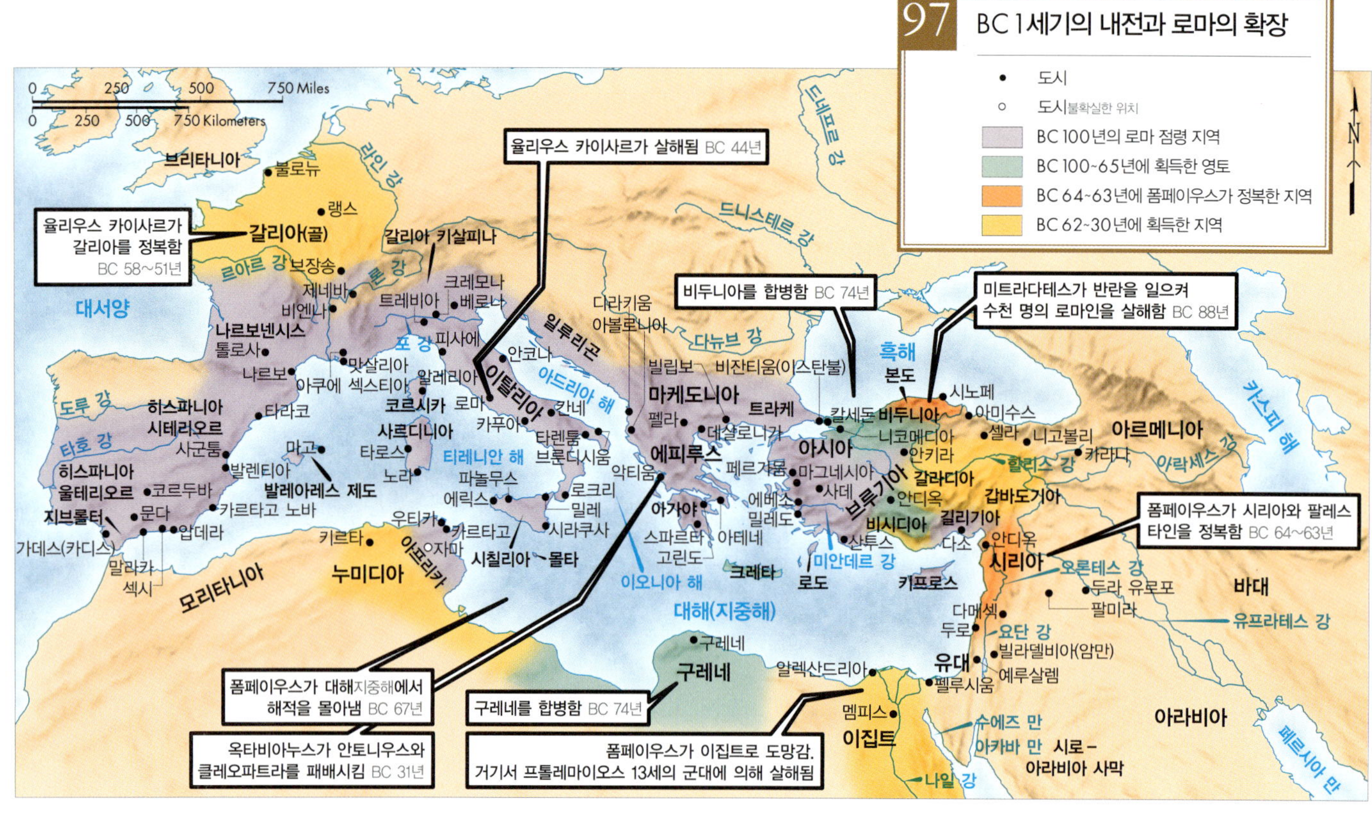

그락쿠스 형제의 개혁

티베리우스 그락쿠스Tiberius Gracchus와 가이우스 그락쿠스Gaius Gracchus 형제는 부유한 지주들에게 허용되는 공유지의 규모를 제한하고 땅이 없는 소작농에게 공유지를 재분배하는 계획을 추진했다. 당시 땅을 소유하고 있어야만 군인으로 복무할 수 있었기 때문에, 그락쿠스 형제는 토지를 재분배함으로써 로마 군대의 모병을 원활히 할 수 있고 수많은 노예 인구로 인해 내부 보안이 위태로워지는 것을 막을 수 있다고 생각했다. 하지만 원로원의 부유한 귀족들의 반대로 그락쿠스 형제는 목숨을 잃고 말았다.

그러나 누미디아Numidia 왕 유구르타Jugurtha가 위협을 하고 국경 근처의 미개한 부족들이 압박을 가하면서 로마 원로원의 보수적인 귀족들의 생각이 틀렸음이 판명되었다. 권력을 가진 '신진 세력들'즉 로마의 귀족 가문과 관련이 없는 은 자신들에게 충성을 다하는 직업 군인을 양성했다. 이들 가운데 한 명인 마리우스Marius는 유구르타를 패배시키고 원로원의 권력을 위협했다. 또 다른 군대 장군인 술라Sulla는 자신의 군대를 이용해 원로원의 전통적인 귀족 체제를 회복하려 했다. 이렇듯 로마의 계층 간의 갈등은 더욱 깊어져 갔다.

한편 또 다른 위기가 발생했다. BC 88년에 본도Pontus의 미트라다테스Methradates는 소아시아에서 유혈 반란을 일으켰으며 그로 인해 로마 시민 수천 명이 살해되었다. 여기에 길리기아와 크레타 섬에 근거를 둔 해적들이 선박의 항로를 교란하고 연안 지역을 침입하곤 했다. BC 73년에서 BC 71년에 스파르타쿠스Spartacus가 이끈 대규모 노예 반란과 같은 항쟁들도 로마를 위협했다. 이 와중에도 로마는 계속해서 속주를 만들어 나갔지만 BC 74년에 비두니아와 구레네 정복, 과거의 정치 체제는 무너지기 시작했다.

율리우스 카이사르*

이토록 혼란한 시기에 로마를 구한 영웅들이 나타났다. 폼페이우스Pompey는 스페인에서 일어난 반란을 진압하고 지중해에서 해적들을 몰아냈으며 노예 반란을 진압했다. 특히 미트라다테스Mithradates VI Eupator**를 패배시킴으로써 명성을 얻었다. 그는 BC 64년에 시리아를 정복했으며 일 년 뒤에는 팔레스타인을 시리아에 편입시켰다. 크랏수스Crassus는 BC 71년에 로마 군단을 이끌고 스파르타쿠스에 대항했다. 이 시기에 등장한 영웅 중 가장 유명한 사람은 율리우스 카이사르였다. 그는 갈리아 전쟁에 지휘관으로 나가 큰 명성을 얻었다 BC 58~51년.

BC 60년에 이 세 명이 제1차 삼두정치Triumvirate를 펴기 시작했는데, 그것은 권력을 서로 나누어 가진 느슨한 연합 형태였다. 그러나 BC 53년 크랏수스가 바대Parthian 전투에서 사망하자, 삼두 정치는 끝이 나고 폼

율리우스 카이사르.

페이우스와 카이사르의 권력 투쟁이 시작되었다.

원로원은 카이사르의 명성과 권력이 커지는 것을 두려워했으나, BC 48년 카이사르는 그의 가장 큰 경쟁자 폼페이우스를 누르고 일인자 자리에 올랐다. 이집트로 도망간 폼페이우스를 카이사르가 알렉산드리아까지 추격해 들어가자 프톨레마이오스 13세가 로마의 가장 위대한 장군이었던 폼페이우스를 살해했다. 그러나 카이사르는 알렉산드리아에 도착한 후 오빠의 권좌를 탐내던 프톨레마이오스의 여동생 클레오파트라 7세와 사랑에 빠졌다. BC 48년에서 BC 47년 겨울 카이사르는 프톨레마이오스 군대의 포위 공격에 맞서고 있었다. 이때 유대를 다스리던 이두매의 권력자 안티파테르Antipater가 카이사르를 도와 무사히 빠져 나올 수 있었다194쪽 참조. 카이사르는 안티파테르의 충성스러운 행위를 기억하고 뒤에 유대 사람들에게 특정한 권리와 특권을 부여해 주었다.

BC 46년 로마로 돌아온 카이사르는 원로원에 의해 독재관으로 선포되었다. 그러나 이 직책으로 인해 BC 44년에 목숨을 잃고 말았다. 실질적인 왕처럼 행동하면서 카이사르는 원로원에 상의하지도 않고 행정 장관들을 임명했다. 이러한 행동은 원로원의 보수적인 불평분자들을 격분시켰으며, 마침내 이 일인 독재관을 살해하기로 음모를 꾸미게 만들었다. BC 44년 3월의 이데스Ides, 3월 15일에 브루투스와 카시우스가 이끄는 과격한 보수주의자들이 카이사르를 암살했다.

안토니우스와 옥타비아누스

카이사르의 죽음은 로마에 위기를 불러왔다. 마르크 안토니우스Mark Antony와 옥타비아누스Octavian의 권력 투쟁에 전 로마가 휘말려 든 것이다. 안토니우스가 로마의 권력을 손에 넣겠다고 생각한 것은 카이사르의 유언에 따라 그의 젊은 종손 옥타비아누스가 제1 상속자로 지명되었다는 사실을 알고 나서였다. 카이사르의

암살자들과 싸워야 했던 안토니우스와 옥타비아누스는 어색한 동맹을 맺고 BC 42년 빌립보Philippi 평원에서 그들을 무찔렀다. 그 뒤 옥타비아누스는 이탈리아와 서부 속주들을, 안토니우스는 바대Parthia의 위협이 잦은 말썽 많은 동쪽을 다스렸다. 안토니우스가 알렉산드리아에서 클레오파트라의 매혹에 넘어가자, 옥타비아누스는 그를 '동방 여왕의 봉'이라며 험담했고, 마침내 두 사람의 충돌이 불가피하게 되었다. BC 31년 그리스의 서쪽 해안인 악티움Actium 전투에서 옥타비아누스가 안토니우스를 패배시키자, 안토니우스와 클레오파트라는 알렉산드리아로 돌아가 자살함으로써 일생을 마감했다. 이제 로마의 운명은 옥타비아누스 손에 달리게 되었다.

아우구스투스 : 제국 창건
BC 27~AD 14년

악티움 전투에서 안토니우스를 이긴 옥타비아누스는 로마에서 최고 권력의 자리에 오르게 되었다. 그러나 그의 친족인 율리우스 카이사르와 달리 옥타비아누스는 현명하게도 그가 열망하던 권력과 특권을 로마 시민

BC 46년 로마로 돌아온 카이사르는 원로원에 의해 독재관으로 선포되었다. 그러나 이 직책으로 인해 BC 44년에 목숨을 잃고 말았다.

표19 ｜ **주요 사건과 인물들** BC 133~27년	
통치 연도(BC)	**주요 사건**
133~122	가이우스와 티베리우스 그락쿠스 형제가 토지 개혁을 제안함. 사회적 긴장이 고조됨
112~105	누미디아 왕 유구르타와의 첫 번째 전쟁
	마리우스와 그의 전문 군인들이 로마 원로원의 권력을 위협함
88~84	본도 왕 미트라다테스와의 전쟁. 술라를 전쟁에 보냄
74	비두니아와 구레네를 속주로 병합함
73~71	스파르타쿠스의 노예 반란
66~63	폼페이우스가 '동부 정벌'의 일환으로 시리아BC 64년와 팔레스타인BC 63년을 정복함
60	제1차 삼두정치BC 60~53년, 율리우스 카이사르, 폼페이우스, 크랏수스가 실시됨
58~51	율리우스 카이사르가 갈리아를 정복함
49~45	폼페이우스와 카이사르 내전이 일어남
48	폼페이우스의 죽음
46	율리우스 카이사르가 로마의 독재관이 됨
44	BC 44년 3월 15일 율리우스 카이사르가 원로원의 보수파에 의해 암살됨. 빌립보 전투
42	마르크 안토니우스와 율리우스 카이사르의 종손 옥타비아누스가 카이사르의 암살범들을 패배시킴
42~31	옥타비아누스와 안토니우스 사이의 권력 투쟁. 이탈리아와 서부를 다스리는 옥타비아누스가 동부를 다스리는 안토니우스와 그의 왕비 클레오파트라, 그리고 로마를 차지하기 위해 분쟁함
31	옥타비아누스가 그리스 연안의 악티움에서 안토니우스와 클레오파트라를 패배시킴
27	옥타비아누스에게 '아우구스투스'라는 영예로운 칭호가 부여됨. 로마 황제 시대가 개막됨

신약성경에서 가이사 아우구스투스로 알려진 젊은 옥타비아누스의 모습이 주조된 금화.

들이 자신에게 부여하도록 허용했다. 원로원은 옥타비아누스를 '프린켑스 세나투스'Princeps Senatus, 원로원의 제1인자, 제1시민 *로 칭했고 BC 27년에 '아우구스투스'라는 경칭을 수여했다. 아우구스투스는 점차 원로원의 동의를 얻어 로마의 최고 직책과 권력을 획득했다. 그는 '임페리움' Imperium : 명령권을 통해 군부를 장악했고, BC 23년에는 최고 통수권Maius imperium proconsulare이 부여되었는데 이를 통해 아우구스투스는 모든 속주의 관리들을 다스렸다.

제일인자Princeps로서 아우구스투스는 원로원의 모든 정책을 결정했으며, 호민관으로서 어떤 사항에 관해서든 로마 시민들에게 직접 다가설 수 있었다. 아우구스투스는 원로원과 협조하는 것처럼 가장했지만 실상은 최고의 권력을 누렸다. 표면상 아우구스투스는 공화국을 개혁한 것이지만, 역사가들은 그의 통치기에 로마 제정 시대가 시작된 것으로 평가한다.

| 제국의 조직 | 제국의 체제를 정비하다

아우구스투스는 로마의 군단을 26개약 15만 명로 축소하고 로마 국경의 전략적 요충지나 문제가 많은 속주들에 배치했다. 제국은 제국에 속한 것과 원로원에 속한 것 등 두 종류의 속주들로 나뉘었다. 제국 속주는 문제를 일으킬 가능성이 있거나 전략적으로 중요한 곳이었다. 아우구스투스는 그곳의 지도자를 직접 임명함으로써 제국의 속주들을 다스렸다.

아우구스투스는 많은 군단이 주둔하고 있던 시리아와 같은 제국 속주들을 다스리기 위해 레가투스Legatus : 군 지휘관, 속주 부총독를 임명했다. 레가투스들은 원로원 계급에서 뽑혔다. 프라이펙투스Praefectus, prefect : 지방 장관와 프로쿠라토르Procurator : 재정 대리인, 행정관들은 원로원에 속하지 않은 기사 계급에서 뽑혔으며 주로 유대와 같이 작지만 문제가 많은 지역을 다스렸다. 전직 집정관 가운데서 뽑힌 프로콘술Proconsul, 속주 총독과 로마 원로원의 프라이토르Praetor, 법무관들은 원로원의 임페리움Imperium : 명령권에 의해 원로원에 속한 속주들을 다스렸다. 그러나 원로원은 아우구스투스에게 '임페리움 프로콘술라리 마유스'Imperium proconsulare majusi : 최고 통수권를 부여해 황제가 어느 때나 개입할 수 있는 권력을 주었다.

아시아, 키프로스, 아카이아는 모두 원로원의 속주였다. 아우구스투스는 그의 통치 기간 동안 많은 속주들을 로마에 포함시켰다갈라디아 Galatia, 갈리아 Gallia, 나르보넨시스 Narbonensis, 벨기카 Belgica, 바에티카 Baetica, 그리고 스페인과 갈리아의 다른 지방들.

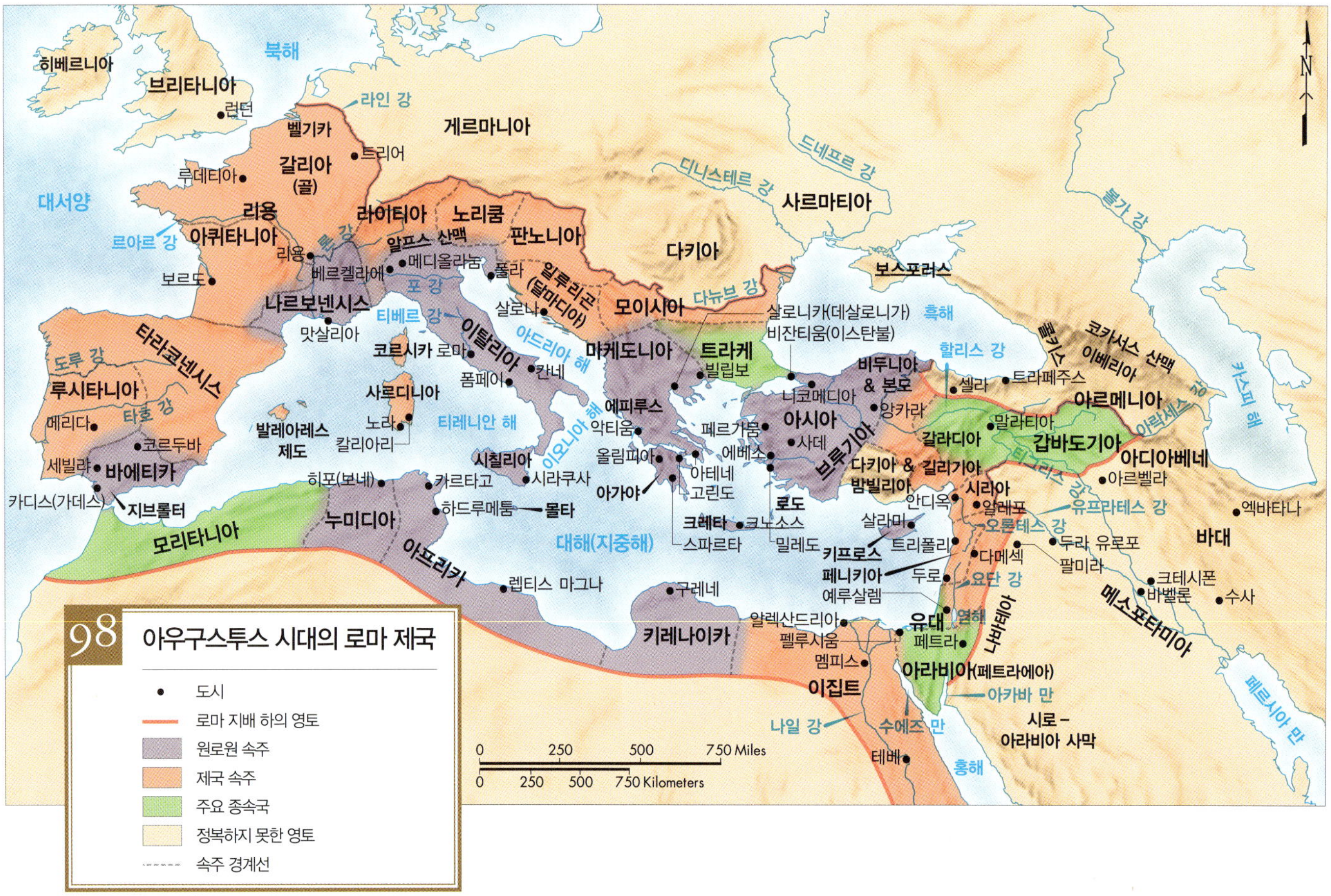

*프린켑스 세나투스(Princeps Senatus / 명칭)
라틴어로 '제일인자' 또는 '원수'라는 뜻으로 아우구스투스로부터 디오클레티아누스에 이르기까지 로마 황제들이 비공식적으로 사용한 칭호다. 이 시기는 원수 정치프린키파투스 시대로 알려졌으며, 디오클레티아누스와 그 후계자들의 통치는 '군주', '주인'을 뜻하는 '도미누스'라는 칭호를 따서 군주 정치 시대로 알려져 있다. 프린켑스라는 칭호는 로마 공화정 때 유래한 것으로 원로원의 지도적 성원을 가리키는 데 쓰였다.

98 아우구스투스 시대의 로마 제국

아우구스투스의 평화 | 팍스 로마나가 열리다

옥타비아누스에 의해 시작된 아우구스투스의 평화 혹은 팍스 로마나는 내전에 종지부를 찍었고, 지중해 연안국들에 안전과 경제적 번영을 가져다주었다. 아우구스투스의 통치는 새로운 시대의 시작을 가져왔는데 당시 문학은 이것에 대해 열렬하게 찬사하고 있다. 아우구스투스는 동부에서 구원자로 환영을 받았다. 물론 그는 속주들이 로마에 충성을 하는 동안에만 그들로부터 신적인 찬사를 받았다. 그는 많은 신전들을 새롭게 수리해 로마의 전통적인 종교를 숭배할 것을 장려했다. 그는 또한 가족과 국가에 대한 충성을 강조, 전통적인 로마의 가치를 구현하는 사회 개혁을 후원했다. 로마에서 아우구스투스는 수많은 공공건물들을 건축하거나 재건축했다. 이에 대해 그는 "로마는 벽돌로 지어졌지만, 내가 그 도시를 대리석으로 입혔다"고 자랑했다. 아우구스투스에게 주어진 권력은 세습될 수 없었지만, 아우구스투스는 자신의 후계자를 세우기 위해 노력했다. 처음에는 자신의 사위 아그립바Agrippa에게 관심을 보이다가 뒤에는 아그립바와 그의 아내 율리아Julia가 낳은 두 아들에게 돌아섰다. 불행하게도 그 세 명은 모두 아우구스투스보다 먼저 세상을 떠났다. 그러자 아우구스투스는 아내 리비아의 의붓아들 티베리우스Tiberius를 양자로 삼아 후계자로 세웠다.

원로원은 티베리우스에게 아우구스투스에게 준 것과 동일한 권력을 부여하면서 티베리우스를 실질적인 공동 통치자로 만들었다. 아우구스투스가 AD 14년 8월 19일 세상을 떠나자 티베리우스는 로마의 황제에 오르게 되었다.

> 옥타비아누스에 의해 시작된 아우구스투스의 평화
> 혹은 팍스 로마나는 내전에 종지부를 찍었고,
> 지중해 연안국들에 안전과 경제적 번영을 가져다주었다.

표20 | 로마의 황제들

이름	왕조	통치 연도	신약의 주요 사건
카이사르 아우구스투스 옥타비아누스	율리우스 – 클라우디우스	BC 27~AD 14	예수의 탄생. 헤롯 대왕의 죽음과 왕국의 분열. AD 6년에 처음으로 행정관 제도를 시행함
티베리우스	율리우스 – 클라우디우스	AD 14~37	예수의 공생애. 오순절. 바울의 회심
가이우스 칼리굴라	율리우스 – 클라우디우스	AD 37~41	헤롯 아그립바 1세의 왕국
클라우디오	율리우스 – 클라우디우스	AD 41~54	팔레스타인 왕 아그립바 1세AD 41-44년. 야고보의 순교. 유대의 가뭄. 바울의 제1차 전도 여행AD 46-48년; 예루살렘 공의회AD 49년. 클라우디오가 로마에서 유대 사람을 추방하라는 칙령을 공포함행 18:1 참조. 바울의 제2차 전도 여행AD 50-52년. 열심당의 반란
네로	율리우스 – 클라우디우스	AD 54~68	바울의 제3차 전도 여행AD 53-57년경. 열심당의 반란이 커짐. 바울이 가이사랴에 투옥되어AD 57-59년 로마에 압송됨AD 60-62년. 바울이 로마 옥중에서 에베소서, 골로새서, 빌레몬서, 빌립보서 등의 서신을 썼을 것으로 보임. AD 64년 로마 대화재. 로마의 그리스도의 사람들에 대한 짧지만 극심한 박해. AD 66년 유대 사람 반란. AD 66~67년 바울의 두 번째 로마 투옥(?), AD 65년 혹은 67년에 바울과 베드로의 순교(?). 로마의 갈릴리 정벌. AD 68년 6월 네로의 자살
'네 황제의 해': 갈바Galba, 오토Otho, 비텔리우스Vitellius, 베스파시아누스Vespasian		AD 68~69	네로 계승자를 두고 내분이 생기면서 유대 사람 반란에 대한 진압이 잠시 중단됨
베스파시아누스	플라비아누스	AD 69~79	AD 70년 4~8월 티투스 장군이 예루살렘을 포위하고 파괴함. AD 73년 혹은 74년 마사다Masada 함락
티투스	플라비아누스	AD 79~81	AD 80년 로마의 화재. 플라비아누스 원형 극장콜로세움의 봉헌. AD 81년 티투스 개선문 봉헌
도미티아누스	플라비아누스	AD 81~96	AD 86~87년, 89년, 92년 다키아 전쟁. AD 93~94년 주요 철학자들과 로마 원로원에 대한 박해. AD 95년경 그리스도의 사람 박해. AD 96년 도미티아누스가 암살당함. 요한계시록
네르바		AD 96~98	
트라야누스		AD 98~117	AD 106년 나바테아 왕국의 합병. AD 113년 비두니아 본도에서 그리스도의 사람을 박해함. AD 114년 시리아에서의 박해. AD 114~117년 바대 전쟁과 동부 정복. AD 115~117년 이집트와 구레네, 메소포타미아에서 제2차 유대 사람 반란
하드리아누스		AD 117~138	AD 132~135년 팔레스타인에서 바르 코크바의 반란. 예루살렘을 로마 식민지 엘리아 카피톨리나로 재건축. 속주에서 그리스도의 사람에 대한 간헐적인 박해가 계속됨

The Romans, Palestine, and Herod the Great

| 로마, 팔레스타인, 헤롯 대왕 |

BC 63년 폼페이우스BC 106~48년가 팔레스타인을 침공했을 때 헤롯의 아버지인 안티파테르는 그의 원정을 지원함으로써 로마와 오랜 관계를 맺기 시작했고, 로마로부터 많은 혜택을 받았다. 육 년 뒤 헤롯은 마르크 안토니우스를 만나 평생 친구가 되었다. 율리우스 카이사르 역시 헤롯 가문을 좋아하여 BC 47년 안티파테르를 유대 총독으로 임명하고, 로마 시민권을 주었다. 이 신분은 헤롯 및 그의 자녀들에게까지 계승되었다. 같은 해 헤롯은 아버지로부터 갈릴리 총독으로 임명받아 정치 무대에 나섰고, 육 년 뒤 마르크 안토니우스는 그를 갈릴리 분봉왕으로 삼았다. BC 40년 바대가 팔레스타인을 침공하고 내전이 일어나자 헤롯은 로마로 도망갔다. 로마의 원로원은 그를 유대의 왕으로 임명하고 그 지역을 충분히 장악할 만한 군대를 주었다. – 편집자 주

로마의 속국이 된 팔레스타인
BC 63~40년

하스몬Hasmonean 왕조 하에서 80년 동안 지속된 유대의 독립은 BC 63년에 팔레스타인이 로마의 지배 하에 들어가면서 끝이 났다. 로마 장군 폼페이우스는 BC 64년에 시리아를 속주로 합병했으며, 일 년 뒤 팔레스타인을 정복하면서 아리스토불로 2세Aristobulus II와 히르카누스 2세Hyrcanus II 사이의 내전을 종식시켰다196쪽 참조. 이는 '동방 원정'의 일환이었다.

메소포타미아에 있는 바대Parthia 왕국의 위협이 커짐에 따라 팔레스타인을 방어 완충지로 삼으려는 계획이었던 것이다. 로마에게 팔레스타인은 중요한 전략적 요충지로서 최전방의 속주가 되었으나 경제적으로는 얻은 것이 별로 없었다.

| 폼페이우스와 예루살렘 정복 | 성전을 더럽히다

폼페이우스는 히르카누스 2세*의 편을 들면서 유대 내전에 개입했다. 이두매의 통치자 안티파테르Antipater 역시 히르카누스를 도왔는데, 로마에 끝까지 충성한다는 것을 보여 주기 위해서였다. 아리스토불로Aristobulus와 그의 지지자들이 저항하자 폼페이우스는 시리아의 속주 총독 스카우루스Scaurus를 팔레스타인에 보냈다. 그러나 아리스토불로가 스카우루스를 요단 강 근처에서 격퇴해 물리치자, 폼페이우스는 다메섹에서 군대를 이끌고 스키토폴리스Scythopolis** 근처 요단 강과 여리고를 거쳐 예루살렘으로 진격했다. 예루살렘에 도착했을 때 히르카누스의 지지자들은 예루살렘을 폼페이우스에게 넘겨주었지만 아리스토불로의 지지자들은 성전 산Temple Mountain으로 물러나 저항했다. 폼페이우스는 성전 산을 포위하고 방벽과 경사로를 이용해 삼 개월간 공격해 성전을 손에 넣었다. 이때 폼페이우스는 성전을 파괴하지는 않았지만 지성소에 들어감으로써 유대 사람들을 분노케 했다.

| 로마의 팔레스타인 통치 | 두 명의 총독이 팔레스타인을 통치하다

폼페이우스는 히르카누스 2세를 유대 사람들의 대제사장으로 임명했으나, 사실 안티파테르가 로마의 신뢰를 받는 비공식적인 통치자였다. 폼페이우스는 유대의 지배 하에 있던 몇몇 그리스 도시들가사, 아소도, 도라 Dora, 스트라토 망대, 그밖에 해안 도시들을 분리시켰으며, 히포스Hippos, 디움Dium, 아빌라Abila, 가다라Gadara, 펠라Pella와 게라사Gerasa를 포함한 요단 강 동쪽의 몇몇 도시에는 자치권을 주었다. 이 도시들은 데가볼리Decapolis, 즉 로마가 시리아 총독의 관할 하에 둔 그리스 도시 동맹에 속했다.

데가볼리 도시들의 수와 이름은 고대 자료에 따라 다르다. 이중 스키토폴리스벧산는 요단 강 서쪽에 있었다. 폼

안티파테르는 그의 두 아들 파사엘과 헤롯을 각각
예루살렘과 갈릴리 총독으로 임명했다.
파사엘은 총독으로서 예루살렘을 평온하게 통치했다.
그러나 헤롯은 갈릴리에서 히즈키야가
일으킨 반란을 무자비하게 진압함으로써
폭군이라는 평판을 얻게 되었다.

페이우스는 갈릴리 바다 동쪽의 영토를 아랍 민족인 이두래Iturea 사람들에게 넘겨주었다. 사마리아도 유대의 지배에서 분리되었다.

히르카누스 2세와 안티파테르는 아리스토불로 2세와 그의 두 아들 안티고누스Antigonus와 알렉산더Alexander가 이끄는 수차례의 반란을 진압해야 했다. 이때 수천 명의 유대 사람이 목숨을 잃었다. 히르카누스와 안티파테르에게 극적인 행운이 따른 것은 율리우스 카이사르가 알렉산드리아에서 프톨레마이오스Ptolemaeos* 군대에 포위되었을 때 두 사람이 카이사르에게 군사적 도움을 주면서다. 카이사르는 안티파테르에게 로마 시민권과 '행정관' 직을 수여했다. 비록 안티파테르가 모든 통치권을 가졌지만, 히르카누스는 행정관보다 더 높은 직위인 분봉왕이 되었다.

안티파테르는 그의 두 아들 파사엘Phasael과 헤롯Herod을 각각 예루살렘과 갈릴리 총독으로 임명했다. 파사엘은 총독으로서 예루살렘을 평온하게 통치했다. 그러나 헤롯은 갈릴리에서 히즈키야Hezekiah가 일으킨 반란을 무자비하게 진압함으로써 폭군이라는 평판을 얻게 되었다. BC 43년에 안티파테르가 암살되자 마르크 안토니우스Mark Antony는 파사엘과 헤롯을 분봉왕으로 임명했다. 유대 민족주의자들은 벼락출세한 이 두 이두매Idumea 사람의 통치에 분노했다. 그러나 두 사람의 권세는 히르카누스 2세의 권세를 능가했다.

| 바대의 침략 | 헤롯이 로마로 피신하다

BC 40년 바대가 시리아와 팔레스타인을 포함해 로마의 동쪽 속주들을 침략했다. 아리스토불로 2세의 아들 안티고누스는 자신을 유대 사람의 대제사장이자 왕으로 임명한 바대 사람들을 도왔다. 이 침략으로 인해 파사엘이 포로가 되어 돌레마이 근처로 잡혀 갔고, 그곳에서 자살했다. 헤롯은 가족과 함께 예루살렘을 빠져 나갔으나 마사다에 가족을 남겨 둔 채 혼자 로마로 피신했다. 로마로 건너간 헤롯은 안토니우스와 옥타비아누스의 도움을 받아 원로원에 탄원을 했다. 원로원은 헤롯을 유대 사람의 왕으로 세움과 동시에 히르카누스의 옛 영토 유대, 갈릴리, 동쪽 이두매와 사마리아, 서쪽 이두매까지 주었다.

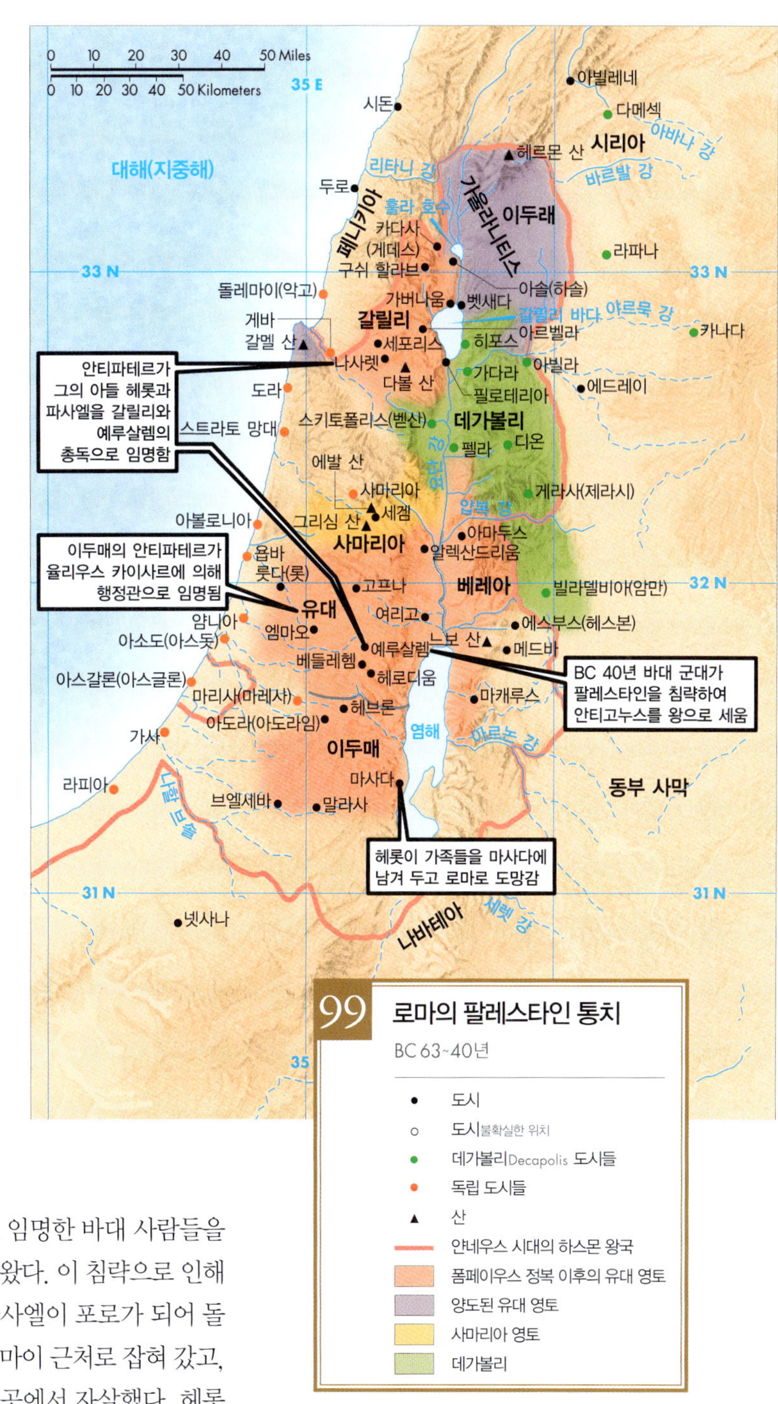

*프톨레마이오스(Ptolemaeos)
그리스 알렉산더 대왕의 부하 장수로서 원정에서 많은 공을 세웠던 프톨레마이오스 1세가 BC 305년에 세운 왕조다. 이들이 다스렸던 이집트는 당시 가장 융성하고 번영한 나라였으며 유럽 문명의 원류인 헬레니즘을 완성했고 서방과 동방 문화를 융합 발전시켰다.

35 E
로마 방향
36 E
아빌레네
대해(지중해)
시돈
이두래
다메섹
아바나 강
헤르몬 산▲
바르발 강
리타니 강
시리아
가이사랴 빌립보(파니아스)
페니키아
라파나
훌라 호수
33 N
33 N
돌레마이(악고)
가울라니티스
드라고닛
헤롯이 아르벨라 동굴에서
반란군과 싸움
가버나움
벳새다
바타네아
갈릴리
헤롯이 유대의 왕으로 재가받고
로마에서 돌아옴
BC 39/38년
가나
아르벨라
갈릴리
바다
가말라
캬나다
세포리스
디베랴
히포스
하우란 산▲
▲갈멜 산
나사렛
게바
▲다볼 산
아빌라
야르묵 강
가다라
에드레이
아우라니티스
도라
기손 강
길보아 산▲
스키토폴리스(벤산)
가이사랴 마리티마
(스트라토 망대)
펠라
디온
사마리아
데가볼리
와디 파리아
세바스테(사마리아)
▲에발 산
게라사(제라시)
▲그리심 산
세겜
아볼로니아
얍복 강
아르논 강
그일라
안디바드리
(아벡)
알렉산드리움
욥바
파사엘리스
아마두스
이사나
그몰(가다라)
32 N
32 N
룻다
고프나
베레아
빌라델비아 (암만)
유대
여리고
얌니아
엠마오
에스부스(헤스본)
파랄리우스
예루살렘
느보 산▲
메드바
아소도(아스돗)
히르카니아
헤롯이 예루살렘을 차지하고
안티고누스를 안디옥에서 처형함 BC 37년
베들레헴
헤로디움
아스갈론(아스글론)
마리사
그일라
마카루스
안세돈
베토가브리스(벧 구브린)
아도라
헤브론
가사
염해
엔게디
오레사
이두매
아랏
마사다
라피아
헤롯이 그의 가족을 구함 BC 40/39년
브엘세바
말라사
길하레셋
31 N
세렛 강
나바테아
넷사나
0 10 20 30 40 50 Miles
0 10 20 30 40 50 Kilometers
100
헤롯 대왕의 왕국
● 도시
○ 도시불확실한 위치
● 데가볼리 도시
● 헤롯이 점령한 도시
▲ 산
포위
유대를 지배하기 위한 헤롯의 원정
헤롯의 형제 페로라스Pheroras가 이끈 진격
BC 40년의 유대 영토
BC 40년에 추가된 영토
BC 30년에 추가된 영토
BC 23년에 추가된 영토
BC 20년에 추가된 영토
나바테아로부터 빼앗은 영토
데가볼리

로마 종속국의 왕, 헤롯 대왕

팔레스타인의 로마화Romanization는 헤롯 대왕이 통치하는 기간에 본격적으로 시작되었다. 로마는 로마에 변함없는 충성을 다짐하는 헤롯을 선택해 팔레스타인을 다스리고자 했다. 로마는 헤롯에게 큰 영토를 주었고, 헤롯은 그것을 잘 다스렸다. 그러나 로마는 속주의 왕들이 자신의 영토 안에서 누리는 권력은 허용했지만, 외교와 전쟁에 관한 한은 엄격하게 통제했다.

| 왕국 장악을 위한 헤롯의 투쟁 | 헤롯이 유대 왕이 되어 로마에서 돌아오다

로마의 도움으로 팔레스타인으로 돌아온 헤롯은 자신의 왕국을 차지하기 위해 안티고누스의 지지자들과 싸워야 했다. 그러는 사이 로마는 바대를 몰아내고, BC 37년에 예루살렘의 항복을 받아 냈다. 헤롯의 주장에 따라 안티고누스와 그를 지지하던 많은 사두개파들이 안디옥Antioch에서 처형되었다. 안티고누스가 죽자 헤롯은 마침내 유대, 사마리아, 이두매, 갈릴리와 베레아Perea를 포함하는 왕국을 차지했다.

| 권력 강화 | 정적을 제거하다

헤롯은 첫 십 년 동안 자신의 권력을 강화하는 데 온 힘을 쏟았다. 헤롯은 에돔의 피가 섞인 이두매 사람이었다. 유대 사람의 눈에 그는 통치자로서 적합하지 않았다. 로마의 속주 왕으로서 헤롯은 특히 하스몬 왕조를 지지하는 유대 사람들에게는 외세의 상징일 뿐이었다. 유대 사람들의 지지를 얻기 위해 헤롯은 이두매 사람 아내 도리스Doris와 이혼하고 하스몬 왕가의 공주 마리암네Mariamne와 결혼했다. 그러나 헤롯의 장모 알렉산드라Alexandra가 자신의 젊은 아들 아리스토불로 3세를 대제사장에 임명할 것을 종용하더니, 마침내 이집트의 클레오파트라를 끌어들여 헤롯에 대항할 음모를 꾸몄다. 하스몬 왕가의 딸 마리암네과 결혼함으로써 유대 사람의 마음을 얻고자 한 헤롯은 이 일로 아리스토불로 그는 여리고에서 '익사함으로써' 의문의 죽음을 당했다와 연로한 히르카누스 2세를 살해할 것을 명령했다.

한편 프톨레마이오스 왕가의 여왕 클레오파트라는 헤롯의 권력에 심각한 위협이었다. 클레오파트라는 마르크 안토니우스의 배우자였으며 그와 함께 동부를 지배했다. 안토니우스는 클레오파트라에게 소중한 오아시스 여리고와 주요 연안 도시들, 요단 강 동쪽의 땅들을 주었다. 헤롯은 클레오파트라를 두려워했지만 안토니우스가 권좌에 앉아 있는 한 충성을 다했다. BC 31년 안토니우스는 악티움 전투에서 옥타비아누스에게 패배하자 클레오파트라와 함께 자살을 했다. 헤롯에게도 위기가 아닐 수 없었다.

옥타비아누스가 헤롯을 로도Rhodes로 소환했을 때 헤롯은 악티움의 승리자에게 곧 황제가 되는 로마에 대한 그의 충성을 확신시켜 주었다. 옥타비아누스는 헤롯에게 그가 팔레스타인의 왕임을 재가해 주고 클레오파트라에게 빼앗긴 땅들을 돌려주었다. BC 23년 아우구스투스가 된 옥타비아누스는 이두래, 바타네아Batanea, 아우라니티스Auranitis를 헤롯 왕국에 주었다. BC 20년에는 가울라니티스Gaulanitis, 파니아스Panias, 울랏사Ulatha까지 얹어 주었다.

| 헤롯의 건축 사업 | 야심찬 도시화를 추진하다

헤롯은 고대 세계에서 티베리우스 다음으로 위대한 건축가였다. 그는 통치 중에 매우 야심 찬 건축 사업을 추진했다. 로마의 속주 왕으로서 헤롯은 그의 왕국은 물론 그것을 넘어선 곳까지 후원자로 행세해야 했다. 그는 자신의 보호자 아우구스투스의 영예를 위해 건축 사업을 하기도 했는데, 사마리아를 재건한 다음 아우구스투스를 뜻하는 그리스어 세바스테Sebaste로 이름을 바꾸었다. 황제에게 헌정한 거대한 신전은 이 새 도시의 이교적인 특징을 반영했다. 예루살렘 밖에서 이뤄진 헤롯의 가장 야심 찬 사업은 가이사랴 마리티마Caesarea Maritima* 에 새 항구를 건설하는 것이었다. 건축 기술자들은 채석한 돌과 물속에서 단단해지는 양회洋灰를 이용해 거대한 방파제를 만들어 잘 보호된 대규모 항구를 건설했다. 가이사랴는 팔레스타인을 로마 제국과 상업적·문화적으로 연결하는 국제도시로서 헤롯의 '세계의 창'이 되었다.

| 헤롯의 예루살렘 건축 사업 | 예루살렘을 로마의 도시화 하다

헤롯은 그의 통치 기간 중에 예루살렘의 모습을 바꾸었다. 그는 예루살렘 서쪽에 새 왕궁을 짓고, 그 왕궁의 북쪽에는 친구와 친척의 이름을 따라 마리암네, 히피쿠스

*가이사랴 마리티마(Caesarea Maritima / 지명)
헤롯이 세운 신도시 가운데 가장 대표적인 도시로 신약성경에서 가이사라로 알려진 곳이다. 요세푸스의 기록에 의하면, 바다로 향한 건축물과 배를 정박하는 방파제들이 있으며 항구로 들어오는 입구에 여섯 개의 기념물을 두어 멋을 낼 정도로 화려했다고 한다. 사도행전의 기록에 의하면, 바울은 이곳에서 이 년 동안 구금되어 있었다.

Hippicus, 파사엘이라고 이름 붙인 세 개의 망대를 세웠다. 성전 북쪽에는 네 개의 독특한 망루가 있는 안토니우스 요새를 건축했다.

요세푸스Josephus에 의하면 헤롯은 예루살렘에 극장, 전차 경기장, 육상 경기장도 건설했는데, 그 위치는 지금까지 밝혀지지 않고 있다. 헤롯은 베들레헴 지역에서 예루살렘까지 물을 가져오기 위해 수로를 건설해 예루살렘의 물 공급을 원활하게 했다. 헤롯의 가장 위대한 업적은 BC 515년에 스룹바벨Zerubbabel이 봉헌한 평이한 구조물을 대체해 새 성전을 건축하는 일이었다.

BC 19년에 시작한 성전 계획이 AD 64년에야 완성되었다. 성전 단지는 대규모 토목 공사를 벌이고 벽을 만들어 두 배로 커졌다. 성전 건물은 확장되었고 대리석으로 된 정면은 금장식으로 마무리했다. 헤롯은 그 사업을 유대 율법을 면밀히 검토하면서 추진했는데, 석공으로 훈련된 제사장들을 기용하기도 했다239~243쪽의 '헤롯과 예수 시대의 예루살렘' 참조.

헤롯의 건축 사업은 새로운 일자리와 수요를 창출함으로써 팔레스타인에 경제적인 번영을 가져왔다. 그러나 헤롯 왕국의 면모를 바꾸는 이러한 웅대한 계획을 위해서는 세수를 늘릴 수밖에 없었다. 이에 따라 사회·정치적 긴장들이 폭발되곤 했다. 헤롯은 기근과 지진의 자연 재해가 발생하자 자신의 재산을 털어 구호 운동을 지원하는 등 민심을 얻으려 노력했지만, 유대 사람들은 대체로 헤롯을 경멸했다. 헤롯은 아테네, 다메섹, 안디옥, 로도, 베리투스Berytus 등 팔레스타인 밖에도 기념물과 건물을 지었고, 로마의 보호를 받는 속주 왕에게 요구되는 사치스런 경기들을 후원했다.

|헤롯의 말년| 망상증이 불러온 비극

헤롯은 사람들이 자기의 왕좌를 노리고 있다고 생각했기 때문에 늘 두렵고 외로웠다. 그는 말년에 가족을 포함한 음모자들에게 복수하는 데 힘을 쏟았다. 그중에는 실제 음모자도 있었고 헤롯의 상상이 만들어 낸 음모자도 있었다. 헤롯은 아들들을 의심해 자신의 유언을 여러 번 수정했다. BC 7년 헤롯은 그의 누이 살로메Salome의 충고에 따라 마리암네에게서 낳은 두 아들 알렉산더와 아리스토불로를 반역죄로 처형했다. 도리스가 낳은 셋째 아들 안티파테르는 헤롯이 죽기 닷새 전에 헤롯의 명령에 의해 처형되었다. 오직 신약성경에만 기록되어 있는 베들레헴 유아들을 살해한 비극적인 사건은마 2:16-23 헤롯 말년의 무자비한 망상증과 잘 들어맞는다.

헤롯은 말년에 유대 백성의 미움을 깊이 느끼고 자신이 죽으면 아무도 애도하지 않을 것이라고 믿었다. 그는 만성적이고 고통스러운 위장병을 앓고 있었으며 이를 치료하기 위해 칼릴로에Callirrhoe에 있는 온천에서 휴식을 취하곤 했다. BC 4년에 헤롯이 죽자 많은 유대 사람들은 안도하고 기뻐했다. 그들은 헤롯의 질병을 하나님의 징계라고 믿었다. 헤롯의 시신은 왕궁의 관에 안치되어 여리고에서 헤로디움Herodium으로 옮겨져 매장되었다.

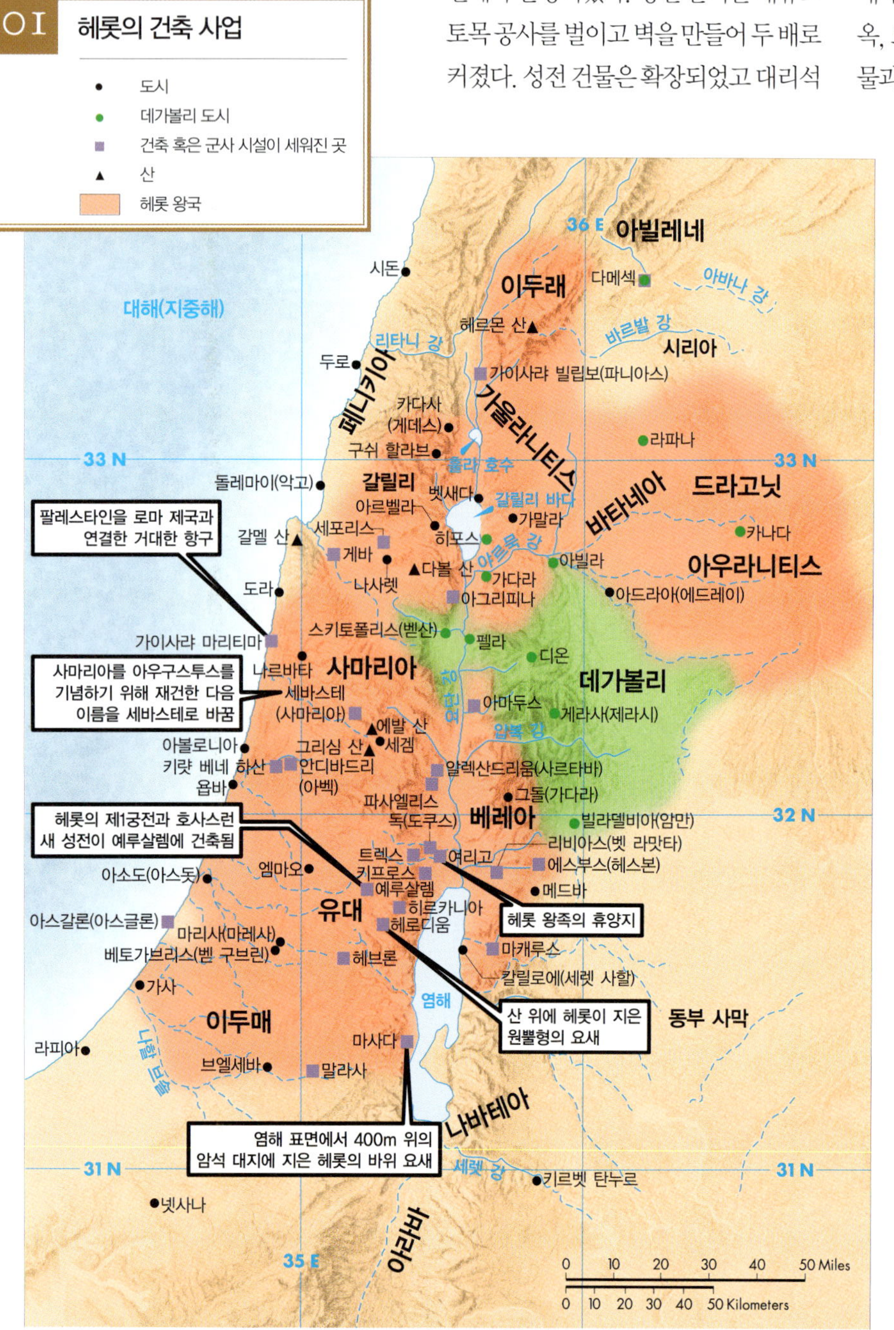

가이사랴, 헤롯의 세계의 창

헤롯이 가장 야심만만하게 추진한 사업은 웅대한 항구 도시 가이사랴를 건설하는 일이었다. BC 22년에서 BC 9년에 건설된 이 신도시는 헤롯의 후원자 카이사르 아우구스투스를 기념하기 위한 것이었다. 헤롯의 건축 기술자들은 갈멜 산에서 남쪽으로 약 35km 떨어진 곳을 선택했는데, 그곳은 이전에는 페니키아 사람들이 조그만 정박지로 사용했고 그리스 시대에는 스트라토 망대라는 이름으로 알려진 곳이었다. AD 6년 이후에 가이사랴는 로마 행정관의 공식 거주지가 되었다. 즉 팔레스타인의 로마 행정 중심지가 된 것이다. 베스파시아누스Caesar Vespasianus Augustus * 는 제1차 유대 반란the First Jewish Revolt이 일어났을 때 로마에 충성을 다짐하며 바쳐진 가이사랴만큼은 로마의 식민지 자격으로 승급시켰다.

헤롯 왕국은 로마의 대형 화물선을 정박시킬 수 있을 만큼 수심이 깊은 항구 시설이 없었다. 건축 기술자들은 이 문제를 해결하기 위해 페니키아 사람들이 사용하던 조그만 정박지를 커다란 항구로 확장하고, 그 이름을 세바스토스Sebastos라고 불렀다. 잘 다듬은 마름돌과 물속에서 단단해지는 양회를 나무 틀 속에 부어 만든 덩어리로 건설한 두 개의 거대한 방파제가 10만m² 규모로 광활한 바다를 에워쌌다. 방파제는 양회를 부어 만든 덩어리들을 사용했는데, 그만한 규모로 이루어진 전례가 없었다. 남쪽의 방파제는 서쪽으로 200m 뻗어 나가 다시 북쪽으로 300m 꺾어져 올라갔다. 방파제 안쪽은 배들이 짐을 하역하는 부두로 사용되었다. 북쪽 방파제는 서쪽으로 180m 이상 뻗어 나갔다. 육중한 주춧돌 위의 조각상들Statue이 북서쪽에 있는 항구 입구 측면에 세워졌다. 그것들은 방파제 근처에 쌓인 모래톱들을 피해 배들이 잘 항해할 수 있게 안내하는 역할을 했을 것이다. 항구 안쪽에 있는 두 포구에는 추가적인 항만 시설을 제공했는데, 안쪽 해안을 따라 천장이 볼록한 모양으로 된 창고들이 있었다.

창고 근처에서 발견된 양쪽으로 손잡이가 달린 항아리저장 용기 파편들은 가이사랴에서 나던 올리브 기름, 포도주, 곡물과 염장 생선 무역이 활발했음을 증언하고 있다. 창고들 가운데 한 곳에서는 미트라 신Mitra **을 비밀 의식을 통해 예배하던 동굴을 본떠 만든 장소인 미트라 전이 발굴되었다. 미트라 전은 신약시대보다 후대의 것으로 알려져 있으며, 그곳에는 미트라 신이 황소를 죽이는 모습을 양각으로 새긴 원형 메달과 제단이 있었다.

헤롯은 주로 유대 사람이 아닌 주민을 수용하기 위해 가이사랴를 그리스 도시로 계획했기 때문에 가이사랴는 전형적인 그리스식 격자 모양으로 설계되었다. 수로를 이용해서 갈멜 산의 샘과 자르카Zarqa 강의 물을 가이사랴에 공급했다. 항구 동쪽에 흙을 쌓아 올린 대지 위에 로마와 아우구스투스를 위한 신전이 높이 서 있었다. 오늘날 가장 눈에 띄는 건축물은 복원된 극장인데 그런 건축물은 근동 지방에 도입된 것 가운데 가장 초기에 속하는 것이다. 이 극장에서 발견된 비문 중에 본디오 빌라도Pontus Pilate를 언급하고 있는데, 그가 가이사랴에 있는 한 신전을 티베리아스 황제에게 헌정했다는 내용이다. 최근에 극장 서쪽에 있는 한 곳을 고고학적으로 탐사한 결과, 작은 못 혹은 수족관과 아름다운 모자이크 장식을 한 궁전 건물이 발굴되었다. 이는 아마도 요세푸스가 묘사한 헤롯의 왕궁일 것이다. 가이사랴에는 주민들을 즐겁게 해주기 위한 원형 경기장과 히포드롬Hippodrome, 서커스 : 전차경기장이 있었다고 하는데, 아직 완벽하게 발굴되지 못한 상태다. 도시 북동쪽에 있던 원형 경기장은 타원형으로 된 넓은 경기장95 x 62m을 갖추고 있었다. 히포드롬은 헤롯 시대 이후에 만들어진 것으로 3만 명 이상의 관중을 수용할 수 있었다. 최근에 좀 더 작은 규모의 히포드롬이 극장 서쪽에서 발굴되었다.

가이사랴는 처음부터 완전히 그리스 · 로마 도시였다. 비록 중요한 유대 공동체가 그 도시에 거주했지만, 가이사랴는 이방 주민과 로마 행정관들의 요구를 만족시켰다. 베드로의 가이사랴 전도는 그리스도교가 이방 사람들 사이에 확장되는 길을 여는 데 도움이 되었다행 10장. 비록 제1차 유대 반란으로 가이사랴에 있는 유대 공동체의 수많은 사람들이 죽었지만, 그 도시는 비잔틴 시대까지 로마의 식민지로서 번성했다. 비잔틴 시대에 가이사랴는 기독교 학문의 중심지가 되었다. 오리겐Origen과 유세비우스Eusebius는 가이사랴에 살면서 학문을 가르치고 저술 활동을 했다.

위 | 최근 가이사랴에서 발굴된 작은 히포드롬의 모습.
아래 | 바다의 만조보다 높이 있는 수로가 가이사랴 마리티마에 물을 공급한다. 수로의 일부는 AD 73년에 끝난 제1차 유대 반란 뒤에 제10로마 군단Fretensis이 건설했다.

가이사랴 마리티마에 있는 극장.

* 베스파시아누스(Caesar Vespasianus Augustus, AD 9~79년 / 인명) 세리 집안의 비천한 가문 출신이었지만 로마와 유대의 마찰을 해결한 업적을 인정받아 네로 이후에 로마에서 발생한 내전을 성공적으로 수습했다. 이를 발판으로 로마 황제의 자리에 오르게 된AD 69~79년 그는 재정을 개혁하고 제국의 통치를 공고히 해 정치를 안정시켰으며 로마의 대규모 건축 공사를 추진했다.

** 미트라 신(Mitra / 명칭) BC 1세기 전반 로마 제국에 널리 유포된 종교로, 그 기원은 고대 인도, 이란의 민족 시대로 거슬러 올라간다. 미트라는 BC 3세기경 페르시아에서 성행하다가 그리스로 건너가 로마로 자연스럽게 전파되었다. 밀의 종교로서 특히 군인들에게 널리 믿어졌다. 로마 시대의 미트라는 이미 소아시아와 메소포타미아 지방의 토착 종교와 혼합되어 크게 변질되어 있었다.

헤롯의 요새들

왼쪽 | 헤로디움.
오른쪽 | 위에서 내려다본 헤로디움의 내부. 앞쪽에 보이는 것이 안마당이다. 그 너머로 헤롯의 가족들이 사용하던 식당과 개인적인 시설들이 보인다.

헤롯은 휴양지와 도피처를 마련하기 위해 요단 골짜기와 염해의 가장자리를 따라 일련의 요새들을 건설했다. 멀리 떨어진 한적한 언덕이나 산 정상에 자리 잡고 있는 이 요새들은 모두 봉화로 예루살렘과 서로 연결되어 있었다. 그 요새들은 정치적으로 불안할 때 헤롯의 안전을 지켜 주는 장소였다. 마사다Masada, 마캐루스Machaerus, 키프로스Cypros, 알렉산드리움Alexandrium, 헤로디움Herodium은 우리에게 잘 알려진 요새들이다. 헤롯의 제1궁전은 예루살렘에 있었지만 그는 다른 사치스러운 궁전과 별궁들도 자신의 개인적인 즐거움을 위해 소유하고 있었다. 그중에는 여리고 근처에 있는 장엄한 겨울 궁전도 포함된다.

헤로디움

산 위의 특이한 원뿔형 요새인 헤로디움은 예루살렘에서 남동쪽으로 약 13km 떨어져 있으며 해발 758m에 자리 잡고 있다. 헤로디움은 요새로서, 지방 수도로서, 그리고 마지막으로 헤롯의 무덤으로서 역할을 했다. 산 위의 요새는 주변 땅보다 60m나 더 높이 솟아 있다.

헤롯의 건축 기술자들은 산 정상을 평평하게 만든 다음 네 개의 망루와 그것을 두 개의 동심 벽으로 연결해 원뿔형 요새를 만들었다. 네 개의 망루 가운데 세 개는 반원형이고 하나는 원형이었다. 벽을 따라 흙과 돌을 쌓아 올려 헤로디움은 특이한 모양을 갖게 되었다. 벽과 망루의 상부에는 창고 시설과 방들이 있었다. 원뿔형 안의 공간은 두 구역으로 나뉜다. 동쪽 구역은 기둥들이 둘러싼 12.5 x 77m 넓이의 정원이다. 서쪽 구역에는 목욕탕, 트리클리니움식당, 안뜰이 있다. 요새에 들어가려면 대리석 계단이 깔린 복도를 따라 북동쪽 벽을 지나야 했다. 물은 궁전 안에 있는 몇 개의 저수조와 산 자체에 깊이 파 놓은 저수조들을 통해 공급했다.

요새 궁전 북쪽 아래에 자리 잡고 있는 하부 헤로디움은 약 15만 m²의 규모다. 편의 시설과 행정 시설을 갖추고 있으며, 이외에도 수로에 의해 채워지는 거대한 못이 있었다 46 x 70m, 깊이 3m. 못 한가운데의 주랑을 갖춘 복도로 이루어진 정자는 정원으로 둘러싸여 있었다. 그 못의 남서쪽 코너에는 커다란 목욕탕 시설이 붙어 있었다. 하부 헤로디움의 색다른 특징은 좁고 긴 테라스350 x 30m인데 서쪽으로 아름답게 지어진 구조물과 연결되어 있었다. 고고학자들은 그 구조물을 '기념비적 건물'이라고 이름 붙였다. 테라스와 기념비적 건물은 아마도 헤롯의 장례 행렬과, 확인되지는 않았지만, 그의 유골들을 보관하기 위해 건축된 것으로 추정된다. 요세푸스는 헤롯을 마지막 안식처로 인도하던 장례 행렬에 대해 생생하게 묘사하고 있다.

마사다

마사다는 염해 기슭에서 400m 높은 메사Mesa : 꼭대기는 평평하고 주위는 벼랑인 지형에 자리 잡고 있는 바위 요새다. 주요 진입로는 꼬불꼬불한 '뱀 모양의 통로'Snakepath를 따라 동쪽으로 올라가는 길이다. 헤롯은 그 메사 위에 원래 있던 하스몬 왕조 시절의 구조물들을 상당히 많이 확장했고 필요에 따라 새로운 건물들을 더 지었다. 포곽 성벽casemate wall이 정상을 에워싸고 있는데, 요새 내부의 면적은 남북으로 600m, 동서로 300m에 달한

염해 서쪽 기슭에 있는 헤롯의 요새 마사다. 중앙에 보이는 것이 마사다를 함락하기 위해 유대 노예 들을 부려 건설한 로마의 경사로다.

다. 헤롯은 왕족들이 머물 수 있도록 두 채의 새로운 궁전을 지었다. 널따란 테라스와 옹벽Revetment wall이 지탱하는 독특한 모양의 삼 층 궁전은 마사다의 북쪽 벼랑에 붙어 있다. 아래층에 있는 목욕탕 시설들은 정교한 모조 대리석을 사용해 로마 양식을 따라 만들었다. 두 개의 원형 벽이 중간층을 형성하고 있는데 아마 정원으로 사용된 것 같다. 커다란 서쪽 궁전에는 왕족의 방, 목욕탕, 왕좌를 갖춘 방과 하인들의 숙소가 있었다. 궁전에는 아름다운 모자이크가 있었는데, 헤롯의 유대 백성들을 불쾌하게 할 만한 형상은 없었다.

커다란 창고 시설들에는 밀과 식용유, 그리고 필수품들을 보관했다. 산의 표면을 깎고 파서 만든 대규모의 저수조는 표면에서 흘러 들어오는 물을 저장했다. 고고학자 이갈 야딘Yigael Yadin은 이 저수조에 약 4,000만ℓ의 물을 저장할 수 있다고 추정했다. 물은 마시고 요리하는 용도 외에도 목욕탕과 정화 의식, 수영장 등에 필요했다.

마사다는 예루살렘이 함락된 뒤 열심당원들이 로마에 대항해 지키던 마지막 성채였다. 플라비우스 실바Flavius Silva의 지휘에 따라 로마 사람들은 돌로 만든 요새를 지키던 약 960명의 열심당원을 포위했지만 그들은 항복하는 대신 모두 자결했다. 로마 진영과 방벽의 자취들이 지금까지 마사다 주변에 남아 있다. 마사다 서쪽 면을 따라 로마 군대가 만든 경사로는 로마 군인들이 최후 공격을 하는 동안 성을 포위할 수 있는 무기들을 운반하는 데 이용되었다. 야딘은 용감한 열심당원들의 개인 용품과 유골을 발굴했는데, 이는 그들이 최후까지 버티던 불굴의 항전을 증언해 주고 있다.제20장 참조

. . . .

헤롯의 여리고

그리스·로마 시대를 거치면서 여리고는 다시 한 번 번성했으며 이번에는 헤롯 왕이 그것을 주도했다. 하스몬의 통치자들과 헤롯 대왕은 여리고가 건강에 알맞은 기후를 가지고 있으며 경제적인 잠재력이 있다는 것을 알았다. 이 두 시대의 통치자들은 오아시스 남서쪽의 툴룰 아부 엘 알라이크Tulul Abu el-Alaiq에 거대한 궁전들을 건축했다. 때때로 '헤롯 시대의 여리고' 혹은 '신약시대의 여리고' 라고 알려진 툴룰 아부 엘 알라이크는 왕실 휴양지로 불리는 것이 더 적절하다. 여기에는 궁전, 수영장, 목욕탕과 정원이 완벽하게 갖추어져 있었다. 예루살렘을 향해 올라가는 길이 시작되는 와디 켈트Qelt에 자리 잡고 있는 여리고는 수도에서 21km밖에 떨어지지 않은 곳에 있었다. 겨울의 온화한 기후와 사철 아름다운 오아시스는 예루살렘에서 받던 압박과 위험에서 벗어나 안도감을 느끼게 해주었다.

당시에 건설된 대규모 관개 시설은 오아시스를 크게 확장했고, 무상으로 왕실 토지를 얻을 수 있게 해주었다. 요세푸스는 그곳의 대추야자 숲에서는 매우 단 꿀이 생산되고 발삼 나무들은 "모든 토산품 가운데 가장 값진 것"Josephus, JW. 4.8.3§467~472이라고 묘사했다. 로마의 지리학자 스트라보Strabo도 여리고의 유명한 과실들에 대해 기록을 남겼다. 발삼 향유는 콤미포라 오포발사뭄commiphora opobalsamum이라는 나무의 수액에서 만들어지는데 특히 안과 질환과 두통에 치료 효과가 있는 것으로 알려졌으며 향료로 사용되었다. 스트라보Strabo, BC 64~AD 20년*는 이렇게 값비싼 재료들은 오직 여리고에서만 볼 수 있다고 언급했다Strabo. Geography. 16.2.41.

헤롯 대왕은 BC 37년에 하스몬 가의 안티고누스에게서 여리고를 획득했으나 안토니우스가 다시 클레오파트라에게 주었다. 이렇게 해서 여리고는 BC 31년 악티움 해전에서 아우구스투스에게 안토니우스가 패배할 때까지 클레오파트라에게 장악되었다. 그 후 이 오아시스를 되찾은 헤롯은 이곳을 개인적인 즐거움과 경제적인 이익을 위해 개발하기로 계획했다. 그는 툴룰 아부 엘 알라이크에 요새를 세운 뒤 그의 어머니 이름을 따라 키프로스라고 이름 붙였다.

헤롯의 통치 기간 동안 그의 건축가들은 툴룰 아부 엘 알라이크에 헤롯의 즐거움을 위해 세 채의 궁전을 지었다. 첫 번째 것은 와디 켈트 남쪽에 자리 잡고 있는데, 뜰 한 가운데 직사각형의 구조물89 x 46m로 이루어져 있다. 뒤에 이 건물은 아마 손님용 숙소로 바뀐 것 같다. 두 번째 궁전은 이전 시기 하스몬 때 만든 궁전의 잔존 건물을 포함하는 것인데 BC 31년에 있었던 지진으로 파괴된 것 같다. 건축 인부들은 이전 궁전의 중앙 건물 위에 인위적으로 흙더미'북쪽 토루', Northern mound 를 쌓아 왕족의 거주를 위한 대지로 사용했다. 헤롯은 하스몬 시대의 두 못을 합해 하나로 만들고 남동쪽에 부속 건물을 더 지었다.

그러나 여리고에서 헤롯이 세운 가장 야심적인 사업은 그의 통치 말기에 이뤄졌다. 아마도 로마의 기술과 기술자들을 활용해 커다란 궁전 단지를 건설한 것 같은데, 이는 와디 켈트 양쪽으로 걸쳐져 있다. 길이 300m, 넓이 3만 m²가 넘는 대규모 궁전 단지

* **스트라보**(Strabo, BC 64~AD 20년 / 인명) 폰투스 아마시아 출신의 그리스 학자다. 그의 저서 「지리학Geography」은 로마 시대의 정통 있는 지리학으로 간주될 수 있는데, 그는 로마 사람들의 실용적 기풍을 바탕으로 실용 지식을 자세하고도 조직적으로 정리해 세계 지리로 발전시켰다.

헤롯 대왕이 마사다에 건축한 북쪽 궁전의 일부.

가 그것이다. 궁전 단지는 네 부분으로 뚜렷이 나뉜다. 북쪽의 한 곳 외에는 모두 와디 켈트 남쪽에 있다. 헤롯의 건축가들은 와디Wadi 남쪽에 인공적인 흙더미'남쪽 토루', Southern mound를 쌓아 그 위에 직사각형 건물을 지었다. 아마 이것은 확실히는 알 수 없지만 응접실로 사용된 것 같다. 계단을 통해 토루 아래로 내려가면 북쪽으로 갈 수 있으며 아마 와디를 넘어 다리로 연결된 것 같다.

토루의 오른쪽 바로 북쪽에 92 × 40m에 달하는 못이 있었다. 토루 왼쪽에는 150m 길이의 거대하고 웅장한 모습의 움푹 들어간 정원의 흔적들이 발굴되었다. 양쪽 끝에 기둥이 쌍을 이루며 서 있었다. 이 구조물의 남쪽 벽을 이루는 장엄한 정면은 오푸스 레티쿨라툼Opus reticulatum : 그물눈 쌓기으로 알려진 아름다운 벽돌 장식이 있다. 이 벽돌 장식은 네모난 돌들이 45도 각도로 연결되어 대각선으로 만들어졌다. 정면 중앙에서 남쪽으로는 일련의 반원형 테라스가 뻗어 있다. 그 모습은 와디 너머에서 보면 대단히 눈부셨을 것이다.

궁전 단지의 북쪽 날개는 와디 남쪽으로 움푹 들어간 정원을 부분적으로 마주보고 있다. 남쪽 날개는 일차적으로 휴양 용도였다. 북쪽 부분에는 두 개의 커다란 뜰 혹은 거실이 있었다. 그곳에는 기둥들이 늘어서 있는데 가장 넓은 곳은 29 × 19m로 응접실로 사용되었다. 대리석과 그 지역의 돌을 원하는 모양대로 잘라 맞추는 오푸스 섹틸레Opus sectile 방식으로 바닥에 깔고 이오니아식과 고린도식 기둥들을 세운 건축 양식은 로마의 양식을 반영한 것이다. 헤롯은 유대 사람들의 감성에 맞추려 노력하기도 했다. 요세푸스에 따르면, 헤롯은 예루살렘 궁전의 두 거실을 그의 후원자와 친구의 이름을 따라 '가이사리온'Caesarion과 '아그리폰'Agrippon이라고 불렀다. 이 이름들이 여리고에서 발견되었는데 아마 이 두 거실을 가리키는 것 같다.

북쪽 날개에도 탈의실아포디테리움, Apodyterium, 미온 욕실테피다리움, Tepidarium, 냉탕실프리기다리움, Frigidarium, 고온 욕실칼다리움, Caldarium을 완벽히 갖춘 로마식 목욕탕이 있었다. 남쪽으로 드러난 기둥에서 보면 와디 너머로 정원과 저쪽 못까지 장엄한 광경이 펼쳐졌다.

텔 에스 술탄Tell es-Sultan과 툴룰 아부 엘 알라이크 사이에 위치한 텔 엘 삼마라트 Tell el-Sammarat에 대한 최근의 탐사를 통해 헤롯 시대에 만들어진 히포드롬317 × 86m과 극장의 유적들이 발굴되었다. 이러한 건축물들은 그 도시가 얼마나 활기찼는가를 증언한다.

불행하게도 신약시대 활기찬 여리고의 모습은 대부분 현대의 도시 밑에 파묻혀 있다. 다만 여리고 근처의 언덕에서 발견된 무덤들을 통해 AD 1세기에 번성했던 유대 공동체의 존재를 확인할 수 있을 뿐이다.

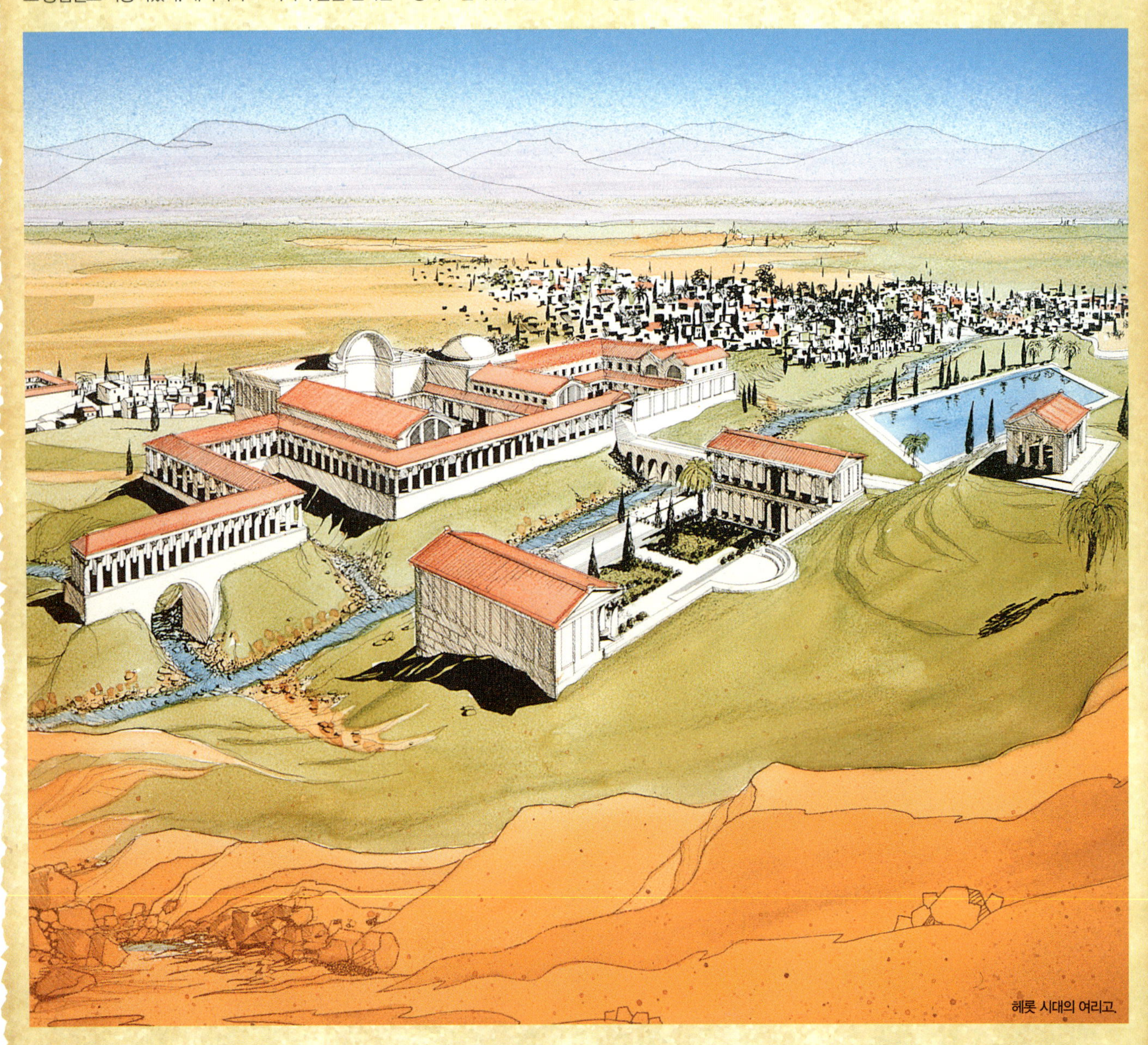

헤롯 시대의 여리고

The World of Jesus

| 예수 그리스도의 세계가 펼쳐지다 |

예수의 공생애 사역의 무대는 주로 헤롯 안티파스가 다스리던 지역이었다.

예수와 안티파스의 관계에 대하여 성경은 세 번 언급하고 있다. 안티파스는 예수의 사역 소식을 듣고 자기가 목을 베어 죽인 세례 요한이 다시 살아났다고 생각했다. 아마도 안티파스는 유대의 전승 즉, 선지자 같은 하나님의 신실한 종들은 그들이 죽은 후에 이 땅에 다시 돌아올 것이라는 유대 사람들의 믿음을 알고 있었던 것 같다. 또한 헤롯은 예수의 소식을 듣고 심히 당황해 했다고 누가는 말하고 있다. 헤롯은 예수를 보고 싶어 했지만 그때마다 예수는 헤롯의 통치 구역을 벗어나곤 했다. 안티파스가 예수에게 무력을 사용하지 않은 것은 유대 사람들의 분개를 다시 사고 싶지 않았기 때문일 것이다. 왜냐하면 세례 요한의 죽음에 많은 사람들이 분개했던 경험이 있기 때문이다. 예수가 마지막으로 예루살렘을 여행할 때 안티파스의 영토를 지나게 되었다. 이때 어떤 바리새파 사람들이 와서 예수에게 경고했다. 이들의 경고는 헤롯이 예수를 죽이려고 한다는 것이었다 눅 13:31. 아마도 헤롯은 예수의 영향력을 두려워했던 것 같다. 이는 예수의 영향력이 그에게 정치적 걸림돌이 될지도 모른다는 생각에서 나온 계산일 것이다. 예수는 헤롯을 '여우' 라고 말하고 있는데 헤롯이 교활한 자였다는 것을 시사해 준다. – 편집자 주

예수 사역 시기의 로마 제국 : 티베리우스의 통치

예수의 사역은 로마의 티베리우스Tiberius 통치 기간 중에 이뤄졌다. 55세에 제국의 왕좌에 오른 티베리우스는 아우구스투스Augustus로부터 어쩔 수 없이 왕위를 물려받았다.

아우구스투스가 이룩한 팍스 로마나의 안정된 제국을 물려받았으나 티베리우스는 숙련된 군대 지도자였을 뿐, 왕으로서 져야 할 막중한 책임은 불편해했다. 아우구스투스의 딸 율리아Julia와 한 불행한 결혼 역시 그를 고통스럽게 했다. 율리아가 방탕하다는 평판은 이미 로마에서 파다하게 알려진 사실이었다.

그러나 티베리우스는 아우구스투스의 카리스마에는 못 미쳤지만 능력 있는 지도자였다. 행정의 안정성을 도모하기 위해 속주 관리들의 근무 연한을 늘리고, 국가 재정을 매우 신중하게 운영했다. 많은 로마 사람들이 그의 재정 정책을 인색하다고 여겼지만, 그가 죽었을 때 로마의 재정 상태는 견실했으며, 로마 제국의 국경 역시 견고했다. 이러한 업적들에도 불구하고 티베리우스는 원로원이나 로마 대중의 마음을 사로잡지 못했다. 그는 로마를 피해 카프리Capri 섬에서 은거하면서 점성술에 빠져들었다. 티베리우스는 국가 행정을 근위대 사령관인 세이아누스*에게 위임했는데, 그는 잔인하고 권력을 남용하는 가혹한 독재자였다. 어쩌면 반유대주의자일지도 모르는 세이아누스는 본디오 빌라도를 유대 총독으로 임명했다.

AD 31년 티베리우스는 자신을 암살하려던 세이아누스를 처형하고 난 후에 반역죄 재판을 장려했다. 그로 인해 원로원과의 사이는 점점 더 멀어지게 되었다. AD 37년 티베리우스가 사망하자 많은 로마 사람들은 은둔해 지내기를 좋아하고 마지못해 왕위를 지켰던 황제의 죽음에 환호했다.

팔레스타인의 정치

BC 4-AD 41년

BC 4년에 헤롯 대왕이 죽은 뒤 헤롯 왕국은 살아남은 그의 세 아들에게 나뉘어졌다. 예수의 사역 기간 동안 그들 가운데 두 아들, 헤롯 안티파스와 빌립은 로마의 속주로서 팔레스타인을 통치했다. 그러나 세 번째 아들 아켈라오는 AD 6년에 무능력으로 추방되고 대신 로마에서 온 행정관이 통치했다.

*세이아누스(Sejanus. ? ~ AD 31년 / 인명)

티베리우스가 제위에 오른 후 근위대장의 자리에 올라 황제의 두터운 신임을 얻었다. 황제의 외아들 드루수스가 죽자 황제의 유력한 계승자들을 공격하는 동시에 자신은 집정관으로 강력한 권한을 누렸다. 하지만 황제를 폐위하고 자신이 황제가 되려는 음모를 꾸몄다는 소식을 듣고 티베리우스는 세이아누스를 체포해 처형했다.

갈시스
이두래
다메섹
헤르몬 산
아바나 강
바르발 강
시돈
가이사랴 빌립보(파니아스)
두로
리타니 강
페니키아
가울라니티스
라파나
33 N
드라고닛
카다사(게데스)
기스칼라(구쉬 할라브)
훌라 호수
바타네아
돌레마이(악고)
타리케아에(막달라)
아르벨라
가버나움
벳새다
카나다
요타파타
가바라
갈릴리 바다
가말라
하우란 산
갈멜 산
갈릴리
디베랴
히포스
세포리스
게바
아르논 강
아빌라
아우라니티스
나사렛
다볼 산
가다라
아드라아(에드레이)
도라
필로테리아(벧 예라)
보스트라
가이사랴 마리티마(스트라토 망대)
지네(예닌)
스키토폴리스(벧산)
데가볼리
나르바타
펠라
디온
사마리아
게라사(제라시)
세바스테(사마리아)
에발 산
아마두스
아볼로니아
그리심 산
네아폴리스(세겜)
안디바드리(아벡)
알렉산드리움(사르타바)
욥바
아파이레마(오브라)
파사엘리스
그돌(가다라)
고프나
베레아
32 N
룻다
아켈라이스
빌라델비아(암만)
얌니아
유대
트렉스
여리고
독(도구스)
리비아스(벧 라맛타)
에스부스(헤스본)
엠마오(니고볼리)
키프로스
아소도(아스돗)
예루살렘
느보 산
메드바
아스갈론(아스글론)
헤로디움
히르카니아
베토가브리스(벧 구브린)
마리사(마레사)
마카루스
헤브론
칼릴로에(세렛 사할)
안세돈
가사
염해
동부 사막
이두매
아룃
마사다
라피아
브엘세바
말라사
나바테아
세렛 강
아라바
키르벳 탄누르
넷사나
35 E
36 E
대해(지중해)
애굽 강

IO2 분리된 헤롯 왕국
● 도시
● 데가볼리 도시들
○ 데가볼리 도시 불확실한 위치
▲ 산
안티파스 통치 지역
아켈라오 통치 지역
빌립 통치 지역
살로메 통치 지역
시리아 속주
0 10 20 30 40 50 Miles
0 10 20 30 40 50 Kilometers

헤롯의 계승자들 | 헤롯 왕국이 분리되다

BC 4년에 헤롯이 죽자 위기가 닥쳤다. 헤롯을 계승해 과연 누가 팔레스타인의 통치자가 될 것인가? 많은 유대 사람들은 로마와 헤롯 왕조를 격렬하게 반대했다. 헤롯은 마지막 유언을 통해 그의 살아남은 세 아들 아켈라오 Archelaus, 안티파스 Antipas, 빌립 Philip에게 왕국을 나눠 주었다. 유대 사람들이 이에 대해 불평하며 반란을 일으키자 시리아의 레가투스 속주 부총독 바루스 Varus가 로마 군대를 파송했다. 아우구스투스는 팔레스타인을 시리아 속주에 병합시킬 수도 있었지만 그는 마지못해 헤롯의 유언을 약간 수정하여 비준해 주었다.

철권통치를 편 아켈라오

아우구스투스는 아켈라오를 유대, 사마리아, 이두매를 다스리는 '분봉왕' Ethnarch, 한 민족의 통치자에 임명했다. 철권통치를 편 아켈라오는 어머니 말타케 Malthace가 사마리아 사람이고, 아내 글라피라 Glaphyra는 이복형제의 미망인이었다. 유대 민족은 어머니가 사마리아 사람인데다 성경에서 금한 근친상간을 한 아켈라오를 좋아하지 않았다. 그의 아버지 헤롯 대왕처럼 아켈라오도 건축 사업에 열의를 보였는데, 여기에는 자신의 이름을 붙여 건설한 여리고 근처 요새도 포함된다. 그의 억압적이고 잔혹한 정책은 마침내 유대 사람의 반란을 불러왔다. 그러자 AD 6년 아우구스투스는 아켈라오를 갈리아 골 Gaul 지방의 비엔나 Vienne로 추방시키고, 로마가 직접 통치하기 위해 지방장관을 임명했다 첫 번째 행정 관직에 대해서는 219쪽의 표 22 참조. 성경은 아켈라오에 대해 단 한 번 언급하는데 마 2:19-23, 마리아와 요셉은 이 폭군이 다스리는 동안 유대에 정착하지 못하고 대신 갈릴리에 정착하여 예수가 성인이 될 때까지 살았다고 설명하고 있다.

세례 요한을 죽인 헤롯 안티파스

안티파스는 헤롯 왕국 가운데 갈릴리와 베레아를 물려받았으며 '분봉 영주' tetrarch, 4분의 1의 통치자라는 칭호를 얻었다. 그가 다스린 지역은 데가볼리에 막혀 분리되어 있었다. 안티파스는 그의 형 아켈라오가 추방된 뒤 왕조의 이름인 헤롯을 물려받았다. 갈릴리는 예수가 사역 기간 중에 가장 많이 머물렀던 곳인 만큼 신약성경은 헤롯 안티파스를 20회나 언급하고 있다. 안티파스는 예수의 인기가 날로 커 가는 것을 두려워했다. 한번은 예수가 안티파스를 '그 여우' 눅 13:31, 32라고 불렀다. 빌라도는 재판 중에 예수를 헤롯 안티파스에게 보냈다 눅 23:6-12. 안티파스는 나바테아 Nabatea[*] 왕 아레타스 Aretas 4세의 딸과 결혼했지만, 이복형제의 아내 헤로디아 Herodia를 더 좋아해 이혼했다. 헤로디아와의 결혼은 두 가지로 안티파스를 괴롭혔다. 첫째, 세례 요한은 그 결혼을 간음이라고 비난했다. 결국 안티파스는 세례 요한의 선포를 두려워해 그를 처형할 것을 명령했다. 둘째, 아레타스 4세의 딸과 이혼함으로써 안티파스와 나바테아 사람 사이에 갈등이 생기게 되었다. AD 36년에 나바테아 왕 아레타스 4세가 헤롯 안티파스를 패배시켜, 그의 딸이 안은 불명예를 복수했다.

안티파스는 그의 도덕적 결함에도 불구하고 현명하고 능력 있는 통치자였다. BC 4년 헤롯이 죽은 뒤 갈릴리 사람 유다가 이끄는 무리가 세포리스 Sepphoris[**] 의 병기고를 습격하자, 로마 군대는 그에 대한 보복으로 세포리스를 철저하게 파괴했다. 후에 안티파스가 두 개의 주요 대상로가 만나는 곳에 있었던 이 중요한 도시 세포리스를 재건했다. 요세푸스는 안티파스가 나사렛에서 북쪽으로 5km밖에 안 떨어진 세포리스를 갈릴리에서 가장 아름다운 도시로 만들었다고 진술하고 있는데, 이는 최근 고고학의 발굴로 사실임이 확인되었다. 행각

표21 | 헤롯 왕조의 통치자들

통치자	가족 관계	통치 지역	통치 기간	성경의 언급
헤롯 1세 대왕	안티파테르의 아들	유대의 왕	BC 37~4	마 2:1-22; 눅 1:5
헤롯 아켈라오	헤롯 대왕의 장남	유대, 사마리아, 이두매의 분봉왕	BC 4~AD 6	마 2:22
빌립 헤롯 빌립 2세***	헤롯 대왕과 예루살렘의 클레오파트라 사이에 난 아들	갈릴리 바다 북쪽과 동쪽의 분봉 영주	BC 4~AD 34	눅 3:1
헤롯 안티파스	헤롯 대왕의 막내아들, 헤로디아의 두 번째 남편	갈릴리와 베레아의 분봉 영주	BC 4~AD 39	마 14:1-11; 막 6:14-29; 눅 3:1, 19; 13:31-33; 23:7-12
헤롯 아그립바 1세	헤롯 대왕의 손자	유대의 왕	AD 37~44	행 12장
헤롯 아그립바 2세	헤롯 대왕의 증손자	칼키스의 분봉 영주이자 왕	AD 44~100 AD 48년에 왕이 됨	행 25:13-26:32

세포리스에 있는 로마식 극장.

이 늘어선 도로와 극장을 갖춘 도시 세포리스는 AD 18년까지 갈릴리의 수도였다.

백성의 세금 부담이 날로 커져 갔음에도 헤롯 안티파스는 통치 기간 내내 건축 사업을 추진했다. 그는 요단 동편의 오래된 거주지를 다시 건설하고, 아우구스투스 아내에 이름을 따라 리비아스Livias라고 이름 붙였다. 안티파스는 황제의 이름을 따라 새 도시의 이름을 붙여서 자신의 후원자 티베리우스의 명예를 높였다. 갈릴리 바다 서쪽 연안에 위치한 도시 티베리우스Tiberius는 안티파스가 로마 황제의 이름을 따라 건설한 새 도시로, AD 39년에 칼리굴라Caligula가 안티파스를 몰아 낼 때까지 갈릴리의 수도였다.

로마는 바대와의 분쟁을 중재한 안티파스의 외교력을 높이 평가했다. 그러나 AD 37년 칼리굴라가 티베리우스를 계승하면서 안티파스는 황제의 신임을 잃고 말았다. 칼리굴라는 아그립바 1세Agrippa I를 지지해 안티파스 대신 그를 왕으로 임명했다. 헤로디아Herodias는 오빠인 아그립바 1세를 시기해 남편에게 그와 동등한 지위를 얻도록 몰아댔다. 그러나 안티파스의 적들은 안티파스가 바대의 도움을 받아 로마에 반역하려는 계획을 세우고 있다고 모함해 안티파스를 AD 39년 남부 프랑스루그두눔 Lugdunum로 추방시켰다. 헤로디아 역시 남편을 따라 유배지로 갔다.

능력 있는 행정가 빌립

빌립은 헤롯 대왕의 셋째 아들로 왕국의 일부를 물려받았다. 아우구스투스는 그를 갈릴리 바다의 북쪽과 동쪽 지역인 가울라니티스Gaulantis, 바타네아Batanea, 아우라니티스Auranitis, 파니아스Panias, 드라고닛Trachonitis과 이두래Iturea의 분봉 영주로 임명했다. 이 지역들은 비유대 사람과 그리스 사람이 두드러지게 많았기 때문에 다른 왕들을 괴롭히던 종교 문제와 유대 민족주의에 대처할 필요는 없었다. 헤로디아의 딸 살로메와 결혼한 것에 대해 그가 다스리던 지역의 백성들은 아무런 험담도 하지 않았다.

요세푸스는 빌립의 통치 기간에 나라가 평화롭고 번영했다고 기록하면서 그를 능력 있는 행정가이자 통치자라고 평가했다. 빌립은 요단 강의 발원지 가운데 하나인 가이사랴 빌립보Caesarea Philippi에 수도를 건설했다. 그는 벳새다Bethsaida 마을을 재건한 뒤 아우구스투스의 딸을 기념해 '율리아'Julia라고 이름을 바꾸었다. 학자들은 벳새다를 한 군데로 보는 사람도 있고 두 군

218

표22	로마의 지방장관들 AD 6~41년			

이름	연대(AD)	임명자	요세푸스가 언급한 주요 기록들
코포니우스 Coponius	6~9	아우구스투스	ANT 18.1.1§2; 18.2.2§29-31, JW 2.8.1§117-118
마르쿠스 암비불루스 Marcus Ambibulus	9~12	아우구스투스	ANT 18.2.2§31
안니우스 루푸스 Annius Rufus	12~15	아우구스투스	ANT 18.2.2§32
발레리우스 그라투스 Valerius Gratus	15~26	티베리우스	ANT 18.2.2§33-35
본디오 빌라도 Pontius Pilate	26~36	티베리우스	ANT 18.3.1§55-62; 18.4.1-2§85-89; JW 2.9.2-4§169-177
마르켈루스 Marcellus	37	시리아의 총독 비텔리우스 Vitellius	ANT 18.4.2§89
마룰루스 Marullus	37~41	칼리굴라	ANT 18.6.10§237

데로 보는 사람도 있다. 또 정확한 위치와 규모를 밝히는 데도 의견이 분분하다. 최근 요단 강 동쪽 기슭에 위치한 '엣 텔' Et-Tell을 발굴했는데, 어쩌면 이 발굴이 벳새다를 둘러싼 논란에 해답을 줄지도 모르겠다. 요단 강은 빌립과 헤롯 안티파스의 분봉 영지를 서로 나누는 경계였다. 추측컨대, 강 양쪽에 이름이 같은 두 마을이, 하나는 안티파스의 분봉 영지에, 다른 하나는 빌립의 분봉 영지에 놓였을 수도 있다.

갈릴리 바다에서 북쪽으로 2.5km 떨어진 엣 텔의 옛터는 벳새다 율리아스 Bethsaida-Julias로 이미 밝혀졌다. 혹은 최소한 그 도시의 아크로폴리스 Acropolis 였을 것이다. 호수 연안에 있는 엘 아라즈 El-Araj의 옛터는 아마 어촌이었을 것이다. 요세푸스는 유대 반란 기간 동안 벳새다의 어선들이 징발되었다고 언급했다. 예수는 갈릴리에서 그에게 몰려들던 군중을 피하기 위해 때때로 빌립의 분봉 영지로 옮겨 갔다 233쪽의 '갈릴리 밖 사역' 참조. 빌립은 AD 34년에 평화롭게 죽었다. 로마는 한때 빌립이 다스리던 지역을 시리아 총독에게 할당했다가 아그립바 1세에게 넘겨주었다.

최초의 지방장관 | 로마 지방장관이 유대를 다스리다 AD 6~41년

AD 6년에 로마가 유대, 사마리아, 이두매를 다스리던 아켈라오를 분봉왕에서 폐했을 때, 아우구스투스는 이 지역을 지방장관을 통해 직접 다스리기로 결정했다. 로마에게 유대는 상대적으로 덜 중요했기 때문에 이곳에 파견된 지방장관은 종종 능력이 없는 행정가들이 뽑혔다. 첫 번째 지방장관인 코포니우스 Coponius*는 유대 속주의 행정 수도인 가이사랴 마리티마 Caesarea Maritima에 자신의 거주지를 정했다. 지방장관은 아무런 군단도

지휘하지 않았다. 대신에 지역 주민들 주로 가이사랴와 세바스테 가운데서 뽑은 다섯 개 보병대를 거느렸다. 한 개 보병대와 한 개 기병대가 예루살렘의 안토니아 Antonia 요새에 상주하고 있었다. 유대 절기에 지방장관은 평화를 유지하기 위해 추가 병력을 이끌고 예루살렘에 올라가곤 했다. 로마 황제를 대표하는 지방장관은 세금과 관세의 징수를 포함해 속주의 재정 문제를 감독했다. 대제사장을 임명하는 것도 지방장관의 권한이었다.

아우구스투스는 속주 관리들의 임기를 단기로 임명해 삼 년마다 바꾸었다 표 22 참조. 반면 티베리우스는 안정성을 중시해서 장기로 임명하기를 원했다. 지방장관 가운데 가장 유명한 본디오 빌라도는 유대 지방을 십 년 동안 다스렸다 AD 26~36년. 빌라도는 티베리우스가 로마 정부를 대신 관리하도록 맡긴 근위대 사령관 세이아누스 Sejanus가 임명했을 것이다. 세이아누스는 잔인하고 반유대주의자였던 것 같다.

요세푸스에 따르면 빌라도는 몇 번이나 유대 사람들의

가이사랴 빌립보의 샘물. 뒤로 판 Pan : 그리스 신화에 나오는 목신(牧神)의 출생지인 신성한 동굴과 벼랑의 벽감들이 보인다.

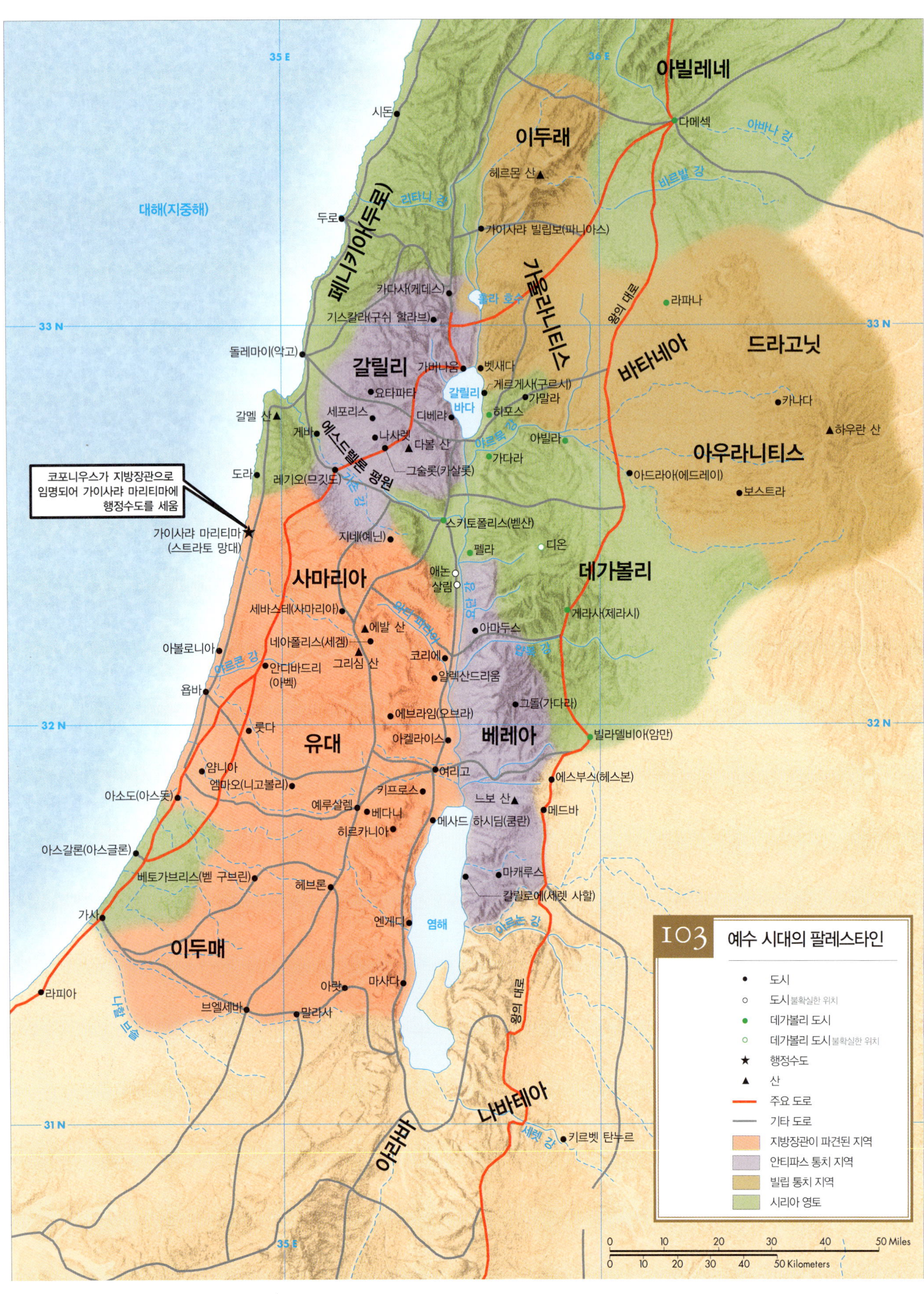

예수 시대의 팔레스타인
103
35 E
3e E
아빌레네
이두래
다메섹
아바나 강
헤르몬 산
바르발 강
시돈
두로
페니키아(두로)
리타니 강
가울라니티스
엘의 대로
라파나
가이사랴 빌립보(파니아스)
33 N
카다사(게데스)
기스칼라(구쉬 할라브)
훌라 호수
바타네아
드라고닛
돌레마이(악고)
갈릴리
가버나움
벳새다
카나다
요타파타
갈릴리 바다
게르게사(구르시)
가말라
하우란 산
갈멜 산
세포리스
디베랴
히포스
아우라니티스
게바
에스드랠론 평원
나사렛
다볼 산
아르논 강
아빌라
가다라
도라
레기오(므깃도)
그술롯(카살롯)
아드라아(에드레이)
코포니우스가 지방장관으로 임명되어 가이사랴 마리티마에 행정수도를 세움
스키토폴리스(벤산)
보스트라
지베(예닌)
펠라
디온
데가볼리
가이사랴 마리티마 (스트라토 망대)
애논
살렘
사마리아
세바스테(사마리아)
게라사(제라시)
에발 산
아마두스
아볼로니아
네아폴리스(세겜)
그리심 산
코리에
안디바드리 (아벡)
욥바
알렉산드리움
얍논 강
에브라임(오브라)
그돌(가다라)
룻다
32 N
아켈라이스
베레아
빌라델비아(암만)
유대
얌니아
여리고
에스부스(헤스본)
엠마오(니고볼리)
키프로스
느보 산
아소도(아스돗)
예루살렘
메드바
베다니
메사드 하시딤(쿰란)
히르카니아
아스갈론(아스글론)
마카루스
베토가브리스(벧 구브린)
헤브론
칼릴로에(셰렛 사할)
가사
엔게디
염해
아랏
마사다
이두매
브엘세바
말라사
라피아
나바테아
아라바
31 N
세렛 강
키르벳 탄누르
35 E
도시
도시 불확실한 위치
데가볼리 도시
데가볼리 도시 불확실한 위치
행정수도
산
주요 도로
기타 도로
지방장관이 파견된 지역
안티파스 통치 지역
빌립 통치 지역
시리아 영토
대해(지중해)
0 10 20 30 40 50 Miles
0 10 20 30 40 50 Kilometers

반감을 샀는데, 한번은 로마 군대가 황제의 초상으로 장식된 군기를 가지고 예루살렘에 들어오는 것을 허용했고 ANT. 18.3.1§55-59, 그의 군인들이 유대 사람을 마구 다루는 사이 빌라도가 성전의 돈을 몰수해 가기도 했다 ANT. 18.3.2§60-62. 빌라도는 세이아누스가 권좌에 있는 한 유대 백성을 가혹하게 다루어도 상관없다고 생각한 것 같다. AD 31년 세이아누스가 처형되자 빌라도의 태도가 훨씬 조심스러워진 것을 보면 그 같은 추측이 가능하다. 마침내 빌라도는 월권한 죄로 시리아의 총독 비텔리우스Vitellius에 의해 해임되었다. 그 후 두 명의 지방장관이 오 년 동안 다스리다가 AD 41년 로마의 속주 아그립바 1세*가 즉위해 다스렸다 249-251쪽 '헤롯 아그립바 1세의 왕국' 참조.

로마 시대의 유대 종파들

요세푸스는 이방인 독자들에게 쓴 그의 책에서 유대 사람들의 네 가지 '철학 분파'인 바리새파, 사두개파, 에세네파, 그리고 열심당 ANT. 18.1.2§11 참조을 언급하고 있다. 처음 세 파는 유대교 내 종교적인 그룹들과 동일시된다. 그러나 열심당은 로마의 지배를 전복하려는 그룹이었다. 신약성경을 연구하려면 이러한 다양한 분파들 사이의 차이점을 알아야 한다.

| 바리새파 | 토라와 구두 전승을 준수하다

바리새파는 가장 잘 알려진 유대교 종파다. 그들은 아마도 마카베오 혁명 시기에 셀류코스 왕조Selucid Dynasty**에 대항해 싸운 하시딤Hasidim : 경건한 자들***에서 기원된 것 같다. 요세푸스는 요나탄과 요한 히르카누스 193쪽 참조 시대에 처음으로 그들을 언급했다. 그의 시대에 6,000명의 바리새파 신봉자들이 팔레스타인에 살았다고 그는 서술한다. 바리새파는 한때예를 들어 살로메 알렉산드라의 통치 기간 동안 산헤드린에서 영향력과 세력이 커진 적도 있지만, 하스몬 왕조를 지나고 로마 시대에 들어와서는 몹시 약해졌다. 바리새파는 일상생활에서 토라를 준수하는 데 전념하는 평신도 운동이었다.

가르침

바리새파는 다른 무엇보다 토라'율법' 혹은 '교훈', 구약성경의 처음 다섯 권을 일컫는 용어에 가치를 두었다. 그들은 토라의 진리는 영원하며, 변화하는 시간에 따라 적절한 적용을 요구한다고 믿었다. 이 때문에 바리새파는 율법을 어떻게 모든 상황에 적용할 것인가를 두고 복잡한 구두 전승을 발전시켰다. 서기관과 바리새파 사람들은 관계가 매우 친밀했는데, 서기관들은 바리새파에게 율법의 해석자로서 율법이 무엇을 요구하는가에 대한 권위적인 판결을 요구했다. 그러나 대대수를 차지하긴 했지만 모든 서기관이 바리새파는 아니었다 막 2:16 참조. 바리새파는 이 구두 전승을 성문화된 율법만큼 완전히 권위 있는 것으로 간주했다. 이러한 점은 그들을 사두개파와 가장 크게 차별화하는 특징이다. 후기 랍비 전승은 하나님이 모세에게 시내 산에서 구전 율법을 주었다고 했다.

바리새파는 신학적으로 진보 성향이었다. 요세푸스는 바리새파를 하나님의 주권과 인간의 자유 사이에서 신학적인 균형을 유지하던 온건한 자들로 설명했다. 그들은 천사론, 악마론, 천국과 지옥에 대한 개념들, 그리고 부활을 포함한 새로운 신학적 개념들을 받아들였다. 회심 전에 바리새파였던 바울은, 비록 그리스도와 만남으로써 얻은 급진적인 인식을 통해서이기는 하지만, 이러한 개념들을 받아들였다. 반면 사두개파는 이러한 '새로운 개념들'을 거부했다. 바울은 이 같은 두 당파 사이의 차이점을 자신을 위해 이용한 적도 있다 행 23:6-10.

조직과 관습

바리새파라는 명칭은 아마도 히브리어 '분리'Separate라는 말에서 파생되었을 것이다. 따라서 바리새파 사람들은 '분리된 자들'이었다. 그들은 친교를 위해 소그룹을 구성했고, 식사를 함께했으며, 경건생활을 훈련했다. 바리새파는 제의적인 정결법, 안식일 준수, 그리고 십일조에 대해 특별히 관심을 가졌다. 이와 관련된 구두 전승을 철저하게 준수함으로 인해 바리새파는 율법 전부를 지키려고 노력하는 분리주의자들로 상징되었다. 그들에게 '죄인'이란 바리새파가 정한 율법을 준수하지 못하는 유대 사람이었다. 유대 사람들은 바리새파가 종교적인 징계에 관대할 뿐 아니라 경건하다는 점 때

***헤롯 아그립바 1세(BC 10-AD 44년, 재위 기간 AD 37-44년 / 인명)**
아리스토불로와 버니게 사이에서 태어난 아들로, 로마에서 글라우디오행 11:28와 같이 교육을 받았으며, 칼리굴라와도 절친한 친구였다. 그는 당시 로마 황제 디베료에 의해 옥에 갇히기도 했으나 디베료가 곧 죽고 칼리굴라가 황제로 등극하자 유대 왕으로 임명되었다. 칼리굴라가 살해된 후 글라우디오가 황제로 옹립되자 아그립바 1세는 유대와 사마리아까지 관할하게 되었다. 이로써 헤롯 대왕이 통치하던 모든 영역이 다시 통합되었다.

****셀류코스 왕조(Selucid Dynasty / 왕조)**
알렉산더 대왕이 죽고 나서 네 개로 나뉜 제국 중 이스라엘 북쪽에 위치한 제국으로, BC 3세기 말 프톨레마이오스 세력이 약해지면서 이스라엘에 영향을 미치기 시작했다. 안티오코스 4세 때는 헬라화 정책이 절정을 이루어 자신을 올림푸스의 제우스 신으로 섬기도록 강요하고, 예루살렘 성전의 보물을 약탈했으며, 모든 제사 행위와 안식일, 할례를 금했고, 예루살렘 성전에서 돼지를 제물로 바치기까지 했다.

*****하시딤(Hasidim / 분파)**
헬라화에 반대해 마카베오 형제 반란에 협력했으나 정치 자체에는 관심이 없어서 종교의 자유를 얻자마자 정치에서 물러났다. 훗날 하스몬 왕조에게 냉대를 받았다. 율법 엄수를 위해서는 순교와 고문을 선택할 정도로 충실했다. 바리새파가 이들에게서 기원했으며, 하시딤은 에세네파에도 교리적인 영향을 미쳤다.

*** 미쉬나** : 랍비들이 성문화된 율법을 주제별로 분류해 정리한 법전이다. AD 70년 성전이 파괴된 후 요하난 벤 자카이와 얌니아에 있는 그의 제자들에 의해 성립되었다가 2세기 초 랍비 아키바를 거쳐 랍비 미쉬나가 마지막 그 교정본을 만들었다. 현재 미쉬나는 주제에 따라 여섯 분야로 나뉘어 있으며, 각 분야는 많은 소책자 전체적으로 63개로 구성되어 있다.

게마라 : 단어의 의미는 '완성'이란 뜻으로, 미쉬나와 이에 대한 토론과 전통을 통해 얻은 주석들을 말한다.

탈무드 : 미쉬나와 게마라를 모아 놓은 유대교 규율과 도덕에 대한 책이다. 보통 탈무드 하면 '팔레스타인 탈무드'와 '바벨론 탈무드' 두 종류를 말한다. 일반적으로 말할 때는 바벨론 탈무드를 가리키며, 그 내용이 팔레스타인 탈무드보다 더 충실하다.

**** 보에투스(Boethus / 인명)** 알렉산드리아 출신으로 헤롯 대왕에 의해 BC 26년 대제사장으로 임명되었다.

***** 안나스(Annas / 인명)** AD 7-15년까지 구 년 동안 대제사장직에 있었던 인물로 그 후에도 산헤드린 공회의 배후에서 실제적인 권력을 행사했던 것으로 보인다.

문에 그들을 아주 높이 평가했다. 힐렐Hillel, 샴마이Shammais와 가말리엘Gamaliel, 젊은 사울의 선생이었다은 1세기에 중요한 바리새파 사람들이었다.

바리새파와 예수

예수와 바리새파 사이의 갈등은 구두 전승에 집중되었다. 왜냐하면 예수는 그것을 구속력 있는 것으로 여기지 않았기 때문이다 막 2:23-28; 7:1-13; 눅 6:1-11. 바리새파 역시 다른 종파에서 경건의 예로 드리는 금식과 기도를 지켰다. 그러나 예수는 그러한 예가 부적절한 동기에서 비롯된 것이기에 무가치하다고 비난했다 마 6:5-18; 23:1-39. 바리새파 사람들은 예수가 '죄인들'과 어울린다고 비난했다 마 9:11; 눅 15:2. 그러나 예수는 바리새파 사람들과 긍정적인 접촉을 갖기도 해서 그들의 집에서 먹기도 하고 하나님을 찾으려는 그들을 격려하기도 했다 막 12:28-34; 눅 7:36-50; 요 3장.

바리새파는 AD 70년 예루살렘이 멸망할 때 유일하게 살아남은 유대교 분파였다. 유대교는 그 파국의 결과로 등장했는데, 바리새파의 관점을 본질적으로 나타내고 있는 랍비 문학 미쉬나 Misnah, 게마라 Gemara, 탈무드 Talmud* 을 낳았다.

|**사두개파**| 권력자와 특권자들의 종교 분파

사두개파에 대한 우리의 지식은 아주 부족하다. 요세푸스의 글들과 신약성경, 랍비 문학에서 산발적으로 언급된 것들을 통해서 알 수 있을 뿐이다. 그런데 이들 자료들은 사두개파에 대해 냉담하기만 하다. 그러므로 사두개파에 대한 우리의 이해는 불완전하며 상당히 일반적인 것이다.

권력자와 특권자들의 종교적 분파였던 사두개파는 예루살렘 안팎에서 부유한 귀족이나 사회적으로 저명한 인사들로 구성되었다. 부활론 등 사두개파의 가르침은 오늘날의 기독교와 상당히 배치되는 내용을 담고 있다.

정체성

사두개파는 요한 히르카누스 통치 시대 BC 134-105년에 등장하는데, 히르카누스는 바리새파보다 사두개파에 더 호의적이었다. 사두개라는 이름은 아마도 다윗과 솔로몬을 섬기던 대제사장 사독 왕상 1:38-48; 대상 16:39에서 기원했을 것이다. 권력자와 특권자들의 종교적 분파임을 생각하면, 사두개파는 예루살렘 안팎에서 부유한 귀족이나 사회적으로 저명한 인사들로 구성되어 있었다. 뛰어난 사두개파 집안으로는 제사장 가문의 보에투스**와 안나스***가 있다.

물론 모든 제사장이 사두개파였던 것은 아니지만 사두개파는 대체로 부유한 제사장 가문 사람들로 구성되었다. 성전을 중심으로 사두개파는 AD 70년까지 하스몬 왕조와 로마 통치의 상당 기간 동안 산헤드린을 지배했다. 사두개파는 산헤드린 앞에서 베드로와 요한이 재판받을 때 주로 등장한다 행 4:1-4; 5:17, 18.

사두개파 사람들은 국가의 생존을 위해 지배 권력과 협력한 정치적 현실주의자들이었다. 그런 점에서 로마 통치 초기 사두개파가 헤롯 대신 하스몬 왕조를 지지한 것은 예외적인 사례에 속한다. 이로 인해 헤롯은 초기에 비싼 값을 치러야 했다. 후기 하스몬 왕들처럼 사두개파는 헬레니즘의 영향을 발전시켰다. 아마도 그들의 부와 권력은 좀 더 국제적인 견해를 격려하고 지지한 것 같다. 요세푸스는 사두개파가 평민들에게는 거의 지지를 받지 못했다고 언급한다. 평민들은 바리새파의 종교적 가르침과 사회적 태도를 더 선호했다.

가르침

사두개파의 교리에 대해서는 아는 것이 거의 없다. 요세푸스는 사두개파가 인간의 자유와 하나님 앞에서의 책임을 강조했다고 기록하고 있다. 바리새파가 하나님의 주권을 강조하고 에세네파가 결정론을 주장한 것과는 대조를 이룬다. 사두개파가 바리새파와 결정적으로 달랐던 것은 구두 전승과 성경 해석에 대한 견해였다. 사두개파는 구두 전승을 부정했을 뿐 아니라 성경 해석에 있어서도 바리새파와 대립했다.

랍비 문학은 특별히 정결법에 대한 바리새파와 사두개파 사이의 논쟁을 다루고 있다. 그러나 여기서 간과해선 안 되는 것이, 비록 사두개파가 바리새파보다 더 헬레니즘화되었고 국제적이었다 해도 그들은 종교적으로 매우 보수적이었다는 점이다.

최근 예루살렘 발굴을 통해 부유층에서 정결법이 매우 엄격하게 지켜졌다는 사실이 밝혀졌다. 귀족 계층의 주택에서 정화 의식용 욕조Mikvaoth가 하나 혹은 그 이상 발견된 것이다 239-243쪽의 '헤롯과 예수 시대의 예루살렘' 참조. 사두개파는 바리새파의 급진적인 신학적 견해들을 거부했다. 하나님께 신실하면 생애 동안 보상받는다는 믿음에 대해, 사두개파는 영원한 보상도 형벌도 없다고 보았다. 바리새파와 달리 오늘날 기독교와는 상당히 배치되는 사두개파의 부활론은 기독교 신앙에서 극복할 수 없는 장애물로 작용했다.

사두개파는 AD 70년 예루살렘 멸망과 함께 사라졌다.

사해 두루마리가 발견된 쿰란 지역의 여러 동굴 중 하나.

그들의 근거지인 성전을 잃자 그들의 영향력도 힘을 잃은 것이다. 그 후 유대교는 한 세대를 풍미했던 사두개파의 강력한 경쟁자였던 바리새파에 의해 발전되었다.

사해 두루마리 공동체(에세네파?*) │ 황무지에 신앙공동체가 있었다

1948년 쿰란 지역에서 사해 두루마리가 발견됨에 따라 바리새파나 사두개파보다 더 분파적이었던 종파가 세상에 알려졌다. 염해 북서쪽 가장자리에 있는 동굴에서 발견된 두루마리들은 쿰란을 중심으로 공동체를 이루고 살아간 종파의 정체성을 밝히고 있다. 공동체는 헤롯 대왕의 통치 기간 때 잠시 중단된 시기를 포함해 BC 150년경부터 AD 68년까지 존속했다.

정체성

쿰란 공동체는 요세푸스와 다른 고전 작가들이 설명한 에세네파와 동일한 것으로 알려졌으나 최근 학자들은 이 견해에 대해 의문을 제기하고 있다. 요세푸스는 그의 생존 시기에 에세네파가 4,000명에 달했으며 여러 마을에 흩어져 살았다고 전했다. 그러나 쿰란 공동체가 만든 두루마리들을 조사한 결과 요세푸스가 말한 에세네파와 동일시할 수 없는 점들이 발견되었다. 최근 학자들은 사해 두루마리 공동체와 에세네파를 동일시할 때 주의할 것을 강조하고 있다. 아마도 쿰란 공동체는 유대교 내에서 뚜렷한 분파를 대표하고 있었을 것이다. 로렌스 쉬프만**은 쿰란 공동체를 사두개파의 한 분파로 보는 초기의 이론을 발전시켰으나 대부분의 학자들은 여전히 사해 두루마리를 수집하고 기록한 사람들이 에세네파였다고 믿는다.

가르침

쿰란 공동체는 하나님은 물론 서로간에도 계약을 맺고 살았다. 사막으로 물러가 살면서 공동체는 성경을 공부했고, 자신들이 역사의 마지막 시기에 '참된 이스라엘'이라는 믿음을 가지고 제의적이고 윤리적인 정결 상태를 유지하며 살았다. 그들은 하나님이 곧 세상에 가득 찬 악마에 대항해 결정적으로 개입하실 것을 믿었다. 그들은 '어둠의 자식들'을 무찌르는 하나님의 다가올

*에세네파(Essenes / 분파)
BC 2세기경부터 AD 1세기 말까지 팔레스타인에서 활동한 종파 또는 형제단으로 쿰란 공동체라고도 한다. 이들은 공공생활에 뒤섞여 살기를 거부해 수도원 공동체를 이루고 재산을 공유했으며 일상생활의 세세한 부분까지도 관리자의 통제를 받았다. 바리새파와 마찬가지로 모세 율법, 안식일, 정결의식을 철저히 지켰고 불멸과 죄에 대한 하나님의 심판을 믿었으나, 육체의 부활은 부정했다.

**로렌스 쉬프만(Lawrence H. Schiffman / 인명)
뉴욕 대학의 교수로 사해 두루마리를 연구했다. 그는 토라 규정을 근거로 볼 때 "제사 규정이나 정결법과 같은 종교 면에서는 사두개파와 같은 입장을 취하고 있으나 그 때문에 쿰란 공동체를 사두개파라고 단정 지을 수는 없다. 하지만 적어도 쿰란 공동체는 사두개파에 그 기원을 두고 있다"고 주장했다.

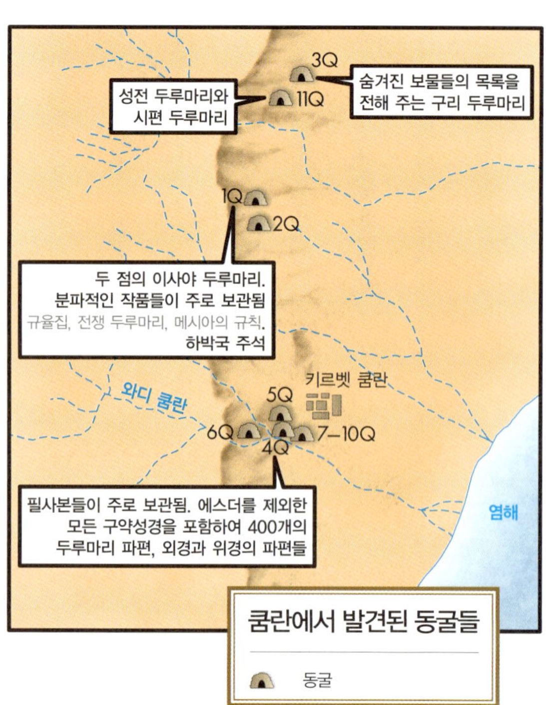

승리와 결합하기 위해 준비하는 신실한 '빛의 아들들'이었다.

쿰란 공동체는 아론과 다윗의 계보에서 각각 나온 두 메시아와 한 예언자를 기대했다. 이러한 종말론적 신앙생활은 아마도 이 분파의 설립자이며 가장 영향력 있는 지도자인 '의의 교사'Teacher of Righteousness에 의해 주도되었을 것이다. 비록 의의 교사는 '사악한 제사장'에 의해 죽임을 당했지만, 그가 해석한 구약성경은 쿰란 공동체의 관점을 구체화하고 있다.

조직과 관습

어떤 두루마리들예를 들어 규율집은 공동체의 조직과 관습에 대해 설명하고 있다. 공동체는 제사장이 지배하는 계급 제도로 조직되었으며 제사장과 평신도로 구성된 최고 위원회가 공동체의 생활을 인도했다. 공동체는

'많은 사람'The many : 회원을 지칭하는 말의 집회에서 중요한 문제들을 다루고 결정했다. 회원들은 의견을 발표할 수 있지만, 위원회에서 결정된 계급의 순서에 따라서만 할 수 있었다. 공동체 내의 규율은 엄격해서 준수 조항과 처벌 조항을 두고 엄격하게 시행되었다. 한 감독자는 재정 문제를 관리하고 매일 작업량을 각자에게 분배해 주는 일을 했다. 공동체는 재산을 공유했으며, 개인적인 부와 문화적 특성들은 무시했다. 공동체는 두 가지 공동 제의인 공동 식사와 정화 의식을 행했다. 몇몇 자료에 따르면 에세네파는 독신을 실천했다. 그러나 요세푸스는 에세네파 중에도 결혼한 사람도 있다고 전했다. 쿰란 공동체 사람들이 결혼을 했는지 안 했는지는 분명하지 않다. 그들의 두루마리에서는 결혼을 금하지 않았고, 쿰란 부근의 묘지에서 여성으로 추정되는 골격이 발견되었다.

쿰란 공동체에 들어가려면 적어도 이 년 혹은 삼 년 동안 시험과 가르침, 훈련을 받아야 했다. 지원자는 감독자의 시험을 받아야 했으며, 자신의 소유물은 공동체의 것과 엄격하게 분리되었고, 공동체의 어떤 의식에도 참여할 수 없었다. 이들은 시험을 통과한 뒤에야 공동체에 합류할 수 있었다.

두루마리

쿰란에서 필사하고 연구하던 두루마리들은 염해 연안

방어용 망루에서 바라본 쿰란 공동체의 전경.

의 가파른 절벽에 구멍을 뚫고 동굴을 만들어 은신처로 삼은 곳에서 발견되었다. 아마도 제1차 유대 반란 때 이들을 진압하는 로마 군대로부터 보호하기 위해 두루마리를 숨겨 두었을 것이다.

1947년부터 수많은 두루마리와 두루마리 파편들이 꾸준히 12곳의 동굴에서 발견되었는데, 지금은 그것을 사해 두루마리라고 일컫는다. 이중에는 지금까지 알려진 구약성경의 가장 초기에 해당하는 히브리어 본문들도 포함되어 있다. 이사야와 같이 완전한 것도 있고, 단편만 남아 있는 것도 있다. 구약성경 가운데 에스더는 발견되지 않았다.

나훔과 하박국과 같은 예언서들을 주석한 것이 있는가 하면 공동체의 생활을 규정한 것도 있고, 성경과 다른 유대교 작품도 있다. 이들 사해 두루마리는 성경학자들에게는 매우 중요한 유물로서, 아직 완전하게 정체가 밝혀지지 않은 상태다.

사해 두루마리 가운데 거의 완벽하게 보존된 이사야 중 하나.

The Life And Ministry Of Jesus

| 예수의 생애와 사역 |

예수의 생애는 그 권능 있는 사역에 대해 증거한 네 개의 복음서에서 펼쳐진다. 복음서는 영감으로 기록된 것으로 일반적인 전기문과는 다르며 예수에 대해 생생하게 묘사하고 있다. 공관복음 공관이란 글자 그대로 '함께 보다'라는 뜻이다. 마태, 누가, 마가를 일컫는다은 유사한 방식으로 예수를 묘사하지만, 마태와 누가는 예수 탄생 기사를 포함하고 있는 반면, 마가는 예수의 공생애로부터 시작하는 등 각각 다른 특징을 갖고 있다. 각 복음서 저자는 그가 표현하고자한 예수의 전체적인 그림에 알맞게 자료들을 배열했지만 예수가 말하고 행한 많은 것을 상세히 기록하고 있다.

각 저자는 예수 사역의 특정한 면들을 강조했는데, 예수 생애에서 일어난 많은 사건들에서 선택했다 요 21:25. 공관복음은 예수가 갈릴리에서 한 사역에 특별히 관심을 보인다. 반면 요한복음은 예수의 사역을 공관복음과는 조금 다르게 그리고 있는데, 예수가 예루살렘에서 한 사역과 예루살렘 The Holy City에 참가한 여러 유대교 절기에 집중했다. 또 요한복음은 예수의 정체성을 밝혀 주는 이른바 '표적들'이라고 부르는 일곱 가지 기적에 주목한다. "내가 …이다" I AM라는 요한복음 요 6:35; 8:12; 10:7-9; 11:25; 14:6; 15:1은 예수를 하나님의 아들로 지목하고 있다. 요한복음은 공관복음과 비교할 수 없을 정도로 긴 예수의 담론들을 포함하고 있다. 각 복음서는 예수의 생애와 사역에 대한 전체적인 그림이 불완전해지지 않게 하면서 우리가 그것을 이해하도록 서로 돕고 있다. 그러나 한편으로 복음서의 특성 때문에 예수 생애를 재구성하는 데 차질이 빚어지기도 한다. 복음서는 증언적 성격을 취하고 있어 연대기적이고 지리적인 부분을 정확하게 서술하는 데는 별 관심을 기울이지 않았다. 그래서 어떤 사건이 일어난 위치에는 일반적인 용어를 갖다 붙이고, 사건들 간의 연대기적 관련은 종종 모호하고 불명확하다. 앞으로 우리는 예수의 사역에서 연대기에 관한 복잡한 논의는 잠시 접어 두고 중요한 지리적 배경들에 집중할 것이다.

베들레헴의 예수 탄생 교회. 콘스탄틴 황제의 어머니 헬레나에 의해 건축되었다.

예수의 탄생과 어린 시절

복음서는 두 가지 탄생 사건을 알리며 시작하는데, 각각 고유의 기적을 담고 있다. 누가는 나이 든 스가랴와 엘리사벳에게서 태어난 세례 요한의 출생을 기록하고 있다. 전승에 의하면 이 부부는 예루살렘 서쪽 언덕들 중 작은 마을에서 살았다. 오늘날 엔 카림 Ein Karim* 이라고 불리는 지역이다. 여섯 달 뒤에 천사 가브리엘은 나사렛에서 마리아가 예수 '주님은 구원이시다'라는 뜻 라고 불리는 아들을 낳을 것이라고 알린다. 사촌 사이인 마리아와 엘리사벳은 뒤에 유대에 있는 사가랴의 집에서 만나는데, 거기서 마리아는 하나님이 그에게 주신 은혜에 큰 기쁨을 표현했다 눅 1:39-56.

출산 날이 가까워 오자 마리아와 요셉은 다윗의 도시 베들레헴으로 갔다. 시리아 총독 구레뇨는 조세를 거두기 위해 인구 조사를 실시했다. 이때 누구든 관향貫鄕에서 등록하도록 했다. 그래서 다윗의 자손 요셉은 베들레헴으로 가야 했다. 베들레헴은 예루살렘과 헤브론을 연결하는 산등성이 길에 위치한 마을이다. 오늘날 예수 탄생 교회 The Church of the Nativity 는 저장고와 폭풍우를 피하는 동물들의 도피처로 사용되었을 여러 동굴들까지 포함하고 있다. 이 교회는 콘스탄틴 Constantine 황제의 어머니 헬레나 Helena 가 AD 335년에 예수 탄생을 기념하기 위해 건축했으며 6세기 유스티아누스 Justinian 황제가 이곳으로 몰려드는 순례자들을 위해 교회를 크게 확장했다.

예수의 출생년도는 불확실하다. BC 4년 헤롯 대왕의 죽음보다 일렀다 하더라도 이삼 년 전일 것이다. 따라서 아마 예수는 BC 7년과 6년 사이에 태어났을 것으로 추측된다. 유대의 언덕들 주변에서 양을 돌보던 목자들에게 예수 탄생을 알리는 천사의 소식은 땅 위에 기쁨과 평화를 선포했다. 마태는 갓 태어난 아기를 경배하러 메소포타미아에서 온 동방박사들 현자들 혹은 점성학자들의 방문에 대해 기록하고 있다.

누가는 태어난 지 팔 일 만에 행한 예수의 할례와 예수의 첫 번째 예루살렘 방문에 대해 기록했다. 이때 마리아와 요셉은 첫 아기를 위해 드리는 희생 제사를 드렸다 눅 2:21-35. 율법이 지배하는 세상에서 태어났으므로 예수는 율법이 정한 모든 규정을 따랐다.

천사가 마리아와 요셉에게 헤롯이 예수를 그의 왕권에 대한 잠재적인 경쟁자로 생각하고 있으며 예수를 죽이려 한다고 예고하자, 가족은 이집트로 피신했다. 이집트는 당시 고난의 시간을 보내는 팔레스타인 사람들의 피난처였다. 마리아와 요셉은 그곳에서 살다가 하나님의 인도하심 아래 팔레스타인으로 돌아왔지만 마침 아켈라오가 통치하는 지역에서 일어난 소요 때문에 그들은 유대 땅을 우회해 나사렛으로 돌아왔다. 이 때문에

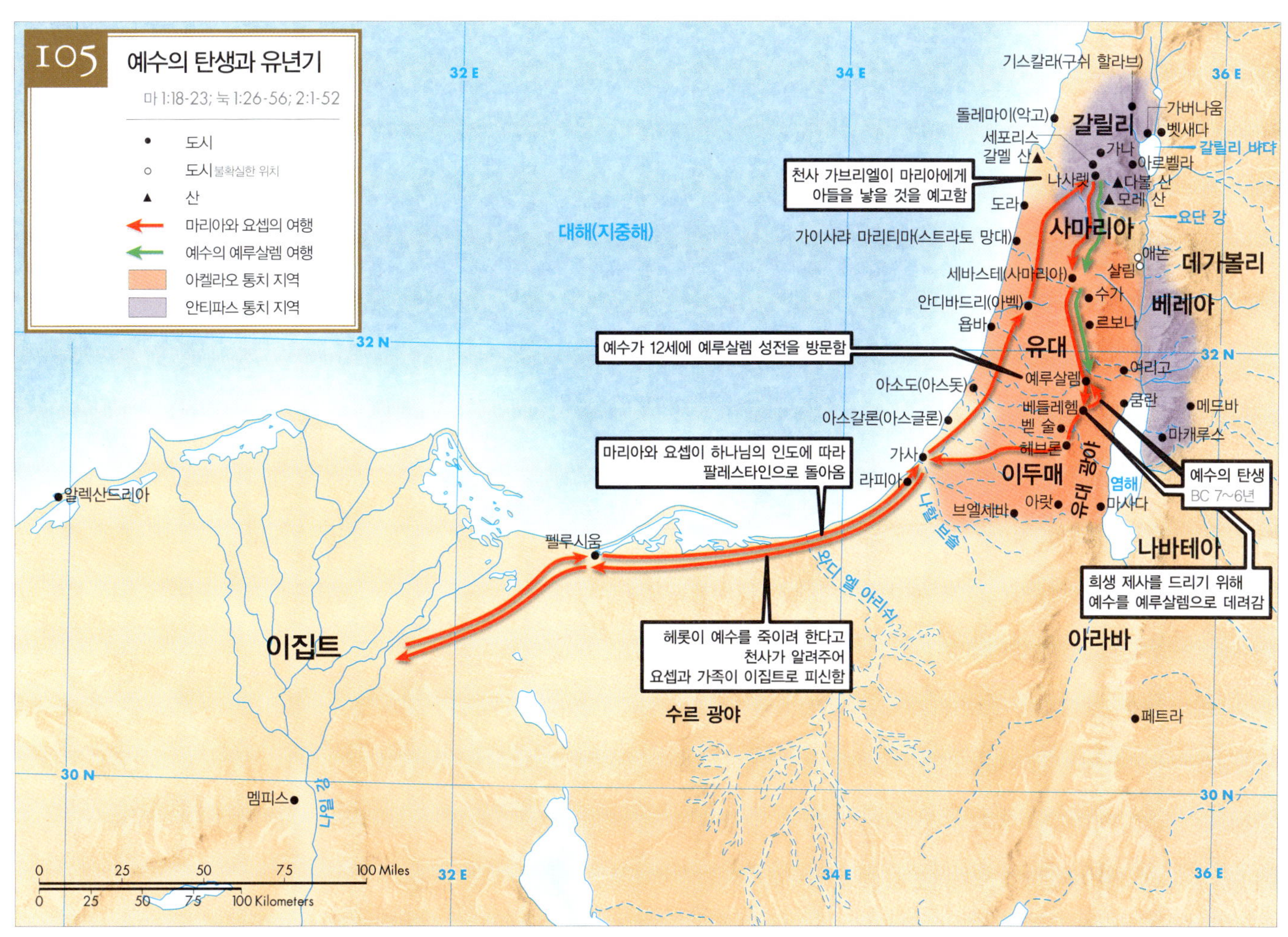

예수의 고향 나사렛의 현재 모습. 당시 나사렛은 아무도 주목하지 않는 작은 시골 마을이었다.

우리는 예수의 성장기를 알지 못한다.

예수의 고향 나사렛은 비옥한 이스르엘 평원이 남쪽으로 바라다 보이는 작은 마을이었다. 북쪽으로 5~6km 떨어진 세포리스Sepphoris는 주로 상인, 대상, 정부 관료가 사는 활기 넘치는 도시였다. 헤롯 안티파스가 이곳에서 추진한 대규모 건축 사업 덕분에 일자리가 늘어나자 인근 지역 마을의 경제도 활기를 띠었다.

세포리스가 예수에게 어떤 영향을 끼쳤는지는 학자들마다 의견이 다르다. 요셉은 아마도 헤롯 안티파스가 추진한 건축 사업에 참여했을 것이다. 만약 예수가 아버지의 목수 일을 배웠다면, 그 역시 그 도시에서 일을 했을 것이다. 세포리스가 나사렛에 인접해 있다는 점에서 세포리스는 우리가 추측하던 것보다 훨씬 더 많이 예수의 삶에 영향을 끼쳤을 것이다. 그러나 세포리스는 당시 갈릴리 농부들 눈에는 마을과 성읍을 통치하는 왕의 도시로, 무거운 세금과 로마의 억압을 상징하는 곳이었다. 따라서 당시 세포리스와 같은 대도시와 전형적인 갈릴리 유대 마을 사이에 있었던 상호관계에 대해서는 논쟁의 여지가 있다.

예수는 어린 시절 번잡한 도시 환경과 소음을 겪으며 자랐으나, 갈릴리의 아름다운 들판과 과수원, 포도원, 그리고 광활한 목초지에 둘러싸여 살았다. 신실한 유대 사람이었던 마리아와 요셉은 절기에 참석하기 위해 자주 예루살렘에 올라갔다. 누가는 예수가 열두 살에 예루살렘을 방문한 사건을 묘사하고 있다 눅 2:41-51.

예루살렘으로 가는 길은 여러 날이 걸렸으므로 때로 안전을 위해 다른 순례자들과 함께 동행하기도 했다. 흰색과 금색이 빛나는 성전은 어린 소년에게 아주 인상적이었음에 틀림없다. 유대 율법 선생들은 이 어린 소년과 대화를 나누면서 소년의 지식과 성숙함에 놀랐다. 그러나 이 사건 외에는 예수의 어린 시절에 대해 알려진 것은 거의 없다. 복음서들은 예수가 약 30세가 되었을 때의 이야기로 이어진다 눅 3:23.

세례 요한 : 그의 메시지와 사역

세례 요한은 티베리우스 15년, 즉 AD 27년에서 AD 28년경에 유대 동쪽 광야에서 등장한다. 세례 요한은 '죄 용서를 위한 회개의 세례'막 1:4를 메시아 시대가 도래한 전조로서 설교했다. 그의 집은 사막에 있었기에 요한은 오랫동안 광야에서 살았을 것이다 눅 1:80. 어떤 점에서 요한은 쿰란 공동체*와 관련 있는 것으로 보인다. 실제로 쿰란 공동체는 메시아 시대가 곧 도래할 것이라 믿었고 또 세례 형식을 가졌다. 그렇다면 요한은 그의 사명을 완수하기 위해 그 공동체를 떠났을 것이다. 요한은 요단 강 주변을 따라 광야에서 그의 메시지를 선포했다 마 3:1; 막 1:4.

그는 예루살렘과 유대로부터 호기심 많은 군중을 끌어들였고, "하나님 나라가 가까이 왔으니"막 1:15라고 선포하며 이사야의 예언을 실행시키기 시작했다 사 40:3. 유대 사람들은 광야가 그들이 기대하는 메시아 시대를

여리고 서쪽 유대 광야의 험준한 지형. 전승은 이 황량한 지역에서 예수가 시험당했다고 한다.

예비하는 장소라고 믿었다. 몇몇 자료들은 요한이 베레아 '요단 강 건너편 베다니'(요 1:28)에서도 설교하고 살림 가까운 애논* 에서 세례를 주었으며요 3:23, 스키토폴리스Scythopolis, 벧산지방에서도 설교했다고 기록하고 있다. 헤롯 안티파스와 헤로디아의 혼인을 책망한 요한은 헤롯의 미움을 사서 그를 피해 도망다녀야 했다.

예수는 갈릴리를 떠나 요단 강에 이르러 세례 요한에게 세례를 받았다. 예수가 세례받은 정확한 위치는 알려져 있지 않으나, 전승은 하즐라 여울Hajlah Ford 근처인 여리고 동쪽으로 보고 있다. 세례를 받은 뒤 곧 예수는 광야로 가서 40일 동안 시험을 받았다. 시험을 받은 정확한 장소 역시 알려져 있지 않지만, 전승은 예벨 카란탈Jebel Qarantal에 있는 여리고 서쪽의 험준한 광야 산들을 지목하고 있다. 여기서 광야가 주는 황량함과 외로움 속에서 예수는 그의 사명을 위태롭게 하는 시험들과 씨름했다.

요한복음에 따르면 세례 요한과 예수의 사역은 헤롯 안티파스가 요한을 옥에 가두기 전까지 잠시 동안이지만 겹쳐졌다요 4:1-3. 헤롯은 세례 요한의 설교로 백성들이 반란을 일으킬지도 모른다는 사실에 두려워했다.

예수 시대의 갈릴리

나사렛이 고향인 예수는 갈릴리의 작은 산과 골짜기, 가파른 고원에 친숙했다. 공관복음의 배경은 대체로 갈릴리 마을과 성읍을 중심으로 전개된다. 1세기 유대 역사가 요세푸스는 제1차 유대 반란 때AD 66~70년 갈릴리의 유대 군대를 이끌었는데, 그의 수많은 글에서 갈릴리에 대한 직접 체험을 기술하고 있다. 요세푸스에 따르면, 갈릴리는 벧 케림Bet Kerem 골짜기의 분리선을 따라 상부와 하부 갈릴리 지역으로 나뉜다.

최근 조사에 따르면 상부 갈릴리는 생각했던 것만큼 고립되지 않았다. 상업 도로들이 갈릴리를 지나감에 따라 페니키아 해안 도시들시돈, 두로, 돌레마이과 연결되었고,

*애논(Aenon / 지명)
'샘, 근원'이라는 뜻으로 요단 서쪽 벧산에서 남쪽으로 13km 지점에 있다. 예루살렘에서 동북쪽으로 약 9km 떨어진 곳인데 지금도 그 근방에는 샘물이 많다.

보통 '해변 길'Via Maris, 참조. 사 9:1 – 편집자 주이라고 불리는 주요 간선도로가 갈릴리를 가로질러 다메섹을 향하고 있었다.

갈릴리는 서쪽으로는 해안 평원을 따라 그리스 도시들이, 동쪽과 동남쪽으로는 데가볼리의 여러 그리스 도시들스키토폴리스, 히포스 Hippos, 가다라 Gadara, 펠라 Pella이, 그리고 북동쪽으로는 빌립의 분봉 영지가 둘러싸고 있었다. 모두 비유대 사람 지역이다. 한편 사마리아와 이스르엘 평원을 차지한 헤롯 왕가의 영역이 남쪽으로 갈릴리와 경계를 이루고 있었다.

갈릴리에는 15만에서 30만 명으로 추정되는 주민이 살았는데 대다수가 유대 사람이었다. 요세푸스는 갈릴리 언덕과 골짜기에 흩어져 있던 240개 마을에 대해 언급했는데, 이는 대부분의 주민들이 강한 농경적인 특징을 가졌음을 알려준다.

갈릴리는 농작물이 자라기 알맞은 기후와 비옥한 땅을 갖고 있어서 농업이 이 지역 경제의 주요 근간이었다. 포도, 올리브, 무화과 그리고 곡식들밀과 보리은 여러 곳에 흩어져 사는 가족 단위의 소농가에서 많이 재배되었다. 갈릴리에서 조금 떨어진 곳에서는 부유한 지주들이 소유한 대토지도 있었다.

예수는 대토지를 소유한 지주들에 대해 비유로 언급하

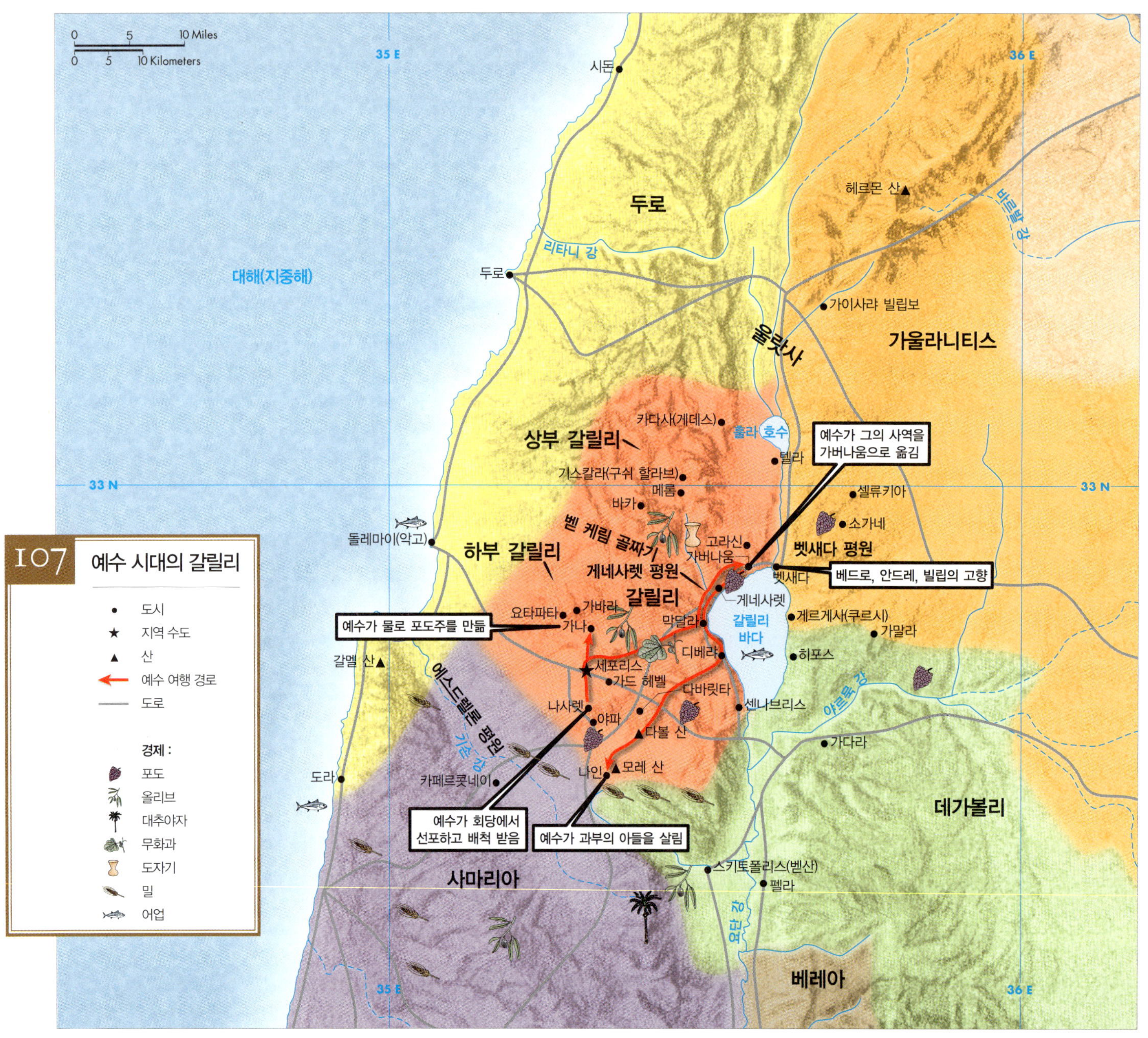

고 있다 눅 20:9-18. 그러나 그는 갈릴리에서 지배적인 가족 단위의 농장들을 더 많이 언급했다마 21:28-32. 땅을 임대한 소작농들은 농작물을 주인과 나누었으나, 더 가난한 사람들은 날품팔이로 일을 해야 했다. "추수할 것은 많은데 일꾼이 적구나"마 9:37와 같은 예수의 말씀과 비유들은 그가 고향 땅에서 경험한 농경 문화의 이미지들로 가득하다. 농업이 근간이던 갈릴리에도 다른 산업이 발달했으며 갈릴리 바다 북쪽 끝을 따라 어업이 발달했다. 신선한 생선은 지역 내에서 소비되기도 했지만, 많은 양은 수출을 위해 소금에 절였다. 타리케아에Taricheae, '생선을 소금에 절이는 곳'이라는 뜻라고도 알려진 막달라*는 절인 생선 산업의 중심지였다.

1세기 도자기 산업은 비록 수출에 제한이 있었지만 번성했다. 경계 지역에 있던 세관에서는 갈릴리를 넘어 쇄도하는 상품에 관세와 세금을 거두었다. 예수는 가버나움 인근에 있던 세관에서 마태를 그의 제자로 불렀다.

수많은 마을들 외에도 갈릴리에는 행정과 상업 중심의 도시가 있었다. 세포리스217쪽의 '세례 요한을 죽인 헤롯 안티파스' 참조는 헤롯 안티파스가 AD 18년 혹은 19년에 디베랴를 건설할 때까지 갈릴리의 수도로서 기능했다. 세포리스는 막달라와 함께 그리스와 로마 문화를 갈릴리 사람들에게 전한 곳이었다. 큰 도시에서나 볼 수 있는 극장, 왕궁, 히포드롬Hippodrome은 문화적인 풍취를 더했다. 아람어와 그리스어는 특히 도시에서 자주 들을 수 있었다. 비록 고라신과 가버나움과 같은 마을에는 비유대 사람 거주자들도 있었지만, 갈릴리는 주로 유대 사람들이 사는 시골 땅이었다.

I08 갈릴리 바다를 중심으로 한 예수의 사역

마 5-7장; 9:1-9;
막 1:21-34; 2:1-14; 4:1-41; 5:1-20; 6:45-52;
눅 7:1-10; 9:12-17; 요 6:1-25

도시 — 도로

예수의 초기 사역

| 나사렛 | 공생애를 시작하다

예수의 공생애는 갈릴리 지방 나사렛에서 시작되었다. 나사렛의 회당에서 예수는 억압받는 사람들에게 복음이 전해질 것이라는 이사야의 옛 예언들이 이루어졌다고 주장했다눅 4:16-21. 나사렛은 이스르엘 평원이 내려다보이는 석회암 언덕들에 위치했다. 불과 5~6km 떨어진 곳에 세포리스가 있었지만, 나사렛은 거의 아무것도 기대할 수 없는 작은 마을이었다"나사렛에서 무슨 선한 것이 나오겠는가"(요 1:46)라고 한 나다나엘의 언급에서도 알 수 있다. 차라리 야파Japha 같은 다른 마을들이 이 지역에서 더 중요하게 여겨졌다. 그럼에도 불구하고 나사렛은 서부 갈릴리의 수많은 마을들과 교역을 통해 연결되어 있었다. 나사렛에서 북서쪽으로 6km 떨어진 곳에 가나가 있었다. 그곳은 예수가 물을 포도주로 바꾼 첫 번째 기적을 행한 곳이다요 2장. 뒤에 이곳에서 예수는 가버나움에 살고 있는 한 관료의 아들을 치유했다요 4:46-54. 적어도 예수의 제자들 가운데 나다나엘과 가나안 사람으로 추정되는 시몬이 가나 출신이었을 것이다.

오히려 고향 마을과 친척들에게 배척당한 예수는 그의 사역을 갈릴리 바다가장 기억할 만한 몇몇 사건들의 배경로 이동했다. 나사렛에서 시작한 여정에서 예수는 경사지들과 사화산 언덕인 핫틴 봉우리** 근처의 광활한 곡식 들판들을 지나 32km가량 이동했다. 하부 갈릴리 동쪽은 서쪽 지역보다 정착민이 훨씬 적었다. 갈릴리 바다는 대부분이 가파른 산들로 둘러싸여 있었으나, 바다 남쪽 가버나움의 석회암으로 만들어진 회당. 이 회당은 예수 시대보다 후대의 것이다. 하지만 BC 1세기로 추정되는 기초 구조물들은 이곳에 이미 더 이른 시기에 회당이 세워졌음을 암시한다. 앞쪽으로 AD 1세기의 것으로 추정되는, 그 지방의 현무암으로 지은 소박한 건물들이 보인다.

과 북서쪽은 게네사렛 *의 비옥한 평원요세푸스는 이곳의 기후와 다양한 과실을 격찬했다이 있어서 농산물이 풍부했다. 주변 고지에서는 바다를 둘러싸고 있는 수많은 마을과 성읍들을 내려다볼 수 있었다.

| 가버나움과 벳새다 | 제자들을 부르다

예수는 갈릴리 바다 북쪽 해변가를 따라 가버나움과 벳새다 ** 근처에서 그의 사역에 집중했다. 이 두 지역은 복음서에 자주 등장한다. 마태는 가버나움을 예수의 '자기 마을' 마 9:1로 언급하고 있다. 예수는 한동안 가버나움에 살면서 마을 사람들과 근처 어부들 가운데서 첫 제자들을 불렀다 마 4:12-22; 막 1:16-20; 눅 5:1-11.

가버나움은 요단 강을 따라 북쪽으로 돌기 전 바다의 서쪽 해변가를 따라 난 주요 대상로에 위치했다. 이 작은 성읍은 바닷가를 따라 동쪽과 서쪽으로 270~360m가량 뻗어 있었다. 예수는 가버나움 회당에서 가르쳤고, 여러 치유의 기적을 행했다. 그중에는 열병이 든 베드로의 장모를 회복시키고, 두 중풍 환자를 치유한 사건마 8:5-17; 막 2:1-22도 있다. 예수는 가버나움에서 회당장 야이로의 딸을 죽음에서 일으켰다 눅 8:40-56. 가버나움텔 훔 Tell Hum에서는 그 지역의 현무암으로 지은 소박한 집들의 유적이 발굴되었는데, 집들은 잘 구획된 길을 따라 밀집 인술라이 Insulae : 고밀집 다세대 주택 – 편집자 주되어 있었다.

초기 그리스도의 사람들은 이 집들 가운데 하나를 시몬 베드로의 집으로 생각해 '가정 교회'로 삼았다. AD 450년경에는 이 위대한 사도를 기념해 가정 교회 위에 팔각형 교회를 세웠다. 발굴자들이 AD 400년경으로 추정한 하얀 석회암 회당은, 그 교회에서 북쪽으로 몇 m 떨어진 곳에 세워져 있다. 하부에는 현무암 기초가 드러났는데, 이는 아마도 예수가 설교하던 회당의 일부일 것이다.

가버나움에서 동쪽으로 약 8km 떨어진 갈릴리 바다 북쪽 끝에는 벳새다가 있었다. 벳새다는 예수의 갈릴리 사역에서 중요한 역할을 했다218~219쪽의 '능력 있는 행정가 빌립' 참조. 예수의 제자 가운데 베드로, 안드레, 빌립이 벳새다 출신이었다 요 1:44; 12:21. 예수는 벳새다에서 치유 기적을 행했고막 8:22-26, 5,000명의 무리를 먹였다 눅 9:10. 헤롯 빌립은 아우구스투스의 딸 율리아Julia를 기념하기 위해 벳새다의 작은 어촌을 더 크고 세련된 도시로 확장했다.

예수의 명성이 높아지자, 사람들은 병 고침을 받기 위해 그에게로 몰려들었다막 6:53-56. 디베랴 *** 에서 온 무리는 바다를 건너 가버나움으로 예수를 따라왔고요 6:22-25, 게네사렛 평원에 모여든 무리들은 예수에게 손을 대어 낫고자 했다 마 14:34-36.

전승에 따르면 산상수훈은 게네사렛 북쪽 끝에 위치한 타브가 Tabgha 마을 부근, 갈릴리 바다가 내려다보이는 풀밭 언덕에서 선포되었다. 헵타페곤Heptapegon, '일곱 개의 샘'이라는 뜻 **** 의 와전된 이름 타브가는 초기 순례자들이 오병이어 사건이 일어난 장소로 생각했다. 전승을 확인할 수는 없으나, 가버나움에서 2.5km 정도 떨어진 곳에 위치한 타브가의 많은 샘과 언덕들은 확실히 예수의 많은 사역의 배경이 되었을 것이다.

| 갈릴리 바다 건너편 마을들 |
나인의 과부 아들을 살리다

복음서의 여러 사건들은 갈릴리 바다에서 일어났다. 한 번은 바다에 폭풍이 일자 예수가 잠잠하게 했다 마 8:23-27. 또 한번은 물 위를 걸어서 바다 위에 나타나 제자들을 놀라게 했다 막 6:47-52. 예수는 바다 건너편 갈릴리 마을로 이동해 모레Moreh 산

예수는 때때로 갈릴리 바다 북동쪽

빌립의 분봉 영지로 물러나 쉴 곳을 구하고

제자들을 가르쳤다. 빌립의 분봉 영지는

이방 사람이 많았고 정치적으로도 안정된 편이어서

예수가 사역을 마치고 쉬거나

헤롯 안티파스의 손을 피하기에 좋았다.

위 | 갈릴리 바다의 북서쪽 해안과 게네사렛 평원의 모습, 아래 | 갈릴리 바다를 가로질러 오는 폭풍의 모습.

기슭에 있는 나인에서 한 과부의 아들을 살려 주었다. 고라신에 내린 저주는 그가 그 마을에서 놀라운 일들을 행하였음을 암시한다 마 11:21. 고라신을 발굴한 결과 현무암으로 지은 소박한 마을들과 AD 300년경에 지은 회당이 발견됐다. 그러나 1세기경의 유적은 거의 없었다.

갈릴리 밖 사역

갈릴리는 예수의 초기 사역의 중심지였다. 그러나 예수는 여러 가지 이유로 갈릴리 바깥으로도 여행을 했다. 그 이유는 그에게 밀려드는 무리에게서 벗어나 잠시간의 휴식이 필요했기 때문이기도 했다. 그는 예루살렘을 오가는 여정에서 데가볼리Decapolis, 베레아Perea와 사마리아를 지나 다녔다. 한번은 두로와 시돈 지역으로 이동했는데, 그곳에서 수로보니게 여인의 병든 딸을 고쳐 주었다 마 15:21-28; 막 7:24-39. 두로와 시돈은 그리스화된 페니키아 항구들로 BC 1000년과 BC 500년 사이 페니키아 전성기에 번영한 도시였다 131쪽의 '페니키아의 문화' 참조. 로마 통치 하에서 두로는 페니키아 연안에서 가장 중요한 상업 중심지가 되었다. 두로와 시돈은 이들과 경계를 이루던 상부 갈릴리의 고지대를 통해 갈릴리 마을들과 활발하게 교역했다.

예수는 때때로 갈릴리 바다 북동쪽 빌립의 분봉 영지로 물러나 쉴 곳을 구하고 제자들을 가르쳤다. 빌립의 분봉 영지는 이방 사람이 많았고 정치적으로도 상대적으로 안정되어 예수가 사역을 마치고 쉬거나 헤롯 안티파스의 손을 피하기에 좋았다.

헤르몬 산* 자락의 풍성한 샘들은 울창한 초목과 자연의 아름다움을 제공했다. 특히 그리스 · 로마의 자연 신 판Pan에게 바쳐진 파니아스는 더욱 그랬는데, 빌립이 카이사르가이사에게 헌정한 성전과 새 수도인 가이사랴 빌립보를 건설한 곳이었다 219쪽 사진 참조.

가이사랴 빌립보에서 예수는 제자들에게 그의 진정한 정체성에 대해 물었으며, 지금까지 가장 기본적인 그리스도교의 신앙 고백인 "주는 그리스도이시며 살아 계신 하나님의 아들이십니다" 마 16:16 라는 시몬 베드로의 대답을 이끌어 냈다. 예수의 변모 역시 빌립의 땅에서 일어났을 것이다. 전승은 이 사건을 동쪽 이스르엘에 있는 다볼 산에서 일어났다고 전하고 있다. 그러나 대다수의 학자들은 헤르몬 산이 더 가능성 있다고 본다 마 17:1-8; 막 9:2-8.

*헤르몬 산(Hermon Mount / 지명)
다메섹 서쪽, 레바논과 시리아의 국경에 위치한 산으로 지중해 동부 연안 지역에서 가장 높은 산으로 여겨진다. 이스라엘 민족이 정복했던 지역의 북서쪽 경계를 이루었다.

고라신에 있는 회당. 이 유적은 비록 예수가 사역한 시기보다 후대의 것이지만, 고라신은 예수의 갈릴리 사역의 중심지인 가버나움에서 멀리 떨어지지 않은 곳에 위치한 중요한 마을이었다.

예루살렘으로 가는 길

많은 갈릴리 유대 사람들과 마찬가지로 예수는 절기를 지키기 위해 예루살렘으로 자주 여행했다. 순례자들은 그들이 멸시하는 사마리아 사람들을 피해 스키토폴리스 근처 요단 강을 건너 베레아로 가는 길을 선호했다. 그들은 여리고에서 요단 강을 다시 건너 유대 산지의 황량한 동쪽 경사지를 올라 예루살렘으로 갔다. 예수 역시 때로 이 경로를 택해야만 했을 것이다. 아마도 가장 잘 알려진 선한 사마리아 사람의 비유는 여리고에서 예루살렘으로 가는 위험하고 황량한 길이 배경이었을 것이다.

| 사마리아 | 수가 여인을 구원하다

예수는 사마리아를 피하지 않았다. 요한은 예수와 제자들이 사마리아를 지나는 여정을 묘사하면서 예수와 사마리아 여인 사이의 극적인 만남을 강조하고 있다 요 4장. 근처 수가* 라는 마을에서 온 여인은 야곱의 우물이라고 알려진 역사적인 우물가에서 예수와 마주친다. 우물은 에발 산과 그리심 산 아래 골짜기에 위치했다. 요세푸스는 쿠마누스 Cumanus 행정관 시절 AD 40~52년에 야곱의 우물에서 불과 몇 km 떨어진 지네 Ginae 에서

일어난 유대 순례자들과 사마리아 사람들 사이의 유혈 충돌에 대해 자세히 전하고 있다. 그리심 산의 사마리아 성전은 하스몬 왕조의 요한 히르카누스에 의해 약 150년 전에 파괴되었다.

예수는 사마리아 여인에게 말을 건넴으로써 당시 뿌리 깊은 사회적 · 성적 · 종교적 벽에 도전했다. 그날 예수와 제자들은 사마리아 마을에서 식사를 했으나, 더러 사마리아 마을 사람들이 그를 도우려 하지 않은 경우도 있었다 눅 9:52, 53.

| 베레아 사역 | 예루살렘을 향한 마지막 여정지

누가는 예루살렘을 향한 예수의 마지막 여정에 있었던 '베레아 사역'에 대해 기술하고 있다 눅 9:51-18:34. 베레아는 가다라 Gadara 에 수도를 둔 요단 강 동쪽의 로마 영역이었다. 남쪽으로는 아르논 강이, 동쪽으로는 게라사와 빌라델비아 Philadelphia, 암만의 서쪽면이 경계를 이루었다. 베레아는 세례 요한이 처형당한 곳인 마캐루스 Machaerus ** 의 요새와 펠라 Pella 를 포함하는데, 이곳은 AD 70년 로마가 예루살렘을 멸망시키기 직전에 예루살렘의 그리스도의 사람들이 도망한 지역이다. 헤롯 대왕과 헤롯 안티파스가 베레아를 통치했다.

여러 성경 구절들을 통해 예수가 한 번 이상 베레아를

* 수가(Sychar / 지명)
사마리아 지역에 있는 마을로 학자들에 따라서는 세겜과 동일한 지역으로 보기도 한다.

** 마캐루스(Machaerus / 지명)
요세푸스에 의하면 고대 하스몬 왕조에 의해 건설된 별궁이 헤롯 대왕에 의해 여름 궁전으로 재건되었다. 이곳에서 세례 요한이 처형당한 것으로 알려져 있다.

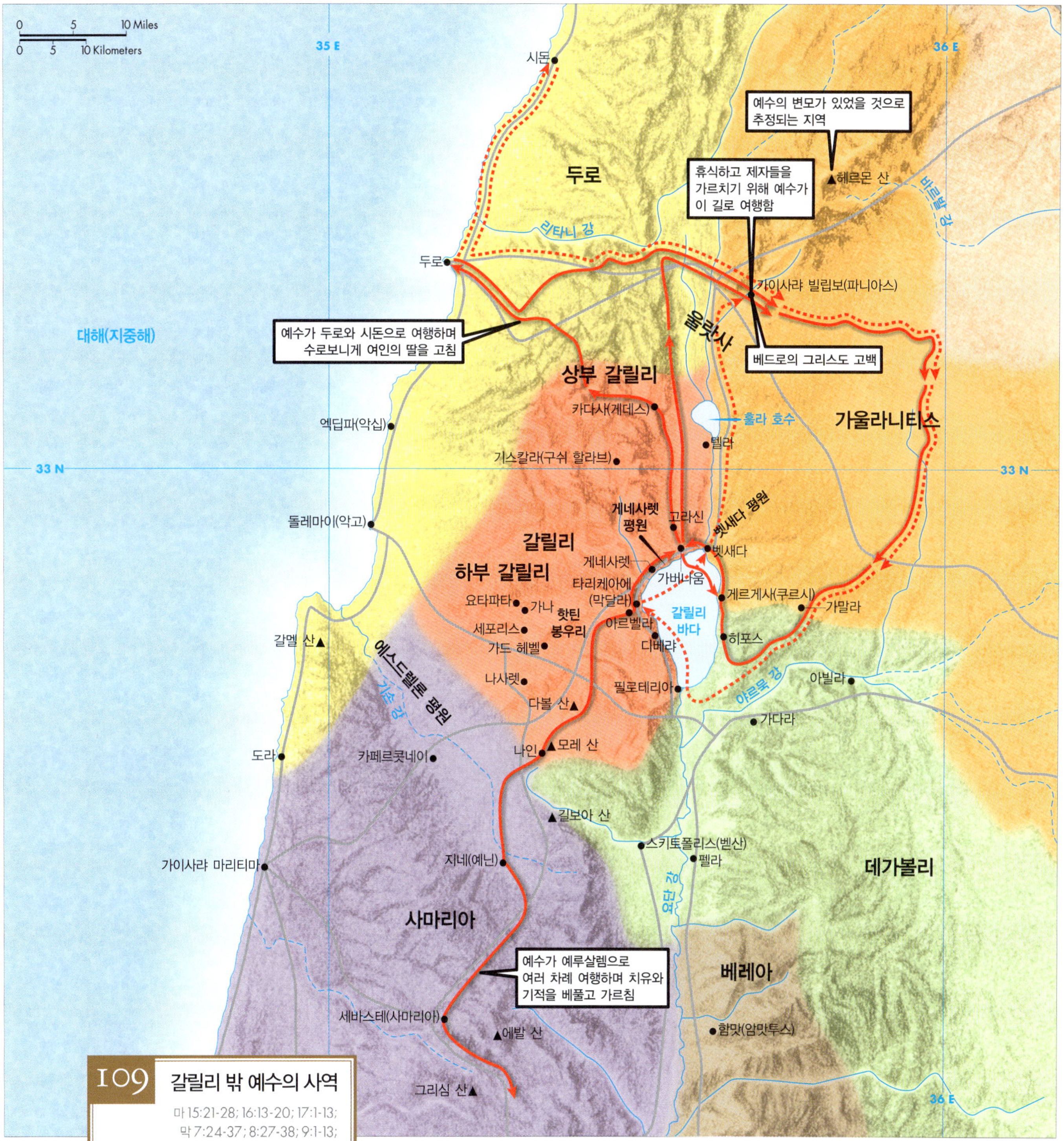

109 갈릴리 밖 예수의 사역

마 15:21-28; 16:13-20; 17:1-13;
막 7:24-37; 8:27-38; 9:1-13;
눅 9:28-36; 18:22-35

가이사랴 빌립보에서 예수는 제자들에게 그의 진정한 정체성에 대해 물었으며, 지금까지 가장 기본적인 그리스도교의 신앙 고백인 "주는 그리스도이시며 살아 계신 하나님의 아들이십니다"라는 시몬 베드로의 대답을 이끌어 냈다.

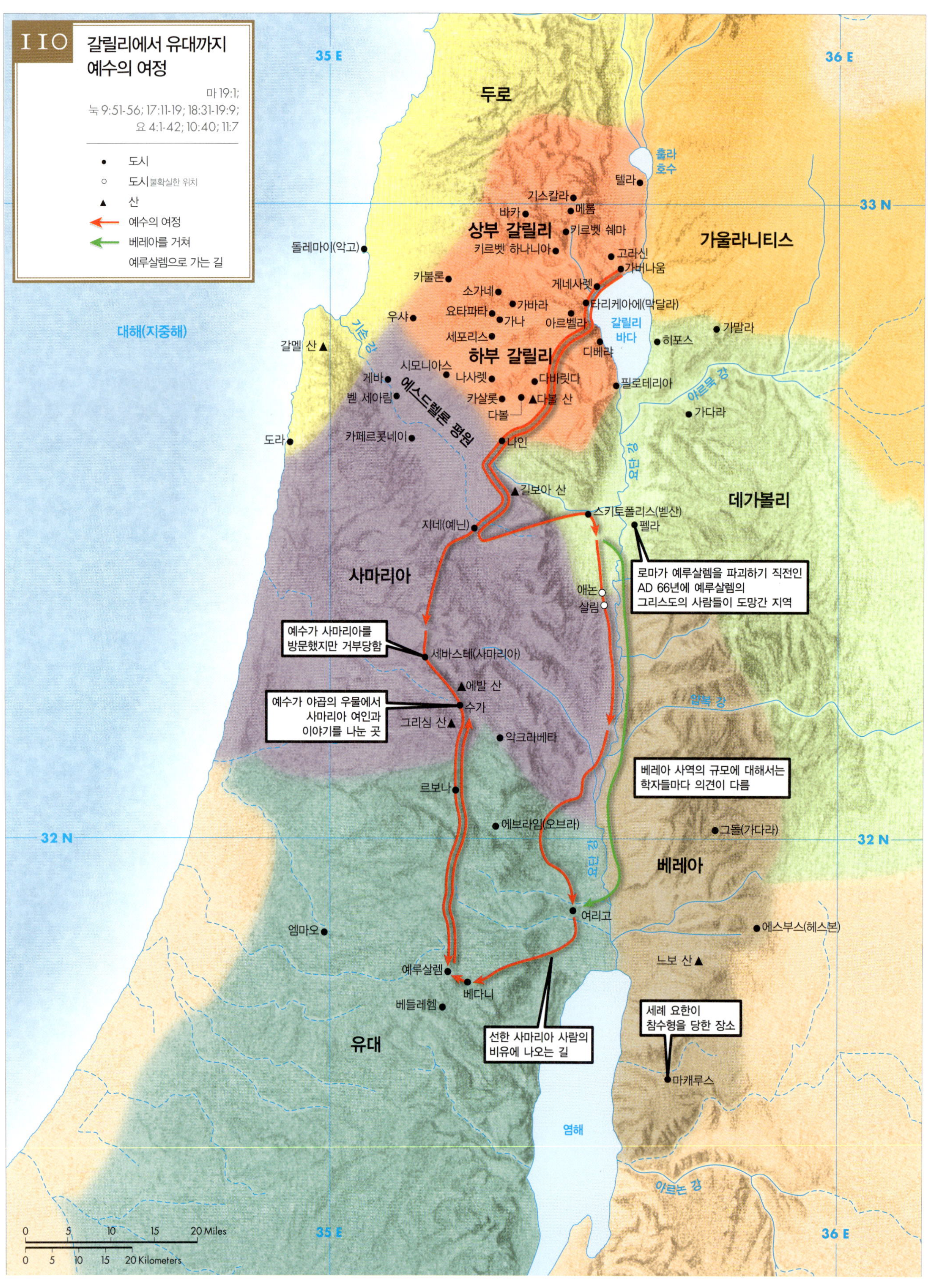
110
갈릴리에서 유대까지
예수의 여정
마 19:1;
눅 9:51-56; 17:11-19; 18:31-19:9;
요 4:1-42; 10:40; 11:7
● 도시
○ 도시 불확실한 위치
▲ 산
예수의 여정
베레아를 거쳐
예루살렘으로 가는 길
두로
훌라 호수
텔라
기스칼라
메롬
바카
키르벳 쉐마
상부 갈릴리
키르벳 하나니아
고라신
가버나움
돌레마이(악고)
게네사렛
카불론
소가네
타리케아에(막달라)
요타파타
가바라
우사
가나
아르벨라
가말라
세포리스
디베랴
히포스
하부 갈릴리
갈멜 산 ▲
시모니아스
나사렛
다바릿다
필로테리아
게바
벤 세아림
에스드렐론 평원
카살롯
▲다볼 산
가다라
도라
카페르콧네이
다볼
나인
길보아 산 ▲
스키토폴리스(벳산)
데가볼리
지네(예닌)
펠라
사마리아
애논
살림
로마가 예루살렘을 파괴하기 직전인
AD 66년에 예루살렘의
그리스도의 사람들이 도망간 지역
예수가 사마리아를
방문했지만 거부당함
세바스테(사마리아)
▲에발 산
예수가 야곱의 우물에서
사마리아 여인과
이야기를 나눈 곳
수가
그리심 산 ▲
악크라베타
베레아 사역의 규모에 대해서는
학자들마다 의견이 다름
르보나
에브라임(오브라)
그돌(가다라)
베레아
여리고
에스부스(헤스본)
엠마오
느보 산 ▲
예루살렘
세례 요한이
참수형을 당한 장소
베다니
베들레헴
선한 사마리아 사람의
비유에 나오는 길
유대
마캐루스
대해(지중해)
갈릴리 바다
염해
35 E
36 E
33 N
32 N
가울라니티스
0 5 10 15 20 Miles
0 5 10 15 20 Kilometers

방문했음을 알 수 있다. 그러나 베레아 사역의 규모에 대해서는 학자들마다 의견이 분분하다 마 19:1; 요 10:40에서 '요단 강 건너편 유대 지방'이 베레아를 지칭하고 있음.

유대와 예루살렘 사역

공관복음은 예수의 갈릴리 사역에 집중하고 있으며, 예루살렘을 향한 마지막 여행이 있기 전까지는 유대에 대해 거의 언급하지 않는다. 반면에 요한복음은 거룩한 도시에서 행한 예수의 광범위한 사역을 서술하고 있다. 요한은 예수가 예루살렘에 간 것을 다섯 번 언급하는데, 초막절'수장절'이라고도 함, 유월절, 칠칠절 혹은 오순절이라고도 부르는 중요한 순례 명절과 관련되어 있다. 어린 시절부터 예수는 당시 모든 유대 남자들이 모세의 율법에 따라 명절에 참석했듯이 예루살렘을 향하는 순례자의 무리에 참여했다 출 23:15-17; 참조, 눅 2:41. 요한은 예수가 참석한 세 번의 유월절 요 2:13; 6:4; 11:55, 한 번의 초막절 요 7:2, 명명하지 않은 명절 요 5:1, 그리고 수전절 하누카, 요 10:22에 대해 언급했다. 세 번의 유월절은 예수의 공생애가 적어도 이 년 혹은 삼 년이었음을 강력하게 시사한다.

누가는 예수가 사역 초기에 유대 회당들에서 선포했다고 기록하고 있다 눅 4:44. 예수와 제자들은 또한 유대 지역에서 세례를 주었다 요 3:22, 요한복음 4장 2절은 예수가 친히 세례를 주지는 않았다고 언급하고 있다. 요한복음은 특별히 예수의 초기 사역을 세례 요한의 사역과 연결하고 있으며, 요한의 제자 중에는 후에 예수를 따르는 자가 있었다 요 1:35 이하; 3:23-30.

복음서들은 예수의 사역에서 중요한 유대의 여러 마을과 성읍에 대해 언급하고 있다. 여리고에서 예수는 거지 바디매오의 시력을 되찾아 주었고 눅 18:35-43, 세리 삭개오를 회개하게 했다 눅 19:1-10.

여리고는 로마 통치 하의 행정 중심지로서 삭개오와 같은 세관원이 살기에 좋은 번영한 도시였다. 유대와 동요단, 북요단 골짜기를 연결하는 대상로들이 이 도시를 통과했으며, 예루살렘으로 올라가는 길에 있었다. 이

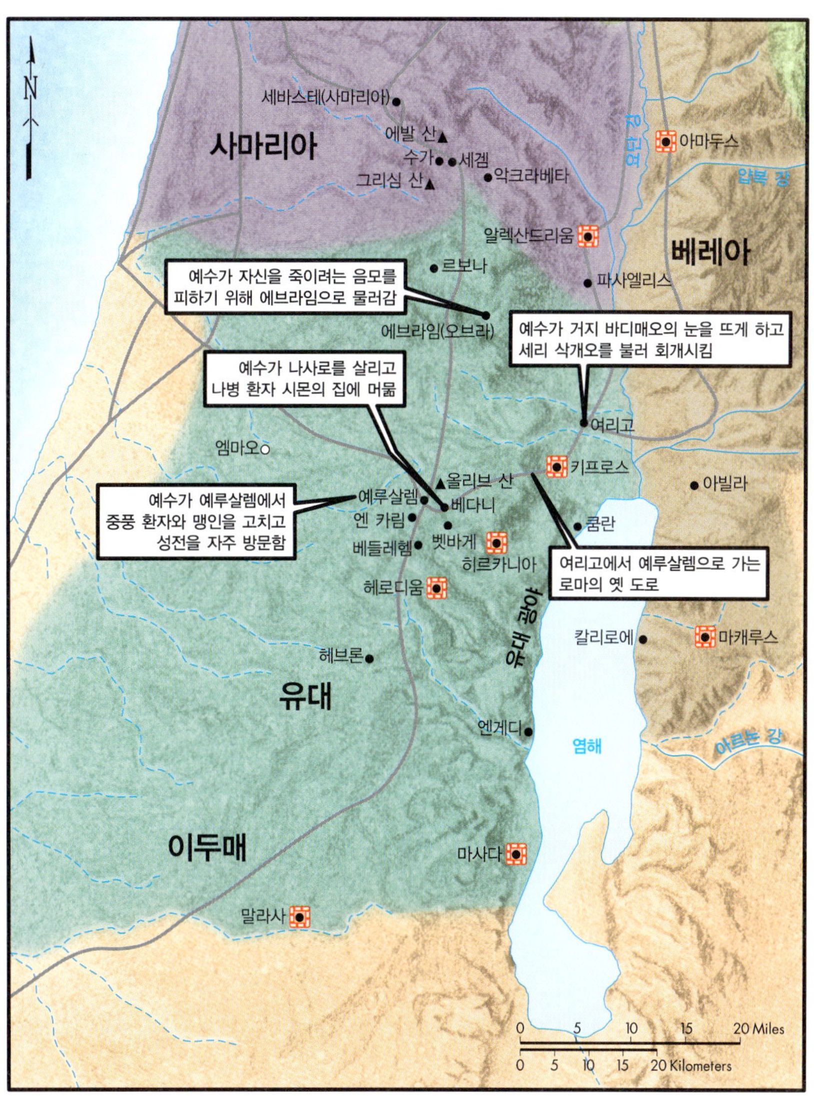

III 유대와 예루살렘 사역

눅 4:44; 10:25-37; 18:4-19:28; 요 1:35-51; 3:22-24; 10:39, 40

- ● 도시
- ○ 도시 불확실한 위치
- ▲ 산
- ◈ 헤롯의 요새
- — 도로

곳에 헤롯 왕조의 겨울 궁전들이 있었다 213-214쪽의 '헤롯의 여리고' 참조.

예루살렘에서 2.9km 떨어진 올리브 산 경사지에 위치한 베다니는 나사로와 그의 누이 마리아와 마르다의 고향이었다 요 11장. 예수는 가끔 그들의 집을 방문했는데눅 10:38-42, 그가 죽기 전 일주일을 베다니에서 보냈다 마 21:17; 막 11:11. 예수는 베다니에서 나사로를 죽음에서 일으켰으며 요 11장, 나병 환자 시몬의 집에 손님으로 방문했다 막 14:3. 고대 베다니는 현재의 엘 아자리예티 'Azariyeh와 일치한다.

때로 예수는 목숨을 위협하는 음모들을 피해 예루살렘을 벗어났다. 예루살렘을 피해 머문 에브라임은 아마도 고대 오브라* 수 18:23 지역으로, 예루살렘 북동쪽에 있는 엣 타이이베흐 Et-Taiyibeh와 자주 동일시되는 마을이다. 예수는 위협을 피해 요단 강을 건너 요한이 처음 세례 주던 지역으로 간 적도 있다 요 10:39, 40.

예루살렘은 예수 생애에서 기억할 만한 많은 사건이 일어난 곳이다. '베데스다' Bethzatha, Bethesda라고 불리는 '양의 못' Sheep's Pool에서 중풍 환자를 치유했다 요 5:2-9. 성전 산 Temple Mountain 북쪽에 위치한 못은 북쪽과 남쪽 웅덩이로 이루어진 쌍둥이 못으로 추정된다. 한편 실로암 못은 소경을 치유한 곳이었다 요 9:1-12. 예수는 소경의 눈에 진흙을 바른 후 진흙을 실로암 못에 가서 씻으라고 했다. 니고데모와 예수가 어느 밤에 거듭남에 대해 나눈 대화도 유월절을 맞아 예루살렘을 찾았을 때 일어났다 요 3장. 예루살렘에 있는 동안 예수는 성전에 자주 출입하며 제자들과 순례자들을 가르쳤다 요 5:14; 7:14. 그는 성전 안뜰을 둘러싼 행각 Portico**에서 가르쳤는데, 요한복음 10장 23절은 특별히 성전 동쪽에 있는 솔로몬의 행각에 대해 언급하고 있다. 성전을 깨끗케 한 사건은 남쪽 끝에 있는 왕의 행각에서 이뤄진 것으로 보인다 요 2:13-22.

왼쪽 | 나사로와 마리아, 마르다가 살았던 베다니 마을.
아래 | 예수 시대의 예루살렘을 복원한 그림이다.

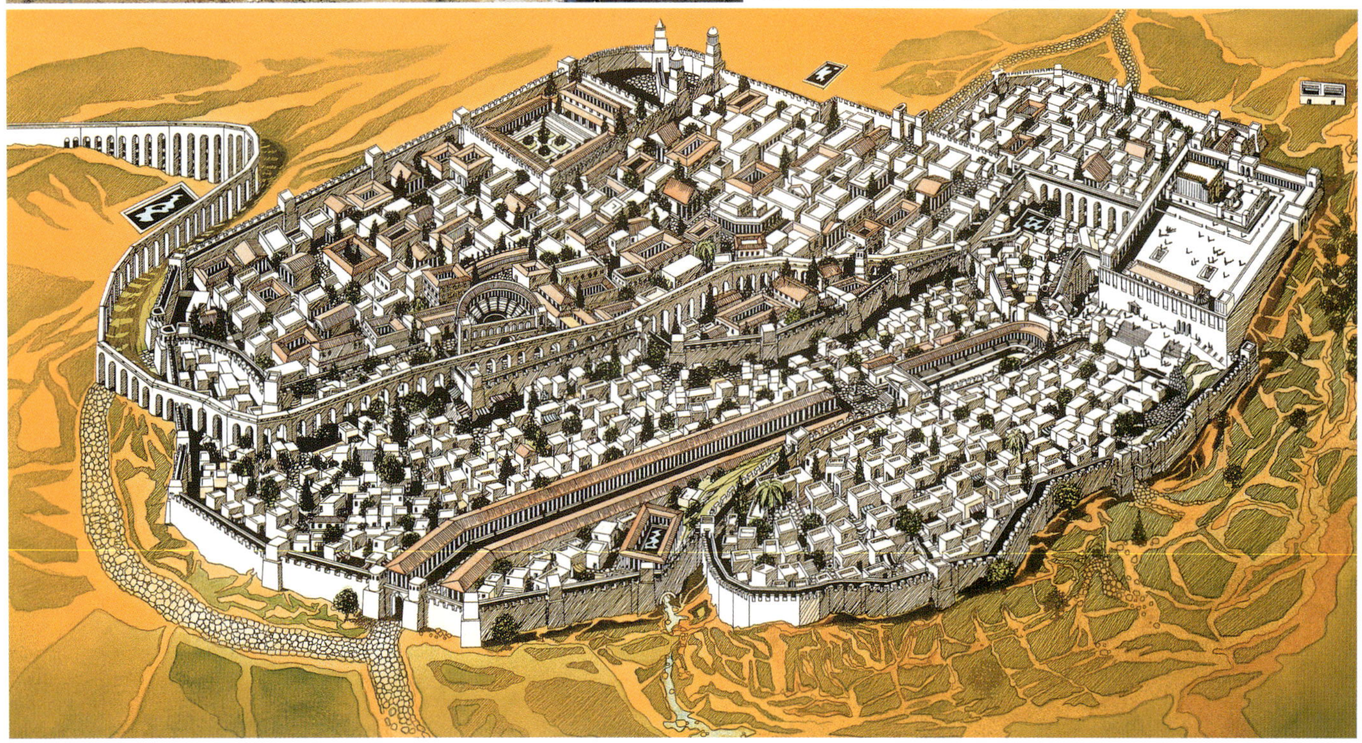

헤롯과 예수 시대의 예루살렘

예루살렘은 헤롯 대왕이 하스몬 왕조의 도시를 그의 왕국에 어울리는 수도로 바꾸면서 전성기를 맞았다. 헤롯이 구상한 도시 규모는 유례를 찾아보기 힘든 대규모였다. 지금도 예루살렘에서 그 규모를 엿볼 수 있다. 헤롯의 계승자들은 북쪽의 외곽 마을까지 확장해 베스다Bezetha를 포함했으나, 예수 당시의 예루살렘은 기본적으로 헤롯 대왕이 만든 것이었다.

지난 20년 동안 얻은 막대한 양의 고고학적인 자료와 유대 역사가 요세푸스AD 37~100년경가 AD 1세기의 예루살렘을 묘사한 글, 유대교 미쉬나Mishnah에서 발견된 성전에 대한 묘사들을 통해 예루살렘을 재구성할 수 있었다. 특히 요세푸스의 「유대 전쟁사」Jewish Wars, 5~6권는 예루살렘에 대해 장황하게 서술하고 있다.

개요

1세기의 예루살렘은 약 160만 m² 면적에, 2만에서 5만 명으로 추정되는 많은 인구가 살고 있었다. 명절 기간 동안에는 순례자들의 방문으로 인구가 상당히 증가했다. 요세푸스는 도시의 둘레를 33펄롱 Furlong 즉, 약 6km로 추정했다 Josephus. JW, 5 §156-159. 예루살렘은 동쪽과 서쪽 산마루를 모두 포함했다 예루살렘의 지형에 대해 115쪽 의 '예루살렘의 지형' 참조. 다윗 성과 성전 산에는 성벽이 있었는데, 다윗 성은 느헤미야 시대의 것과 비슷했고, 성전 산은 헤롯이 확장했다. 남서부 언덕과 상부 도시Upper City에는 헤롯의 왕궁과 부유한 예루살렘 사람들의 거주지가 있었다. 북부 도시를 에워싸고 있는 방벽은 BC 8세기에 히스기야가 세운 경계선을 따르고 있다. 인구 증가로 도시가 북쪽 외곽 지역에까지 확대되자 북쪽에 성벽 둘을 더 세워 에워쌌다.

예루살렘에 관한 고고학적 의문 중 가장 복잡한 것이 요세푸스가 서술한 북쪽의 세 성벽의 경로가 어디인가 하는 점이다. 제1성벽은 14개의 망루가 있는데 그 망루들은 성채에서 성전 산까지 같은 높이로 일정한 간격을 두고 군데군데 있었다. 학자들은 이 성벽이 횡단 골짜기를 따라 곧게 이어졌다는 데 동의한다. 그러나 요세푸스가 전하고 있는 제2성벽의 경로와 규모는 논란이 많다.

요세푸스는 이 성벽이 제1성벽에 있는 겐낫Gennath 관문에서 시작해 안토니아Antonia 요새* 까지 이어졌다고 진술한다. 겐낫 관문의 위치와 관련해서 학자마다 의견이 분분한데, 어떤 학자는 성채 옆이었다고 하는가 하면 어떤 학자는 첫 번째 성벽을 따라 중간 정도에 있었다고 주장한다. 두 번째 성벽이 북쪽으로 얼마나 멀리 확장되었는가는 아직 정확한 답을 내리지 못하고 있다. 많은 학자들은 제2성벽이 현재 구 도시 성벽에 있는 다메섹 문까지 확장되었다고 주장하는 반면, 어떤 학자는 제2성벽이 안토니아 요새보다 더 북쪽으로 확장되지는 않았다고 본다. 확실한 것은 제2성벽이 성묘 교회를 둘러싼 지역을 포함하지 않았다는 사실이다. 그 지역은 오늘날 구 도시 성벽 안쪽에 있기 때문이다. 예수 당시 이 지역은 채석장이었고 매장지로 사용되었다.

제3성벽의 위치 역시 논란이 되고 있다. 요세푸스는 제3성벽이 성채에서 시작해 북쪽으로 세피너스Psephinus 망대로 나아가 동쪽으로 돌아 여러 경계표들을 지나 기드론 골짜기까지 이르고, 그런 다음 남쪽으로 성전 산의 북동쪽 모퉁이까지 이른다고 기록하고 있다.

다메섹 문에서 북쪽으로 400m가량의 성벽이 발굴되었는데 소위 '수케닉 성벽' Sukenik Wall이라고 부르는데, 그 벽을 처음으로 발견한 사람들 가운데 한 사람의 이름을 따라 붙인 것이다. 많은 학자들은 이것이 아그립바 1세가 세운 제3성벽이라고 생각한다. 로마 황제는 아그립바 1세의 건축 계획을 멈추라고 명령했지만, 아마도 열심당원들이 1차 유대 반란 직전에 끝마쳤을 것이다. 어떤 학자들은 '수케닉** 성벽'이 유대 수비군들이 도망가지 못하도록 서둘러 지은 로마 공성 벽이었다고 믿는다. 만약 이것이 사실이라면, 제3성벽은 현재의 다메섹 문*** 아래로 현재의 구 도시 성벽의 북쪽을 따라

예루살렘 성전 산 북쪽에 있는 '베데스다 못'. 예수가 이곳에서 중풍 환자를 치유했다.

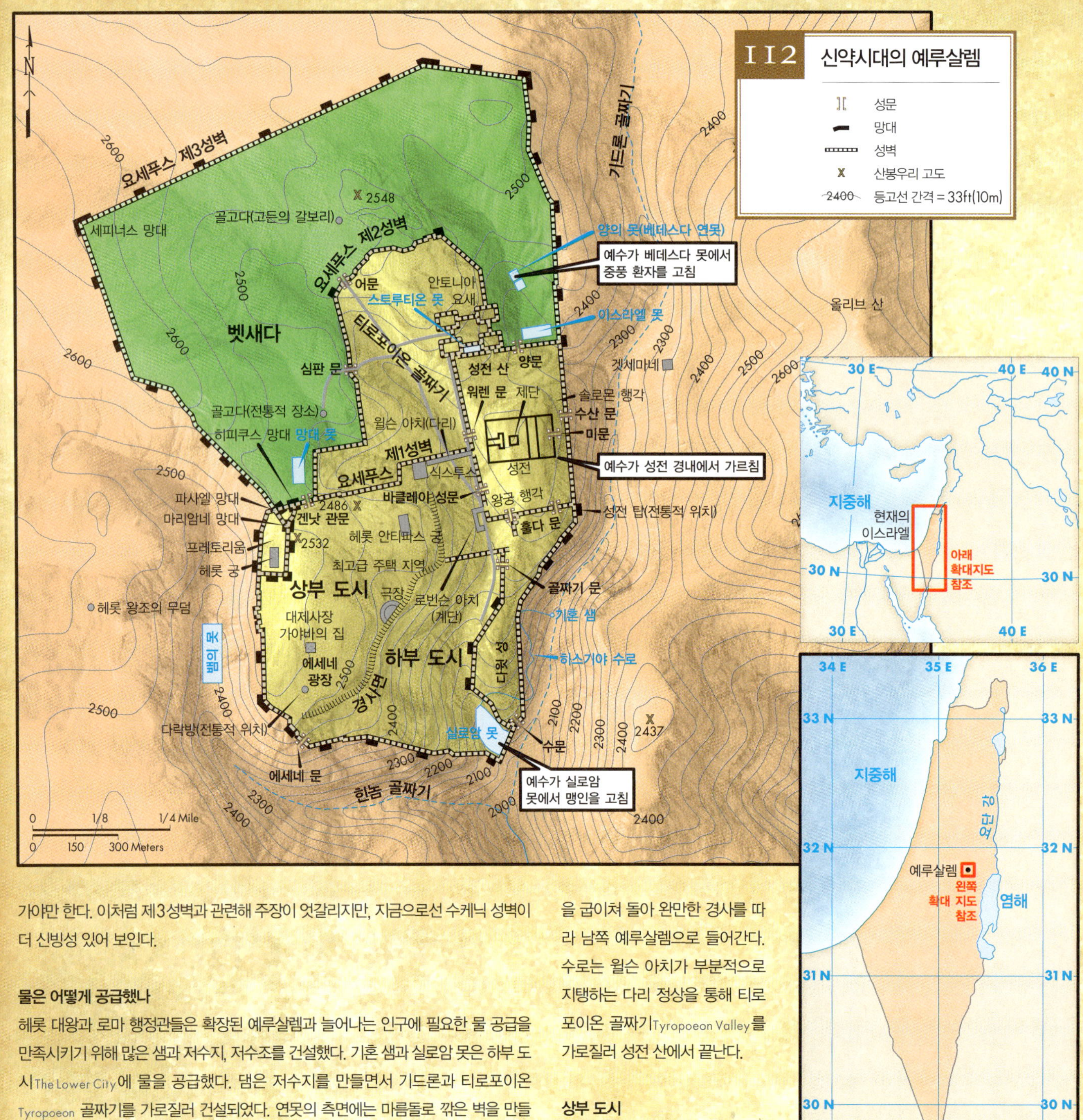

가야만 한다. 이처럼 제3성벽과 관련해 주장이 엇갈리지만, 지금으로선 수케닉 성벽이 더 신빙성 있어 보인다.

물은 어떻게 공급했나

헤롯 대왕과 로마 행정관들은 확장된 예루살렘과 늘어나는 인구에 필요한 물 공급을 만족시키기 위해 많은 샘과 저수지, 저수조를 건설했다. 기혼 샘과 실로암 못은 하부 도시 The Lower City 에 물을 공급했다. 댐은 저수지를 만들면서 기드론과 티로포이온 Tyropoeon 골짜기를 가로질러 건설되었다. 연못의 측면에는 마름돌로 깎은 벽을 만들어 기반암에까지 파고 들어갔다. 배수 구조는 유출된 물을 집과 공공건물에 갖춰진 수많은 저수조와 이러한 구조물로 보내는 방식이다. 성전 산에는 기반암까지 판 37개의 저수조가 있었다. 성전 산 북쪽에 있는 이스라엘 못은 저수지 가운데 가장 큰 것으로 100 × 38m 정도로 추정된다. 이 저주지보다 약간 북쪽에는 요한복음 5장 2-4절에 언급된 양의 못 혹은 베데스다 못이 있는데, 이 연못은 부분적으로 발굴되었다. 예수는 38년 동안 앓은 한 남자를 이 쌍둥이 못에서 치유했다. 다른 큰 못으로는 안토니아 요새와 연관된 스트루티온 못 Struthion Pool, 51 × 14m 과 성채 서쪽에 있는 망대 못 Tower's Pool, 73 × 44m, 힌놈 골짜기에 있는 뱀의 못 Serpent's Pool 이 있다.

하스몬 왕조 시기로 추정되는 낮은 지역의 수로는 아마도 헤롯과 본디오 빌라도가 확장한 것으로 보이는데, 더 필요한 물은 베들레헴 지역에 있는 샘과 못에서 공급했다. 예루살렘에서 10km 떨어진 '솔로몬 못'* 중 한 곳에서 시작해 광활한 지역과 터널들을 굽이쳐 돌아 완만한 경사를 따라 남쪽 예루살렘으로 들어간다. 수로는 월슨 아치가 부분적으로 지탱하는 다리 정상을 통해 티로포이온 골짜기 Tyropoeon Valley 를 가로질러 성전 산에서 끝난다.

상부 도시

서쪽 산지는 동쪽의 경사지와 티로포이온 골짜기를 가로질러 성전 산을 넘어 희미하게 나타난다. 이보다 더 높은 고지는 부유한 예루살렘 사람과 왕족에게 인기 있었다. 헤롯 대왕의 왕궁은 제1성벽 안쪽에서 서쪽으로 예루살렘 북부의 꼭대

*솔로몬 못(Solomon's Pool / 지명) 예루살렘에서 남쪽으로 2km 떨어진 곳에 수량이 풍부한 지하 샘에서 흘러나온 물을 인공 댐으로 막아 저장한 연못이다. BC 2세기 하스몬 왕조 시대에 수원지로 개발되었고 이곳에서부터 수로를 만들어 예루살렘으로 물을 공급했다.

**프레스코(Fresco) 인류 회화사에서 아마 가장 오래된 그림의 기술로 소석회에 모래를 섞은 모르타르를 벽면에 바르고 그것이 마르기 전에 완성하는 방법이다. BC 약 3000년 크노소스의 벽화와 BC 5세기 중국, 한국, 일본의 불교 벽화들도 대부분 프레스코에 속한다.

위 | 통곡의 벽 Wailing Wall 이 보이는 성전 산 지역의 모습.
아래 | 가까이에서 본 통곡의 벽. 아랫부분은 헤롯 대왕 시기의 것으로 추정되며 돌 가장자리에 도안이 되어 있는 것이 특징이다.

한 문제였다. 석재 그릇이 많다는 것은 돌이 도기와 달리 제의적으로 오염되지 않았을 것으로 여기는 유대교의 율법 조항에 따른 것이기 때문이다.

헤롯 성전 성전 산에 대한 설명을 보려면 요세푸스, ANT 15.11.1-7 §380-425; JW 5.5-8 184-247 참조

헤롯이 추진한 예루살렘 건축 중 가장 최고의 업적은 성전 산의 확장이었다. 스룹바벨 성전은 안티오코스 에피파네스 4세 Antiochus Epiphanes iv, BC 168년 와 폼페이우스 Pompey, BC 63년 시대에 손상을 입었고, 헤롯으로 왕권이 넘어가는 과정에서 추가적인 손상을 입었다. 헤롯은 유대 백성의 민심을 얻기 위해 성전 산을 아름답게 꾸미고 순례자에게 많은 공간을 제공했다. 물론 여기에는 자신과 왕국의 영예를 얻고자 하는 요량도 있었다.

성전 산의 건축은 BC 20/19년에 시작해 몇 년 동안 계속되었다. 요세푸스는 성전이 18개월 동안 지어졌으며 신성한 율법들을 범하지 않도록 특별히 훈련된 제사장들을 고용했다고 전한다. 성전 경내의 거대한 외벽들을 짓는 데 팔 년이 걸렸으며, 제1차 유대 반란 요 2:20 참조 때까지 크고 작은 증축과 보수가 이뤄졌다. 웅장한 규모에 걸맞은 공간을 확보하기 위해 헤롯은 성전 연단 Platform 을 남쪽, 서쪽, 북쪽으로 확장했다. 연단을 서쪽 방향으로 확장하기 위해 티로포이온 골짜기에 아치형 다리가 세워졌다. 모나게 깎은 마름돌로 지은 거대한 옹벽들은 대량의 흙을 지탱하고 있으며, 각 돌들은 독특한 기술로 다듬었는데, 돌에다가 좁은 테두리를 둘러 돋을새김을 넣었다. 유대 사람들이 존중하는 '통곡의 벽'은 서쪽 옹벽의 한 부분이다. 옹벽을 세우기 위해 사용된 돌의 무게는 개당 평균 2~5톤에 달하는데, 남쪽 벽에 있는 것 중에는 무게가 무려 50톤이나 나간다. 석수들은 그 지역 채석장에서 돌을 채취해 회반죽 없이도 돌이 서로 잘 맞도록 준비했다. 그 벽들의 규모는 북쪽 벽이 315m, 남쪽 벽이 278m, 동쪽 벽이 468m, 서쪽 벽이 485m나 된다. 이렇게 해서 헤롯은 성벽으로 16만 m²나 되는 사다리꼴의 공간을 둘러쌌다.

인상적인 경내 벽들은 아래 길거리로부터 30m 높이로 세워졌다. 어떤 곳에서는 탑의 최대 높이가 기반암에서 꼭대기까지 55m가 넘는다. 벽기둥 Pilaster 들이 벽을 장식해 아름다운 효과를 내고 있는데, 헤브론에 있는 '족장들의 무덤' Tomb of the Patriarchs 위에 지어진 헤롯의 다른 건축물에서도 볼 수 있다.

성전 산 주변을 둘러보면 최근에 고고학이 밝힌 많은 특징들을 볼 수 있다. 순례자들은 남쪽에서 성전 산으로 접근해 일련의 계단을 올라왔다. 그 계단들은 천천히 예배하는 마음으로 오르도록 만들었다. 폭이 65m 높이의 계단은 커다란 광장에서 남쪽 벽을 따라 넓은 거리 폭 6.6m 까지 이어졌다. 계단 오른쪽에는 정화 의식용 욕조 Mikvaoth 가 있는 건물이 있는데, 그곳에서 순례자들은 성역으로 들어가기 전에 몸과 마음을 깨끗이 했다. 남쪽 벽에는 훌다 Huldah 문으로 알려진 두 개의 문이 있어 성전 뜰로 들어갈 수

기를 차지하고 있다. 왕궁은 행각이 있는 안뜰과 정원으로 분리되었는데, 현재는 왕궁을 지지하는 커다란 포디움 Podium 일부를 제외하곤 남아 있지 않다. 헤롯은 왕궁 바로 북쪽으로 세 개의 망대를 지었는데, 그의 친구 히피쿠스 Hippicus, 형제 파사엘 Phasael, 아내 마리암네 Mariamne 의 이름을 따라 불렀다. 석조 건축물인 이 세 망대 가운데 하나를 욥바 Jaffa 문 바로 안쪽 성채 지역에서 볼 수 있다.

구 예루살렘의 유대 사람 지역에서 나만 아비가드 Nahaman Avigad 에 의해 헤롯의 도시에 있던 인상적인 가옥들이 발견되었다. AD 70년 로마에 의해 예루살렘이 멸망하면서 거의 2000년 동안 땅 속에 묻혀 있었던 것을 오늘날 복원해 놓아 예수 당시 예루살렘 귀족들의 삶을 엿볼 수 있게 되었다.

이중에서도 특히 큰 600m²를 망라하는 '대궐 같은 저택'들은 지하실과 1층, 그리고 경우에 따라서는 한 층 더 올린 곳도 있다. 지하에는 수많은 저수조와 속욕탕, 정화 의식용 욕조 Mikvaoth, 그리고 포도주와 치즈 저장고 등의 편의 시설이 있었다. 집 안에는 마루에 장식한 아름다운 모자이크와 벽에 그린 화려한 프레스코 Fresco ** 가 호화로움을 더했다. 석재 테이블과 그릇, 수입산 도기, 아름다운 잔들도 발견되었다. 이 저택들의 주인 중에는 중요한 제사장 가문도 있다. 어느 집에서 발견된 비문에는 제사장 가문인 카트로스 Kathros 라는 이름이 나왔다. 이들이 사용한 다양한 정화 의식용 욕조와 석재 잔은 이들이 율법에 신실했음을 보여 준다. 제의적 침례는 제의적 순수에 관한 중요

성전 산 남쪽 지역. 성전 뜰로 이어지는 문으로 연결되는 계단이 보인다.

을 비롯한 부대시설들을 갖춘 궁전인 동시에 성전의 군중을 감시하는 로마 군인들의 막사였다. 안토니아 요새는 네 개의 망대가 있었는데, 남동쪽의 망대는 다른 세 망대보다 더 높았다. 스트루티온 못 옆에 세워진 안토니아 요새는 통로를 통해 성전 뜰과 연결됐다. 안토니아 요새 유적은 지금은 거의 남아 있지 않지만, 요새가 서 있던 기반암이 하람 에쉬 샤리프Haram esh-Sharif 의 북서쪽 구석에서 오늘날에도 보인다. 최근의 발굴은 시온 수도회Zion Convent 의 수녀회에 있는 포장도로와 아치 길Ecce Homo Arch*이 AD 135년 이후 하드리아누스Hadrian가 지은 로마 식민지 엘리아 카피톨리나로마 시대에 불려진 예루살렘의 이름와 관련 있음을 확인했다. 예수가 빌라도와 얼굴을 마주했는지, 안토니아 요새에서 재판의 한 부분으로 채찍질을 당했는지는 학자들마다 다른 의견을 제시한다. 많은 학자들은 빌라도가 예루살렘에 있는 동안 상부 도시에 있던 헤롯 왕가의 궁전에 머물렀다고 믿는다.

있었다. 이중 성문The double gate은 서쪽에 있었고, 삼중 성문The triple gate은 이중 성문 동쪽으로 64m쯤 떨어진 곳에 있었다. 문 위쪽으로 난 터널이 성전 산으로 연결되어 이방 사람의 뜰The Court of the Gentiles 이 나타난다. 아름답게 새겨진 꽃 모양의 기하학적인 무늬들은 이중 성문 안의 둥근 지붕에 보존되어 있어 헤롯이 고용한 장인의 솜씨를 입증하고 있다.

요세푸스는 성전 경내로 인도하는 서쪽 옹벽에 있는 네 개의 문에 대해 묘사했는데, 오늘날 이 문들은 이것을 처음 발견한 탐험가의 이름이 붙여져 있다. 로빈슨 아치Robinson's Arch는 넓은 거리에 서 있고, 정면의 남서쪽 구석에 있는 문으로 올라가는 일련의 아치들에 연결된 웅장한 계단의 부분이었다. 그 계단들은 성전 산 남쪽 끝에 있는 왕궁 행각Royal stoa과 함께 서쪽 벽 옆에 북쪽 방향으로 나 있는 넓은 거리로 연결되었다. 거리는 문 옆에서 두 길로 나뉜다. 넓고 낮은 거리는 서쪽 벽을 따라 상점가가 형성되어 있고, 더 좁은 거리폭이 약 3m는 상점들 너머로 나 있다. 높이 10m, 폭 6.5m쯤 되는 바클레이 문Barclay's Gate은 로빈슨 아치의 북쪽에 있는 길과 같은 높이로 정면을 향하고 있다. 바클레이 문의 상인방은 '통곡의 벽'의 '여자들의 뜰' 근처에서 보인다.

서쪽 벽의 중간에 있는 윌슨 아치Wilson's Arch는 티로포이온 골짜기에 걸쳐진 다리를 지지하는 일련의 아치들 가운데 하나였다. 그 다리는 상부 도시와 성전 산을 연결한 것으로서 보행자들이 다닐 수 있었으며 낮은 높이의 수로로 물을 흘려보냈다. 이전에 '프리 메이슨 홀'Freemason's hall이라고 불리던 윌슨 아치와 연결된 헤롯의 큰 구조물은, 요세푸스가 언급한 '건축 회의' 혹은 '채석장'Chamber of hewn stone과 동일시되곤 했다. 워렌 문Warren's Gate의 유적은 윌슨 아치 북쪽에서 발견되었다. 바클레이 문과 비슷한 이 문은 지하 계단을 통해 티로포이온 거리에서 성전 뜰로 출입할 수 있었다.

성전 산 경내 북쪽 벽은 덜 알려졌다. 미쉬나에는 북쪽의 타디 문Tadi Gate에 대해 언급하고 있으나, 이 문은 아직 찾아내지 못했다. 요세푸스는 헤롯이 옛 바리스Baris 자리에 마르크 안토니우스를 기념해 지은 안토니아 요새에 대해 서술하고 있다JW. 5.5.8§238-247. 이 요새는 목욕탕

동쪽 경내 벽은 이전 시대 벽들의 경로를 따랐다. 헤롯은 건물 공간을 확장하면서 남쪽 방향으로 벽을 확장했다. 남동쪽 구석에서 북쪽으로 32m의 '일직선 이음매'는 이 확장을 보여 준다. 이음매의 남쪽 벽과 북쪽의 석조 건축이 다름을 알 수 있는데, 남쪽 벽이 헤롯 왕 시기의 것이다. 남동쪽 구석으로 내달린 아치들과 기공석의 유적은 한때 동쪽 벽에서 내려온 로빈슨 아치와 비슷한 기념비적인 계단을 가리킨다.

사실상 성전 산의 뜰과 왕실 행각들, 그리고 성전 자체와 함께 성전 산 내부 장식도 남아 있는 것은 하나도 없지만 널따란 행각Portico들이 성전과 성전 뜰을 사방에서 둘러싸고 있었다. 특히 놀랄 만한 것은 경내 남쪽 끝에 헤롯이 지은 왕궁 행각이다. 바실리카 형태로 지어졌으며, 양쪽에 통로가 접해 있는 중앙의 넓은 공간이 딸린 왕궁 행각은 길이가 190m였다. 고린도 양식의 기둥머리가 새겨진 162개의 기둥은 네 줄로 나뉘어 지붕을 받치고 있다. 성전 산 남쪽의 잔해에서 찾은 기둥들과 기둥머리들의 파편들은 왕궁 행각의 장엄함을 드러낸다. 성전 뜰을 둘러싸고 있는 행각들은 성전으로 몰려드는 군중과 상인들이 비바람을 피하는 피신처가 되었다. 로마 동전을 세겔로 바꾸

뜰로 둘러싸인 헤롯 성전의 모형.

AD 1세기 예루살렘의 모형. 성전 산 북쪽에 있는 안토니아 요새와 4개의 커다란 망루가 보인다. 요새 왼쪽이 예수가 기적을 행한 베데스다 못이다.

여인들의 뜰로 들어가는 입구는 문을 통과해 동쪽에 있다. 그 문은 아마도 사도행전 3장 2절에 언급된 미문 The Beautiful Gate ** 일 것이다. 여인들의 뜰 서쪽 끝에는 니카노르 문 Nicanor Gate 으로 이어지는 15개의 계단이 있었다. 니카노르 문은 고린도의 청동으로 만들어졌는데 아마 미문도 마찬가지일 것이다, 성전을 향해 난 길고 좁은 이스라엘의 뜰로 이르게 된다. 약간 높게 만들어진 제사장의 뜰은 사방으로 성전을 둘러싸고 있다. 뜰에는 희생 제사를 위한 큰 제단, 정결을 위한 놋대야, 희생 제사를 수행하는 장소들이 있다. 성전은 빛나는 대리석과 금을 입혀 장식했는데, 랍비들은 사자와 같이 으르렁거린다고 표현했다. 정면 현관은 훨씬 더 넓은 데 비해 성소와 지성소로 갈수록 좁아지기 때문이다. 성소에는 분향 제단, 금 촛대 일곱 촛대, 그리고 제단에 올리는 빵 식탁이 있었다. 지성소는 비어 있었다.

어 주는 환전상들과 희생 제사에 필요한 비둘기나 다른 물건들을 파는 장사꾼들이 이 행각 안에서 북적댔다. 예배자들을 고려하지 않아서 이따금 예수는 그런 사람들을 성전 구역에서 내쫓았다 마 21:12, 13; 눅 19:45, 46; 참조. 요 2:13-17.

이방 사람의 뜰은 성전 산 내부에 자리 잡고 있었다. 돌로 된 '울타리' 혹은 난간 히브리어로 소렉 은 이방 사람의 뜰을 유대 사람만을 위해 예비된 더 거룩한 영역과 분리했다. 그리스어로 경고문이 새겨진 돌판 두 개가 발견되었는데, 거기에는 이방 사람들이 더 이상 접근하면 사형에 처한다고 적혀 있다. 난간 너머 높은 대지에는 여인들의 뜰, 이스라엘의 뜰, 제사장의 뜰, 그리고 성전 건물이 있었다.

이 같은 성전과 성전을 둘러싼 건축물들은 로마 제국에서도 가장 큰 규모에 속한 것으로 방문객들에게 깊은 인상을 남겼다. 랍비들은 헤롯의 성전을 보지 못한 사람은 아름다운 건물을 본 적이 없는 사람이라고 말할 정도였다.

* 아치 길(Ecce Homo Arch / 지명) 이름은 본디오 빌라도가 예수를 가리키며 '저를 보라'고 한 말에서 유래되었으나, 예수의 수난과는 관련이 없고 예루살렘에서 로마로 향하는 세 개의 문 중 하나였다.

** 미문(The Beautiful Gate / 지명) 성전 동쪽에 있는 문으로 요세푸스에 의하면 고린도 건축 양식을 빌려 아름답게 지어졌다고 해서 붙여진 이름이다.

· · · · · · · ·

십자가의 길 : 마지막 일주일

네 개의 복음서 모두 예수가 지상에서 사역한 마지막 주간에 일어난 사건들에 관심을 집중하고 있다. 요한복음에 따르면 예수는 유월절이 되기 육 일 전에 베다니에 도착해 그의 친구인 나사로, 마르다와 마리아의 집에 방문했다 요 12:1. 마리아는 값비싼 향유를 가져와 예수의 발에 부었는데, 그녀의 환대는 예루살렘에서 예수를 기다리고 있는 임박한 죽음과 장사를 예시하고 있었다.

일요일

다음날인 일요일, 예수는 당나귀를 타고 올리브 산을 내려갔다. '호산나' 아람어 '호산나' Hosanna 의 음역으로 '우리를 구원하소서'라는 뜻이다 라는 외침들이 그의 귀를 울렸고, 그는 성전 구내로 들어갔다. 이러한 '승리의 입성'으로 예수는 메시아로서 그의 정체성을 알렸다. 성전에 들어간 뒤 예수는 저녁이 되어 물러나 그의 제자들과 머물기 위해 베다니로 돌아왔다.

월요일

베다니에서 하룻밤을 묵은 뒤, 예수는 월요일에 예루살렘으로 돌아왔다. 모든 공관복음서에 기록된 마 21:12, 13; 막 11:15-18; 눅 19:45-48 성전 정화 예수가 성전 뜰에서 환전상들을 쫓아낸 일는 월요일에 일어났다. 성전에 대한 예수의 주권을 암시하는 이 행동은 예루살렘 지도자들이 그를 죽이려는 음모를 꾸미게 하는 구실이 되었다 막 11:18. 이날 요한은 예수를 만나 보기를 청하는 몇 명의 그리스 사람에 대해 기록하고 있다 요 12:20-50.

화요일

예수는 화요일에 예루살렘에 돌아와 그를 함정에 빠뜨리려는 종교 지도자들이 제기한 질문에 대답하면서 성전 경내에서 그날의 대부분을 보냈다 마 21:15-17, 23-46; 22:15-46. 종교 지도자들은 세례 요한과, 세금을 바치는 것과, 부활에 대한 질문으로 예수를 사로잡을 미끼를 던졌다.

그러나 예수는 그들의 음모를 능숙하게 빠져 나갔다. 이렇듯 바쁜 하루 중에도 예수는 성전 헌금함에 작은 동전 그리스어 렙돈, 가장 작은 구리 동전 을 넣는 과부를 보았다. 예수는 그 과부의 행동을 제자들에게 말씀하시면서, 그녀의 헌금이 부자가 과시하는 헌금보다 더 가치 있는 것이라고 제자들에게 가르쳤다 막 12:41-44. 예수는 또한 제자들에게 예루살렘이 바라보이는 올리브 산에 앉아서 '마지막 때'에 대해 가르쳤다 마 24장; 막 13장.

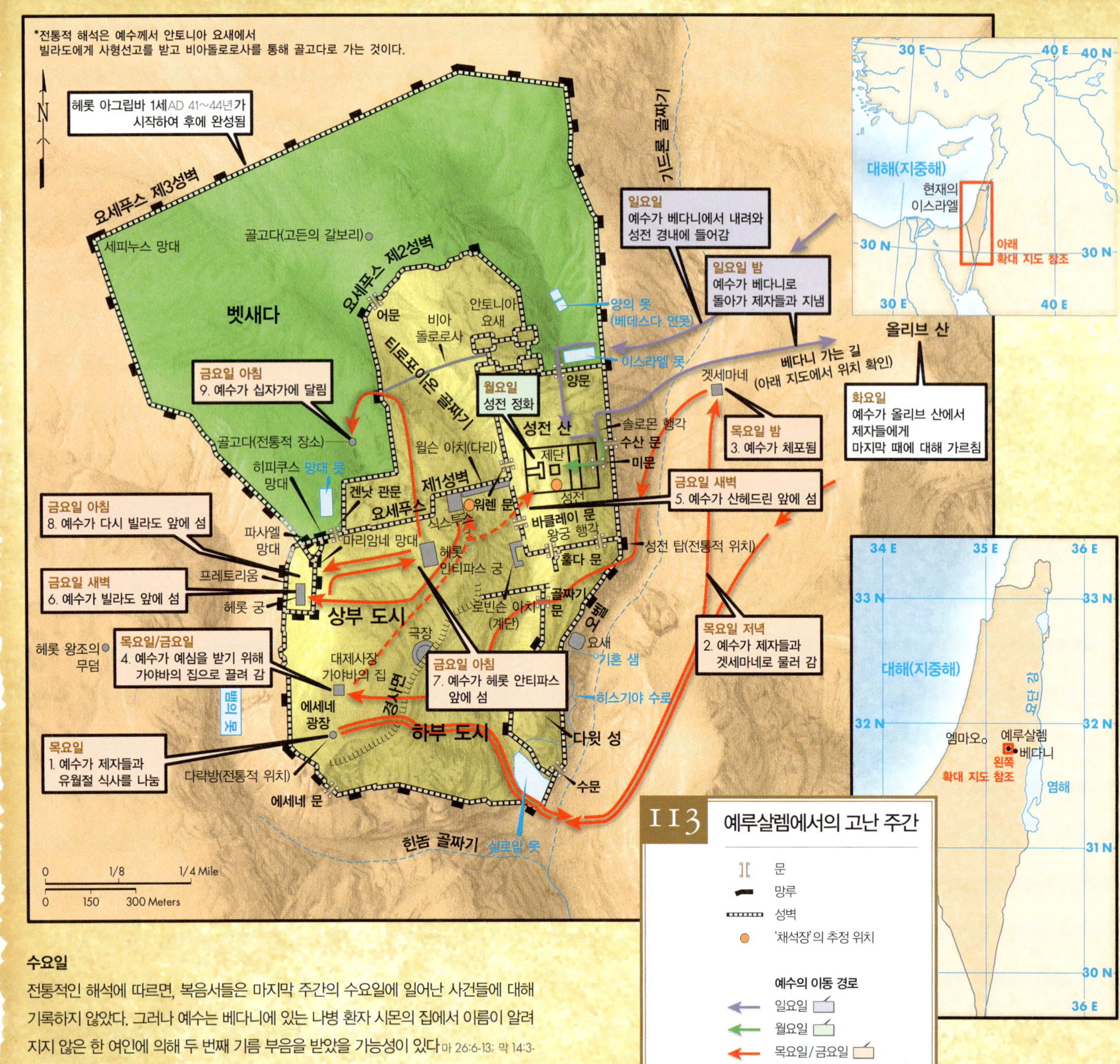

수요일

전통적인 해석에 따르면, 복음서들은 마지막 주간의 수요일에 일어난 사건들에 대해 기록하지 않았다. 그러나 예수는 베다니에 있는 나병 환자 시몬의 집에서 이름이 알려 지지 않은 한 여인에 의해 두 번째 기름 부음을 받았을 가능성이 있다 마 26:6-13; 막 14:3-9. 이 행동은 놀랍게도 며칠 전에 마리아가 행한 기름 부음과 비슷하며, 예수의 임박한 죽음을 현저하게 가리킨다. 공교롭게도 같은 날에 가룟 유다는 예수를 반역해 유대 지 도자들에게 팔아넘기기로 결심했을지도 모른다 마 26:14-16.

목요일

예수는 제자들과 함께 유월절 식사를 나눌 것을 기대하면서 그들과 목요일을 보냈다. 베드로와 요한은 마지막 준비를 위해 먼저 보내졌다 눅 22:8-12. 저녁에 예수는 전통을 지 켜 제자들과 함께 식사를 했고, 그의 임박한 죽음의 관점에서 포도주와 빵을 해석했다 눅 22:14-20. 저녁 늦게, 예수는 제자들과 함께 올리브 산에 올라 겟세마네라 부르는 곳 에서 간절히 기도를 드렸다 마 26:36-45; 막 14:32-42. 고대 전승들은 올리브 산의 낮은 경 사지에 있는 기드론 골짜기*를 건너 성전 반대 방향으로 겟세마네가 있다고 보았다. 여기서 유다는 예수를 반역해 성전 지도자들에게 넘겼고, 그들은 예수를 체포했다 눅 22:47-53; 요 18:2-12.

예수의 재판은 목요일 늦은 밤부터 금요일 이른 시간까지 여러 단계로 진행되었다. 예수는 예루살렘에 있는 대제사장 요셉 가야바 집으로 끌려가 가야바와 그의 장인이며 전직 대제사장인 안나스 앞에서 예심을 받았다 마 26:57-75; 요 18:12-23. 고고학자들은 최 근에 예루살렘의 남쪽 평화의 숲에서 가야바의 가족 묘지를 발견했다. 가야바의 집은 상부 도시에 위치했을 것으로 보이는데, 최근 이곳을 발굴한 바에 따르면 당시 부유한 예루살렘 사람들이 살던 크고 화려한 집이 여러 채 발견되었다. 또 집 안에는 유대 사 람이 정결 의식에 사용하던 여러 개의 정화 의식용 욕조가 있었다.

금요일

금요일 동이 트자, 산헤드린**은 예수를 신성 모독죄로 사형할 것을 선고했다. 공의회 는 그들의 선고에 대해 총독의 동의를 받기 위해 예수를 빌라도 앞에 데려갔다 막 15:1-5;

로마 황제 콘스탄틴의 어머니 헬레나 여왕의 명령으로 세워진 예루살렘의 성묘 교회.

눅 23:1-5. 빌라도 앞에서 유대 지도자들은 예수를 반역죄로 고발했다. 빌라도는 유월절 때문에 예루살렘에 있었는데, 빌라도 앞에서 심문을 받던 장소는 정확하지 않다. 하나의 가능성은 그 도시 서쪽에 있던 헤롯의 왕궁이다. 헤롯 궁은 로마의 행정관이 머문 숙소가 아니었을까 생각한다. 다른 가능성은 안토니아 요새로서 빌라도가 예루살렘에 있는 동안 머물렀던 곳이다 239쪽의 '헤롯과 예수 시대의 예루살렘' 참조.

예수가 갈릴리 사람이라는 것을 알고, 빌라도는 절기를 지키기 위해 갈릴리의 헤롯 안티파스에게 예수를 넘겨주었다 눅 23:6-12. 헤롯과 예수의 만남은 서쪽 왕궁에서 있었을 것이며, 빌라도는 거기에 없었을 것으로 추정된다. 혹은 북쪽 제1 성벽을 따라 성전 산에서 약간 서쪽에 위치한 하스몬 왕궁에 있었을지도 모른다.

헤롯은 예수가 기적을 행하기를 거부하는 것에 지쳐서 그를 빌라도에게 돌려보냈다. 이때는 헤롯의 군인들이 예수에게 왕의 옷을 입히고 조롱을 한 뒤였다. 빌라도는 예수를 처형하라는 유대 사람들의 요구에 응해, 그의 군인들에게 죄수를 채찍질하게 한 다음 십자가에 처형하라고 넘겨주었다 마 27:27-31; 눅 23:13-25.

예수는 금요일 아침 성벽 바깥에 있는 골고다 '해골의 곳'이라는 뜻라고 불리는 곳에서 십자가에 달렸다. 고대 전승은 예수의 죽음과 장사, 그리고 부활의 위치를 현재 성묘 교회가 있는 장소로 전하고 있다. 콘스탄틴 황제의 어머니 헬레나 여왕이 AD 335년에 예루살렘을 방문했을 때 그리스도의 사람은 그곳을 지목했고, 그녀는 그 위에 교회를 짓도록 명령했다. 고고학을 통해서도 교회 아래 지역이 당시 성벽 바깥이었으며, 바위를

파서 만든 수많은 묘지가 있었고, 채석장으로 사용되었다고 증명했다.

여러 가지 단서로 보아 성경의 설명과 일치하긴 하지만, 그렇다고 단정 지을 수는 없다. 예루살렘 성 북쪽에 있는 그림 같은 동산 무덤과 고든의 갈보리는 역사적으로나 고고학적으로나 지지를 받지 못하고 있다.

일요일

일요일은 예수의 부활과 제자들을 비롯한 사람들에게 그가 나타난 사건을 기록하고 있다. 복음서들은 예수가 부활한 뒤 몇 차례 나타났음을 증언하고 있다. 우선 예루살렘에서 몇 번 나타났으며 마 28:9, 10; 막 16:14-18; 요 20:19-29, 엠마오로 가는 길에 두 제자에게 나타났고 눅 24:13-35, 갈릴리에서 몇 번 나타났다 마 28:16-20; 요 21장. 마지막으로 승천을 앞두고 올리브 산의 베다니 근처에서 나타났다 눅 24:50, 51; 행 1:9-12.

* **기드론 골짜기**(Girdron / 지명) 예루살렘 성벽과 올리브 산 사이에 약 5km에 이르는 골짜기로 예수가 겟세마네와 베다니를 다니면서 자주 들른 곳이다.

** **산헤드린**(Sanhedrin / 모임) 모든 유대 도시에는 유대교 법에 의해 세워진 23명의 판관들이 있었다. 하지만 성경에서 말하는 공회는 대산헤드린 공회로서 이스라엘에서 최고 법원의 역할을 했으며, 지도인 대제사장과 부판관, 그리고 69명의 평회원으로 이루어져 있다.

전통적으로 겟세마네 동산으로 알려진 곳에 있는 오래된 올리브 나무들.

Early Expansion of The Church

| 초기 교회의 확장 |

예수 부활의 복음은 계속 퍼져 나가고, 제정 로마는 칼리굴라 황제 때 일시 비틀거리는 모습을 보였다. 칼리굴라가 암살된 뒤 황제의 자리에 오른 클라우디오는 제국을 개혁하고 새롭게 로마의 틀을 다졌다. 한편 팔레스타인에서는 유대의 종교 관습을 충분히 존중하지 않는 로마 총독들의 여러 조치들로 인해 유대 사람들의 민족 감정이 점차 격앙되고 있었다. 네로 황제의 등장과 더불어 로마는 그리스 · 로마 정책을 추진했고, 그리스도 사람들에 대한 박해는 그 강도를 더해 갔다. 네로가 아첨꾼들에 둘러싸여 정치를 그르치자, 로마 제국의 상황은 한층 악화되었다. 로마의 억압 속에도 바울은 총 세 차례에 걸친 전도 여행을 통해 그리스도의 복음을 전파했고 복음의 물결은 점점 더 확산되었다. – 편집자 주

---

*가이우스 칼리굴라(Gaius Caligula / 인명)
로마 제국의 제3대 황제로서 본명은 가이우스이며 칼리굴라는 이름이 아니라 '꼬마 장화'라는 뜻을 가진 별명이다. 그는 젊은 나이에 황제의 자리에 올랐으나 후에 비정상적으로 통치함으로써 빈축을 샀다.

**얌니아(Jamnia / 지명)
팔레스타인의 한 지역. AD 90년경 유대 학자들이 얌니아에서 모여 '히브리어 구약성경'Hebrew Old Testament을 정경 39권으로 확정했다.

초기 교회의 확장과 로마의 박해

예수의 부활과 승천 후, 제자들은 먼저 팔레스타인에서 다음엔 더 넓은 로마 세계 안에서 복음 기사를 전파했다. 복음 전파와 관련된 이야기를 이해하려면 당시 로마 제국의 정치적 배경, 특히 팔레스타인의 시대 상황을 알아 둘 필요가 있다. 따라서 여기서는 먼저 당시 로마 황제들과 AD 37년에서 AD 66년 팔레스타인의 정치 상황을 분석할 것이다. 그런 다음 팔레스타인과 그 후 바울을 통해 로마 세계로 초기 교회가 확장되는 과정에서 중요했던 역사적 사건들을 짚어 볼 것이다. 네 명의 로마 황제는 모든 정치 상황을 통제함으로써 초기 교회가 성장을 향해 첫발을 내딛는 것을 돕기도 하고 방해하기도 했다. 이들 로마 황제 때 누구나 로마의 모든 지방을 비교적 쉽게 돌아다닐 수 있게 되어 도시 인구가 증가했다. 따라서 초기 선교사들은 각 도시에서 많은 사람들과 만날 수 있었으며 평화적 공존이 가능했다. 그러나 황제들은 교회를 호의적으로 보지만은 않아서 조항과 규례를 통해 교회를 자주 박해했다.

| 가이우스 칼리굴라 AD 37~41년 | 자신을 신격화 하다

가이우스는 근위병의 도움을 받아 AD 37년 티베리우스로부터 황제 자리를 물려받았다. 어릴 적부터 별명이 '칼리굴라'*였던 그는 게르마니쿠스와 아그리피나 1세의 아들이자 티베리우스의 손자였다. 집권 초기, 그는 원로원의 지지를 받았고, 국고를 이용해 로마 시민들에게 많은 볼거리를 제공했다.

그러나 재위 중간쯤에 찾아온 병은 남은 재위 기간 동안 그의 정신적 안정에 큰 문제를 가져왔다. 원로원과 시민들을 상대로 한 그의 행동은 예측할 수가 없어서 심지어 자기를 신으로 숭배해야 한다고까지 주장했는데, 아마도 그리스 왕들의 신격화를 따라 한 것으로 추측된다. 그는 알렉산드리아에서 유대 사람을 박해했는데, 이것은 칼리굴라의 신격화를 이용해 헬라주의자Hellenist들이 유대 사람 공동체를 자극한 결과 발생한 일이었다. 나중에 얌니아Jamnia**의 헬라주의자들은 유대 사람들을 분노하게 한 칼리굴라 제단을 만들었으며, 칼리굴라는 한 술 더 떠 예루살렘 성전에 자신의 신상神像을 세우라고 명령했다. 이에 대해 아그립바 1세와 시리아의 레가투스속주 부총독 페트라니우스Petronius는 이 같은 황제의 행동이 유대 사람들의 반란을 부추긴다고 탄원했다. 그러나 칼리굴라는 명령을 완수하라고 강요하다가 명령이 수행되기 전에 로마 근위대에 의해 AD 41년 암살당했다.

| 클라우디오 AD 41-54년 | 네로의 아버지

칼리굴라가 암살되자 로마의 원로원은 공화국 체제로 돌아가려 했으나, 로마 근위대가 신속히 움직여 황제

의 후계자를 옹립했다. 그들은 칼리굴라의 삼촌이자 군사적 영웅이며 게르마니쿠스의 동생인 클라우디오 Claudius를 선출했다. 그러나 그는 황제 자리에 오를 당시만 해도 적임자로 보이지 않았다. 그는 발을 절었고 연설 중에도 말을 더듬기 일쑤였다. 이 때문에 근위대는 AD 41년 클라우디오를 황제로 즉위시키면서 클라우디오의 예리한 판단력과 능력이 그를 가장 유능한 통치자로 만들 것이라고는 예견하지 못했다.

클라우디오는 속주를 더욱 강화시켰고 브리튼과 모리타니아 Mauretania *를 합병했다. 팔레스타인에서 그는 아그립바의 영토를 헤롯 대왕이 다스리던 구역 못지않게 넓혀 주었다. AD 44년 아그립바가 죽자 클라우디오는 팔레스타인에 그를 대신할 행정관을 파견했다. 한편 클라우디오는 로마의 요구를 만족시키기 위해 항구 도시 오스티아 Ostia를 새롭게 건설했다. 이는 로마의 영향력을 다른 지방으로 확장시켜 무역을 촉진하는 결과를 가져왔다. 클라우디오는 팔라스 Pallas나 칼리스투스 Callistus와 같은 자유민들을 로마 정치의 새로운 세력으로 등장시켰는데, 이로 인해 원로원 귀족들의 반발을 샀다.

바울의 제1, 2차 전도 여행은 클라우디오 재위 때 이루어졌다. 수에토니우스 Suetonius, Life of Claudius 25.4에 따르면, 로마에 살고 있던 유대 사람들 사이에서 '크레스투스' Chrestus, 그리스도?에 관한 동요가 일자, 클라우디오가 유대 사람들을 로마에서 추방하는 칙령을 내렸다고 한다. 사도 바울은 2차 전도 여행 중 고린도에서 아굴라와 브리스길라 부부를 만나는데, 이들 부부는 이 칙령 때문에 로마에서 쫓겨난 사람들이었다 행 18:1, 2. 한편 클라우디오는 알렉산드리아의 유대 사람들이 부가적 특권을 주장하기보다는 자신의 지위에 만족하라는 클라우디오의 경고에도 불구하고 비유대 사람들과 사회적·정치적으로 대립하자 중재에 나서기도 했다.

그는 개인적으로 스캔들이 끊이지 않았으며 그의 부인 멧살리나 Messalina와 아그리피나 2세 Agrippina II에 잡혀 살았다. 아그리피나 2세는 자기의 아들 네로가 클라우디오의 후계자가 되게 하는 데 정성을 쏟았다. AD 54년 클라우디오의 죽음에 관해 로마 역사학자들은 아그리피나가 독살했다고 보는데, 그만큼 아그리피나는 남편의 뒤를 이어 아들 네로를 황제로 등극시키고자 정치적 야욕을 숨기지 않았다.

네로 Nero, AD 54-68년 | 폭군의 대명사가 되다

클라우디오 사후 네로의 등극은 근위대의 지휘 아래 별 다른 갈등 없이 이루어졌다. 네로가 등극할 때만 해도 로마는 매우 안정적이었다. 그의 집정 후기에 보였던 광폭함은 어디에도 찾아볼 수 없었다. 스토아 철학자 세네카 Seneca **의 지도와 근위대장 부루스 Burrus의 도움 아래 네로는 그를 쥐고 흔들려는 어머니 아그리피나의 간섭에도 불구하고 원로원과 로마 모두에게 사랑을 받았다. 네로는 예술과 체육을 아주 좋아해 그의 헬레니즘은 이 시기에 표출되었다.

AD 59년 네로는 어머니를 살해하고 그를 도왔던 조언자들을 멀리하면서 두려움에 떠는 폭군이 되어 갔다. 네로는 아내 포파에아 사비나 Poppaea Sabina의 충동질로 세네카를 버리고 근위대장 티겔리누스 Tigellinus 쪽으로 돌아섰는데, 그는 네로의 허영심을 더욱 부채질했다. 네로는 신격화 주장과 관련해 원로원에 있던 반대 세력을 억압했으나 시민들에게는 사치스런 오락거리를 제공함으로써 그들의 사랑을 지켜 냈다. 그는 연극인으로, 음악가로, 또 이륜 전차 기수로 대회에 참가하면서 여행을 다녔다. AD 64년 7월 19일에 일어난 로마의 대화재는 로마의 많은 것을 앗아 간 사건이기도 했

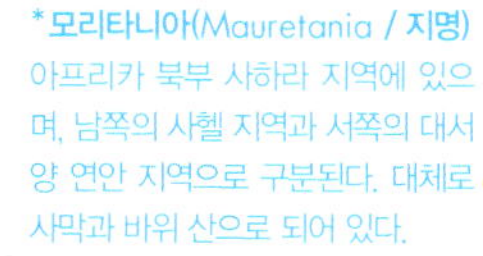

네로 황제의 흉상. 희대의 폭군 네로는 인간이 맛볼 수 있는 모든 쾌락을 경험하고 인간이 저지를 수 있는 모든 악행을 저지른 로마 최악의 황제라는 평가를 받고 있다.

*모리타니아(Mauretania / 지명)
아프리카 북부 사하라 지역에 있으며, 남쪽의 사헬 지역과 서쪽의 대서양 연안 지역으로 구분된다. 대체로 사막과 바위 산으로 되어 있다.

**세네카(Seneca, BC 4~AD 65년 / 인명)
고대 로마의 정치인이자 사상가이며 문학가다. 로마 제국 지방 주의 수도인 코르두바에서 귀족으로 태어나 로마에서 성장했다. 아버지의 권유에 따라 정치가가 되기 위한 교육을 받았으며 스토아 철학자 아탈로스, 피타고라스 학파의 철학자 소티온에게서 철학을 배운 것으로 알려졌다.

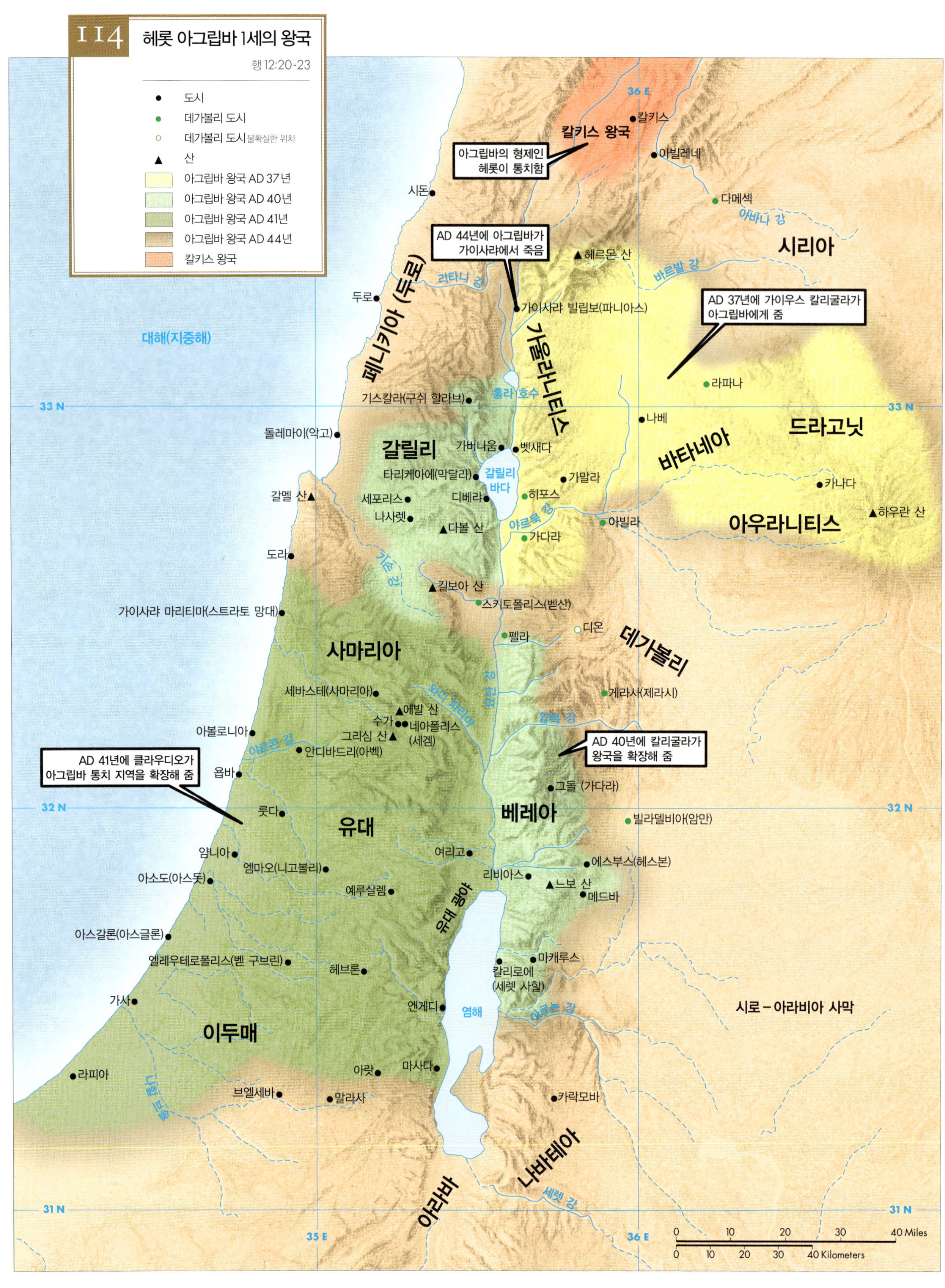

114 헤롯 아그립바 1세의 왕국
행 12:20-23

도시
데가볼리 도시
데가볼리 도시 불확실한 위치
산
아그립바 왕국 AD 37년
아그립바 왕국 AD 40년
아그립바 왕국 AD 41년
아그립바 왕국 AD 44년
칼키스 왕국

아그립바의 형제인 헤롯이 통치함
칼키스 왕국
칼키스
아빌레네
다메섹
아바나 강
시리아
AD 44년에 아그립바가 가이사랴에서 죽음
AD 37년에 가이우스 칼리굴라가 아그립바에게 줌
시돈
두로
리타니 강
페니키아(부로)
가이사랴 빌립보(파니아스)
헤르몬 산
바르발 강
라파나
나베
드라고닛
기스칼라(구쉬 할라브)
울라 호수
가울라니티스
대해(지중해)
돌레마이(악고)
갈릴리
가버나움
벳새다
바타네아
33 N
갈멜 산
타리케아에(막달라)
갈릴리 바다
가말라
카나다
세포리스
디베랴
히포스
하우란 산
나사렛
다볼 산
야르묵 강
아빌라
아우라니티스
도라
기손 강
가다라
길보아 산
스키토폴리스(벧산)
가이사랴 마리티마(스트라토 망대)
디온
데가볼리
펠라
사마리아
얍복 강
게라사(제라시)
세바스테(사마리아)
수가
에발 산
아볼로니아
그리심 산
네아폴리스(세겜)
AD 40년에 칼리굴라가 왕국을 확장해 줌
안디바드리(아벡)
욥바
AD 41년에 클라우디오가 아그립바 통치 지역을 확장해 줌
그돌 (가다라)
32 N
룻다
유대
베레아
빌라델비아(암만)
얌니아
엠마오(니고볼리)
여리고
에스부스(헤스본)
아소도(아스돗)
리비아스
느보 산
예루살렘
메드바
유대 광야
아스갈론(아스글론)
엘레우테로폴리스(벧 구브린)
헤브론
마캐루스
칼리로에(세렛 사할)
가사
엔게디
염해
시로 – 아라비아 사막
이두매
아랏
마사다
라피아
브엘세바
말라사
카락모바
아르논 강
나바테아
아라바
세렛 강
31 N
35 E
36 E
0 10 20 30 40 Miles
0 10 20 30 40 Kilometers

지만, 네로에게는 로마를 더 크게 재건할 수 있는 기회였다. 그의 새로운 궁전 '황금 저택'*은 호화로움의 축도 縮圖였다. 네로가 자신의 로마 재건설이라는 꿈을 위해 일부러 로마에 불을 질렀다는 의혹이 불거지자, 네로는 그 비난의 화살을 다른 쪽으로 돌리기 위해 화재 직후 아마도 그해 혹은 수년 후에 로마 안에 거주하던 그리스도의 사람 Christian 에게 짧지만 강도 높은 박해를 가했다. 그리스도의 사람들은 로마 관중들에게 볼거리로 제공되어 산 채로 불에 태워졌으며 동물들에게 뜯겨 죽임을 당했다. 전해 오는 말로는 바울과 베드로 역시 그 희생자 중 하나라고 한다.

네로는 대화재로 인해 재정적인 문제뿐만 아니라 자신을 죽이려는 세력들과 직면하게 됐다. 그는 음모자들을 무자비하게 죽였으나 이번에는 여러 속주에서 반란이 일어났다. 유대 사람들은 AD 66년 네로가 그리스에 가 있는 동안 반란을 일으켰다. 아프리카, 스페인, 갈리아에서 AD 67~68년 반란을 일으켰다. 네로는 로마를 도망쳤지만 원로원으로부터 사형 선고를 받자 AD 68년 6월 9일 자살을 해버렸다. 그의 죽음은 100년 동안 로마에 부귀와 영화를 가져다주었던 클라우디오 왕조에 종말을 고하는 사건이었다.

팔레스타인의 정치 상황
AD 41~66년

AD 39년에는 헤롯의 땅을 나누어 받았던 세 아들이 이미 죽거나 퇴위된 상태였다. 가이우스 Gaius 황제와 클라우디오 Claudius 황제는 속주의 왕들을 통해 팔레스타인 땅에 로마의 영향력을 유지하고 싶어 했다. 그들은 헤롯 왕의 손자 아그립바 1세를 택했고 그에게 헤롯이 지배하던 모든 영토를 주었다. 그러나 AD 44년 아그립바가 죽자, 클라우디오는 두 번째 행정관을 파견했다. 이 행정관의 정책과 성향은 유대 사람들에게 반감을 샀고 그들의 반란 움직임에 기름을 부었다. 이런 혼란한 시대에 복음은 팔레스타인뿐만 아니라 바울과 다른 이들의 노력을 통해 지중해 연안에 널리 전파되었다.

헤롯 아그립바 1세의 왕국 | '왕'으로 불리다

클라우디오는 AD 41년 아그립바 1세를 왕으로 임명하고 35년이라는 오랜 세월 동안 이루어진 행정관을 통한 직접 통치를 마감했다. 많은 유대 사람들은 로마 행정관의 통치를 그다지 달갑게 여기지 않았기 때문에 헤롯 왕조의 후예를 통치자로 맞아들이는 것을 더 반갑게 여겼다. 후세의 유대 문학 작품은 칠 년 동안 AD 37~44년 이루어진 아그립바의 통치에 호의를 나타내고 있으나, 아그립바의 젊은 시절은 그다지 밝은 편이 아니었다. BC 10년 버니게 Bernice 와 아리스토불로 헤롯과 BC 7년에 사형당한 마리암네의 아들 사이에서 태어난 아그립바는 로마에서 자랐으며 그곳에서 입신출세했다. 그는 티베리우스의 친지들을 통해 로마 사회와도 좋은 관계를 맺었다.

왕국을 얻은 아그립바

팔레스타인에서 발붙일 만한 곳을 찾지 못한 아그립바는 로마로 다시 돌아갔다. AD 37년 3월 16일 티베리우스가 죽던 날, 아그립바가 가이우스 칼리굴라와 클라우디오에게 보여 준 우정은 아그립바에게 날개를 달아 주었다. 칼리굴라는 아그립바를 빌립이 이전에 다스리던 영토 가울라니티스 Gaulanitis 와 드라고닛 Trachonitis 그리고 바타네아 Batanea 의 통치자로 임명한 뒤 AD 40년 갈릴리와 베레아 Perea 도 아그립바의 삼촌 헤롯 안티파스를 퇴위시키고 아그립바에게 주었다. 한편 유대 사람들은 칼리굴라가 어리석게도 자신의 동상을 예루살렘에 세우려 할 때 아그립바가 유대 사람을 대표해 중재하고 나서자 그를 존경하게 되었다.

칼리굴라가 근위대에 의해 살해당했을 때 AD 41년 1월 24일 아그립바가 로마에 있었던 것은 그에게 천만다행한 일이었다. 그는 로마에 내전의 기운이 감돌자 자신의 오랜 친구 클라우디오가 황제 자리에 오르는 데 기여하게 된다. 클라우디오는 제국 동쪽의 각 속주에 왕을 분봉시키는 정책을 따랐다. 클라우디오는 AD 41년 아그립바의 영토를 유대와 사마리아, 이두매까지 넓혀 주었다.

이제 '왕'이라는 칭호까지 얻게 된 아그립바는 자신의 삼촌이 전에 지배하던 땅과, 아소도와 얌니아 Jamnia, 아마도 아볼로니아, 그리고 안디바드리 해안을 포함한 헤롯의 세 아들이 다스리던 땅을 갖게 되었다. 히포스 Hippos, 가다라, 가사는 시리아 통치 구역이었다. 이제 아그립바는 그의 할아버지 헤롯과 견줄 만한 왕국을 가지게 되었고 로마에서도 헤롯 왕가의 어느 통치

35 E
36 E
33 N
32 N
31 N
33 N
32 N
35 E
클라우디오가 아그립바 2세를
칼키스의 통치자로 임명함
AD 50년
AD 53년경 빌립이
분봉 영주로 다스리던 지역과
칼키스를 교환함
네로가 아그립바의 영토를 확장해 줌
가이사랴에 투옥되었을 때,
바울이 행정관 벨릭스와
베스도를 대면함
예루살렘 교회가
AD 49년 회의를 주관함
네로가 아그립바에게 줌
대해(지중해)
칼키스
아빌레네
시돈
다메섹
아바나 강
헤르몬 산
리타니 강
바르발 강
시리아
두로
가이사랴 빌립보
라파나
나베
바타네아
드라고닛
페니키아
훌라 호수
기스갈라
(구쉬 할라브)
돌레마이(악고)
가버나움
벳새다
갈릴리
가말라
카나다(그낫)
타리케아에
갈릴리
바다
세포리스
히포스
아우라니티스
하우란 산
갈멜 산
나사렛
디베랴
야르묵 강
아빌라
가다라
도라
다볼 산
길보아 산
가이사랴 마리티마
스키토폴리스(벧산)
디온
데가볼리
사마리아
요단 계곡
펠라
아볼로니아
세바스테(사마리아)
에발 산
게라사(제라시)
야르콘 강
그리심 산
네아폴리스
(세겜)
얍복 강
안디바드리(아벡)
욥바
룻다
그돌(가다라)
베레아
빌라델비아(암만)
유대
엠마오(니고볼리)
여리고
리비아스
에스부스(헤스본)
얌니아
야빌라
느보 산
메드바
아소도(아스돗)
예루살렘
율리오
유대 광야
아스갈론(아스글론)
칼리로에
마케루스
엘레우테로폴리스(벧 구브린)
염해
가사
엔게디
시로 - 아라비아 사막
이두매
아랏
마사다
라피아
브엘세바
나밥 건곡
아르논 강
세렛 강
나바테아
에돔
115
로마 직접 통치 지역과 아그립바 2세 왕국
도시
데가볼리 도시
데가볼리 도시(불확실한 위치)
산
AD 48~53년에 아그립바가 통치한 지역
AD 53년 아그립바에게 이관된 지역
AD 61년 아그립바에게 이관된 지역
로마 행정관 통치
AD 61년 아그립바 왕국
0   10   20   30   40 Miles
0 10 20 30   40 Kilometers

자보다 막강한 영향력을 갖게 되었다.

아그립바와 유대 사람들

헤롯 아그립바는 팔레스타인에서 종교 지도자들과 손을 잡고 정통 유대교 정치를 폈다. 로마는 BC 6년부터 갖고 있던 대제사장 임명권을 아그립바에게 넘겼다. 아그립바는 그리스도교 운동으로 발생한 문제들을 세베대의 아들 야고보를 사형하고 베드로를 잡아 가둠으로써 해결하고자 했다행 12:1-19. 그러나 그는 예루살렘 북쪽에 도시를 획기적으로 방어하는 성벽을 쌓고자 함으로써 자기 권력에서 벗어나는 행동을 했다. 이런 행위는 시리아의 레가투스 마루스Marus에 의해 클라우디오Claudius에게 알려지고, 결국 성벽 건축 사업은 중단되었다.

팔레스타인 외부에 대해 헤롯 아그립바는 로마에 뿌리를 둔 호의적인 정책을 폈다. 아그립바는 그의 얼굴과 로마 황제의 얼굴이 그려진 동전을 만들고, 원형 경기장과 극장을 베리투스Berytus, 베이루트에 건설했으며 검투사 경기를 주최했다. 그러나 그는 비유대 사람들의 지지를 얻지는 못했는데, AD 44년 그의 죽음을 많은 사람들이 기뻐할 정도였다.

아그립바 1세가 죽자, 팔레스타인은 다시 행정관을 통해 두 번째로 로마의 직접 통치를 받게 되었다. 클라우디오는 아그립바 1세의 아들 아그립바 2세에게 모든 권한을 주기 바랐으나 그의 조언자들의 만류로 뜻을 이루지 못했다. 그러나 아그립바 2세는 성장하면서 몇몇 영토를 지배하게 되었다.

아그립바 2세 | 헤롯 왕조의 영향력을 이어가다

아그립바 2세Agrippa II는 아버지 아그립바 1세보다 훨씬 미약하지만 헤롯 왕조의 영향력을 이어 나갔다. 클라우디오는 아그립바 2세를 칼키스Chalcis* 의 통치자로 임명한AD 50년 뒤 나중에 빌립이 분봉 영주로 다스리던 영토를 칼키스와 맞바꿔 준다AD 53년. 이어 등극한 네로 황제는 아그립바에게 갈릴리, 디베랴Tiberias, 타리케아에Taricheae, 막달라, 아빌라Abila, 데가볼리 지역, 베레아의 율리우스Julius를 주었다.

아그립바 2세는 로마 황제 앞에서 유대 사람을 대변했으며 대제사장을 임명하는 권한도 갖게 되었다. 그러나 그의 가장 나이 많은 누이 버니게와의 관계 때문에 유대 사람들의 미움을 받았다. 바울은 로마 여행 전 가이사랴 감옥에 잠시 갇혀 있을 때 아그립바 2세와 버니게 앞에서 자신의 믿음을 변증했다행 25:23-26:32.

혁명의 전조 제2행정관 시대 | 다시 로마의 직접 통치를 받다

행정관의 역할

일곱 명의 행정관이나 지방장관들은표23 참조 클라우디오나 네로Nero에 의해 임명되어 가이사랴Caesarea에 본부를 두고 유대 지방을 통치했다. 행정관들은 원래 로마의 재정 대리인Financial Agent으로서 고위 관리직이 되기를 바라는 집단에서 뽑힌 사람들이었다. 그들에게 군대는 없었으며, 심각한 소요가 발생할 경우 로마에서 파견된 시리아의 레가투스에게 도움을 요청하도록 되어 있었다.

세바스테Sebaste와 사마리아 지역의 비유대 사람들로 구성된 군사 조직은 행정관이 지역 행정을 집행할 때 지원되었다. 반면 시리아의 로마 군대는 바대 사람Parthian의 위협을 막아 내기 위해 주둔한 병력이었다.

행정관에 대한 유대 사람들의 반응

유대 사람들의 로마에 대한 독립 의지는 두 번째로 행정관들이 파견되면서 급격히 강해졌다. 드다**나 '이집트 사람'행 21:38같이 메시아를 사칭하는 자들이 주기적으로 신성한 중재라는 약속으로 유대 사람들에게

> 일곱 명의 행정관이나 지방장관들은 클라우디오나 네로에 의해 임명되어 가이사랴에 본부를 두고 유대 지방을 통치했다.

| 표23 | 두 번째로 팔레스타인에 파견된 로마 행정관 AD 44~66년 |

이름	시기(AD)	임명자	요세푸스 「유대 고대사」의 기록들
쿠스피우스 파두스 Cuspius Fadus	44~46	클라우디오	ANT 19.9.2§363-366; 20.1.1-2§1-10; 20.5.1§97-99
티베리우스 알렉산더 Tiberius Alexander	46~48	클라우디오	ANT 20.5.2§100-103
벤티디우스 쿠마누스 Ventidius Cumanus	48~52	클라우디오	ANT 20.5.2-6§103-136
안토니우스 벨릭스 Antonius Felix	52~60	클라우디오	ANT 20.7.1-2§137-144; 20.8.5-6§160-172
보르기오 베스도 Porcius Festus	60~62	네로	ANT 20.8.9-11§182-196
루세이우스 알비누스 Lucceius Albinus	62~64	네로	ANT 20.9.1-5§197-215
게시우스 플로루스 Gessius Florus	64~66	네로	ANT 20.9.5§215; 20.11.1§252-258

희망을 불러 일으켰다. 포악한 정책과 몇몇 행정관들의 부패는 결국 유대 사람과 로마 사람들 사이의 긴장을 고조시켰다. 행정관 티베리우스 알렉산더Tiberius Alexander, AD 46~48년는 배교한 유대 사람이었다.

요세푸스는 이 통치자들의 윤리적·행정적 결함에 관한 일련의 사건들을 기록했다. 쿠마누스Cumanus 는 유대의 성지 순례자들과 사마리아 사람들 사이에 있었던 분쟁에서 사마리아 사람의 손을 들어 주었는데, 이때 뇌물을 받은 혐의로 해임당했다. 로마 역사가 타키투스Tacitus 는 안토니우스 벨릭스Antonius Felix, AD 52-60년는 "모든 잔혹함과 정욕을 저질렀고, 노예의 본능으로 권력을 휘둘렀다"고 책망했다. 마지막 두 행정관 알비누스Albinus, AD 62-64년와 게시우스 플로루스Gessius Florus, AD 64-66년는 더욱 부패하고 아둔했다.

이 시기 갈릴리 사람 유다행 5:37의 후예 열심당원들은 로마의 통치에 대항해 최전선에서 싸웠다. 그러나 더욱 위험한 인물들은 강제적인 폭력과 암살 그리고 납치로 정치적 자유를 꿈꾸던 열정적인 시카리* 들이었다. 긴장은 극에 달했고 무장 세력의 폭동은 피할 수 없게 되었다.

두 번째 행정관 치하에서의 예루살렘 교회

예루살렘 교회는 두 번째 행정관 통치 기간 동안 박해와 궁핍을 겪었다. 티베리우스 알렉산더 통치 기간에 기근이 유대를 덮쳐서행 11:27-30 많은 고통을 안겨 준 것이다. 바울은 전도 여행 중 이 어려운 시기에 놓인 가난한 예루살렘 교회를 돕기 위해 기금을 걷었다행 24:17; 고전 16:1-4.

이런 어려움에도 불구하고 예루살렘 교회는 바울을 비롯한 사도들의 전도에 힘입어 AD 49년에 공의회를 주최했다. 논쟁의 주제는 이방 그리스도의 사람들이 구원을 받기 위해서는 유대의 율법을 반드시 지켜야 하는가 하는 문제였다.

격렬한 토론 끝에, 바나바와 바울은 하나님 앞에서는 모든 사람이 평등하므로 이방 사람들도 오직 주 예수의 은혜만으로 충분히 구원받을 수 있다고 제자들과 장로들을 설득했다행 15장. 이 공의회는 그리스도교를 유대교의 또 다른 분파로 보는 견해에 반대 입장을 분명히 했는데, 이것은 아마도 초기 교회에 가해진 가장 심각한 위협이었을 것이다. 후에 대제사장 아나누스 2세Ananus II는 예수의 형제 야고보의 사형을 명령했다. 바울은 가이사랴 감옥에서 두 행정관 벨릭스와 베스도를 만났다행 24:1-25:22.

사도들의 행적과 팔레스타인에서의 복음 진보

행1-11장

오순절 성령 강림행 2장 사건은 초기 제자들에게 힘을 주었고 그리스도교 운동의 시발점이 되었다. 유대교 절기들을 지키기 위해 예루살렘에 모인 유대교 순례자들이 초기의 복음 확장에 씨 뿌리는 사람들이 되었다. 사도행전은 로마 제국과 세계 곳곳에서 온 순례자들을 언급하고 있는데, 그들이 성령 강림 사건을 목격하게 된다. 그들은 바대, 메대, 엘람, 갑바도기아, 본도, 아시아, 리비아, 크레타, 그리고 다른 많은 곳에서 온 사람들이었다.

개종자들은 복음을 자신의 본거지로 가져갔고 그곳에서 복음이 퍼져 뿌리를 내리게 되었다. 그 많은 사람들의 노력을 상세히 알 수는 없지만, 로마와 알렉산드리아에 교회가 세워진 것도 이 사건이 배경이 되었을 가능성이 있다. 사도행전 1장에서 11장까지는 팔레스타인 교회의 초기 성장을 집중적으로 다루고 있다.

| 예루살렘 안에서의 유대 사람의 저항 | 스데반이 돌에 맞아 순교하다

베드로와 요한은 성전 경내나 가정집으로 추정되는 예루살렘 교회의 지도자가 되었다. 성전 관리자들은 이 소식에 놀라 바로 산헤드린Sanhedrin 에 알렸다. 산헤드린의 강경파들은 온건하게 대처할 것을 충고한 바리새인 가말리엘의 반대에도 불구하고 그들을 위험한 이단으로 억압하는 조치를 취했다행 4, 5장. 박해는 오히려 그리스도의 사람들을 신앙적으로 더욱 굳건하게 했고 복음을 전파하는 역할을 했다. 그리스도교의 첫 순교자 스데반이 돌에 맞아 죽고행 7:54-60 박해가 더 가혹해지자 그리스도의 사람들은 유대와 사마리아로 흩어졌으며 그곳에서 예수에 대해 증거했다행 8:1, 2.

| 예루살렘을 넘은 복음의 확산 | 복음의 물결이 유대를 넘어 이방에게로 향하다

사도행전 8장은 사마리아 땅 어느 도시에서 설교한 집사 빌립의 전도 활동에 대해 설명한다. 시몬마술사을 포함한 사마리아 사람들이 빌립을 통해 복음을 전해 들었다는 소식을 접한 예루살렘 교회는 요한과 베드로를 보내 조사를 하게 했다. 요한은 빌립의 복음 사역이 사실이며, 실제로 사마리아 사람들이 성령을 받는 모습을 확인한 후 예루살렘으로 돌아오는 길에 사마리

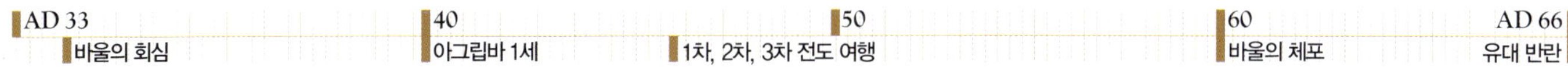

II6 오순절과 유대 사람의 디아스포라

행 2장

아 마을에서 말씀을 전했다.

훗날 빌립은 신성한 자극을 받고 예루살렘 남서쪽 도로를 따라 베토가브리스Betogabris, Beth Guvrin – 벧 구브린와 쉐펠라Shephelah 남쪽을 지나 가사*로 갔다. 도중에 빌립은 예루살렘에서 축제를 마치고 본거지로 돌아가던 에티오피아 여왕 간다게Candace의 내시를 만나 이사야 53장과 예수의 부활을 설명한 뒤 그에게 세례를 주었다. 이후 빌립은 가이사랴에 도착할 때까지 전도 여행 중에 아소도아스돗와 다른 해변 도시에서 말씀을 전했다.

사도행전은 베드로의 룻다** 방문행 9:32-35을 시작으로 그가 해안 평원 지역들에서 펼친 전도 여행을 기록하고 있다. 베드로는 룻다에서 이미 '성도'로서 살아가는 사람들을 발견했는데, 아마도 그들은 성령 강림 당시에 개종한 사람들로 보인다. 중풍 환자 애니아를 고친 후에 베드로는 욥바로 향했다. 그는 그곳에서 죽은 다비다도르가를 살리고 무두장이 시몬의 집에 잠시 거주했다행 9:36-43. 베드로는 욥바에서 불결한 동물로 가득한 보자기의 환상을 본 후 이방 사람을 대상으로 열매 맺는 전도 여행을 준비했다. 하나님이 모든 사람들을 위해 복음을 준비하셨다는 것을 이해한 베드로는 하나님을 두려워하는 가이사랴의 로마 백부장 고넬료에게 하나님이 보낸 사절 대접을 받았다.

북쪽 가이사랴로 가는 중 베드로는 고넬료와 거룩한 약속세례를 말함을 했으며 고넬료의 친구와 친지들은 전

*가사(Gaza / 지명)
예루살렘에서 서남쪽으로 70km 지점에 있는 블레셋 도시로 이집트 탈출 후 가나안 정복 시 유다 지파에게 주어졌으나 완전히 점령되지는 못했다.

**룻다(Lydda / 지명)
욥바에서 동남쪽으로 약 18km 지점에 위치한 곳으로 구약에는 롯이라고 기록되어 있는 베냐민의 성읍이다. 성경에는 베드로가 이곳에서 애니아라는 중풍 환자를 고쳤다고 기록되어 있다.

도 사역의 첫 열매가 되었다. 해안 평원의 복음전도, 특히 주로 이방 사람들이 살며 로마 행정관의 관저가 있는 가이사랴에서 행한 복음 전도는 보다 넓은 이방 세계로 향하는 거대한 사역의 길을 놓았다.

바울의 사역

| 바울의 회심과 초기 사역 | 그리스도를 만나 새사람이 되다

다메섹으로 가던 길에 젊고 열광적인 바리새파 사람 사울에게 일어났던 기적적인 변화는 그리스도교 복음 전파에 엄청난 이정표가 되었다. 예루살렘에서 그리스도의 사람들을 박해한 사울은 공회에서 '생명 길'을 따르는 자들을 잡고자 공문을 가지고 다메섹으로 떠났다 행 9:1-3. 다메섹으로 가던 중 그는 살아나신 예수의 환상을 보게 되는데, 그 사건이 그의 인생을 180도 바꿔 놓았다.

눈이 멀고 정신이 멍한 상태에서 사울은 다메섹*의 '직가'Straight 라는 거리에 도착해 그곳에서 하나님이 보낸 아나니아를 만나 신체적·영적 도움을 받는다. 당시 다메섹은 나바테아Nabatean 왕 아레타스 4세

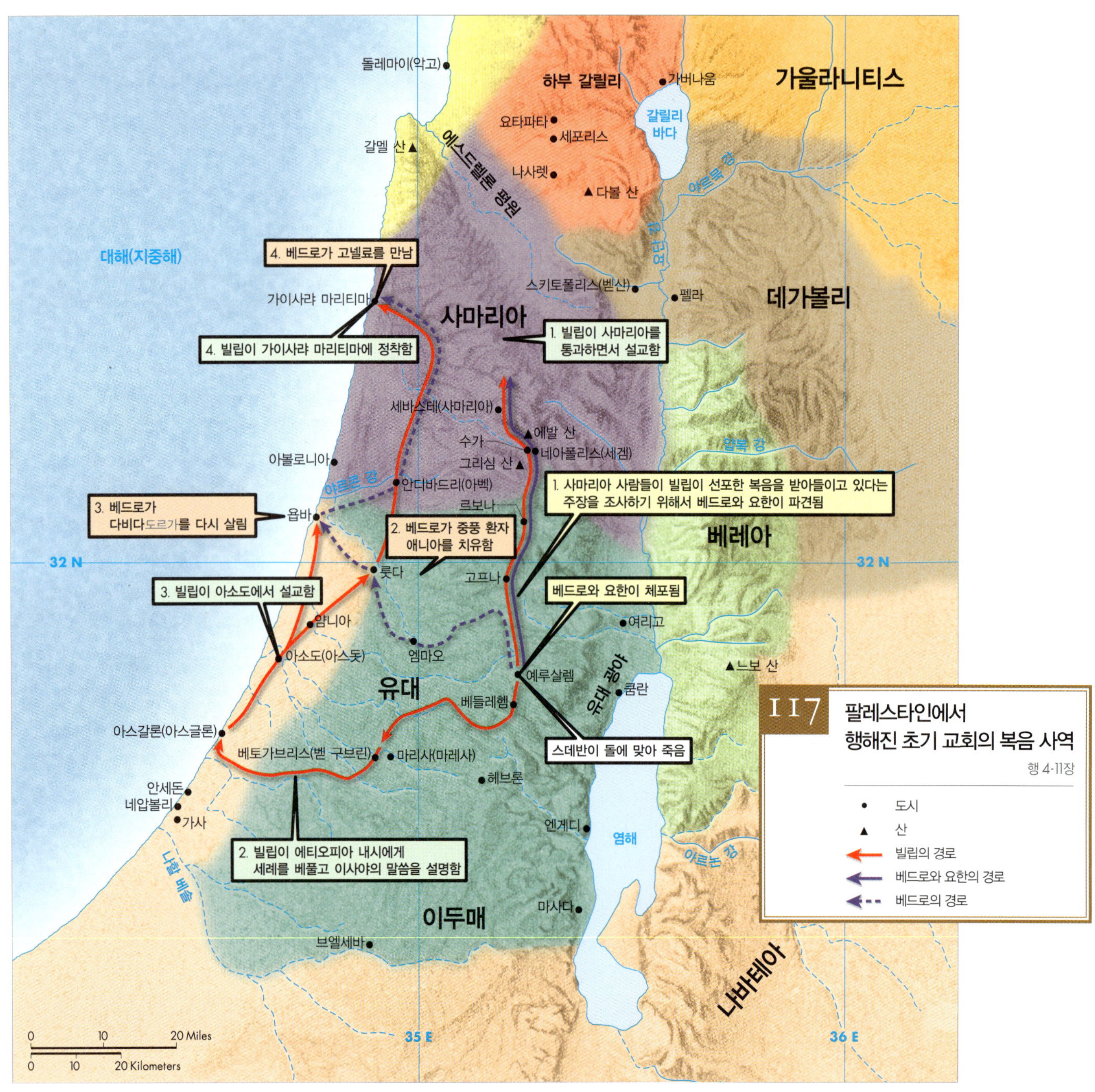

Aretas IV가 통치하고 있었다 고후 11:32. 다메섹은 경제 중심지로 번성했고, 전략적으로 남쪽의 아라비아와 북쪽의 메소포타미아를 이어 주는 대상로 역할을 했다. 회심 후 바울은 새로이 발견한 그의 믿음을 회당에서 전파하기 시작했다. 그러나 그는 곧 생명의 위협을 느끼고 다메섹에서 도망했다 행 9:10-25.

회심 이후 십수 년 동안 바울이 어떻게 살았는지 우리는 잘 알지 못한다. 바울의 자서전 요약본이라고 할 수 있는 갈라디아서를 갈 1:11-2:14 보면 회심 이후 바울은 확실히 알 수 없는 기간 동안 아라비아 아마도 나바테아 왕국을 언급한 듯에 가 있다가, 그 후에 예루살렘으로 돌아왔다 갈 1:17-19. 사도행전은 회심 이후 다섯 차례에 걸친 바울의 예루살렘 방문을 기록하고 있다 행 9:26; 11:30; 15:2; 18:22; 21:15. 갈라디아서 1장 18절에 언급된 그의 첫 번째 예루살렘 방문은 아마도 사도행전 9장 26절에 기록된 것과 같은 것으로 보이며, 이 여행은 바울이 부활하신 예수의 모습을 보고 삼 년이 흐른 뒤일 것으로 추측된다. 바울은 15일 동안 베드로, 야고보와 함께 교제를 나누었다.

그 후 시리아와 길리기아 실리시아 Cilicia로 돌아왔다. 길리기아는 바울이 태어난 지방이다. 그의 고향 다소*는 전술적으로 중요한데다 소아시아와 동쪽 지방을 연결하는 도시로, 길리기아 평원에 있던 군사적 중심지였다. 키드누스 Cydnus 강은 도시를 통과해 레그마 Rhegma 호수로 흘러들었고 다소는 해군의 전략적 요충지 역할을 했다. 스트라보 Strabo에 따르면 다소는 배움과 문화의 도시였다. 바울은 바나바가 안디옥 교회를 이끌면서 도움을 청할 때까지 다소에 머물렀다 행 11:19-26. 일찍이 바나바는 많은 이방 사람들이 안디옥에서 복음을 받아들이고 있다는 소문을 듣고 예루살렘 교회에서 파견되어 그곳에 간 적이 있다. 바울은 바나바와 함께 안디옥으로 돌아갔다.

| 안디옥 교회 | 이방 그리스도 사람들의 교회

안디옥은 셀류코스 1세 Seleucus I 가 BC 300년에 그리스식 수도로 세운 동쪽에서 이름난 도시였다. 로마는 안디옥을 시리아 지방의 수도인 동시에 로마에서 파견된 특사의 거주지로 만들었다. 꽤 큰 규모의 유대 사람 사회가 총 인구 25만 명이나 되는 이방 사람들 사이에서 존재하고 있었다.

율리우스 카이사르, 아우구스투스와 티베리우스는 안디옥을 신전, 목욕탕, 수로와 그 밖에 많은 공공시설들로 장식했다. 헤롯 대왕은 도시를 남북으로 나눈 뒤 대리석으로 포장한 길이 4km의 대로를 건설했다. 그리스 사람들과 로마 사람들 그리고 동쪽에서 온 시민들은 안디옥을 국제적인 이미지

로 인식했다.

안디옥 교회는 바울과 다른 이들의 선교를 도움으로써 명실상부한 이방 사람 그리스도교의 모교회Mother church가 되었다. 이렇게 다양한 신조와 종파들이 난무하는 가운데 초기의 '생명 길'을 믿는 사람들은 그리스도의 사람들Christians이라 불렸다 행 11:26-29.

바나바와 바울은 안디옥에서 아마 일 년 동안 교회를 성장시키며 함께 일했을 것으로 추측된다. 유대의 그리스도의 사람들이 기근으로 엄청난 고통을 겪고 있다는 소식을 들은 그들은 안디옥에서 모은 구호 기금을 가지고 행 11:27-30 두 번째 예루살렘 방문을 서두른다.

일부 학자들은 바울이 예루살렘 사도들에게 복음을 제시했다는 갈라디아서 2장 1절에서 10절의 말씀이 바울과 바나바가 기근을 구제하러 예루살렘에 간 때라고 말한다. 반면 다른 많은 학자들은 이 갈라디아서 2장 1절에서 10절의 내용은 사도행전 15장에 언급된 예루살렘 공의회에 관한 약간 변형된 기록이라고 생각한다.

초기 사역 기간 내내 바울은 예전에 그가 핍박했던 유대 그리스도의 사람들의 신뢰를 얻었다 갈 1:22-24. 길리기아와 안디옥에서 사역하는 동안 바울은 이방의 그리스도 사람들과 상당한 공감대를 형성했다. 하지만 그의 사역이 언제나 성공했던 것만은 아니었다. 고린도후서 11장 23절에서 28절에 설명되어 있는 것처럼 사역 초기에 바울은 매 맞음 · 감금 · 신체상의 훼손 · 여행의 위험들과 같은 어려운 일들을 당했다. 그럼에도 불구하고, 바울과 바나바의 양육을 받은 안디옥의 선교 공동체는 더욱 의욕적인 열정으로 이 둘을 파송했다.

전도 여행 | 그리스도교가 유럽에 전해지다

제1차 전도 여행 행 13, 14장

안디옥 교회는 바울과 바나바를 서부 전도를 위해 떠나 보냈다. 요한 마가와 함께 두 사람은 안디옥의 항구 도시 실루기아 피에리아 Seleucia Pieria를 떠나 1차 전도 여행의 첫발을 내딛는다. 목적지는 키프로스 섬이었다. 그곳은 바나바의 고향이자 행 4:36 많은 유대 사람들이 거주하고 있는 곳이었다.

* **아프로디테(Aphrodite / 신명)**
원래 우주 전체를 지배하는 신으로 알려졌다. 그러다가 그리스 사람들이 들어오면서 헬라 신화에 동화되어 생식과 번식을 위한 직분만 강조되어 사랑과 아름다움의 여신으로 남게 되었다.

** **비아 세바스테(Via Sebast / 지명)**
로마 사람들이 소아시아 지역을 정복할 무렵 해적들을 소탕하기 위해 건설한 도로로 비시디아 안디옥에서 밤빌리아로 통하는 길이었다.

키프로스

키프로스 섬은 원로원 관할의 속주로서 지중해 동부를 연결하는 곳에 자리 잡고 있었다. 살라미에 내린 세 사람은 복음을 전하며 섬을 횡단해 키프로스의 수도이자 아프로디테* 신전이 있는 유명한 바보로 향했다. 그곳에는 로마 총독 서기오 바울이 거주하고 있었다. 사도행전 11장 19절은 스데반 집사 순교 후 예루살렘에서 도망친 성도들이 그곳에 이미 복음의 씨를 심었다고 했다. 바나바와 바울은 유대교 회당에서 설교하며 복음을 전파하기도 했으나 그들의 최고 성과는 서기오 바울 Sergius Paulus을 개종시킨 것이었다 행 13:12.

소아시아

세 사람은 키프로스에서 소아시아로 출발해 밤빌리아 해변에 있는 버가에 도착했다. 버가는 몸에 해로운 기후와 습지대로 알려진 곳으로 세 사람은 이곳에서 오래 머물지는 않았다. 바나바와 바울이 비시디아 고지대를 거쳐 안디옥으로 가기 위해 북쪽으로 향할 때, 요한 마가는 뜻하지 않게 예루살렘으로 귀환했다. 두 사람은 타우루스 Taurus 산맥 동쪽 자락에 있는 고지대를 넘어가면서 많은 어려움을 겪었다. 워낙 지형이 험해 각별한 주위를 요하기도 했지만, 높은 봉우리와 깊숙한 골짜기에는 산적들이 들끓었기 때문이었다.

바울이 여행을 하면서 이런 위험한 요소들을 기록한 것으로 봐서 그는 아마도 이런 것들을 모두 염두에 두고 있었던 것으로 보인다 예를 들면 고린도후서 11장 26절에는 이렇게 나와 있다. "강의 위험과 강도의 위험과… 광야의 위험과…". 바울이 더 안전한 길을 찾아 동쪽으로 돌아서 안디옥 비시디아으로 갔을 가능성도 있다. 안디옥 유대교 회당에서의 성공적 전도와는 달리, 유대 사람들은 복음에 대해 격렬하게 반발했고, 바울은 결국 전도 대상을 이방 사람으로 바꿔야 했다 행 13:46.

안디옥을 떠나 바울과 바나바는 남동쪽을 거쳐 루가오니아로 입성했다. 아우구스투스는 BC 25년에 갈라디아 속주를 만들면서 루가오니아를 포함한 비시디아 안디옥, 이고니온, 루스드라와 같은 식민지를 건설했는데, 이들은 모두 비아 세바스테**로 연결되어 있었다. 이 도시들은 외진 곳에 있었던 탓에 그리스 · 로마 문화의 영향을 서쪽 해안 도시들보다 덜 받았다. 따라서 그곳에 살고 있던 원주민들은 그들의 언어와 관습을 쉽사리 지켜 낼 수 있었다. 원주민들은 대체로 BC 300년 이후 그 지역을 점령한 갈리아 족속 Gauls의 후예들이었다. 바울 시대에 갈라디아 속주는 밤빌리아

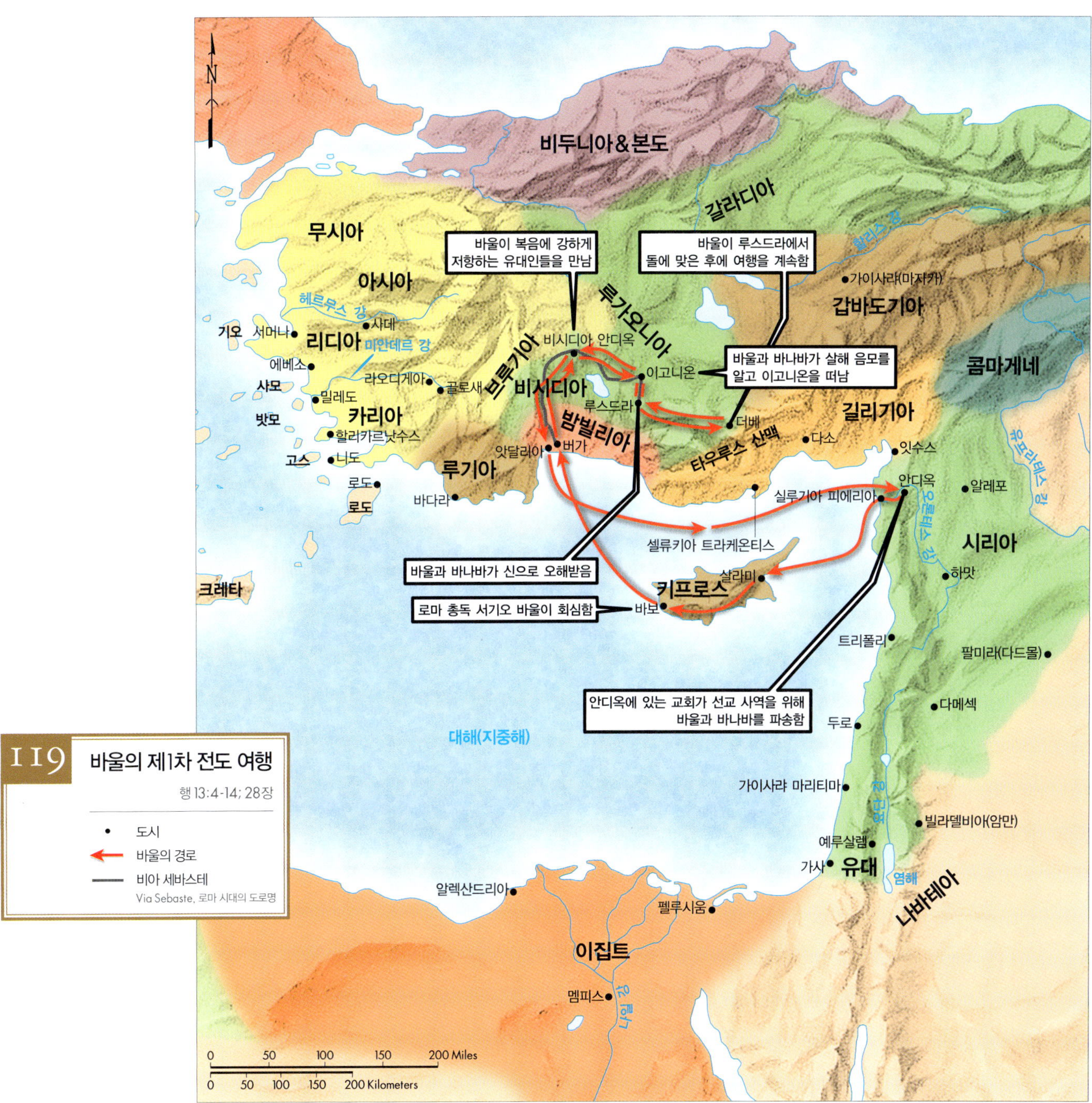

로부터 북쪽 본도에 이르기까지 그 영역이 확장되었다 지도 119 참조.

이고니온에서 바울과 바나바는 또다시 유대 사람과 이방 사람 반대 세력들이 그들을 죽이려 하자 루가오니아 속주인 루스드라로 도망갔다. 그곳에서 발을 쓰지 못하는 장애를 가진 사람을 고친 그들은 신으로 대접받게 되었다. 그러나 그들의 운명은 곧 바뀌어 안디옥과 이고니온에서 온 유대 사람 난동꾼들이 바울을 도시 밖으로 끌고가 돌로 치며 죽이려 했다. 그러나 바울은 이에 꺾이지 않고 자신과 바나바를 따뜻하게 대접하는 더베Derbe로 갔다. 다시 길을 나선 바울은 가는 곳마다 신자들의 믿음을 더욱 강건히 하며 루스드라, 이고니온, 안디옥비시디아, 버가를 거쳐 앗달리아 항구에서 배를 타고 안디옥시리아으로 갔다.

예루살렘 공의회 행 15장

바울과 바나바가 이방 사람 전도를 성공적으로 수행했다는 소식이 예루살렘에 당도하자 이것은 곧 논쟁의 빌미를 제공했다. 그 논쟁의 주제는 유대 사람이 아닌 개종자도 할례를 받아야만 그리스도의 사람이 되는가라는 문제였다. 이는 구원의 문제를 다루고 있기에 더욱 중요했다. 바울과 바나바는 안디옥에서 파견된 사절단을 이끌고 이 문제를 의논하기 위해 예루살렘에서 열린 공의회에 참가했다. 공의회에서 베드로는 '구원은 사람의 행위와 관계없이 하나님의 은혜로 얻는다'고 주장하며 바울과 바나바의 손을 들어 주었다. 이것은 목회자가 이방 출신의 그리스도의 사람에게 유대 사람의 전통과 관습을 요구하지 않는 결과로 이어졌다. 그들은 단지 이방 개종자들이 일부 유대 풍습을 존중해 주기를 요구했을 뿐이었다 행 15:1-29.

제2차 전도 여행 행 15:36-18:22

복음의 승리를 기뻐하며 바울은 안디옥으로 돌아와 바나바와 함께 새로운 여행을 준비했다. 불행히도 요한 마가의 여행 참가 문제를 두고 이 둘은 말다툼을 하게 되었다. 그 결과 바나바는 요한 마가를 데리고 키프로스 섬으로 가고 바울은 실라를 데리고 소아시아로 돌아갔다.

아마누스Amanus 산맥을 넘고 길리기아 평원The Cilician Plain을 지나 길리기아 관문The Cilician Gates 을 거쳐 아나톨리아 고원으로 여행을 하면서 바울은 지난 여행 때 세운 교회들을 격려하며 갈라디아를 다시 한 번 방문했다. 루스드라에서 바울은 디모데에게 자신의 사역에 동참할 것을 권했다. 유대 사람 어머니와 이방 사람 아버지 사이에서 태어난 디모데는 바울에게 든든하고 믿음직한 동역자 중 하나였다 행 19:22; 고전 4:17; 디후 1:1-8.

바울이 이번 전도 여행을 통해 이루고자 한 목적은 소아시아 서해안에 있는 사람들을 전도하는 것이었으나, 성령은 그를 브루기아의 북서쪽이자 비두니아 남쪽 무시아로 인도했다. 항구 도시 드로아에서 바울은 마케도니아 사람이 바다를 건너 복음을 가지고 유럽으로 올 것을 청하는 환상을 보았다 행 16:6-10. 바울과 그의 일행은 드로아에서 배를 타고 사모드라게를 거쳐 이튿날 마케도니아 최대 항구 네압볼리에 도착했다. 사도행전 16장 10절 "바울이 이 환상을 본 후에 우리는 그들에게 복음을 전파하기 위해 하나님께서 부르셨다고 확신하고 즉시 마케도니아로 떠날 준비를 했습니다." – 편집자 주은 많은 학자들이 바울 사도와 동행했던 누가의 시각에서 본 것이라고 생각하는, 유명한 '우리'We 절이다.

네압볼리에서 바울은 비아 에그나티아*를 통해 마케도니아의 심장부로 들어갔다. 군사적으로 매우 중요한 이 도로는 마케도니아를 통과해 아드리아 해로 이어지는데, 이 도로를 따라 중요 물자를 운반했으며 길이는 800km가 넘었다. 이 길을 따라서 빌립보, 아볼로니아, 암비볼리, 데살로니가와 같은 마케도니아의 도시들이 자리 잡고 있었다. 로마는 마케도니아를 BC 148년 이후 하나의 속주로 통합했는데, 아우구스투스는 몇몇 도시를 로마의 식민지빌립보, 펠라, 디온 Dion로 만들고 로마의 퇴역 군인을 나라에 대한 충성의 대가로 그곳에 이주시켰다. 데살로니가와 암비볼리는 자유 도시였다. 바울의 방문 당시 마케도니아 지역은 원로원 관할 지역이었다.

바울은 첫 마케도니아 방문 중 빌립보, 데살로니가 그리고 베뢰아에 교회를 세웠다. 그의 첫 유럽인 개종자는 루디아였다. 루디아는 보라색 직물을 파는 두아디라 상인이었는데, 바울은 그녀를 빌립보 성밖에서 만났다.

네압볼리에서 16km 들어간 내륙에 위치한 빌립보는 알렉산더 대왕의 아버지 필립Philip에서 이름을 따서 지은 도시였다. 빌립보는 BC 42년에 마르크 안토니우스가 카이사르의 암살자들을 이곳 근방 평원에서 물리친 후 정치적인 중요성이 더해졌고, 이후에 아우구스투스는 이곳을 콜로니아 율리아 아우구스타 필립펜시움 Colonia Iulia Augusta Philippensium 이라는 이름을 붙여 식민지로 삼았다.

바울의 빌립보 방문은 파란만장했다. 바울이 한 젊은 델피의 무녀를 구출해 준 일 때문에 지방 행정 관리들이 바울과 실라를 투옥시키고 구타를 가했다. 그곳에 지진이 발생하자 그들은 탈옥할 기회를 얻었지만, 오히려 감옥에 남아 간수에게 복음을 전했다. 로마 시민권에 대한 바울의 항소는 지방 행정관들 사이에서 두려움을 불러 일으켰고 그들의 석방을 얻어 냈다. 바울과 실라는 얼마 지나지 않아 암비볼리와 아볼로니아 길을 따라 데살로니가로 향했다.

바울은 마케도니아 지역의 수도이자 주요 항구인 데살로니가에서 짧지만 위험에 휘말리는 사역을 하게 되었다. 바울과 실라는 초기에는 신심이 깊은 이방 사람들을 전도하는 데 성공했지만 회당 안에 있던 유대 사람들 중 몇몇이 폭도를 선동하여 두 전도자가 머물

소아시아 서해안에서 전도하고자 했으나, 성령은 그를 브루기아의 북서쪽이자 비두니아 남쪽, 무시아로 인도했다.

*비아 에그나티아(Via Egnatia / 지명)
BC 145년 비아 아피아의 연장으로, 아드리아 해를 넘어 그리스와 소아시아에 이르러 고대 페르시아 왕도와 합쳐지도록 건설되었던 로마의 도로다.

로마 식민지 빌립보의 전경. 로마의 가장 큰 도로 비아 에그나티아가 사진의 중앙에 보인다. 바울은 근처 네압볼리 항구에서 빌립보로 호송되었다.

고 있던 야손의 집을 공격하게 하였다.

폭도들은 바울이 카이사르가이사, 로마 황제와 다른 왕을 선포한다는 것과, 이것이 곧 로마를 반역하는 것이라며 바울을 고발했다. 어렵사리 베뢰아Berea로 도망간 바울과 실라는 그곳에서 몇몇 뛰어난 그리스 사람들과 복음을 나누게 되었으나 폭도들은 이곳까지 쫓아와 괴롭혔다. 이로써 바울의 첫 마케도니아 전도 여행은 막을 내렸다.

바울은 이 여행을 통해 많은 열매를 맺었다. 세 교회가 세워졌고 그중 두 개는 전략적으로 비아 에그나티아에 세워졌다. 복음은 이 대로를 따라 더욱 멀리 전파되었을 것이다. 바울은 마케도니아 교회들에게 깊은 애정을 갖고 있었는데, 이는 그의 편지들을 통해서도 확인할 수 있다. 데살로니가전서는 데살로니가 교회가 마케도니아와 아가야에 복음을 전했음을 칭찬하고 있다 살전 1:8. 그의 빌립보 교인들을 향한 사랑과 감사의 마음은 그가 후에 감옥에 갇혔을 때 쓴 빌립보서 안에서 울려 퍼지고 있다 빌 1:3-11; 4:10-20.

바울은 실라와 디모데를 베뢰아에 남겨 두고 마케도니아를 떠나 아마도 바다를 통해 아테네로 들어갔을

마르스 언덕으로 알려진 바위의 돌출 부분. 아테네 아크로폴리스에서 본 모습이다.

다. 그의 예수 부활에 대한 복음은 아테네에서 새로운 사상들을 연구하던 아레오바고Areopagus : 아테네 아크로폴리스 서쪽에 있는 암석으로 된 언덕. 여기서는 당시 아테네에서 상당한 영향력을 가지고 있던 엘리트 모임을 뜻함 – 편집자 주 회원들의 호기심을 자극했다.

원래 아레오바고 회원들은 아크로폴리스 북서쪽에 있던 언덕Mars Hill에서 모였으나 바울 시대에 와서 시립 아고라*, 즉 장터에 있던 주랑한쪽 면이 열린 행각들, Stoa에서 모였다. 바울은 유서 깊은 시의회 앞에서 설교할 때 그리스 시인들을 하나의 예로 인용했다. 시의회 의원 디오니시우스Dionysius는 이때 개종했다. 하지만 다수의 사람들은 부활 자체를 조롱했다 행 17:22-34. 그 후 바울은 아테네를 떠나 남서쪽으로 88km 떨어진 고린도Corinth로 향했는데 육로로 갔는지 해로로 갔는지는 언급되어 있지 않다.

고린도는 아가야라 불리는 식민지의 수도였으며 로마 제국의 최대 상업 도시 중 하나였다 265~268쪽 '바울의 전도 여행, 어디를 갔나?' 참조. 그곳에서 바울은 유대 사람을 로마에서 추방하라고 명령한 클라우디오의 칙령에 의해 쫓겨난 천막공 아굴라와 브리스길라를 만났다. 바울은 고린도에서 18개월을 머무는데 이것은 바울의 전도 여행 중 두 번째로 긴 체류였다.

에베소는 바울이 이 년 반 동안 사역한 곳이다. 셀수스Celsus 도서관을 따라 내려가면 쿠레테스Curetes 거리가 눈에 들어온다.

것이다. 아테네는 여전히 지성의 도시였지만 그리스에서 정치 · 경제적 리더십은 잃어버린 상태였다. 고대 도시의 이방적 우상숭배 사상에 의기소침해 있던 바울은 매일 유대 사람 회당에서 말씀을 전하고 번화한 장터에서 쾌락주의자와 스토아 철학자들과 토론했

실라와 디모데가 고린도에서 바울과 합류하자마자 그의 메시지가 그 지역 회당에서 큰 저항을 받게 되었다. 바울은 디도 유스도의 집에 머물면서 이방 사람 전도에 온 힘을 쏟았다. 고린도에 있는 동안 바울은 그의 첫 신약 서신인 데살로니가전 · 후서를 기술했다.

바울의 고린도 체류가 끝나 갈 무렵, 유대 사람들은 바울을 총독 갈리오에게 고발했다. 갈리오는 바울에 대한 고소 내용에서 유죄를 인정할 만한 요소를 찾지 못했으며, 종교적인 문제는 로마에게 아무런 영향을 미치지 못한다면서 이를 기각했다. 델포이Delphi에서 발견된 문서는 갈리오의 총독 임기에 대해 기록하고 있는데, 여기서 바울 연대기의 중요한 단서를 발견하게 된다. 이 문서에 따르면 갈리오는 임기를 AD 51년 7월 1일에 시작한다. 이것으로 보아 바울의 고린도 도착 시기는 AD 50년경으로 볼 수 있다.

바울은 고린도를 떠나 아굴라와 브리스길라와 함께 근처 항구 도시 겐그레아로 간다. 그곳 겐그레아에서 배를 타고 시리아로 돌아가기 전 서원했던 것을 지키기 위해 바울은 잠시 에베소에 들렀다가 동료들과 헤어진 후 배를 타고 가이사랴로 향했다.

제3차 전도 여행 행 18:23-21:14

바울은 안디옥에서 잠시 머문 뒤, 북서쪽 소아시아로 길을 나서 전도 여행을 계속했다. 그는 갈라디아의 교회들을 다시 방문해 갈라디아서에 나온 것처럼 유대

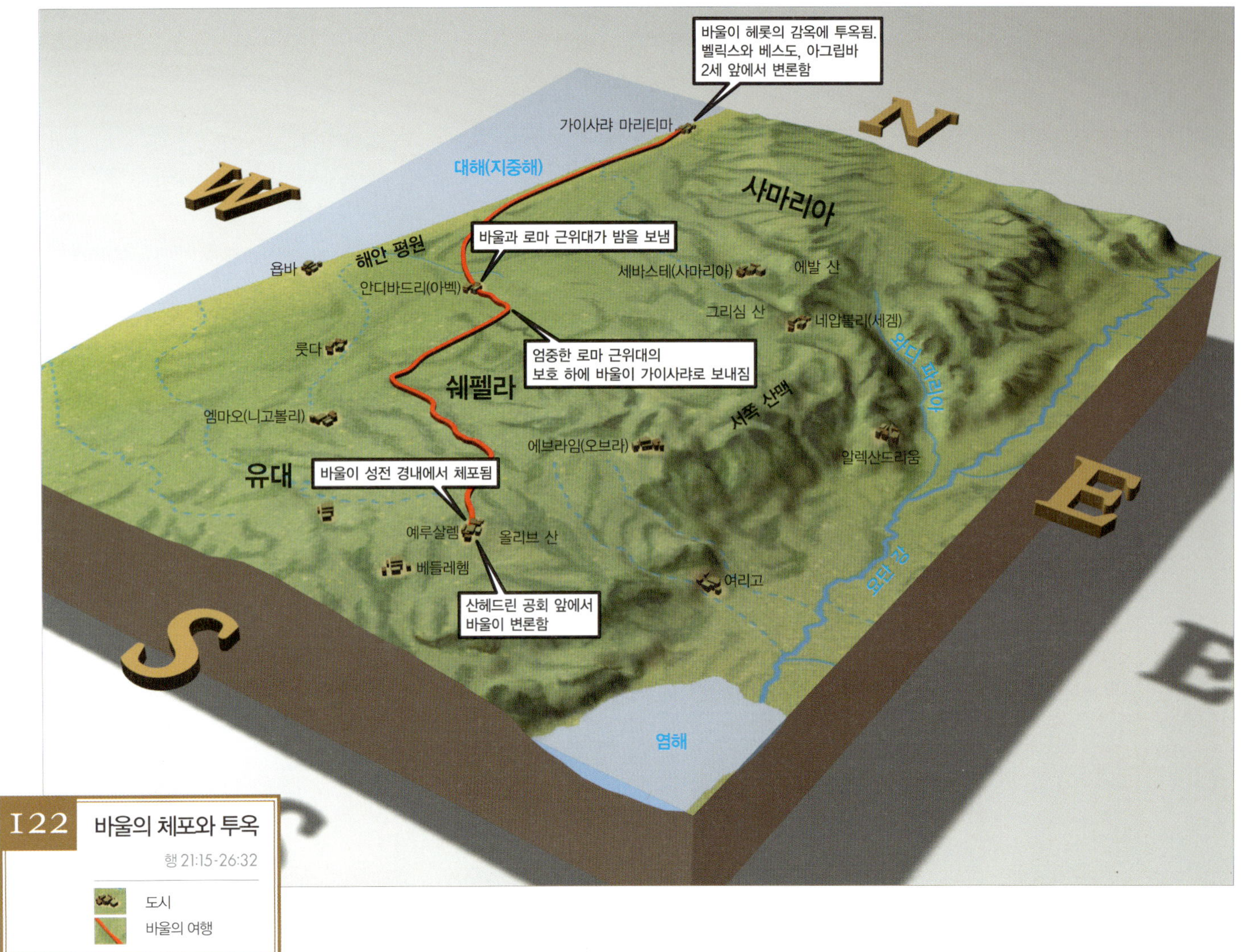

<table>
<tr><td>122</td><td>바울의 체포와 투옥
행 21:15-26:32</td></tr>
</table>

도시	
바울의 여행	

교주의자들의 위협으로 의기소침해 있던 성도들을 격려했다. 하지만 바울의 목적지는 소아시아 서쪽 해안의 거대한 상업 중심지 에베소였다 265~268쪽의 '바울의 전도 여행, 어디를 갔나?' 참조.

실제로 바울은 에베소에서 이 년 이상 길게 머물렀다 행 19:10. 바울의 에베소 사역은 복음을 아나톨리아 고원 헤르무스 Hermus, 카이스테르 Cayster, 메안데르 Meander 골짜기, 카이쿠스 Caicus 골짜기도 포함될 것으로 추정으로부터 서쪽으로 내려오는 골짜기를 따라 전파시켰다. 바울은 에바브라같은 제자들을 주요 도시에 복음을 전할 목적으로 골짜기 위로 보냈다 골 1:7. 요한계시록 2, 3장에 언급된 많은 교회들 중 대다수가 이 시기에 지어졌다.

바울은 동쪽에서부터 에베소로 나아갔으며, 아마도 비시디아 안디옥에서부터 부르기아를 거쳐 아시아로 들어가 카이스테르 골짜기를 통과했을 것이다. 25만 명이 넘는 인구가 살고 있는 에베소는 중요한 육로와 해로를 관할하고 있었으며, 매년 수많은 순례자들이 아르테미스*를 숭배하기 위해 이곳을 찾아왔다.

바울이 에베소에서 보낸 시간은 두려움과 위험으로 가득했다. 바울은 에베소에서 보낸 경험을 "힘에 지나도록 심한 고난을 받아"고후 1:8,9 라고 적었고 "맹수들과 싸웠다면" 고전 15:32이라고 비교하고 있다. 이처럼 힘에 겨운 상황에서도 바울은 안식일마다 유대 사람 회당에서 설교하고 매일 두란노 서원에서 가르치기를 그치지 않았다. 또한 그는 당시 문제가 있던 고린도고전 4:17와 마케도니아행 19:22 교회에 편지 고린도전·후서, 그리고 로마서일 가능성도 있다를 쓰고 뱃길을 통해 자신을 돕던 사람을 그 교회들에 보냄으로써 전도 범위를 더욱 넓혀 갔다.

바울의 사역은 그 지역 마술사들에게 영향을 미쳐 그들은 마술에 관한 책들을 불태워 버렸다. 또한 바울의 가르침은 순례자들에게 아르테미스 우상을 판매하는 행위를 줄이는 결과를 낳았는데, 이것은 곧 은세공자 데메드리오스가 이끄는 폭동으로 이어졌다. 이때 서기장이 나서서 무리에게 폭동은 불법이며 심하면 로마가 무력 행사를 할 수 있다고 설득함으로써 소요를

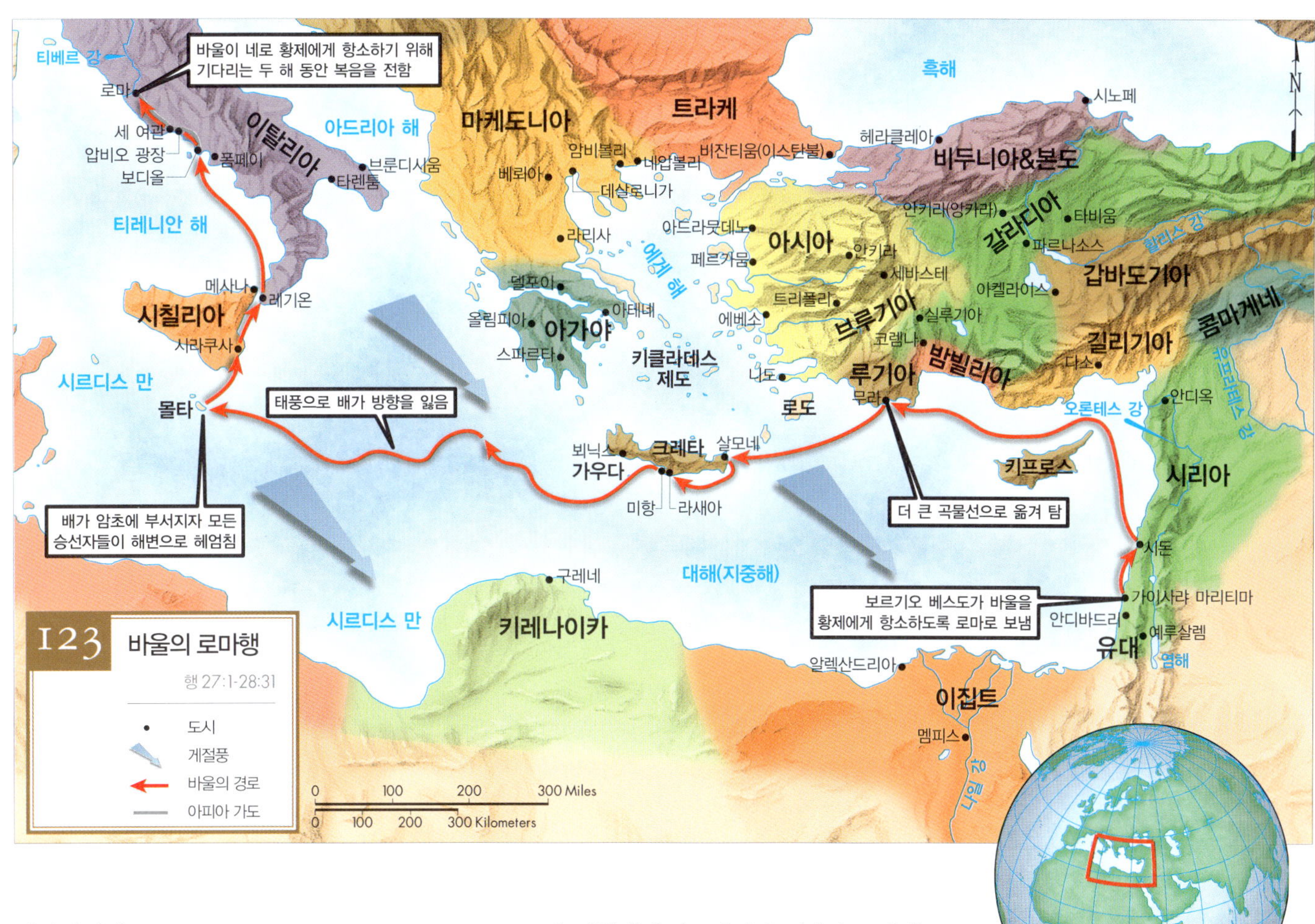

가라앉혔다.

그 일이 있은 지 얼마 후 바울은 흔들리는 고린도 교회를 방문하기 위해 마케도니아와 그리스로 떠났다 고후 1:15, 16. 그의 행로는 언급되어 있지 않지만 첫 번째 방문 때처럼 드로아에서 배를 타고 갔을 것이다. 마케도니아에서 성도들을 격려한 후 바울은 석 달이라는 긴 기간 동안 고린도에 머물렀다. 봄이 찾아오자 그는 시리아로 건너가기로 작정한다. 그러나 그를 살해하려는 음모 때문에 그는 자신이 왔던 길을 따라 마케도니아로 갔다가 다시 드로아로 항해했다. 드로아에서 바울은 자신의 설교 도중 창에 걸터앉아 졸다가 떨어져 죽은 유두고를 살려 냈다.

육로를 통해 앗소로 간 바울은 배를 타고 사모스 해협을 지나 밀레도에 도착했다. 그곳에서 에베소 교회의 장로들과 작별 인사를 나눈 다음 바다라와 고스, 로도를 거쳐 마지막으로 두로와 돌레마이를 지나 가이사랴로 갔다. 동료들은 바울의 이방 사역 때문에 앙갚음이 있을 것을 두려워하여 예루살렘에 올라가지 말 것을 반복해서 경고했지만, 바울은 그럼에도 불구하고 예루살렘 교회에 그의 사역을 보고하기로 결심했다.

동료들의 충고는 근거 있는 것이었다. 바울이 정화 의식에 참석하기 위해 성전에 올라가 남자들 아마도 아시아에서 온 유대 사람들 사이에 있을 때, 그들은 바울이 이방 사람을 데리고 거룩한 성전 구역에 들어왔다는 이유로 바울을 고발했다 행 21:26-36. 안토니아 요새에 주둔해 있던 보병대장에게 구출된 바울은 그에게 로마 시민권을 보여 주고 산헤드린에서 자신을 변론할 것을 허락받았다 행 22:30-23:11. 다음날 바울의 조카가 바울을 암살하려는 음모를 바울에게 알리자 군사들의 보호 아래 예루살렘을 떠나 로마 총독 벨릭스가 있던 가이사랴로 갈 것을 요청했다 행 23:12-35. 안디바드리를 따라 육로로 간 바울은 AD 58년경 가이사랴에 당도했을 것으로 추측된다. 바울은 그곳에서 두 해 동안 헤롯의 관저에 갇혀 있었다. 벨릭스는 바울에게 어느 정도의 자유를 주어서 바울이 갇혀 있는 동안 대신 사역

바울은 드로아에서
설교 도중
떨어져 죽은
유두고를 살렸다.

을 했던 동료들의 방문도 허락했다. 벨릭스와 그의 아내 드루실라가 바울을 통해 증언을 듣긴 했으나 그들은 신앙을 받아들이지 않았다.

행 27:1-28:16 | 로마에서 그리스도의 복음을 외치다

바울은 AD 60년 벨릭스의 뒤를 이어 보르기오 베스도가 부임할 때까지 가이사랴에 감금되어 있었다. 베스도와 아그립바 2세는 바울의 증언을 들었고 바울이 감옥에 갇히거나 사형당할 만한 잘못을 하지 않았다는 사실에 동의했으나 바울에게서 어떠한 감동도 받지 못했다. 로마 시민의 권리로서 카이사르 가이사, 로마 황제에게 항소하지 않았다면, 바울은 석방되었을지도 모른다. 하지만 바울의 항소로 그는 로마로 가는 항해 길에 올랐다 행 27, 28장.

지중해 동쪽에서 서쪽으로 바다를 건너가는 것은 북서쪽에서 불어오는 강한 계절풍 Etesian Winds* 때문에 쉽지 않았다. 게다가 바울을 태운 배가 출발한 때는 항해 시즌이 끝나 갈 무렵이어서 예측할 수 없는 태풍이 목숨을 위협할 수 있었다. 데살로니가에서 온 아리스다고 행 19:29; 20:4와 누가, 그리고 백부장 율리오의 책임 호송 하에 다른 죄수들과 합류한 바울은 드디어 4,000km나 되는 로마를 향한 여정 길에 올랐다.

바울은 조그만 무역선에 올라 그 배의 모항인 소아시아 해안 북동쪽의 조그만 도시 아드라뭇데노로 떠났다. 항해 초기에는 시돈 해안을 따라 북서쪽으로 올라가다가 나중에는 '역풍을 피해'행 27:4 키프로스 해안을 끼고 북서쪽으로 향했다. 루기아의 무라 Myra에 도착했을 때 로마로 가는 알렉산드리아의 대형 곡물 화물선으로 갈아탔다.

이런 대형 화물선들은 로마에 밀을 공급했는데, 초대형 화물선들은 길이 55m에 갑판의 폭이 15m나 되었다. 바울과 선원을 비롯해 276명이나 되는 탑승객이 이탈리아로 떠났다. 무거운 화물과 탑승자들의 짐은 항해의 위험 수위를 높였는데, 특히 늦은 항해철에는 더욱 위험했다. 결국 어렵사리 크레타 동쪽 끝 살모네 Salmone에 정박했다가 다시 크레타 남쪽에 있는 작은 항구 '미항'에 들어갔다. 바울은 겨울 동안 '미항'에 남아 있을 것을 권했으나 항해 책임자들은 서쪽으로 64km가량 떨어진 크레타의 뵈닉스에서 겨울을 지내고자 했다.

순풍이 불어와 뵈닉스로 빠르게 나아가던 배가 갑작스런 강풍을 만나는 바람에 남서쪽의 조그만 섬 가우다 쪽으로 이탈되면서 항해는 14일간의 악몽으로 변했다. 선원들은 닻을 내리고 화물들을 내버리며 배가 시르디스 만 Syrtis Major으로 알려진 북아프리카의 얕은 바다로 쓸려 가는 것을 막으려고 필사적으로 노력했다. 며칠 동안 아무런 구조도 받지 못한 채 떠내려가자 선원들은 구조될 소망을 잃고 낙심했다.

바울은 그렇게 어두운 나날 속에서 자신과 탑승자들이 구조될 것이라는 환상을 보았다. 14일째 되던 밤, 저 멀리 육지가 보이기 시작했고 선원들은 배가 암초에 부딪치지나 않을까 노심초사했다. 배를 버리는 대신 선원들은 닻을 내려 배가 떠내려가는 속도를 줄이려 애쓰며 속히 날이 밝기를 기도했다. 동틀 무렵 낯선 육지와 해변이 모습을 드러냈다. 선원들은 모든 위험을 무릅쓰고 해변으로 떠났지만 좌초하게 되고 결국 배는 강한 파도에 부서지고 말았다. 죄수들이 도망치는 것을 막기 위해 죄수들을 사살하는 것을 군인들에게 금지시킨 백부장은 배를 버리고 해변으로 수영할 것을 명령한다. 수영하지 못하는 자들은 파편이나 잔해를 붙잡고 해변가로 떠내려왔다. 해변가로 떠내려 온 후 살아남은 사람들은 자신들이 몰타**라는 섬에

태풍으로 표류하던 로마 화물선이 부서지자 바울과 선원들이 헤엄쳐 온 몰타 섬.

온 것을 알게 되었다. 당시 이 지역을 관리하던 책임자 보블리오가 바울과 일행에게 쉴 곳을 제공하고 여러 가지로 도움을 주었다. 그들은 할 수 없이 몰타에서 겨울을 났는데, 이때 바울은 병 고치는 은사를 베풀고 보블리오의 아버지를 도와주었다.

석 달 후 율리오의 감독 아래 바울은 또 다른 이집트의 곡물 화물선을 타고 이탈리아로 떠났다. 이 배는 시칠리아Sicilia의 시라쿠사 항에 들렀다가 레기온으로 갔다. 순풍을 만난 배는 나폴리 만의 보디올로 항해하며 나아갔다.

보디올Puteoli은 이집트의 곡물을 로마로 들여오는 큰 항구로서, 당시 이집트 곡물은 로마 사람에게 절대적으로 필요한 일용한 양식이었다. 클라우디오 집권 당시에는 오스티아Ostia 항구를 새롭게 건설해 로마의 필요를 충족시켰다. 티베르Tiber 강 하류에 있던 오스티아는 바로 위쪽에 포르투스Portus라는 새로운 항구를 가지고 있었던 것이다.

보디올의 신자들은 일주일 동안 바울을 접대했다. 그곳에서 충분한 휴식을 취한 바울 일행은 비아 캄파나Via Campana를 따라 북쪽으로 나아가 카푸아로 갔으며 비아 아피아Via Appia를 따라 로마로 향했다. 바울이 로마에 온다는 소식을 들은 로마 그리스도의 사람들은 비아 아피아로마에서 69km 떨어짐 상에 있는 압비오 광장Forum of Appius과 세 여관Three Taverns, 로마에서 53km 떨어짐의 두 간이역으로 사도를 마중 나왔다. 사도행전에 따르면 바울은 로마에 머무는 두 해 동안 자신감과 확고한 신념에 차서 전도했으며 네로가 내릴 자신의 항소 판결을 기다렸다.

바울의 전도 여행, 어디를 갔나?

왼쪽 | 아크로폴리스에서 본 아테네의 아고라. 오른쪽으로 재건된 아탈로스 스토아가 보인다.
오른쪽 | 마르스 언덕아레오바고에서 본 아크로폴리스. 오른쪽으로 아름다운 이오니아식 니케 신전이 보인다.

바울의 전도 전략은 로마 대도시 중앙에 교회를 세우는 것이었다. 바울은 교회를 개척하기 위해 그가 세운 믿음의 공동체를 떠날 때 믿을 수 있는 사람들의 손에 그 공동체들을 맡겼다. 그 후에도 그는 이교도 사회에서 그리스도를 따르려는 성도들을 돕기 위해 많은 서신을 보내 격려했다.

아테네

'아테네의 영광'은 바울이 2차 전도 여행 중 잠시 방문했을 당시엔 이미 사라져 버린 뒤였다. 아테네는 전쟁으로 피폐해지고 로마의 그림자에 가려 정치적 중요성과 문화적 의미를 상실하고 말았다. 단지 BC 450년경 페리클레스Pericles 시대에 세워진 아크로폴리스를 장식한 번쩍이는 대리석 유물만이 아테네의 화려했던 과거를 말없이 들려주고 있었다.

바울은 배를 타고 아테네의 세 항구 중 가장 큰 피라에우스 항구에 내렸을 것이다. 앗티카 평원에 우뚝 솟은 가파른 언덕 아크로폴리스 주변으로 사람들을 모았던 아테네 시는 미케네 시대BC 15-13세기를 기억하고 있었다. 미케네 문명의 유적이 아크로폴리스에서 발견되었던 것이다. 북쪽에 있는 아크로폴리스 아래에는 아고라고대 도시의 중심가가 있었다. 그리스 아고라에는 아테네의 민주 정치를 상징하는 건물들인 불레우테리온Bouleuterion, 평의회 건물, 톨로스Tholos, 원형 건축물–편집자 주, 헬리아이아Heliaia, 최고 재판소(전체 민회). 헬리아이아는 6,001명으로 구성된 법원으로서 대중 집회임–편집자 주가

왼쪽 | 아테나를 기리는 거대한 파르테논 신전.
오른쪽 | 고린도에 있는 레케움 도로Lechaeum Road. 레케움은 고린도 지협 양쪽에 있는 두 개의 항구 중 하나로, 고린도가 전략적·상업적으로 중요한 대도시로 발전하도록 했다.
아래 | 아크로고린도의 인상적인 암석.

있었다. 몇몇 스토아주랑을 따라 한쪽 면이 개방되어 있는 건물 – 편집자 주들은 그리스 아고라를 둘러싸고 있었다. 가운데의 스토아는 남쪽에 있었고 조금 작은 제우스의 아고라는 서쪽에, 또 아탈로스의 스토아는 동쪽에 있었는데 이것은 당시에 지어진 로마의 포럼과 경계를 나누는 역할을 했다. 신전과 제단, 여러 비문들은 아테네의 종교적 전통들을 되새기게 했다. 가장 잘 보존된 그리스 신전 중 하나가 아고라 서쪽에 있는 장인의 신을 기리는 헤파이스토스 신전Hephaestion이었다. 12신을 위한 제단과 아레스 신전은 아우구스투스가 건설한 것으로 아고라 가운데에 있던 황제의 사위 마르쿠스 아그립바가 세운 오디움Odeum, 소형 극장 – 편집자 주 근처에 세워졌다. 매년 아테네 축제 때 사용하는 파나테나이아 길Panathenaic way은 아크로폴리스로 올라가는 길로 그리스 아고라를 둘로 나누었다.

바울 시대에 그리스 아고라는 이미 옛 아테네의 영화를 보여 주는 기념 박물관이 되어 있었다. 도시의 중심 상가는 아탈로스의 스토아 동쪽에 있던 새로운 로마 포럼forum으로 넘어가 있었다. 포럼은 길이 111m, 폭 98m 규모였으며, 시장에서도 잘 보이는 시계탑이 있었다. 요즘엔 바람의 탑Tower of the Winds으로 알려져 있는 이 시계탑은 물시계와 해시계로 이루어져 있었다. 바울도 북적거리는 이 포럼에서 철학자들과 토론했을 것으로 추측된다.

바울이 고대의 가장 아름다운 기념물을 따라 아크로폴리스에 올라간 것은 확실하다. 당시 시민들은 기념물의 문이었던 프로필라이아*를 통해 아크로폴리스에 입성했다.

아크로폴리스에서 가장 뛰어난 유적은 아테네를 지키는 여신 아테나를 기리는 장엄한 도리아식의 파르테논Parthenon 신전이었다. 프리즈frieze를 두른 신전 주위에서 아테나를 기리는 축제들이 매년 열렸으며, 몇 km 밖의 바다에서도 보일 정도로 큰 아테나 상이 있었다. 아테나를 위한 더없이 아름다운 이오니아식 신전은 아크로폴리스 남쪽에, 여신의 지팡이를 들고 있는 에레크테움Erechtheum은 파르테논 북쪽에 위치했다. 아우구스투스와 로마에게 바쳐진 원형 신전은 시민들에게 로마 제국의 정치적 영향력을 과시했다. 아크로폴리스 남쪽으로는 BC 500년경 처음 지어진 디오니시우스 극장과 치료의 신 아스클레피오스Asclepius를 기리는 조그마한 신전이 있다.

아테네는 BC 4세기부터 그리스 철학의 주요 학파들의 본거지가 되었다. 바울은 에피쿠로스 학파와 스토아 학파와 논쟁을 벌여 소집된 아레오바고Areopagus에서 연설할 기회를 가질 수 있었다. 초기에 아레오바고는 아크로폴리스 서쪽 바위 언덕에서 집회를 가졌는데, 요즘에는 그곳을 마르스 언덕Mars Hill이라고 부른다. 로마 시대에는 최고 법정이 있는 아고라 건물 중 한 곳에서 열렸을 것이다. 바울의 유명한 아레오바고에서의 설교는 회의적인 그리스 철학자들을 감명시키는 데는 실패했으나 아레오바고 의원인 디오누시오디오니시우스와 다마리라는 여인을 개종시켰다행 17:22-34.

고린도

고린도는 상업 중심지로서 BC 600년 전부터 청동 제품과 도기류로 유명했다. 고린도는 지협을 끼고 그리스와 펠로폰네소스 반도 사이에 이상적으로 위치해 바다와 땅의 경로를 관할했다. 서쪽으로는 고린도 만에 레케움Lechaeum 항구가 스페인과 이탈리아를 향해 자리 잡고 있었고, 조금 작은 겐그레아 항은 사로니코스Saronic 만에 위치해 동쪽에 커다란 항구들과 연결되어 있었다. BC 600년 후 고린도 사람들은 물품을 운반하기 위해 두 항구를 잇는 5.6km의 포장도로The diolkos를 지협 위에 건설했다. 이 도로의 건설로 위험한 말레아Malea 곶串을 도는 320km의 해상 운반을 더 이상 하지

* 프로필라이아(The Propylaea / 지명) 그리스의 성지 입구에 세운 문으로, 아테네의 아크로폴리스의 것이 대표적이다. 도리아식의 중후함과 이오니아식의 우아함이 아름다운 조화를 이루고 있다.

** 아르테미스 신전(The Artemision / 지명) BC 8세기경 리디아 왕 크로이소스의 협조로 세워졌다. 하지만 BC 356년 알렉산더 대왕 탄생일에 있었던 헤로스트라토스의 방화로 소실된 후 재건되었다. 장대하고 화려해 고대 세계의 7대 불가사의不可思議 중 하나이다.

않아도 되었다. 로마의 지리학자 스트라보는 고린도를 "상업 덕분에 풍요롭고, 고린도 지협에 위치해 아시아와 이탈리아로 이어지는 항구의 주인이다. 아주 먼 두 나라가 서로 물건을 교환하기가 쉬워졌다"Strabo, Geography, 8.6.20 라고 묘사했다.

로마 사람들이 BC 146년 이 도시를 파괴했으나 BC 44년 율리우스 카이사르가 재건한 후 고린도는 과거 상업적인 중요성을 빠르게 회복해 갔다. BC 27년 아우구스투스는 고린도를 아가야아카이아의 속주 수도로 만듦으로써 상업적 중요성은 물론이고 정치적 명소로 부각시켰다. 고린도에서 이 년마다 열리는 4대 그리스 경기 중 하나인 '이스트미아 지협 경기'The Isthmian Games 는 많은 순례자들을 불러들였다. 이 경기는 이스트미아Isthmia 부근의 지협을 다스리는 바다의 신 포세이돈을 숭배하는 행사였는데, 덕분에 이 시기만 되면 고린도에는 세계적인 인구 이동로마 사람, 그리스 사람, 꽤 큰 규모의 유대 사람 공동체이 이뤄졌다. 대부분의 항구와 마찬가지로 고린도도 부도덕한 평판으로 유명했다. 일상적인 표현인 '고린도화되다'To corinthianize 란 말은 부도덕한 행동을 하고 제멋대로 사는 삶을 의미했다. 바울은 고린도 개종자들에게 그들이 과거의 부도덕과 방탕으로 돌아가는 것에 대해 경고했다고전 6:9-11; 고후 12:21.

고린도는 지협 위로 575m 높이로 솟아오른 아크로고린도Acrocorinth 산기슭 아래 펼쳐졌다. 9.6km나 되는 성벽이 10만에서 20만의 인구를 둘러싸고 있었다. 그 벽은 고린도와 서쪽 항구 겐그레아를 이었다. 규모는 작지만 유명한 아프로디테에게 바쳐진 신전을 포함한 여러 건축물들이 바위투성이의 아크로고린도 위에 세워졌다. 스트라보가 자주 언급했던 고린도에서 아프로디테 여신을 섬기던 1,000명의 매춘부는 과장된 것이지만, 성적 타락으로 인해 이 도시가 받아 마땅한 평판에는 종교적 의미가 함축되어 있었다.

올림푸스 산의 옛 신들과 새로운 신, 그리고 여신들을 기리는 수많은 신전들이 도시의 풍경을 수놓았다.

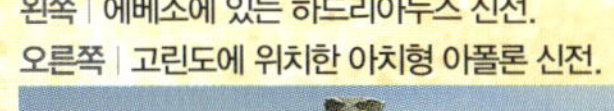

왼쪽 | 에베소에 있는 하드리아누스 신전.
오른쪽 | 고린도에 위치한 아치형 아폴론 신전.

BC 600년이 얼마 지나지 않아 지어진 아폴론 신전은 로마가 파괴한 후 다시 재건되었다. 아스클레피오스Asclepius 를 안치한 치유의 성역은 여러 질병의 완치를 바라는 순례자들을 유혹했다. 포럼 서쪽에 세워진 커다란 신전은 황제 숭배를 위해 사용되었다. 포럼 서쪽 끝을 감싸듯 나란히 세워진 작은 신전들은 티케Tyche, 비너스, 아폴론, 헤라 등 여러 신들에게 바쳐졌다. 이집트의 신 이시스Isis 와 오시리스Osiris 도 고린도에서 숭배를 받았다.

로마 포럼은 도시 가운데 있었고 북쪽에서 레케움 도로를 따라 들어갈 수 있었다. 남쪽과 북서쪽의 여러 주랑들이 포럼의 특징이었다. 남쪽 지역의 주랑 가운데는 정부 기관들도 있었고, 북쪽에는 가게와 상점들이 들어서 있었다. 줄지어 늘어선 중앙 상점들은 포럼을 동과 서로 나누었다. 상점 건물들 가운데는 아마도 바울이 AD 51년 속주 총독 갈리오 앞에 섰던 법정Bema도 있었을 것이다행 18:12-17.

고린도에는 극장, 오디움, 바실리카Basilica : 중앙의 회중석과 측면의 복도로 나뉘어 있는 기다란 직사각형의 건축물 – 편집자 주, 목욕탕 등 대도시에서 볼 수 있는 시설들이 늘어서 있었다. 커다란 정육점과 수많은 와인 상점들도 발굴되었다. 몇몇 가게들은 부패하기 쉬운 음식물들을 신선하게 저장하기 위해 차가운 샘물을 끌어와 이용하기도 했다. 세 개의 샘글라우케Glauke, 신성한 샘Scared Spring, 큰 규모의 페이레네Peirene 분수 은 고린도에 풍부한 물을 제공했다.

바울은 예루살렘으로 돌아가기 전까지 18개월 동안 고린도를 사역의 본거지로 삼았다. 그곳에서 바울은 아굴라와 브리스길라를 만났고 천막 만드는 사업을 같이 하기도

했다. 고린도에서 바울의 전도는 유대 사람을 대상으로 유대 사람 회당에서 시작되었으나 반대 세력을 만난 뒤 대상을 이방 사람으로 넓혀 회당 옆에 사는 디도 유스도 집에서 설교하고 가르쳤는데, 그곳에서 많은 성과를 거두었다행 18:5-11. 고린도에 오랫동안 거주하면서 바울은 데살로니가 교회에 편지 쓸 시간을 벌었고 편지는 곧 믿음직한 그의 동료 디모데와 실라를 통해 전해졌다. 바울의 장기간 체류는 에베소에서 한 번 더 이뤄지는데, 이때에도 교회들에 편지를 썼다.

에베소

아시아의 부유한 속주의 수도 에베소에서 바울은 이 년 넘게 머물렀다. 이오니아의 고대 그리스 도시로서 1000년이 넘는 역사를 자랑하는데, 로마 사람들에게는 다이아나 여신으로 숭배받는 다산과 어머니의 여신인 아르테미스 신전으로 유명하다. 고대 세계 7대 불가사의 중 하나인 아르테미스 신전**은 그리스 세계에서 가장 규모가 큰 대리석 신전이었다128 x 73m. 이 건물은 BC 356년에 불타 사라진 건물을 새로 지은 것으로, 언덕 아래 늪지대의 북동쪽에 있었다. 성지를 두 줄로 둘러싼 100개가 넘는 기둥 위에 이오니아식 기둥머리가 왕관처럼 씌워져 있는데, 기둥에는 신화 속 이야기들을 조각해 금으로 씌운 것도 있었다. U자 형 제단은 앞마당에 있었다. AD 263년 고트Goth 족속에 의해 불탔고 AD 500년 이후 유스티아누스Justinian 황제가 건축 자재로 사용하기 위해 잔해를 모으기도 했다. 당시 이 거대한 건축에서 남은 것이라곤 부스러기라고 할 만한 잔해밖에 없었다. 그러나 바울 시대의 순례자들은 아시아 곳곳에서는 물론

이고 아시아 밖에서도 어머니 여신에 대한 존경과 예물을 바치고자 해마다 봄이면 이곳으로 모였다. 발굴 중에 발견된 여신상들은 아르테미스 신이 알과 많은 유방을 매단 특이한 속옷을 걸치고 있었음을 보여 준다.

에베소의 정치적 중요성은 도미티아누스Domitian 황제가 플라비우스Flavian 왕조에 헌정하는 속주의 황제 신전을 그 도시에 상으로 내려 더욱 강조되었다. 에베소는 아시아 속주를 대표하는 '신전 파수꾼'* 으로서 정치적·경제적 이득을 얻었고 아시아 도시들 가운데 그 위상을 더 높여 갔다. 저명한 에베소 시민들이 '속주 의회'**에서 일했다. 그들의 역할은 그 속주에서 황제 숭배를 장려하고 집행하는 것이었다. 몇몇 학자들은 이 의회를 요한계시록 13장에서 황제 숭배를 강요하며 아시아의 그리스도의 사람을 상대로 전쟁을 일으킨 두 번째 짐승으로 본다 계 13:11-18.

에베소의 전략적 위치는 대형 상업적 중심 도시로 발전하기에 충분했다. 잘 보호된 카이스테르 강 하구의 항구는 충적토 탓에 문제가 있음에도 불구하고 좋은 정박지로서의 기능을 충분히 해냈다. 미안데르Meander 골짜기와 헤르무스Hermus 골짜기로 연결되는 위치적 특성은 해마다 풍성한 농작물을 냈고, 소아시아 서쪽 내륙 도시들과 통할 수 있었다. 바울은 자신의 제자들을 이런 내륙 지방으로 파견해 전도 사역을 펼쳐 나갔으며 교회들과 계속 편지를 주고받았다. 고린도서어떤 학자들에 의하면 이것은 옥중서신이었다는 설도 있다, 골로새서, 에베소서, 빌립보서, 빌레몬서 등이 그것이다.

그리스·로마 시대의 에베소는 피온Pion 산과 코레소스Koressos 산의 돌출부 사이에 있던 아르테미스 신전의 남쪽 지역을 차지하고 있었다. 리시마쿠스*** 는 BC 290년경 신도시를 세우고 사람들을 이주시켰다. 바울이 방문하던 당시에 에베소는 로마 제국에서 세 번째나 네 번째로 큰 도시였으며 인구는 25만 명으로 추측된다. 아시아의 정치적 수도였던 에베소는 많은 기념비적인 건물들을 가지고 있으며,

오늘날까지도 장엄한 모습으로 남아 있다. 북쪽 아고라에는 공공시설들이 자리하고 있었는데 이중에는 의회당으로 쓰였던 오디움, 시청 건물이었던 프리타네이온prytaneion, 그리고 아우구스투스와 로마에게 바쳐진 황제 숭배 신전도 있었다.

거대한 황제 숭배 신전은 도미티아누스 황제에 의해 쿠레테스 거리Curetes Street가 시작되는 곳에 세워졌다. 후에 하드리아누스Hadrianus와 트라야누스Trajanus가 유명한 이 거리를 따라 분수와 신전을 세웠다. 상점들은 콜로네이드가 늘어선 거리 뒤로 숨어 있었고 아름다운 집들은 언덕에 자리 잡았다. AD 100년 직후에 건립된 셀수스 도서관은 쿠레테스 거리와 대리석 길Marble street이 만나는 자리에 위치했다. 그 주위로 양쪽에 통로가 난 스토아를 낀 33.4m² 의 상업용 아고라가 상점들과 함께 도시의 경제를 움직이는 역할을 했다. 피온 산 위에 지어진 대극장은 2만 5,000명을 수용할 수 있었으며 항구가 바라다보였다. 대극장에서 시작된 항구 도로Harbor Road는 서쪽으로 번잡한 항만 시설까지 뻗어 있었다. 후에 아르카디우스 황제Arcadius, AD 383~408년는 이 도로를 양쪽으로 가게들이 있는, 거대한 콜로네이드가 늘어선 대로로 변화시켰다. 대형 공중목욕탕과 체육관Gymnasia 들이 '항구 도로' 근처의 항만 지역과 맞붙어 있었다. 은행, 경제, 지방 정부, 그리고 종교 중심지로서의 에베소의 위치는 이 도시를 로마 세계의 주요 센터 중 하나로 만들었다. 전도 여행 중 바울이 에베소에 다른 도시들보다 많이 머문 것은 당연한 일이었다. 에베소는 아시아 지방을 전도하는 사역의 기지가 되었고, AD 100년경 아시아에는 거대한 그리스도교 공동체가 조성되었다.

위 | 에베소에 위치한 셀수스 도서관. 비록 바울 시대보다 조금 늦은 시기에 지어진 것으로 추정되지만 이 아름다운 건물은 로마령 에베소의 부와 문화를 예증한다.
아래 | 항구 도로Harbor Road에서 보이는 에베소의 대극장.

The First Jewish Revolt

| 유대 사람의 첫 반란 |

로마 통치가 수십 년 동안 계속되자 유대 민족주의가 일어나게 되었고 이는 AD 66년 로마에 대항하는 반란으로 이어졌다. 1차 유대 반란은 유대와 팔레스타인에 치명적인 손실을 입혔다. 이것이 예루살렘 교회에 대한 영향력 상실로 이어져 결과적으로 그리스도교 발전에 도움을 주었다. 오랜 기간 동안 로마의 지배를 받으면서 유대 사람들 사이에서 불안감이 증폭되어 왔는데 여기에 몇 가지 사건이 도화선으로 작용했다. 로마의 행정관 게시우스 플로루스 Gessius Florus가 예루살렘 성전 금궤에서 17달란트를 몰수하려 한 사건이 그 하나였고, 시민권 문제를 놓고 가이사랴 마리티마에서 유대 사람과 이방 사람 사이에서 길고도 뜨거운 논쟁이 벌어지던 중 네로가 이방 사람의 손을 들어 준 것이 다른 하나였다.

마침내 폭발한 유대 반란은 많은 유대 사람들을 가이사랴에서 죽음으로 몰아 갔다. 이 반란은 다른 도시로도 번져 많은 피를 흘리게 했다. AD 66년 6월 대제사장 엘르아살 Eleazar은 예루살렘에서 로마 사람과 황제를 위해 매일 실시하던 제사를 중지시켰다. 이것은 로마에 대항한 반란의 신호였다.

유대 반란군의 저항

사태의 심각성을 파악한 시리아의 케스티우스 갈루스 Cestius Gallus는 보병과 기병을 갖춘 제12 풀미나타 Fulminata, '천둥과 같은 자'라는 뜻 군단을 이끌고 남쪽으로 행군했다. 그는 해변 길을 따라 가이사랴를 거쳐 안디바드리, 룻다, 벧 호론을 통해 예루살렘으로 갔다. 그러나 초기에 이루었던 성과와는 달리 그는 예루살렘을 탈환하지 못한 채 퇴각해야 했다. 로마군은 벧 호론에서 열심당원에 의해 대패했고, 이것은 유대 반란군들의 자신감을 충천시켰다.

7구역으로 나뉜 반란군은 각각의 구역에 지휘자를 두고 저항을 준비했다. 유대 역사학자 플라비우스 요세푸스는 갈릴리 지방의 군대를 지휘했다. 여러 민족이 섞인 도시들과 아그립바 2세 같은 배타적인 유대 사람들은 이 반란에 가담하기를 거부하거나 오히려 막으려고까지 했으나 이미 번진 불길은 걷잡기 어려웠다. 그러나 짧은 기간에 구성된 반란군 지휘자들은 각각 다른 동기와 목적을 가지고 있어서 벌써부터 지도부 내에서는 균열이 생기고 있었다. 그리고 이 균열 때문에 로마에 효과적인 저항을 하지 못했고, 결국 유대 사람 간의 심한 내분으로 이어졌다

네로는 반란에 종지부를 찍기 위해 57세의 베스파시아누스를 내보냈다 274-276쪽의 '플라비우스 왕조' 참조. 전투 경험이 많은 베스파시아누스는 자신의 아들 티투스 Titus와 돌레마이 Ptolemais에서 연합해 세 개 군단과 지원군, 그리고 왕족 친위대를 포함한 6만 명 정도의 군대를 소집했다.

티투스는 알렉산드리아에서부터 제15 아폴리나리스 Apollinaris 군단을 데려왔고, 제5군단 마케도니아와 제10 프레텐시스 Fretensis 군단은 시리아에서 데리고 왔다. 나중에 일어난 군사 작전에는 다른 군단 제22 데이오타리아나 Deiotariana 군단과 제3 키레나이카 Cyrenaica 군단에 소속한 병사들과 제12 풀미나타 군단도 반란을 진압하는 데 참여했다. 팔레스타인과 시리아에 모인 이 거대한 군대는 로마의 26개 군단 중 4분의 1이나 되는 규모였다.

갈릴리 군사 작전

베스파시아누스는 갈릴리를 상대로 AD 67년 봄 군사 작전을 감행했다. 갈릴리의 도시와 마을들이 끝까지 잘 저항했지만 그는 짧은 시간 안에 이 지역을 정복했다. 세포리스 Sepphoris와 많은 도시들은 로마에 대항할 마음이 없어 순순히 항복했다. 어느 정도 크게 축성된 요새들을 향해서는 포위 작전을 벌였다. 그들의 사령관

124 티베리우스 시대 로마 군단의 분포

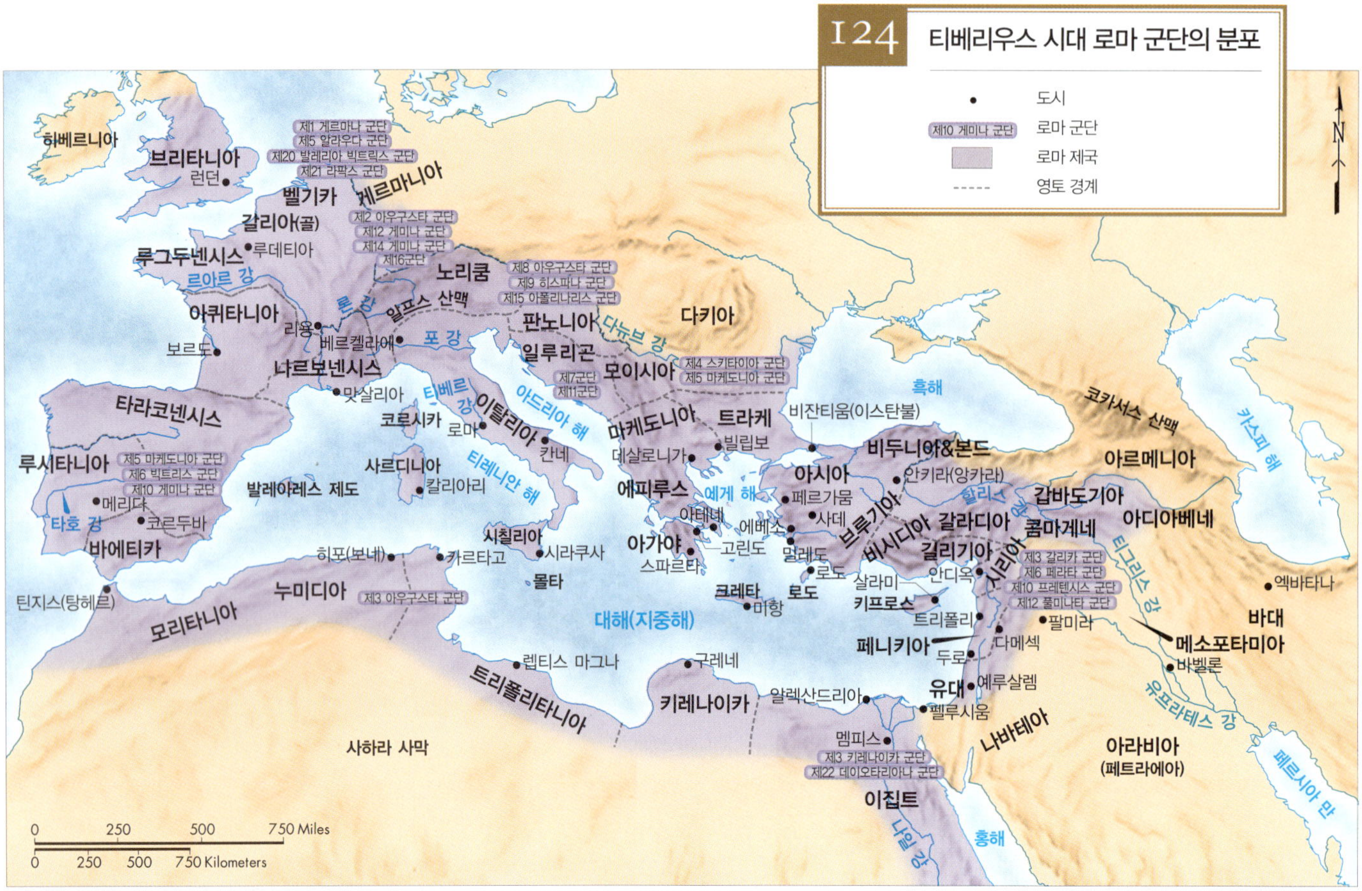

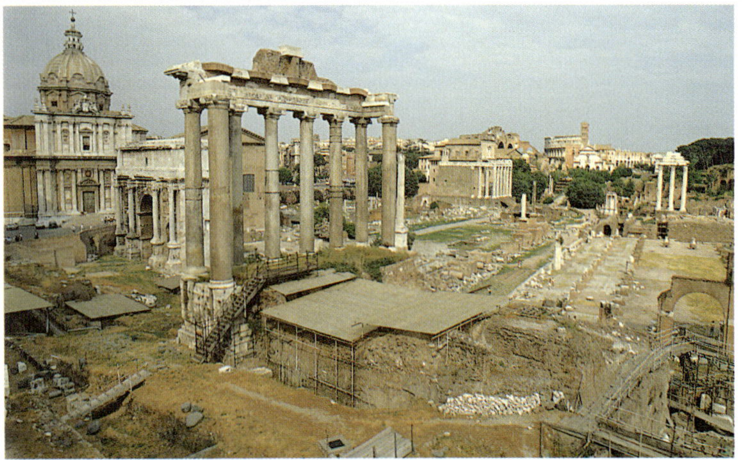

지금은 잔해밖에 남지 않은 로마의 광장. 앞쪽 기둥이 있는 건물은 새턴 Saturn을 모신 신전이다.

요세푸스는 항복해 목숨을 구했지만, 요타파타 Jotapata를 지키던 사람들은 죽을 때까지 싸웠다. 타리케아에 Taricheae, 막달라를 지키던 열심당원들을 한동안 잘 대항했으나 패하고 말았다.

갈릴리 바다 동쪽 가말라 Gamala에서는 피비린내 나는 전투가 벌어졌다. 수천 명의 유대 사람들이 죽거나 스스로 목숨을 끊었다. 로마군은 AD 67년 말 다볼 산과 기스칼라 Gischala를 소탕함으로써 마침내 갈릴리 지역을 장악했다. 로마군은 욥바와 아소도 같은 주요 항구를 점령함으로써 해안을 장악했다. 요세푸스의 작전에 심각하게 반대하던 열심당원 기스칼라의 요한은 훗날을 기약하며 예루살렘으로 물러갔다.

AD 68년 베스파시아누스는 예루살렘 고립 작전에 들어갔다. 와디 파라 Farah와 이스르엘 평원을 따라 남쪽으로 이동한 로마군은 베레아 Perea를 점령하고 제10군단을 여리고에 배치했다. 제5군단은 쉐펠라 Shephelah와 북이두매로 이동해 몇몇 도시들을 점령하고 엠마오에 주둔했다. 이렇게 하여 예루살렘 공략의 발판이 마련되었으나 로마에서 일어난 정치적 혼란 때문에 이 작전은 와해되고 만다.

로마의 내분

AD 68년 6월, 네로는 자신이 원로원에 의해 사형선고를 받자 스스로 목숨을 끊었다. 그 후 12개월 동안 로마는 왕위를 놓고 권력 다툼을 벌였다. 베스파시아누스는 예루살렘 공략을 미루었지만 파견대는 엠마오와 여리고는 물론 악크라베타 Acrabeta, 고프나 Gophna, 카파르아비스 Capharabis, 헤브론을 차례로 함락했다.

세 사람 곧 갈바 Galba, 오토 Otho, 비텔리우스 Vitellius가 왕위를 놓고 경합하는 사이, 동쪽 군단들은 로마 황제로 베스파시아누스를 옹립했다. 그러나 비텔리우스는 AD 69년 12월 베스파시아누스*가 로마의 통솔권을 장악하고 그를 처형할 때까지 황제 집무실에서 버텼다.

* 베스파시아누스 (Titus Flavius Vespasianus / 인명)
네로 사후 동방의 여러 군단과 발칸 지방 여러 군단의 지지로 황제가 되었다. 국가의 위신 회복과 내란의 손해 복구에 힘썼으며 재정의 정리·개선을 꾀하고 정복한 지방의 로마화를 추진하는 등 제국의 재건에 성공했다.

AD 44
2차 행정관 통치기
54
네로
60
열심당
66
유대 반란
예루살렘 파괴
70
AD 73
마사다

시리아
대해(지중해)
페니기아
가울라니티스
두로
가이사랴 빌립보
베스파시아누스가 갈릴리에서의 반란을 종결시킴 AD 67년 말
카다새(게데스)
기스칼라(구쉬 할라브)
메롯
타리케아에(막달라)
베스파시아누스가 6만 명 규모의 로마 군대를 소집함 AD 67년
돌레마이(악고)
갈릴리
소가네
가바라
아르벨라
갈릴리 바다
수많은 유대 사람이 죽은 처절한 전투 지역
가말라
요타파타
가리스
히포스
세포리스
디베랴
야비아
야르묵 강
갈멜 산
유대 사람과 이방 사람 사이에 폭동이 발생함 AD 66년
요세푸스가 항복함
다볼 산
가다라
에스드렐론 평원
필로테리아에(벧 예라)
도라
길보아 산
스키토폴리스(벧산)
가이사랴 마리티마
펠라
나르바타
사마리아
데가볼리
세바스테(사마리아)
게라사(제라시)
에발 산
네아폴리스(세겜)
요단 강
아볼로니아
그리심 산
얍복 강
안디바드리(아벡)
게라사
베레아
욥바
케스티우스 갈루스가 유대 사람의 폭동을 종식시키려 시도함
담나
제10군단 기지
가다라
룻다
아디다
고프나
빌라델비아(암만)
벧엘
베세나브리스
로마 사람들이 주요 항구를 점령하고 해안 평야를 유린함
벧 호론
유대
여리고
아빌라
에스부스(헤스본)
암니아
구브로
베세못
느보 산
아소도(아스돗)
엠마오
예루살렘
율리오
갈루스가 후퇴하는 동안 패배를 겪음 AD 66년
로마에 대항하는 반역이 시작됨 AD 66년
베스파시아누스가 베레아를 함락함 AD 68년
쿰란
제5군단 기지
베들레헴
넵도아
헤로디움
아스갈론(아스글론)
베토가브리스
헤브론
마캐루스
안세돈
카파르토바스
알룰루스(할훌)
염해
가사
이두매
엔게디
베스파시아누스가 이두매의 여러 도시를 함락함 AD 68년
마사다
나바테아
아르논 강
세렛 강

I25
제1차 유대 반란
도시
도시 불확실한 위치
산
전투
포위
케스티우스 갈루스의 출정 AD 66년
베스파시아누스의 출정 AD 67년
베스파시아누스의 출정 AD 68년
아그립바 2세의 왕국
로마 행정관의 직접 통치

0 10 20 30 40 Miles
0 10 20 30 40 Kilometers
35 E
36 E
33 N
32 N
31 N

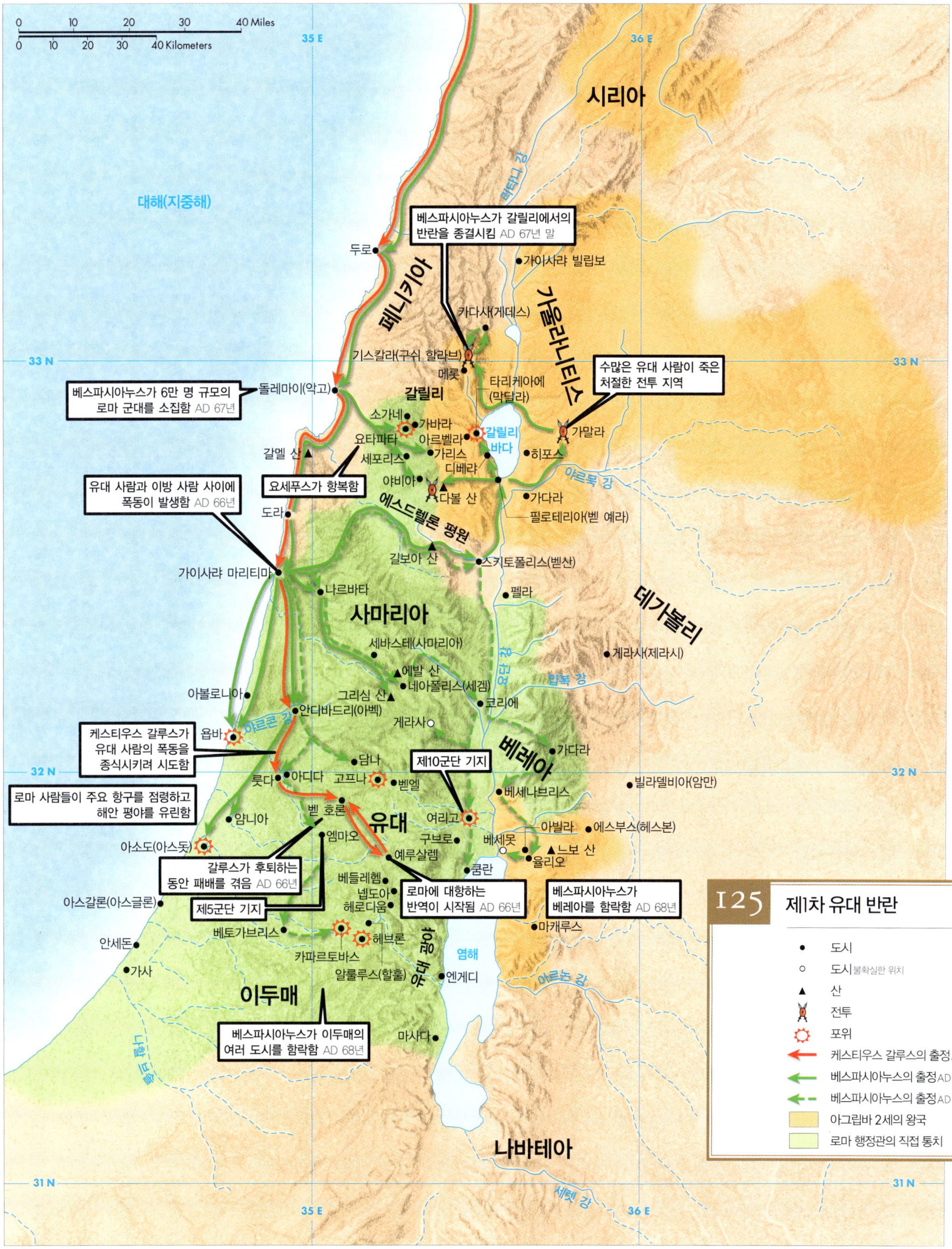

유대 사람들은

티투스가

탈출을 막기 위해

에워싼 포위 벽에

갇힌 채

굶주림과 내분에

시달려야 했다.

이제 베스파시아누스를 중심으로 내분은 종식되었고, 유대 지방의 반란 진압은 급물살을 타기 시작했다.

티투스의 예루살렘 정복

베스파시아누스는 티투스에게 유대 반란을 진압하는 임무를 맡겼다. 티투스는 가이사랴에서 두 군단을 소집하고 여리고에서 제10군단, 엠마오에서 제5군단과 합세해 예루살렘으로 향했다. 예루살렘은 8만 명에 달하는 로마 군인들로 완전히 고립된 상태였다.

파를 달리하는 여러 유대 사람들의 집단들이 성채를 맡아 방어전에 돌입했다. 기스칼라의 요한은 성전과 안토니아 요새를, 시몬 벤 기오라Simon ben Giora는 예루살렘 북부를 맡았다. 티투스는 도시 북서쪽에 진을 치고 예루살렘 포위 명령을 내렸다. 예루살렘의 가장 큰 약점은 북쪽 방어였는데, 티투스는 이 지역 공격에 혼신의 힘을 쏟았다.

5월 말경에는 이미 북쪽 첫 번째 성벽과 두 번째 성벽이 무너졌다. 7월에 티투스는 탈출을 막기 위해 예루살렘을 에워싸는 벽을 따로 세우도록 했다. 포위당한 유대 사람들은 굶주림과 내분으로 엄청난 희생을 치렀다. 마침내 안토니아 요새가 함락됐고, 8월 6일에는 성전에서 제사가 끊겼다. 유대력 아빕 월 9일AD 70년 8월 28일 로마군은 성전을 불태웠다.

다음 달 격렬한 시가전에도 아랑곳없이 예루살렘 상부

와 하부 도시가 모두 로마 사람에게 넘어갔다. 9월 말경 로마의 완벽한 승리와 함께 예루살렘 포위도 끝이 났다. 티투스Titus는 성전에서 탈취한 전리품과 살아 남은 유대 사람들을 끌고 다니며 승리를 자축하는 행군을 벌였다. 생존자들은 그 자리에서 로마의 볼거리로 죽어갔다.

아직도 남아 있는 로마 광장에 세워진 티투스의 개선문에는 촛대와 떡상을 포함한 여러 전리품들을 들고 가는 로마 군인의 모습이 새겨져 있다.

유대 사람의 최후 저항

그러나 예루살렘 함락 후에도 열심당원들은 광야의 요새에서 저항을 계속 했다. 마캐루스Machaerus와 헤로디움Herodium은 총독 루킬루스 밧수스Lucilius Bassus가 지휘하는 로마군에 바로 함락되었다. 열심당원들은 AD 73년까지 마사다Masada에서 완강하게 버텼다. 로마 장군 플라비우스 실바Flavius Silva는 마사다 공략을 지휘했는데 유대 포로들이 높게 쌓아 올린 경사로는 마사다 요새 꼭대기로 진입할 수 있는 발판이 되었다. 패배가 확실해지자 남자와 여자, 그리고 아이들까지 포함한 960명 정도의 유대 사람들이 항복 대신 자살을 선택했다. 마사다 함락은 앞으로 한동안 일어나지 않을 유대 사람의 무력 저항의 끝을 알리는 신호였지만, 열심당원 지지자들은 머지 않은 미래에 다시 한 번 팔레스타인과 그 밖의 지역 283~284쪽의 '팔레스타인의 생활상과 교회' 참조에서 로마에 저항하게 되었다.

유대 반란의 결과

제1차 유대 반란은 유대 사람과 그리스도의 사람들 모두에게 여러 방면에서 영향을 미쳤다. 유대 지방은 새롭게 등극한 로마 황제 베스파시아누스 집권 아래 전환기를 맞았다. 로마 총독이 로마 군단 지휘를 통해 독자적으로 시리아 영토를 다스리기 시작한 것이다. 로마군은 팔레스타인에 자리를 잡고 원활한 군사 작전과 군단 주둔지를 잇기 위해 도로를 건설했다.

유대 사람은 정신적으로 그리고 육체적으로 큰 고통을 겪었다. 성전과 성전의 제사 제도는 사라졌다. 예루살렘은 폐허로 변했으며, 로마군 제10군단의 일부가 여전히 주둔해 있었다. 성전이 없어지자 대제사장과 사두개파의 영향력은 급격히 감소했다. 오직 바리새파만이

이 난국에 살아남아 AD 100년이 되기 직전에 얌니아 Jamnia에서 산헤드린 고대 예루살렘의 최고 재판소 — 역자 주을 재건했다.

유세비우스Eusebius에 의하면, 그리스도의 사람들은 예루살렘이 파괴되기 전에 펠라Pella로 도망갔다. 그리스도교 지도자에 대한 박해와 기근으로 약해진 예루살렘은 지도부로서의 지위를 복음 전파의 중심으로 자리 잡은 안디옥과 알렉산드리아 그리고 그 외 그리스—로마의 교회들에 넘겨주었다.

위 | 로마 광장에 있는 티투스 개선문의 내부. 첫 번째 유대 반란 기간에 예루살렘 성전에서 탈취한 전리품이 보인다. 일곱 개의 촛대 메노라는 성전이 파괴되기 전에 빼앗긴 것들이다.

아래 | 로마 장군 실바가 요새를 포위하는 동안에 사용했던 마사다에 있는 로마의 본영.

The Christian Church from AD 70 to 300

AD 70년부터 AD 300년까지의 교회

제1차 유대 반란이 실패로 돌아간 후 유대는 극심한 혼란에 휩싸였다. 팔레스타인은 독립 속주로서 로마의 직할지가 되고, 유대를 이끌던 대제사장들과 사두개파, 에세네파, 열심당 등이 사라졌다. 제2차 유대 반란 이후 성전이 파괴되고 직무 해제된 대제사장을 대신하여 랍비라는 율법 교사가 민중의 지도자가 되었다. AD 130년 하드리아누스 황제가 유대의 열렬한 민족주의적 사상을 탄압하고자 반유대교 법령을 반포해 안식일 준수와 할례 의식을 금지했다. 이것이 반란AD 132~135년의 도화선이 되었다. 이러한 혼란 가운데 그리스도교는 유대교와 분리된 하나의 영향력 있는 종교로 성장했다. - 편집자 주

로마 플라비우스 원형 극장Amphitheater. 콜로세움으로 더 잘 알려져 있다.

로마의 황제들

AD 69~138년

플라비우스 왕조 | 제국을 재건하다

AD 68년에 있었던 네로 황제의 자살로 아우구스투스 시대부터 로마를 다스려 오던 율리우스 클라우디오Julio Claudian 왕조는 종지부를 찍게 되었다. 다음해 일년 동안 황제가 네 번이나 바뀌며 로마는 극심한 혼란을 겪게 되었다. 베스파시아누스가 시민 전쟁의 위협을 종식시키기 전에 갈바, 오토, 비텔리우스 등이 자칭 황제로 등극했다. 베스파시아누스는 AD 69년 로마군을 등에 업고 권력을 잡은 뒤 그의 두 아들 티투스와 도미티아누스를 자신의 뒤를 이을 후계자로 세우는 등 빠르게 로마를 장악해 갔다. 이렇게 해서 AD 100년과 AD 200년 사이에 로마 권력과 문화의 기초를 쌓았던 플라비우스 왕조Flavian Dynasty가 꽃을 피웠다.

베스파시아누스

베스파시아누스Vespasian는 비천한 기수에서 군 경력과 업적을 이용해 황제의 자리까지 오른 입지전적인 인물이다. 그는 57세에 네로의 부름을 받아 유대 반란을 진압했고, 브리튼 군사 작전의 노병 장군으로 명성을 날렸다. AD 68년 6월 네로가 죽자 그는 휘하의 군단들이 자신을 황제로 추대할 때까지 팔레스타인의 군사 작

I27 황제 숭배를 거부한 계시록의 교회들

계 2, 3장

- 도시
- 일곱 교회가 세워진 곳
- 간선도로

전을 미뤘다. 베스파시아누스는 티투스에게 유대 군사 작전을 위임한 뒤 심각한 문제들이 산재해 있는 로마로 입성했다. 네로의 집권은 황제에 대한 원로원의 불신과 엄청난 자금난을 유발했다. 게다가 일 년 동안 네 황제가 등극하면서 로마는 매우 불안정한 상태였다. 이런 어려움에 직면한 베스파시아누스는 자신의 능력을 유감없이 발휘해 원로원의 황제 즉위 승인을 얻었다. 검소한 황제 베스파시아누스는 네로 치하의 사치를 멀리하고 그리스 문화에 대한 지나친 호감을 경계하는가 하면 수입을 최대화해 제국을 자금력 있는 부유한 국가로 재건했다. 그러나 AD 64년에 있었던 대화재를 처리하고 재건하면서 베스파시아누스와 티투스는 많은 돈을 낭비하게 되었다. 플라비우스 원형 극장, 즉 그 유명한 로마의 콜로세움이 이때 플라비우스 왕조의 후원을 받아 세워졌다. 베스파시아누스는 그의 아들 티투스와 권력을 나눔으로써 후계자 자리를 공고히 했다. 지방 관리들은 그의 정책을 따라 정직하고 효율적으로 일을 했다. AD 79년 베스파시아누스가 죽었을 때 로마 제국은 이미 국력과 안정을 되찾은 상태였다.

티투스

티투스Titus는 AD 79년 아버지의 뒤를 이었으나 단 이 년 동안 로마를 통치했다. 유대의 정복자로 베스파시아누스가 하사한 개선문에는 그의 군사적 업적을 기록하여 기리고 있다. 황제가 되기 위해 조심스럽게 그의 아버지에 의해 길러진 티투스는 일곱 번이나 로마 집정관이 되었고 최고의 군인들로 구성된 황제 친위대를 지휘하기도 했다.

그는 비록 초기에 반대 세력에 부딪치기는 했으나 곧 서민들에게 인기 있는 황제가 되었다. 그는 짧은 집권 동안 주로 무절제하고 사치스러운 연회를 벌이는 데 시간을 탕진했지만, 아이러니컬하게도 그는 가난한 백성들에게 관심이 많았다. AD 79년 그는 베수비오 화산* 폭발에서 살아 남은 생존자들에게 구호품을 대주는 한편 로마 재건을 위해 노력했다. 로마의 역사학자 타키투스Tacitus는 티투스가 아그립바 2세의 누이 버니게와 관계를 가졌다고 전한다. 티투스가 버니게와 결혼할 생각이 있었는지는 모르지만, 로마는 유대 반란을 겪은 지 얼마 안 된 때라 유대 공주를 환영하지 않았다. 티투스는 열병을 앓다가 AD 81년 짧은 황제의 삶을 마감했다.

도미티아누스

고대사 기록자들은 대체로 도미티아누스를 황제의 권력을 남용한 폭군으로 기록하고 있다. 그리스도교 기록자들은 교회를 박해했으며 요한이 계시록을 쓸 때 집권한 인물로 기억하고 있다. 비록 그의 통치 기간, 특히 말기에 무절제와 잔혹함을 보여 줬지만, 역사학자들은 도미티아누스가 로마의 확장에 엄청난 공헌을 한 것으로 이해하고 있다. 도미티아누스는 그의 형 티투스의 이른 사망으로 황제가 되었다. 그는 갑작스럽게 황제 자리에 올랐기에 자신에게 부여된 많은 요구들을 감당할 준비가 안 된 상태였다.

플라비우스 왕조는 중간 계급을 로마 정부 기관에 임용하는 정책을 썼는데, 도미티아누스는 자신에게 대항한 귀족과 헬라주의자그리스 문화 연구자 혹은 심취자 – 역자 주들과 손을 잡았다. 도미티아누스는 공포 정치를 펴기 전에 꽤 많은 업적을 남겼다. 로마는 베스파시아누스 신전, 새 광장, 새 원로원 건물 그리고 커다란 황궁으로 단장됐고, 또 세 차례에 걸친 다키아 전쟁Dacian Wars으로 라인 강과 다뉴브 강을 손에 넣었다.

집권 말기에 그는 자신의 경쟁 상대를 무자비하게 탄압했다. 그는 밀고자로 하여금 불리한 증언을 하게 만듦으로써 자신이 희생자로 지목한 많은 사람들을 사형하거나 추방했다. 그는 황제 숭배를 강요해 자신을 군주와 신으로서 대접하라고 명령했다. 황제 숭배는 로마에 대한 충성을 시험하는 가장 중요한 기준이 되었다.

요한계시록에 나와 있는 아시아의 일곱 교회는 로마 황제에게 절하지 않음으로써 믿음을 더럽히지 않으려 했는데, 도미티아누스는 이들 아시아의 그리스도의 사람들에게 강도 높은 박해를 가했다277~278쪽의 '요한계시록의 일곱 교회' 참조.

도미티아누스는 충성심이 조금이라도 의심스러운 사람들은 모조리 공격했다. 비非로마적인 종교나 그에 동조하는 것까지도 반역으로 몰아세웠다. 황실이나 귀족들도 예외가 아니어서 심지어 사촌 클레멘스Flavius Clemens에게는 사형을, 조카딸 도미틸라Flavia Domitilla에게는 추방을 명령했다. 고전주의 작가 디오 카시우스Dio Cassius는 클레멘스와 도미틸라의 죄는 국교를 거부한 무신론자였기 때문이라고 했다. 이 무신론은 그리스도의 사람들에게 적용되는 것이었다. 확실하진 않지만 로마 황실 가족 중에는 그리스도의 사람이 있었을지도 모른다.

도미티아누스의 광포한 정치는 결국 AD 96년 그의 암살을 불러왔다. 이 사건은 조정에서 로마 근위대 대장의 협조로 이루어졌다. 도미티아누스가 죽은 후 원로원은 기록 말살형The damnatio memoriae**을 공포했는데,

요한계시록의 일곱 교회

요한은 아시아 지방에 있는 일곱 교회에 보낸 편지인 계시록을 쓰면서 교인들에게 반대 세력 앞에서도 믿음을 지키라고 격려했으며 이방 사람으로 돌아가지 않도록 경계하라고 충고했다. AD 95년에 있었던 도미티아누스의 박해는 아시아 교회들을 위협했다. 요한계시록 13장은 아시아 총독부 안에 있던 그리스도의 사람들을 대상으로 전쟁을 일으킨 무서운 괴물 둘 하나는 바다 괴물로 로마 황제를 나타내고, 다른 하나는 땅의 괴물로 황제 숭배를 강요하는 지방 의회를 상징함을 소개하고 있다. 요한의 환상은 믿는 사람들에게 하나님의 어린 양의 희생적인 죽음으로 인해 이미 최후의 승리를 얻었다고 확인시켜 주었다. 밧모 섬에서 요한이 기록한 이 희망의 메시지는 아마 에베소, 서머나, 버가모, 두아디라, 사데, 빌라델비아, 그리고 라오디게아 순으로 전해졌을 것이다 더 자세한 내용은 265-268쪽의 '바울의 전도 여행, 어디를 갔나?' 참조.

서머나

서머나는 웅장한 항구 도시로 그곳에는 헤르무스Hermus 골짜기를 넘어 사데까지 이어지는 대상로가 있었다. 워낙 아름다운 도시로 유명해 고대 문필가들이 '아시아의 장신구'The ornament of Asia 라고 불렀던 서머나는 에베소에서 북으로 56km 떨어진 곳에 있으며 이즈미르Izmir 만을 내려다보고 있다. 인구는 10만 명이 넘었을 것으로 보이며, 넓고 아름다운 포장도로와 신전, 목욕탕, 체육관, 극장, 경기장, 도서관 등이 있었다. 티베리우스는 서머나에 황제 숭배 신전을 지을 수 있는 명예를 부여했다. 나중에 하드리아누스Hadrian 는 서머나에 지방의 황제 숭배에 바쳐지는 신전을 짓고 유지하는 직위인 네오코라테Neocorate, 신전 파수꾼를 두 번째로 하사했다. 사도 요한의 제자인 늙은 주교 폴리갑Polycarp은 그리스도 사람들의 강한 믿음을 증거하다 순교했다.

서머나의 광장.
서머나는 현재 터키어로 '이즈미르'Izmir로 불린다.

버가모 페르가뭄

버가모는 BC 283년부터 아탈로스 3세Attalus III 가 그의 왕국을 로마에게 넘긴 BC 133년까지 아탈리드Attalid 왕조의 수도였다. 로마 시대에 버가모는 도시의 중요성을 유지했으며, 아우구스투스는 세 개의 네오코라테 중 첫 번째를 버가모 도시에 하사했다. 그러나 에베소가 BC 27년에 아시아의 수도가 되면서 버가모를 추월하게 되었다.

이 도시는 말 그대로 북쪽에서부터 산을 깎아 만든 많은 계단식 땅으로 남쪽을 향해 카이쿠스Caicus 골짜기를 바라보고 있다. 수많은 건물들은 그 연대가 아탈리드 시대까지 이어진다. 유메네스 2세Eumenes II 는 제우스에게 바치는 U자 모양의 제단37 x 36m을 36m 높이의 플랫폼 위에 세웠다. 136m 길이의 받침대를 두른 띠에는 신화의 신들과 괴물들의 전투 장면이 새겨져 있는데 침략하는 갈리아Gaul, 프랑스 족속을 무찌른 버가모의 승리를 상징하는 것으로 보인다.

버가모 아크로폴리스 위에 있는 극장. 요한은 버가모의 황제 숭배를 두고 '사탄의 왕좌'라고 비판했다.

몇몇 학자들은 제우스의 제단을 요한계시록2:13에 나온 '사탄의 왕좌'라고 주장하기도 하지만, 요한이 언급한 것은 아마도 버가모의 황제 숭배와 관련된 것으로 추측된다. 버가모의 유명한 도서관은 알렉산드리아 도서관과 비견될 정도였다. 아스클레피오스 신에게 바쳐진 대형 치료소130 x 110m는 치료 받기 위해 버가모를 찾아오는 방문자들의 줄을 잇게 했다. 세 개로 나뉜 각기 다른 체육관에서 청년을 비롯한 남성들이 몸과 마음을 단련했다. 부유한 시민들은 산을 깎아서 만든 극장에서 사방의 전망을 감상하며 연회를 즐겼다.

사데

사데는 아나톨리아 고원 서쪽으로 내려가다 농업상 가장 중요한 헤르무스 골짜기에 자리를 잡은 최대 도시였다. 리디아 왕국의 옛 수도이자 팍톨루스Pactolus 강에서 되찾은 전설적인 크로이소스Croesus 왕의 황금 상속자가 된 사데는 아크로폴리스에서부터 뻗어 내려 트몰루스Tmolus 산에 자리잡고 있다. 도시의 대부분은 AD 17년에 일어나 아시아의 많은 도시들을 파괴하거나 피해를 입힌 대지진 후 티베리우스와 클라우디오 황제의 지원으로 새롭게 지어진 것이었다.

사데는 로마 시대 이래 번영했던 경제적 위치를 빠르게 회복하고 로마 행정 체계

사데에 있는 로마 실내 경기장 건물. 앞쪽에 회당으로 용도가 바뀌어 버린 바실리카식 건물의 잔여물이 있다.

내에서 지역의 사법 수도Conventus로서 기능을 했다. 한편 에베소의 이오니아식 아르테미스 신전과 같이 웅장한 대신전은 사데의 부를 과시한 것이었다. 로마 시대에 와서 이 신전의 일부는 황제 숭배로도 사용되었다. 사데는 아시아 도시들이 이 황제 숭배를 위한 신전을 지을 수 있는 명예를 얻으려고 서로 다투던 2세기에 그 직함이 '네오코로스'Neokorous를 세 번이나 받았다. 그리스도교는 탄압에도 불구하고 사데에 뿌리를 깊게 내렸다. 사데의 밀레토Mileto 주교는 2세기 그리스도교 믿음의 초기 변증자였다.

로마 시대의 사데는 대부분 발굴되지 않은 상태로 남아 있다. 웅장한 폭 11m의 기둥이 있던 도로는 길이가 1,403m 정도 될 것으로 추정하고 있다. 이 대로를 따라 채소 가게와 염료 가게, 식당, 유리 제품 가게들이 길게 들어섰다. AD 100년으로 추정되는 대형 공중목욕탕혹은 체육관 건물이 복구되었다. 체육관 근처를 발굴하던 중 거대한 유대 회당18 x 6m이 발견되었는데, 이와 함께 많은 비문과 대리석 패널, 메노라유대 제식용 촛대 – 역자 주의 모사품들이 발굴되었다. 이는 AD 300년경 사데에 있던 대규모의 유대 공동체가 유대 회당으로 사용하기 위해 개조한 것으로 보인다. 어떤 역사가들은 유대 사람을 탄압하던 로마가 다른 민족들에게 강요하던 황제 숭배를 유대 사람들에게는 하지 않기로 하자, 유대 사람들이 지방 회당에 모여 자신의 믿음을 지킬 수 있었을 것이라고 해석한다.

두아디라

버가모 남동쪽으로 56m 떨어진 곳에 위치한 소도시 두아디라는 직물 산업으로 유명한 곳이었다. 빌립보에서 바울은 보라색 옷을 입었던 두아디라 상인 루디아를 만났다. 몇몇 비문들은 두아디라의 무역 조합제과, 도공, 제혁업자, 구리 세공에 대해 언급하고 있다. 당시 두아디라의 직물업자, 양모 상인, 염색공, 리넨 직공들은 관심의 대상이었다. 두아디라의 보라색 염료는 뿔고둥 껍데기에서 채취해 바래지 않는 것이 특징으로, 부유층에서 인기가 높은 값비싼 제품이었다. 두아디라는 이 보라색 직물의 수출로 부를 쌓을 수 있었다. 불행하게도 지금은 터키의 도시 아키사르Akhisar로 고대 두아디라에 대해 알려진 바가 많지 않다.

빌라델비아

고대 도시 빌라델비아는 현재 알라세히르Alasehir로 불린다. 고고학적 연구나 고대 작가들의 문서에도 이 도시에 대한 언급은 찾을 수 없다. 사데 남동쪽 헤르무스 강 지류에 있던 빌라델비아는 화산 지진대에 민감한 위치에 있었다. 플리니우스Pliny, 디오 카시우스Dio Cassius를 비롯한 수많은 도시

들이 AD 17년 지진으로 엄청난 피해를 입었다. 스트라보는 "지진이 한창일 때는 하루도 성벽이 갈라지지 않은 때가 없었다"Strabo, Bibliography, 13.4.10라고 빌라델비아를 묘사했다. 티베리우스는 지진으로 피해를 본 빌라델비아와 다른 도시들을 재건하기 위해 자금을 대주었다. 빌라델비아는 이에 감사하여 자국의 이름에 네오 가이사랴Neo-caesarea, 새 황제라는 뜻 – 역자 주라는 이름을 더했다. 빌라델비아는 도시 주변의 화산 토양을 기반으로 포도원이 번창했다. 많은 순례자들에 의해 묘사되고 동전 위에 새겨진 그림에서 보는 것처럼 한때 도시에 서 있던 수많은 신전들의 흔적은 현재 하나도 남아 있지 않다.

라오디게아

라오디게아는 밀레도Miletus*를 향해 서쪽으로 흐르는 미안데르Meander 강 지류에 펼쳐진 비옥한 리쿠스Lycus 골짜기에 세워진 세 도시 중 하나였다. 브루기아 지방의 부유한 도시 라오디게아는 남동쪽으로 몇 킬로미터km 떨어진 골로새와 북으로 9.7m 떨어진 골로새의 경쟁 도시 히에라폴리스 사이에 위치해 있는데, 요한은 계시록에서 라오디게아의 부유함에 대해 언급하고 있다계 3:17.

금융의 중심지 라오디게아는 골짜기에서 기르는 양에서 얻은 질 좋은 검정 양털에 기반한 직물 산업으로도 유명했다. 안약으로 유명한 의술 학교는 이 도시의 명예와 부를 더했다. 요한계시록은 라오디게아의 성도들에게 세상의 부가 아닌 영적인 부를 찾으라고 권고하면서 그들의 눈에 영적 안약을 바르라고 했다계 3:17, 18.

오늘날 라오디게아 발굴이 많이 진척되지 않았지만, 매우 인상적인 도시로 알려져 있다. 낮고 평평한 언덕 위에 자리 잡은 라오디게아는 북쪽으로는 히에라폴리스에서 솟아나는 온천수의 하얀 절벽이 보이고, 남쪽으로는 카드무스 산의 눈 덮인 봉우리가 솟아 있다. 언덕을 깎아 만든 두 개의 극장과 366m 규모의 경기장이 눈길을 끈다. 도시에 물을 공급했던 수로의 일부분과 커다란 님파이움Nymphaeum**은 지금도 볼 수 있다. 비문과 동전에는 라오디게아 도시의 신 제우스 라오디켄시스Zeus Laodicensis를 포함한 라오디게아에서 숭배했던 여러 신들이 새겨져 있다. 그러나 오늘날 이 신을 모신 신전들의 잔해는 남아 있지 않다.

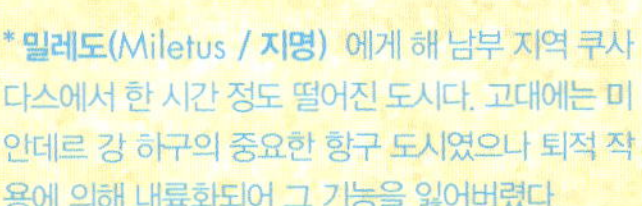

*밀레도(Miletus / 지명) 에게 해 남부 지역 쿠사다스에서 한 시간 정도 떨어진 도시다. 고대에는 미안데르 강 하구의 중요한 항구 도시였으나 퇴적 작용에 의해 내륙화되어 그 기능을 잃어버렸다.

**님파이움(Nymphaeum / 명칭) 그리스 신화에 나오는 물의 정령 님프가 사는 곳이라는 의미에서 유래한 말로, 로마가 각 도시의 번화한 큰 사거리나 광장에 분수 형태로 설치한 급수장을 말한다. 로마는 도시의 미관을 위해 수백 개의 분수를 설치하고 물을 뿜게 했는데 오늘날의 분수와 달리 건물 형태였다.

리쿠스 골짜기에서 중요한 저수 중심지인 라오디게아.

이는 도미티아누스의 통치를 유죄로 인정하는 선포나 다름없었다.

| 플라비우스 왕조의 후계자들 | 로마의 최고 절정기를 이루다

베스파시아누스는 그의 아들 티투스와 도미티아누스를 자신의 후계자로 선임하면서 권력 승계의 체계를 세웠다. 그러나 도미티아누스 말년의 공포 시대와 그 후 일어난 그의 암살 사건은 누가 로마의 황제가 될 것인가 하는 의문을 남겨 놓았다. 도미티아누스의 후계자인 네르바Nerva의 뒤를 이은 네 명의 황제들은 조금 다른 방법으로 황제 자리에 올랐다. 이들 네 황제는 '입양된 아들'이었지만 후임을 맡을 충분한 자격이 있었으며 유능한 지도자였다. 이런 유능한 통치자들 트라야누스, 하드리아누스, 안토니우스 피우스, 그리고 마르쿠스 아우렐리우스의 지도 아래 로마 제국은 제국 역사상 가장 넓은 영토를 가지게 되었고 로마 문화도 절정기에 이르게 되었다.

네르바

도미티아누스가 암살당하자 누가 로마의 황제가 될 것인지를 두고 고심하던 원로원들은 네로에서부터 도미티아누스까지 이어지는 권력 다툼 속에서도 정치적 노련미 덕분에 살아남은 66세의 성격 좋은 네르바를 택했다. 네르바 역시 자식이 없었고, 이는 그가 자신의 자식을 통해서 왕조를 이어갈 수 없다는 것을 뜻했다. 16개월에 걸친 네르바의 통치는 음모와 미스터리에 둘러싸여 있었다. 그는 경제적 위기를 막고 시민들을 만족시키며 정부 체제를 재정비하려고 애썼다. 또한 가난한 사람들을 위해 음식과 교육을 제공하는 기관도 설립했다. 그리스도의 사람과 유대 사람에 대해서도 도미티아누스보다 덜 탄압적이었다. 그러나 불행하게도 네르바는 군사력을 장악하지는 못해 늘 군대의 위협에 시달려야 했다. 그는 공적이 뛰어나고 사람들에게 존경받던 장군 트라야누스를 입양하고 '제왕'이라는 칭호를 내려 황제의 권력을 부여했다. 그로부터 몇 개월 후 네르바는 죽었고 트라야누스가 로마의 황제가 되었다.

트라야누스

트라야누스Trajan는 이상적인 로마 황제였다. 성공한 군 지휘자이자 꼿꼿하고 근면한 성격, 게다가 행정적 세부 사항에까지 조예가 깊었던 트라야누스는 지방에 유능한 인사들을 파견하고 지방 경제의 활성화에 깊은 관심을 보였다. 잘 알려져 있다시피 그와 비두니아 총독인 젊은 플리니우스 Pliny the Younger 와 주고받은 서신을 통해 그가 지방 행정에 매우 관심이 많았음을 알 수 있다. 그는 플리니우스에게 황제 숭배를 거부해 고소당한 비두니아의 그리스도의 사람들을 온건함으로 대하라고 조언하며, 증거 없는 고소로 인해 그들을 유죄 판결하거나 검거하지 말라고 권고했다.

트라야누스는 항구 시설, 도로, 수로를 개선하는 계획을 적극 지원했다. 로마 최대 규모의 광장Imperial forum 에는 그가 전투에 승리한 장면을 묘사한 기둥이 세워졌으며 기둥 꼭대기에는 그의 조각상이 세워졌다. 로마군을 자신과 동일시한 트라야누스는 군대를 이끌고 제국의 영토를 동쪽으로 더 넓히는 데 성공한다. 그는 두 차례에 걸친 다키아 전쟁Dacian Wars, AD 101~102년과 AD 105~106년을 통해 다뉴브 최전방을 공고히 하는 한편, 다키아Dacia, 대략 오늘날의 루마니아를 하나로 묶어 로마의 새로운 주로 만들었다. AD 105년에서 AD 106년에는 유대 바로 동쪽의 나바테아 Nabatea 왕국을 합병하고 보스트라Bostra를 지방 수도로 정해서 로마 군단을 주둔시켰다. 로마의 요새화된 방어선The Limes Palestina은 새롭게 합병된 지역을 지키기 위해 남과 동으로 더 확장되었다.

그러나 바대의 압박은 AD 114년 아르메니아에 대한 군사 작전을 유발했고, 트라야누스는 AD 115년에서 AD 117년에 지나친 확장 정책으로 메소포타미아 지방에 대한 군사 작전에 실패하고 말았다. 그의 군대가 티그리스와 유프라테스 강을 성공적으로 관통해 두 개의 새로운 주를 건설하기는 했지만, 바대 왕국을 손에 넣지는 못했다. 트라야누스의 뒤를 이은 하드리아누스 Hadrian는 현명하게 화를 자초하기보다는 새로이 점령한 주를 방치하는 쪽을 택했다.

트라야누스가 바대를 침략하는 틈을 타 이집트와 키레나이카 Cyrenaica, 고대 그리스의 식민지였던 북아프리카 리비아의 동부 지방 – 역자 주, 키프로스, 메소포타미아의 유대 사람들이 반란을 일으켰다. 이때 유대 반란자들은 많은 이방 사람들을 살해했다. 로마는 디아스포라 유대 사람들 Diaspora Jews 의 소요를 탄압했는데, 이는 팔레스타인 지방에까지 영향을 미쳤을지도 모른다 284~285쪽의 '바르

로마 광장에 세워진 트라야누스의 기둥. 꼭대기에 세워진 동상이 트라야누스다.

코크바 반란' 참조. 유대의 민족주의로 인해 유대 사람들은 하드리아누스의 통치 때 또 반란을 일으키게 된다. 트라야누스는 AD 117년 길리기아Cilicia에서 약해진 심장과 뇌졸중으로 세상을 떠났다. 통치 말기 그는 하드리아누스를 아들로 삼고 그를 후임자로 임명했다.

하드리아누스

트라야누스는 친척이자 그와 같은 스페인 출신인 하드리아누스Hadrian를 후임자로 임명했다. 트라야누스와 달리 하드리아누스는 지적이었으며 활동적이고 지칠 줄 모르는 에너지를 가진 인물이었다. 그의 이 같은 성향은 동쪽 지방으로 광범위하게 이동할 수 있는 원동력이 되었다. 하드리아누스는 중요하지 않은 영토는 포기함으로써 로마의 경쟁력을 높였다. 트라야누스가 제국의 영토를 너무 넓혔다고 생각한 하드리아누스는 메소포타미아를 포기하는 대신, 지켜내야 하는 제국의 영토는 분명히 했다. 두로에서 솔웨이 퍼스 만* 에 이르는 브리튼의 하드리아누스 성벽은 제국의 북쪽 영토를 표시했다. 트라야누스와 마찬가지로 하드리아누스는 군대를 자주 방문함으로써 로마군의 능률과 사기를 높였다.

하드리아누스는 로마에도 자신의 족적을 남겼는데, 판테온**과 비너스, 로마를 기리는 신전을 건설했다로마 최대 크기의 신전 110X53m. 하드리아누스는 자신이 직접 설계한

별장을 로마의 외각 티볼리Tivoli에 건설했는데, 엄청난 토지를 소유한 이 별장에는 궁전과 도서관, 목욕탕, 극장 등이 갖춰져 있었다.

하드리아누스는 예루살렘의 이름을 엘리아 카피톨리나Aelia Capitolina라는 이름으로 바꿨으며, 할례를 금하고 자신과 제우스에게 바치는 신전을 옛 헤롯 성전 위

트라야누스는 친척이자 그와 같은 스페인 출신인 하드리아누스를 후임자로 임명했다. 트라야누스와 달리 하드리아누스는 지적이었으며 활동적이고 지칠 줄 모르는 에너지를 가진 인물이었다.

에 세움으로써 유대 사람들의 반감을 샀다. 그는 자신을 또 하나의 안티오코스 에피파네스Antiochus Epiphanes, BC 175~163년에 시리아를 통치한 사람으로, 예루살렘에서 삼 일 동안 4만 명의 유대 사람을 학살한 것으로 유명함 – 역자 주로 생각했다. 그의 이 같은 정책은 팔레스타인의 유대 사람들이 세 번째 반란을 일으키는 동기가 되었다284~285쪽의 '바르 코크

바 반란' 참조. 이 반란은 그의 21년 통치 기간 중 단 한 번 일어난 심각한 군사적 도전이었다. 그리스도의 사람들에 대해서는 증거 없는 고발로 박해하는 것을 금했던 트라야누스Trajan를 따랐으며, 신앙의 자유를 주는 정책을 폈다.

안토니우스 피우스와 마르쿠스 아우렐리우스

안토니우스 피우스Antonius Pius의 통치AD 138-161년는 로마에 무엇과도 견줄 바 없는 미증유의 평화를 가져왔다. 경건함과 정직함으로 명성이 자자한 유능한 황제 안토니우스는 국외 원정으로 이탈리아를 떠나는 일 없이 가족과 정치에 온 힘을 쏟았다. AD 161년 그는 평화로운 죽음을 맞이했다. 그의 뒤를 이어 그가 입양한 아들 마르쿠스 아우렐리우스Marcus Aurelius가 황제로 등극했다. 스토아 철학에 조예가 깊었던 마르쿠스 아우렐리우스는 안토니우스와 같은 운이 따라 주지 않은 왕이었다. 19년AD 161-180년이라는 그의 통치 기간 동안 북쪽의 게르만 족속과 사마리아 사람들Samaritans이 쳐들어 왔으며, 이것은 곧 일어날 더 심각한 위협을 예고했다. 바대 전쟁을 마치고 돌아온 병사들이 옮긴 전염병이 로마 전역에 엄청난 희생을 남겼다. AD 180년 마르쿠스 아우렐리우스가 죽자 수십 년간 이어진 로마의 정치적 안정과 평화에 위기가 찾아왔다. 총독들 간에 내분 AD 192-197년이 일어난 것이다. AD 3세기에 이르자 로마는 내부의 불안이 더 심해지는 한편 국경을 침범하는 외세의 침입도 잦아졌다.

팔레스타인의 생활상과 교회
AD 73~135년

제1차 유대 반란의 말기와 바르 코크바 반란 사이의 60년간은 유대의 정치적·종교적 생활에 많은 변화가 있었던 시기다. 그러나 안타깝게도 짧지만 중요했던 이 시기에 대해 알려진 것이 많지 않다. 남아 있는 글이나 고고학 자료도 어둠에 싸여 있는 이 시대를 밝히는 횃불이 되지 못한다.

제1차 유대 반란은 여러 방면에서 유대 사람들의 삶에 영향을 미쳤다. 가장 먼저는 정치적인 변화였다. 베스파시아누스는 유대에 군사력이 거의 없는 행정관이 통치하는 것에 불안을 느껴 유대 속주를 창설했다. 이후 근위병 계급의 특사가 시리아의 관리 아래 지방을 독자적으로 다스리게 되었다. 루킬루스 밧수스 Lucilius Bassus 와 플라비우스 실바 Flavius Silva 는 이두매, 사마리아, 유대, 베레아 Perea 의 일부와 라피아 Raphia 에서 가이사랴까지의 해안 도시들을 통치한 첫 번째 특사들이었다. 아그립바 2세는 AD 92년 죽을 때까지 레바논 일부 갈릴리 지방 디베랴 Tiberias 와 타리케아에(막달라) Taricheae 과 베레아 일부를 포함한 여러 지역을 다스렸다.

베스파시아누스는 여리고와 엔게디[*]를 황제의 땅으로 명하고 오팔의 향료 Opal-balsam 를 이곳에서만 재배하도록 해 이 귀중한 상품의 세금이 모두 황제의 금고로 들어오도록 했다. 제1차 유대 반란은 군사적으로도 중대한 변화를 가져왔다. 전쟁 후 로마 제10 프레텐시스 군단은 팔레스타인에서 처음으로 주둔하는 로마 군단이 되었다. 예루살렘은 이 군단의 사령부로서 군단의 주둔지를 성채와 헤롯 궁의 폐허 남쪽에 세웠다. 가이사랴는 주의 수도로서 베스파시아누스의 통치 아래 일정한 세금을 면제받는 속국의 지위를 얻게 되었다. 가이사랴 항구, 세바스테 Sebaste 와 스키토폴리스 Scythopolis 로 이어지는 그리스식으로 세워진 도시 벨트는 가장 변덕스럽고 폭발하기 쉬운 유대와 갈릴리의 두 지방을 갈라놓았다. 새로운 도시 플라비아 네아폴리스 Flavia Neapolis 는 고대의 세겜 근처에 세워지자마자 주요 도시가 되었다.

제1차 유대 반란에 의한 사회적·경제적 변화는 반란을 일으킨 도시가 지리적으로 어떤 위치에 있으며 로마에 얼마나 대항했는지에 따라 달라졌다. 유대는 다른 지역에 비해 더욱 심각한 피해를 입었다. 예루살렘이 파괴되면서 경제적으로 엄청난 손실을 입었을 것이다. 대규모 축제에 참여하기 위해 모여든 순례자들의 발길도 끊겼다. 그러나 로마에 충성한 도시들은 좀더 빠르게 회복되었다. 로마는 유대 반란을 방해한 도시들에 대해서는 영토 확장과 특권을 주었다. 갈릴리의 세포리스는 독자적으로 주화를 만들게 되었고, 하드리아누스 통치 시기에 이르러 디오케사레아 Diocaesarea 라는 새로운 이름을 얻었다. 하드리아누스의 통치 시기 하부 갈릴리는 디베랴와 디오케사레아 두 도시가 장악하고 있었다. 대부분의 로마 정책은 유대 사람이 없는 도시에 더 유리했다. 요세푸스 Josephus 는 베스파시아누스가 유대 사람의 땅을 임대하라고 명했다고 기록하고 있다 Josephus, JW, Ⅶ 216-218. 이는 반란에 참여한 유대 사람들을 겨냥한 것으로 보인다.

반란에 따른 종교적 변화는 더욱 심했다. 성전은 제사 제도와 함께 사라졌다. 성전과 중요한 관련이 있었던 사두개파와 대제사장은 명성을 잃게 되었고 마침내 사두개파 자체가 사라져 버렸다. 그러나 유대교는 로마 제국에서 합법적인 종교 Religio licita로서 유지됐다.

베스파시아누스가 주피터 카피톨리나 Jupiter Capitolinas 신전을 재건하기 위해 반 세겔의 세금을 걷자 유대 사람들은 당황했다. 매년 유대 성인 남성을 대상으로 헤롯의 신전을 위해 걷던 세금은 신전이 파괴된 후 황제의 금고로 고스란히 들어갔다. 유대 남성과 여성 모두에게 매년 2드라크마씩을 걷었던 것이다 Josephus, JW, Ⅶ 216-219. 다른 지방의 유대 사람들과 팔레스타인의 유대 사람들에게도 비슷한 영향을 준 이 유대 사람 세금은 황제 수입의 한몫을 차지할 정도로 컸으며, 유대 사람들에게는 모욕이 아닐 수 없었다.

성전과 제사 제도를 잃음으로써 나타난 종교적 난국은 유대 사람들의 삶을 바꾸어 놓았다. 바리새파만이 민족적 위기에서 살아남은 유일한 종교 집단이었다. 전하는 말에 의하면 바리새파 지도자 랍비 요하난 벤 자카이[**]

유대 반란 후 성전은 제사 제도와 함께 사라졌다. 성전과 중요한 관련이 있었던 사두개파와 대제사장은 명성을 잃게 되었고 마침내 사두개파 자체가 사라져 버렸다. 그러나 유대교는 로마 제국에서 합법적인 종교적 상태를 유지했다.

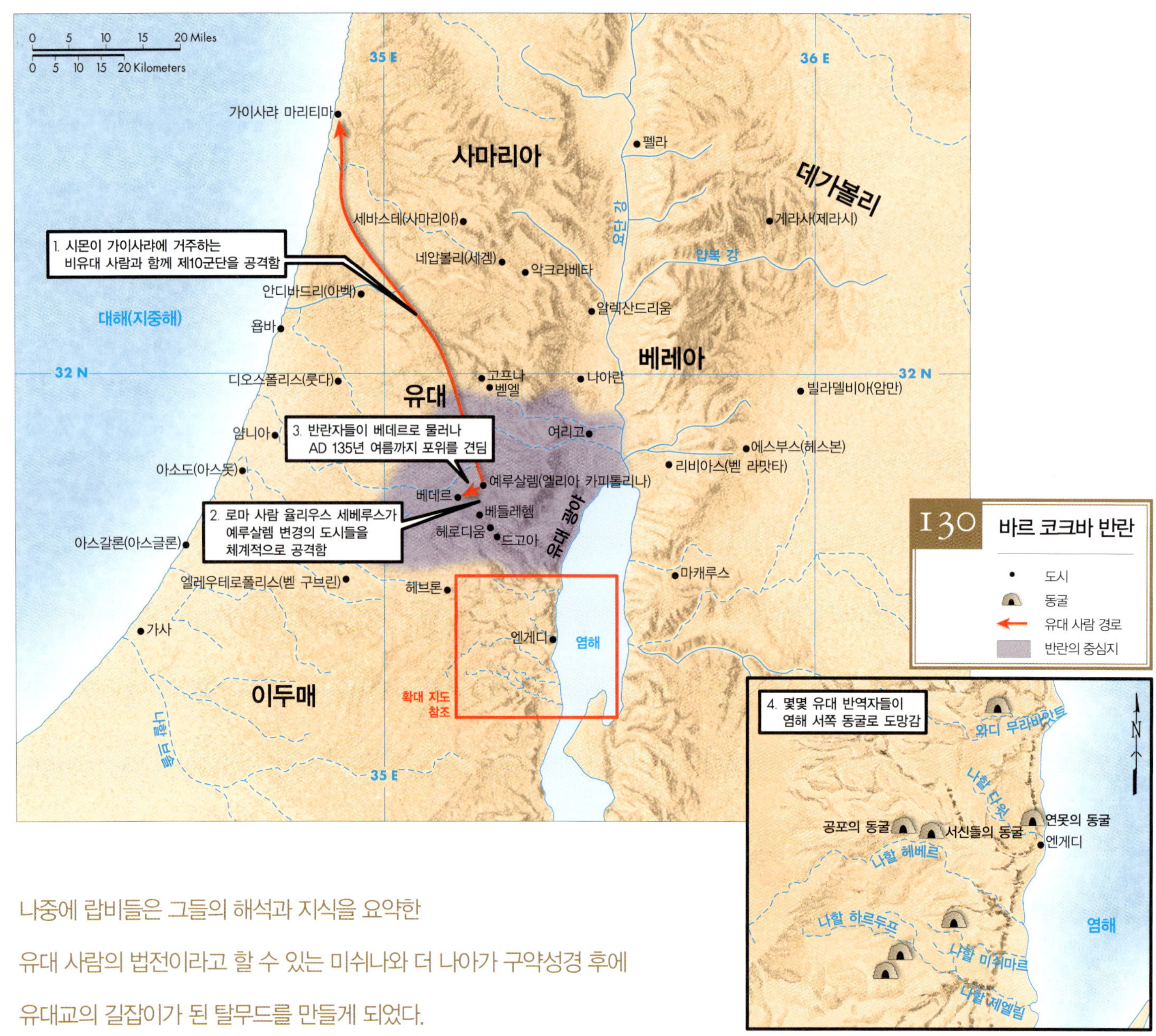

나중에 랍비들은 그들의 해석과 지식을 요약한

유대 사람의 법전이라고 할 수 있는 미쉬나와 더 나아가 구약성경 후에

유대교의 길잡이가 된 탈무드를 만들게 되었다.

는 죽음을 위조하고 관에 들어간 상태로 예루살렘을 탈출했다. 로마는 얌니아 야브네 Jabneh에 유대교 최고 법원 Sanhedrin을 재건하려는 바리새파의 요구를 들어 주었다. 요하난과 랍반 가말리엘 2세 Rabban Gamaliel II는 종교 학자들을 위한 학교 Beth Din를 세우고 율법 해석을 가르치는가 하면, 종교적 달력을 만들고, 이주하거나 팔레스타인에 남은 유대 사람들에게 종교적 문제를 해결해 주었다. 훗날 이 학교 교장은 나시 즉, 왕자 Nasi - 'Prince'라는 직책을 얻게 되었다.

바르 코크바 반란은 유대 사람의 영적 중심지를 갈릴리로 옮겨 가게 했다. 즉 갈릴리의 쉐파람 Shefarim, 벧 세아림 Beth-shearim, 세포리스 Sepphoris, 그리고 티베리아스는 모두 랍비식 삶의 중심지 역할을 했다. 나중에 랍비들은 그들의 해석과 지식을 요약한 유대 사람의 법전이라고 할 수 있는 미쉬나 Mishnah와 더 나아가 구약성경 후에 유대교의 길잡이가 된 탈무드를 만들었다.

바르 코크바 반란 지도 130 참조

하드리아누스 통치 AD 117~138년 기간 중 유대의 유대 사람들이 로마에 대항해 두 번째 반란을 일으켰다 지도 130 참조. 하드리아누스가 내린 두 가지 결정이 이 사태의 계기가 되었다. 첫째, 그는 할례를 포함해 적용 범위를 광범위하게 둔 거세 행위를 금지했다. 둘째, 그는 예루살렘을 이방 사람의 성지로 완비한 로마 식민지로 건설할 계획을 세웠다. 이제 유대 반란은 피할 수 없게 되었다. AD 131년 말 유대 사람들은 랍비 아키바Akiba의 지지를 받는 메시아적 인물 시몬 바르 코세바Simon bar (ben) Kosebah의 지휘 아래 반란을 일으켰다. 바르 코크바Bar Kokhba, 곧 '별의 아들'민 24:17 참조이라고 불리는 시몬은 로마 점령군에 대항해 유대를 철저하게 준비시켰다. 그는 예루살렘을 정복하고 로마 제10군단을 비유대 사람들과 함께 가이사랴로 쫓아 보냈다. 산헤드린Sanhedrin의 지지를 얻은 그는 주화를 만들고 '이스라엘의 구원'Redemption of Israel을 선언했다. 이 년간 예루살렘을 지키며 갈릴리까지 반란 운동을 확산시키려 했으나, 정작 갈릴리의 유대 사람들은 관심이 없었다.

하드리아누스는 율리우스 세베루스Julius Severus를 보내 유대 반란을 진압하라고 명령했다. 그리고 자신은 팔레스타인으로 가 완전히 진압될 때까지 머물렀다. 로마군은 다섯 개 군단 중 일부를 소집해 팔레스타인에 주둔해 있던 제6군단과 10군단을 돕기로 했다. 제22 데이오타리아나Deiotariana 군단의 10분의 1이 예루살렘으로 진군하던 중 유대 사람들의 습격으로 살해되었다. 율리우스 세베루스는 예루살렘에서 멀리 떨어져 있는 마을부터 차례차례 공략하는 전술을 폈다. 반란이 일어난 지 삼 년이 지나자, 시몬은 예루살렘을 단념할 수밖에 없었다. 예루살렘 남서부의 베데르Bether라는 요새로 후퇴한 반란군은 AD 135년까지 로마군에 맞서 싸웠다. 그러나 시몬 바르 코크바를 포함한 모든 반란군이 살해됨으로써 유대 반란은 막을 내리게 되었다.

얼마 안 되는 수의 유대 반란군은 만약의 사태에 대비해 식량을 저장해 둔 염해의 서쪽 동굴로 물러났다. 그들의 비극적 이야기는 나할 헤베르Nahal Hever, 나할 제엘림Nahal Zeelim, 와디 무라바앗Wadi Murraba'at 등의 동굴에서

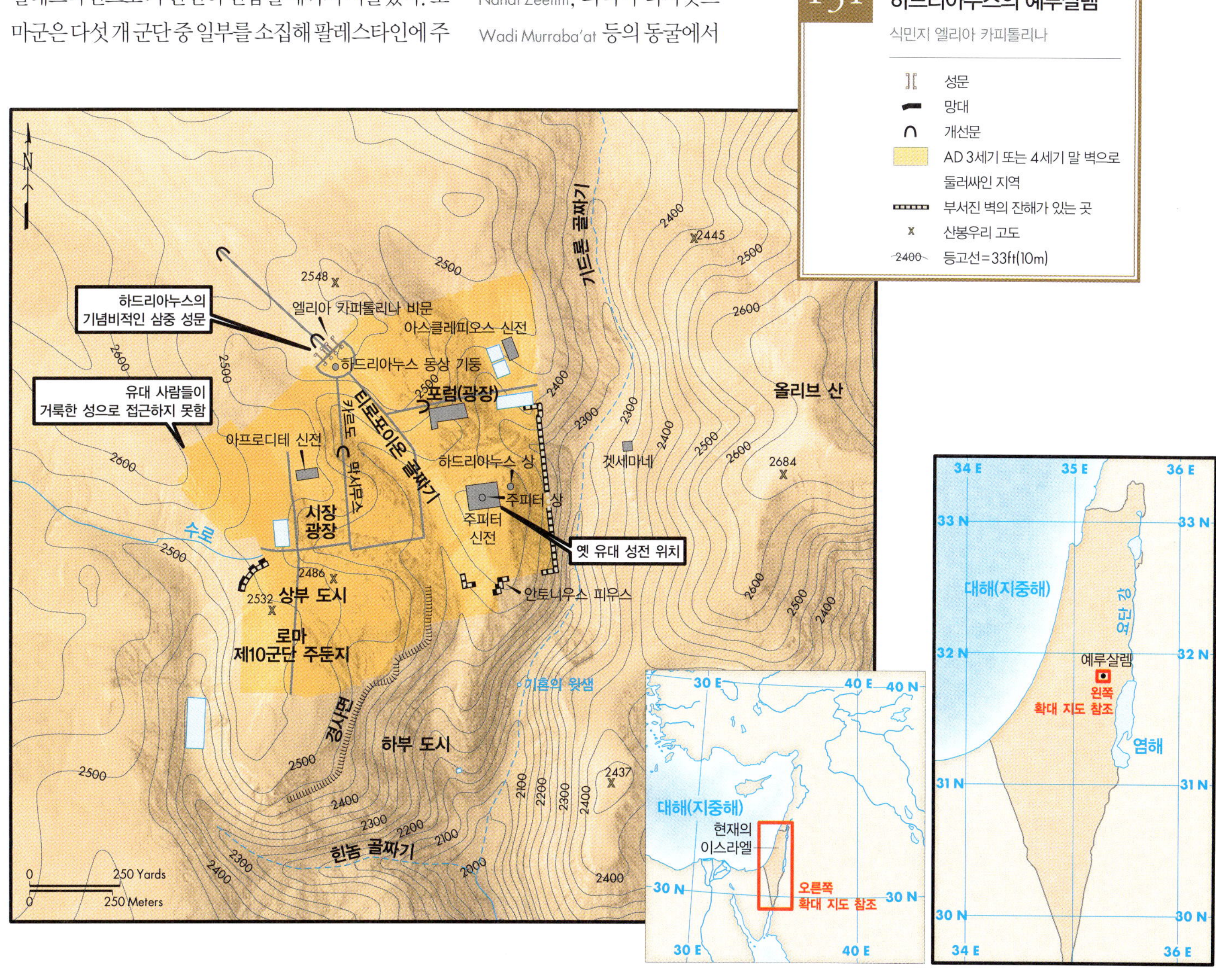

발견된 소름끼치는 발굴물들이 말해 주고 있다. 반란군을 추적한 로마군은 그들의 은신처인 동굴 입구에 바리케이드를 치고 굶주려 죽게 했다. 동굴에는 편지와 가재도구, 도기와 해골들이 흩어져 있었는데, 유대 사람 반란에서 최후로 생존한 사람들에게 찾아온 참담한 운명을 증언해 주고 있다.

하드리아누스의 예루살렘

바르 코크바 반란 이후, 하드리아누스는 폐허가 된 예루살렘에 그의 식민지 엘리아 카피톨리나Aelia Capitoli-na*를 건설했다. 제우스에게 바쳐진 이방 사람의 신전이 옛 예루살렘 성전 자리에 세워졌다. 하드리아누스는 도시 북쪽 방어선에 삼중의 기념문을 세웠다. 이 기념문의 거대한 잔해가 얼마 전 예루살렘 구도시 '다마섹 문' 발굴 과정 중에 발견되었다. 이 성문 뒤로 있던 광장에는 황제의 조각상을 둘러싸고 있던 커다란 기둥 한 개가 남아 있었다. 남북을 이어 주는 중앙로The Cardo는 남쪽 제10군단이 주둔한 예루살렘 하부까지 이어져 있었다. 또한 하드리아누스는 성전 산 북쪽에 광장으로 들어가는 삼중의 문을 세웠다. 이 입구는 지금도 성 시온 수녀원과 에케 호모 아치Ecce Homo Arch에서 볼 수 있다. 유대 사람들은 이 성스러운 도시의 출

입이 오랫동안 금지되었다. 그리고 유대 사람의 지성적 중심지가 서서히 갈릴리로 넘어갔다.

2세기로 접어든 그리스도교의 확장

제자들에 의한 1세대 선교 활동으로 지중해 유역 전역에 복음의 씨가 뿌려졌다. 신약성경은 바울과 그의 동

역자들의 선교 활동에 집중되어 있지만, 그 밖의 신자들도 예수의 말씀을 전파하며 교회들을 개척했다. 교회의 설립을 둘러싼 정확한 역사적 환경은 알 수 없으나, 로마를 비롯한 비두니아, 본도, 갑바도기아, 구레네, 알렉산드리아, 카르타고 등에 세워진 교회들은 사도들이 역사의 뒤안길로 사라지기 전에 이미 번성했다.

교회의 확산 요인 | 통일된 언어와 구비된 도로가 요인이 되다

이처럼 그리스도교가 빠르게 확장된 데는 여러 가지 요인이 있었다. 그리스어가 로마 제국의 통용어로 남아 있던 것이 복음 전파에 도움이 되었다. 2세기에 찾아온 로마 제국의 평화는 도시 간 교역이 활발해지는 계기가 되었다. 물품들은 육로와 수로를 따라 수천 킬로미터를 자유로이 오갔다. 이 길을 따라 대상들과 상인, 군인, 그리고 새 생명을 얻은 사람들이 예수의 이야기를 전했다. 여기에 로마 제국 전역에 퍼져 있던 유대교 회당이, 반유대 세력의 방해 공작에도 불구하고, 순회 설교를 하며 복음을 전하는 장소를 제공해 주었다.

소아시아 | 교회의 중심이 되다

AD 100년을 전후한 십 년 동안 소아시아는 그리스도교의 중심지가 되었다. 트라야누스의 통치AD 98-117년 기간 동안 비두니아 총독 플리니우스는 그리스도교라는 '미신'이 도시에만 퍼진 것이 아니라 마을과 시골 지역에도 퍼졌다고 불평했다. 트라야누스 황제는 그리스도교 박해에 좀더 온건해지라고 조언했으나, 황제 숭배를 거부하고 그리스도교를 고집하는 모든 사람들을 처형한다는 플리니우스의 정책에는 승인을 해줬다. 1세기 말, 30만으로 추정되는 그리스도의 사람들 중 4분의 1이 소아시아에 살았을 것이다.

선도적인 교회들 | 순교자와 변증자 그리고 신학자들을 배출하다

AD 100년에는 이미 몇몇 교회로마, 에베소, 안디옥, 알렉산드리아, 그리고 카르타고까지에서 지도자들이 나타났다. 로마의 클레멘트Clement는 자신의 다른 교회를 향해 여러 통의 걱정 어린 편지를 썼다. 안디옥 감독 이그나티우스Ignatius는 서머나의 감독 폴리갑Polycarp이 AD 155년에 그랬던 것처럼 트라야누스가 통치하던 AD 100년이 얼마 지나지 않아 순교했다.

유대 사람과 이방 사람의 공격 앞에서 그리스도교의 믿음을 변론한 사람들이 등장했다. 그리스도교로 개종한 사마리아 출신의 철학자인 순교자 유스틴Justin Martyr은 안토니우스 피우스 황제에게 자신을 변증하는 편지를 보냈다. 카르타고에서는 위대한 변증자 터툴리안Tertullian, AD 160-240년이 배출됐다. AD 200년경 갈리아 리용에서는 주교 이레니우스가 「이단에 대항하는 다섯 권의 책」을 쓰고 연설을 했다. 이는 그리스도교가 서쪽으로 확장해 갈리아골까지 들어갔음을 보여 준다.

알렉산드리아에서는 저명한 학자 클레멘트Clement와 그리스 최고의 신학자 오리겐Origen, AD 185-253년이 배출되었으며 그곳은 그리스도교 학문의 중심지가 되었다. AD 202년 오리겐의 아버지가 세베란Severan 박해 때 순교한 후 오리겐 자신도 데시안 박해The Decian persecutions의 후유증으로 죽게 되었다AD 249-251년. 2, 3세기의 그리스도교 학자와 순교자들은 광범위한 지역에서 활동했으며, 이는 그리스도교가 얼마나 널리 확장되었는지를 보여 주고 있다.

동방에서 교회 확장 | 로마 제국의 국교가 되다

우리는 그리스도교가 동부에서는 어떻게 확장해 갔는지 알지 못한다. 트라야누스 통치 아래 로마 제국은 메소포타미아까지 그 영역을 넓혔으나, 이것이 그리스도교에 어떤 영향을 미쳤는지는 미지수다. 메소포타미아의 그리스도교 중심지 두 곳 에데사Edessa와 멜리테네Melitene는 2세기에 세워졌다. 유프라테스 강의 두라 유로포Dura-Europos에서 고고학자들이 AD 200년 정도로 추정되는 초기 그리스도의 사람 집을 발견했다.

로마의 그리스도교에 대한 산발적인 박해와 안팎의 공격에도 불구하고, 그리스도교는 널리 전해져 AD 300년경에는 이미 지중해 연안 전체에 퍼져 있었다. 당시 로마는 외부적으로는 북쪽의 야만인이 국경을 침범해 괴롭혔고, 내부적으로는 도덕적·정치적 타락에 의해 기울어 가고 있었다. 데키우스Decius, AD 249-251년와 디오클레티아누스Diocletian, 대략 AD 303년 통치기에 특히 그리스도의 사람들에 대한 박해가 매우 심했다.

콘스탄틴이 AD 312년 막센티우스Maxentius와 겨룬 밀비안 다리Milvian Bridge 전투에서 승리함으로써 그리스도교를 합법화하는 밀라노 칙령*을 이끌어 내게 되었다. 콘스탄틴은 개인적인 이유와 함께 산산조각 난 제국을 통일하고자 그리스도교를 지지했다. 그는 AD 325년 말 니케아에서 최초의 공회를 소집했다. 훗날 그리스도교는 로마 제국의 국교가 된다.

그러나 그리스도교가 승리한 것은 결코 이런 정치적인 압박 때문만은 아니었다. 이런 압박을 무릅쓰고 예수의 제자가 된 사람들이 그리스도의 말씀에 따라 예수의 명령을 수행하는 데 최선을 다했기 때문이다. AD 197년경 로마 지방 관리들에게 편지를 보낸 터툴리안의 이 한마디가 당시 상황을 잘 설명해 주고 있다. "당신들에게 더욱더 베임을 당할수록, 우리의 수는 더 늘어 갑니다. 그리스도의 사람들의 피는 씨앗이기 때문입니다" Tertullian, Apology, 50.

* 밀라노 칙령(Edict of Milan) 그리스도교 신앙의 자유를 처음 공인하고, 오랫동안 계속된 박해에 종지부를 찍은 획기적인 칙령이다. 그리스도교 문제에 관한 부분은 속주屬州 장관 앞으로 보낸 서한 형식으로 되어 있다. 그리스도교 신앙의 자유는 물론, 박해 중에 몰수된 교회 재산의 반환 등도 정해졌다.

Glossary | 용어풀이

격자형 옹벽 공법 Headers and stretchers 마름돌Ashlar로 벽을 쌓는 방법. 벽을 쌓을 때 석재의 짧은 면Headers은 짧은 끝이 보이게 하고, 석재의 긴 면 Stretcher은 밖으로 나오게 한다.

김나지움 Gymnasium 그리스 시민들이 체력과 교양을 연마하던 건물. 로마인들은 종종 김나지움과 목욕탕을 같이 건설했다.

납골당 Ossuary 죽은 사람의 살이 썩은 후에 뼈를 넣어 두었던 돌 곽으로 대부분 장식이 있다.

네오코라테 Neocorate Neocoros '성전 파수꾼'. 이 용어는 속주에 황제를 숭배하는 신전을 세우고 유지하는 자격을 얻은 도시들에게 부여된다.

네크로폴리스 Necropolis 공동묘지.

님페움 Nympheum 대형의 공중 물 저장소.

데쿠마누스 Decumanus 도시의 동서를 이어주는 중심도로.

도리아식 오더 Doric Order 아주 오래되고 매우 단순한 그리스의 건축 양식으로 끝이 점점 가늘어지는 기둥에 홈이 있고 소박한 기둥머리로 덮은 것이 특징이다.

로스트라 Rostra 라틴어 그리스어로는 Bema 포럼이나 아고라에 설치된 연단.

로쿠스 Locus 복수로는 Loci 고고학 발굴에서 사용되는 가장 작은 단위. 각 로쿠스는 표준 숫자가 있으며, 그 로쿠스에서 발굴되거나 관련된 모든 유물들의 위치는 3차원적으로 찾아낼 수 있다. 로쿠스는 성벽이나 수직갱, 특별한 지층이나 기초 트렌치, 화덕 등을 말한다.

마름돌 Ashlar 채석공이 일정한 크기와 모양의 정사각형이나 직사각형으로 다듬은 석재石材.

마셀룸 Macellum 로마시대의 정육 시장.

모자이크 Mosaic 여러 가지 색깔과 모양의 작은 돌들을 평면에 배치하여 만든 기하학적 디자인이나 그림, 비문.

미크베 Mikveh 복수로는 Miqvaot 유대인들이 제의적 정결을 유지하기 위해 사용한 제의적 목욕시설. 이러한 목욕시설들은 예루살렘 성전 남쪽 입구 근처나 일반 시민들의 집과 같은 공공장소에서 발견되었다.

바실리카 Basilica 중앙의 회중석과 측면의 복도로 나뉘어져 있는 기다란 직사각형의 건축물. 로마 바실리카는 사법이나 행정의 중심지로 사용되었다. 건축가들은 AD 4세기경 이후 바실리카 건축 양식을 교회 건축에 도입했다.

벽기둥 Pilaster 벽면에서 밖으로 튀어나온, 벽에 반쯤 묻힌 기둥이나 들보.

보스 Boss 가장자리나 모서리를 잘라내고 남은 커다란 석재로 만든, 장식을 달지 않은 돌출부

보크 Baul Balk 발굴되지 않은 트렌치나 스퀘어 부분. 보크의 수직면은 고고학자들에게 그 지역의 단층이나 지층을 보여 준다.

불레우테리온 Bouleuterion 그리스 도시국가의 시 평의회 집회 건물.

서커스 Circus 그리스어로는 Hippodrome 길고 폭이 좁은 건축물로 전차 경주에 사용되었다.

석관 Sarcophagus 돌로 만든 관.

석판 Stele 복수는 Stelae 장식이 새겨진 돌. 석판은 보통 중요한 사건예를 들어 전쟁에

서의 승리을 기념하거나 왕들의 업적을 기리기 위한 선전용으로 쓰였다.

셀라 Cella 남녀 신상이 있는 신전의 중앙 건물.

소용돌이 꼴 Volute 이오니아식과 고린도식 기둥머리의 장식으로 사용됐던 소용돌이무늬.

스토아 Stoa 콜로네이드를 따라 정면이 개방되어 있는, 길고 폭이 좁은 건물.

아고라 Agora 공공 사무를 보던 그리스 도시 심장부의 시장이나 광장.

아크로폴리스 Acropolis 요새화 한 성채로 사용된 도시에서 가장 높은 지점. 종종 성전이나 궁전 같은 주요 공공건물이 있었다.

양피지 Parchment 가공 처리된 짐승의 가죽. 기록하는 데 쓰였다. 송아지 가죽으로 만든 고급 피지는 중요한 사본을 만드는 데 사용되었다.

에페베움 Ephebeum 그리스 체육관 시설 중 젊은이들이 그리스 식 체육을 훈련하던 곳

오디움 Odeum Ordeion 소형 극장. 대개 지붕이 있고 반원형 관람석이 있어 강의와 음악회 때 사용되었다.

오르토스타트 Orthostat 대형 석판. 종종 장식이 되어 있고 방 안이나 입구에 위치하여 벽 아랫부분을 이루었다.

오벨리스크 Obelisk 기념을 하기 위해 채석해낸 돌. 정사각형 모양인데 꼭대기는 피라미드형으로 뾰족하게 깎았다. 종종 글씨를 새기거나 장식이 있다.

오스트라콘 Ostracon 복수로는 Ostraca 깨어진 도기의 조각질그릇 조각. 글을 쓸 때 사용되었다. 뾰족한 철필로 글을 새겨 넣거나, 잉크를 사용하여 이 오스트라콘도편에 글을 적었다. 짧은 편지, 영수증, 그리고 명세서 등이 주로 기록되었다.

옹벽 Revetment wall 토양이나 둑의 흙을 보존할 수 있도록 사용된 벽.

와디 Wadi 히브리어로는 Nahal 아라비아 어로는 수로라는 뜻으로, 대부분 말라 있고 겨울철 우기에만 물이 흐른다. 몇몇 와디들은 언덕과 산을 넘어 팔레스타인으로 갈 때 쉽게 갈 수 있는 길로 사용되었다.

원형극장 Amphitheater 사면이 관람석으로 둘러싸인 타원형 건축물로 검투시합 때 쓰였다.

유형학 Typology 고고학 발굴에서 두 번째로 중요한 원리층서학 참조. 유형학은 중요한 특성을 형성하는 어떤 대상이나 문화적 특징을 연구하고 분류하는 학문이다. 도기류 유형학은 도자기의 모양, 성분, 특징, 기능을 연구하는 것이다. 도자기는 고대인들이 남긴 가장 널리 쓰였던 물건이므로 고고학자들은 도기류 유형학을 이용해서 그 도기가 발견된 갱도주거층의 연대를 알 수 있다. 어떤 도기의 형태는 특정 시대의 특성을 지니고 있었다.

이오니아식 오더 Ionic Order 서 소아시아에서 처음으로 발달한 그리스 건축 양식. 아름다운 소용돌이 모양의 주두를 씌워 기둥을 화려하게 꾸몄다.

인 시투 In situ '그 자리에 있던 그대로'라는 뜻. 고고학 발굴에서 유물이 발견된 원래 그 모습 그대로를 묘사하는 용어.

인술라이 Insulae 라틴어로 '섬 Island'이라는 뜻. 인술라이는 중하류 계층의 아파트나 공동주택거주지를 뜻한다. 또한 가버나움Capernaum처럼 특정 거주 구역을 일컫기도 한다.

주거층 Stratum 복수로는 Strata 어느 유적지의 역사에 있어서 특정 시대를 나타내는 독자적인 층. 주거층지층은 그곳의 생활 상태로 여러 시기, 혹은 단계를 증명해 주기도 한다. 텔Tell은 유적이 얼마나 오랫동안 주거지로 존재했는지에 따라서 다양한 주거층으로 이루어져 있다.

층서학 Stratigraphy 고고학 발굴에서 두 가지 중요한 원리 중 하나이다다른 하나는 유형학. 층서학주거층론은 텔Tell을 포함한 여러 주거층층들의 상태와 관계를 연

구하는 학문이다. 고고학자들은 여러 주거층들을 구별할 수 있어야 한다. 그래야 유적에서 찾은 유물들의 정확한 시대를 알아낼 수 있고 유적의 역사를 알 수 있다.

카르도 막시무스 Cardo maximus 도시의 남북을 이어주는 중심도로.

카리아티드 Caryatid 여인의 모습으로 조각된 받침 기둥.

칼다리움 Caldarium 로마의 고온 욕실.

칼럼 Column 버팀대가 없이 독립적으로 서 있으며 주초柱礎, 기둥받침, 주신柱身, 기둥몸, 그리고 주두柱頭, 기둥머리로 되어 있는 받침 기둥.

코린트식 오더 Corinthian Order 5세기에 발달한 그리스의 건축 양식으로 종 모양을 한 기둥머리들이 아칸서스 잎 모양으로 장식된 것이 특징이다.

콜로네이드 Colonnade 일정한 간격을 두고 지붕을 떠받치고 일렬로 서 있는 열주列柱.

콜룸바리움 Columbarium ① 유골단지를 넣어두는 벽감壁龕. 납골당 ② 비둘기 집으로 사용된 구조물

탈의실 Apodyterium 로마 목욕탕의 탈의실.

테메노스 Temenos 한두 개 신전이나 산당이 세워져 있는 벽으로 둘러쌓인 구역.

테세라 Tessera 흔히 모자이크 세공에 쓰이는 작은 정육면체 모양의 돌조각.

테피다리움 Tepidarium 로마 목욕탕의 미온 욕실.

텔 Tell Tel 고대 유적지. 생활의 잔해들이 계속 누적된 주거층으로 이루어진 인공적인 작은 언덕이다. 텔은 보통 평평한 정상과 보행이 가능한 면으로 되어 있어 조그맣게 솟은 대지臺地와 흡사하다.

트리클리움 Triclinium 로마 시대의 식당. 식탁을 빙 둘러싸며 방에 세 개의 안락의자를 U자 형태로 놓는 로마인들의 관습에서 이런 이름이 붙여졌다.

파피루스 Papyrus 복수로는 Papyri 글을 쓸 때 사용된 종이 같은 것. 나일 강 지역에서 자라던 파피루스의 속으로 만들었다. 또는 파피루스에 쓴 사본.

팔레스트라 Palestra 운동장. 그리스 · 로마의 김나지움이나 목욕탕에 있었다.

페리볼로스 Peribolos 열주列柱와 벽으로 둘러싸인 안뜰.

포곽 성벽 Casemate wall 바깥쪽과 안쪽을 수직으로 연결한 벽으로 이어져 있으며 포곽砲廓 모양을 하고 있는 이중 벽.

포디움 Podium 벽돌이나 돌로 만든 토대석. 기념 건조물들을 떠받칠 때 사용되었다.

포럼 Forum 그리스의 아고라와 같은 로마의 공간. 포럼에는 상점뿐만 아니라 주요 공공시설과 신전이 있었다.

포로토 아이올리스 캐피탈 Proto-Aeolic capital 철기 시대 팔레스타인 등지에서 사용된 기둥머리 장식 양식. 기둥머리들은 가나안과 페니키아 기법으로 알려진 종려나무 무늬로 장식되어 있다.

프레스코 Fresco 갓 칠한 회벽에 수채로 그린 그림.

프로필론 Propylon 신전이나 기념 건물 입구에 있는 기념문.

프리즈 Frieze 화려하게 장식되거나 조각된 돋을새김의 띠. 신전의 아키트레이브와 코니스 사이에 있다.

프리지다리움 Frigidarium 로마 목욕탕의 냉탕실.

프리타네움 Prytaneum Prytaneion 고대 그리스 도시의 시청.

피아차 Piazza 포장하거나 자갈을 깐 안마당. 종종 고대 도시에서는 성문 안쪽에 있었다.

하이포코스트 Hypocaust 아궁이와 굴뚝으로 열을 순환시키는 난방 시설. 로마 목욕탕의 고온 욕실Caldarium을 데울 때 사용했다.

Bibliography | 참고 문헌

아래 부문별로 열거된 특정 목록에 추가하여, 지리 역사 고고학 그리고 성경관련 사이트들에 대한 유용한 정보는 해당 제목 아래에 다음의 사전들과 백과사전들에 열거될 수 있다.

Achtemeier, Paul J., ed. *Harper's Bible Dictionary.* San Francisco: Harper and Row, 1985.

Bromiley, Geoffrey W., ed. *International Standard Bible Encyclopedia.* Rev. ed. 4 vols. Grand Rapids: Eerdmans, 1979-88.

Butler, Trent C., ed. *Holman Bible Dictionary.* Nashville: Holman, 1991.

Buttrick, George A., ed. *The Interpreter's Dictionary of the Bible* 4 vols. New York: Abingdon, 1962. See also Crim, K., ed. *Supplementary Volume.* Nashville: Abingdon, 1976.

DeVries, LaMoine F. *Cities of the Biblical World.* Peabody, MA: Hendrickson Publishers, 1997.

Douglas, J.D., ed. *The Illustrated Bible Dictionary.* 3 vols. Wheaton, IL: InterVarsity Press, 1980.

Freedman, David Noel, ed. *The Anchor Bible Dictionary.* 6 vols. Garden City, N.Y.: Doubleday, 1992.

Meyers, Eric M., ed. *The Oxford Encyclopedia of Archaeology in the Near East.* 5 vols. New York: Oxford University Press, 1997.

Roth, Cecil, et al. *Encyclopedia Judaica.* 16 vols. Jerusalem: Keter, 1972.

Sasson, Jack M., ed. *Civilizations of the Ancient Near East.* 4 vols. New York: Scribner, 1995.

Tenney, Merril C., ed. *Zondervan Pictorial Encyclopedia of the Bible.* 5 vols. Grand Rapids, Mich: Zondervan, 1975.

Part 1. The Biblical Setting
성경 배경

A. Atlases 지도

Aharoni, Yohanan, Michael Avi-Yonah, Anson F. Rainey, and Ze'ev Safrai. *The Macmillan Bible Atlas.* 3d ed. New York: Macmillan, 1993.

Baines, John and Jaromir Malek. *Atlas of Ancient Egypt.* New York: Facts on File, 1980.

Baly, Denis and A.D. Tushingham. *Atlas of the Biblical World.* New York: World, 1971.

Beek, M.A. *Atlas of Mesopotamia.* Translated by D.R. Welsh. New York: Nelson, 1962.

Beitzel, Barry J. *The Moody Atlas of the Bible Lands.* Chicago: Moody Press, 1985.

Cornell, Tim and John Matthews. *Atlas of the Roman World.* New York: Facts on File, 1982.

Finley, M.I., ed. *Atlas of Classical Archaeology.* London: Chatto and Windus, 1977.

Gardner, Joseph L., ed. *Reader's Digest Atlas of the Bible.* Pleasantville, NY: Reader's Digest Association, 1981.

Grant, Michael. *Ancient History Atlas.* 4th ed. London: Weidenfeld and Nicolson, 1989.

Grollenberg, L.H. *Atlas of the Bible.* London: Thomas Nelson and Sons, 1956.

Hammond, N.G.L., ed. *Atlas of the Greek and Roman World in Antiquity.* Park Ridge, NJ: Noyes Press, 1981.

Levi, Peter. *Atlas of the Greek World.* New York: Facts on File, 1980.

May, Herbert G., ed. *Oxford Bible Atlas.* 3d ed. New York: Oxford University, 1984.

Pritchard, James B., ed. *The Harper Atlas of the Bible.* New York: Harper & Row, 1987.

Rasmussen, Carl G. *NIV Atlas of the Bible.* Grand Rapids, MI: Zondervan, 1989.

Roaf, Michael. *Cultural Atlas of Mesopotamia & the Ancient Near East.* New York: Facts on File, 1990.

Rogerson, John. *The New Atlas of the Bible.* London: McDonald & Co., 1985.

Wright, George Ernest and Floyd Vivian Filson, eds. *The Westminster Historical Atlas to the Bible.* Rev. ed. Philadelphia: Westminster, 1956.

B. Geographies 지리

Abel, F.M. *Gégraphie de la Palestine I-II.* Paris: J. Gabalda, 1938.

Aharoni, Yohanan. *The Land of the Bible.* Translated and edited by Anson F. Rainey. Rev. ed. Philadelphia: Westminster Press, 1979. See especially Chapters I-IV.

Avi-Yonah, Michael. *The Holy Land:* From the Persian to the Arab *Conquest : A Historical Geography (536 B.C.-A.D. 640).* Rev. ed. Grand Rapids: Baker, 1977.

Baly, Denis. Basic Biblical Geography. Philadelphia, PA:

Fortress Press, 1987

__________. *The Geography of the Bible*. New rev. ed. New York: Harper & Row, 1974.

__________. *Geographical Companion to the Bible*. New York: McGraw-Hill, 1963.

Borowski, Oded. *Agriculture in Iron Age Israel. The Evidence from Archaeology and the Bible*. Winona Lake, IN: Eisenbrauns, 1987.

Dorsey, Richard A. *The Roads and Highways of Ancient Israel*. Baltimore: Johns Hopkins, 1991.

Kallai, Zecharia. *Historical Geography of the Bible: The Tribal Territories of Israel*. Jerusalem: Magnes Press, 1986.

Karmon, Yehuda. Israel: *A Regional Geography*. New York: Wiley-Interscience, 1971.

Orni, Ephraim and Elisha Efrat. *Geography of Israel*. 4th ed. Jerusalem: Israel University Press, 1980.

Simons, Jan J. The Geographical and Topographical Texts of the Old Testament. Leiden: E.J. Brill, 1959.

Smith, George Adam. *The Historical Geography of the Holy Land*. Reprint, Grand Rapids, MI: Baker, 1973.

Part 2. The Old Testament Period

구약 시대

A. Text 본문

Beyerlin, Walter, ed. *Near Eastern Religious Texts Relating to the Old Testament*. Philadelphia: Westminster, 1978.

Breasted, James H. *Ancient Records of Egypt I-V*. Reprint, New York: Russell & Russell, 1962.

Dalley, Stephanie. *Myths from Mesopotamia: Creation, the Flood, Gilgamesh, and Others*. Oxford: Oxford University Press, 1989.

Grayson, Albert K. *Assyrian and Babylonian Chronicles*. Locust Valley, NY: J.J. Augustin, 1975.

Luckenbill, Daniel David. *Ancient Records of Assyria and Babylonia*. Chicago: University of Chicago Press, 1926-27

Matthews, Victor H. and Don C. Benjamin. *Old Testament Parallels: Laws and Stories from the Ancient Near East*. New York: Paulist Press, 1991.

Moran, William L., ed. *The Amarna Letters*. Baltimore: Johns Hopkins, 1992

Pritchard, James B., ed. *Ancient Near Eastern Texts Relating to the Old Testament*. 3d ed. Princeton, NJ: Princeton University Press, 1969.

Smelik, Klaas. *Writings from Ancient Israel: A Handbook of Historical and Religious Documents*. Louisville, KY: Westminster/John Knox, 1991.

Walton, John H. *Ancient Israelite Literature in its Cultural Context: A Survey of Parallels Between Biblical and Ancient Near Eastern Texts*. Grand Rapids, MI: Zondervan, 1989.

Winton, Thomas D., ed. *Documents from Old Testament Times*. New York: Harper & Row, 1961.

B. General Ancient Near Eastern Setting 고대 근동지역의 개관

Edwards, I.E.S., C.J. Gadd, & N.G.L. Hammonds. *Cambridge Ancient History*, 3d ed. Cambridge: Cambridge University Press, 1971-1991.

Finegan, Jack. *Archaeological History of the Ancient Middle East*. Boulder, Colorado: Westview Press, 1979.

Frankfort, Henri. *The Art and Architecture of the Ancient Orient*. Supplemented by Michael Roaf and Donald Matthews. 5th ed. New Haven, Conn: Yale University Press, 1996.

Frank, Harry T. *Discovering the Biblical World*. Edited by James Strange. Rev. ed. Maplewood, N.J.: Hammond, 1988.

Hallo, William W. and W.K. Simpson. *The Ancient Near East: A History*. New York: Harcourt Brace Jovanovich, 1971.

Kitchen, Kenneth A. *Ancient Orient and Old Testament*. Downers Grove, IL: InterVaristy Press, 1966.

Knapp, A. Bernard. *The History of Culture of Ancient Western Asia and Egypt*. Chicago: Dorsey Press, 1988.

Lamberg-Karlovsky, C.C. and Jeremy A. Sabloff. *Ancient Civilizations: The Near East and Mesoamerica*. 2d ed. Prospect Heights, IL: Waveland Press, Inc., 1995.

Lloyd, Seton. *The Art of the Ancient Near East*. London: Thames and Hudson, 1961.

Rogerson, John and Philip Davies. *The Old Testament World*. Englewood Cliffs, NJ: Prentice Hall, 1989.

Saggs, H.W.F. *Civilization Before Greece and Rome*. New Haven: Yale University Press, 1989.

Schwantes, Siegfried. *A Short History of the Ancient Near East*. Grand Rapids, MI: Baker, 1965.

van der Woude, A.S., ed. *The World of the Bible*. Grand

Rapids, MI: Eerdmans, 1986.

C. Egypt and Mesopotamia 이집트와 메소포타미아

1. Egypt 이집트

Aldred, Cyril. *The Egyptians*. Rev. ed. London: Thames and Hudson, 1984.

Gardiner, Alan. *Egypt of the Pharaohs: An Introduction*. Oxford: Oxford University Press, 1961.

Grimal, Nicolas. *A History of Ancient Egypt*. Translated by Ian Shaw. Oxford: Blackwell, 1992.

James, T.G.H. *An Introduction to Ancient Egypt,* 2d ed. London: British Museum, 1979.

__________. *Pharaoh's People*. London: Pitman Press, 1984.

Kemp, Barry J. *Ancient Egypt: Anatomy of a Civilization*. London and New York: Routledge, 1989.

Kitchen, Kenneth A. *The Third Intermediate Period in Egypt*. Warminster: Aris & Phillips, 1973.

__________. *Pharaoh Triumphant: The Life and Times of Ramesses II King of Egypt*. Warminster: Aris & Phillips, 1982.

Smith, W. Stevenson. *The Art and Architecture of Ancient Egypt*. The Pelican History of Art. Rev. with additions by William Kelly Simpson. England: Penguin Books, 1984.

Trigger, B.G., et al. *Ancient Egypt: A Social History*. Cambridge: Cambridge University Press, 1983.

Wilson, John. *The Culture of Ancient Egypt*. Chicago: University of Chicago Press, 1951.

2. Mesopotamia 메소포타미아

Beek, Martinus A. *Atlas of Mesopotamia*. Translated by D.R. Welsh. Edited by H.H. Rowley. New York: Nelson, 1962.

Brinkman, J.A. *A Political History of Post-Kassite Babylonia*. Rome: Pontificium Institutum Biblicum, 1968.

Kramer, Samuel Noah. *The Sumerians*. Chicago: University of Chicago Press, 1963.

Laessoe, Jorgen. *People of Ancient Assyria*. London: Routledge & Kegan Paul, 1963.

Leick, Gwendolyn. *A Dictionary of Ancient Near Eastern Architecture*. New York: Routledge: 1989.

Lloyd, Seton. *The Archaeology of Mesopotamia: From the Old Stone Age to the Persian Conquest*. Rev. ed. London: Thames and Hudson, 1984.

Moorey, P.R.S. *Ancient Mesopotamian Materials and Industries: The Archaeological Evidence*. Oxford: Clarendon Press, 1994.

Oates, Joan. *Babylon*. Rev. ed. London: Thames and Hudson, 1986.

Oppenheim, A.L. *Ancient Mesopotamia: Portrait of a Dead Civilizaiton*. Chicago: University of Chicago Press, 1964.

Postgate, John Nicolas. *The First Empires*. Oxford: Elsevier and Phaidon, 1977.

Roaf, Michael. *Cultural Atlas of Mesopotamia and the Ancient Near East*. New York: Facts on File, 1990

Roux, George. *Ancient Iraq*. 3d ed. Harmondsworth: Penguin Books, 1992.

Saggs, H.W.F. *Babylonians. Peoples of the Past*. Norman, OK: University of Oklahoma Press, 1995.

__________. *The Greatness That Was Babylon: A Survey of the Ancient Civilization of the Tigris-Euphrates Valley*. 2d ed. London: Sidgwick & Jackson, 1988.

__________. *The Might That Was Assyria*. London: Sidgwick & Jackson, 1984.

von Soden, Wolfram. *The Ancient Orient: An Introduction to the Study of the Ancient Near East*. Translated by Donald G. Schley. Grand Rapids, MI: Eerdmans, 1994.

Wiseman, D.J. *Nebuchadnezzar and Babylon*. Oxford: Oxford University Press, 1985.

D. The History of Isrqel 이스라엘의 역사

Ahlstrm, Gsta W. *The History of Ancient Palestine*. Minneapolis: Fortress, Press, 1993

Bright, John. *A History of Israel*. 3d ed. Philadelphia: Westminster Press, 1981.

Bruce, F.F. *Israel and the Nations*. Grand Rapids, MI: Eerdmans, 1969.

Cate, Robert. *These Sought a Country*. Nashville: Broadman, 1985.

Merrill, Eugene H. *Kingdom of Priests: A History of Old Testament Israel*. Grand Rapids: Baker, 1987.

Miller, J. Maxwell and John H. Hayes. *A History of Ancient Israel and Judah*. Philadelphia: Westminster Press, 1986.

Shanks, Hershel., ed. Ancient Israel: *A Short History from Abraham to the Roman Destruction of the Temple*. Washington, D.C.: Biblical Archaeology Society, 1988.

Wood, Leon J. *A Survey of Israel's History*. Edited by D. O'Brien. Rev. ed. Grand Rapids, MI: Zondervan, 1986.

E. Israel's Neighbors 이스라엘의 주변국가

1. Overviews 개관

Finegan, Jack. *Myth & Mystery: An Introduction to the Pagan Religions of the Biblical World.* Grand Rapids, MI: Baker Book House, 1989.

Hoerth, Alfred J., Gerald L. Mattingly, and Edwin M. Yamauchi. *Peoples of the Old Testament World. With a foreword by Alan R. Millard.* Grand Rapids, MI: Baker Books, 1994.

Wiseman, D.J., ed. *Peoples of Old Testament Times.* Oxford: Clarendon Press, 1973.

2. Canaanites 가나안

Albright, W.F. *Yahweh and the Gods of Canaan.* Garden City, N.Y.: Doubleday, 1968.

Cross, Frank M. *Canaanite Myth and Hebrew Epic.* Cambridge, Mass.: Harvard University Press, 1973.

Curtis, Adrian. *Ugarit (Ras Shamra).* Grand Rapids, MI: Eerdmans, 1985.

Gray, John. *The Canaanites.* New York: Praeger, 1964.

Lemche, Neils Peter. *The Canaanites and their Land.* Sheffield: JSOT Press, 1991.

Ziffer, Irit. *At That Time the Canaanites Were in the Land: Daily Life in Canaan in the MB II 2000-1500.* Tel Aviv: Eretz Israel Museum, 1990.

3. Philistnes 팔레스타인

Bierling, Neal. *Giving Goliath His Due: New Archaeological Light on the Philistines.* Grand Rapids, MI: Baker Book House, 1992.

Dornemann, Rudolph H. *The Archaeology of the Transjordan in the Bronze and Iron Ages.* Milwaukee, WI: Milwaukee Public Museum, 1983.

Dothan, Trude. *People of the Sea: The Search for the Philistines.* New York: Macmillan, 1992.

__________. *The Philistines and their Material Culture.* New Haven: Yale University Press, 1982.

4. Ammonite, Moabite, and Edomites 암몬, 모압, 에돔

Bartlett, John R. *Edom and the Edomites.* Sheffield: JSOT Press, 1989.

Bienkowski, Piotr, ed. *Early Edom and Moab: The Beginning of the Iron Age in Southern Jordan.* Sheffield: Collis, 1992.

Dearman, J. Andrew, ed. *Studies in the Mesha Inscription and Moab.* Atlanta: Scholars Press, 1989.

Edelman, Diana Vikander, ed. *You Shall Not Abhor an Edomite for He is Your Brother.* Atlanta, GA: Scholars Press, 1995.

MacDonald, Burton. *Ammon, Moab, and Edom.* Ammon, Jordan: Al Kurba, 1994.

5. Arameans 아람

Mazar, Benjamin. "The Aramean Empire and Its Relations with Isarel." *Biblical Archaeologist* 25(1962): 98-120.

Pitard, Wayne T. *Ancient Damascus: A Historical Study of the Syrian City-State from Earliest Times until its Fall to the Assyrians in 732 B.C.* Winona Lake, IN: Eisenbrauns, 1986.

Unger, Merril F. *Israel and the Armeans of Damascus.* London: J. Clarke & Co., 1957.

6. Phoenicians 페니키아

Katzenstein, H.J. *The History of Tyre.* Jerusalem: Schocken, 1973.

Moscati, Sabatino, ed. *The Phoenicians.* New York: Abbeville Press, 1988.

__________. *The World of the Phoenicians.* Translated by Alastair Hamilton. London: Weidenfeld & Nicolson, 1968.

Muhly, J.D. "Phoenicia and the Phoenicians." in *Biblical Archaeology Today. Proceedings of the International Congress on Biblical Archaeology, 77-91.* Jerusalem: IES, 1985.

7. Persia 페르시아

Cook, John M. *The Persian Empire.* London: Dent, 1983.

Ghirshman, Roman. *Iran: From the Earliest Time to the Islamic Conquest.* Harmondsworth: Penguin Books, 1954.

Olmstead, A.T. *History of the Persian Empire.* Chicago: University of Chicago Press, 1948.

Yamauchi, Edwin. *Persia and the Bible.* Grand Rapids, MI: Baker Book House, 1990.

F. Archaeology and The Old Testament 구약과 고고학

1. Encyclopedias and Dictionaries 백과사전과 사전

Blaiklock, E.M. and R.K. Harrison, eds. *The New International Dictionary of Biblical Archaeology.* Grand Rapids, MI: Zondervans, 1983.

Negev, Avraham, ed. *The Archaeological Encyclopedia of the Holy Land.* Rev. ed. 4 vols. New York: Thomas Nelson, 1986.

Stern, Ephraim, Ayelet Gilboa, and Joseph Aviram, eds. *The New Encyclopedia of Archaeological Excavations in the Holy Land.* 4 vols. New York: Simon & Schuster, 1993.

2. Archaeology of The Land of Israel 이스라엘 지역의 고고학

Aharoni, Yohanan. *The Archaeology of the Land of Israel.* Translated by A. Rainey. Philadelphia: Westminster

Press, 1982.

Ben-Tor, Amnon, ed. *The Archaeology of Ancient Israel.* Translated by R. Greenberg. New Haven: Yale University Press, 1992.

Dever, William G. *Recent Archaeological Discoveries and Biblical Research.* Seattle: University of Washington Press, 1990.

Kempinski, Aharon and Ronny Reich, eds. *The Architecture of Ancient Israel: From the Prehistoric to the Persian Periods.* Jerusalem: Israel Exploration Society, 1992.

Kenyon, K. *The Bible and Recent Archaeology.* Revised by P.R.S. Moorey. Rev. ed. Atlanta: John Knox Press, 1987.

King, Philip J. *Amos, Hosea, Micah-An Archaeological Commentary.* Philadelphia: Westminster, 1988.

__________. Jeremiah: *An Archaeological Companion.* Louisville, KY: Westminster/John Knox Press, 1993

Lance, H. Darrell. *The Old Testament and the Archaeologist.*

Philadelphia: Fortress, 1981.

Levy, Thomas E., ed. *The Archaeology of Society in the Holy Land.* New York: Facts on File, 1995.

Lewis, Jack P. *Archaeological Backgrounds to Bible People.* Grand Rapids: Baker, 1971.

Mazar, Amihai. *Archaeology of the Land of the Bible: 10,000-586 B.C.E.* New York: Doubleday, 1990.

Rast, Walter. *Through the Ages in Palestinian Archaeology.* Philadelphia: Trinity Press International, 1992.

Schoville, Keith. *Biblical Archaeology in Focus.* Grand Rapids: Baker, 1978.

Shanks, Hershel and Dan P. Cole, eds. *Archaeology and The Bible: The Best of BAR Vol.1, Early Israel.* Washington, D.C.: Biblical Archaeology Society, 1990.

__________ and Benjamin Mazar, eds. *Recent Archaeology in the Land of Israel.* Vol.2, Washington, D.C.: Biblical Archaeology Society, 1981.

Stern, Ephraim. *Material Culture of the Land of the Bible in the Persian Period, 538-332 B.C.* Jerusalem: Israel Excavation Society, 1982.

Thompson, Henry O. *Biblical Archaeology.* New York: Paragon House, 1987.

G. Selected Aspects of Ancient Life and Culture
고대 생활과 문화에 대한 정선된 관점

Borowski, Oded. *Agriculture in Iron Age Israel: The Evidence from Archaeology and the Bible.* Winona Lake: Eisenbrauns, 1987.

Casson, Lionel. *Travel in the Ancient World.* London: Allen and Unwin, 1974.

Dearman, J. Andrew. *Religion & Culture in Ancient Israel.* Peabody, MA: Hendrickson, 1992.

Forbes, R.J. *Studies in Ancient Technology,* 2d ed. 9 vols. Leiden: E.J. Brill, 1964.

Matthews, Victor H. *Manners and Customs in the Bible: An Illustrated Guide to Daily Life in Bible Times.* Peabody, MA: Hendrickson, 1988.

__________. and Don C. Benjamin. *Social World of Ancient Israel, 1250-587 B.C.E.* Peabody, MA: Hendrickson, 1993.

Vaux, Roland de. *Ancient Israel.* 2 vols. New York: McGraw-Hill, 1965.

Wilson, Robert R. *Genealogy and History in the Biblical World.* New Haven, Conn.: Yale University Press, 1977.

Yadin, Yigael. *The Art of Warfare in Biblical Lands in the Light of Archaeological Study.* 2 vols. Translated by M. Pearlman. New York: McGraw-Hill, 1963.

Part 3. The Hellenistic Era
헬레니즘 시대

Avi-Yonah, Michael. *The Holy Land: From the Persian to the Arab Conquest (536 B.C.-A.D. 640): A Historical Geography.* Rev. ed. Grand Rapids, MI: Baker Book House, 1977.

Bickermann, Elias. *From Ezra to the Last of the Maccabees.* New York: Schocken Books, 1962.

Botsford, George Willis, and Charles A. Robinson. *Hellenic History.* 5th ed. Revised by Donald Kagan. New York: Macmillan, 1969.

Cary, Max. *A History of the Greek World from 323 to 146 B.C.* London: Methuen, 1951.

Cate, Robert L. *A History of the Bible Lands in the Interbiblical Period.* Nashville: Broadman, 1989.

Fraser, P.M. *Ptolemaic Alexandria.* 2 vols. Oxford: Clarendon Press, 1972.

Grant, Michael. *From Alexander to Cleopatra: The Hellenistic World.* New York: Scribner, 1982.

Green, Peter. *Alexander to Actium: The Historical Evolution of the Hellenistic Age.* Berkeley: University of California Press, 1990.

Hengel, Martin. *Jews, Greeks, and Barbarians.* Translated

by John Bowden. Philadelphia: Fortress Press, 1980.

__________. *Judaism and Hellenism*. 2 vols. Philadelphia: Fortress Press, 1974.

Jagersma, Henk. *A History of Israel from Alexander the Great to Bar Kochba*. Translated by John Bowden. Philadelphia: Fortress Press, 1986.

Koester, Helmut. *Introduction to the New Testament: History, Culture, and Religion of the Hellenistic Age*. Vol.1. Philadelphia: Fortress Press, 1982.

Pearlman, Moshe. *The Maccabees*. New York: Macmillan, 1973.

Peters, Francis E. *The Harvest of Hellenism: A History of the Near East from Alexander the Great to the Triumph of Christianity*. New York: Simon and Schuster, 1970.

Pfeiffer, Charles F. *Between the Testaments*. Grand Rapids: Baker, 1959.

Reicke, Bo. *The New Testament Era: The World of the Bible from 500 B.C. to A.D. 100*. Translated by David E. Green. Philadelphia: Fortress, 1968.

Schurer, Emil. *The History of the Jewish People in the Age of Jesus Christ: 175 B.C.-A.D. 135*. 2 vols. Edited by Geza Vermes, Fergus Millar, and Matthew Black. Rev. ed. Edinburgh: T. & T. Clarke, 1973-79.

Surburg, Raymond F. *Introduction to the Intertestamental Period*. St. Louis: Concordia, 1975.

Tcherikover, Victor. *Hellenistic Civilization and the Jews*. Translated by S. Applebaum. New York: Atheneum, 1970.

Part 4. The World of Jesus and The Early Church

신약시대의 개막 : 예수 당시의 세계와 초기 교회

A. New Testament History 신약의 역사

1. Palestine 팔레스타인

Avi-Yonah, Michael and Baras, Zvi, eds. *The Herodian Period*. The World History of the Jewish People. New Brunswick, NJ: Rutgers University Press, 1975.

__________. *The Jews Under Roman and Byzantine Rule*. Jerusalem: Magnes Press, 1984.

Baron, Salo Wittmeyer. *A Social and Religious History of the Jews*. 2d ed., rev. and enlarged. 18 vols. New York: Columbia University, 1952-83.

Bauckham, Richard, ed. *The Book of Acts in its First Century Setting. Vol. 4, Palestinian Setting*. Grand Rapids, MI: Eerdmans, 1995.

Bruce, F. F. *New Testament History*. Garden City, N.Y.: Doubleday, 1972.

Farmer, William R. *Maccabees, Zealots, and Josephus: An Inquiry into Jewish Nationalism in the Greco-Roman Period*. New York: Columbia University, 1956.

Ferguson, Everett. *Backgrounds of Early Christianity*. Rev. ed. Grand Rapids, MI: Eerdmans, 1993.

Freyne, Sen. *Galilee: From Alexander the Great to Hadrian 323 B.C.E. to 135 C.E.* Notre Dame, Indiana: University of Notre Dame Press, 1980

Hoehner, *Harold W. Herod Antipas*. Cambridge: Cambridge University, 1972.

Jagersma, Henk. *A History of Israel from Alexander the Great to Bar Kochba*. Translated by John Bowden. Philadelphia: Fortress, 1986.

Jones, A.H.M. *The Herods of Judea*. 2d ed. Oxford: Clarendon, 1967.

Koester, Helmut. *Introduction to the New Testament: History and Literature of Early Christianity* Vol. 2. Philadelphia: Fortress, 1982.

Lohse, Eduard. *The New Testament Environment*. Translated by John Steely. Nashville: Abingdon, 1976.

Nickelsburg, George W. E. *Jewish Literature Between the Bible and the Mishnah*. Philadelphia: Fortress, 1981.

Perowne, Stewart. *The Later Herods: The Political Background of the New Testament*. London: Hodder and Stoughton, 1958.

__________. *The Life and Times of Herod the Great*. London: Hodder and Stoughton, 1956.

Rhoades, David M. *Israel in Revolution: 6-74 C.E.: A Political History Based on the Writings of Josephus*. Philadelphia: Fortress, 1976.

Safrai, S. and M. Stern. *The Jewish People in the First Century: Historical Geography, Political History, Social, Cultural and Religious Life and Institutions*. Compendia Rerum Iudaicarum ad Novum Testamentum. Philadelphia: Fortress Press, 1974.

Schurer, Emil. *The History of the Jewish People in the Age of Jesus Christ: 175 B.C.-A.D. 135*. 2 vols. Edited by Geza Vermes, Fergus Millar, and Matthew Black. Rev. ed. Edinburgh: T. & T. Clarke, 1973-79.

Smallwood, E. Mary. *The Jews Under Roman Rule*. Leiden: E.J. Brill, 1976.

Tcherikover, Victor. *Hellenistic Civilization and the Jews*. New York: Atheneum, 1970.

2. Rome 로마

Boren, Henry C. Roman Society: *A Social, Economic and Cultural History.* Lexington, Mass.: D. C. Heath, 1977.

Cary, Max and Howard H. Scullard. *A History of Rome.* 3d ed. New York: St. Martin's Press, 1975.

Grant, Michael. *History of Rome.* New York: Charles Scribner's Sons, 1978.

Heichelheim, F. M. and C. A. Yeo. *History of the Roman People.* Englewood Cliffs, N.J.: Prentice-Hall, 1962.

Jones, A.H.M. *A History of Rome Through the Fifth Century.* New York: Harper & Row, 1968.

Magie, David. *Roman Rule in Asia Minor.* Princeton: Princeton University Press, 1950.

Marsh, Frank B. *A History of the Roman World from 146 B.C. to 30 B.C.* Revised by H.H. Scullard. 3d ed. London: Methuen, 1953.

McDonald, Alexander H. *Republican Rome.* New York: Praeger, 1966.

Millar, Fergus. *The Roman Near East 31 B.C.-A.D. 337.* Cambridge Mass.: Harvard University Press, 1993.

Salmon, Edward T. *A History of the Roman World from 30 B.C. to A.D. 138.* 6th ed. London: Methuen, 1968.

Scullard, Howard H. *A History of the Roman World from 753 B.C. to 146 B.C.* 3d ed. London: Methuen, 1961.

Starr, Chester G. *A History of the Ancient World.* 3d ed. New York: Oxford University Press, 1983.

__________. *The Roman Empire: 27 B.C. to A.D. 476.* New York: Oxford Press, 1982.

B. Archaeology and the New Testament 신약과 고고학

Batey, Richard. *Jesus and the Forgotten City: New Light on Sepphoris and the Urban World of Jesus.* Grand Rapids, MI: Baker Book House, 1991.

Biers, William R. *The Archaeology of Greece: An Introduction.* Rev. ed. Ithaca, NY: Cornell University Press, 1994.

Charlesworth, James H. *Jesus within Judaism: New Light From Exciting Archaeological Discoveries.* New York: Doubleday, 1988.

Finegan, Jack. *The Archaeology of the New Testament: The Life of Jesus and the Beginnings of the Early Church.* Rev. ed. Princeton: Princeton University Press, 1992.

__________. *The Archaeology of the New Testament: The Mediterranean World of the Early Christian Apostles.* Boulder, CO.: Westview Press, 1981.

Gill, David W. and Gempf Conrad, eds. *The Book of Acts in its First Century Setting.* Vol. 2, Graeco-Roman Setting. Grand Rapids, MI: Eerdmans, 1994.

Hemer, Colin J. *The Letters to the Seven Churches of Asia in Their Local Setting.* Sheffield, England: JSOT, 1986.

Horsley, Richard A. *Archaeology, History, and Society in Galilee: The Social Context of Jesus and the Rabbis.* Valley Forge, PA: Trinity Press, 1996.

McCray, John. *The Archaeology of the New Testament.* Grand Rapids, MI: Baker, 1991.

Meyers, Eric M. and James F. Strange. *Archaeology, the Rabbis, and Early Christianity.* Nashville: Abingdon, 1981.

O'Connor, Jerome Murphy. *The Holy Land: An Archaeological Guide from the Earliest Times to 1700.* 2d ed. New York: Oxford University Press, 1986.

Rousseau, John J. and Rami Arav. *Jesus and His World: An Archaeological and Cultural Dictionary.* Minneapolis: Fortress Press, 1995.

Shanks, Hershel and Dan. P. Cole, ed. *Archaeology and the Bible: The Best of BAR. Vol 2 Archaeology in the World of Herod, Jesus, and Paul.* Washington: Biblical Archaeology Society, 1990.

Yamauchi, Edwin. *The Archaeology of New Testament Cities in Western Asia Minor.* Grand Rapids, MI: Baker, 1980.

C. Qumran and The Dead Sea Scrolls 쿰란과 사해 두루마리

사해 두루마리에 대한 참고 도서는 매우 광범위하다. 아래의 참고 도서는 이 중에 아주 적은 부분을 선정하여 소개하였다.

Charlesworth, James H., ed. *Jesus and the Dead Sea Scrolls: The Controversy Resolved.* New York: Doubleday, 1992.

Cook, Edward M. *Solving the Mysteries of the Dead Sea Scrolls.* Grand Rapids, MI: Zondervan, 1994.

Cross, Frank Moore. *The Ancient Library of Qumran & Modern Biblical Studies.* Rev. ed. Grand Rapids, MI: Baker Book House, 1980.

Schiffman, Lawrence H., ed. *Archaeology and History in the Dead Sea Scrolls.* Sheffield: JSOT Press, 1990.

__________. *Reclaiming the Dead Sea Scrolls: The History of Judaism, the Background of Christianity, and the Lost Library of Qumran.* Philadelphia: Jewish Publication Society, 1994.

Ulrich, Eugene and James VanderKam ed. *The Community*

of the Renewed Covenant: The Notre Dame Symposium on the Dead Sea Scrolls. Notre Dame, Indiana: University of Notre Dame Press, 1994.

Vermes, Geza. *The Dead Sea Scrolls: Qumran in Perspective*. 3d ed. Rev. Philadelphia: Fortress, 1981.

__________. *The Dead Sea Scrolls in English*. 4th ed. Rev. and ext. New York: Penguin Books, 1995

D. Selected Aspects of The World of Jesus and The Early Apostles 예수와 사도들에 대한 선별된 관점

Ferguson, John. *The Religions of the Roman Empire*. Britain: Thames and Hudson, 1970.

Grant, Michael. *The World of Rome*. New York: The New American Library, 1960.

Green, Joel B., Scott McKnight, and I. Howard Marshall, eds. *Dictionary of Jesus and the Gospels*. Downers Grove, IL: InterVarsity Press, 1992.

Hawthorne, Gerald F., Ralph P. Martin, and Daniel G. Reid, eds. *Dictionary of Paul and His Letters*. Downers Grove, IL: InterVaristy Press, 1993.

Jeremias, Joachim. *Jerusalem in the Time of Jesus: An Investigation into the Economic and Social Conditions During the New Testament Period*. Philadelphia: Fortress, 1969.

Keener, Craig S. *The IVP Bible Background Commentary: New Testament*. Downers Grove, IL: InterVarsity Press, 1993.

Malherbe, A.J. *Social Aspects of Early Christianity*. Baton Rouge, LA: Louisiana State University Press, 1977.

Malina, B.J. *The New Testament World: Insights from Cultural Anthropology*. Atlanta: John Knox, 1981.

Matthews, Victor H. *Manners and Customs in the Bible: An Illustrated Guide to Daily Life in Bible Times*. Peabody, Mass: Hendrickson, 1988.

Meeks, W.A. *The First Urban Christians: The Social World of the Apostle Paul*. New Haven: Yale University Press, 1983.

Millard, Alan. *Discoveries from the Time of Jesus*. Oxford: Lion Publishing Co., 1990.

Murphy-O'Connor, Jerome. S.V. St. *Paul's Corinth: Texts and Archaeology*. Good News Studies 6. Wilmington, DE: Michael Glazier, 1983.

Sherwin-White, Adrian N. *Roman Society and Roman Law in the New Testament*. Oxford: Clarendon Press, 1963; reprint, Grand Rapids: Baker, 1992.

Stephens, William H. *The New Testament World in Pictures*. Nashville: Broadman Press, 1987.

E. Jerusalem Old and New Testament 예루살렘 신 구약

Avigad, Nahman. *Discovering Jerusalem*. Nashville: Thomas Nelson, 1983.

Bahat, Dan and Chaim T. Rubinstein. *The Illustrated Atlas of Jerusalem*. Translated by Shelomo Ketko. New York: Simon and Schuster, 1989.

Ben-Dov, Meir. *In the Shadow of the Temple: The Discovery of Ancient Jerusalem*. Translated by Ina Friedman. New York: Harper and Row, 1985.

Geva, Hillel, ed. *Ancient Jerusalem Revealed*. Jerusalem: Israel Exploration Society, 1994.

Jeremias, Joachim. *Jerusalem in the Time of Jesus*. Translated by F.H. and C.H. Cave. Philadelphia: Fortress Press, 1975.

Mare, W. Harold. *The Archaeology of the Jerusalem Area*. Grand Rapids, MI: Baker, 1987.

Ritmeyer, Kathleen and Leen Ritmeyer. "Reconstructing Herod's Temple Mount in Jerusalem." *BAR* 15 (Nov/Dec, 1989): 23-53.

Shiloh, Yigael. *Excavations at the City of David. Qedem* Vol. 19. Jerusalem: Hebrew University, 1984.

F. The Early Church 초기 교회

Ferguson, Everett, Michael P. McHugh, and Frederick W. Norris, eds. *The Encyclopedia of Early Christianity*. New York and London: Garland Publishing Co., 1990.

Snyder, Graydon F. *Ante Pacem: Archaeological Evidence of Church Life Before Constantine*. Macon, GA: Mercer University Press, 1985.

Tsafrir, Yoram, ed. *Ancient Churches Revealed*. Jerusalem: Israel Exploration Society, 1993.

정기간행물에 대한 참고 | 정기간행 문헌은 위의 참고 도서 목록에 포함시키지 않았다. 이 성서 지도책의 주제에 관련된 정보를 담고 있는 전문적인 논문들과 덜 전문적인 잡지들의 목록은 아주 길다. 하지만 이 성경을 배우기 원하는 독자들에게 필요한 주제를 다루고 있는 잡지는 많지 않다. 특별히 참고할 만한 것은 성서고고학협회 Biblical Archaeology Society 에서 발간하는 성서고고학비평 Biblical Archaeology Review 과 성서비평 Bible Review, 미국의 동양연구학회 American Schools of Oriental Research 에서 발간하는 성서고고학 Biblical Archaeologists, 테네시 주 내쉬빌에 있는 남침례교의 라이프웨이 Lifeway 기독교 자료국에서 출간하는 성서 도해 Biblical Illustrator 등이다.

Index of People and Places | 인명과 지명 색인

이 색인은 본문에 언급된 대부분의 지명들_{나라, 지역, 장소, 지형}과 인명들을 포함하고 있다. 지도에 나와 있는 지명들에 대한 참고는 지도 지명 색인에서 더 찾아 볼 수 있다.

가

가나 Cana 17, 231

가나안 Canaan 34, 35, 39, 43, 45, 46, 47, 48, 49, 51, 54, 56, 57, 59, 60, 61, 65, 66, 67, 74, 75, 79, 81, 82, 83, 84, 87, 92, 94, 96, 97, 98, 99, 126, 129, 131, 134

가나안 사람, 족속 Canaanite 42, 46, 56, 60, 79, 84, 85, 89, 91, 92, 94, 95, 97, 105, 115, 116, 125, 131

가다라 Gadara 206, 230, 234, 249

가데스 바네아 Kadesh-barnea 20, 71, 72, 73, 74, 75, 95, 120

가드 Gath 14, 92, 98, 100, 103, 104, 109, 129, 139

가레아의 아들 요하난 Johanan ben Kareah 164

가르나임 Karnaim 11, 143, 177

가말라 Gamala 270

가말리엘 Gamaliel 222, 252

가말리엘 2세 Gamaliel I 284

가버나움 Capernaum 22, 231, 232, 234

가사 Gaza 10, 14, 20, 57, 92, 97, 99, 111, 143, 146, 184, 187, 189, 193, 194, 206, 249, 253

가우가멜라 Gaugamela 185

가우다 Cauda 264

가울라니티스 Gaulanitis 25, 209, 249

가이사랴 마리티 Caesarea Maritima 14, 209, 211, 219, 251, 252, 253, 261, 263, 264, 269, 283, 285

가이사랴 빌립보 Caesarea Philippi 21, 218, 219

가이우스 그락쿠스 Gaius Gracchus 202

가이우스 칼리굴라 Gaius Caligula 246

가자라 Gazara 구약에 나오는 게셀(세멜라 지역)로 헬라시대 지명임. 마카베오 상 9:52; 13:43; 14:34 – 편집자 주 193

간다게 Candace 253

갈골 Karkor 97

갈그미스 Carchemish 8, 48, 65, 81, 129, 137, 156, 157, 158, 159, 160

갈대 바다 Sea of Reeds 70, 71, 73

갈대아 사람 Chaldean(s) 136, 142, 146, 154, 156, 158, 160, 165

갈라 Calah 6, 133, 137, 152

갈라디아 Galatia 204, 256, 259, 261

갈렙 Caleb 75

갈렙 족속 Calebite 92

갈리아 Gallia 골 Gaul 200, 204, 217, 249, 288

갈리아 전쟁 Gallic Wars 202

갈리오 Gallio 261, 267

갈릴리 Galilee 11, 12, 16, 21, 22, 67, 84, 85, 89, 111, 120, 160, 194, 206, 207, 217, 219, 226, 228, 229, 230, 231, 232, 233, 234, 237, 245, 249, 251, 269, 270, 283, 284, 285, 286

갈릴리 바다 Sea of Galilee 11, 21, 61, 84, 109, 207, 219, 231, 232, 233, 270

갈멜 Carmel 마을 Village 104

갈멜 산 Mount Carmel 12, 14, 16, 89, 91, 95, 134, 135, 138, 211

갈바 Galba 270, 274

갑돌 Caphtor 98

갑바도기아 Cappadocia 252, 287

갓 Gad 25, 77, 87, 91

게네사렛 평원 Plain of Gennesaret 21, 232

게네사렛 호수 Lake Gennesaret 21

게달 아랍 족속 Kedarite Arabs 177

게데스 Kedesh 92, 143

게라사 Gerasa 206, 234

게르마니쿠스 Germanicus 246

게르손 자손 Gershonite 89

게바 Geba 103, 127, 158

게셀 Gezer 28, 29, 42, 46, 47, 61, 112, 113, 133, 177, 178, 193

게셈 Geshem 177, 178, 179

게시우스 플로루스 Gessius Florus 252, 269

겐 사람, 족속 Kenite 92, 96

겐그레아 Cenchreae 261, 266, 267

겟세마네 Gethsemane 244, 245

고넬료 Cornelius 253

고라 Korah 75

고라신 Chorazim 231

고레스 원통 비문 Cyrus Cylinder 170, 171, 174

고레스 Cyrus 166, 167, 169, 170, 171, 174, 176

고린도 Corinth 201, 247, 260, 261, 262, 263, 266, 267

고린도 만 Gulf of Corinth 266

고멜 Gomer 144, 154

고모라 Gomorrah 49, 50

고산 Gozan 143, 146

고센 Goshen 6, 54, 70, 71

고스 Cos 263

고프나 Gophna 270

고프나 산지 Gophna Hills 191

고핫 자손 Kohathite 89

골고다 Golgotha 245

골로새 Colossae 278

골리앗 Goliath 19, 99, 103

구다 Cutah Cuthah 143

구레네 Cyrene 202, 287

구레뇨 Quirinius 226

구스 Cush 35

구에 Kue 112

구에 Que Kue 112, 129

구티 Guti 37

구티 사람 Gutian 39

군 Cun 109

그나스 족속 Kenazzite 드빌 지역에 거주 삿 1:11-13 – 편집자 주 92

그달리야 Gedeliah 78, 163

그랄 Gerar 51, 177

그렛 족속 Cherethite 98

그리스 Greece 26, 30, 39, 98, 168, 169, 171, 172, 173, 178, 179, 180, 181, 182, 184, 185, 186, 187, 189, 198, 201, 203, 246, 249, 255, 256, 260, 263, 266

그리심 산 Mount Gerizim 18, 193, 234

그모스 Chemosh 78, 114, 127

그발 Gebal 비블로스 Byblos 10, 87, 118

그발 강 Chebar River 164, 167

그비라 Chephirah 83

그술 Geshur 129

그술 족속 사람 Geshurite 91, 104

그일라 Keilah 103, 178

글라피라 Glaphyra 217

기게스 Gyges 168

기드론 골짜기 Kidron Valley 115, 149, 239,

240, 244

기드온 Gideon 94, 96, 97

기럇 아르바 Kiriath-arba 50

기럇 여아림 Kiriath-jearim 83, 107

기르가스 족속 Girgashite 39

기르스 사람 Girzite 삼상 27:8에 나오는 기르스 사람은 히브리어 맛소라 사본의 음역을 따른 것으로 우리말 번역(개역, 개정, 공동역, 공동개정, 표준역, 표준역개정)과 NRSV, NIV, NJB가 따른다. 다른 한편으로 헬라어 칠십인역은 Gesirites, '기스르 사람'으로 번역하고 있으며 이를 따르는 번역은 JPS, KJV이다) Girzite 원문 Gizite는 이 책이 따르는 NRSV에 따른다면 Girzite가 맞으므로 'r' 이 빠진 오타로 보임 — 편집자 주 104

기브아 Gibeah 101, 103

기브온 Gibeon 30, 83, 84, 91, 103, 106, 133

기손 강 Kishon River 16, 89, 94, 96

기스칼라 Gischala 270

기스칼라의 요한 John of Gischala 270, 272

기자 Giza 40

기혼 강 Gihon River 35

기혼 샘 Gihon Spring 107, 116, 117, 148, 149, 178, 240

긴네렛 바다 Sea of Chinnereth 21, 89, 91

길가메쉬 서사시 Gilgamesh Epic 5, 43, 44

길갈 Gilgal 82, 101, 103, 134

길로 Giloh 85

길르앗 Gilead 18, 24, 25, 51, 77, 78, 91, 97, 103, 120, 134, 143, 177

길르앗 라못 Ramoth-gilead 11, 92, 131, 135

길리기아 관문 Cilician Gates 8, 258

길리기아 평원 Cilician Plain 8, 255, 258

길리기아 Cilicia 112, 138, 255, 280

길보아 Gilboa 길보아 산지 Gilboan Mountains 18

길보아 산 Mount Gilboa 14, 89, 105

나

나르메르 Narmer 39

나르보넨시스 Narbonensis 204

나바테아 사람 Nabatea 20, 25, 78, 129, 194, 217, 254, 279

나발 Nabal 104

나병환자 시몬 Simon the Leper 238, 244

나보니두스 Nabonidus 170

나보폴라사르 Nabopolassar 154, 155, 156, 158, 165, 166

나봇 Naboth 128, 134, 135

나사렛 Nazareth 12, 17, 217, 226, 227, 228, 229, 231

나사로 Lazarus 238, 243

나아만 Naaman 9, 135

나이리 Nairi Lands 136

나인 Nain 233

나일 Nile 3, 7, 8, 39, 53, 59, 61, 63, 71, 186

나투피아 Natufian 문화 Culture 35

나폴리 만 Gulf of Naples 265

나하르 알 바니야스 Nahr al-Baniyas 21

나하르 알 카디 Nahr al-Qadi 21

나하르 알 하스바니 Nahr al-Hasbani 21

나하르 에즈 제르카 Nahr ez-Zerka 25

나하스 Nahash 78, 101, 109

나할 제엘림 Nahal Zeelim 285

나할 헤베르 Nahal Hever 285

나홀 Nahor 48, 129

네게브 Negeb 12, 19, 20, 23, 47, 49, 50, 51, 75, 78, 79, 84, 92, 121, 127

네로 Nero 247, 249, 251, 265, 269, 274, 275, 276, 278

네르바 Nerva 279

네압볼리 Neapolis 259

노 아몬 No-amon 테베 Thebes 7, 57, 160

노아 Noah 39

놉 Nob 103

누가 Luke 259

누비아 Nubia 23, 25, 35, 45, 56, 146

누세이르예 산맥 Nuseiriyeh Mountains 8

누지 문서 Nuzi Texts 56, 63

느고 2세 Neco II 156, 158

느보 산 Mount Nebo 78

느부갓네살 Nebuchadnezzar 78, 118, 150, 156, 157, 159, 160, 161, 163, 165, 167, 176, 178

느부사라단 Nebuzaradan 164

느헤미야 Nehemiah 174, 175, 177, 178, 179, 187, 239

니고데모 Nicodemus 238

니느웨 Nineveh 6, 35, 143, 146, 149, 152, 153, 155, 156, 160

니므롯 Nimrud 6, 133, 137

니카노르 Nicanor 191, 243

니케아 Nicaea 288

니푸르 Nippu 38, 162, 164

다

다곤 Dagon 99, 100

다니엘 Daniel 159

다단 Dathan 75

다드몰 Tadmor 팔미라 Palmyra 9, 11, 114, 175

다드몰 오아시스 Tadmor Oasis 48

다르브 엘 하지 Darb el-Hajj 72

다리오 1세 Darius I 167, 171, 172, 176

다리오 3세 Darius III 183

다말 Tamar 114

다메섹 Damascus 9, 10, 11, 24, 48, 84, 87, 91, 109, 114, 125, 128, 129, 131, 133, 134, 135, 138, 139, 143, 145, 206, 210, 230, 239, 254, 255

다바네스 Tahpanhes 165

다볼 산 Mount Tabor 14, 89, 94, 96, 233, 270

다비다 Tabitha 253

다소 Tarsus 255

다아낙 Taanach 91

다윗 David 12, 19, 20, 22, 32, 78, 79, 81, 85, 87, 89, 91, 92, 103, 104, 105, 106, 107, 109, 111, 112, 114, 116, 117, 118, 120, 121, 123, 125, 127, 129, 130, 145, 149, 158, 162, 176, 178, 222, 224, 226, 239

다키아 Dacia 279

다합 Dahab 72

단 Dan 11, 21, 46, 47, 92, 98, 99, 120, 125, 126, 129, 133

더베 Derbe 257

데가볼리 Decapolis 25, 32, 129, 206, 217, 230, 233

데라 Terah 48

데마 Tema 170

데만 Teman 78

데메트리오스 1세 Demetrius I 185, 191

데메트리오스 2세 Demetrius II 192

데메트리오스 3세 Demetrius III 194

데메트리오스 폴리오르케테스 Demetrius Poliorcetes 185

데살로니가 Thessalonica 259, 264, 267

데이르 엘 바리 Deir el-Bahri 59

데키우스 Decius 288

델 멜라 Tel-melah 165

델 아비브 Tel-abib 165, 167

델 하르사 Tel-harsha 165

도단 Dothan 91

도라 Dora 194, 206

도르가 Dorcas 253
도리스 Doris 209, 210
도미티아누스 Domitian 268, 274, 276, 277, 279
도비야 Tobiah 177, 178, 179
도이 Toi 109
독 Dok 193
돌 Dor 14, 91, 131, 143, 177
돌 평원 Plain of Dor 14
돌라 Tola 89
돌레마이 Ptolemais 12, 187, 207, 229, 263, 269
동쪽 므낫세 East Manasseh 25, 77, 87, 91
두란노 Tyrannus 262
두로 Tyre 10, 11, 12, 89, 95, 107, 112, 118, 128, 131, 134, 137, 154, 161, 167, 177, 184, 229, 233, 263, 280
두로의 사닥다리 Ladder of Tyre 12
두아디라 Thyatira 259, 277, 278
드다 Theudas 251
드라고닛 Trachonitis 25, 218, 249
드로아 Troas 259, 263
드루실라 Drusilla 264
드보라 Deborah 16, 85, 89, 92, 94, 96
드빌 Debir 84, 92
들릴라 Delilah 99
디글랏 빌레셀 3세 Tiglath-pileser III 129, 139, 142, 143, 144, 145
디나 Dinah 92
디르사 Tirzah 18, 91, 120, 128
디르하가 Tirhakah 151, 154
디모데 Timothy 259, 260, 267
디베랴 Tiberias 도시 City 231, 232, 283
디베랴 바다 Sea of Tiberias 21
디본 Dibon 11, 25, 78, 91, 127
디브핫 Tibhath 109
디사합 Dizahab 72
디알라 강 Diyala River 4
디오 카시우스 Dio Cassius 276
디오니시우스 Dionysius 260, 266
디오케사레아 Diocaesarea 세포리스 Sepphoris 283
디오클레티아누스 Diocletian 288
디온 Dion 259
디움 Dium 206
딤나 Timna 23

딤나 Timnah 19, 26, 92, 99, 100, 149, 163

라

라가시 Lagash 38
라기스 Lachish 19, 83, 84, 92, 100, 119, 145, 149, 151, 153, 161, 163
라기스 서신 Lachish Letters 161
라르사 Larsa 43
라마 Ramah 100, 101, 103, 127
라맛 라헬 Ramat Rahel 133, 163
라맛 마트레드 Ramat Matred 114
라반 Laban 51
라스 샴라 Ras Shamrah 우가릿 Ugarit 95
라암셋 Raamses 도시 City 6, 67, 71, 72
라오디게아 Laodicea 277, 278
라이스 Laish 46, 92, 125
라피아 Raphia 189, 194, 283
라헬 Rachel 51, 52
람세스 1세 Rameses I 59
람세스 2세 Rameses II 59, 60, 61, 63, 66, 67, 68
람세스 3세 Rameses III 55, 79, 80, 81, 97
람세스 4세 Rameses IV 63
랍바 Rabbah 암몬 족속의 랍바 Rabbah bene Ammon 25, 78, 97, 109, 188
랍비 아키바 Rabbi Akiba 285
랍비 요하난 벤 자카이 Rabbi Johanan ben Zakkai 283
레그마 호수 Lake Rhegma 255
레기온 Rhegium 265
레바논 Lebanon 3, 8, 9, 10, 21, 63, 79, 109, 113, 112, 118, 129, 131
레반트 Levant 지중해 연안 지역 3, 8, 45, 52, 56, 67, 78, 79, 80, 81, 95, 112, 120, 128, 127, 129, 130, 131, 135, 138, 147, 151, 154, 156, 159
레셈 Leshem 92
레아 Leah 51
레케움 Lechaeum 266
레크미레 Rekhmire 53, 65
로도 Rhodes 39, 209, 210, 263
로마 Rome 26, 30, 125, 129, 131, 180, 189, 190, 193, 194, 192, 198, 200, 201, 202, 203, 204, 205, 206, 207, 209, 210, 211, 215, 217, 218, 219, 221, 228, 231, 233, 234, 237, 239, 240, 241, 242, 243, 245, 246, 247, 249, 251, 252, 253, 254, 255, 256, 259, 260, 261, 262, 263, 264, 265,

266, 267, 268, 269, 270, 272, 273, 274, 275, 276, 277, 279, 280, 282, 283, 284, 285, 286, 287, 288
로물루스 Romulus 198
롯 Lot 50
루가오니아 Lycaonia 256, 257
루갈작게시 Lugalzagessi 39
루그두눔 Lugdunum 218
루기아 Lycia 264
루스드라 Lystra 256, 257, 259
루킬루스 밧수스 Lucillus Bassus 273
룩소르 Luxor 8, 59, 63
룻 Ruth 25, 78
룻다 Lydda 253, 269
르바임 골짜기 Valley of Rephaim 109
르보 하맛 Lebo-hamath 75, 87, 129
르보나 비탈 Ascent of Lebonah 191
르비딤 Rephidim 71, 74
르신 Rezin 129, 143
르우벤 Reuben 23, 25, 77, 78, 87, 91
르호보암 Rehoboam 78, 121, 123, 126, 127
루디아 Lydia 인명 259, 278
리디아 Lydia 지명 168
리브가 Rebekah 51
리블라 Riblah 156, 161
리비아 Livia 205
리비아스 Livias 218
리산 반도 Lisan Peninsula 22, 50
리시마쿠스 Lysimachus 268
리시아스 Lysias 191
리타니 강 Litani River 10, 89
립나 Libnah 84, 151

마

마그네시아 Magnesia 189, 201
마길 Machir 91, 94
마라 Marah 73
마라톤 Marathon 171
마루스 Marus 251
마르다 Martha 나사로의 누이 Sister of Lazarus 238, 243
마르둑 Marduk 44, 153, 166
마르쿠스 아그립바 Marcus Agrippa 266
마르쿠스 아우렐리우스 Marcus Aurelius 279, 282
마르크 안토니우스 Mark Antony 203,

207, 209, 242, 259

마리 Mari 9, 11, 43, 44, 46, 65

마리 문서 Mari Texts 47, 63, 84, 125

마리아 Mary 예수의 어머니 Mother of Jesus 217, 226, 227, 228

마리아 Mary 나사로의 누이 Sister of Lazarus 238, 243, 244

마리암네 Mariamne 209, 241, 249

마리우스 Marius 202

마므레 Mamre 50, 52

마사다 Masada 23, 207, 212, 213, 273

마술사 시몬 Simon the Magician 252

마아가 Maacah 109, 129

마아갓 족속 Maacathite 91

마온 Maon 103

마케도니아 Macedon, Macedonia 183, 201, 259, 260, 262, 269

마캐루스 Machaerus 212, 234, 273

마하나임 Mahanaim 52, 91, 106

막달라 Magdala 22, 231, 270

막벨라 Machpelah 51

막센티우스 Maxentius 288

만다네 Mandane 169

말레아 곶 Cape of Malea 266

말타케 Malthace 217

맛다니야 Mattaniah 161

마타티아스 Mattathias 191, 192, 193

망대 못 Tower's Pool 240

메네스 Menes 39

메대 Media 143, 146, 155, 168, 169, 176, 252

메드바 Medeba 78, 91, 109, 193

메디네트 하부 Medinet Habu 79, 98

메론 산 Mount Meron 17

메론 산지 Meron Mountains 89

메르넵타 Merneptah 59, 61, 68

메르넵타 비문 Merneptah Stele 55, 60, 67

메사 Mesha 78, 127, 131

메사 석비 Mesha Stele 131

메소포타미아 Mesopotamia 3, 4, 5, 6, 7, 8, 10, 11, 34, 35, 36, 37, 38, 39, 41, 42, 43, 44, 45, 46, 47, 48, 51, 63, 80, 95, 120, 129, 133, 135, 146, 154, 156, 158, 168, 184, 188, 201, 206, 227, 279, 280, 288

메안데르 골짜기 Meander Valley 262

멘잘레 호수 Lake Menzaleh 71, 73

멜기세덱 Melchizedek 50, 116

멜리테네 Melitene 288

멤피스 Memphis 39, 56, 61, 154, 165

멧살리나 Messalina 247

모레 산 Hill of Moreh 14, 105

모레셋 Moresheth 145, 149

모리아 산 Mount Moriah 116, 118

모리타니아 Mauretania 247

모세 Moses 6, 41, 56, 66, 68, 70, 71, 72, 73, 74, 75, 76, 77, 78, 79, 89, 91, 92, 179, 191, 221, 237

모압 Moab 24, 25, 71, 75, 76, 77, 78, 79, 81, 82, 91, 92, 94, 97, 103, 109, 112, 114, 120, 127, 130, 131, 135, 147, 160, 177

모압 비문 Moabite Stone 78, 126, 127

몰타 Malta 264

못 Mot 95

몽스 카시우스 Mons Cassius 8

무라 Myra 264

무르실리스 Mursilis I 43

무시아 Mysia 259

무왓탈리스 Muwattalis 61

므깃도 Megiddo 10, 14, 16, 26, 42, 46, 56, 91, 100, 113, 119, 133, 135, 143, 152, 156, 158, 177

므나헴 Menahem 142

므낫세 Manasseh 17, 18, 24, 25, 77, 87, 89, 91, 92, 96, 120, 145, 150, 153, 154, 157, 158

므라리 자손 Merarite 89

므로닥 발라단 Merodach-baladan 148

미가 Micah 120, 144, 145, 149

미디안 사람 Midian, Midianites 71, 92, 94, 96, 97

미리암 Miriam 66, 74, 75

미사엘 Mishael 159

미쇼르 Mishor 25

미스바 Mizpah 18, 51, 91, 97, 101, 127, 164, 177, 178

미케네 Mycenae 84, 98, 99, 265

미탄니 Mitanni 56, 57, 59, 65, 79, 84

미항 Fair Havens 264

믹돌 Migdol 73, 165

믹마스 Michmash 103, 192

밀곰 Milcom 78, 114

밀레도 Miletus 263, 278

바나바 Barnabas 252, 255, 256, 257, 258

바다 사람들 Sea People 79, 81, 97, 98

바다라 Patara 263

바대 사람 Parthia, Parthian 201, 202, 203, 206, 207, 209, 218, 251, 252, 279, 282

바드로스 Pathros 165

바디매오 Bartimaeus 237

바디얏 엣티 Badiyat et-Tih 70

바라다 강 Barada River 9

바락 Barak 89, 94

바란 Paran 71

바란 광야 Wilderness of Paran 20, 74, 75

바루스 Varus 217

바르발 강 Pharpar River 9, 129

바리새파 Pharisee 191, 193, 194, 221, 222, 223, 252, 254, 273, 283, 284

바벨 Babel 38

바벨론 Babylon 3, 4, 6, 11, 26, 43, 44, 45, 78, 120, 136, 137, 141, 143, 146, 148, 154, 156, 158, 159, 160, 162, 164, 165, 166, 167, 170, 172, 175, 185

바보 Paphos 256

바빌로니아 Babylonia 바빌로니아 사람 Babylonian 6, 35, 39, 43, 44, 45, 131, 136, 146, 153, 154, 156, 157, 158, 160, 161, 162, 163, 164, 165, 166, 167, 168, 170, 174, 177, 181, 185, 188

바산 Bashan 16, 24, 77, 91

바아사 Baasha 78, 89, 128, 129, 131

바알 멜카르트 Baal Melqart 95, 131

바알 Baal 8, 65, 92, 95, 126, 131, 132, 134, 135, 153, 157

바알랏 Baalah 113

바알랏 브엘 Baalath-beer 114

바알주의 바알 숭배 Baalism 120, 128, 130, 131, 132, 134

바알벡 Baal-bek 10

바알브올 Baal of Peor 78

바알세붑 Baal-zebub 99, 131

바알스본 Baal-zephon 73, 131

바에티카 Baetica 204

바울 Paul 221, 246, 247, 249, 251, 252, 255, 256, 257, 258, 259, 260, 261, 262, 263, 264, 265, 266, 267, 268, 277, 278, 286

바키데스 Bacchides 191, 192

바타네아 Batanea 25, 209, 218, 249

반 호수 Lake Van 136

발라 Balah 69

바

발락 Balak 77

발람 Baalam 77, 78

발리크 강 Balikh River 4, 6, 48, 129

밥 에드 드라 Bab ed-Dhra 50

밧단 아람 Paddan-aram 48, 51

밧세바 Bathsheba 109

백나일 White Nile 8, 35

버가 Perga 256, 257

버가모 Pergamum 201, 277, 278

버니게 Bernice 아그립바 1세의 어머니 Mother of Agrippa I 249

버니게 Bernice 아그립바 2세의 누이 Sister of Agrippa II 251, 276

베가 Pekah 129, 143

베냐민의 안장 Saddle of Benjamin 18, 91

베니 하산 Beni-Hasan 53

베다 Betah 109

베다니 Bethany 229, 238, 243, 244, 245

베데르 Bether 285

베데스다 Bethesda 238, 239, 240, 243

베드로 Peter 222, 232, 244, 249, 251, 252, 253, 255, 258

베들레헴 Bethlehem 18, 52, 83, 92, 103, 210, 226, 227, 240

베레아 Perea 25, 209, 217, 229, 233, 234, 235, 249, 251, 270, 283

베로대 Berothai 109

베뢰아 Berea 259, 260

베섹 Bezek 91

베셀 Bezer 92

베스다 Bezetha 116, 239

베스도 Festus 252, 264

베스파시아누스 Vespasian 211, 269, 270, 272, 273, 274, 275, 276, 279, 283

베이루트 Beyrutus 10, 251

베카 골짜기 Beqa Valley 8, 10, 129

베토가브리스 Betogabris 253

베히스툰의 비문 Behistun Stone 171

벤 암미 Ben Ammi 78

벤하닷 1세 Ben-hadad I 128, 129

벤하닷 2세 Ben-hadad II 131

벧 구브린 Beth-guvrin 253

벧 느토파 골짜기 Beth Netofa Valley 17

벧 다곤 Beth-dagon 149

벧 르홉 Beth-rehob 109, 129

벧 바라 Beth-barah 96

벧 세메스 Beth-shemesh 89, 100

벧 세아림 Beth-shearim 284

벧 아낫 Beth-anath 89

벧 아웬 Beth-aven 125

벧 에덴 Beth-eden 129, 135, 137

벧 예라 Beth-yerah 42, 188

벧 케림 골짜기 Beth Kerem Valley 17, 229

벧 학간 Beth-haggan 135

벧산 Beth-shan 11, 14, 22, 32, 57, 59, 61, 85, 89, 91, 99, 100, 105, 111

벧 술 Beth-zur 18, 178

벧엘 Bethel 18, 47, 49, 50, 51, 52, 83, 91, 94, 95, 101, 120, 125, 126, 134, 144, 158

벨기카 Belgica 204

벨렉 Peleg 39

벨릭스 Felix 252, 263, 264

벨사살 Belshazzar 166, 170

벳새다, 벳새다 율리아스 Bethsaida, Bethsaida-Julias 22, 218, 232

보가즈코이 Bogazkoy 63

보디발 Potiphar 53

보디올 Puteoli 265

보르기오 베스도 Porcius Festus 264

보블리오 Publius 265

보스라 Bozrah 78

보스트라 Bostra 279

보에투스 Boethus 222

본도 Pontus 202, 252, 287

본디오 빌라도 Pontius Pilate 211, 215, 219, 240

뵈닉스 Phoenix 264

부논 Punon 23, 77

부루스 Burrus 247

부바스티스 Bubastis 6

불 Pul 디글랏빌레셀 3세 Tiglath-pileser III 139

브네 브락 Bene-berak 149

브누엘 Penuel 페니엘 Penie 52, 96

브돌 Pethor 48

브루기아 Phrygia 259, 278

브루투스 Brutus 203

브리스 족속 Perizzite 39, 79

브리스길라 Priscilla 247, 260, 261, 267

브에롯 Beeroth 83

브엘 라헤 로이 Beer-lahai-roi 50

브엘세바 Beer-sheba 19, 20, 27, 36, 50, 51, 54, 75, 100, 114, 134, 158

블레셋 사람 Philistia, Philistine 12, 14, 19, 72, 73, 79, 81, 92, 94, 97, 98, 99, 100, 101, 103, 104, 105, 106, 109, 111, 135, 139, 143, 153

블레셋 평원(야) Plain of Philistia 12

블레셋 평원 Philistine Plain 12, 14, 19, 147, 148, 156

비 하히롯 Pi-hahiroth 73

비돔 Pithom 6, 64, 67

비두니아 Bithynia 202, 259, 279, 287

비블로스 Byblos 그발 Gebal 10, 35, 87, 112, 118, 131

비손 강 Pishon River 35

비스가 Pisgah 78

비아 세바스테 Via Sebaste 256

비아 아피아 Via Appia 200, 265

비아 에그나티아 Via Egnatia 259

비아 캄파나 Via Campana 265

비엔나 Vienne 217

비옥한 초승달 지역 Fertile Crescent 3

비터 호수 Bitter Lakes 70, 71, 73

비텔리우스 Vitellius 221, 270

빌라델비아 Philadelphi 랍바 Rabbah 188, 194, 234, 277, 278

빌립보 Philippi 21, 203, 259, 260, 278

빌하 Bilhah 51

빗 아디니 Bit-Adini 129

빗 자마니 Bit-Zamani 129

사

사데 Sardis 168, 169, 171, 277, 278

사데의 밀레토 Mileto of Sardis 278

사도 빌립 Philip the Disciple 232

사독 Zadok 167, 222

사두개파 Sadducee 221, 222, 223, 273, 283

사라 Sarah 51

사로니코스 만 Saronic Gulf 266

사르곤 2세 Sargon II 143, 146

사르곤 대제 Sargon the Great 39

사르단 Zarethan 22

사르디니아 Sardinia 200

사르밧 Zarephath 134

사마라 Samarra 35

사마리아 Samaria 12, 16, 17, 18, 19, 25, 67, 91, 95, 120, 128, 131, 132, 133, 134, 135, 143, 145, 146, 158, 177, 178, 179, 184, 187, 192, 193, 207, 217, 219, 230, 233, 234, 249, 251, 252, 282, 283, 288

사말 Samal 81

사모드라게 Samothrace 259

사모스 해협 Samos Straits 263

사반 Shaphan 150, 164

사울 Saul이스라엘 왕 King of Israel 87, 92, 100, 101, 103, 104, 105, 106, 129

사울 Saul다소 출신 of Tarsus 222, 254

사이스 Sais 6, 154

사카라 Saqqarah 39

삭개오 Zacchaeus 237

산발랏 Sanballat 177, 178, 179

산헤립 Sennacherib 131, 145, 148, 149, 151, 153, 165

살라미 Salamis 172, 256

살렘 Salem 47, 50, 116

살로메 Salome헤로디아의 딸 Daughter of Herodius 218

살로메 알렉산드라 Salome Alexandra 194, 221

살림 Salim 229

살만에셀 3세 Shalmaneser III 129, 133, 135, 137, 138, 152

살만에셀 5세 Shalmaneser V 143

살모네 Salmone 264

삼니움 전쟁 Samnite Wars 200

삼메티쿠스 1세 Psammeticus I 154, 158

삼메티쿠스 2세 Psammeticus II 161

삼손 Samson 19, 92, 94, 99

상부 갈릴리 Upper Galilee 16, 21, 27, 84, 194, 229, 233

샤론 평원 Plain of Sharon 14

샤론 평원 Sharon Plain샤론 지역 Plain of Sharon 10, 14, 194

샤마쉬 슘 우킨 Shamash-shum-ukin 154

샤바코 Shabako 147

샴마이 Shammai 222

서기오 바울 Sergius Paulus 256

서머나 Smyrna 277, 288

세 여관 Three Taverns 265

세겜 Shechem 18, 46, 47, 49, 50, 52, 60, 63, 91, 92, 120, 123, 126, 132, 194, 283

세네 Seneh 103

세네카 Seneca 247

세라 Zerah 127

세라비트 엘 카딤 Serabit el-Khadim 68, 70, 73

세렛 강 Zered River 22, 24, 25, 76, 77, 78

세례 요한 John the Baptist 12, 217, 226, 228, 229, 231, 234, 237, 243

세론 Seron 191

세바스테 Sebaste 209, 219, 251, 256, 283

세스바살 Sheshbazzar 167, 174, 176

세이아누스 Sejanus 215, 219, 221

세일 Seir 25, 78

세일 산 Mount Seir 78

세티 1세 Seti I 60, 61, 63, 68, 84

세포리스 Sepphoris 17, 217, 218, 228, 231, 269, 283, 284

셀류코스 1세 Seleucus I 185, 188, 255

셀류코스 4세 Seleucus IV 189

셈 Shem 39

소고 Socoh 19, 148

소금 골짜기 Valley of Salt 109

소돔 Sodom 49, 50

소라 Zorah 92, 99

소렉 Sorek 19, 26, 92, 99, 100, 109, 149, 177

소아시아 Asia Minor 60, 169, 184, 185, 186, 188, 189, 201, 202, 255, 256, 258, 259, 261, 262, 264, 268

소알 Zoar 50

솔로몬 Solomon 9, 12, 65, 66, 68, 78, 79, 84, 89, 106, 107, 111, 112, 113, 114, 116, 118, 119, 120, 121, 123, 125, 127, 128, 129, 130, 132, 133, 178, 222, 238

솔로몬 못 Solomon's Pools 240

수가 Sychar 234

수르 길 Way to Shur 54

수메르 Sumer, Sumerian(s)사람 4, 6, 36, 37, 38, 39, 44, 45, 47, 57, 153

수사 Susa 154, 171, 179, 185

수에토니우스 Suetonius 247

숙곳 Succoth 22, 52, 54, 70, 73, 96

순교자 유스틴 Justin Martyr 288

술라 Sulla 202

쉐파람 Shefarim 284

쉐펠라 Shephelah 12, 19, 84, 92, 98, 99, 100, 109, 111, 145, 149, 177, 178, 253, 270

슈필루리우마 Shuppiluliuma 60, 65

스가랴 Zechariah세례 요한의 아버지 Father of John the Baptist 226

스가랴 Zechariah선지자 Prophet 167, 176

스닐 Senir 24

스닷 Zedad 87

스데반 Stephen 252, 256

스룩 Serug 48

스룹바벨 Zerubbabel 167, 176, 210, 241

스바 Sheba 112

스발와임 Sepharvaim 143

스보임 Zeboiim 50

스불라 Shephelah 쉐펠라를 보라

스알 야숩 Shear-jashub 145

스엡 Zeeb 96

스카우루스 Scaurus 206

스키타이 Scythian(s)족속 154, 160

스키토폴리스 Scythopolis벧산 Beth-shan 32, 193, 206, 229, 230, 234, 283

스키피오 아프리카누스 Scipio Africanus 200

스트라보 Strabo 213, 255, 267, 278

스트라토 망대 Strato's Tower 194, 206, 211

스트루티온 못 Struthion Pool 240, 242

스파르타 Sparta 171

스파르타쿠스 Spartacus 202

시글락 Ziklag 20, 104

시날 Shinar 36

시내 Sinai 3, 8, 10, 12, 14, 20, 41, 45, 52, 54, 56, 66, 68, 69, 70, 71, 72, 73, 74, 134, 177

시내 산 Mount Sinai 55, 70, 71, 72, 73, 74, 221

시누헤 Sinuhe 45

시돈 Sidon 10, 85, 112, 114, 130, 131, 134, 148, 154, 161, 177, 229, 233, 264

시드기야 Zedekiah 161, 167

시드키아 Sidqia 149

시라쿠사 Syracuse 265

시로 - 아라비아 사막 Syro-Arabian Desert 3, 8, 43

시룐 Sirion 24

시르디스 만 Syrtis Major 264

시르보니스 호수 Lake Sirbonis 70, 71

시리아 - 에브라임 전쟁 Syro-Ephraimite War 129, 142, 143, 145

시몬 Simon마타티아스의 아들 Son of Mattathias 191, 192, 193

시몬 바르 코세바 Simon bar 벤 Ben Kosebah 285

시몬 벤 기오라 Simon ben Giora 272

시삭 Shishak I 127

시스라 Sisera 94, 96

시칠리아 Sicily 200, 265

시혼 Sihon 77, 91

신 광야 이스라엘 – 편집자 주 Wilderness of Zin 20, 73, 75, 76

신 헷 족속 Neo-Hittite 79

실라 Silas 258, 259, 260, 267

실로 Shiloh 17, 18, 91, 100, 115

실로암 Pool of Siloam 149, 238, 240

실루기아 피에리아 Seleucia Pieria 256

실바 Zilpah 51

십 사람 Ziph, Ziphite 103, 104, 148

싯딤 Shittim 77, 82

아

아가데 Agade 39, 167

아가야 Achaia 260, 267

아간 Achan 83, 87

아굴라 Aquilla 247, 260, 261, 267

아그리피나 1세 Agrippina I 246

아그리피나 2세 Agrippina II 247

아기스 Achish 103, 104, 109

아나누스 2세 Ananus II 252

아나니아 Ananias 254

아나돗 Anathoth 160

아나스타시스 1세 파피루스 Papyrus Anastasis I 73

아나톨리아 Anatolia 63, 136

아닥사스다 1세 Artaxerxes I 173, 179

아닥사스다 2세 Artaxerxes II 174, 179

아달랴 Athaliah 121, 130

아담 Adam 18, 22, 35, 97

아닷 니라리 2세 Adad-nirari II 137

아닷 니라리 3세 Adad-nirari III 129, 138, 139

아도니 세덱 Adoni-zedek 83

아둘람 굴 Adullam, Cave of 103, 149

아드라뭇데노 Adramyttium 264

아드리아 해 Adriatic Sea 259

아드마 Admah 50

아드하임 강 Adhaim River 4

아라바 Arabah 21, 22, 23, 25, 27, 50, 76, 77, 78, 139

아라비아 Arabia 3, 11, 20, 23, 39, 70, 71, 72, 112, 129, 130, 170, 255

아라크 엘 아미르 'Araq el-Amir 177

아라파드 Arapad 138

아람 사람, 족속 Aramean(s) 10, 24, 80, 81, 91, 103, 109, 111, 112, 113, 114, 125, 128, 129, 130, 131, 133, 135, 136, 137, 138, 139, 141, 160

아람 나하라임 Aram-naharaim 6, 48

아람 소바 Aram-Zobah 129

아람 다메섹 Aram-Damascus 10, 80, 125, 128, 129, 131, 135

아랏 Arad 19, 42, 92, 114

아레오바고 Areopagus 260, 265, 266

아레타스 3세 Aretas III 194

아레타스 4세 Aretas IV 129, 217, 254

아로엘 Aroer 97

아론 Aaron 74, 75, 76, 224

아루나 통로 Aruna Pass 10

아르논 Arnon 22, 23, 24, 25, 77, 78, 91, 94, 109, 234

아르메니아 Armenia 39, 279

아르메니아 산맥 Armenian Mountains 35

아르박삿 Arpachshad 39

아르밧 Arpad 81

아르왓 Arvad 9, 10, 112, 131

아르카디우스 Arcadius 268

아리스다고 Aristarchus 264

아리스토불로 Aristobulus 헤롯의 아들 Son of Herod 206, 209, 210, 249

아리스토불로 1세 Aristobulus I 194

아리스토불로 2세 Aristobulus II 206, 207

아마겟돈 Armageddon 16

아마누스 산맥 Amanus Mountains 8, 258

아마샤 Amaziah 125, 145

아마시스 Amasis 168

아말렉 사람, 족속 Amalekite(s) 20, 71, 74, 75, 79, 92, 94, 96, 103, 104

아메넴헤트 1세 Amenemhet I 52

아멘호텝 2세 Amenhotep II 56, 63, 67, 84

아모리 족속 Amorite 39, 43, 47, 77, 79, 83, 84, 91, 92, 117

아모세 Amorite 56, 84

아모스 Amos 12, 120, 125, 132, 133, 144, 145, 160

아몬 Amon 127, 157

아몬 레 Amon-Re 7, 57, 59

아바나 강 Abana River 9, 129

아바르 나하라 'Abar nahara 177

아바리스 Avaris 텔 에드 다바 Tell ed-Dab'a 54, 60, 67

아벡 Aphek 사론 평원 Sharon 10, 14, 46, 100, 105

아벨 그라밈 Abel-keramim 97

아벨 므홀라 Abel-meholah 134

아벨 벳 마아가 Abel-beth-maacah 21, 143

아볼로니아 Apollonia 249, 259

아부 심벨 Abu Simbel 61

아브넬 Abner 106

아브라함 Abraham 3, 6, 19, 34, 39, 43, 47, 48, 49, 50, 51, 78, 79, 125, 129

아브람 Abram 39, 47

아비가일 Abigal 104

아비도스 Abydos 7, 39

아비람 Abiram 75

아비멜렉 Abimelech 51

아비새 Abishai 109

아빌라 Abila 206, 251

아사 Asa 128, 129, 131

아사랴 Azariah 139, 142, 159

아사헬 Asahel 106

아세가 Azekah 19, 145, 161, 178

아세라 Asherah 95, 132, 134, 157

아셀 Asher 12, 87, 89, 96

아소도 Azotus 206, 249, 253, 270

아소르 Azor 149

아슈르 에틸 일라니 Ashur-etil-ilani 154

아슈르 우발릿 2세 Ashur-uballit II 155

아슈르나시팔 2세 Ashurnasirpal II 133, 137

아슈르바니팔 Ashurbanipal 143, 146, 154, 157, 160

아스그나스 Ashkenaz 154

아스글론 Ashkelon 14, 61, 92, 95, 97, 99, 148, 149, 159

아스다롯 Ashtaroth 도시 City 11

아스다롯 Ashtoreth 여신 Goddess 99, 114

아스돗 Ashdod 14, 92, 97, 99, 100, 139, 147, 177, 253

아스완 Aswan 6

아스티아게스 Astyages 169

아시아 Asia 로마 지방 Roman province 204, 252, 262, 263, 267, 268, 276, 277

아얄론 골짜기 Aijalon, Valley of 19, 84

아우구스투스 Augustus 198, 204, 205, 209, 211, 213, 215, 217, 218, 219, 232, 255, 256, 259,

266, 267, 268, 274, 277

아우라니티스 Auranitis 25, 209, 218

아이 Ai 42, 49, 50

아이네아스 Aeneas 198

아인 가잘 Ain Ghazal 35

아인 엘 쿠데이랏 Ain el-Qudeirat 71, 74

아인 케데이스 Ain Qedeis 74

아인 페쉬카 Ain Feshkha 22

아카드 사람 Akkadian 4, 6, 34, 38, 39, 42

아카바 만 Gulf of Aqabah 11, 19, 23, 68, 74, 75, 76, 78, 112

아카이아 동맹 Achaean League 201

아케나텐 Akhenaten 59, 60

아케메네스 Achaemenes 169

아케타텐 Akhetaten 59

아켈라오 Archelaus 215, 217, 219, 227

아탈로스 3세 Attalus III 201, 277

아탈리드 Attalid 201, 277

아테네 Athens 171, 210, 260, 265, 266

아텐 Aten 59, 60

아트라하시스 Atrahasis 서사시 Epic 45

아트바라 Atbara 8

아폴로니우스 Apollonius 187, 191

아프리에스 Apries 161

아하수에로 Ahasuerus 172

아하스 Ahaz 78, 142, 143, 145, 146, 147, 153

아하시야 Ahaziah 134, 135

아합 Ahab 78, 113, 128, 129, 130, 131, 132, 133, 134, 135, 138, 152

아히감 Ahiakim 164

아히멜렉 Ahimelech 103

아히야 Ahijah 114

아히엘 Ahiel 150

악고 Acco 12, 188

악고 평원 Plain of Acco 12, 14, 89

악십 Achzib 12, 149

악크라베타 Acrabeta 270

악티움 Actium 203, 209, 213

안나스 Annas 222, 244

안디바드리 Antipatris 249, 263, 269

안디옥 Antioch비시디아 Pisidia 256, 257, 258, 262

안디옥 Antioch시리아 Syria 8, 181, 209, 210, 255, 256, 257, 261, 273, 288

안산 Anshan 169

안세돈 Anthedon 194

안토니우스 벨릭스 Antonius Felix 252

안토니우스 피우스 Antonius Pius 279, 282, 288

안티 레바논 산맥 Anti-Lebanon Mountains 9, 10

안티고누스 모노프살무스 Antigonus Monopthalmus 185

안티고누스 Antigonus아리스토불로 2세의 아들 Son of Aristobulus II 207, 209, 213

안티오코스 1세 Antiochus I 188, 189

안티오코스 3세 Antiochus III 189

안티오코스 4세 Antiochus IV 189, 190, 191, 192

안티오코스 7세 Antiochus VII 193

안티파테르 Antipater 194, 203, 206, 207, 210

알 우바이드 Al'Ubaid 36

알 자지라 Al-Jazirah 8

알 지파르 사막 Al-Jifar, Desert of 69

알랄라흐 Alalakh 63

알렉산더 얀네우스 Alexander Janneus 193, 194

알레포 Aleppo 8, 11, 48, 65, 81, 175

알렉산더 대왕 Alexander the Great 3, 166, 180, 181, 183, 184, 185, 187, 259

알렉산더 발라스 Alexander Balas 192

알렉산드라 Alexandra헤롯의 장모 Mother-in-law of Herod 209

알렉산드리아 Alexandria이집트 Egypt 181, 182, 185, 186, 188, 203, 207, 246, 247, 252, 264, 269, 273, 277, 287, 288

알렉산드리아 클레멘트 Clement of Alexandria 288

알렉산드리움 Alexandrium 212

알비누스 Albinus 252

암만 Amman 78, 97

암몬 Ammon 25, 67, 78, 81, 84, 91, 92, 94, 97, 101, 109, 110, 112, 114, 127, 135, 139, 160, 164, 177, 178

암비볼리 Amphipolis 259

압디 티르쉬 'Abdi-tirshi 84

압디 헤파 Abdi-hepa 116

압비오 광장 Forum of Appius 265

앗달리아 Attalia 257

앗소 Assos 263

앗수르 Asshur 3, 6, 39, 48

앗시리아 Assyria 3, 4, 6, 8, 12, 63, 65, 79, 80, 120, 128, 131, 132, 133, 135, 136, 137, 138, 139, 141, 142, 143, 146, 147, 148, 149, 150, 151, 152, 153, 154, 155, 156, 157, 158, 160

앗티카 평원 Attica Plain 265

애논 Aenon 229

애니아 Aeneas 253

야고보 James James예수의 동생 Brother of Jesus 252

야고보 James James세베대의 아들 Son of Zebedee 251, 255

야곱 Jacob 43, 51, 52, 54, 78, 87, 91, 92, 125

야곱의 우물 Jacob's Well 234

야노아 Janoah 143

야노암 Yanoam 61

야르묵 강 Yarmuk River 22, 24, 91

야르뭇 Jarmuth 83

야르뭇 Yarmuth 42

야르콘 강 Yarkon River 14, 92, 98, 131

야베스 길르앗 Jabesh-gilead 78, 101, 105

야벳 Japheth 39

야브네 Jabneh 139, 284

야빈 Jabin 84, 94

야손 Jason대제사장 High priest 190, 259

야엘 Jael 96

야하스 Jahaz 77

얄룻 Jalud하롯(이스르엘 평원) 샘 – 편집자 주 16

얌 Yamm 95

얌 숩 Yam Suph 70, 71, 73

얍복 Jabbok 18, 24, 25, 49, 51, 52, 78, 91, 96

에게 해 Aegean Sea 79, 98

에그론 Ekron 14, 26, 92, 98, 99, 100, 148, 149, 163

에글론 Eglon 78, 83, 84, 94

에누마 엘리쉬 Enuma Elish서사시 Epic 43, 44

에담 Etham 73

에데사 Edessa 288

에덴 Eden 35

에덴동산 Garden of Eden 35

에돔 Edom 23, 24, 75, 76, 78, 81, 92, 103, 109, 111, 114, 127, 131, 135, 143, 147, 160, 177

에돔 사람, 족속 Edomite 20, 25, 76, 78, 109, 112, 121, 130, 131, 139, 177, 209

에드푸 Edfu 7

에렉 Erech에레크테리움 36, 266

에바브라 Epaphras 262

에발 산 Mount Ebal 18

에베소 Ephesus 260, 261, 262, 263, 267, 268, 277, 278, 288

에벨 Eber 39

에브라임 Ephraim 17, 18, 85, 87, 89, 91, 92, 94, 96, 97, 120, 129, 158, 238

에브론 Ephron 51

에블라 Ebla 8, 42, 65, 129

에살핫돈 Esarhaddon 146, 153, 154

에서 Esau 25, 51, 52, 78

에세네파 Essene(s) 221, 222, 223, 224

에스골 골짜기 Eschol Valley of 75

에스드렐론 평원 Valley of Esdraelon 이스르엘 평원 Jezreel Valley 193

에스라 Ezra 150, 167, 174, 175, 178, 179

에시온 게벨 Ezion-geber 11, 23, 72, 76, 78, 112, 114, 121, 130

에윌므로닥 Evil-merodach 165

에트루리아 사람 Etruscan(s) 131, 198

에훗 Ehud 78, 94

엑바타나 Ecbatana 168

엔게디 En-gedi 22, 36, 92, 103, 104, 163, 283

엔돌 Endor 96, 105

엔릴 Enlil 38, 166

엘 아라즈 El-Araj 219

엘 아와즈 El-Awaj 9

엘 아자리예 El-'Azariyeh 238

엘고스 Elkosh 160

엘드게 Eltekeh 151

엘라 Elah 19, 89, 103

엘람 Elam 39, 63, 146, 154, 252

엘람 사람, 족속 Elamite(s) 136, 146, 154

엘랏 Elath 78, 139

엘레판틴 옙 Elephantine Yeb 165

엘론 베사아난님 Elon-bezaanannim 96

엘르아살 Eleazar 마타티아스의 아들 Son of Mattathias 191

엘르아살 Eleazar 열심당 Zealot 269

엘리사 Elisha 120, 134, 135

엘리사벳 Elizabeth 226

엘리아 카피톨리나 Aelia Capitolina 242, 280, 286

엘리야 Elijah 72, 95, 120, 125, 132, 134, 135, 167

엘림 Elim 73

엠마오 Emmaus 191, 245, 270

엣 타이이베흐 Et-Taiyibeh 238

엣 텔 Et-Tell 83, 219

엣바알 Ethbaal 잇토 바알 Itto-baal 128, 130

여로보암 1세 Jeroboam I 114, 123, 125, 133, 158

여로보암 2세 Jeroboam II 92, 132, 139, 142, 144

여리고 Jericho 18, 22, 34, 35, 42, 46, 71, 77, 82, 91, 94, 134, 135, 161, 177, 178, 193, 206, 209, 210, 212, 213, 214, 217, 229, 234, 237, 238, 270, 272, 283

여부스 Jebus 117

여부스 족속 Jebusite 39, 79, 107, 114, 116, 117, 118

여시몬 Jeshimon 19

여호람 Jehoram 78, 130

여호사밧 Jehoshaphat 130

여호수아 Joshua 67, 75, 78, 79, 82, 83, 84, 85, 87, 89, 91, 92, 117, 167, 176

여호아하스 Jehoahaz 139, 158

여호야긴 Jehoiachin 160, 161, 165, 167, 176

여호야김 Jehoiakim 158, 159, 160

열심당 Zealot 213, 221, 252, 269, 270, 273

염해 Salt Sea 사해 Dead Sea 21

염해 사해 Dead Sea 12, 18, 21, 22, 23, 25, 27, 36, 49, 50, 76, 78, 109, 177, 193, 194, 212, 223, 224, 285

예레미야 Jeremiah 78, 120, 150, 156, 159, 160, 161, 162, 164, 165

예루살렘 Jerusalem 3, 18, 23, 26, 32, 47, 50, 65, 66, 78, 83, 85, 91, 92, 95, 101, 103, 106, 107, 109, 111, 114, 115, 116, 117, 118, 121, 123, 125, 126, 127, 130, 131, 133, 143, 145, 146, 147, 148, 149, 150, 151, 153, 157, 158, 160, 161, 162, 163, 164, 167, 174, 176, 177, 178, 179, 184, 185, 187, 188, 189, 190, 191, 192, 193, 194, 206, 207, 209, 210, 212, 213, 214, 219, 221, 222, 226, 227, 228, 233, 234, 237, 238, 239, 240, 241, 242, 243, 244, 245, 246, 249, 251, 252, 253, 254, 255, 256, 258, 263, 267, 269, 270, 272, 273, 280, 283, 284, 285, 286

예벨 마가라 Jebel Maghar 70, 71

예벨 무사 Jebel Musa 70, 74, 134

예벨 세르발 Jebel Serbal 71

예벨 신 비쉬르 Jebel Sinn Bishr 71

예벨 에쉬 쉐라 Jebel esh-Shera 78

예벨 에트 티 Jebel et-Tih 70

예벨 엘 에그마 Jebel el-Egma 70

예벨 엘레크 Jebel Yeleq 70, 71

예벨 움 쇼마르 Jebel umm-Shomar 70, 74

예벨 카란탈 Jebel Qarantal 229

예벨 카타리나 Jebel Katarina, 예벨 카타린 Jebel Katerin 70, 74

예벨 할랄 Jebel Halal 70, 71

예수 Jesus 2, 12, 22, 116, 191, 215, 217, 219, 222, 226, 227, 228, 229, 230, 231, 232, 233, 234, 237, 238, 239, 240, 241, 242, 243, 244, 245, 246, 252, 253, 287

예후 Jehu 128, 134, 135, 137

예후드 Yehud 177

오니아스 2세 Onias II 187

오니아스 3세 Onias III 190

오렙 Oreb 96

오론테스 강 Orontes River 8, 10, 61, 129

오리겐 Origen 211, 288

오므리 Omri 78, 113, 128, 130, 131, 132, 133, 134, 135

오브라 Ophrah 96, 238

오빌 Ophir 39, 112, 130

오스티아 Ostia 247, 265

오토 Otho 270, 274

오피스 Opis 170

옥 Og 77, 91

옥타비아누스 Octavian 203, 204, 205

온 On 헬리오폴리스 Heliopolis 53

올리브 산 Mount of Olives 115, 117, 118, 238, 243, 244, 245

옷니엘 Othniel 94

와디 가란델 Wadi Gharandel 73

와디 르파이드 Wadi Refayid 74

와디 막쿡 Wadi Makkuk 83

와디 무집 Wadi Mujib 25

와디 수웨니트 Wadi Suweinit 103

와디 시르한 Wadi Sirhan 97

와디 알 헤사 Wadi al-Hesa 25, 78

와디 얍복 Wadi Jabbok 24, 96

와디 엘 아리쉬 Wadi el-Arish 159

와디 켈트 Wadi Qelt 212, 213, 214

와디 키손 Wadi Kishon 94

와디 투밀랏 Wadi Tumilat 54, 70, 73

와디 파라 Wadi Farah 18, 25, 49, 91, 270

와디 페이란 Wadi Feiran 71, 74

왕의 대로 King's Highway 11, 24, 48, 51, 76, 77, 112, 120, 128, 129, 131

요나단 Jonathan 사울의 아들 Son of Saul 103, 105

요나탄 Jonathan 마타티아스의 아들 Son of Mattathias 191, 221

요단 강 Jordan River 21, 22, 77, 78, 79, 82, 89, 91, 92, 94, 96, 97, 101, 103, 125, 134, 206, 209, 218, 219, 228, 229, 232, 234, 237, 238

요단 골짜기 Jordan Valley 11, 21, 22, 23, 27, 212, 237

요단 서쪽 지역 Cisjordan 12

요단 지구대 Jordan Rift 12, 14, 18, 20, 21, 23, 27

요담 Jotham 28, 78, 143

요람 Joram 135

요세푸스 Josephus 115, 193, 210, 211, 212, 213, 214, 217, 218, 219, 221, 222, 223, 224, 229, 230, 232, 234, 239, 241, 242, 252, 269, 270, 283

요셉 Joseph 야곱의 아들 Son of Jacob 6, 43, 51, 52, 53, 54, 87, 91

요셉 가야바 Joseph Caiaphas 244

요시야 Josiah 125, 156, 157, 158, 160, 164

요아스 Jehoash 129

요압 Joab 106, 109

요타파타 Jotapata 270

요한 John 마타티아스의 아들 Son of Mattathias 191

요한 John 사도 The apostle 244, 252, 276

요한 마가 John Mark 256, 258

요한 히르카누스 John Hyrcanus 18, 193, 194, 221, 222, 234

욕느암 Yokneam 14

욕단 Joktan 39

욧바다 Jotbathah 72

우가릿 Ugarit 라스 샴라 Ras Shamrah 8, 35, 63, 79, 95

우라르투 Urartu 136, 138, 141

우룩 Uruk 36, 37, 39

우르 Ur 6, 11, 26, 37, 38, 39, 43, 47

우르 3세 Ur III 39

우르 제3왕조 Third Dynasty of Ur 39, 43

우르미아 호수 Lake Urmia 136

우리아 Uriah 109

울랏사 Ulatha 209

웃시야 Uzziah 78, 139, 142, 145

유구르타 Jugurtha 202

유다 Judas 갈릴리 출신 The Galilean 217, 252

유다 광야 Wilderness of Judah 18

유다 마카베오 Judas Maccabeus 191

유다 Judas 가룟 Iscariot 244

유대 Judea 유대 사람 Jewish 3, 12, 19, 20, 28, 30, 87, 92, 95, 119, 127, 153, 161, 162, 164, 165, 167, 168, 174, 175, 176, 177, 178, 179, 180, 182, 183, 185, 186, 187, 189, 190, 191, 193, 194, 203, 204, 206, 207, 209, 210, 211, 213, 214, 215, 217, 218, 219, 221, 222, 223, 225, 226, 227, 228, 229, 230, 231, 232, 237, 239, 241, 243, 244, 245, 246, 247, 249, 251, 252, 255, 256, 257, 258, 259, 260, 261, 262, 263, 267, 269, 270, 272, 273, 274, 275, 276, 278, 279, 280, 281, 283, 284, 285, 286, 288

유두고 Eutychus 263

유메네스 2세 Eumenes II 277

유세비우스 Eusebius 31, 211, 273

유스티아누스 Justinian 74, 227, 267

유프라테스 강 Euphrates River 3, 4, 5, 8, 35, 43, 48, 51, 55, 56, 61, 65, 106, 137, 138, 156, 157, 165, 166, 175, 177, 279, 288

율리아 Julia 205, 232

율리오 Julius 백부장 The centurion 264, 265

율리우스 Julius in Perea 베레아 지방 251

율리우스 세베루스 Julius Severus 285

율리우스 카이사르 Julius Caesar 200, 202, 203, 207, 255, 267

이고니온 Iconium 256, 257

이그나티우스 Ignatius 288

이두래 Iturea 209, 218

이두래 사람 Iturean 194, 207

이두매 Idumea, Idumean 20, 78, 177, 193, 206, 207, 209, 217, 219, 249, 270, 283

이레니우스 Irenaeus 288

이루훌레니 Irhuleni 133

이블르암 Ibleam 14

이사야 Isaiah 120, 135, 144, 145, 147, 149, 151, 160, 162, 174, 225, 228, 231, 253

이삭 Isaac 19, 43, 48, 51, 52

이세벨 Jezebel 95, 128, 130, 132, 134, 135

이스라엘 Israel 2, 3, 6, 10, 11, 12, 18, 19, 24, 25, 28, 39, 44, 52, 55, 60, 61, 65, 66, 67, 68, 70, 71, 72, 73, 74, 75, 76, 77, 78, 79, 81, 83, 84, 85, 86, 87, 89, 91, 92, 94, 95, 96, 97, 99, 100, 101, 103, 105, 106, 107, 109, 111, 112, 113, 114, 116, 117, 118, 120, 121, 123, 125, 126, 127, 128, 129, 130, 131, 132, 133, 134, 135, 138, 139, 142, 143, 144, 145, 146, 148, 149, 152, 153, 158, 160, 167, 177, 179, 188, 192, 223, 240, 243, 284

이스르엘 평원 Jezreel Valley 10, 12, 14, 16, 57, 85, 89, 91, 94, 96, 104, 105, 111, 134, 228, 230, 231, 270

이스마엘 Ishmael 164

이스마엘 족속 Ishmaelite 53

이스 바알 Esh-Baal 92

이스보셋 Ish-bosheth 106

이스트미아 Isthmia 267

이신 Isin 43

이욘 Ijon 21, 143

이집트 Egypt 3, 5, 6, 7, 8, 10, 12, 27, 30, 34, 35, 37, 39, 40, 41, 42, 43, 45, 46, 51, 52, 53, 54, 55, 56, 57, 59, 60, 61, 62, 63, 64, 65, 66, 67, 68, 70, 71, 72, 73, 74, 75, 79, 80, 84, 95, 97, 109, 112, 114, 116, 123, 127, 129, 132, 135, 143, 146, 147, 151, 153, 154, 155, 156, 157, 158, 159, 160, 161, 164, 165, 167, 168, 171, 172, 173, 174, 178, 179, 181, 184, 185, 186, 187, 188, 190, 201, 203, 209, 227, 265, 279

인더스 골짜기 Indus Valley 185

임호텝 Imhotep 40

입다 Jephthah 66, 78, 94, 97

잇요이 Itjowy 45

잇토 바알 Itto-baal 엣 바알 Eth-baal 128

자

자그로스 산맥 Zagros Mountains 3, 4, 35

자르모 Jarmo 35

자르카 강 Zarqa River 211

자마 Zama 200

자브 강 Zab River Greater and lesser 4

자폰 산 Mount Zaphon 95

저주 문서 Execration Texts 84, 116, 125

제논 파피루스 Zenon Papyri 문헌 – 편집자 주 187

조르 Zor 22

조세르 Zoser 40, 41

지네 Ginae 234

지므리 림 Zimri-lim 44

집사 빌립 Philip the Evangelist 252

차

청 靑 나일 Blue Nile 8, 35

카

카나 강 Kanah River 92
카데쉬 Kadesh 오론테스 지역 On the Orontes 61
카디스 Cadiz 10
카르낙 Karnak 57, 59
카르카르 Qarqar 78, 129, 133, 138, 152
카르타고 Carthage 10, 131, 189, 200, 287
카모세 Kamose 56
카스피 해 Caspian Sea 39
카시우스 Cassius 203, 276, 278
카시트 족속 Kassite 35
카우스 Qaus 코스 Qos 78
카이스테르 Cayster 262, 268
카이쿠스 골짜기 Caicus Valley 262, 277
카탈 후유크 Catal Huyuk 35
카트나 Qatna 11, 48
카트로스 Kathros 241
카파르아비스 Capharabis 270
카푸아 Capua 265
카프리 Capri 215
칸티르 Qantir 67, 71
칼리굴라 Caligula 218, 246, 247
칼리스투스 Callistus 247
칼릴로에 Callirrhoe 210
칼키스 Chalcis 251
캄비세스 Cambyses 167, 169, 171, 176
케스티우스 갈루스 Cestius Gallus 269
케옵스 Cheops 쿠푸 Kufu 37
코르사밧 Khorsabad 152
코르시카 Corsica 200
코포니우스 Coponius 219
콘스탄틴 Constantine 227, 245, 288
쿠마누스 Cumanus 234, 252
쿠미디 Kumidi 57
쿠푸 Kufu 케옵스를 보라
쿰란 Qumran 22, 23, 223, 224, 228
쿰무후 Kummuhu 129
크랏수스 Crassus 202
크레타 Crete 39, 98, 252, 264
크로이소스 Croesus 168, 169, 277
크세르크세스 Xerxes I 172, 173, 177
클라우디오 Claudius 246, 247, 249, 251, 260, 265, 277
클레오파트라 7세 Cleopatra VII 203
키드누스 강 Cydnus River 255
키르벳 랏다나 Khirbet Raddana 85

키쉬 기스 : 사울의 아버지 Kish 37, 39, 101
키악사레스 Cyaxares 154
키프로스 Cypros 212, 213
키프로스 구브로 Cyprus 39, 46, 99, 116, 131, 177, 185, 204, 256, 258, 264, 279
킴메르 족속 Cimmerian 154

타

타누아타문 Tanuatamun 154
타리케아에 Taricheae 231, 251, 270, 283
타바 Taba 72
타브가 Tabgha 232
타우루스 산맥 Taurus Mountains 256
타키투스 Tacitus 276
터툴리안 Tertullian 288
테베 Thebes 노 아몬 No-amon 7, 45, 56, 57, 59, 60, 63, 64, 65, 127, 154, 160
테프나크테 Tefnakhte 143
텔 데이르 알라 Tell Deir Alla 아바리스 Avaris 78
텔 마르딕 Tell Mardikh 42
텔 미크네 Tell Miqneh 98
텔 바타쉬 Tell Batash 26, 31
텔 에스 사피 Tell es-Safi 98
텔 에스 술탄 Tell es-Sultan 82, 214
텔 엘 마스쿠타 Tell el-Maskhutah 73
텔 엘 삼마라트 Tell el-Sammarat 214
텔 엘 아마르나 Tell el-Amarna 아케타텐 Akheta-ten 59, 63
텔 엘 아마르나 문서 Tell el-Amarna Letters 63
텔 엘 케레이페 Tell el-Kheleifeh 72
텔 엘 풀 Tell el-Ful 사울의 기브아 Gibeah of Saul 103
텔 제로오르 Tell Zeror 100
텔 카실레 Tell Qasile 98, 112
텔 훔 Tel Hum 232
텔레일랏 엘 가술 Teleilat Ghassul 36
통곡의 벽 Wailing Wall 241, 242
통치자 빌립 Philip the Tetrarch 215, 217, 218, 219, 230, 232, 233, 251
투쿨티 니누르타 2세 Tukulti-ninurta II 137
투탕카문 Tutankhamun 59
투트모세 3세 Thutmose III 53, 56, 57, 67, 84
툴룰 아부 엘 알라이크 Tulul Abu el-'Alaiq 헤롯의 여리고 Herodian Jericho 213, 214

트라야누스 Trajan 268, 279, 280, 282, 288
트리포 Trypho 192
트몰루스 산 Mount Tmolus 277
티겔리누스 Tigellinus 247
티그리스 Tigris 3, 4, 5, 6, 35, 39, 48, 170, 188, 279
티로포이온 골짜기 Tyropoeon Valley 중앙 골짜기 Central Valley 115, 150, 178, 240, 241
티베르 강 Tiber River 198
티베리아스 Tiberias 황제 Emperor 211, 219
티베리우스 알렉산더 Tiberius Alexander 집정관 Procurator 251
티볼리 Tivoli 280
티아맛 Tiamat 44
티투스 Titus 269, 272, 273, 274, 275, 276, 279
팀사 호수 Lake Timsah 69, 71, 73

파

파니아스 Panias 189, 194, 209, 233
파디 Padi 148, 149
파사르가다에 Pasargadae 169
파사엘 Phasael 207, 210, 241
파이윰 Faiyum 45
팍톨루스 강 Pactolus River 168, 277
팔라스 Pallas 247
팔미라 Palmyra 9, 11
브니엘 Peniel 브누엘 Penuel 52
페니키아 사람 Phoenicia, Phoenician 10, 11, 12, 95, 111, 112, 113, 118, 120, 128, 130, 131, 132, 134, 135, 143, 149, 159, 167, 177, 178, 183, 184, 185, 189, 200, 211, 229, 233
페르디카스 Perdiccas 187
페르세폴리스 Persepolis 171, 172, 185
페르시아 Persia 169, 170, 171, 172, 173, 174, 176, 177, 178, 179, 183, 184, 185
페리클레스 Pericles 265
페트라 Petra 20, 25, 71
페트라니우스 Petronius 246
펠라 Pella 206, 230, 234, 259, 273
펠루시움 Pelusium 151
포르투스 Portus 265
포에니 전쟁 Punic Wars 200
포파에아 사비나 Poppaea Sabina 247
폴리갑 Polycarp 277, 288
폼페이우스 Pompey 194, 202, 203, 206

프라오르테스 Phraortes 154
프톨레마이오스 1세 Ptolemy I 185, 186
프톨레마이오스 2세 Ptolemy II 186
프톨레마이오스 13세 Ptolemy XIII 203
플라비아 네아폴리스 Flavia Neapolis 283
플라비아 도미틸라 Flavia Domitilla 276
플라비우스 실바 Flavius Silva 213, 273, 283
플라비우스 요세푸스 Flavius Josephus 239, 269
플라비우스 클레멘스 Flavius Clemens 276
플리니우스 Pliny 278, 279, 288
피라에우스 Piraeus 265
피온 산 Mount Pion 268
필로테리아 Philoteria벧 예라 Beth-yerah 188
필립 2세 Philip II 183
필립 5세 Philip V 201

하

하나냐 Hananiah 159
하눈 Hanun 109
하닷 Hadad 84, 95, 109, 114, 129
하닷 에셀 Hadad-ezer 131, 133
하닷에셀 Hadadezer 109
하드리아누스 Hadrian 242, 267, 268, 277, 279, 280, 283, 284, 285, 286
하란 Haran 8, 48, 51, 156, 158
하로셋 학고임 Harosheth ha-goiim 94
하맛 Hamath 8, 10, 11, 80, 109, 111, 114, 129, 133, 135, 139, 143
하볼 강하볼 골짜기 Habor River 4, 6, 48, 129, 137, 143
하부 갈릴리 Lower Galilee 14, 89, 229, 231, 283
하부 벧 호론 Lower Beth-horon 113
하비루 Habiru 60, 61, 63, 66, 116
하사엘 Hazael 129, 134, 135
하솔 Hazor 11, 21, 26, 42, 46, 47, 49, 65, 67, 84, 85, 94, 112, 113, 119, 132, 133, 143
하스몬왕조 Hasmonean Dynasty 178, 193, 194, 206, 209, 212, 213, 221, 222, 234, 239, 240, 245
하시딤 Hasidim 191, 221
하윌라 Havilah 35, 39

하즐라 여울 Hajlah Ford 229
하트셉수트 Hatshepsut 59
할라 Halah 143
할라 엘 베드르 Hala el-Bedr 71
함 Ham 39
함무라비 Hammurabi 44, 45
핫수나 Hassuna 35
핫투사스 Hattusas 63
핫틴 봉우리 Horns of Hattin 21, 231
해변 길 International Coastal Highway 3, 8, 10, 11, 14, 16, 21, 48, 72, 84, 91, 97, 100, 112, 113, 120, 129, 156, 157, 158
해변 길 Via Maris 10, 230
헤로도투스 Herodotus 165, 166, 177
헤로디아 Herodias 217, 218, 229
헤로디움 Herodium 210, 212, 273
헤롯헤롯 대왕 Herod the Great 12, 20, 23, 116, 194, 206, 209, 210, 211, 212, 213, 214, 215, 217, 218, 223, 227, 234, 239, 240, 241, 242, 243, 245, 247, 249, 255
헤롯 아그립바 1세 Herod Agrippa I 218, 219, 221, 239, 246, 249, 251
헤롯 아그립바 2세 Herod Agrippa II 251, 264, 269, 276, 283
헤롯 안티파스 Herod Antipas 215, 217, 218, 219, 228, 229, 231, 233, 234, 245, 249
헤르몬 산 Mount Hermon 21, 24, 77, 125, 233
헤르무스 Hermus 262, 268, 277, 278
헤벨 Heber 96
헤브론 Hebron 18, 50, 51, 52, 83, 84, 92, 103, 106, 148, 227, 241, 270
헤브론 길 Way to Hebron 19
헤스본 Heshbon 11, 25, 77, 78, 91
헬람 Helam 109
헬레나 Helena 227, 245
헬리오도로스 Heliodorus 189
헬리오폴리스 Heliopolis 53
헵타페곤 Heptapegon 232
헷 족속신히타이트 Hittite 51, 60, 61, 63, 65, 67, 79, 80, 81, 84, 109, 112, 117, 129
호렙 Horeb 134
호르 산 Mount Hor 75, 76
호르마 Hormah 75
호르밧 쾻미트 Horvat Qitmit 78
호브라 Hophra 161

호세아 Hosea 선지자 – 편집자 주 27, 95, 120, 125, 144, 145
호세아 Hoshea북왕국 이스라엘 왕 – 편집자 주 143
홈스평원 Homs Plain of 9, 129
횡단 골짜기 Transversal Valley 116, 149, 239
훌다 Huldah 149, 241
훌라 분지 Huleh Basin 21, 84, 92, 143
히람 Hiram 89, 107, 112, 118, 119
히르카누스 2세 Hyrcanus II 94, 206, 207, 209
히스기야 Hezekiah 116, 133, 142, 145, 146, 147, 148, 149, 150, 151, 153, 160, 178, 239
히에라폴리스 Hierapolis 278
히위 족속 Hivite 39, 79, 83
히즈키야 Hezekiah 207
히포스 Hippos 206, 230, 249
히피쿠스 Hippicus 209, 241
힉소스 Hyksos 45, 54, 56, 60, 67, 84
힌놈 골짜기 Hinnom Valley 115, 149, 240
힐기야의 아들 아사랴 Azariah ben Hilki-ah 150
힐렐 Hillel 222

Index of Maps | 지도색인

이 색인에는 책의 지도에 있는 모든 지명(나라, 지방, 장소, 지형 특징)이 다 포함되어 있다. 지명 옆의 숫자는 지도 번호를 표시한 것이다. 열다섯 번 이상 나오는 지명은 대표적인 지도번호만 표시하고, 그 지명 뒤에 별표(*)를 주었다. 각 주 영문 지명은 동일지명에 대한 유사한 표기를 밝힌 것이다. 예를 들면 크노소스 Knossus, 크놋소스 Cnossus. 또한 동일 장소가 다른 지명으로 불릴 경우에도 각주에 함께 표기 했다. 예를 들면 악고 Acco, 돌레마이 Ptolemais. 때로는 지리적 설명을 각주에 넣기도 했다. 예를 들면 아벡 Aphek, 샤론 Sharon 평원. 이 책의 지도에 실린 지명에 대한 다른 참고는 부록에 있는 '인명과 지명 색인'에서 찾아 볼 수 있다.

가

가나 Cana 7, 9, 10, 93, 100, 105, 106, 107, 109, 110

가나안 Canaan 16, 16, 18, 20, 21, 22, 23, 24, 25, 26, 27, 28, 29, 30, 31, 32, 34, 35

가다라* Gadara 길르앗 Gilead 지역, 그돌 Gedor 참고 89, 94, 99, 100, 103, 106, 107, 108, 109, 114, 115, 125, 126, 129

가데스 바네아 Kadesh-barnea 엔-미쉬파트 En-mishpat, 아인 엘 쿠데이라트 Ain el-Qudeirat 참고 4, 6, 7, 12, 17, 21, 29, 30, 32, 35, 53, 55, 57, 58, 65, 70, 81

가데스 Gades 카디스 Cadiz 96, 97

가드 림몬 Gath-rimmon 27, 39, 40

가드 파달라 Gath-padalla 19, 26, 27

가드 헤벨 Gath-hepher 57, 65, 71, 107, 109

가드* Gath 블레셋 가드 Gath 7, 10, 11, 27, 35, 39, 46, 47, 51, 52, 53, 57, 59, 65, 68, 70, 74, 77

가르나임 Karnaim 도시 32, 59, 65, 66, 67, 68, 70, 77

가르나임 Karnaim 지역 68, 70

가르단 Kartan 40

가리스 Garis 125

가말라* Gamala 9, 10, 93, 94, 100, 101, 102, 107, 109, 110, 114, 118, 125, 129

가몬 Kamon 41

가바라 Gabara 102, 107, 110, 125

가발리스 Gabalis 93

가버나움* Capernaum 6, 7, 8, 9, 39, 45, 99, 103, 105, 107, 109, 110, 115, 117, 118, 129

가베 Gabae 이스파한 Isfahan 84, 87, 88

가불 Cabul 9, 39, 45, 55, 87, 88

가사* Gaza 1, 4, 5, 6, 11, 12, 18, 38, 45, 53, 62, 79, 83, 93, 105, 115, 121, 126

가슬루힘 Casluhim 16

가아스 Gaash 51

가우가멜라 Gaugamela 87, 88

가우다 Cauda 123

가울라니티스* Gaulanitis 89, 99, 100, 101, 103, 107, 108, 109, 110, 114, 115, 117, 125, 129

가이사랴 마리티마* Caesarea Maritima 7, 9, 10, 100, 101, 102, 105, 109, 116, 118, 121, 122, 129, 130

가이사랴 마자카 Caesarea Mazaca 119, 120, 121, 128, 132

가이사랴 빌립보 Caesarea-Philippi 파니아스 Panias 100, 101, 102, 103, 107, 109, 114, 115, 118, 125

가이사랴 Caesarea 마우레타니아 Mauratamia 지방 128

가자라 Gazara 게셀 Gezer 92, 93

간다라 Gandara 84, 87, 88

간즈 다레 Ganj Dareh 15

갈가 Karka 30, 31

갈골 Karkor 44

갈그미스* Carchemish 1, 3, 5, 6, 18, 20, 25, 28, 35, 53, 61, 66, 70, 75, 77, 80, 84, 85, 87

갈네 Calneh 70, 75

갈대아 Chaldea 76, 82

갈대아 Chaldeans 75, 76

갈라 Calah 3, 16, 18, 64, 66, 69, 75, 76, 80, 82

갈라디아 Galatia 90, 96, 97, 98, 119, 120, 121, 123, 124, 128, 132

갈리아 Gallia 골 Gaul 96, 97, 98, 124

갈릴리 바다* Sea Galilee 5, 6, 7, 8, 10, 14, 28, 31, 40, 44, 57, 63, 78, 89, 94, 105, 117, 129

갈릴리* Galilee 8, 38, 43, 89, 93, 94, 100, 102, 103, 105, 107, 109, 114, 115, 125

갈멜 산* Mt. Carmel 7, 8, 9, 14, 26, 43, 52, 64, 71, 89, 94, 100, 105, 107, 110, 114, 125

갈멜 Carmel 유다 Judah 지역 50, 51, 57

갑도림 Caphtorim 16

갑바도기아 Cappadocia 84, 87, 88, 90, 96, 97, 98, 116, 119, 120, 121, 123, 124, 128, 132

갑스엘 Kabzeel 39, 50

갓 Gad 39, 40, 41, 42, 44, 45

게네사렛 평원 Plain of Gennesaret 107, 108, 109

게네사렛 Gennesaret 90, 91, 93, 94, 107, 108, 109, 110

게누아 Genua 제노바 Genoa 96

게달 아랍 족속 Kedarite Arabs 79, 86

게데스 Kedesh 상부 갈릴리 Upper Galilee 지역 19, 28, 37, 38, 39, 40, 41, 49, 57, 59, 65, 66, 67, 68, 70, 71, 77, 78

게데스 Kedesh 납달리 Naphtali 지파 41, 43

게드로시아 Gedrosia 마카 Maka 84, 87, 88

게라사 Gerasa 제라시 Jerash 10, 11, 39, 89, 90, 91, 93, 94, 99, 100, 101, 102, 103, 114, 115, 125, 126, 129, 130

게르게사 Gergesa 쿠르시 Kursi 103, 107, 108, 109

게르마니아 Germania 98, 124, 128, 132

게바* Geba 베냐민 Benjamin 지파 40, 47, 48, 49, 57, 58, 74, 77, 86, 93

게바 Geba 갈멜 Carmel 산 근처 99, 100, 101, 102, 103, 110, 129

게셀* Gezer 가자라 Gazara 7, 10, 11, 15, 17, 19, 26, 36, 39, 46, 49, 52, 53, 55, 60, 66, 74, 77

게오이 테페 Geoy Tepe 17

겐 족속 Kenites 38

겐 족속 Wilderness of Kenites 50

겐그레아 Cenchreae 120, 121, 128, 132

겐낫 관문 Gennath Gate 112, 113

겔라 Gela 95

겟세마네 Gethsemane 112, 113, 131

고라스미아 Chorasmia 84, 87, 88

고라신 Chorazin 107, 108, 109, 110

고르디온 Gordion 1, 3, 6, 33, 83, 84, 87, 88

고르티나 Gortyna 84, 87, 88, 116, 128, 132

고린도 Corinth 6, 33, 61, 96, 97, 98, 116, 116, 120, 121, 124, 128, 132

고멜 Gomer 16

고모라 Gomorrah 21

고산 Gozan 1, 64, 66, 69, 75, 76, 80, 82, 83, 85

고센 Goshen 4, 22, 23, 24, 29

고스 Cos 116, 116, 119, 120, 121, 127, 127, 128

고스바 Chozba 104

고흡 이집트 Upper Egypt 4

고프나 산지 Gophna Hills 92

고프나 Gophna 92, 93, 99, 100, 102, 117, 125, 126, 129, 130

골고다 Golgotha 전통적 장소 112, 113

골고다 Golgotha 고든의 갈보리 Gordon's Calvary 112, 113

골란 고원 Golan Heights 13

골란 Golan 8, 9, 10, 37, 38, 39, 40, 41, 45, 49

골로새 Colossae 119, 120, 121, 127, 132

골짜기 문 Valley Gate 73, 112, 113

공포 동굴 Cave of Horror 130

과달키비르강 Guadalquivir River 61

구레네 Cyrene 6, 61, 84, 87, 88, 96, 97, 98, 116, 120, 121, 123, 124, 128, 132

구르굼 Gurgum 66, 75

구르바알 Gurbaal 65

구블라 Gubla 비블로스 Byblos 70

구쉬 할라브 Gush Halav 기스칼라 Gischala 94, 99, 101

구스 Cush 4, 16

구에 Kue 길리기아 Cilicia 54, 66, 75, 76, 82

구에 Que 킷주와트나 Kizzuwatna 28, 33, 35, 53

구티 Guti 3, 18

군 Cun 52

그낫 Kenath 카나다 Canatha 27, 31, 49

그니스 족속 Kenizzites 38

그데못 광야 Wilderness of Kedemoth 32, 35

그데못 Kedemoth 32, 39, 40

그돌 Gedor 가다라 Gadara 86, 93, 94, 100, 101, 102, 103, 110, 114, 115

그랄* Gerar 11, 12, 15, 19, 23, 31, 32, 35, 39, 45, 49, 57, 58, 67, 71, 72, 79, 93

그룹바 Ghrubba 15

그리스 Greece 참고, 사 66:19, 겔 27:13 2, 33, 34, 6

그리심 산* Mt. Gerizim 7, 14, 38, 41, 59, 65, 78, 89, 94, 101, 103, 106, 109, 115, 117, 125

그발 강 Chebar River 80, 85

그비라 Chephirah 36, 39

그살론 Chesalon 39

그술 Geshur 38, 49, 51, 52, 53, 57

그술롯 Chesulloth 39

그일라 Keilah 27, 50, 79, 86, 93, 100

기나 Gina 27

기드론 골짜기 Kidron Valley 56, 73, 93, 94, 112, 113, 126, 131

기드론 Kitron 스불론 지파 38

기랴다임 Kiriathaim 21, 22

기럇여아림 Kiriath-jearim 39, 41, 46, 47, 51, 52, 74, 79, 86

기르가스 족속 Girgashites 16

기브아 Gibeah 베냐민 Benjamin 지파 41, 42, 47, 48, 49, 49, 51, 53, 57, 74, 126

기브온* Gibeon 10, 11, 19, 36, 38, 39, 40, 41, 46, 47, 48, 49, 51, 52, 58, 60, 72, 79

기손 강* Kishon River 7, 10, 14, 19, 26, 37, 43, 57, 63, 70, 77, 100, 103, 106, 109, 115

기스 Kish 17

기스칼라 Gischala 구쉬 할라브 Gush Halav 93, 102, 103, 105, 107, 109, 110, 114, 115, 125, 129

기시온 Kishion 40

기오 Chios 17, 33, 87, 88, 119, 120, 121, 127

기자 Giza 4, 17

기혼 샘 Gihon Spring 56, 73, 112, 113, 131

긴네렛 Chinnereth 37, 53, 57, 59, 68

길 모압 Kir-Moab 93

길갈 Gilgal 10, 11, 36, 39, 41, 42, 44, 47, 48, 49, 62, 71, 86

길랏 Gilat 15

길로 Giloh 51

길르앗 라못* Ramoth-gilead 5, 6, 7, 9, 10, 14, 22, 39, 45, 49, 51, 53, 57, 58, 62, 64, 66, 75, 78

길르앗* Gilead 7, 9, 10, 11, 22, 31, 35, 38, 45, 49, 59, 60, 68, 70, 79, 86, 93, 94

길리기아 관문 Cilician Gates 5, 87, 88, 118, 120, 121

길리기아* Cilicia 64, 83, 84, 85, 88, 90, 97, 98, 116, 116, 119, 121, 123, 128, 132

길보아 산* Mt. Gilboa 7, 9, 39, 44, 49, 52, 58, 59, 63, 100, 106, 109, 110, 114, 115, 125

길하레셋* Kir-hareseth 4, 6, 7, 11, 12, 29, 32, 45, 51, 53, 55, 62, 67, 68, 70, 79, 86, 100

깁브돈 Gibbethon 39, 40, 45, 60

깁사임 Kibzaim 40

깃다임 Gittaim 39, 46, 58, 79, 86

깃딤 Kittim 16

나

나르바타 Narbata 89, 90, 92, 93, 101, 102, 125, 129

나르보 Narbo 96, 97, 128

나르보넨시스 Narbonensis 96, 97, 98, 124, 128, 132

나바테아* Nabatea 88, 91, 93, 99, 101, 102, 105, 114, 117, 119, 120, 121, 125, 126

나바테아인 Nabateans 94

나베 Naveh 89, 114, 115

나블루스 Nablus 13

나사렛* Nazareth 7, 8, 9, 10, 100, 101, 103, 105, 106, 107, 109, 110, 115, 117, 129

나아란 Naaran 36, 39, 48, 130

나우크라티스 Naucratis 61, 84, 88, 132

나이리 Nairi 64, 66, 69, 75, 76

나인 Nain 107, 109, 110

나일 강 Nile River 1, 2, 3, 6, 17, 24, 33, 35, 54, 61, 76, 82, 87, 96, 105, 120, 123, 128

나일 삼각주三角洲 Nile Delta 33

나카다 Naqada 15

나케포리온 Nikephorion 87, 88, 90

나콜레이아 Nacoleia 127

나크흘 Nakhl 29

나폴리 Naples 61

나프투힘 Naphtuhim 16

나하리야 Nahariya 13

나할 다위드 Nahal Dawid 130

나할 미쉬마르 Nahal Mishmar 15, 130

나할 브솔* Nahal Besor 7, 14, 19, 21, 38, 41, 49, 50, 58, 65, 74, 86, 93, 102, 114, 126, 130

나할 소렉 Nahal Sorek 46

나할 야르콘 Nahal Yarkon 7

나할 오렌 Nahal Oren 15

나할 제엘림 Nahal Zeelim 130

나할 하롯 Nahal Harod 7

나할 하르두프 Nahal Harduf 130

나할 헤베르 Nahal Hever 104, 130

나할랄 Nahalal 38, 39, 40

낙소스 Naxos 127

납달리 Naphtali 39, 40, 41, 43, 44

낫세르 호수 Lake Nasser 2

네게브 여라므엘 족속 Negeb Jeraheel-mites 50

네게브* Negeb 7, 8, 11, 12, 21, 29, 32, 35, 50, 57, 60, 66, 70, 71, 77, 78, 86

네아폴리스 Neapolis 세겜 Shechem 102, 103,

114, 115, 117, 122, 125, 126, 129, 130

네압볼리 Neapolis 마케도니아 Macedonia 120, 121, 123

네압볼리 Neapolis 이탈리아 Italy 95, 116, 128

네오카이사레아 Neocaesarea 132

네타냐 Netanya 13

네프루시 Nefrusy 24

네하르데아 Nehardea 116

넵도아 Netophah 51, 125

넷사나 Nessana 89, 99, 100, 101, 102

노 아몬 No-amon 테베 Thebes 75, 76, 80, 82, 83

노라 Nora 61, 95, 96, 97, 98, 128

노르바 Norba 95

노르키아 Norchia 95

노리쿰 Noricum 98, 124, 128, 132

노바에 Novae 128

놉 Nob 50, 86

놉 Noph 멤피스 Memphis 4, 6, 21, 22, 23, 24, 25, 26, 29, 33, 35, 75, 76, 80, 81, 82, 83

누만티아 Numantia 96

누미디아 Numidia 95, 96, 97, 98, 124, 128, 132

누비아 Nubia 4

누세이르예 산맥 Nuseiriyeh Mts. 5

누웨이바 Nuweiba 4, 29

누지 Nuzi 1, 3, 6, 17, 18, 20, 64

누핫스헤 Nuhasshe 26, 28, 33, 35, 66

느보 산 Mt. Nebo 비스가* Pisgah 14, 39, 45, 57, 60, 77, 86, 99, 100, 102, 103, 106, 110, 115, 125

느십 Nezib 93

니고볼리 Nicopolis 90, 97, 132

니느웨 Nineveh 1, 3, 6, 15, 16, 17, 18, 20, 64, 66, 69, 75, 76, 80, 82, 83, 84, 87, 88

니도 Cnidus 90, 119, 120, 121, 123, 127

니사 Nysa 116

니시비스 Nisibis 76, 87, 88, 116, 132

니야 Niya 장소 26, 28

니야 Niya 지역 64, 66

니케아 Nicaea 127

니코메디아 Nicomedia 96, 97, 98, 127, 128, 132

니코시아 Nicosia 2

니푸르 Nippur 3, 17, 18, 20, 64, 66, 75, 76, 78, 80, 82, 83, 84, 85, 87, 88, 116

다

다뉴브 강 Danube River 84, 87, 88, 96, 97, 98, 116, 124, 128, 132

다데마 Dathema 93

다드몰* Tadmor 팔미라 Palmyra 1, 2, 3, 5, 6, 18, 22, 28, 33, 35, 53, 64, 66, 70, 75, 80, 83, 85, 88

다르다넬스 Dardanelles 1, 2, 6, 33, 120, 127

다르브 엘 하지 Darb el-Haj 29

다말* Tamar 4, 7, 12, 21, 30, 31, 32, 35, 38, 45, 49, 53, 55, 57, 65, 67, 71, 77

다메섹 광야 Wilderness of Damascus 62

다메섹* Damascus 지역, 또한 아람 Aram, 아람 다메섹 Aram-Damascus, 우피 Upi, 우페 Upe 참고 27, 28, 33, 35, 38, 52, 55, 57, 59, 64, 65, 66, 68, 70, 75, 76, 77, 78

다메섹* Damascus 도시 1, 2, 5, 6, 7, 13, 27, 33, 52, 54, 69, 78, 85, 89, 100, 103, 121, 132

다바네스 Tahpanhes 다프네 Daphne 81, 82, 83

다바릿타 Dabaritta 107, 110

다볼 산* Mt. Tabor 7, 9, 14, 49, 52, 57, 63, 77, 94, 101, 103, 105, 109, 114, 117, 125

다볼 Tabor 39, 40, 110

다브랏 Daberath 39, 40, 43, 45

다소* Tarsus 1, 5, 6, 17, 35, 54, 61, 76, 82, 85, 97, 116, 119, 121, 123, 128, 132

다수르 Dashur 17, 24

다시스 Tarshish 16, 61

다실리움 Dascylium 83, 84, 87, 88

다아낙 Taanach 9, 10, 19, 22, 26, 27, 37, 38, 39, 40, 43, 44, 49, 51, 55, 57, 58

다윗 성 City of David 56, 73, 112, 113

다키아 Dacia 98, 124, 128, 132

다프네 Daphne 84, 91

다합 Dahab 4, 29

단* Dan 라이스 Laish 5, 6, 7, 9, 14, 18, 19, 21, 39, 49, 52, 55, 59, 60, 65, 67, 71, 77, 85

단층 골짜기 Rift Valley 8

달라만 강 Dalaman River 인더스 강 Indus River 127

담간 Damghan 83, 84, 87, 88

답부아 Tappuah 10, 11, 38, 39

대비터 호 Great Bitter Lake 4, 23, 29

대소금 사막지대 Great Salt Desert 1, 2, 16, 83

대자브 강 유역 Greater Zab River 3

대자브 강 Upper Zab River 64, 66, 69, 75,

76, 80

대서양 Atlantic Ocean 61, 96, 97, 98, 128, 132

대해 지중해* Mediterranean Sea 1, 2, 3, 6, 12, 17, 20, 34, 46, 55, 61, 70, 84, 93, 100, 112, 118, 125

더베 Derbe 84, 116, 119, 120, 121, 132

데가볼리 Decapolis 99, 100, 102, 103, 106, 107, 109, 110, 114, 117, 125, 126, 130

데니즐리 Denizli 33

데르 Der 3, 20, 66, 69, 75, 76, 82, 84

데마 Tema 1, 6, 18, 33, 66, 75, 76, 80, 82, 83, 84, 87, 88, 128

데만 Teman 32, 35, 67

데바 Deva 128

데살로니가 Thessalonica 살로니카 Salonika 6, 96, 97, 116, 120, 121, 123, 124, 128, 132

데이르 타사 Deir Tasa 15

데폰 Tephon 92

덴드라 Dendra 33

델 멜라 T. Melah 80

델 하르사 T. Harsha 80

델 아빕 Tell-abib 80

델로스 Delos 116, 127

델포이 Delphi 6, 61, 84, 87, 88, 116, 120, 121, 123, 128

도갈마 Togarmah 16, 64, 75

도단 Dothan 15, 19, 22, 23, 39, 49, 57, 62

도도나 Dodona 33

도라* Dora 돌 Dor 89, 90, 93, 99, 100, 101, 103, 105, 107, 109, 110, 114, 125, 129

도루 강 Douro River 96, 97, 98

도리스쿠스 Doriscus 120, 121

도릴라에움 Dorylaeum 127, 128

도벨 Tophel 32

도하 Doha 2

독 Doc 도쿠스 Docus 92, 93, 94, 101, 102, 104

돌 평원 Plain of Dor 7, 9, 10

돌* Dor 도라 Dora 7, 9, 10, 17, 19, 23, 26, 35, 38, 43, 49, 57, 59, 68, 70, 77, 86, 89

돌레마이* Ptolemais 악고 Acco 89, 93, 99, 102, 105, 107, 109, 114, 115, 117, 118, 125, 129, 132

돕 Tob 45, 52

동문 East Gate 73

동부 고원 Eastern Plateau 7, 8

동부 사막* Eastern Desert 4, 38, 40, 45, 53, 57, 61, 67, 77, 81, 90, 94, 99, 102, 103, 125,

126

동쪽 므낫세 East Manasseh 40, 45

두라 유로포 Dura Europos 82, 88, 90, 96, 97, 98, 128, 132

두로* Tyre 장소 2, 5, 6, 7, 9, 14, 25, 33, 49, 57, 62, 70, 83, 97, 102, 114, 124, 132

두로스토룸 Durostorum 128

두로 Tyre 지역 39, 68, 70, 107, 109, 110

두르 샤루킨 Dur-sharrukin 코르사밧 Khorsabad 66, 69, 75, 76

두르 쿠리갈주 Dur-kurigalzu 64, 66, 75, 76

두마 Dumah 1, 2, 6, 64, 75, 76, 80, 82, 83, 84, 87, 88, 128

두발 Tubal 16

두아디라 Thyatira 116, 120, 121, 127, 132

드고아 Tekoa 11, 39, 51, 57, 58, 65, 71, 79, 86, 92, 93, 130

드네프르 강 Dnieper River 96, 97, 98, 128, 132

드니스테르 강 Dniester River 96, 97, 98, 128, 132

드단 Dedan 16, 54, 83, 83, 84, 87, 88

드라고닛 Trachonitis 89, 100, 101, 102, 103, 114, 115

드란기아나 Drangiana 84, 87, 88

드로아 Troas 83, 84, 87, 88, 120, 121, 127, 132

드벨툼 Debeltum 132

드빌 Debir 36, 40, 41

디라스 Tiras 16

디라키움 Dyrrhachium 96, 97, 132

디르사 Tirzah 7, 10, 39, 41, 44, 49, 55, 57, 58, 59, 60

디모나 Dimona 13

디베랴* Tiberias 9, 13, 14, 100, 102, 106, 107, 108, 110, 114, 115, 118, 125, 129

디본* Dibon 4, 6, 7, 11, 12, 21, 28, 29, 32, 35, 41, 45, 49, 51, 58, 60, 67, 70, 71

디브핫 Tibhath 52

디셉 Tishbe 62, 71

디알라 강 Diyala River 1, 2, 3, 6, 15, 17, 18, 20, 64, 66, 69, 75, 76, 80, 84, 85, 87, 88

디야르베키르 Diyarbekir 2

디오스폴리스 Diospolis 룻다 Lydda 129, 130

디온 Dion 93, 94, 99, 100, 101, 102, 103, 114, 115

딤나 Timna 15, 28, 29, 32, 33

딤나 Timnah 텔 바타쉬 T. Batash 10, 11, 19, 35, 39, 41, 46, 47, 55, 72, 74, 79

딥사 Tiphsah 35, 53, 64, 75

라

라가시 Lagash 1, 17, 18, 20

라가에 Rhagae 84, 87, 88

라기스* Lachish 11, 12, 19, 23, 36, 39, 45, 47, 55, 57, 68, 70, 74, 77, 79, 81, 86, 93

라르사 Larsa 1, 3, 18, 20, 76, 80

라리사 Larissa 120, 121, 123, 132

라마 Ramah 베냐민 Benjamin 지파 39, 41, 46, 48, 49, 49, 50, 57, 58, 71, 79, 86

라말라 Ramallah 13

라맛 라헬 Ramat Rahel 벧 학게렘 Beth-haccherem 72

라맛 마트레드 Ramat Matred 55

라비눔 Lavinum 95

라새아 Lasea 123

라스 사프사프 Ras Safsaf 29

라스 샴라 Ras Shamra 우가릿 Ugarit 15

라스 페쉬카 Ras Feshkha 104

라아마 Raamah 16

라암셋 Raamses 피 라암셋 Pi-Raamses, 칸티르 Qantir 참고 4, 6, 29

라오디게아 Laodicea 90, 116, 119, 120, 121, 127, 132, 132

라우리아쿰 Lauriacum 128

라이스 Laish 단 Dan 17, 31, 37, 38

라이티아 Raetia 98, 128, 132

라인 강 Rhine River 96, 97, 98, 128, 132

라카사 Lacasa 89

라케다이몬 Lacedaemon 132

라티움 Latium 95

라파나 Raphana 99, 100, 101, 102, 103, 114, 115

라피아* Raphia 28, 53, 64, 70, 75, 76, 89, 99, 100, 101, 103, 114, 115, 118, 129

라호르 Lahore 87, 88

락갓 Rakkath 39

락군 Rachgoun 61

람베시스 Lambesis 128, 132

랍바* Rabbah 암만 Amman, 또한 빌라델비아 Philadelphia 참고 1, 4, 5, 7, 8, 10, 14, 18, 24, 35, 38, 45, 52, 64, 68, 75, 80, 85, 87

랭스 Reims 97

러시아 Russia 2

레기오 Legio 므깃도 Megiddo 93, 103, 129

레기온 Rhegium 61, 95, 123, 128

레바논 골짜기 Valley of Lebanon 38

레바논 산맥 Lebanon Mts. 5

레바논 Lebanon 2, 5, 13

레반트 Levant 1

레사이나 Resaina 128

레셉 Rezeph 75, 76, 80, 82, 85

레스보스 Lesbos 33, 87, 88, 116, 120, 121, 127

레온 Leon 132

레온토폴리스 Leontopolis 116

렘노스 Lemnos 17, 34, 120, 121, 127

렘바 Lemba 93

렙티스 마그나 Leptis Magna 61, 98, 124

로다님 Rhodanim 16

로도 Rhodes 1, 2, 6, 15, 18, 33, 61, 76, 87, 96, 116, 124, 132

로드발 Lo-debar 39, 59, 65

로마 Rome 61, 95, 96, 97, 98, 116, 123, 124, 128, 132

로빈슨 아치 Robinson' Arch 112, 113

로쉬 하니크라 Rosh HaNiqra 두로 Tyre의 사다리 Ladder 7, 9

로젬 Rogem 55

로크리 Locri 95, 96, 97

론 강 Rhone River 96, 97, 98, 124, 128, 132

론디니움 Londinium 런던 London 98, 124, 128, 132

롯 Lod 룻다 Lydda 10, 11, 36, 39, 79, 86

루가오니아 Lycaonia 119, 120, 121, 128, 132

루그두넨시스 Lugdunensis 124, 128, 132

루그두눔 Lugdunum 리용 Lyons 128, 132

루기아 Lycia 33, 87, 88, 90, 98, 116, 119, 120, 121, 123, 127, 128, 132

루데티아 Lutetia 98, 124, 128

루딤 Ludim 16

루마 Rumah 77

루부테 Rubbute 27

루비콘 강 Rubicon River 95, 128

루셀레 Rusellae 95

루스드라 Lystra 116, 119, 120, 121, 128, 132

루시타니아 Lusitania 98, 124, 128, 132

룩소르 Luxor 테베 Thebes, 노아몬 No-amon 2

룩카 Lukka 34

룻 Lud 16

룻다 Lydda 롯 Lod 15, 92, 93, 99, 100, 102, 103,

114, 115, 116, 117, 122, 125, 126
르바임 골짜기 Rephaim Valley 51
르바임 골짜기 Valley of Rephaim 52
르바임 Rephaim 21
르보 하맛 Lebo-hamath 26, 28, 31, 38, 65
르보나 Lebonah 92, 93, 105, 106, 110, 111, 117
르비딤 Rephidim 4, 21, 29
르아르 강 Loire River 96, 97, 98, 124, 128, 132
르우벤 Reuben 39, 40, 41, 42
르하빔 Lehabim 16
르호봇 Rehovot 13
르홉 Rehob 19, 38, 40, 58
리구리안 해 Ligurian Sea 95
리노코루라 Rhinocorura 89, 90, 91, 93
리디아 Lydia 64, 75, 76, 82, 83, 84, 87, 88, 119, 120, 121, 127, 128, 132
리밧 Riphath 16
리블라 Riblah 5, 31, 69, 76, 78, 80, 82, 85
리비아 고원 Libyan Plateau 16
리비아 Libya 33, 34, 61, 76, 82, 84, 87, 88, 116
리비아스 Livias 벳 라맛타 Beth-ramatha 101, 102, 114, 115, 129, 130
리산 Lisan 반도 12, 21
리시아 Lysias 90
리야드 Riyadh 2
리용 Lyons 루그두눔 Lugdunum 98, 124
리코폴리스 Lycopolis 88
리타니 강* Litani River 5, 7, 14, 19, 27, 38, 49, 52, 60, 70, 89, 91, 94, 102, 103, 118, 125
리파라 Lipara 95
릭수스 Lixus 61
린도스 Lindos 61
림몬 Rimmon 스불론 Zebulun 지파 39, 40, 41
립나 Libnah 36, 40, 74, 77

마

마곡 Magog 16
마그나 그라이키아 Magna Graecia 95
마그네시아 Magnesia 90, 96, 97, 116, 127, 132
마나마 Manama 2
마다우루스 Madaurus 132
마대 Madai 16
마라칸다 Marakanda 사마르칸드 Samarkand 87, 88

마라톤 Marathon 84
마레사 Mareshah 마리사 Marisa 11, 12, 36, 39, 57, 58, 61, 72, 74, 79, 86
마로암 Ma-ro'am 55
마르마라 해 Marmara Sea 83, 120, 121, 127, 128
마르마라 해 Sea of Marmara 1, 2, 6, 33
마르지아나 Margiana 마르구스 Margus 84, 87, 88
마르차보토 Marzabotto 95
마리 Mari 1, 3, 5, 6, 17, 18, 20
마리사 Marisa 마레사 Mareshah 89, 90, 91, 92, 93, 99, 100, 101, 102, 117
마리암네 망대 Tower of Mariamne 112, 113, 126
마므레 Mamre 21, 22
마사 Masa 33
마사다* Masada 11, 12, 50, 93, 99, 101, 103, 104, 105, 111, 115, 117, 125, 129
마쉬 Mash 16
마아가 Maacah 38, 52, 53
마아디 Ma'adi 15
마온 광야 Wilderness of Maon 50
마온 Maon 50, 57
마이둠 Maidum 17
마인츠 Mainz 132
마케도니아* Macedonia 33, 54, 61, 83, 84, 96, 97, 98, 116, 120, 121, 123, 124, 128, 132
마캐루스* Machaerus 93, 99, 100, 101, 102, 103, 105, 106, 110, 114, 115, 126, 129, 130
마하나임 Mahanaim 10, 11, 22, 38, 39, 40, 45, 49, 51, 52, 57, 66, 68
막게다 Makkedah 36
막달라 Magdala 타리케아에 Taricheae 107
막데스 Makhtesh 73
막벨라 굴 Cave of Machpelah 21, 23
막테쉬 라몬 Makhtesh Ramon 12
만나이 Mannai 76
만사투 Mansatu 26
만수아테 Mansuate 68, 70
말라가 Malaga 61
말라사 Malatha 93, 99, 100, 101, 102, 103, 111, 114
말라카 Malaca 96, 97
말라티아 Malatya 2, 33, 64, 75, 83, 84, 87, 88, 98, 128, 132

말리 Malli 87, 88
말티 Malthi 33
맛다나 Mattanah 32
맛사게테 Massagetae 87, 88
맛살리아 Massalia 마르세유 Marseilles 54, 96, 97, 98, 124, 128
망대 못 Tower's Pool 112, 113
메대 Media 69, 75, 76, 80, 82, 83, 84, 87, 88, 116
메대인 Medes 76
메드바 Madaba 13
메드바* Medeba 마다바 Madaba 4, 6, 7, 10, 11, 35, 38, 49, 52, 70, 86, 99, 101, 102, 105, 114, 129
메디나 Medina 2
메디네트 하부 Medinet Habu 33
메디올라눔 Mediolanum 98
메론 산 Mt. Meron 7, 9, 14
메롬 Merom 37, 38, 39, 68, 107, 110
메롯 Meroth 125
메르신 Mersin 2, 5, 17, 33, 61
메리다 Merida 98, 124, 128, 132
메림다 Merimda 15
메바앗 Mephaath 40
메사드 하샤브야후 Mesad Hashavyahu 77
메사드 하시딤 Mesad Hasidim 쿰란 Qumran 103
메섹 Meshech 16
메셰드 Meshed 87, 88
메소포타미아 Mesopotamia 1, 3, 15, 17, 54, 85, 96, 97, 98, 116, 124, 128, 132
메시나 해협 Strait of Messina 95
메카 Mecca 54
메툴라 Metulla 13
멘잘레 호수 Lake Menzaleh 23, 29
멜로스 Melos 116
멜리드 Melid 64, 66
멤피스* Memphis 놉 Noph 1, 3, 18, 20, 34, 54, 61, 66, 85, 87, 96, 97, 105, 120, 123, 124, 128
멧사나 Messana 95, 123
모군티아쿰 Moguntiacum 128
모데인 Modein 92, 93, 129
모레 산 Mt. Moreh 9, 43, 49, 52, 63, 105, 106, 107, 109
모레 언덕 Hill of Moreh 44
모레셋 가드 Moresheth-gath 58, 65, 71,

72, 74

모리아 산 Mt. Moriah 21, 56, 73

모리타니아 Mauretania 96, 97, 98, 124, 128, 132

모술 Mosul 2, 3

모쉬 Moschi 메섹 Meshech 84

모압 광야 길 Way to the Wilderness of Moab 32

모압 미스바 Mizpah of Moab 길 하레셋 Kir-hareseth 50

모압 족속 Moabitis 89

모압 평원 Plains of Moab 32, 36, 42

모압* Moab 4, 7, 11, 12, 26, 32, 35, 40, 49, 50, 53, 59, 60, 64, 71, 72, 78, 86

모이시아 Moesia 87, 88, 98, 116, 124, 128, 132

몰리아나 Mouliana 33

몰타 Malta 54, 61, 96, 97, 98, 123, 124, 128, 132

무라 Myra 123, 127, 132

무라드 수 강 Murad Su River 1, 2, 75, 76

무레이빗 Mureybit 15

무시아 Mysia 119, 120, 121, 127

무크타라 Moukhtara 15

무키스 Mukis 33

문다 Munda 97

문하타 Munhata 15

물웅덩이 동굴 Cave of the Pool 130

뭄바이 Mumbai 봄베이 Bombay 87, 88

므깃도* Megiddo 1, 3, 4, 5, 7, 9, 10, 13, 17, 19, 21, 27, 35, 43, 57, 60, 63, 68, 71, 78

므낫세 서쪽 West Manasseh 40, 45

므낫세 Manasseh 39, 41, 43, 44

므우님 Meunim 65

미둘레네 Mitylene 120, 121, 127, 128

미디안 Midian 4, 6, 24, 26, 29, 33, 35

미문 Beautiful Gate 112, 113

미샬 Mishal 39, 40

미쇼르 Mishor 7, 32

미쉬네 Mishneh 73

미스라임 Mizraim 16

미스바 골짜기 Valley of Mizpah 37

미스바* Mizpah 베냐민 Benjamin 지파 7, 22, 39, 42, 45, 46, 48, 49, 57, 58, 71, 72, 78, 79, 81, 86, 92, 93

미안데르 강 Maeander River 1, 2, 33, 97, 119, 120, 121, 127

미츠페 라몬 Mizpe Ramon 13

미케네 Mycenae 6, 33, 34

미탄니 Mitanni 나하린 Naharin 3, 6, 25, 26, 28, 33

미항 Fair Havens 120, 121, 123, 124

믹달 Migdal 27

믹돌 Migdol 26, 28, 29, 64, 66, 75, 76, 81, 82, 83, 91

믹마스 Michmash 10, 11, 36, 41, 42, 48, 49, 74, 79, 86, 92, 93

밀레 Mylae 96, 97

밀레도* Miletus 33, 34, 83, 84, 87, 96, 98, 116, 119, 120, 121, 124, 127, 128, 132

밀로 Millo 56, 73

밋딘 Middin 104

바

바그다드 Baghdad 2, 3

바다라 Patara 119, 120, 121, 127, 128

바대 Parthia 84, 87, 88, 96, 97, 98, 116, 124, 128, 132

바드로스 Pathros 81, 116, 128, 132

바드루심 Pathrusim 바드로스 Pathros 16

바디야트 엣 티 Badiyat et-Tih 29

바라돈 Pharathon 92, 93

바란 광야 Wilderness of Paran 4, 12, 21, 24, 29, 30, 35

바레인 Bahrain 2

바르발 강* Pharpar River 7, 13, 14, 19, 35, 40, 59, 67, 70, 93, 100, 102, 103, 107, 109, 115

바르칼 Barkal 나파타 Napata 4

바르트루나 Bartruna 27

바리스 Baris 94

바벨론* Babylon 1, 2, 3, 6, 17, 18, 20, 54, 64, 69, 75, 78, 80, 84, 98, 116, 124, 132

바보 Paphos 61, 90, 116, 118, 119, 120, 121, 128, 132

바빌로니아 Babylonia 3, 64, 66, 69, 75, 76, 78, 80, 82, 83, 84, 87, 88, 116

바산 Bashan 7, 9, 32, 35, 38, 59

바스라 Basra 2

바스타 Basta 15

바알라 Baalah 39, 50

바알랏 브엘 Baalath-beer 55

바알랏 Baalath 39, 55

바알벡 Baalbek 1, 5

바알브라심 Baal-perazim 51, 52

바알브올 Baal-peor 36

바알스본 Baal-zephon 4

바에티카 Baetica 98, 124, 128, 132

바이트아나타 Baitanata 벧아낫 Beth-anath 89

바카 Baca 107, 110

바쿠 Baku 2

바클레이 성문 Barclay's Gate 112, 113

바타네아 Batanea 89, 100, 101, 102, 103, 114, 115, 129

바하리야 Bahariya 4

바후림 Bahurim 51

바흐타란 Bakhtaran 2

박트라 Bactra 87, 88

박트리아 Bactria 84, 87, 88

반 호수* Lake Van 1, 2, 3, 16, 18, 20, 64, 69, 75, 76, 80, 82, 83, 85, 88, 116, 128, 132

발라 호수 Lake Ballah 29

발레아레스 제도 Balearic Islands 61, 96, 97, 98, 124, 128, 132

발렌티아 Valentia 96, 97

발리크 강 Balikh River 1, 2, 3, 5, 18, 20, 26, 64, 66, 69, 75, 76, 80, 85

밤빌리아 Pamphylia 84, 90, 98, 116, 119, 120, 121, 123, 127, 128, 132

밥 에드 드라 Bab ed Dhra 21

밧단아람 Paddan-Aram 18, 20, 22, 33

밧모 Patmos 119, 120, 121, 127

백 나일 White Nile 4

뱀의 연못 Serpent's Pool 112, 113

버가 Perga 87, 88, 90, 119, 120, 121, 127, 128, 132

베냐민 Benjamin 39, 40, 41, 42, 45, 47, 48

베니 하산 Beni Hasan 18

베다니 Bethany 예루살렘 Jerusalem 근방 103, 106, 110, 111, 113

베다니 Bethany 요단강 건너편 Beyond Jordan 106

베데르 Bether 130

베들레헴* Bethlehem 유다 Judah 지역 10, 11, 13, 22, 39, 46, 51, 58, 74, 86, 93, 99, 100, 106, 125, 130

베레니케 Berenice 키레네카아 Cyrenacia 116

베레니케 Berenice 펠라 Pella 89

베레아* Perea 89, 93, 99, 101, 102, 105, 106, 109, 110, 114, 115, 125, 129, 130

베로나 Verona 96, 97

베로대 Berothai 52

베뢰아 Berea 116, 120, 121, 123, 132
베르 제타 Ber-zetha 92, 93
베르기나 Vergina 33
베르켈라에 Vercellae 98, 124, 128
베리투스 Berytus 베이루트 Beirut 90, 116
베세못 Bezemoth 125
베셀 Bezer 르우벤 Reuben 지파 38, 39, 40, 41, 64
베셀 Bezer 바산 Bashan 지역 27
베스다 Bezetha 베데스다 Bethesda 112, 113
베이 Veii 95
베이다 Beidha 15
베이루트 Beirut 베리투스 Berytus 1, 2, 5, 5, 27, 28, 57, 132
베이세술탄 Beycesultan 17, 18, 33
베카 계곡 Beqa Valley 5, 19, 26, 27
베테라 Vetera 128
베토가브리스 Betogabris 벧 구브린 Beth-guvrin 100, 101, 102, 103, 117, 125, 126, 129
베툴로니아 Vetulonia 95
베히스툰 Behistun 83, 84, 87, 88
벧 니므라 Beth-nimrah 39, 45
벧 다곤 Beth-dagan 74
벧 라마타 Beth-ramatha 93
벧 르홉 Beth-Rehob 52, 53
벧 마라 Beth-marah 104
벧 바라 Beth-barah 44
벧 바시 Beth-basi 93
벧 벨렛 Beth-pelet 51, 86
벧 세메스 Beth-shemesh 갈릴리 Galilee 지역 / 잇사갈 Issachar 지파 38, 51
벧 세메스 Beth-shemesh 유다 Judah 지역 19, 36, 38, 39, 40, 46, 47, 49, 51, 55, 58, 70, 72, 78
벧 세아림 Beth-shearim 110, 129
벧 술 Beth-zur 19, 22, 36, 39, 57, 58, 72, 74, 78, 79, 81, 86, 90, 92, 93, 105, 129
벧 스가랴 Beth-zechariah 92
벧 아낫 Beth-anath 28, 37, 38, 39, 41
벧 아벨 Beth-arbel 64
벧 에글라임 Beth-eglaim 24
벧 에덴 Beth-Eden 빗 아디니 Bit Adini 33, 35, 53, 64, 66, 69, 75
벧 에케드 Beth-eked 63
벧 여시못 Beth-jeshimoth 32, 36, 42
벧 케렘 골짜기 Beth Kerem Valley 107
벧 학간 Beth-haggan 예닌 Jenin 63
벧 학케렘 Beth-haccherem 라맛 라헬 Ramat Rahel

79, 86, 93
벧 호글라 Beth-hoglah 39
벧 호론 Beth-horon 10, 11, 27, 40, 47, 48, 49, 52, 58, 74, 79, 86, 90, 93, 125
벧산* Beth-shan 스키토폴리스 Scythopolis 4, 5, 6, 7, 9, 10, 13, 17, 23, 25, 35, 38, 44, 49, 52, 59, 63, 68, 71
벳새다 평원 Plain of Bethsaida 107, 108, 109
벳새다* Bethsaida 9, 90, 93, 94, 99, 100, 102, 103, 105, 107, 108, 109, 114, 115, 129
벧엔나브리스 Bethennabris 125
벧엘* Bethel 루스 Luz 7, 10, 11, 19, 23, 36, 39, 42, 48, 49, 52, 58, 62, 65, 79, 86, 93, 125
벨기카 Belgica 98, 124, 128, 132
벨렉 Peleg 16
벳 브올 Beth-peor 32
벳바게 Bethphage 111
보디올 Puteoli 116, 123, 132
보르도 Bordeaux 98, 124
보르십바 Borsippa 18, 75, 76, 80, 83, 84, 85
보스라 Bozrah 6, 7, 12, 14, 32, 35, 38, 39, 41, 52, 57, 58, 67, 70, 77
보스트라 Bostra 102, 103, 118, 128, 129, 132
보스포러스 Bosporus 1, 2, 6, 33, 83, 98, 120, 121, 127, 128, 132
보에오티아 Boeotia 116
복하라 Bokhara 87, 88
본나 Bonna 128
본도 산맥 Pontus Mountains 1, 2, 16, 83, 84, 87, 88, 116, 116, 120, 121, 128
본도 Pontus 87, 88, 90, 96, 97, 98, 116, 119, 120, 121, 123, 124, 127, 128, 132
볼가 강 Volga River 98, 128, 132
볼라테라에 Volaterrae 95
볼시니 Volsinii 볼세나 Bolsena 95
볼키 Volci 95
뵈닉스 Phoenix 123
부논 Punon 4, 6, 12, 21, 23, 25, 29, 31, 32, 35, 55, 67, 81
부르디갈라 Burdigala 128
부르쿠나 Burkuna 27
부바스티스 Bubastis 4, 24, 25, 26, 116
부세팔라 Bucephala 87, 88
부크라스 Bouqras 15
부헨 Buhen 4

북해 North Sea 98, 128, 132
분문 Dung Gate 94
불가리아 Bulgaria 2
붓 Put 16
브네 브락 Bene-berak 74, 129
브누엘 Penuel 22, 39, 44, 57, 58, 59
브둘 Bethul 39, 50
브루기아 Phrygia 84, 87, 88, 96, 97, 98, 116, 119, 120, 121, 123, 124, 127, 128, 132
브룬디시움 Brundisium 96, 97, 123
브리게티오 Brigetio 128
브리스 족속 Perizzites 16
브리타니아 Britannia 97, 98, 124, 128, 132
브솔 시내 Besor Brook 30
브에롯 Beeroth 51, 86, 92
브엘라해로이 Beer-lahai-roi 21, 22
브엘세바 광야 Wilderness of Beersheba 62
브엘세바* Beersheba 3, 4, 6, 7, 8, 11, 12, 21, 25, 38, 45, 50, 58, 67, 72, 86, 93, 105, 129
브장송 Besancon 97
블레셋 땅 길 Way of the Land of the Philistines 29
블레셋 평원 Plain of Philistia 7, 10, 11, 12
블레셋* Philistia 32, 35, 38, 46, 49, 50, 53, 55, 57, 60, 62, 65, 67, 68, 72, 74, 77, 93
비돔 Pithom 4, 23, 25, 29
비두니아 Bithynia 87, 88, 96, 97, 98, 116, 119, 120, 121, 123, 124, 127, 128, 132
비라돈 Pirathon 10, 39, 41, 51
비르 마타르 Bir Matar 15
비르 사파디 Bir Safadi 15
비르타 Birta 89
비미나키움 Viminacium 128
비블로스* Byblos 그발 Gebal, 구블라 Gubla 1, 3, 5, 6, 15, 17, 28, 34, 35, 53, 64, 70, 76, 80, 84, 90, 118, 120
비시디아 Pisidia 96, 97, 119, 120, 121, 124, 127
비아 돌로로사 Via Dolorosa 113
비엔나 Vienna 96, 97, 128, 132
비옥한 초승달 지역 Fertile Crescent 2
비잔티움* Byzantium 이스탄불 Istanbul 33, 76, 82, 84, 87, 88, 96, 98, 116, 120, 121, 124, 127, 128, 132
비톨라 Bitola 120
빌라델비아 Philadelphia 암만 Amman, 랍바 Rabbah

89, 93, 94, 100, 101, 102, 103, 116, 119, 120, 125, 127, 129, 132

빌립보 Philippi 6, 96, 97, 98, 116, 120, 121, 124, 128, 132

빗 닥쿠리 Bit-Dakkuri 76, 78

빗 바히아니 Bit-Bahiani 53

빗 아구시 Bit-Agusi 53

빗 야킨 Bit-Yakin 76, 78

사

사가르티아 Sagartia 84

사군툼 Saguntum 96, 97

사데* Sardis 6, 33, 61, 76, 84, 87, 88, 96, 98, 116, 119, 121, 124, 127, 128, 132

사라곳사 Saragossa 132

사론 평원 Plain of Sharon 7, 10

사루헨 Sharuhen 23, 24, 25, 26, 39, 45, 49, 58, 79

사르단 Zarethan 44, 55

사르디니아 Sardinia 54, 61, 95, 96, 97, 98, 116, 124, 128, 132

사르마티아 Sarmatia 98, 128, 132

사르미제게투사 Sarmizegetusa 128

사르밧 Zarephath 62

사리드 Sarid 39

사마 Zama 96, 97

사마가 Samaga 93

사마라 Samarra 15, 17

사마리아* Samaria 지역 7, 10, 79, 86, 89, 94, 101, 103, 109, 110, 111, 114, 122, 129, 130

사마리아* Samaria 지역, 세바스테 Sebaste 10, 21, 39, 57, 60, 63, 64, 65, 68, 70, 79, 80, 86, 89, 90, 93, 94, 99

사말 Samal 53

사메 Same 132

사모드라게 Samothrace 6, 33, 120, 121, 127

사모사타 Samosata 90, 128, 132

사모스 Samos 33, 116, 119, 120, 121, 127

사밀 Shamir 41

사본 Zaphon 27, 39, 41, 45, 49, 58, 59

사아난님의 상수리나무 Oak in Zaananim 43

사알빔 Shaalbim 38, 39, 51

사우디아라비아 Saudi Arabia 2

사울의 기브아 Gibeah of Saul 기브아 Gibeah 참고 50

사웨 골짜기 Valley of Shaveh 21

사이스 Sais 4, 25, 64, 69, 75, 76, 80, 82, 83, 84, 85, 87, 88

사카라 Saqqarah 17, 25, 84

사탈라 Satala 128

사트리쿰 Satricum 95

사하라 사막* Sahara Desert 1, 2, 4, 6, 15, 16, 18, 33, 34, 76, 81, 84, 88, 98, 116, 124, 128, 132

염해 Dead Sea 사해 Salt Sea 1, 4, 7, 13, 18, 25, 34, 48, 53, 70, 86, 94, 103, 111, 116, 123, 128

산토리니 Santorini 127

산투스 Xanthus 84, 87, 88, 97, 120, 121, 127

살라미 Salamis 83, 84, 84, 87, 88, 90, 98, 116, 118, 119, 120, 121, 124, 128, 132

살렘 Salem 21

살로나 Salona 98, 128, 132

살론키아 Salonkia 데살로니가 Thessalonica 98

살르가 Salecah 31, 35

살림 Salim 103, 105, 106, 110

살모나 Zalmonah 32

살모네 Salmone 123

삼숨밈 Zamzumim Zuzim은 신 2:20에 나오는 삼 숨밈에 대한 또다른 표기라고 여겨짐 – 편집자 주 21

삽다 Sabtah 16

삿토기디아 Sattogydia 84

상가리우스 강 Sangarius River 1, 2, 33, 120, 121, 127

상부 갈릴리 Upper Galilee 7, 9, 37, 107, 109, 110, 129

상부 벧호론 Upper Beth-horon 36, 39, 41, 48, 49, 55, 57, 92

샤베 키리앗타임 Shaveh-kiriathaim 19

샤아르 하골란 Shaar-Hagolan 15

샤트 알 아랍 Shatt al-Arab 1, 2

샴 엘 쉐이크 Sharm el-Sheikh 29

서머나 Smyrna 33, 61, 119, 120, 121, 127, 128

서부 구릉 Western Hill 56

서부 사막 Western Desert 4

서부 산지 Western Mountains 고산지대 Highlands 7, 8, 122

서신 동굴 Cave of Letters 130

성전 고지대 Temple Hill 산 56, 73, 113

세 여관 Three Taverns 123

세게스타 Segesta 95

세겜* Shechem 네아폴리스 Neapolis 3, 4, 5, 6, 7, 10, 14, 25, 35, 44, 50, 60, 79, 88, 94, 100, 101, 111

세고비아 Segovia 96

세라비트 엘 카딤 Serabit el-Khadim 4, 24, 25, 28, 29

세렛 강* Zered River 7, 13, 19, 21, 38, 41, 49, 51, 55, 62, 67, 72, 89, 93, 102, 114, 125

세바스테* Sebaste 사마리아 Samaria 101, 102, 105, 109, 111, 115, 117, 122, 123, 126, 127, 129, 130

세빌랴 Seville 98, 128

세스트루스 강 Cestrus River 악수 강 Aksu River 127

세일 산 Mt. Seir 예벨 에쉬 쉐라 Jebel Esh-Shera 22, 32

세일 Seir 28, 29

세포리스* Sepphoris 디오케사레아 Diocaesarea 7, 93, 94, 99, 101, 102, 103, 105, 107, 110, 115, 117, 125, 129

세피너스 망대 Tower of Psephinus 112, 113

섹시 Sexi 61, 96, 97

센 강 Seine River 128, 132

센나브리스 Sennabris 107, 108

셀라 Sela 93

셀라 Zela 96, 97, 98

셀렙 Sheleph 16

셀류키아 Seleucia 플레셋 Palestine 지역 93, 94, 107

셀류키아 Seleucia 비시디아 Pisidia 지방 120, 121, 123

셀류키아 Seleucia 아빌레네 Abila 지방 90

셀류키아 Seleucia 이라크 Iraq 지역 88, 90, 116

셀류키아 트라케온티스 Seleucia Tracheontis 길리기아 Cilicia 지방 90, 116, 118, 119, 120, 121

셀리누스 Selinus 95

셈 Shem 16

소가네 Sogane 110, 125

소고 Socoh 6, 10, 26, 38, 39, 46, 49, 50, 57, 58, 58, 59, 70, 72

소그디아나 Sogdiana 84, 87, 88

소돔 Sodom 21

소라 Zorah 10, 11, 27, 39, 41, 46, 58, 79, 86

소렉 골짜기 Sorek Valley 52, 74

소르가네 Sorgane 107

소바나 Sovana 95

소바 Zobah 아람 소바 Aram-Zobah 35, 51, 52

소비터 호 Little Bitter Lake 4, 23, 29

소아시아 Asia Minor 16, 34, 90

소안 Zoan 3, 20, 29

소알 Zoar 벨라 Bela 8, 11, 12, 19, 21, 27, 30, 31, 32,

35, 41, 45, 49, 51, 78, 93

소자브 강 Lower Zab River 3, 64, 66, 69, 75, 76, 80

솔레브 Soleb 4

솔로몬 행각 Solomon Portico 112, 113

솔리 Soli 90

수가 Sychar 105, 106, 110, 111, 114, 117

수넴 Shunem 27, 39, 49, 51, 58, 62

수니온 Sounion 121

수르 광야 Wilderness of Shur 21, 23, 29, 105

수르 길 Way to Shur 21, 23, 29, 30

수르보 Surbo 34

수메르 Sumer 3, 6, 17

수무르 Sumur 26, 27, 28, 61, 64, 66, 75

수문 Water Gate 73, 112, 113

수바르투 Subartu 3, 17, 18, 20

수베르데 Suberde 15

수비테 Subite 소바 Zobah 70

수사* Susa 1, 3, 6, 17, 18, 20, 66, 69, 75, 76, 80, 82, 85, 87, 88, 98, 116, 128

수산 문 Shushan Gate 94, 112, 113

수시아나 Susiana 84, 87, 88

수에네 Syene 아스완 Aswan, 엘레판틴 Elephantine 81, 84, 87, 88, 132

수에즈 만* Gulf of Suez 2, 4, , 6, 15, 17, 20, 21, 23, 24, 25, 26, 29, 83, 85, 91, 96, 97, 98

수에즈 운하 Suez Canal 2

수에즈 Suez 2

수투 Sutu 28

숙곳 Succoth 4, 10, 11, 22, 23, 25, 29, 38, 39, 41, 44, 45, 49, 55, 57, 58

술시스 Sulcis 61

숩 Zuph 48

쉐파람 Shefaram 129

쉐펠라 Shephelah 7, 8, 11, 12, 36, 46, 47, 50, 51, 52, 58, 60, 71, 72, 74, 92, 122

쉬크모나 Shiqmona 55, 61

쉬크밈 Shiqmim 15

슈루파크 Shuruppak 17

슈투 Shutu 19

스가가 Secacah 104

스닷 Zedad 31, 38

스레다 Zeredah 93

스말 족속 Zemarites 16

스바 Seba 16

스바 Sheba 16, 54

스발와임 Sepharvaim 69, 85

스밤 Shepham 31

스밧 Zephath 26

스보임 Zeboiim 21

스불론 Zebulun 39, 40, 41, 43, 44

스코푸스 산 Mt. Scopus 56

스키로스 Skiros 127

스키타이인 Scythians 75, 76, 82

스키타이인 Scythyians 84

스키토폴리스* Scythopolis 벧산 Beth-shan 89, 91, 93, 94, 100, 101, 103, 107, 110, 115, 117, 118, 125, 129

스트라토 망대 Strato's Tower 89, 90, 91, 93, 99

스트루티온 못 Struthion Pool 112

스파르타 Sparta 6, 33, 83, 84, 87, 88, 96, 97, 98, 116, 120, 121, 123, 124, 128, 132

스파시노 카라크 Sasinou Charax 116

스페인 Spain 54, 61

시글락 Ziklag 11, 12, 38, 39, 41, 45, 49, 50, 51, 79, 86

시날 Shinar 16

시내 산 Mt. Sinai 예벨 무사 Jebel Musa 1, 2, 3, 33, 64, 75, 76, 80, 81, 82, 83, 84, 87, 88, 116, 128

시내* Sinai 1, 2, 3, 4, 6, 7, 12, 15, 22, 24, 33, 66, 75, 80, 84, 90, 116, 128, 132

시노페 Sinope 82, 83, 84, 87, 88, 96, 97, 116, 123, 128, 132

시데 Side 87, 88, 90, 116

시돈* Sidon 1, 3, 5, 6, 7, 13, 22, 34, 41, 57, 66, 78, 80, 93, 109, 115, 120, 123

시라쿠사 Syracuse 61, 95, 96, 97, 98, 123, 124, 128, 132

시로-아라비아-사막* Syro-Arabian Desert 2, 3, 5, 6, 7, 8, 16, 28, 34, 61, 64, 78, 85, 96, 114, 115, 118, 128

시르디스 만 Syrtis Major 123

시르보니스 호수 Lake Sirbonis 바르다윌 Bardawil 23, 29, 31

시리아 관문 Syrian Gates 118, 120, 121

시리아* Syria 2, 5, 13, 88, 91, 96, 99, 100, 101, 116, 120, 121, 125, 128, 132

시마브 강 Simav River 127

시모니아스 Simonias 110

시므론 Shimron 37, 38

시므온 Simeon 39, 40, 41

시미라 Simyra 장소 70

시미라 Simyra 지역 70

시얀누 Siyannu 33, 35, 64, 66

시칠리 해협 Strait of Sicily 95

시칠리아 Sicilia 시칠리 Sicily 34, 61, 95, 96, 97, 98, 116, 123, 124, 128, 132

시카 Sicca 132

시티피스 Sitifis 132

시파르 Sippar 64, 66, 69, 75, 76, 78, 80, 82, 83, 84, 85

식스투스 Xystus 112, 113

신 광야 Wilderness Of Sin 편집 주 – 시내반도 4, 24, 29

신 광야 Wilderness of Zin 편집 주 – 이스라엘 4, 7, 12, 29, 30, 31, 32, 35, 38, 72

신 족속 Sinites 16

신가라 Singara 128

실레 Sile 1, 4, 24, 25, 26, 28, 29

실로 Shiloh 7, 8, 10, 11, 19, 36, 38, 39, 41, 44, 47, 51, 57, 58, 70, 71, 79, 86

실로암 수로 Siloam Channel 73

실로암 연못 Siloam Pool 73, 94, 112, 113

실루기아 피에리아 Seleucia Pieria 90, 118, 120, 121

심판 문 Judgement Gate 심판의 문 112

십 광야 Wilderness of Ziph 50

십 Ziph 50, 57, 58, 72

싯딤 골짜기 Valley of Siddim 21

싯딤 Shittim 4

아

아가데 Agade 악캇 Akkad 1, 3, 17, 18, 20

아가야 Achaia 33, 96, 97, 98, 120, 121, 123, 124, 128, 132

아그랍빔 비탈 Ascent of Akrabbim 31

아나그니아 Anagnia 95

아나돗 Anathoth 40, 51, 65, 71, 74

아나톨리아 고원 Plateau of Anatolia 아나톨리아 Anatolia와 아나톨리아 고원 Anatolian Plateau 참고 1, 2, 82, 83, 84

아나톨리아 Anatolia 아나톨리아 고원 Anatolian Plateau 15, 16, 17, 33, 34, 120, 121

아나하랏 Anaharath 26

아다나 Adana 2

아다사 Adasa 92, 93

아담 Adam 41, 44, 45, 49, 51, 55, 57, 58, 60
아덴 만 Gulf of Aden 54
아도라 Adora 89, 93, 99, 100, 129
아도라임 Adoraim 57, 58
아두라 Athura 84
아둘람 Adullam 50, 58, 70, 74, 79, 86, 92, 93
아둠밈 Adummim 39
아드라뭇데노 Adramyttium 116, 121, 123, 127
아드라아 Adraa 에드레이 Edrei 101, 102, 103
아드리아 해 Adriatic Sea 54, 61, 84, 87, 88, 95, 96, 97, 98, 116, 123, 124, 128, 132
아드마 Admah 21
아드하임 강 Adhaim River 3, 75, 76
아디다 Adida 93, 125
아디아베네 Adiabene 98, 116, 124, 128, 132
아라랏 산 Mt. Ararat 1, 2, 3, 15, 17, 18, 20, 75, 76, 82, 83, 84, 87, 88, 116, 128
아라바 길 Way to the Arabah 32
아라바* Arabah 4, 7, 12, 14, 21, 30, 35, 36, 40, 52, 62, 65, 72, 86, 89, 93, 101, 118
아라비아 사막 Arabian Desert 1, 66, 69, 80
아라비아 페트레아 페트라에아 Arabia Petraea 98, 124, 128, 132
아라비아 해 Arabian Sea 16, 84, 87, 88
아라비아 Arabia 1, 54, 83, 84, 87, 88, 96, 97, 116
아라코시아 Arachosia 84, 87, 88
아락세스 강* Araxes River 1, 2, 3, 6, 15, 17, 18, 20, 66, 76, 82, 83, 84, 87, 97, 98, 116, 128
아랄 해 Aral Sea 54, 84, 87, 88
아람 나하라임 Aram-naharaim 3, 5, 20
아람 다메섹 Aram-Damascus 다메섹 Damascus 참고 67
아람 소바 Aram-Zobah 소바 Zobah 참고 53
아람* Aram 16, 27, 34, 35, 39, 49, 52, 57, 59, 64, 65, 67, 68, 71, 75, 77, 78, 80
아랍 에미리트 연방 United Arab Emirates 2
아랏* Arad 4, 7, 11, 12, 17, 22, 35, 49, 52, 57, 62, 70, 78, 86, 103, 115, 129
아레투사 Arethusa 90
아렐라테 Arelate 128
아로엘 Aroer 네게브 Negeb 지역 51, 72
아로엘 Aroer 르우벤 Reuben 지파 38, 39, 45, 49, 51, 52, 55, 59, 60, 67, 68, 79

아루나 통로 Aruna Pass 26, 58
아루마 Arumah 에브라임 Ephraim 지역 41
아르 Ar 32
아르고스 Argos 116
아르나마 Arnama 28
아르노 강 Arno River 95
아르논 강* Arnon River 7, 12, 13, 14, 19, 29, 35, 41, 49, 58, 62, 77, 89, 94, 104, 110, 125
아르다타 Ardata 27
아르데아 Ardea 95
아르메니아 Armenia 2, 83, 84, 87, 88, 90, 96, 97, 98, 116, 124, 128, 132
아르바두스 Arvadus 아르왓 Arvad 90, 116
아르밧 Arpad 5, 35, 53, 64, 69, 70, 70, 75, 76, 80, 83, 85
아르벨라* Arbela 66, 69, 75, 76, 84, 87, 88, 93, 100, 101, 105, 108, 110, 125, 128
아르시노에 테우카라 Arsinoe Teuchara 116
아르시노에 Arsinoe 이집트 Egypt 지역 88, 116
아르왓 족속 Arvadites 16
아르왓 Arvad 아르바두스 Arvadus 5, 26, 27, 28, 35, 53, 54, 61, 64, 66, 70, 75, 76, 78, 80, 82
아르자와 Arzawa 25, 28, 33
아르카 Arqa 27
아르탁사타 Artaxata 128
아르팍샤드 Arpachshad 16
아르팍키야 Arpachiyah 15
아리마대 Arimathea 92, 93
아리비 Aribi 70
아리아 Aria 84, 87, 88
아마누스 산맥 Amanus Mts. 5, 118, 120, 121
아마두스 Amathus 61, 93, 94, 99, 100, 101, 102, 103, 111, 129
아마세이아 Amaseia 121
아마스트리스 Amastris 120, 121, 128, 132
아말렉 족속 Amalekites 21, 38, 49
아말렉 Amalek 아말렉 족속 Amalekites 29, 30, 31, 32, 35, 49, 50, 51, 55, 60, 62
아모리 족속 Amorites 16, 17, 21
아무루 Amurru 18, 25, 26, 27, 28, 33, 34, 35, 38, 64, 66
아미다 Amida 18, 20
아미수스 Amisus 96, 97, 121, 132
아바나 강 Abana River 5, 7, 13, 14, 31, 38, 39, 40, 52, 53, 59, 62, 67, 71, 93, 102, 114

아바리스 Avaris 텔 에드-다바 T. ed-Dab'a 18, 23, 24, 25, 26, 61
아벡* Aphek 샤론 Sharon 평원, 안디바드리 Antipatris 참고 6, 7, 10, 17, 19, 26, 38, 47, 49, 50, 58, 59, 62, 66, 70, 74, 78, 86
아벡 Aphek 갈릴리 Galilee 지방 38, 39, 49
아벡 Aphek 골란 Golan 고원 57, 59, 60, 65
아벨 그라밈 Abel-keramim 45
아벨 므홀라 Abel-meholah 44, 62, 71
아벨 벧 마아가 Abel beth-maacah 9, 57, 66, 68
아벨 싯딤 Abel-shittim 10, 11, 32, 36, 39, 42, 45, 47
아볼로니아 Apollonia 마케도니아 Macedonia 지방 96, 97, 120, 121, 132
아부 고쉬 Abu Ghosh 15
아부 다비 Abu Dhabi 2
아부 심벨 Abu Simbel 4
아부 제네이메 Abu Zeneimeh 4, 29
아부 케말 Abu Kemal 2, 5
아부시르 Abusir 17
아비도스 Abydos 4, 15, 24, 25, 116, 127
아빌라 Abila 데가볼리 Decapolis 지방 89, 93, 100, 101, 102, 103, 109, 114, 115, 129
아빌라 Abila 베레아 Perea 지방 89, 93, 94, 99, 111, 115, 125
아빌라 Abila 베카 Beqa 계곡 99, 114, 115
아빌라 Abila 성경의 지명 99, 114, 115
아빌레네 Abilene 100, 101, 103
아산 Ashan 39, 40, 50, 58
아세가 Azekah 10, 11, 36, 49, 50, 51, 51, 57, 58, 70, 71, 72, 74, 78, 79, 86
아셀 평원 Plain of Asher 7
아셀 Asher 39, 40, 41, 43, 44
아소도* Azotus 아스돗 Ashdod 89, 92, 93, 100, 101, 102, 105, 114, 115, 117, 118, 125, 129, 130
아소르 Azor 15, 74
아소키스 Asochis 한나돈 Hannathon 93
아솔 Asor 하솔 Hazor 93, 99
아스갈론* Ascalon 아스글론 Ashkelon 89, 92, 93, 99, 102, 103, 105, 114, 115, 117, 125, 126, 129, 130
아스그나스 Ashkenaz 16
아스글론* Ashkelon 아스갈론 Ascalon 7, 11, 19, 22, 26, 27, 33, 36, 38, 41, 45, 49, 51, 58, 59, 67, 68, 72
아스다롯* Ashtaroth 9, 10, 21, 27, 32, 35, 38,

41, 45, 51, 53, 57, 58, 64, 66, 68, 71, 75

아스돗* Ashdod 아소도 Azotus 6, 7, 10, 11, 15, 21, 26, 35, 38, 45, 49, 53, 57, 64, 65, 72, 74, 82

아스몬 Azmon 30, 31

아스슈와 Ashshuwa 33

아스토르가 Astorga 아스톨가 132

아스팔 Asphar 93

아스펜두스 Aspendus 90

아시아* Asia 54, 61, 87, 88, 96, 97, 98, 116, 119, 120, 121, 123, 124, 127, 128

아시클리 후유크 Asikli Huyuk 15

아얄론 골짜기 Valley of Aijalon 36

아얄론 Aijalon 10, 11, 27, 36, 38, 39, 40, 46, 49, 52, 57, 58, 66, 68, 72

아오르누스 Aornus 87, 88

아와 Avva 69, 85

아우라니티스 Auranitis 89, 100, 101, 102, 103, 114, 115

아이 Ai 17, 21, 22, 36, 38, 79, 86

아인 구와이르 Ain Ghuweir 104

아인 엘 쿠데이랏 Ain el-Qudeirat 가데스 바네아 Kadesh-barnea 30, 31

아인 카드라 Ain Khadra 4, 29

아인 케데이스 Ain Qedeis 30, 31

아인 페쉬카 Ain Feshkha 104

아인 하와라 Ain Hawarah 4, 29

아제르바이잔 Azerbaijan 2

아카바 만* Gulf of Aqaba 에일랏 Eilat 2, 4, 6, 15, 21, 24, 26, 32, 35, 54, 55, 65, 67, 78, 83, 85, 90, 97

아케타텐 Akhetaten 텔 엘 이마르나 Tell el Amarna 321

아켈라이스 Archelais 102, 103, 121, 123

아쿠에 섹스티아 Aquae Sextia 96, 97

아쿠인쿰 Aquincum 128

아퀴타니아 Aquitania 98, 124, 128, 132

아퀼레이아 Aquileia 128

아테네 Athens 6, 33, 61, 83, 84, 87, 88, 96, 97, 98, 120, 121, 123, 124, 128, 132

아트바라 강 Atbara River 4

아틀라스 산맥 Atlas Mts. 128

아틀릿 Athlit 61

아파메아 Apamea 시리아 Syria 지역 90, 116, 132

아파메아 Apamea 소아시아 Asia Minor 지역 90, 127

아파이레마 Aphairema 오브라 Ophrah 102

아페레마 Apherema 92, 93

아폴로니아 소추사 Apollonia Sozusa 115

아폴로니아* Apollonia 팔레스타인 Palestine 지역 86, 89, 90, 91, 93, 99, 100, 101, 102, 103, 114, 115, 117, 125, 129

아풀라 Afula 13, 14, 15

아프로이시아스 Aphrodisias 33, 120, 121, 127

아프리카 Africa 96, 97, 98, 128, 132

악갓 Akkad 3, 16, 17

악고 평원 Plain of Acco 7, 8, 9

악고* Acco 톨레마이 Ptolemais 5, 6, 7, 8, 9, 13, 14, 17, 19, 21, 37, 39, 43, 44, 53, 58, 64, 75, 78

악메다 Achmetha 엑바타나 Ecbatana 69

악모니아 Acmonia 116

악삽 Achshaph 19, 26, 27, 37, 39

악십 Achzib 아셀 지파, 엑딥바 Ecdippa 9, 15, 19, 38, 41, 49, 57, 61, 74

악카론 Accaron 에그론 Ekron 92, 93

악쿠와롯사 Acquarossa 95

악크라베타 Acrabeta 92, 93, 110, 111, 126, 129, 130

악티움 Actium 96, 97, 98

안-나푸드 사막 An-Nafud Desert 2, 15, 16, 17, 18

안드레아스 Andreas 15

안드로스 Andros 127

안디바드리* Antipatris 아벡 Aphek, 페가이 Pegae 100, 101, 102, 103, 105, 115, 117, 118, 122, 123, 125, 126, 130

안디옥* Antioch 시리아 Siria 지역 1, 2, 5, 6, 88, 90, 97, 98, 116, 118, 120, 121, 123, 124, 128, 132

안디옥 Antioch 니시비스 Nisibis 90

안디옥 Antioch 비시디아 Pisidia 지방 90, 97, 116, 119, 120, 121, 128, 132

안샨 Anshan 82

안세돈 Anthedon 93, 100, 102, 117, 125, 126, 129

안코나 Ancona 96, 97, 128

안키라 Ancyra 앙카라 Ankara 82, 83, 87, 88, 96, 97, 116, 116, 120, 121, 123, 124, 127, 128, 132

안키아루스 Anchialus 132

안토니누스 Antoninus 131

안토니아 요새 Antonia Fortress 112, 113, 126

안티 레바논 산맥 Anti-Lebanon Mts. 5

안티노에 Antinoe 132

안티오키아 실루기아 Antiochia Seleucia 가다라 Gadara 90

안티오키아 Antiochia 다소 Tarsus 90

안티오키아 Antiochia 에뎃사 Edessa 90

안티오키아 Antiochia 히포 Hippos 90, 91

안티움 Antium 132

안티폴리스 Antipolis 95

알 아리쉬 Al-Arish 13

알 파이윰 Al-Faiyum 파이윰 Faiyum 참고 81

알가 족속 Arkites 16

알라반다 Alabanda 127

알라카 후유크 Alaca Huyuk 33

알라파 Arrapha 1, 3, 6, 64, 66, 75, 76, 80, 82

알랄라흐 Alalakh 3, 18, 20, 25, 26, 28, 33, 34, 61

알랄리아 Alalia 95

알랍 Ahlab 38

알레리아 Aleria 96, 97

알레티움 Arretium 95

알레포* Aleppo 1, 2, 3, 5, 6, 17, 18, 26, 33, 53, 64, 70, 78, 83, 85, 98, 118, 121

알렉산드리아 람바시아 Alexandria Rhambacia 87, 88

알렉산드리아 말지아나 Alexandria Margiana 87, 88

알렉산드리아 아레이온 Alexandria Areion 87, 88

알렉산드리아 에스카테 Alexandria Eschate 87, 88

알렉산드리아 옥시아나 Alexandria Oxiana 87, 88

알렉산드리아* Alexandria 이집트 Egypt에 위치함 2, 61, 87, 91, 96, 97, 98, 105, 116, 119, 121, 123, 124, 128, 132

알렉산드리움 Alexandrium 사르타바 Sartaba 92, 93, 94, 99, 100, 101, 102, 103, 111, 122, 126, 129, 130

알룰루스 Alulus 할훌 Halhul 125

알리 코쉬 Ali Kosh 15

알몬 디블라다임 Almon-diblathaim 32

알몬 Almon 40

알바니아 Albania 98, 128, 132

알-자지라 Al-Jazirah 5

암만 Amman 랍바 Rabbah 2, 6, 13, 39

암몬 족속 Ammonites 암몬 Ammon 89

암몬* Ammon 4, 29, 33, 38, 40, 45, 49, 57, 58, 62, 66, 67, 68, 72, 76, 80, 86, 87

암비볼리 Amphipolis 87, 88, 120, 121, 123

암키 Amqi 27, 28

압데라 Abdera 61, 87, 88, 96, 97

압돈 Abdon 40

압비아 Appia 127

압비오 광장 Forum of Appius 123

앗달리아 Attalia 90, 119, 120, 121

앗소 Assos 120, 121, 127

앗수르 Asshur 1, 3, 6, 16, 17, 18, 20, 64, 66, 69, 75, 76, 80, 84, 87, 88

앗시리아 Assyria 3, 18, 33, 64, 66, 69, 75, 76, 80

앙카라 Ankara 안키라 Ancyra 2, 98

애논 Aenon 103, 105, 106, 110

야노아 Janoah 10, 39, 66, 68

야노암 Yanoam 27, 28

야닌 Janin 예닌 Jenin 13

야드립 Yathrib 메디나 Medina 54

야르모 Jarmo 15

야르묵 강* Yarmuk River 7, 9, 10, 13, 19, 21, 32, 49, 55, 68, 71, 89, 94, 102, 108, 115, 129

야르뭇 Jarmuth 유다 Judah 지파 79, 86

야르뭇 Jarmuth 잇사갈 Issachar 지파 39, 40

야르콘 강* Yarkon River 10, 38, 41, 49, 50, 57, 59, 74, 79, 86, 92, 100, 103, 114, 117, 126

야뭇발 Yamutbal 18, 20, 76, 78

야미눔 Yaminum 76, 78

야베스 길르앗 Jabesh-gilead 10, 38, 39, 44, 45, 49, 51, 57, 59, 66, 68

야벳 Japheth 16

야브네 Jabneh 65

야브네 Yavne 15, 19

야비아 Japhia 125

야셀 Jazer 32, 38, 39, 40, 41, 45, 93

야완 Javan 16

야파 Japha 107

야하스 Jahaz 32, 39, 40

야함 Yaham 26

약사르테스 강 Jaxartes River 84, 87, 88

얌니아* Jamnia 10, 11, 86, 89, 93, 99, 100, 103, 114, 115, 117, 125, 126, 129, 130

얌 숩 Yam Suph 29

얌하드 Yamhad 18, 20, 25, 33, 35, 64, 66

얍느엘 Jabneel 39

얍복 강* Jabbok River 7, 10, 13, 21, 39, 44, 47, 55, 59, 68, 77, 86, 92, 106, 114, 125, 129

얏딜 Jattir 39, 40, 51

양 못 Sheep's Pool 베데스다 못 Pool of Bethesda 112, 113

양문 Sheep Gate 112, 113

어문 Fish Gate 112, 113

에게 해* Aegean Sea 1, 2, 6, 15, 16, 17, 33, 34, 54, 61, 82, 88, 112, 120, 124, 127, 132

에그론* Ekron 6, 7, 10, 11, 21, 36, 39, 45, 46, 47, 50, 51, 57, 59, 62, 72, 74, 86

에글라임 Eglaim 93

에글론 Eglon 36, 39

에담 Etam 58

에데사 Edessa 128, 132

에돔 길 Way of Edom 62

에돔* Edom 세일 Seir 4, 7, 12, 29, 35, 38, 39, 41, 49, 50, 53, 58, 62, 64, 66, 70, 76, 80

에드 다클라 Ed-Dakhla 오아시스 Oasis 4

에드레이 Edrei 아드라아 Adraa 4, 32, 35, 39, 49, 57, 59, 99, 100

에드푸 Edfu 4, 84

에렉 Erech 3, 16

에릭스 Eryx 96, 97

에마르 Emar 3, 5, 6, 17, 18, 20, 26, 28, 33, 64, 66, 70, 75

에메사 Emesa 87, 88, 90, 118

에밈 Emim 21

에발 산* Mt. Ebal 7, 14, 38, 49, 57, 65, 71, 86, 94, 101, 103, 106, 110, 115, 122, 126

에베소* Ephesus 33, 61, 83, 84, 87, 90, 96, 98, 116, 120, 121, 124, 127, 128, 132

에벤에셀 Ebenezer 47

에벨 Eber 16

에브라임 산지 Hill Country of Ephraim 38

에브라임 Ephraim 39, 40, 41, 42, 44, 45, 47, 48

에브라임 Ephraim 오브라 Ophrah 103, 110, 111, 122

에브로 강 Ebro River 128, 132

에블라 Ebla 1, 3, 5, 17, 18, 20, 22, 64, 66, 75, 76

에세네 광장 Essene Quarter 112, 113

에세네 문 Essene Gate 112, 113

에셈 Ezem 39, 50

에쉬눈나 Eshnunna 3, 17, 18, 20, 66, 69, 75, 76, 84

에스골 골까기 Valley of Eshcol 31

에스다올 Eshtaol 39, 41, 46

에스드렐론 평원 Esdraelon 이스르엘 Jezr-eel 평원 참고 103, 106, 107, 109, 110, 117, 125

에스드모아 Eshtemoa 39, 40, 86

에스부스 Esbus 헤스본 Heshbon 93, 94, 99, 100, 101, 102, 103, 110, 114, 115, 125, 126, 129, 130

에스파한 Esfahan 2

에시온 게벨* Ezion-geber 엘랏 Elath 1, 4, 6, 22, 25, 29, 32, 33, 53, 54, 55, 61, 67, 76, 81, 84, 85, 87, 88

에인 가잘 Ein Ghazal 15

에일랏 Eilat 2, 90, 91

에칼라툼 Ekallatum 64, 66, 75, 76, 82

에트루리아 Etruria 95

에티오피아 Ethiopia 54, 84

에피다우로스 Epidaurus 120, 121

에피루스 Epirus 87, 88, 96, 97, 98, 116, 116, 124, 128, 132

엑딥파 Ecdippa 악십 Achzib 109

엑바타나 Ecbatana 하마단 Hamadan 64, 75, 76, 80, 82, 83, 84, 85, 87, 88, 98, 116, 124, 128

엔 간님 En-gannim 39, 40

엔 로겔 En-rogel 샘 56, 73

엔 카림 En-karim 111

엔 핫다 En-haddah 39

엔게디* En-gedi 7, 11, 12, 14, 36, 49, 51, 68, 70, 86, 93, 104, 111, 115, 129, 130

엔돌 Endor 38, 39, 43, 44, 51

엔코미 Enkomi 5, 33, 34, 61

엘 라부 El Labou 15

엘 바다리 El-Badari 15

엘 바란 El-paran 21

엘 부르즈 산맥 Elburz Mts. 1, 2, 3, 16, 18, 20, 75, 76, 82, 83, 84, 85, 87, 88, 116, 128

엘 아리쉬 El-Arish 29

엘 오마리 El Omari 15

엘 카르가띠 El-Kharga 오아시스 4, 84

엘 크롭 El-Khrob 산 29

엘 토르 El-Tor 29

엘고스 Elkosh 71

엘돌랏 Eltolad 39

엘드게 Eltekeh 40, 74

엘라 골짜기 Elah Valley 51

엘라사 Elasa 92

엘람 족속 Elamites 75

엘람 Elam 1, 3, 6, 16, 17, 18, 20, 64, 66, 69, 75, 76, 78, 80, 82, 84, 116

엘랏 Elath 에시온 게벨 Ezion-geber 참고 64, 65, 66, 67, 75, 80

엘레우테로폴리스 Eleutheropolis 벳 구브린 Beth-guvrin 114, 115, 130

엘레판틴 Elephantine 옙 Yeb, 수에네 Syene 4, 116

엘루사 Elusa 89, 93

엘리사 Elishah 16

엘리아 카피톨리나 Aelia Capitolina 예루살렘 Jerusalem 128, 129, 130, 131

엘리피 Ellipi 66, 75, 76

엠뎃 나스르 Jemdet Nasr 15, 17

엠마오 Emmaus 니고볼리 Nicopolis 79, 86, 93, 99, 102, 103, 110, 111, 114, 115, 117, 122, 126, 130

엠마타 Emmatha 108

엠포리에 Emporiae 61

엠포리오 Emporio 17

여리고* Jericho 구약 4, 7, 8, 10, 11, 15, 22, 32, 36, 42, 47, 58, 62, 70, 79, 86, 90, 92, 94

여리고* Jericho 신약, 툴룰 아부 엘 알라이크 Tulul Abu el-Alayiq 참고 99, 101, 102, 105, 106, 111, 115, 117, 118, 122, 126, 129, 130

여리고 Jericho 현대 2, 13, 14

여부스 족속 Jebusites 16

여부스 Jebus 예루살렘 Jerusalem 42, 46, 47, 49, 50, 51, 62

여훗 Jehud 39

염곡 Valley of Salt 52

예레반 Yerevan 2

예루살렘* Jerusalem 여부스 Jebus, 엘리아 카피톨리나 Aelia Capitolina 참고 1, 2, 7, 10, 17, 36, 48, 59, 66, 74, 80, 96, 99, 102, 110, 119, 131

예벨 마가라 Jebel Magharah 29

예벨 마두라 Jebel Madurah 호르 Hor 산? 30

예벨 무사 Jebel Musa 29

예벨 세르발 Jebel Serbal 29

예벨 신 비쉬르 Jebel Sin Bisher 29

예벨 엘레크 Jebel Yeleq 29

예벨 움 쇼마르 Jebel Umm Shomar 29

예벨 카르콤 Jebel Karkom 29

예벨 카리프 Jebel Kharif 29, 30

예벨 카타리나 Jebel Katarina 29

예벨 헬랄 Jebel Helal 29

예후드 Yehud 유다 Judah 86

옙 Yeb 엘레판틴 Elephantine 81

오노 Ono 79, 86, 129

오라이 Orhai 87, 88

오레사 Orhesa 100

오로나임 Oronaim 호로나임 Horonaim 93

오론테스 강 Orontes River 1, 3, 15, 18, 26, 33, 53, 64, 69, 76, 80, 97, 119, 123, 132

오르다 Orda 93

오만 Oman 2

오발 Obal 16

오벨 Ophel 56, 73, 113

오보다 Oboda 89

오브라 Ophrah 므낫세 Manasseh 지파 41, 44

오브라 Ophrah 베냐민 Benjamin 지파 39, 48, 49

오빌 Ophir 16, 54

오스티아 Ostia 116, 132

오트란토 해협 Strait of Otranto 95

오피스 Opis 크테시폰 Ctesiphon 83, 84, 85, 87, 88

옥수스 강 Oxus River 84, 87, 88

옥시링쿠스 Oxyrhynchus 88, 116

온 On 헬리오폴리스 Heliopolis 1, 3, 4, 6, 20, 21, 22, 23, 24, 25, 26, 29, 33, 35, 75, 76, 81, 82, 83

올리브 산 Mt. of Olives 56, 73, 111, 112, 113, 122, 131

올림푸스 산 Mt. Olympus 33, 61, 116, 120, 121, 128

올림피아 Olympia 98, 123

올비아 Olbia 95

옴보스 Ombos 4, 25, 88, 116

와디 누사리앗트 W. Nusariyat 104

와디 막쿡 W. Makkuk 104

와디 무라바앗트 W. Murraba'at 130

와디 수웨니트 W. Suweinit 49

와디 시드리 W. Sidri 29

와디 아루곳 W. Arugot 104

와디 엘 아리쉬* W. el-Arish 4, 7, 12, 13, 21, 29, 35, 39, 41, 52, 53, 57, 62, 65, 71, 86, 93, 105

와디 자르카 W. Zarqa 104

와디 쿰란 W. Qumran 104

와디 키드론 W. Kidron 104

와디 킬트 W. Qilt 104

와디 투밀랏 W. Tumilat 22, 23, 29

와디 파리아 W. Faria 파라 Farah 7, 21, 47, 49, 79, 100, 103, 106, 114, 115, 122

와디 페이란 W. Feiran 29

와디 W.=Wadi 암무드 Ammud 108

왓수칸니 Wassukanni 와슈칸니 Washukanni 25, 33

왕궁 행각 Royal Portico 112, 113

왕의 대로 King's Highway 6, 53, 57, 103

왕의 연못 King's Pool 56

요단 강* Jordan River 1, 2, 3, 4, 5, 7, 15, 20, 33, 42, 50, 65, 72, 89, 99, 106, 117, 131

요단 지구 Jordan Rift 7, 8

요밥 Jobab 16

요타파타 Jotapata 93, 94, 102, 103, 107, 109, 110, 117, 125

욕느암 Jokneam 26, 66, 68

욕느암 Yokneam 6, 9, 10, 19, 37, 38, 39, 40, 43, 44, 55

욕단 Joktan 16

욕브하 Jogbehah 38, 44, 45, 49

욥바* Joppa 6, 7, 10, 19, 29, 32, 45, 51, 68, 77, 84, 93, 101, 105, 118, 125, 130

우가릿 Ugarit 라스 샴라 Ras Shamra 1, 3, 5, 6, 17, 18, 20, 22, 25, 26, 28, 33, 34

우라르투 Urartu 3, 64, 66, 75, 76, 80, 82

우룩 Uruk 에렉 Erech 1, 17, 66, 69, 75, 80, 84, 85

우르 Ur 1, 3, 6, 17, 18, 20, 54, 64, 66, 75, 76, 80, 82, 83, 84, 85, 87, 88

우르미아 호수* Lake Urmia 1, 2, 3, 16, 18, 20, 64, 66, 76, 80, 82, 83, 84, 87, 88, 116, 128, 132

우살 Uzal 16

우샤 Usha 110

우수 Usu 27

우스 Uz 16

우준 강 Uzun River 69, 75, 76, 80

우티나 Uthina 132

우티카 Utica 61, 96, 97

우피 Upi 우페 Upe 27

운키 Unqi 53, 66

울라자 Ullaza 25, 26, 27, 28, 61

울랏사 Ulatha 107, 109

움마 Umma 17

움브로 강 Umbro River 95

워렌 문 Warren Gate 112, 113

웨스트 뱅크 West Bank 13

윌슨 아치 Wilson's Arch 112, 113

유다 광야 Wilderness of Judah 유대 Judea 7, 10, 11, 50, 51, 58, 72

유다* Judah 유대 Judea 7, 10, 11, 12, 35, 46, 57, 66, 68, 79, 87, 90, 98, 105, 117, 130, 132

유대 광야 Judean Wilderness 사막 92, 105, 106, 111, 114, 115, 117, 125, 126, 130

유르자 Yurza 26, 27

유보이아 Euboea 33, 120, 121, 127

유프라테스 강* Euphrates 1, 2, 3, 5, 6, 15, 18, 33, 35, 54, 64, 76, 82, 88, 96, 118, 124, 132

율리오 Julius 베레아 Perea 지역 115, 125

윳다 Juttah 39, 40

이고니온 Iconium 83, 84, 116, 116, 119, 120, 121, 128, 132

이달리야 Italia 이탈리 Italy 34, 54, 61, 87, 88, 95, 96, 97, 98, 116, 123, 124, 128, 132

이두래 Iturea 93, 94, 99, 100, 101, 102, 103

이두매 Idumea 79, 86, 89, 90, 91, 93, 99, 101, 102, 105, 111, 115, 117, 126, 129

이라크 Iraq 2

이란 고원 Iranian Plateau 88

이란 고원 Plateau of Iran 1, 2, 16

이란 Iran 2

이론 Yiron 39

이르비드 Irbid 13

이베리아 Iberia 98, 128, 132

이부라쿰 Eburacum 128, 132

이블르암 Ibleam 27, 38, 39, 40, 49, 57, 58, 59, 63

이사나 Isana 100

이수와 Isuwa 33

이스라엘 못 Israel's Pool 112, 113

이스라엘* Israel 2, 5, 13, 33, 47, 57, 58, 59, 61, 62, 64, 65, 66, 67, 68, 69, 71, 72

이스르엘 평원 Jezreel Valley 에스드렐론 Esd-raelon 7, 8, 9, 10, 26, 37, 38, 43, 44, 100

이스르엘 Jezreel 구역 6, 9, 10, 37, 39, 43, 44, 49, 51, 57, 59, 60, 62, 63

이스말리아 Ismalia 2, 4, 29

이스키아 Ischia 61

이스탄불 Istanbul 비잔티움 Byzantium 참고 2

이슬라마바드 Islamabad 87, 88

이신 Isin 18, 20

이에이다 Eeitha 89

이예 아바림 Iye-abarim 32

이오노폴리스 Ionopolis 132

이오니아 해 Ionian Sea 34, 95, 96, 97, 98

이오니아 Ionia 84, 87, 88, 128, 132

이욘 Ijon 39, 41, 57, 66, 68

이잘라 Izalla 76, 82

이즈미르 Izmir 서머나 Smyrna 2

이집트* Egypt 1, 2, 6, 13, 18, 22, 35, 53, 61, 64, 75, 84, 87, 91, 105, 116, 124

이카리아 Ikaria 127

이크랏 Iqrat 19

이타비리움 Itabyrium 다볼 Tabor 산 참고 89, 90, 129

인더스 강 Indus River 54, 84, 87, 88

인더스 골짜기 Indus Valley 84, 87, 88

인도 India 87, 88

일루리곤 Illyricum 달마디아 Dalmatia 95, 96, 97, 98, 124, 128, 132

임브로스 Imbros 127

입수스 Ipsus 87, 88, 90

잇사갈 Issachar 39, 40, 41, 43

잇수스 Issus 1, 84, 87, 88, 90, 118, 119, 120, 121

잇요이 Itjowy 23

자

자그로스 산맥 Zagros Mountains 1, 2, 3, 16, 18, 20, 64, 69, 75, 76, 80, 82, 83, 85, 88, 116, 128

자드라카르타 Zadrakarta 투랑 테베 Turang Tepe 84, 87, 88

자크로 Zakro 33

저 低 이집트 Lower Egypt 4, 29

제네바 Geneva 97

제라 Gerrha 90

제르바 Djerba 61

조지아 Georgia 2

죠예트 움 엘 라크함 Zawyet Umm el Rakham 33

중앙 골짜기 Central Valley 티로포이온골짜기 Tyropoeon Valley 73

지네 Ginae 예닌 Jenin, 벧하깐 Beth-haggan 102, 103, 109, 110

지브롤터 Gibraltar 96, 97, 98

지프론 Ziphron 31

진키르리 Zincirli 5, 33, 34, 61

차

청 靑 나일 Blue Nile 4

츠파트 Zefat 13

카

카가르 바자르 Chagar Bazar 15, 17, 18

카나다 Canatha 그낫 Kenath 99, 100, 101, 102, 103, 114, 115, 118

카니쉬 Kanish 1, 3, 6, 18, 20, 64, 75

카다사 Cadasa 게데스 Kedesh, 카데스 Cades 89, 90, 93, 94, 99, 101, 102, 103, 107, 109, 125

카데쉬 Kadesh 오론테스 Orontes 지역 5, 25, 26, 28, 53, 61

카디스 Cadiz 가데스 Gades 54, 61, 98, 128

카라나 Carana 97

카라나 Karana 텔 리마 T. Rimah 5, 18

카라테페 Karatepe 5, 34, 61

카락모바 Charachmoba 114

카락스 Charax 87, 88

카랄리스 Caralis 칼리아리 Cagliari 61, 95, 128

카룬 강 Karun River 75, 76, 80

카르마니아 Carmania 84, 87, 88

카르모나 Carmona 61

카르카르 Qarqar 64, 66, 70, 75

카르콤 Karkom 30

카르타고 노바 Carthago Nova 스페인 Spain 96, 97, 128, 132

카르타고 Carthage 61, 95, 96, 97, 98, 124, 128, 132

카르하이 Carrhae 90

카리아 Caria 33, 84, 87, 88, 90, 119, 120, 121, 127, 128, 132

카미로스 Kamiros 33

카불론 Chabulon 110

카살롯 Xaloth 그술룻 Chesulloth 103, 110

카샤부 Khashabu 26, 27

카쉬카 Kashka 33, 34

카스피 관문 Caspian Gates 87, 88

카스피 해 Caspian Sea 1, 2, 3, 6, 15, 17, 20, 54, 69, 76, 83, 84, 88, 96, 116, 124, 128, 132

카요누 Cayonu 15

카이레 Caere 95

카이로 Cairo 2

카이베르 통로 Khyber Pass 87, 88

카이세리 Kayseri 2

카츠린 Qazrin 15

카타나 Catana 95

카타라 저지 Qattara Depression 16,

120, 121

카타르 Qatar 2

카탈 후유크 Catal Huyuk 15

카트나* Qatna 1, 5, 6, 17, 18, 22, 26, 33, 35, 53, 61, 64, 69, 70, 75, 78, 80, 83, 85

카파르살라마 Capharsalama 92

카파르아비스 Capharabis 126

카파르오르사 Caparorsa 126

카파르토바스 Caphartobas 125, 126

카페나 Capena 95

카페르콧네이 Capercotnei 107, 109, 110

카푸아 Capua 96, 97

칸네 Cannae 95, 96, 97, 98, 124, 128

칸다하르 Kandahar 87, 88

칼리로에 Callirrhoe 세렛 사할 Zereth-shahar 101, 102, 103, 104, 111, 114, 115

칼리아리 Cagliari 98, 124

칼세돈 Chalcedon 96, 97, 120, 121, 127

칼키스 Chalcis 90, 102, 114, 115

캄파니아 Campania 95

캡 본 Cap Bon 61

케데쉬 Kedesh 레바논 Lebanon 골짜기 17

케락 Kerak 13, 14

케르만 Kerman 2, 83, 84, 87, 88

케르카 강 Kerkha River 1, 2, 3, 69, 75, 76, 80, 85

켈레네 Celenae 87, 88

켈트 Celts 95

코니야 Konya 2

코라 Cora 95

코르두바 Corduba 96, 97, 98, 124, 128, 132

코르시카 Corsica 61, 95, 96, 97, 98, 116, 124, 128, 132

코르토나 Cortona 95

코리에 Coreae 93, 94, 103, 125, 126

코엘레 시리아 Coele-Syria 87, 88, 93, 94, 116, 118

코카바 Cochaba 129

코카서스 산맥 Caucasus Mts. 1, 2, 83, 84, 87, 88, 98, 116, 124, 128

코콜라 Kokola 87, 88

코티에움 Cotiaeum 127

콜라티아 Collatia 95

콜로냐 Cologna 132

콜로폰 Colophon 116

콜키스 Colchis 98, 128, 132

콤 Qom 2

콤마게네 Commagene 84, 116, 118, 119, 120, 121, 123, 124

콤모스 Kommos 33

쿠낙사 Cunaxa 83, 84, 87

쿠눌라 Kunula 64

쿠르디스탄 산맥 Kurdistan Mts. 1, 2, 3

쿠마에 Cumae 61, 95

쿠미디 Kumidi 26, 27

쿠웨이트 Kuwait 2

쿠타 Cuthah 78, 85, 69, 75, 80

쿤틸렛 아즈루드 Kuntillet Ajrud 29, 61, 65

쿰란 Qumran 105, 106, 111, 117, 125, 126, 129

쿰만니 Kummanni 33

쿰무후 Kummuhu 64, 66, 75

크노소스 Cnossus 크노수스 Knossus 98, 132

크노소스 Knossus 크노수스 Cnossus 33, 34, 61

크레모나 Cremona 96, 97

크레타* Crete 1, 2, 6, 15, 18, 34, 54, 61, 84, 87, 90, 97, 120, 121, 124, 127, 132

크렘나 Cremna 120, 121, 123

크테시폰 Ctesiphon 98, 116, 128, 132

큰 강 건너편 Beyond the River 유프라테스 강 이북─편집자 주 84

클루시움 Clusium 95

키드누스 강 Cydnus River 118

키럏 베네 하산 Qiryat Bene Hassan 101

키럏 쉐모나 Qiryat Shemona Qiryat Shemona 13

키레나이카 Cyrenaica 87, 88, 98, 116, 120, 121, 123, 124, 128, 132

키로키티아 Khirokitia 15

키루스 강 Cyrus River 75, 76, 84, 87, 88, 116, 128, 132

키르루스 Cyrrhus 90

키르벳 라부드 Khirbet Rabud 72

키르벳 마진 Khirbet Mazin 104

키르벳 미르드 Khirbet Mird 히르카니아 Hyrcania 104

키르벳 쉐마 Khirbet Shema 110

키르벳 아부 타박 Khirbet Abu Tabaq 72

키르벳 쿰란 Khirbet Qumran 104

키르벳 탄누르 Khirbet Tannur 101, 102, 103

키르벳 하나니아 Khirbet Hanania 110

키르케이 Circeii 95

키르쿠크 Kirkuk 2

키르타 Cirta 96, 97, 132

키미 Cyme 116

키비라 Cibyra 127

키살피나 Cisalpina 96, 97

키지쿠스 Cyzicus 127

키질 강 Kizil River 2

키클라데스 제도 Cyclades Islands 61, 120, 121, 123, 127, 128, 132

키테라 Cythera 33

키티온 Kition 33, 61

키포누스 관문 Kiponus Gate 94

키프로스 Cypros 101, 102, 103, 111

키프로스* Cyprus 1, 2, 3, 5, 6, 18, 28, 33, 54, 69, 75, 84, 96, 98, 116, 120, 126, 132

킴메르 Cimmerians 75, 76, 82

킷주와트나 Kizzuwatna 25, 35

타

타니스 Tanis 64, 69, 75, 76

타디 문 Tadi Gate 94

타라코 Tarraco 96, 97, 128

타라코넨시스 Tarraconensis 98, 124, 128, 132

타렌툼 만 Gulf of Tarentum 95

타렌툼 Tarentum 95, 96, 97, 123

타로스 Tharros 96, 97

타르비수 Tarbisu 76

타르퀴니아 Tarquinia 95

타르테수스 Tartessus 61

타리케아에 Taricheae 막달라 Magdala 93, 102, 108, 109, 110, 114, 115, 125, 129

타바 Taba 4

타브리즈 Tabriz 2, 6, 20

타비움 Tavium 121, 123

타우루스 산맥* Taurus Mountains 1, 2, 3, 16, 18, 20, 61, 69, 75, 80, 83, 85, 88, 118, 119, 121, 128

타크시 Takhsi 27, 28

타피카 Tapika 33

72

키르벳 쿰란 Khirbet Qumran 104

키르벳 탄누르 Khirbet Tannur 101, 102, 103

타호 강 Tagus River 96, 97, 98, 124, 128, 132

탁실라 Taxila 84, 87, 88

탐나 Thamna 딤낫 세라 Timnath-serah 92, 125, 126

탑사코스 Thapsakos 83, 84, 87, 88, 90

탑소스 Thapsos 34

탑수스 Thapsus 61

터키 Turkey 2, 5

테가라마 Tegarama 33

테르모필라이 Thermopylae 84

테르미 Thermi 17

테르카 Terqa 5, 18, 64, 66, 75, 76

테베 Thebes 노 아몬 No-Amon 1, 4, 6, 18, 24, 25, 33, 54, 81, 84, 87, 88, 98, 116, 128

테브티니스 Tebtynis 116

테스메스 Tesmes 메세드 Meshed 84

테페 가우라 Tepe Gawra 15

테페 시알크 Tepe Sialk 15

테헤란 Tehran 2

텔 게리사 T. Gerisa 19

텔 나길라 T. Nagila 19

텔 데이르 알라 T. Deir Alla 32, 34

텔 라마드 T. Ramad 15

텔 레이란 T. Leylan 17, 64, 75, 76, 82

텔 레케쉬 T. Rekhesh 19

텔 리마 T. Rimah 5

텔 마소스 T. Masos 19, 55

텔 말하타 T. Malhata 19, 55

텔 메보락 T. Mevorak 55

텔 바르시프 T. Barsip 64, 70, 75, 76, 82

텔 바타쉬 T. Batashi 15

텔 베이트 미르심 T. Beit Mirsim 19, 55, 72

텔 부르가 T. Burga 19

텔 브락 T. Brak 17, 82

텔 브엘세바 T. Beersheba 55

텔 사란 T. Sahlan 64

텔 사피트 T. Zafit 19

텔 세롤 T. Zeror 19

텔 수카스 T. Sukas 34

텔 쉐이크 하마드 T. Sheikh Hamad 5

텔 쉬므론 T. Shimron 19

텔 아부 하우암 T. Abu Hawam 55

텔 아부 후레이라 T. Abu Hureyra 15

텔 아비브 Tel Aviv 2, 13, 15

텔 아흐마르 T. Ahmar 17

텔 에라니 T. 'Erani 17, 72

텔 에스 술탄 T. es-Sultan 104

텔 엘 마쟈르 T. el-Mazar 55

텔 엘 아마르나 T. el-Amarna 아케타텐 Akhetaten 1, 18, 25, 29

텔 엘 아줄 T. el-Ajjul 19

텔 엘 예후디야 T. el-Yehudiya 18, 23, 24, 61

텔 엘 파라 T. el-Farah 남쪽 19, 34

텔 엘 파라 T. el-Farah 디르사 Tirzah 19

텔 엘 풀 T. el-Ful 72

텔 예메 T. Jemmeh 19

텔 이라 T. 'Ira 72

텔 이스다르 T. Isdar 15

텔 카브리 T. Kabri 19

텔 카실레 T. Qasile 54, 55

텔 키산 T. Kisan 17, 19

텔 킨로트 T. Kinrot 55

텔 타이나트 T. Tayinat 53

텔 폴레그 T. Poleg 19

텔 할라프 T. Halaf 15, 64, 75

텔 할리프 T. Halif 72

텔라 Thella 107, 109, 110

텔레일랏 엘 가술 Teleilat el-Ghassul 15

톨로사 Tolosa 96, 97

투니프 Tunip 25, 26

투르크메니스탄 Turkmenistan 2

투스카니아 Tuscania 95

투즈 호수 Lake Tuz 1, 2, 18, 75, 76, 82, 83, 84, 87, 88

툴룰 아부 엘 알라이크 Tulul Abu el-Alayiq 신약의 여리고 Jericho 104

툿툴 Tuttul 5, 17, 18

트라브존 Trabzon 2

트라케* Thrace 33, 82, 84, 87, 88, 96, 97, 98, 116, 120, 121, 124, 127, 128, 132

트라페주스 Trapezus 33, 83, 84, 87, 88, 98, 128

트랄레스 Tralles 116, 127

트레비아 Trebbia 96, 97

트렉스 Threx 101, 102

트로길리움 Trogyllium 127

트로이 Troy 1, 6, 17, 18, 33, 34, 61

트리어 Trier 98, 132

트리케 Trikke 33

트리폴리* Tripolis 5, 61, 83, 84, 88, 90, 98, 116, 119, 120, 121, 123, 124, 127, 132

트리폴리타니아 Tripolitania 124, 128, 132

트빌리시 Tbilisi 2

트야나 Tyana 83, 84, 87, 88

트젝케르 Tjekker 34

틀로스 Tlos 116

티그리스 강* Tigris River 1, 2, 3, 5, 6, 17, 20, 34, 54, 69, 75, 82, 87, 90, 97, 116, 124, 132

티노스 Tinos 127

티레니안 해 Tyrrhenian Sea 34, 54, 61, 95, 96, 97, 98, 116, 123, 124, 128, 132

티로포이온 골짜기 Tyropoeon 중앙골짜기 Central Valley 56, 112, 114, 126, 131

티루스 Tyrus 93

티린스 Tiryns 33

티베르 강 Tiber River 95, 96, 97, 98, 123, 124, 128, 132

티볼리 Tivoli 128

티부르 Tibur 95

틴지스 Tingis 탕헤르 Tangier 61, 124, 128

틸멘 후유크 Tilmen Huyuk 33

팀사 호수 Lake Timsah 23, 29

파

파놀무스 Panormus 96, 97

파니아스 Panias 가이사랴 빌립보 Caesarea-Phillipi 89, 90, 91, 93, 94

파라 Farah 87, 88

파라프라 Farafra 오아시스 4

파랄리아 Paralia 92

파랄리우스 Paralius 100

파레토니움 Paretonium 87, 88

파렌티움 Parentium 132

파로스 Paros 127

파르나소스 Parnassus 121, 123

파사르가다에 Pasargadae 82, 83, 84, 87, 88

파사엘 망대 Tower of Phasael 112, 113, 126

파사엘리스 Phasaelis 87, 88, 90, 100, 101, 102, 111, 116

파시스 Phasis 84, 87, 88

파에술레 Faesulae 95

파우스티노폴리스 Faustinopolis 120

파이윰 Faiyum 4, 18

파이윰 A Faiyum A 15

파타라 Pattala 84, 87, 88

판노니아 Pannonia 98, 124, 128, 132

팔라 Pala 33

팔레르모 Palermo 61

팔미라 Palmyra 다드몰 Tadmor 90, 96, 97, 98, 116, 118, 119, 120, 121, 124, 128, 132
펀잡 Punjab 87, 88
펌베딧타 Pumbeditha 116
페가이 Pegae 아벡 Aphek 89, 90, 91, 92, 93
페니키아* Phoenicia 5, 35, 49, 52, 57, 64, 75, 87, 94, 99, 102, 103, 115, 116, 125, 128
페렌티눔 Ferentinum 95
페루시아 Perusia 95
페르가뭄 Pergamum 84, 88, 90, 96, 97, 98, 116, 120, 121, 123, 124, 127, 128, 132
페르세폴리스 Persepolis 84, 87, 88
페르시스 Persis 페르시아 Persia 84, 87, 88
페르시아 만* Persian Gulf 1, 2, 3, 15, 17, 18, 54, 66, 69, 75, 82, 84, 85, 87, 98, 116, 124, 128
페르시아 Persia 75, 82, 83
페린투스 Perinthus 120, 121
페트라 투 림니티 Petra tou Limniti 15
페트라 Petra 1, 2, 4, 6, 7, 12, 30, 98, 99, 100, 102, 105, 128, 132
페헬 Pehel 펠라 Pella 19, 27, 28, 57
펠라* Pella 페헬 Pehel 87, 93, 97, 100, 103, 107, 109, 115, 117, 120, 121, 125, 129, 130
펠로폰네소스 Peloponnese 116
펠루시움* Pelusium 75, 80, 83, 84, 87, 91, 96, 98, 105, 116, 119, 120, 121, 124, 128
펠시나 Felsina 보노니아 Bononia 95
포 강 Po River 95, 96, 97, 98, 124
포술레 Porsule 120, 121
포시디움 Posidium 83
포타잇사 Potaissa 128
포풀로니아 Populonia 95
폴라 Pola 98, 128
폼페이 Pompeii 61, 98, 116, 123
폼페이오폴리스 Pompeiopolis 121
푸라 Pura 84, 87, 88
프라이네스테 Praeneste 61, 95
프로프타시아 Prophthasia 87, 88
프루사 Prusa 33, 127
프리에네 Priene 116, 120, 121
프테이라 Pteira 83
플라비오폴리스 Flaviopolis 127
피 라암셋 Pi-Rameses 28
피레네 산맥 Pyrennes Mts. 61
피르기 Pyrgi 61, 95
피사에 Pisae 피사 Pisa 96, 97

피탓사 Pitassa 33
피트루 Pitru 64
필로스 Pylos 33
필로테리아 Philoteria 벧 예라 Beth-yerah 59, 89, 90, 93, 99, 102, 109, 110, 125
필아이 Philae 88

하

하데라 Hadera 13, 15
하드락 Hadrach 69, 70
하드루메툼 Hadrumetum 61, 98, 128, 132
하드리아노폴리스 Hadrianopolis 121
하란* Haran 1, 3, 5, 6, 18, 20, 26, 33, 35, 54, 66, 69, 75, 80, 83, 84, 85, 87, 88
하로셋 학고임 Harosheth-haggoiim 43
하롯 강 Harod River 10, 43, 44
하르모지아 Harmozia 87, 88
하르툼 Khartoum 4
하리아티 Hariati 33
하리프 Kharif 30
하마단 Hamadan 2
하맛 종족 Hamathites 16
하맛* Hamath 도시 1, 2, 6, 20, 28, 35, 53, 54, 61, 64, 69, 76, 82, 83, 85, 119, 121, 128
하맛* Hamath 지역 52, 53, 70, 78
하볼 강 Habor River 1, 3, 5, 18, 64, 66, 69, 75, 76, 80, 85
하부 갈릴리 Lower Galilee 7, 9, 26, 107, 108, 109, 110, 117, 129
하부 벧호론 Lower Beth-horon 41, 55, 57, 92
하살 수알 Hazar-shual 39
하살 아달 Hazar-addar 30, 31
하살 에난 Hazar-enan 5, 31, 38
하살마웻 Hazarmaveth 16
하솔* Hazor 1, 3, 6, 7, 9, 18, 26, 33, 37, 43, 49, 52, 58, 59, 64, 67, 71, 75, 85
하스몬 궁 Hasmonean Palace 94
하야사 Hayasa 33
하우란 산 Mt. Hauran 예벨 드루즈 Jebel Druze 31, 64, 67, 100, 102, 103, 114, 115, 118
하우란 Hauran 68, 70
하윌라 Havilah 16
하이파 Haifa 2, 13, 14
하지 Hazi 27
하키랄 Hacilar 15

하티 Hatti 헷 족속 Hittites 26, 28, 33
한나돈 Hannathon 27, 39, 45, 49, 66, 68
할라 엘 베드르 Hala el-Bedr 29
할라 Halah 69, 85
할락 산 Mt. Halak 30, 60
할리스 강* Halys River 1, 2, 3, 17, 33, 54, 64, 76, 82, 84, 87, 96, 98, 116, 123, 128, 132
할리카르낫수스 Halicarnassus 33, 90, 116, 119, 120, 121, 127
함 Ham 16
함맛 Hammath 28, 39, 40, 108
함맛 Hammath 암맛투스 Ammathus 109
핫세크 Hasseke 5
핫수나 Hassuna 15
핫투사 Hattus 보가즈코이 Bogazkoy 1, 3, 6, 18, 20, 25, 33, 34
핫틴 봉우리 Horns of Hattin 109
해변 길 International Coastal Highway 6, 53, 57
해안 평원 Coastal Plain 7, 8, 38, 122
헤라클레아 Heraclea 116, 121, 123, 127, 128
헤라클레오폴리스 Heracleopolis 18, 116
헤렛 수풀 Forest of Hereth 50
헤로디움 Herodium 92, 93, 94, 99, 100, 101, 102, 104, 111, 125, 126, 129, 130
헤롯 궁 Herod's Palace 112, 113, 126
헤롯 안디바 궁 Herod Antipasa'palace 112, 113
헤르모폴리스 Hermopolis 4, 24, 25, 76, 128, 132
헤르몬 산* Mt. Hermon 5, 7, 8, 9, 13, 38, 49, 52, 67, 75, 89, 94, 102, 103, 107,
헤르무스 강 Hermus River 1, 2, 33, 119, 120, 121, 127
헤브론* Hebron 기럇아르바 Kiriath-arba 4, 7, 11, 19, 23, 30, 39, 40, 55, 67, 72, 86, 93, 105, 111, 117, 130
헤스본* Heshbon 에스부스 Esbus 4, 6, 7, 10, 11, 29, 32, 35, 39, 40, 41, 45, 49, 51, 57, 58, 67, 70, 86
헬갓 Helkath 39, 40
헬라스 Hellas 87, 88
헬람 Helam 52
헬리오폴리스 Heliopolis 온 On 18, 28, 34, 84, 87, 91, 132
헵타페곤 Heptapegon 타브가 Tabgha 108
헷 족속 Hittites 헷 Heth 16, 18, 20, 33
헷 Heth 헷 족속 Hittites 1, 6, 16, 25

호라마바드 Khorramabad 2
호레스 Horesh 50
호르 산 Mt. Hor 31, 32
호르마 Hormah 30, 31, 32, 39, 49, 50
호르무즈 해협 Strait of Hormuz 1, 2, 83, 84, 87, 88
호리 족속 Horites 21
홀론 Holon 40
홈스 Homs 2
홍해 길 Way to the Red Sea 32
홍해 Red Sea 1, 2, 4, 17, 28, 33, 54, 61, 66, 75, 81, 84, 98, 116, 128, 132
횡단 골짜기 Transversal Valley 56
후르리인 Hurrians 18, 20
후사 Hushah 51
훌 Hul 16
훌다 문 Huldah Gates 112, 113
훌라 분지 Huleh Basin 7, 8, 9, 14
훌라 호수* Lake Huleh 9, 13, 38, 41, 49, 59, 66, 68, 99, 100, 101, 102, 107, 109, 110, 114
흑해* Black Sea 1, 2, 6, 15, 16, 33, 54, 66, 69, 75, 84, 88, 97, 116, 124, 128, 132
히다스페스 강 Hydaspes River 84, 87, 88
히르카니아 Hyrcania 장소 93, 100, 101, 102, 103, 111, 126
히르카니아 Hyrcania 지방 84, 87, 88
히메라 Himera 95
히베르니아 Hibernia 98, 124
히스기야 수로 Hezekiah's Tunnel 73, 112, 113
히스파니아 시테리오르 Hispania Citerior 96, 97
히스파니아 울테리오르 Hispania Ulterior 96, 97
히스팔리스 Hispalis 132
히에라코노폴리스 Hierakonopolis 15
히에라폴리스 Hierapolis 90, 120, 120, 121, 127, 128, 132
히에론폴리스 Hieronpolis 91
히위 족속 Hivites 16
히포 디아리투스 Hippo Diarrhytus 61
히포 레기우스 Hippo Regius 61, 132
히포스* Hippos 수시타 Susita 89, 93, 94, 99, 101, 102, 103, 107, 108, 109, 114, 115, 125, 129
히포 Hippo 보네 Bone 95, 98, 124, 128
히피쿠스 망대 Tower of Hippicus 112, 113, 126

힉소스 Hyksos 18
힌놈 골짜기 Hinnom Valley 56, 73, 94, 112, 113, 126, 131
힌두 쿠쉬 산맥 Hindu Kush Mts. 84, 87, 88
힌두스 Hindush 인도 India 84
힐락쿠 Hilakku 53

Author & Translator Introduction | 저자 및 번역자 소개

Author | 저자 소개

토마스 V. 브리스코 Thomas V. Brisco 박사

학위 | Ouachita Baptist University(B. A.)
Southwestern Baptist Theological Seminary(M. Div.)
Southwestern Baptist Theological Seminary(Ph. D.)
Cambridge University(Advanced Study)

약력 | Baylor University 교수
Southwestern Baptist Theological Seminary 교수
Hardin-Simmons University Logsdon Seminary 학장
이스라엘 텔 아펙 Tel Aphek, 텔 벧타쉬 Tel Batash의 고고학 발굴 현장 지역 감독

저서 | Holman Bible Atlas Broadman & Holman Publishers, 1998

수상 | Holman Bible Atlas – 복음주의 기독교 출판사 협회 ECPA 도서부문 금메달 Gold Medallion Book Award

Translator | 번역자 소개 가나다순

강사문 교수

학위 | 연세대학교 신과대학 신학과(Th. B.)
연세대학교 연합신학대학원(Th. M.)
미국 Phillips대학교 신학대학원(M. Div.)
예루살렘 히브리대학교(Ph. D.)

현재 | 장로회신학대학교 명예교수

저서 | 구약의 자연이해 대한기독교서회, 2005 외

김은호 교수

학위 | 미국 워싱톤 침례대학(Th. B.)
이스라엘 예루살렘대학원(M. A.)
총신대학교(M. Div.)
평택대학교 대학원(Ph. D.)

현재 | 한국성서대학교 부총장

저서 | 구약성경의 이해 기독교문서선교회, 2004 외 다수

소기천 교수

학위 | 장로회신학대학교(Th. B.)
장로회신학대학교(M. Div.)
연세대학교 대학원(Th. M.)
미국 Claremont 신학교(MATS)
미국 Claremont 대학교(Ph. D.)

현재 | 장로회신학대학교 신약학 교수

저서 | 예수말씀 복음서 Q 연구개론 대한기독교서회, 2004 외 다수

이문범 목사

학위 | 고려대학교(B. A.)
이스라엘 예루살렘대학원(M. A.)
그리스 아테네대학 언어과정 수료 Athen University

현재 | 사랑누리교회 담임 목사

이미숙 목사

학위 | 이화여자대학교(B. A.)
Jerusalem University College(M. A.)
장로회신학대학교(Th. M)
장로회신학대학교(Ph. D.)

현재 | 장로회신학대학교 성지연구원 간사
서울여대 및 장신대 강사

저서 | 이스라엘 문화와 성서 읽기 쿰란, 2007 외

이성훈 목사

학위 | 서울신학대학교(B. A.)
Jerusalem University College(M. A.)
Manchester University(Ph. D.)

현재 | 전 성결대학교 구약학 교수, 임마누엘교회 담임 목사

저서 | 시편 새롭게 읽기 대한기독교서회, 2005 외 다수

이형원 교수

학위 | 침례신학대학교(B. A.)
The Southern Baptist Theological Seminary(M. Div.)
The Southern Baptist Theological Seminary(Ph. D.)

현재 | 침례신학대학교 목회신학대학원
평생교육원 원장

저서 | 열왕기상 주석 대한기독교서회, 2005 외 다수

정효제 교수

학위 | 건국대학교(B. A.)
대한신학대학원대학교(M. Div.)
International Theological Seminary(D. Min.)
칼빈대학교(Ph. D.)

현재 | 대한신학대학원대학교 총장

저서 | 이스라엘 문화와 성서 읽기 쿰란, 2007 외 다수

민영진 박사

학위 | 연세대학교 신과대학 신학과(Th. B.)
연세대학교 연합신학대학원(Th. M.)
예루살렘 히브리대학원(Ph. D.)

약력 | 전 감리교신학대학 교수
전 대한성서공회 총무
전 아세아 태평양지역 이사회 의장
현 대한성서공회 번역 자문위원
현 세계성서공회연합회 번역 컨설턴트

저서 | 룻기주석 대한기독교서회, 2007 외 다수